NIC
Yearbook

2000

Yearbook NEW IN CHESS

57

Contributing authors

Adianto • Adla • Afek • Anand • Appleberry • Belikov • Bertholée • Bologan • Bosch • Christophe
Dautov • Eingorn • Flear • Gallagher • Gelfand • Glavina • Glek • Golubev • Gulko
V. Gurevich • L.B. Hansen • Hazai • Hergott • Hoeksema • Jonkman • Konca • Kortchnoi
Krasenkow • Langeweg • Leko • Lukacs • Luyks • Magomedov • Meulders • Mikhalchishin • Moll
Movsesian • Nunn • Pelletier • Piket • Pliester • Popov • Salter • Sax • Schipkov • Shipov • Shirov
Shneider • Smirin • Sosonko • Speelman • Sveshnikov • Svidler • Timman • Geo. Timoshenko
Tisdall • Tukmakov • Van de Mortel • Van der Sterren • Van der Tak • Van der Weide
Van der Wiel • Van Wely • Vigorito • Vyzhmanavin • Ward • Wolff • Xie Jun • Yermolinsky • Yusupov

Edited by

Genna Sosonko and Paul van der Sterren

THE GRANDMASTER GUIDE TO OPENING NEWS

INTERCHESS BV

Editorial Staff:

Supervisor:	R. Olthof
Editors:	G. Sosonko, P. van der Sterren
Editorial Assistant	P. Doggers
Translation:	K.P. Neat
Proofreading:	P. Verhagen

Productional Staff:

Supervisor:	H.A. Roest
Production Assistant	A.J. Schermer
Data processing:	C.W. van der Zanden, J. de Groot
Typeshop processing:	Interchess BV

Information System:

Database:	New in Chess Database
Database Software:	NICBASE 3.0
Opening Classification:	NICKEY 5.0
Typesetting System:	NICPublish

Printed in the Netherlands

CIP-code Koninklijke Bibliotheek, Den Haag

New in Chess Yearbook
periodical analysis of current opening practice
ed. by Genna Sosonko and Paul van der Sterren.
ISSN 0168-7697
4 times a year
Yearbook 57 (2000)
ISBN 90-5691-076-0 geb./hardcover
ISBN 90-5691-074-4 ing./softcover
ISBN 90-5691-075-2 CD-ROM
SISO 621.25 UDC 794.1.05(058)
Trefw.: schaken; openingen

© INTERCHESS BV

No part of this book may be reproduced, stored
in a retrieval system or transmitted in any form
or by any means, electronic, mechanical,
photocopying, recording or otherwise, without
the prior written permission from the publisher.

Interchess BV, Rochdalestraat 4A, 1814 TH Alkmaar.
P.O. Box 1093, 1810 KB Alkmaar, The Netherlands
Phone: 00-31-(0)72 - 5.127.137
Fax: 00-31-(0)72 - 5.158.234
E-mail: editors@newinchess.com
Internet: http://www.newinchess.com

NIC Forum and Sosonko's Corner

Key	Opening	Variation	Page
FR 11.6	French	Winawer 8.♗d3	8
FR 10.4	French	Winawer 5...♗a5	9
G! 3.1	Grünfeld Indian	4.f3	9
SI 18.4	Sicilian	Dragon 13...♖c4	10
SI 38.3	Sicilian	Sveshnikov 11.♗b5	10
KP 12.3	Two Knights	Traxler 7.♔e3	10
KP 12.3	Two Knights	Traxler 7.♔e3	11
SI 26.12	Sicilian	Sozin 7...♘c6	13
KG 1.4	King's Gambit	Kieseritzky Gambit	13
Sosonko's Corner		column	15

NIC Surveys

Key	Opening	Variation	Page
SI 15.3	Sicilian	Dragon Variation 6.g3 ♘c6 7.♘de2	18
SI 17.5	Sicilian	Dragon Variation 9.0-0-0 d5 10.ed5	22
SI 19.14	Sicilian	Perenyi Gambit 7.g4 e5	28
SI 19.16	Sicilian	English Attack 11.h4 b4 12.♘a4	33
SI 22.6	Sicilian	Scheveningen Variation 9...♘c6	37
SI 38.3	Sicilian	Sveshnikov Variation 11.♗b5	42
SI 40.15	Sicilian	Taimanov Variation 8.♔h1, 10...b5	47
SI 41.9	Sicilian	Paulsen Variation 5.♘c3 b5 6.♗d3	55
SI 47.3	Sicilian	Alapin Variation 6...c4	62
SI 50.8-10	Sicilian	Morra Gambit 4.♘c3	69
PU 14.2	Pirc	150 Attack 6...♗g4	74
FR 1.2	French	Chigorin Variation 2.♕e2 c5	77
FR 3.3	French	Advance Variation 5...♘ge7 6.♗d3	81
FR 4.6	French	Steinitz Variation 6.c3 cd4	86
FR 4.6	French	Steinitz Variation 6.c3 ♘c6	90
CK 4.12	Caro-Kann	Advance Variation 4.♘e2	95
CK 11.7	Caro-Kann	Capablanca Variation 7...♘f6	99
RL 7.4	Ruy Lopez	Berlin Variation 9...♗d7 and 9...h6	103
RL 23.3	Ruy Lopez	Chigorin Variation 11...♖e8	112
IG 5.2	Italian	The Evans Gambit Declined 4...♗b6	117
IG 5.5-11	Italian	The Evans Gambit Accepted 4...♗b4	124

NIC Surveys (continued)

Key	Opening	Variation	Page
SO 4.4	Scotch	Mieses Variation 9...0-0-0	133
KP 13.3-16	Two Knights	4.d4 ed4 5.e5	139
VO 22.14-15	Keres Defence	3...a5	145
SL 5.6	Slav	Alapin Variation 8...0-0 9.♕e2 ♗g6	150
SL 8.6	Slav	Meran Variation 6.♕c2 ♗d6 7.e4	156
SL 8.8	Slav	Meran Variation 6.♗d3 ♗d6 7.e4	162
SL 9.5	Slav	Meran Variation 6.♗d3 dc4, 9...b4	167
QG 3.5	Queen's Gambit Accepted	Central Variation 3.e4 c5	173
CA 5.12	Catalan	Open Variation 8.a4, 10.♗g5	179
GI 2.8-9	Grünfeld Indian	Fianchetto Variation 6.cd5 cd5	185
KI 4.6-9	King's Indian	Classical Variation: Bayonet Attack 10.g3	190
KI 67.2	King's Indian	Fianchetto Variation 6...c5, 9...♖b8	198
QP 3.6	Queen's Pawn Opening	Barry Attack 6...c5	203
QP 8.6	Queen's Pawn Opening	Trompowsky Variation 2...♘e4 3.♗f4	208
EO 4.8	English	Four Knights Variation 4.g3 ♘d4	214

NIC Service

NIC Review	224
NIC Statistics	230
NIC Classification Summary	231
NIC Code System	236

FORUM

and

Sosonko's Corner

FORUM

Nightmares and Lazy Knights

The NIC FORUM is a platform for discussion of developments in chess opening theory in general and particularly in variations discussed in previous NIC Yearbook issues.

Contributions for these pages should be sent to:
Editors NIC Yearbook
P.O. Box 1093
NL 1810 KB Alkmaar
The Netherlands.
E-mail:
editors@newinchess.com

An Unsound Recommendation?
a letter by Dave Salter
FR 11.6   **YB 55**

I'm a correspondence player of 2350 strength who has played the French for many years. In the Winawer, I nearly always avoid the 8.♗d3 line (see the game below) but on a recent occasion I slipped up. Anyway, Watson's book has always been my bible so I dusted it down to have a look at it. He recommended an exchange sacrifice in a sharp line so I set it up to have a look. At the same time, out came NIC Yearbook 55 and Pliester is writing about the very same line and sure enough he recommends the same sacrifice.
The problem is that I think that the sacrifice is unsound due to 17.f4 which seems to put Black into real trouble and forces either ♕g8 or ♕g4, in either case Black looks to be losing ... or maybe I'm missing something??

**Rodriguez Talavera,Juan
Sanchez,J**

Andalucia ch 1991

1.e4 e6 2.d4 d5 3.♘c3 ♗b4 4.e5 c5 5.a3 ♗c3 6.bc3 ♘e7 7.♕g4 ♕c7 8.♗d3 cd4 9.♘e2 dc3 10.♕g7 ♖g8 11.♕h7 ♕e5 12.♗f4 ♕f6 13.h4 ♖g2 14.♔f1 ♖g8

14...e5 what I decided to play in my game; 14...♖g4 15.♗g5 ♖g5!? is the same position as recommended later.
15.♗g5

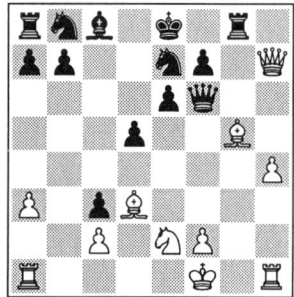

15...♕f3
15...♖g5!? 16.hg5 ♕g5 according to Watson, an assessment agreed to by Pliester in YB/55 (subtitled: The Ultimate Truth!). 17.f4 is what I think is wrong with this idea!?!
16.♘g3 d4 17.♗e4 ♕g4 18.♘h5 ♘d7 19.f3   **1-0**

What say you?
**Regards,
Dave Salter
Beaumont, Ireland**

Reply by Leon Pliester:
It is true that the cover of Yearbook 55 was adorned with the cheerful slogan *The Ultimate Truth*, but this referred more to the lofty ideal that we are all striving for and that we hope to bring just a little step nearer with every analysis. It is possible that the ultimate truth had indeed been discovered in the positions diagrammed on the front

cover, but it should be obvious that this slogan does not apply to lines concluding with the assessment 'unclear'. In any case, it would appear that with your alert discovery 17.f4 you have unearthed the ultimate truth in this particular subvariation.

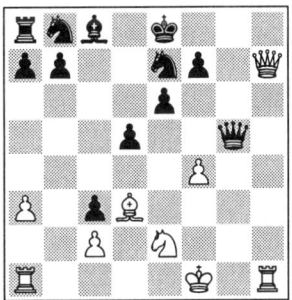

17...♕g8 fails to 18.♕g8 ♘g8 19.♖h8 ♔f8 20.♗h7, and Black is also in trouble after 17...♕g4 18.♔f2 followed by 19.♖ag1.
Please distrust all analysis ending with the assessment 'unclear'. It means something like 'this variation is interesting, but I don't know who is better and I'm going to stop analysing now'.

A French Nightmare
a letter by Marinus Luyks

FR 10.4   **YB 43**

In the recent Lisbon Summer Open (the strongest chess tournament in Portugal ever), I tried to apply Lputian's idea in the French Winawer (8...a5!?) against a Portuguese IM.

Rocha,Sergio
Luyks,Marinus
Lisbon 2000 (4)

1.e4 e6 2.d4 d5 3.♘c3 ♗b4 4.e5 c5 5.a3 ♗a5 6.b4 cd4 7.♘b5 ♗c7 8.f4 a5
'with counterplay on the queenside' – Yearbook 43, page 50.

9.♕g4!?
Simply ignoring the attack on pawn b4!
9...♘e7?! 10.♕g7 ♖g8 11.♕h7 ♘bc6 12.♘f3 ab4
Or 12...♗b8!? transposing to a side-line analysis of the game Timman-Hug, Nice Olympiad 1974, given in *The French Defence* by Gligoric e.o., RHM Press 1975. The idea is 13.♘g5 ♖g5!? 14.fg5 ♗e5∞.

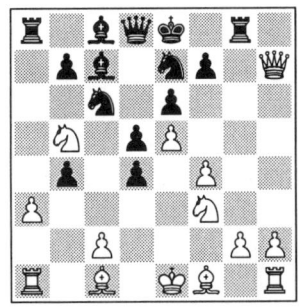

13.h4!
Not giving Black the chance of 13.♘g5 ♖g5. Now I began to feel serious doubts about 'Black's counterplay on the queenside'. 'Thanks to' 8...a5 the knight on b5 is an immovable monster (13...ba3 looks suicidal) and how to stop White's h-pawn?
The game ended more or less in Master versus Amateur style...
13...♖f8
By now I regretted not playing 9...♔f8, but you must be very optimistic as Black to believe in that!
14.♗d3 ♘f5 15.h5 b3
In despair.
16.cb3 ♘b4 17.♗f5 ef5 18.♗d2! ♘c2 19.♔f2 d3 20.h6 ♖a6 21.♘d6 ♗d6 22.ed6 ♖d6 23.♖ae1
Black resigned in view of the line 23...♘e1 24.♖e1 ♖e6 25.♖e6
  A) 25...♗e6 26.♗b4 ♔d7 27.♗f8 ♕f8 28.♕g7 ♔e8 29.♘g5;
  B) 25...fe6 26.♗b4 ♕f6 27.♗f8 ♕f8 28.♕c7 ♔d7 29.h7.
In both lines Black is dead lost.
Regards
Marinus Luyks
Lisbon, Portugal

Plenty of Counterplay
a letter by Martin Appleberry

GI 3.1   **YB 55**

When Bogdan Lalic showed the line from Chapter 2 (see our article in Yearbook 55) to Vasily Ivanchuk (1.d4 ♘f6 2.c4 g6 3.♘c3 d5 4.f3 c6 5.e4 de4 6.fe4 e5 7.d5 ♗c5 8.♘f3 ♘g4 9.♘a4)

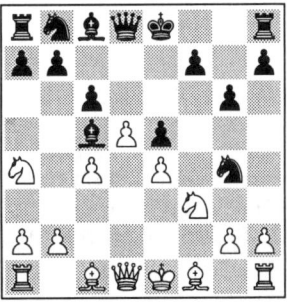

the latter suggested '9...♘a6 with plenty of counterplay'. The move ...f5 is coming, e.g. 10.♘c5 ♘c5 11.♗d3 f5. Ivanchuk thinks 4...c6 is a good line for Black. He doesn't say Black's better, just good counterplay.
Now that we have had some time to think, Murey and I counter this suggestion, after 9...♘a6!? 10.♘c5 ♘c5, with 11.♕e2!? ♘f6 12.♘d2 (intending g3 and ♗g2) 12...♕a5 13.a3 ♘b3 14.♕f3 ♘a1 15.♕f6 0-0 16.b4 ♘c2 17.♔f2 ♕d8 18.♕e5 cd5 19.♕c3 de4 20.♗b2 e3 21.♔g1 ♘d4 22.♕e3 ♘e6 23.♕c3 f6 24.♘e4 ♔g7 25.g4. On second thought, however, we may have jumped the gun, as 21...f6 22.♘e4 (22.♘f3? ♕d1!) 22...♗f5! looks like a bust.
Note the latest victory for 4.f3!

Lalic,Bogdan
Fernandez Garcia,Jose
Cheste rapid 2000 (7)

1.d4 ♘f6 2.c4 g6 3.♘c3 d5 4.f3 ♗g7 5.e4 de4 6.fe4 e5 7.d5 0-0 8.♘f3 ♘a6 9.♗d3 c6 10.0-0 ♘c5 11.♗c2 cd5 12.cd5 ♗g4

13.♔h1 ♖c8 14.♗g5 ♕b6 15.♖b1 h6 16.♗h4

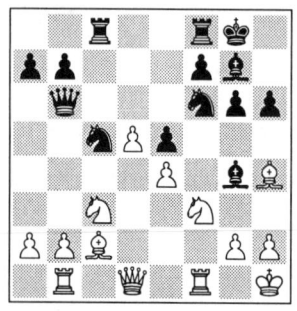

16...♘fe4 17.♗e4 ♘e4 18.♘e4 f5 19.♗f2 ♕b4 20.♗c5 ♖c5 21.♘c5 ♕c5 22.♕b3 e4 23.♘g1 ♖d8 24.h3 ♗h5 25.♖bc1 ♕d5 26.♕d5 ♖d5 27.♖c8 ♔h7 28.g4 fg4 29.♖f7 g3 30.♔g2∓   1-0

Martin Appleberry
Paris, France

Most Impressive Missed Move
a letter by Mikhail Golubev

SI 18.4   **YB 56**

It was very pleasant to receive Yearbook 56 and find something familiar (the 13...♖c4 survey on page 22). I lost about three to four minutes, trying to understand how it was possible that I suggested 17.♕d5 in the position from the first diagram on page 23 (17...♗c3!)... but then I understood that not my suggestion, but your diagram was incorrect: the rook should be on a8, of course! 13...♖c4 is a really familiar line for me. I played it several times in 1982-84.
In 1982 or 1983 we analysed the line 13...♖c4 14.♗c4 with Valery Beim (who worked as a coach in the Odessa chess club, and I was a pupil there) several times, and very seriously. But we didn't find Rau-

sis's idea 16...♘e4!! at all, so we decided that White was probably better.
It was, of course, the most impressive missed move in my entire chess life (an apposite header for this forum contribution, by the way) – after I saw the move 16...♘e4 in the game Petkevich-Rausis in a Russian chess magazine, even having this diagram on my table for some time.

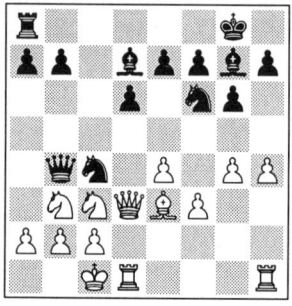

Mikhail Golubev
Odessa, Ukraine

A Fine Queen Retreat
by Georgi Popov

SI 38.3

Popov,Georgi
Elinsky
cr 1991

1.e4 c5 2.♘f3 ♘c6 3.d4 cd4 4.♘d4 ♘f6 5.♘c3 e5 6.♘db5 d6 7.♗g5 a6 8.♘a3 b5 9.♗f6 gf6 10.♘d5 f5 11.♗b5 ab5 12.♘b5 ♖b8
An unusual continuation, which is virtually only seen in correspondence games.
13.♘bc7 ♗d7 14.♕h5 ♘e7 15.♕f7 fe4 16.b4 ♗b7
Alternatives like 16...♗c6 and 16...♖b7 have been seen in some postal games, but Black lost all of these.
17.♕e6 ♗c6 18.b5 ♗c5

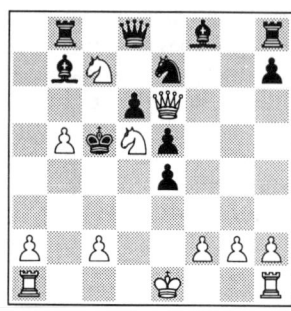

19.♕h3!
A big improvement over 19.♕f6? ♗d5 20.♘a6 ♔b5 21.♘b8 ♖g8 22.♖b1 ♔a5∓ Baer-Cavadini, cr 1988.
19...♘d5?!
19...♗d5 20.♕a3 ♔b6 21.♘d5 ♔b5 (forced, since 21...♘d5 22.♕a6 ♔c7 23.♕c6 is mate) 22.♕b4 ♔a6 (22...♔c6 23.♕c4 ♔d7 24.♘f6 is another attractive mate) 23.♕c4 ♔a5 24.♘c7 ♖b6 (24...♕c8 is met by the surprising ploy 25.♕c3 ♔a4 26.0-0 ♕b7 27.♕b3!) 25.♕c3 ♔a4 26.0-0 ♕d7 (again 26...♕b8 27.♕b3!) 27.♖ab1 ♕c6 28.♕e3 ♘c8 29.♖b6 ♘b6 (29...♕b6 30.♕e4 ♔a5 31.♕d5 ♔a4 32.♕a8) 30.♖b1 ♕c5 31.♕b3 ♔a5 32.♘e6 ♕c6 33.♘d8±.
20.♘e6 ♔b6 21.♘d8 ♖d8 22.a4 ♔a5 23.b6 e3 24.fe3 ♘b4 25.0-0 ♖g8 26.♖f2 ♖g7 27.e4 d5 28.c3 ♘c6 29.♖b1 1-0

No News?
a letter by Rob Bertholée

KP 12.3   **YB 55**

When I heard there was an article about the Traxler in Yearbook 55, I was curious. I wondered what news could be reported. The answer turned out to be a negative one.
The first page of the article (page 108), and more specifically the name of one of the authors, the bold statement and the last diagram, already made me sceptical.

The second page (109) looked more serious, with 'an Amsterdam chess club' presumably being Euwe.
When I saw the second diagram of the third page (110), I couldn't believe my eyes. There was the position which I considered critical for the judgment of the line. In fact I had showed this position and my supporting analysis to Christophe as early as the Eighties(!), when for a few years I was a member of his club Memo, the predecessor of Euwe.

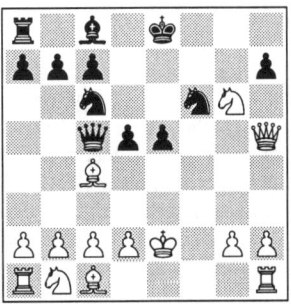

My conclusion was that the variation is quite playable for Black. The authors present no evidence to the contrary, despite their claim that their variation C1, 12.♕h4 is a refutation.
If indeed there is a refutation, their other line (C2) 12.♕g5 'found and analysed by Cramer' stands a better chance, but here analysis to support the claim is lacking, too. At the time I judged this move to be risky because of 12...♕c4 13.d3 ♕c2 14.♗d2 ♗g4 15.♔f2 0-0-0.
The claim in variation A, where the author credits his alias for revealing Williams' blooper, can only make one smile, as does his suggestion in the last paragraph of the article. As the information as (very roughly) sketched in the article is already known for more than a decade, I think the last phrase 'see you in 15 years' is meant to be funny.
By that time we can look forward to an article with the same conclusions, the same lack of analysis, the same games dated in this century and 'maybe, just maybe', a 'new' suggestion.

Kind regards
Rob Bertholée
Haarlem, The Netherlands

A Beautiful Deathbed
a reply by Nirav Christophe and Arne Moll

KP 12.3   **YB 55, 56**

In chess you can face provocation with good analysis or with bad humour. If one shouts 'Refutation!', you can always hear wolves howling in the forest: 'I found it earlier! Nothing new here! I knew it already!' (Bertholée). But others for the sake of chess dive into the position and come up with beautiful analysis and inspiring ideas (Bennedik in Yearbook 56 & Morrs).

A Big Database
Although the Traxler seems on its deathbed, what a beautiful deathbed it is! More discussion, games and analysis than ever, and already two brand new books in the 21st century!
Jozsef Pálkövi's *Zweisspringersystem bis Traxler Gegengambit* (Caissa Chess Books, Kecskemet 2000) proves that the Traxler is too big a research field to deal with in 36 pages. As an overview it lacks the latest analysis and games, as a new impulse Pálkövi's own analysis are too often too superficial and seem to lack computer-input.
But then, there also is Dan Heisman's new E-book on the Traxler. What an incredible achievement of the author to check all existing lines in the Traxler theory with the help of computers. He comes up with completely new evaluations and incredible lines! The one drawback of this masterpiece is that it is more like a big database than a real guide. Sometimes we had to find our way through analysis of three-minute internet games played by ourselves (thanks for calling us 'Grandmasters', Dan!) and through a jungle of relevant and irrelevant computer-analysis to find out the critical lines.
It is too often about moves and almost never about ideas or strategies. We therefore think that the ultimate evaluation of unclear positions is best reached by game practice.

A Beautiful Move
Now, let us move on the actual variations given by Morrs and Bennedik. They both did some excellent research, and moreover they focus on the critical position for the evaluation of the move 7.♔e3 (which is reached after 7...♕h4 8.g3 ♘g3 9.hg3 ♕d4 10.♔f3 d5 11.♖h4 e4 12.♔g2 0-0 13.♘c3!) rather than, like mr Bertholée, dwell on details that do not really change the verdict of White's set-up.
So, what about the position after their truly beautiful move 13...dc4 14.♕h5 ♘e7!!

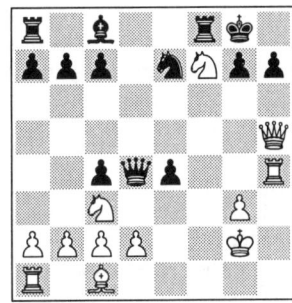

Their analyses are essentially correct, and they do challenge the statement that White is winning after 13.♘c3. However there are still a lot of unclear lines which need further investigation. First, we do like to mention that even after 14...♘e7, White should still be the one playing for a win, as he has several easy ways of achieving a draw.
In addition to variations given by Bennedik (and subsequently in a

more elaborate form by Morrs), we would like to present just two fairly straightforward ideas for the moment.

In our opinion, both positions are very difficult to evaluate, but it seems to us that Black is still to prove full equality in both lines. As we said already, we think the best, if not the only, way to do this is to play the position in actual (correspondence) games.

First of all, in Morrs's line 15.b3 ♘g6! (again, beautiful!) White has the possibility to play 16.♖e4 [*ed. note:* Mark Morrs, a correspondence player presently competing in the final section of the 13th US Championship and playing third board for the US in the 2000 Panamerican Teams, who 'doesn't play the Traxler', interposed 16.♕h7 ♔f7 17.♖e4 (17.♕h5? ♖h8) 17...♕f6 18.♗a3 (18.♕h5 ♖h8 19.♕d5 ♗e6) 18...♖h8 19.♖e7 ♘e7 20.♕h8 ♗g4 'with a strong attack'] after which play may continue 16...♕f6 17.♗a3 ♖f7 18.♖e8 ♘f8 19.♕f7 ♕f7 20.♖f8 ♕f8 21.♗f8 ♔f8. In this ending White, in our modest view, still has an unpleasant initiative due to his lead in development, even though it's too early to indicate the most precise continuation. Secondly, a similar situation arises after 15.♕e5!? (if anything, this move forces a retreat of the black queen, which delays Black's development) 15...♕d7 16.♕e4 ♘g6 17.♘g5 ♘h4 18.gh4 ♕f5 19.♕f5 ♗f5.

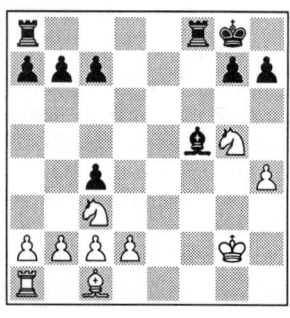

and, again, if White can consolidate, he will be better in the end-ing. Only practice can prove this statement right or wrong.

As to the 'final line' mentioned in our article, it seems that 15 years was a bit too optimistic to speculate on the possibilities arising after 7.♔e3 ♕h4 8.g3 ♕e7!? - a move which, admittedly, we found only during the writing of our article. We deliberately didn't mention any concrete variations after this, since the ideas are all new, there are (as far as we know) no games with it, and in those cases to give clear variations and evaluations is always a risky business.

In reaction to Mr Bennedik's letter in Yearbook 56, we can say that we did, of course, look at the move 9.♔e4. Indeed, it would be the same as not to look at any obvious capture in, say, the now so topical Perenyi Variation of the Najdorf, or the Botvinnik Variation of the Slav Defence!

But since Heisman also mentions the possibility of 'provoking' the move g2-g3 in his E-book, we think it might be interesting to share with the reader some of our ideas in this line.

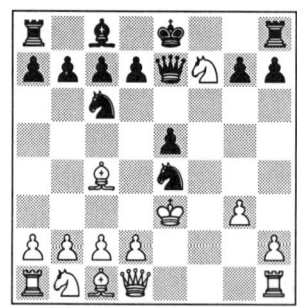

After 9.♔e4 d5 (in our view the best move, as 9...♖f8 10.♘c3! - a move also found by Heisman - includes a white piece in the defence and must be good for White) 10.♗d5 ♕c5! (Heisman does not mention this), Black still has a very dangerous attack, the consequences of which require, again, game practice and very precise analysis. For starters, obvious moves such as 11.♘h8? and 11.♕h5 simply lose after 11...♕d4, so we suspect that White must look for more subtle ways of surviving with his king stuck in the centre. However, after both 11.♗c6 bc6! and 11.c3 ♖f8! the position is so horribly complex that it would be too early to draw conclusions, even if computers will provide a serious help in searching for the ultimate truth.

Another Christophe Game

Bennedik also suggests another 'greedy' line 1.e4 e5 2.♘f3 ♘c6 3.♗c4 ♘f6 4.♘g5 ♗c5 5.♘f7 ♗f2 6.♔f1 ♕e7 7.♘h8 d5 8.ed5 ♘d4 9.d6 cd6 10.♔f2, which he thinks could be dangerous for Black. Coincidentally, an interesting game with this line was very recently played in the finals of the ICCF Traxler correspondence tournament, a tournament that started in 1993 and is still going on! From this game it seems Black has a certain draw against 10.♔f2.

Holzner, Stefan
Christophe, Nirav

cr ICCF theme final 2000

1.e4 e5 2.♘f3 ♘c6 3.♗c4 ♘f6 4.♘g5 ♗c5 5.♘f7 ♗f2 6. ♔f1 ♕e7 7.♘h8 d5 8.ed5 ♘d4 9.d6 cd6 10.♔f2?! ♗g4 11.♕f1 0-0-0!

Already recommended and analysed by Muravev in 1989.

12.c3 ♖f8! 13.♔g1 ♘d5!!

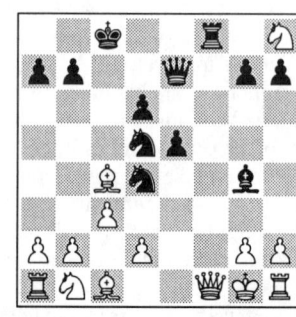

14.cd4 ♖f1 15.♔f1 ♕f6 16.♔g1 ♕f4 17.♗d5 ♕d4 18.♔f1 ♕d3 19.♔f2 ♕d4 20.♔e1 ♕d5 21.♘c3 ♕g2 22.♖f1 d5! 23.♖f2

♕g1 24.♖f1 ♕h2 25.♖f2 ♕h1 26.♖f1 ♕h4 27.♖f2 d4–+ 28.♘b5 ♕h1 29.♖f1 ♕e4 30.♔f2 ♕f3 31.♔g1 ♕g3 32.♔h1 ♗f3 33.♖f3 ♕f3 0-1

Arne Moll & Nirav Christophe
Amsterdam, The Netherlands

A Significant Improvement
a letter by David Vigorito

SI 26.12 **YB 51**

In April of 2000 I was looking at the article by Leitao on the Sicilian Sozin SI 26.12 in Yearbook 51. Things didn't look too pleasant for Black in the line with 17.♖f2 and 18.♕e2. In studying these variations, I discovered a significant improvement, not in the featured game Van der Wiel-Leitao, but in the supplemental game Renet-Sakalauskas. My discovery 24...♕c6! seems to reverse the evaluation of the position completely. By placing the queen on both the h1-a8 and a4-e8 diagonals, Black wins the d7 pawn for nothing or forces White to sacrifice for an attack on the king. In my game with GM Kudrin from September 2000, the game followed my home analysis up to my 27th move. On move 28, White can play a rook sacrifice that is complicated but winning for Black, as I had analysed at home after losing to it in a blitz game with my student IM Joe Fang! Instead of the rook sacrifice, Kudrin played a preparatory move, but after 28...e5!, the defense holds easily and the win is academic!!!

Kudrin,Sergey
Vigorito,David

Harvard Open 2000 (4)

1.e4 c5 2.♘f3 d6 3.d4 cd4 4.♘d4 ♘f6 5.♘c3 a6 6.♗c4 e6 7.♗b3 ♘c6 8.0-0 ♗e7 9.♗e3 0-0 10.f4 ♘d4 11.♗d4 b5 12.e5 de5 13.fe5 ♘d7 14.♘e4 ♗b7 15.♘d6 ♗d6 16.ed6 ♕g5 17.♖f2 a5 18.♕e2 ♖a6 19.♗c3 b4 20.♗d2 ♕c5 21.♗f4 ♘f6 21...e5? 22.♗g5±; 21...♖aa8 – YB/51-50
22.♖d1 ♘e4 23.d7 ♖d8 24.♗e3

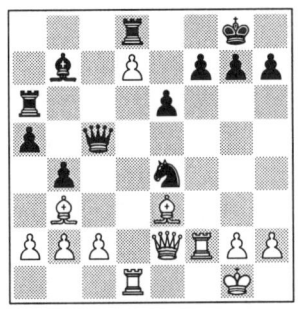

24...♕c6!N
24...♕e7 (as in Yearbook 51) protects the king but allows White to protect the d7 pawn with 25.♗a4. 24...♕c6 stops ♗a4, threatens ...a4, and keeps a eye on g2. The black king is not so well protected, but I had analysed at home that Black survives the direct attack.
25.♖f4
25.♗c4 loses to 25...♘f2.
25...♖aa8!∓ 26.♕f3?
Going for the attack. Alternatives lose the d pawn for nothing:
26.♗c4 ♖d7 27.♗d3 ♘f6∓;
26.c3 ♖d7∓;
26.♖d4 a4 27.♖fe4 ab3 28.ab3 ♖d7∓.
26...a4! 27.♖f7 ab3 28.♖f1
I had analysed 28.♖g7 deeply at home. A timely ...♕b6 and the possibilites of ...ba2 and ...bc2 always save Black: 28...♔g7 29.♗d4 (29.♕g4 ♔h8 30.♗d4 e5 31.♗e5 ♘f6 transposses) 29...e5 30.♗e5 ♘f6 31.♕g4 (31.♖f1 ♕c5) 31...♔h8
A) 32.♕g5 ♕b6! 33.♔h1 (33.♗d4 bc2–+) 33...♕g2! 34.♕g2 (34.♔g2 ♖g8) 34...ba2 and Black wins;
B) 32.♖f1 ♖g8! 33.♖f6 ♕g2 34.♕g2 ♖g2 35.♔f1 ♔g8 36.cb3□ ♖g7! 37.♖d6 ♖f7 38.♗f6 ♖d8 also wins for Black.
28...e5
The killer. Not 28...♘f6?? 29.♖g7 and suddenly it's White who's smiling.
29.ab3
Kudrin was down to less than a minute. White has no compensation for the piece.
29.♕g4 ♕g6 30.♕g6 hg6 31.♗b6 ♘f6 32.♗d8 ♖d8 33.♖e7 bc2–+.
29...♘f6 30.♕c6 ♗c6 31.♖e7 ♖d7 32.♖e5 ♘g4 33.♖e6 ♘e3
33...♗d5 is even quicker.
34.♖e3 ♖d2 35.♖g3 ♖c2 36.h4 ♖e8 0-1

David Vigorito
Las Vegas, USA

The Lazy Knight
by A.C. van der Tak

KG 1.4

In his book *The Sorcerer's Apprentice*, Bronstein gives the following comment after the moves 1.e4 e5 2.f4 ef4 3.♘f3 g5 4.h4 g4 5.♘e5 h5 in his game against Dubinin from the 15th Soviet Championship, Leningrad 1947: 'I had expected 5...♘f6 and after 6.♘g4 ♘e4 I would have liked to play the discovery I made a long time ago: 7.♘c3!

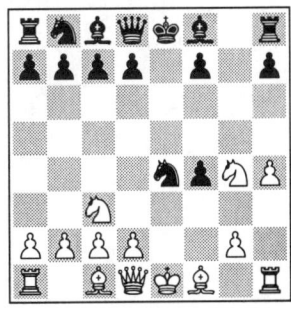

My novelty brings a piece into action that I refer to as 'the lazy knight'. After 7...♘g3 8.♘d5 ♗g7 9.d4 0-0 10.♗f4 ♘h1 11.♘h6 ♔h8 (11...♖h6 12.♕g4 ♔h8 13.♗h6 ♖g8 14.♗g5) 12.♕h5 we have an extremely interesting position. However, if Black had played 8...♗e7 I would not have known what to do. I finally managed to put this idea into practice in 1994 in my game against Kim Astrup.' Although in the year 2000 more eyes are focused on 5...d6 than 5...♘f6 (the latest cry being Fedorov-Shirov, Polanica Zdroj 2000), I would still like to present two games with 7.♘c3: Bronstein's victory over Astrup and a recent game I noticed in the July issue of *CHESS*. In it, White quickly disposes of 8...♗e7, the move Bronstein was afraid of.

Bronstein,David
Astrup,Kim

Gausdal 1994

1.e4 e5 2.f4 ef4 3.♘f3 g5 4.h4 g4 5.♘e5 ♘f6 6.♘g4 ♘e4 7.♘c3!? [7.d3 ♘g3 8.♗f4 ♘h1 9.♕e2 ♕e7 10.♘f6 ♔d8 11.♗c7 ♔c7 12.♘d5 ♔d8 13.♘e7 ♗e7∞ Morphy-Anderssen, Paris 1858; Hebden-Littlewood, Hastings 1982/83] **7...♘g3 8.♘d5 ♗g7** [8...f5? 9.d4 fg4 10.♗f4 ♗b4 11.c3 ♘h1 12.♕g4 ♗c3 13.bc3 ♘g2 14.♗b5 ♔f7 15.♕h5 ♔g8 16.♗h6 ♘d7 1-0 Bronstein-Computer Kallisto, 1995] **9.d4 0-0 10.♗f4 ♘h1 11.♘h6 ♔h8 12.♕h5 ♕e8**

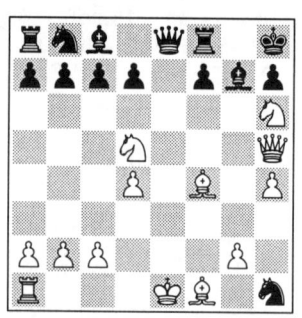

13.♔d2 [13.♗e2 ♘c6 14.0-0-0 ♘f2 15.♖f1 ♕e4 16.♖f2 d6 17.♖f1 f5 18.♘c3 ♕e8 19.♕e8 ♖e8 20.♗h5 ♗d7 21.♗e8 ♖e8 22.d5 ♘d4 23.♔d2 ♘b5 24.♘f7 ♔g8 25.♘h6 ♔h8 26.♘f7 ♔g8 27.♘h6 ½-½ Engedal-M.Ferguson, Witley 1994] **13...f5 14.♕e8 ♖e8 15.♗d3 ♘a6 16.♖h1 c6 17.♘f7 ♔g8 18.♘d6 ♖e6 19.♘e3 ♗h6 20.♗h6 ♖d6 21.♗c4 ♔h8 22.♘f5 ♖h6 23.♘h6 d5 24.♗a6**
1-0

Murphy,Hugh
Lyne,Colin

Berkshire tt 2000

1.e4 e5 2.f4 ef4 3.♘f3 g5 4.h4 g4 5.♘e5 ♘f6 6.♘g4 ♘e4 7.♘c3 ♘g3 8.♘d5 ♗e7

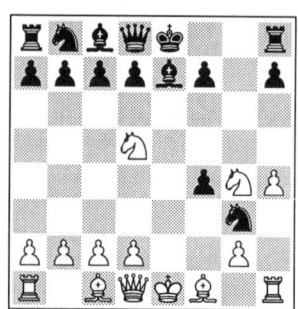

9.d4 d6 [9...♘h1 10.♕e2 ♔f8 11.♗f4 ♗h4 12.♔d2 ♗g5 13.♕e5 ♖g8 14.♘gf6 ♗f6 15.♘f6 ♖g6 16.♖e1 ♕f6 17.♕e8 ♔g7 18.♗e5±; 9...♗h4 10.♘c7± Murphy] **10.♗f4 ♘h1 11.♕e2 ♗e6** [11...h5 12.♘gf6 ♔f8 13.♗g5± Murphy] **12.♘e7 ♗g4** [12...♕e7 13.♗g5 ♘g3 14.♕e3 ♔f1 (14...♘f5 15.♕f4 f6 16.♗f6 ♕f8 17.♕e4 ♘g7 18.d5±) 15.♕f4 ♘h2 16.♘f6 ♔d8 17.♘e4 ♖e8 18.0-0-0 ♘g4 19.♗e7 ♖e7 20.♘g5 ♗d7 21.♘f7 ♔c8 22.d5 ♘a6 23.♕g5± Murphy] **13.♕g4 ♕e7 14.♔d2 ♘f2?** [14...♔d8 15.♕g7 ♕e8 16.♗c4 ♘f2 17.♗g5 ♔d7 18.♖e1 ♘e4 19.♖e4 ♕e4 20.♕h8± Murphy] **15.♕c8 ♕d8 16.♖e1** 1-0

COLUMN

A Mystical Move of the King

Some time ago Boris Gulko and I were talking about the tournament in Esbjerg in which he had participated. My old friend and colleague drew my attention to several games in which there occurred a move of the king which at first sight seemed incomprehensible. His explanation for this phenomenon was so fascinating that I feel it will surely interest our Yearbook readers. That is why I am happy to yield the floor to the former champion of both the Soviet Union and the United States for his contribution about a mystical move of the king.

Genna Sosonko

Sosonko's Corner

A personal view on the chess opening

This issue's column by

Boris Gulko

It is interesting to follow the appearance and disappearance of different positional elements in chess strategy. Now we see that the pawn minority attack is becoming more and more rare in practice. And who remembers about such element of strategy as pawn majority on the queenside, popular in the chess books of the first third of the previous century? Whoever is puzzled about this non existent advantage can play over the 23rd game of the match Marshall-Capablanca, New York 1909.

TD 4.2
Marshall,Frank
Capablanca,Jose

New York m 1909 (23)

1.d4 d5 2.c4 e6 3.♘c3 c5 4.cd5 ed5 5.♘f3 ♘c6 6.g3 ♗e6 7.♗g2 ♗e7 8.0-0 ♘f6 9.♗g5 ♘e4 10.♗e7 ♕e7 11.♘e5 ♘d4 12.♘e4 de4 13.e3 ♘f3 14.♘f3 ef3 15.♕f3 0-0 16.♖ac1 ♖ab8 17.♕e4 ♕c7 18.♖c3 b5

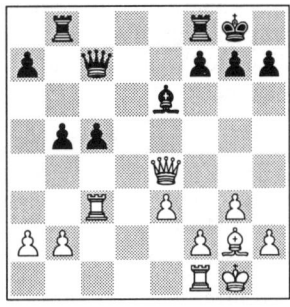

19.a3 c4 20.♗f3 ♖fd8 21.♖d1 ♖d1 22.♗d1 ♖d8 23.♗f3 g6 24.♕c6 ♕e5 25.♕e4 ♕e4 26.♗e4 ♖d1 27.♔g2 a5 28.♖c2 b4 29.ab4 ab4 30.♗f3 ♖b1 31.♗e2 b3 32.♖d2 ♖c1 33.♗d1 c3 34.bc3 b2 35.♖b2 ♖d1 36.♖c2 ♗f5 37.♖b2 ♖c1 38.♖b3 ♗e4 39.♔h3 ♖c2 40.f4 h5 41.g4 hg4 42.♔g4 ♖h2 43.♖b4 f5 44.♔g3 ♖e2 45.♖c4 ♖e3 46.♔h4 ♔g7 47.♖c7 ♔f6 48.♖d7 ♗g2 49.♖d6 ♔g7 0-1

Playing in the 15th North Sea Cup in Esbjerg I saw an example of modern strategy in three games – the mystical movement of the king in the corner. But first the history of the idea.

Kortchnoi-Petrosian, Moscow 1971

Here Petrosian played the most sensational move of the year: **10...♔h8!!** and won after twenty moves not related to the enigmatic move of the king. The chess world was shocked. Nobody could understand this 'breathing of the future'. One pundit even explained the move of the king with a silly soccer association as the intention of the black king to kick the corner... Strictly speaking this idea was introduced to the world by another genius one year before.

EO 25.7

Fischer, Robert
Andersson, Ulf

Siegen 1970

1.b3 e5 2.♗b2 ♘c6 3.c4 ♘f6 4.e3 ♗e7 5.a3 0-0 6.♕c2 ♖e8 7.d3 ♗f8 8.♘f3 a5 9.♗e2 d5 10.cd5 ♘d5 11.♘bd2 f6 12.0-0 ♗e6

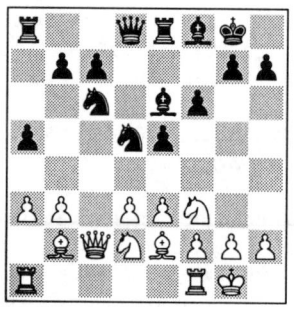

13.♔h1!!
As usual, Fischer's play was more understandable than Petrosian's. After
13...♕d7 14.♖g1 ♖ad8 15.♘e4 ♕f7?! 16.g4! g6 17.♖g3 ♗g7 18.♖ag1 ♘b6 19.♘c5 ♗c8 20.♘h4 ♘d7 21.♘e4 ♘f8 22.♘f5!
White brilliantly realised the potentials of 13.♔h1.

Now let's return to Esbjerg, July 2000.

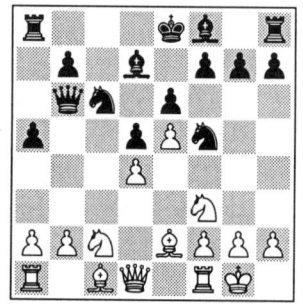

Grischuk - Mikhail Gurevich (2)

11.♔h1!
I would like to mention the most hidden among many advantages of this move: Black was prepared to react to White's actions, but now he has to demonstrate his own plan. Dubious is 11...♗e7 12.g4 ♘h4 13.♘h4 ♗h4 14.f4, and 11...h5 weakens the g5 square.
11...♘b4 12.♘e3 ♖c8 13.♘f5 gf5 14.♗d2 ♗e7 15.a3 ♘c6
And now 16.b4! would give White a significant advantage.
It is very important that after 16...ab4 17.ab4 0-0 (or 17...♘a7 18.b5! and now 18....♘b5 is bad because of the pin 19.♕b3) 18.b5 Black can not take on d4: 18...♘d4? 19.♗e3 and as the white king is on h1 19...♘f3 is not a check.

Push the a5 pawn back on a7 in the previous diagram and instead move the black rook from a8 to c8, and you will get a position from the game Grischuk-Gulko from the last round.
11.♔h1 ♘a5 12.g4 ♘e7 13.♘fe1 ♗b5 14.♘d3, and White's position is preferable.

And, at last, here is the Star Game.

NI 10.4

Gurevich, Mikhail
Nielsen, Peter Heine

Esbjerg 2000 (1)

1.d4 ♘f6 2.c4 e6 3.♘c3 ♗b4 4.e3 0-0 5.♘ge2 d5 6.cd5 ed5 7.g3 ♖e8 8.♗g2 c6 9.0-0 ♗d6 10.♕c2 a6

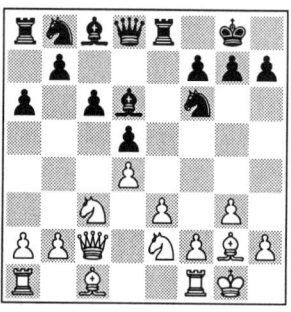

11.♔h1!!
According to Mikhail, this is the only move! The natural 11.f3 didn't promise anything because of 11...c5, and at the same time in the case of the neutral 11.♗d2 Black threatened to play 11...g6 and 12...♗f5. After 11.♔h1!! the move 11...g6 will be met by 12.f3 c5 13.dc5 ♗c5 14.e4! with a strong initiative on the dark squares.
11...h5 12.f3 h4 13.gh4!
Here also the white king is placed much better in the corner.
13...♘h5 14.e4! de4 15.♗g5 ♗e7 16.fe4 ♗g5 17.hg5 c5 18.♗f3
The immediate 18.♘d5 was even stronger.
18...♕g5 19.♖g1 ♕h4 20.♘d5 ♘f6 21.♘ef4 ♘d5 22.♘d5 ♘c6 23.♕c5 ♗e6 24.♘c7 ♕f6 25.♖af1 ♗h3 26.♖g7!
The brilliant conclusion of a great game. The positional foundation of this brilliancy was built by the enigmatic 11.♔h1!!
26...♔h8 27.♖g3
Black resigned.

SURVEYS

featuring

**36 Opening
Variations**

INTRODUCTION: Genna Sosonko
MAIN ANALYSIS: Sergey Movsesian, Michal Krasenkow
STUDY MATERIAL: Sosonko, Sax, Svidler

Sicilian Defence
Dragon Variation

SI 15.3

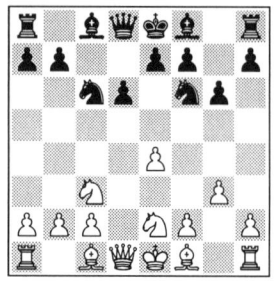

Fianchetto Variation

1.e4 c5 2.♘f3 d6 3.d4 cd4 4.♘d4 ♘f6 5.♘c3 g6 6.g3 ♘c6 7.♘de2

It is my conviction that all lines that do not start with 9.0-0-0, are no direct threat to the Sicilian Dragon, although many still require accuracy on Black's part. One of those lines involves the fianchetto of White's king's bishop. As a rule White withdraws his central knight voluntarily to e2 in order to avoid the exchange on d4 which entails a further loss of time for the white queen. This was indicated in my survey in Yearbook 46 and was confirmed in Round 2 of this year's Rubinstein Memorial in the game Svidler-Gelfand, where Black came out of the opening with an excellent position.

Two Basic Plans

Black can follow either of two basic plans in the key position after 7.♘de2.
– He can go 7...♗g4 and take on e2. That's the approach I chose in the '70s and '80s. White has the bishops but Black has clear-cut plans on the queenside. Suitable for devotees!
– The more obvious alternative is the route with ♖b8 taken in the featured game Movsesian-Shirov, Polanica Zdroj 2000. The pieces remain on the board, which makes for a complicated middle game. This is the favourite of the great Dragon expert Kiril Georgiev, which is a recommendation in itself.

On move 15 Movsesian produces a novelty, albeit a fairly innocuous one. Shirov comes up with a typical pawn sacrifice in order to keep his queenside attack going. The more quiet 16...♕c7 would also have done nicely. Black's mistake comes at move 18, where Movsesian's suggestion 18...♕e7 was indicated. The sequence initiated by 19.e5 yielded White a useful initiative, which petered out when White, on several occasions, failed to find the most accurate continuation. So it all ended peacefully after all.

SI 15.3

Movsesian,Sergey
Shirov,Alexey

Polanica Zdroj 2000 (9)

1.e4 c5 2.♘f3 d6 3.d4 cd4 4.♘d4 ♘f6 5.♘c3 ♘c6 6.g3 g6 7.♘de2 ♗g7 8.♗g2 0-0 9.0-0 ♖b8 10.a4 a6 11.h3 b5 12.ab5 ab5 13.♗e3 b4 14.♘d5 ♘d7

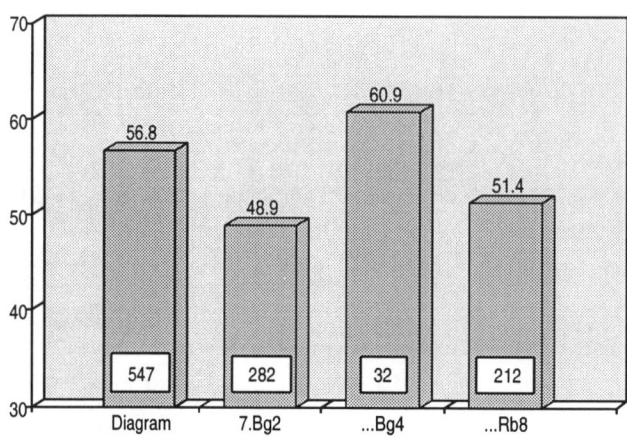

15.♖b1 [15.♘d4?? ♗d4 16.♗d4 e6–+ (0-1 J.Ivanov-V.Georgiev, Andorra 1997) 17.♘e3 e5 18.♗a7 ♖b7 (0-1 Stojanov-V.Georgiev, Plovdiv ch-BG 1999) 19.♕d6 ♘a7 20.♖fd1 ♖c8–+ L'Ami-Tiviakov, Hoogeveen 1999; 15.♖a2 e6 16.♘df4 b3 17.cb3 ♘b4 Marinkovic-Kovacevic, Ulcinj 1997] **15...e6 16.♘df4 b3 17.cb3 ♘c5 18.♖c1 ♘a5?!** [18...♕e7 19.♗d2 ♗a6 20.♖e1]

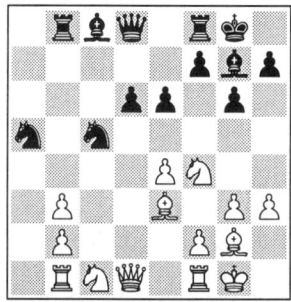

19.e5! ♗a6 [19...♗e5 20.b4! ♖b4 21.♘fd3 d3 22.♘d3 ♖b3 23.♘e5 de5 24.♗h6 ♖e8 25.♖a1! ♖b5 26.b4] **20.♖e1 ♘ab3** [20...♗e5!? 21.♗c5 dc5 (21...♗f4? 22.♗a7) 22.♕d8 ♖fd8 23.♖e5 ♖d1 24.♔h2 ♘b3 25.♘b3 ♖b1 26.♘c5 ♗b5 (26...♗c4 27.♖e4 ♗d5 28.♘d5 ed5 29.♖f4) 27.b3 ♖b2 28.g4 ♖f2 29.♔g3±] **21.ed6 ♕d7 22.♘b3 ♘b3 23.♘e2 ♗e5** [23...♖fd8?! 24.♘c3 ♕d6 25.♕d6 ♖d6 26.♗f4 e5 27.♖e5!] **24.♘d4?!** [24.♗h6! ♖fd8 25.♘c1! ♘c1 26.♖e5 ♘d3 27.♕f3 ♕d6 28.♖a5 f5!? 29.♕e3±] **24...♘d4** [24...♗d4?! 25.♗d4 ♕d6 26.♗f6] **25.♗d4 ♗d6 26.♗c3?!** [26.♗f6!?] **26...♕e7 27.♖a1 ♗b7 28.♗b7** [28.♗a7 ♗c5] **28...♖b7 29.♕f3** [29.♕d4 e5 30.♕d5 ♖d7 (30...♖d8!?) 31.♗e5 ♗e5 32.♕e5 ♕e5 33.♖e5 ♖b8 34.♖b1 ♖db7=] **29...♖b5! 30.♕e3** [30.♗f6 ♕b7] **30...♗b4 31.♖a7 ♖b7 32.♖b7** ½-½

Movsesian/Krasenkow

Study Material

♗g4

Matanovic, Aleksandar
Sosonko, Genna

Biel izt 1976 (10)

1.e4 c5 2.♘f3 d6 3.d4 cd4 4.♘d4 ♘f6 5.♘c3 g6 6.g3 ♘c6 7.♘de2 ♗g7 8.♗g2 0-0 9.0-0 ♗g4 10.h3 ♗e2 11.♕e2 ♖c8 12.♗e3 ♘d7 13.♘d1!? ♘d4 14.♗d4 ♗d4 15.c3 ♗g7 16.♘e3 ♖c5 17.♖ad1 b5!= 18.♖d5 ♕b8 19.♖fd1 ♖e8 20.♖c5 ♘c5 21.♘d5 a5 22.a3 e6 23.♘e3 b4 24.ab4 ab4 25.cb4 ♕b4 26.♖d6 ♕b2 27.♕c4 ♖c8 ½-½

Speelman, Jonathan
Sosonko, Genna

London P&D 1980 (12)

1.e4 c5 2.♘f3 d6 3.d4 cd4 4.♘d4 ♘f6 5.♘c3 g6 6.g3 ♘c6 7.♘de2 ♗g4 8.♗g2 ♕e2? [8...♗g7 9.h3 ♗e2 10.♘e2 0-0 11.0-0 ♘d7 12.c3 ♖b8 13.♗e3 b5 Nunn-Sosonko, Wijk aan Zee 1982] **9.♕e2 ♗g7 10.0-0 0-0 11.♘d5 ♖c8** [≥ 11...♘d7] **12.c3 ♘d5** [12...e6!?] **13.ed5 ♘e5 14.♗d2 ♘c4 15.♖e1** a6 16.b3 ♘e5 17.♗d2 [Δ 18.c4] 17...♘d7 18.♖ac1 ♖e8 19.c4 a5 20.♗h3! ♖a8 21.♖fe1 ♘c5 22.♘c3 ♕b6 23.♗g7 ♔g7 24.♕b2 ♔g8 25.♖e3 [25.♖c3? ♘a4] **25...e5? 26.de6 fe6 27.♕f6!+–**

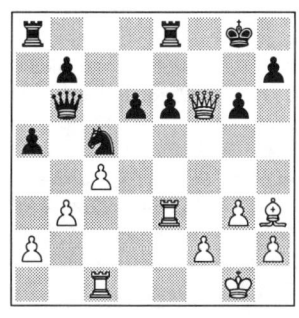

27...♕d8 [27...e5 28.♗g2] **28.♗e6 ♘e6 29.♖e6 ♕f6 30.♖f6 ♖e2**
31.♖d1 ♖a2 32.♖dd6 a4 33.ba4 ♖8a4 34.♖f4 b5 35.♖d8 [35.cb5? ♖f4 36.gf4 ♖b2] **35...♔g7 36.♖d7 ♔h6 37.♖h4 ♔g5 38.♖d5 ♔f6 39.♖b5 ♖c2 40.♖f4 ♔e6 41.♖b6 ♔e5 42.♖b7 ♖ac4 43.♖e7 ♔d6 44.♖c4 ♖c4 45.♖h7 ♔e6 46.♖h4 ♖c2 47.♖f4 g5 48.♖f8 ♖c5 49.♔g2 ♔e5 50.♖a8 ♔f6 51.♖a4 ♖c8 52.h4** 1-0

♖b8

Geller, Efim
Parma, Bruno

Malta ol 1980 (4)

1.e4 c5 2.♘f3 d6 3.d4 cd4 4.♘d4 ♘f6 5.♘c3 g6 6.g3 ♘c6 7.♘de2 ♗g7 8.♗g2 0-0 9.0-0 ♘d7 10.h3 a6 11.a4 ♖b8 12.♘d5 ♘a5 13.♖a2 ♘d5 14.ed5 ♕c7 15.b3 b5 16.ab5 ab5 17.♗e3 ♖a8 18.♗d4 ♘b7 19.♖a8 ♖a8 20.♗g7 ♔g7 21.♕d2 ♖c8 22.♘d4 ♕c3 23.♕c3!= ♖c3 24.♖a1 b4 25.♖a6 ♗f5 26.♖a2 h5 27.♔f1 ♘c5 28.♔e1 e5 29.de6 ♘e6 ½-½

Saltaev, Mikhail
Panchenko, Alexander N

Moscow 1983

1.e4 c5 2.♘f3 ♘c6 3.d4 cd4 4.♘d4 ♘f6 5.♘c3 d6 6.g3 g6 7.♘de2 ♗g7 8.♗g2 0-0 9.0-0 ♖b8 10.a4 b6 11.h3 b5 12.ab5 ab5 13.♘h2?! b4 14.♘d5 e6 15.♘e3 ♗b7 16.f4 ♕c7 17.♕d3 ♖fd8 18.♕b3 ♘d7 19.♕c3 ♖a8 20.♖a8 ♖a8 21.♕d3 ♘c5 22.♕d2 ♘e7∓ 23.f5 ♗e4 24.fe6 fe6 25.♗e4 ♘e4 26.♕b4 d5 27.c3 ♗e5 28.♖f3 ♖b8 29.♕a3 ♕b7 30.♘g4 ♗g7 31.♕a4 ♘f5 32.♘f2 ♘g5 33.♖d3 d4! 34.♕d1 e5 35.♘g2 ♘e6 36.cd4 ♘ed4 37.♖e1 e4 38.♖a3 ♕c7 39.♘f2 e3–+ 40.♖e3 ♘e3 41.♗e3 ♖d8 42.♘fd3 ♕e7 43.♕c1 h6 44.♘f4 ♔h7 45.♘fg2 ♕b7 46.b4 ♘f5 47.♗c5 ♗e5 48.♘f4 ♕e4 49.♘eg2 ♕g3 50.♔g3 g5 51.♗e3 gf4 0-1

Horvath,Tamas
Georgiev,Kiril

Lvov 1984 (2)

1.e4 c5 2.♘f3 d6 3.d4 cd4 4.♘d4 ♘f6 5.♘c3 g6 6.g3 ♘c6 7.♘de2 ♗g7 8.♗g2 0-0 9.0-0 ♖b8 10.a4 a6 11.h3 b5 12.ab5 ab5 13.♘d5 ♘d7!? 14.♖a2 e6 15.♘df4 ♕c7 16.♗d2 ♘c5 17.♕c1 [17.♘c3 ♗c3 18.♘c3 b4 19.♘a4 b3; 19...♖a8] 17...♗b7 18.♘cd3 ♖a8∓ 19.♖a8 ♖a8 20.♖e1 ♘a4 21.c3 ♘c5 22.♕c2 ♘a5 23.♘c5 dc5 24.♘d3 c4 25.♘b4 ♖d8 26.♗g5 ♖d7 27.♖d1 ♘b3 28.♗e3 ♗f8 29.♔f1 ♗c5 30.♖d7 [30.♗c5 ♘c5∓] 30...♕d7 31.♔e2? [31.♗c5 ♘c5∓] 31...♗b4 32.cb4 ♘d4 33.♗d4 ♕d4 34.♕d2 e5 35.f4 [35.♕c2 f5−+] 35...♔g7−+Z 36.♕d4 ed4 37.g4 f5

0-1

M/85-1-85

Grigorov,Jordan
Inkiov,Ventzislav

Sofia 1985

1.e4 c5 2.♘f3 d6 3.d4 cd4 4.♘d4 ♘f6 5.♘c3 ♘c6 6.g3 g6 7.♘de2 ♗g7 8.♗g2 0-0 9.0-0 ♖b8 10.a4 a6 11.h3 b5 12.ab5 ab5 13.♘d5 b4 14.♗e3 ♘d7 15.♖a2 ♘c5 16.b3 ♗b7 17.g4 e6 18.♘df4 ♘e5 19.♘g3 ♕c7 20.♕d2 ♖fd8 21.♖d1 ♘e4?! [21...♗c6!?] 22.♘e4 ♗e4 23.♗e4 d5 24.♖a7 ♕c8 25.♘d5 ed5

26.♗g5!± ♕c5 27.♘d8 de4 28.♕e3 ♘f3 29.♔g2 ♗d4 30.♖d4 ♕d4 31.♕d4 ♘d4 32.♗f6 ♘c2 33.♖e7 ♘e1 34.♔f1 ♘f3 35.♔e2 g5 36.♔e3 h6 37.♖e4 ♘h4 38.♔e2 ♘g6 39.♔f3 ♖b6 40.♗d4 ♖b5 41.♔g3 ♗f8 42.♗e3 ♘e7 43.♖c4 ♔e8 44.f4 ♘d7 45.♖c5 ♖c5 46.♗c5 ♘c6 47.h4 f6 48.♗f8 ♘d4 49.♗b4 ♘b3 50.♗f8 ♘d4 51.fg5 hg5 52.h5 ♔e8 53.♗c5 ½-½

Kudrin,Sergey
Georgiev,Kiril

Wijk aan Zee 1985 (3)

1.e4 c5 2.♘f3 d6 3.d4 cd4 4.♘d4 ♘f6 5.♘c3 g6 6.g3 ♘c6 7.♘de2 ♗g7 8.♗g2 0-0 9.0-0 ♖b8 10.a4 a6 11.h3 b5 12.ab5 ab5 13.♗g5 ♘d7!? 14.♕c1 b4 15.♘d5 ♘c5 16.♗h6 ♗a6!= 17.♗g7 ♔g7 18.♕d2 e6 19.♘e3 ♕e7 20.f4 ♖fe8 21.♖f2 ♗b5 22.b3 ♗e2 23.♖e2 ♖ed8 24.♖d1 ♖a8 25.♖f2 [25.♘d5 ♕b7!] 25...♔g8 26.h4 ♖a2 27.♕e1 ♖a7 28.♕e2 ♖c7 29.h5 ♘d7 30.♘c4 ½-½

YB/3-40

Sax,Gyula
Farago,Sandor

Hungary tt 1987

1.e4 c5 2.♘f3 d6 3.d4 cd4 4.♘d4 ♘f6 5.♘c3 g6 6.g3 ♘c6 7.♘de2 ♗g7 8.♗g2 0-0 9.0-0 ♗d7 10.h3 ♖b8 11.a4 a6 12.♘d5 ♘e5?! [12...b5 13.ab5 ab5 14.♗g5 (14.♖a2±) 14...♘d5 15.ed5±] 13.♖a2! b5 [13...♘d5 14.ed5±; 13...♗c6 14.♘d4±] 14.ab5 ab5 [14...♗b5?! 15.b3 △ 16.c4±] 15.b3 ♗c6?! [15...♖e8 16.♗g5 ♘d5 17.ed5 b4 18.♘d4±; 18.f4?! f6!] 16.♘d4! ♗a8? [16...♘d5 17.ed5 ♗a8 18.♖e1 △ 19.f4±, c6<; 16...♘d5 17.ed5 △ f4, ♘c6±; 16...♗b7! 17.♘f6 (17.♗g5! ♘fd7 18.♕d2!±/±) 17...♗f6 18.♗h6 ♖e8?! (18...♗g7 19.♗g7 ♔g7 20.♘b5 ♗e4 21.♗e4 ♖b5∞/±) 19.♘b5 ♗e4 20.♘d6 ♗g2 21.♕e8 △ 22.♘f6+/+−] 17.f4 ♘ed7 [17...♘d5 18.ed5 ♘d7 19.♗e3±, c6<] 18.♖a8! ♖a8 19.♘c6 ♘d5!□ [19...♕e8 20.♘c7+−] 20.♘d8 ♘c3 21.♕e1! ♖ad8 22.e5! b4 23.e6 ♘c5 24.ef7 ♖f7 25.♗e3±/+− ♖c8 26.h4! [△ ♗h3, h5] 26...♘h8 27.♔h2 d5?! [27...♖c7] 28.♗c5! ♖c5 29.♕e6+− ♖f8 30.♕e7 ♖cc8 31.♕b4 d4 32.♖e1 h6 33.♕d6 ♘a2? 34.♕g6

1-0

Sax

YB/6-32

Smirin,Ilya
Pigusov,Evgeny

Podolsk tt 1990 (7)

1.e4 c5 2.♘f3 ♘c6 3.d4 cd4 4.♘d4 g6 5.♘c3 ♗g7 6.♘de2 d6 7.g3 ♘f6 8.♗g2 0-0 9.0-0 ♗d7 10.h3 ♖b8 11.a4 a6 12.♗e3 b5 13.ab5 ab5 14.♘d5 b4 15.♖a2 ♘e8 16.♗g5 h6 17.♗d2 e6 18.♘e3 ♘c7 19.c4?! bc3 20.♗c3 ♘b5 21.♗g7 ♔g7 22.♕d2 e5∓ ½-½

Kopilov,Igor
Skobeev,Viktor

cr ch-SU-19 1991

1.e4 c5 2.♘f3 d6 3.d4 cd4 4.♘d4 ♘f6 5.♘c3 g6 6.g3 ♘c6 7.♘de2 ♗g7 8.♗g2 0-0 9.0-0 ♖b8 10.a4 a6 11.♘d5 ♘d7 12.c3 b5 13.ab5 ab5 14.♘d4 ♘d4 15.cd4 ♘b6 16.♘b4 ♕c7 17.♗g5 ♕c4? 18.♕d2 ♖e8 19.♗e3 f5 20.ef5 ♗f5 21.♖a6 ♕f7

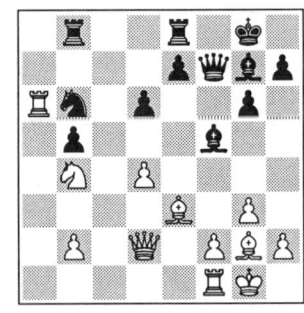

22.♘c6+− ♖b7 23.♘d8 ♖d8 24.♗b7 ♘c4 25.♕e2 e5 26.♕f3 d5 27.♖a8 ♕e8 28.♖d8 ♕d8 29.♕d5 ♕d5 30.♗d5 ♔f8 31.de5 ♘e3 32.fe3 ♔e7 33.g4 ♗e6 34.♗e6 ♔e6 35.♖f4 ♔e5 36.♖b4 ♔d6 37.♖b5

1-0

Ivanov,Alexander
Ernst,Thomas

Gausdal 1991 (6)

1.e4 c5 2.♘f3 d6 3.d4 cd4 4.♘d4 ♘f6 5.♘c3 g6 6.g3 ♘c6 7.♘de2 ♗g7 8.♗g2 0-0 9.0-0 ♖b8 10.a4 a6 11.♘d5 b5 12.ab5 ab5 13.♗g5 ♘d7 14.♕c1 ♖e8 15.♖d1 ♘c5 16.♗h6

♗h8 17.b4?! [17.♗e3!? (△ 18.♗c5 dc5 19.♘f6) 17...♘e6 (17...♘a4 18.♘d4±) 18.♘ef4±] 17...♗a1 18.♕a1 ♘e6 19.♘df4? [19.♘ef4? f6! 20.♕a2 ♔h8⊐; 19.f4!? f6 20.♕c3!? (20.♕a2 ♗h8 21.f5 gf5 22.ef5 ♘g7 23.g4 (23.♗g7 ♔g7 24.♘df4 ♗e5 25.♘d4 ♕b6∓) 23...e5!∓) 20...♗d7 21.f5 gf5 25.ef5 ♘g7 23.♗g7 ♔g7 24.♘ef4∞] 19...♘e5 [19...f6? 20.e5! ♘f4 (20...♘e5 21.♗d5+−) 21.gf4!±] 20.♘e6 ♗e6 21.f4 ♕b6 22.♔h1 [22.♔f1 ♖a8! (22...♕e3? 23.♖d3!±) 23.♕b2 ♖a2!−+] 22...♖a8!−+ 23.♕c3 [23.♕b2 ♖a2!−+] 23...♖ec8 24.♕d2 ♘g4 25.♘d4 ♖a2! [△ 26...♖cc2; 25...♘h6?! 26.f5!∓] 26.f5 ♖cc2! 27.♘c2 ♘f2 28.♕f2 ♕f2 29.♘e3 ♗c4 30.e5 gf5 31.ed6 ed6 32.♖g1 ♖e2 33.♘d1 [33...♕g2!! 34.♖g2 ♖e1 35.♖g1 ♗d5]   0-1
Svidler

Svidler, Peter
Zviagintsev, Vadim
St Petersburg m 1992 (4)

1.e4 c5 2.♘f3 d6 3.d4 cd4 4.♘d4 ♘f6 5.♘c3 g6 6.g3 ♗g7 7.♗g2 0-0 8.0-0 ♘c6 9.♘de2 ♖b8 10.a4 a6 11.♗g5 b5 12.ab5 ab5 13.♕c1 ♖e8 14.♘d5 ♗d7 15.♖d1 b4 16.h3 ♘c5 17.♗h6 ♗h8 18.♗e3 ♘d7

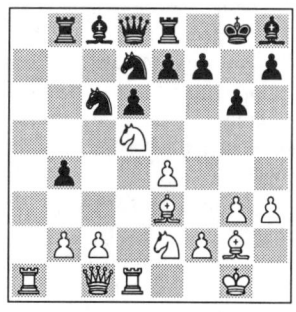

19.♘d4? ♗d4−+ 20.♗d4 e6 21.♘b4 ♘b4 22.♗e3 ♕c7 23.♕d2 ♘c6 24.♕d6 ♕d6 25.♖d6 ♘b4 26.♖d2 e5 27.♖a7 ♘f8 28.f4 ♘c6 29.♖c7 ♘d4 30.♖c5 f6 31.fe5 fe5 32.b3 ♗b7 33.♗d4 ed4 34.♖b5 ♖ed8 35.♖b6 ♗g7 36.h4 h5 37.♗f2 ♔h7 38.♔e1 ♘f6 39.e5 ♘d5 40.♖d6 ♖d6 41.ed6 ♘e3 42.♗b7 ♗b7 43.c4 dc3 44.♘d3 ♘c2 45.♗f2 ♗f7 46.♔g1 ♘a3 47.♖c3 ♘b5 48.♖d3 ♘d7 49.♘d5 ♘d6 50.♔g2

♗f6 51.g4 hg4 52.♖d4 ♔f5 53.b4 ♖d8 54.♖d5 ♔e4 55.♖d1 ♔e5 56.b5 ♖b8 57.♖e1 ♔e4 58.♖b1 ♖b6 59.♖b4 ♔f5 60.♖b1 ♔f4 61.♖b4 ♔f5 62.♖b1 ♘d6 63.♖f1 ♔e5 64.♖e1 ♔f6 65.♖d1 ♘f5 66.♖b1 ♘h4   0-1

Ivanchuk, Vasily
Kramnik, Vladimir
Horgen 1995 (7)

1.e4 c5 2.♘f3 ♘c6 3.d4 cd4 4.♘d4 ♘f6 5.♘c3 d6 6.g3 g6 7.♘de2 ♗g7 8.♗g2 0-0 9.0-0 ♖b8 10.a4 a6 11.♘d5 b5 12.ab5 ab5 13.♗e3?! b4 14.♖a2 ♘g4 15.♗g5 h6 16.♗c1 e6 17.♘e3

17...b3!∓ 18.cb3 ♘ge5 19.♗d2 ♕b6 20.♗c3 ♗a6 21.♕d2 ♕e2 22.♕e2 ♘d4 23.♗d4 ♕d4 24.♖d1 ♕c5 25.♖a6 ♖b3 26.♖ad6 ♖b2 27.♘6d2 ♖fb8 28.♖c2 ♖8b3 29.♖dd2 ♖c2 30.♖c2 ♖b1 31.♘f1 ♕b6 32.h3 ♘c6 33.♕c4 ♘d4 34.♖a2 h5 35.h4 ♔h7 36.♔h2 ♖b4 37.♕c1 ♘c6 38.♘e3 ♗h6 39.f4 ♖b3 40.♖a3 ♖b1 41.♖a6 ♕a6 42.♕b1 ♕e2 43.♘f1 ♘d4 44.♕b7 ♔g8 45.♕c8 ♗f8 46.♕c3 ♗g7 47.♕e3 ♕b2 48.♕d2 ♕b3 49.♘e3
½-½
M/95-8-31

Matulovic, Milan
Zontakh, Andrey
Sabac 1998 (3)

1.e4 c5 2.♘f3 d6 3.d4 cd4 4.♘d4 ♘f6 5.♘c3 ♘c6 6.g3 g6 7.♘de2 ♗g7 8.♗g2 0-0 9.h3 ♖b8 10.a4 a6 11.♗e3 b5 12.ab5 ab5 13.♘d5 b4!

[13...♘d7 14.♘d4 ♘d4 15.♗d4 ♗d4 16.♕d4 ♗b7 17.♘b4 ♕b6 18.♕b6 ♘b6 19.0-0± Matulovic-Relange, Sabac 1998 (1)] 14.♘d4 ♘d4 15.♗d4 ♘d5 16.ed5 ♗d4 17.♕d4 ♗f5 18.♗e4 [18.♔d2? e5 19.de6 ♗e6 20.♖hd1 ♖c8 21.♔e1 ♖c2−+ Jansa-Nevednichi, Krynica zt 1998] 18...♖c8 19.♔d2 ♖b5 20.f3 ♗e4 21.fe4 ♖c5 22.♖ac1 ♖c4 23.♕e3 e6∓ 24.c3 ed5 25.ed5 ♕f5 26.♕d3 ♕f2 27.♕e2 ♕c5 28.♕d3 bc3 29.bc3 ♖a4 30.♖he1 ♖b8 31.♖c2 ♖a5 32.♕d4 ♕d5−+ 33.♖e4 ♕b3 34.♕e3 ♖d5 35.♖e5 36.♕d3 ♕b1 37.♖e4 ♖f5 38.♖f4 ♖f4 39.gf4 ♖e8 40.♖c1   0-1

Van Beek, Alexander
Van der Wiel, John
Vlissingen 2000 (5)

1.e4 c5 2.♘c3 ♘c6 3.♘ge2 g6 4.d4 cd4 5.♘d4 ♗g7 6.♘de2 ♘f6 7.g3 0-0 8.♗g2 d6 9.0-0 ♖b8 10.a4 a6 11.h3 b5 12.ab5 ab5 13.♘d5 14.♗g5 ♘d5?! 15.ed5 ♘e5 16.♘d4 ♗d7 17.b3 ♖e8 18.♗e3 e6 19.f4 ed5 20.fe5 de5 21.♗d5 ed4 22.♗f7 [22.♖f7 ♗e6 23.♗e6 ♖e6 24.♖aa7 ♗f6±] 22...♔h8 23.♗d4! ♗h3 24.♗g7 ♔g7 25.♗e8 ♗f1 26.♖a7 ♔h6 27.♕c1! g5 28.♕f1 [28.♔f1 ♕e8 29.♖a6 ♘g7 30.♕g5 ♔h8 31.♕f6 ♘g8; 28.♕a1 ♕e8 29.♕g7 ♔h5 30.♕h7 ♔g4 31.♖e7+−] 28...♕d4 29.♔h2 ♕d2 30.♔h3 g4 31.♔g4 ♕g5 32.♔h3 ♖e8 33.♕a6? [33.♖a5! ♕d8 (33...♕a5 34.♕f6 ♔h5 35.g4X) 34.♕f7+−] 33...♕g6 34.♕g6 ♔g6 35.♖c7 ♖e2 36.♖c4 ♔g5 37.♖c5 ♔g6 38.♔g4 h5 39.♔f3 ♖h2 40.♔f4 ♖f2 41.♔e3 ♖g2 42.♔f3 ♖d2 43.♖c4 ♔f5 44.♖c5 ♔g6 45.♖c4 ♔f5 46.♖b4 ♖c2 47.♖b5 ♔g6 48.♖e5 ♖b2 49.♖e3 ♔f5 50.♖c3 ♔g5 51.♖c5 ♔g6 52.♖b5 ♖c2 53.b4 ♖c3 54.♔f4 ♖c4 55.♔f3 ♖c3 56.♔g2 ♖c2 57.♔h3 ♖b2 58.♖b8 ♔f5 59.♖f8 ♔g6 60.♖f4 ♖g5 61.♖c4 ♔g6 62.g4 hg4 63.♔g4 ♔f6 64.♖e4 ♖b3 65.♔f4 ♖h3 66.♖d4 ♔e6 67.♔e4 ♖h4 68.♔d3 ♖d4 69.♔d4 ♔d6 70.♔c4 ♔c6 71.b5 ♔b6 72.♔b4 ♔b7   ½-½

INTRODUCTION: A.C. van der Tak
MAIN ANALYSIS: A.C. van der Tak
STUDY MATERIAL: Van der Tak

Sicilian Defence
Dragon Variation

SI 17.5

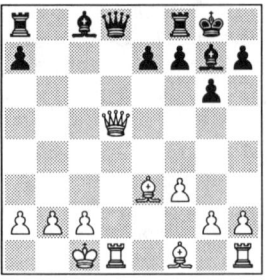

The Crucial Test

1.e4 c5 2.♘f3 d6 3.d4 cd4 4.♘d4 ♘f6 5.♘c3 g6 6.♗e3 ♗g7 7.f3 0-0 8.♕d2 ♘c6 9.0-0-0 d5 10.ed5 ♘d5 11.♘c6 bc6 12.♘d5 cd5 13.♕d5

In his 1999 monograph Mikhail Golubev calls the position after 9.0-0-0 d5 'the most critical for the Dragon theory (and even for the fate of the Dragon)'. Over the years the main lines theory and practice have dealt with are 10.ed5 ♘d5 11.♘c6 bc6 12.♗d4, and subtle deviations such as 10.♔b1!? and 10.♕e1!?. The crucial test of Black's pawn sacrifice – accepting it by means of 12.♘d5 cd5 13.♕d5 – has never really caught on.

A number of recent games, one of which involving Vasily Ivanchuk who had already taken the pawn on a previous occasion, induced me to take a closer look at this line, the most critical, and ask myself the question: how dangerous is it really for White to grab the pawn? The two featured games of this survey, Ivanchuk-Fedorov and Movsesian-Fedorov, played in Rounds 2 and 4 of the Rubinstein Memorial in Polanica Zdroj this summer, seem to indicate that Black fails to get sufficient compensation after 13...♕c7 14.♕c5 ♕b7 15.♕a3 ♗f5 16.♗d3 ♖ab8 17.b3 with either 17...♖bc8 or 17...♖fc8. White scored a perfect 2 out of 2. Maybe 16...♖fb8!? instead of 16...♖ab8 can serve as an improvement. This leaves the option 17...a5 open. See the game Mellado-Martin Gonzalez, Spanish Championship, Barcelona 2000.

The Study Material gives an extensive collection of illustrative games with both 15.♕a3 and 15.b3. White's excellent score with the latter option is noteworthy. Some attention is also paid to the interesting alternative 14...♕b8 (Ivanchuk-Hodgson, Amsterdam 1996) as well as 14...♕a8 (Tamin-Zaw Win Lay, Jakarta 1997), suspicious as ever before.

The material accumulated over the last few years does not make it easier to pass judgment. The overall impression remains that Black has good practical chances. Even when White has left the greatest perils behind, he can still be caught by surprise, a warning being Willemze-Agnos, Cappelle-la-Grande 1998.

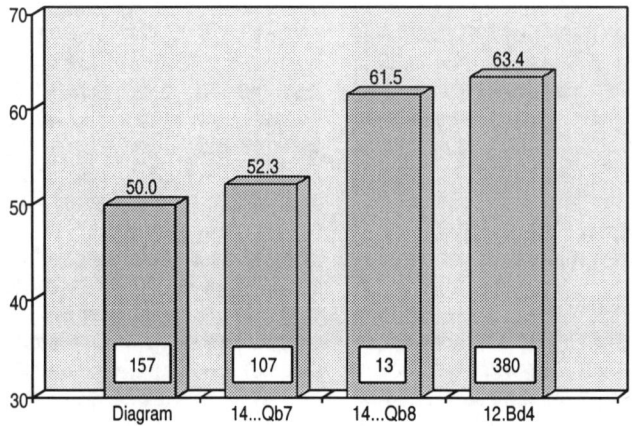

SI 17.5

Ivanchuk, Vasily
Fedorov, Alexey

Polanica Zdroj 2000 (2)

1.e4 c5 2.♘f3 d6 3.d4 cd4 4.♘d4 ♘f6 5.♘c3 g6 6.♗e3 ♗g7 7.f3 0-0 8.♕d2 ♘c6 9.0-0-0 d5 10.ed5 ♘d5 11.♘c6 bc6 12.♘d5 cd5 13.♕d5 ♕c7 14.♕c5 ♕b7 15.♕a3 ♗f5 16.♗d3 ♖ab8 17.b3 ♖bc8 18.♗f5 gf5

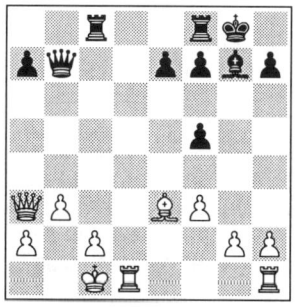

19.♖d3 [19.♕a5 ♕c6 20.c4 ♕e6 21.♖he1 ♖c4? 22.bc4 ♕c4 23.♔d2 ♖b8 24.♖b1+− Kurlyandchik-S.Andersen, Winnipeg open 1997] 19...♕c6 20.c4 ♕f6 21.♖hd1 ♖c6 22.♗d4 e5 23.♗c3 ♖a6 [23...♕h6 24.♔b1 ♕h2 25.♕a7+− Ftacnik] 24.♕b2 ♕h6 25.♔b1 ♕h2 26.♖d8± ♗f6 [26...♖e6!? 27.♗b4 ♖fe8 Ftacnik] 27.♖8d7 ♗g7 [27...♖c8 28.♕d2±] 28.♕c2 ♖g6 29.♖1d2 [29.♕f5 ♖g2 30.♖a7 ♖g1 31.♖d7 ♖d1 32.♖d1 ♖a8 33.a4± Ftacnik] 29...♕g1 30.♔b2 f4 31.♖e2 ♖g5 32.b4 a5 33.b5 h5 34.♕d1! ♕c5 [34...♖g2 35.♕g1 ♖g1 36.c5+−] 35.♕d5 ♕g1

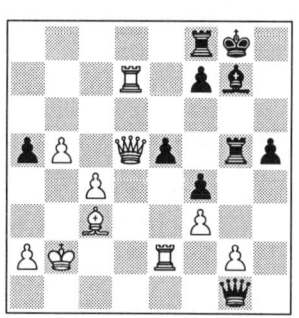

36.♖f7! ♖f7 [36...♖g2 37.♖f4+−] 37.♕d8 ♖f8 [37...♔h7 38.♕g5 ♕f1 39.♖e5! ♗e5 40.♕h5 ♔g8 41.♕e5 ♕g2 42.♔a3+− Ftacnik] 38.♕g5 ♕f1 39.♖c2 [39...♕c4 40.♕g7+−]
1-0
Van der Tak

SI 17.5

Movsesian, Sergey
Fedorov, Alexey

Polanica Zdroj 2000 (4)

1.e4 c5 2.♘f3 d6 3.d4 cd4 4.♘d4 ♘f6 5.♘c3 g6 6.♗e3 ♗g7 7.f3 0-0 8.♕d2 ♘c6 9.0-0-0 d5 10.ed5 ♘d5 11.♘c6 bc6 12.♘d5 cd5 13.♕d5 ♕c7 14.♕c5 ♕b7 15.♕a3 ♗f5 16.♗d3 ♖ab8 17.b3 ♖fc8 18.♗f5 gf5

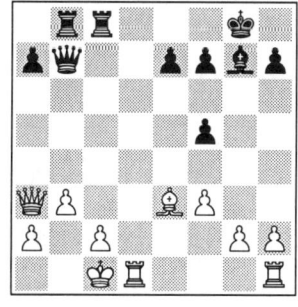

19.♖d3 [19.♕a5?! ♕c6 20.c4 ♕e5 21.♖he1 ♖c4! 22.♔b1 ♖cc8 23.♗d4? (23.♕d5 ♕a6 24.♗d4 e6 25.♕d7 ♗d4 26.♖d4 ♕a5∓↑ A.Schneider) 23...♖b3 0-1 Einarsson-Angantysson, Reykjavik 1984; 19.♗d4 ♕c7 20.♕b2 e5 21.♗f2 ♖b4 22.c4 ♖cb8 23.♕c3 a5 24.♔c2 a4 25.♖b1 ♕c6⩱ Tverskaya-Laesson, Moscow ol 1994] 19...♕c7 20.c4 a5 [20...♖b5 21.♕a7 ♕e5 22.♕d4± Ftacnik] 21.♖hd1 ♖a8 [21...♕h2? 22.♕e7 ♕g2 23.♖d8 ♖d8 24.♖d8 ♖d8 25.♕d8 ♗f8 26.♗c5+−] 22.♖d7 ♕e5 23.♗d4 ♕f4 24.♔b1 ♗f8 [24...e5 25.♕d6! ♖e8 26.♕d5 ♖f8 27.g3 ♕h6 28.♖f7 ♖f7 29.♕a8 ♖f8 30.♕d5 ♔h8 31.♗e5+− Ftacnik] 25.♕c1! ♕c1 26.♔c1 f6 27.♖a7 e5 28.♖a8 ♖a8 29.♗c3 ♔f7

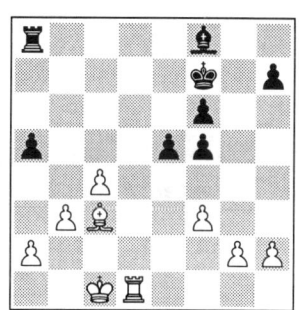

30.♖d7?!T [30.♖d5! ♗b4 (30...a4 31.b4+−) 31.♗b4 ab4 32.♔b2 △ 33.♖b5+−] 30...♔e6 31.♖h7 ♗b4 32.♔c2 e4 33.a3! ♗a3 34.fe4 fe4 35.♖b7 ♗e7 36.♖b6 ♔f7 37.♖b5 a4 38.b4 ♖g8 39.g3 ♖h8 40.h4 ♖g8 41.♗e1 ♗d6 42.♖b7 ♔e6 43.♖b6 ♔e7 44.h5 ♗g3 45.♗c3!+− ♗h4 46.h6 ♔f7 47.♖b7 ♔g6 48.h7 ♖h8 49.c5 ♗g3 50.c6 ♖c8 51.b5 e3 52.♔d3 a3 53.♖d7 a2 54.♔e2 ♖a8 55.b6 ♗e5 56.♖a7
1-0
Van der Tak

Study Material

14...♕b7 15.♕a3

Savchenko, Artur
Sokolov, Alexander

Kstovo ch-RUS sf 1998 (2)

1.e4 c5 2.♘f3 d6 3.d4 cd4 4.♘d4 ♘f6 5.♘c3 g6 6.♗e3 ♗g7 7.f3 0-0 8.♕d2 ♘c6 9.0-0-0 d5 10.♘c6 bc6 11.ed5 ♘d5 12.♘d5 cd5 13.♕d5 ♕c7 14.♕c5 ♕b7 15.♕a3 ♗f5 16.♗d3 ♖ab8 17.b3 ♗d3 [17...♗e6 18.♗e4 ♕c7 19.♗d4?! (19.♕c5) 19...♕f4 20.♔b1 ♗d4 21.♖d4 f5 22.♗d5 ♕d4 23.♗e6 ♔h8 24.♕b2 ♖fd8∓ Drinovec-Luzar, Slovenia ch 1991] 18.♖d3 ♖fc8 19.♖hd1 ♕c7 20.c4 ♕e5 [20...♕h2!?∞] 21.g3 ♕h5 22.♕e7 ♕a5 23.♕a7 ♕b4 24.♔b1 [24.♕a6 ♖a8 25.a3±] 24...h6 25.♖c1 [25.♕a6

Ⱡa8 26.♕d6±] **25...Ⱡa8 26.♕b6** [26.♗c5 ♕c5 27.Ⱡd8 Ⱡd8 28.♕c5 Ⱡd2 29.Ⱡc2 ♕d1 30.Ⱡc1 ♕d2=] **26...♕a3 27.Ⱡc2 ♕cb8∞ 28.♗c5 Ⱡb6 29.♗a3 Ⱡa3 30.Ⱡd8?!** [30.c5] **30...♔h7 31.Ⱡe2 ♗f6 32.Ⱡd7 ♔g7 33.f4 Ⱡa5 34.Ⱡe8 g5!∓ 35.fg5 hg5 36.g4?! ♗e5 37.Ⱡee7 Ⱡf6 38.b4?! Ⱡf1 39.♔c2 Ⱡa2 40.♔d3 ♗h2 41.c5 Ⱡf4 42.c6 Ⱡa3 43.♔e2 ♗g3 44.Ⱡa7 Ⱡf2 45.♔d1 Ⱡd3** 0-1

Mellado, Juan
Martin Gonzalez, Angel

Barcelona ch-ES 2000 (7)

1.e4 c5 2.♘f3 d6 3.d4 cd4 4.♘d4 ♘f6 5.♘c3 g6 6.♗e3 ♗g7 7.f3 ♘c6 8.♕d2 0-0 9.0-0-0 d5 10.ed5 ♘d5 11.♘c6 bc6 12.♘d5 cd5 13.♕d5 ♕c7 14.♕c5 ♕b7 15.♕a3 ♗f5 16.♗d3 Ⱡfb8!? 17.b3 [17.c3? ♗c3!∓] **17...a5 18.♗f5 gf5**

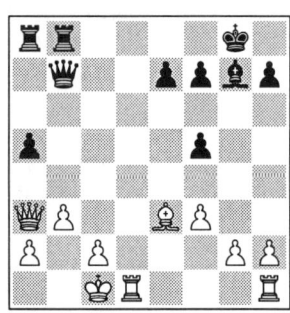

19.♕c5 [19.♗d4?! e5 20.♗c3 a4 21.♕b2 a3 22.♕a1 ♕c7∓ Schinagl-Kretschmar, cr 1988] **19...a4 20.b4 a3! 21.Ⱡd3 e6 22.Ⱡhd1 ♗f8!** [22...♗b2?! 23.♔b1 ♕b4 24.♕b4 Ⱡb4 25.Ⱡb3±] **23.♕e5 ♗g7 24.♕g3 ♕b4 25.Ⱡb3 ♕f8 26.♗d4 Ⱡb3 27.ab3 Ⱡd8 28.♗g7 Ⱡd1 29.♔d1 ♕g7 30.♕b8 ♕f8 31.♕g3 ♕g7 32.♕b8 ♕f8 33.♕g3** ½-½

Ocytko, Andrzej
Bakalarz, Leszek

Chorzow 1987

1.e4 c5 2.♘f3 d6 3.d4 cd4 4.♘d4 ♘f6 5.♘c3 g6 6.♗e3 ♗g7 7.f3 ♘c6 8.♕d2 0-0 9.0-0-0 d5 10.ed5 ♘d5 11.♘c6 bc6 12.♘d5 cd5 13.♕d5

♕c7 14.♕c5 ♕b7 15.♕a3 ♗f5 16.♗a6 ♕c7 [16...♕c6?! 17.♗d3 Ⱡab8 18.c3 Ⱡfc8 19.♗f5 gf5 20.♕d3± Karaklajic-Kortchnoi, Beograd tt 1956] **17.♕c5 ♕b6 18.♕b6 ab6 19.♗c4** [19.♗d3 ♗d3 20.Ⱡd3 Ⱡa2 21.Ⱡhd1 b5?! (21...Ⱡb2! 22.Ⱡd7 (22.Ⱡd8 f5= Tiviakov) 22...e6 23.Ⱡ1d3 h5 24.Ⱡc7 Ⱡa8 25.Ⱡdd7 ♗e5! 26.Ⱡb7 Ⱡa1 27.♔d2 Ⱡaa2 28.Ⱡd8 ♔g7 29.Ⱡc8 b5 30.f4 ♗f6 31.Ⱡcc7 ♔g8 32.Ⱡb8 ♔g7 33.Ⱡbb7 ♔g8= A.Schneider) 22.c3 b4 23.♔b1 Ⱡa4 24.c4 (24.Ⱡd8 bc3 25.Ⱡf8 ♗f8 26.Ⱡd8 ♔g7 27.b3± Tolnai-Palkovi, Siofok 1990) 24...f5 25.c5 ♔f7 26.♔c2± Krstevski-Trolle, Szeged jr 1994] **19...Ⱡfc8 20.♗b3 Ⱡa2! 21.Ⱡd8 Ⱡd8 22.♗a2**

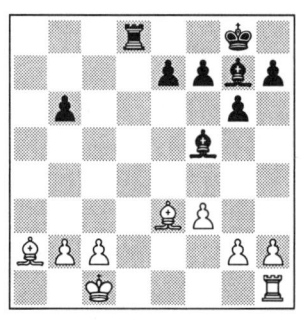

22...h5 [½-½ Brazllsky-Voronkov, Moscow 1956; 22...♗e5 23.♗b3 h5 24.h3 ♗d4 25.♗d4 Ⱡd4 ½-½ Ravinsky-Beilin, Leningrad 1955; 22...Ⱡa8 23.♗d1=] **23.♗b3 b5 24.c3?! b4 25.♗c2 bc3 26.bc3 ♗c3 27.♗f5 gf5 28.Ⱡd1 Ⱡd1 29.♔d1 e5 30.♔c2 ♗a5 31.♔d3 ♗c7 32.h3 f4 33.♗a7 f5 34.♔c4 e4 35.fe4 fe4 36.♔d5 e3 37.h4 ♔f7 38.♔e4 ♔e6 39.♔f3 ♗f5 40.g3 e2 41.♔e2 fg3 42.♔f3** ½-½

Thannhausser, Franz
Walter, Gerhard

cr ch-AU-23 1995

1.e4 c5 2.♘f3 d6 3.d4 cd4 4.♘d4 ♘f6 5.♘c3 g6 6.♗e3 ♗g7 7.f3 0-0 8.♕d2 ♘c6 9.0-0-0 d5 10.♘c6 bc6 11.ed5 ♘d5 12.♘d5 cd5 13.♕d5 ♕c7 14.♕c5 ♕b7 15.♕a3 ♗f5 16.♗a6 ♕c7 17.c3 [17.♗d3 Ⱡab8 18.c3 ♕e5 19.♕c5 ♕e6 20.♗c4 ♕f6 21.♕d4? ♕c6 22.♕f4 e5 23.♕h4 ♗f6 0-1 Kerik-Latash, cr 1986] **17...Ⱡfb8**

18.♗d3 ♕e5 19.♕c5 ♕e6 20.♗c4 ♕f6 21.♕a5 Ⱡc8 22.♗b3± a6?! 23.Ⱡhf1 Ⱡab8 24.g4 Ⱡb5 25.♕d8 ♗f8 26.♕d2 ♗e6 27.♗d4 ♕h4 28.♗e6 fe6 29.♕e2 Ⱡc6 30.f4 ♗g7 31.♕e4 ♗d6 32.♗g7 ♔g7 33.Ⱡd6 ed6 34.a4 Ⱡb3 35.♕d4 ♔f7 36.g5 ♕h3 37.♕f6 ♔e8 38.Ⱡe1 ♔d7 39.♕f7 ♔c6 40.♕e8 ♔c7 41.♕f7 ♔c6 42.Ⱡe6 ♕h2 43.♕e8 ♔c5 44.♕c8 ♔d5 45.c4 ♔d4 46.Ⱡd6 ♔e4 47.Ⱡd2 ♕g1 48.♔c2 ♕b6 49.♔b1 ♗f4 50.Ⱡg2 Ⱡg3 51.c5 ♕a7 52.Ⱡf2 1-0

Ghinda, Mihai
Marin, Mihail

Baile Herculane tt 1994

1.e4 c5 2.♘f3 d6 3.d4 cd4 4.♘d4 ♘f6 5.♘c3 g6 6.♗e3 ♗g7 7.f3 ♘c6 8.♕d2 0-0 9.0-0-0 d5 10.♘c6 bc6 11.ed5 ♘d5 12.♘d5 cd5 13.♕d5 ♕c7 14.♕c5 ♕b7 15.♕a3 ♗f5 16.♗d4?!

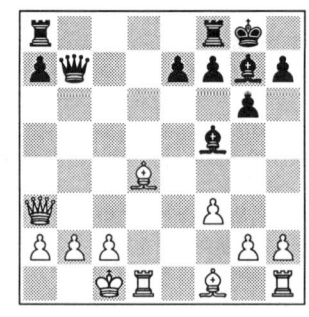

16...♕c7 [16...e5 17.♗c3 Ⱡac8 18.♗a6 Ⱡc3 19.♗b7?! (19.♕f8! ♔f8 20.♗b7±) 19...♗h6 20.♔b1 Ⱡa3∓ Abakarov-Listengarten, Azerbaidzhan ch 1956; 16...Ⱡac8 17.c4 e5 18.♗e3 Ⱡc6 19.b4?! a5 20.♕a5 Ⱡa6 21.♕b5 ♕b5 22.cb5 Ⱡa2∓ Fomin-Schlusnik, Balatonbereny 1994; 16...Ⱡfc8 17.c4 (17.♗c3 Ⱡab8 18.♕b3 Ⱡc3 19.bc3 ♗h6 20.♔b2 ♕c7 21.♗b5 a6 22.a4 ab5 23.ab5 ♗g7–+ Kauert-Kopczak, cr 1972) 17...e5 18.♗c3 (18.♗e3?! Ⱡab8 19.b3 ♗f8 20.♕a7? ♕b4 21.♕d2 ♕c3 22.♔d1 Ⱡa8 23.♕b6 Ⱡcb8 24.♕c7 ♕e3 0-1 Le Thi Phuong Lien-Demidenko, Budapest 1997) 18...Ⱡc6 19.b3 Ⱡa6 20.♕b2 ♗h6 21.♗d2 ♗f8 22.b4 Ⱡb6 23.a3 a5 24.b5 Ⱡc8♾ Simon-Biskopics, Cseppko

1997] 17.♗c3 [17.♕c3 ♖fc8! 18.♗g7 ♕f4 19.♖d2 (19.♕d2 ♖c2–+) 19...♖c3 20.♗c3 ♖c8∓; 17.c4 ♖fd8∓ Tiviakov] 17...♖fc8?! [17...♕f4! 18.♗d2□ ♕d4∓→ 19.♗c3 ♕e3 20.♔b1 ♖fc8 Marin] 18.♗d3 ♗c3 19.♕c3 ♕c3 20.bc3 ♗e6 21.♗e4 ♖ab8 22.♗d5 ♗d5 23.♖d5 ♖c3 24.♖hd1 e6 ½-½

Shkurovich,B
Schubert,D

St Petersburg 1992

1.e4 c5 2.♘f3 d6 3.d4 cd4 4.♘d4 ♘f6 5.♘c3 g6 6.♗e3 ♗g7 7.f3 0-0 8.♕d2 ♘c6 9.0-0-0 d5 10.♘c6 bc6 11.ed5 cd5 12.♘d5 ♘d5 13.♕d5 ♕c7 14.♕c5 ♕b7 15.♕a3 ♖b8?! 16.♗d4 e5 17.♗c3 ♗e6 [17...♗f5 18.♗a6! (18.♗d3?! ♖fc8 19.♗f5?! gf5 20.♖d3 ♗f8 21.♕b3 ♕c6∓ Kelstrup-Fagerstrom, cr 1964) 18...♕b6 19.♖he1 ♖fe8 20.♖e2 ♗h6 21.♔b1 ♖bd8 22.♗d3 ♖d5 23.g4 ♗d3 24.cd3 ♕b5 25.♕b3 ♕d7 26.♖de1 ♖d3 27.♗e5± Pirisi-Perenyi, Budapest 1982] 18.♗a6 ♕b6 19.♖he1 ♖fd8 20.♖d8 ♖d8 21.b3 ♖d5?! 22.♗c4 ♖c5 23.♗b4 ♖c4 24.bc4 e4 25.c5 ♕b8 26.♖e4 ♕h2 27.♕a7 ♕g1 28.♖e1 ♗h6 29.♔b2 ♕d4 30.♗c3 ♕d8 31.c6 1-0

14...♕b7 15.b3

Psakhis,Lev
David,Alberto

Andorra 1996

1.e4 c5 2.♘c3 d6 3.♘f3 ♘f6 4.d4 cd4 5.♘d4 g6 6.♗e3 ♗g7 7.f3 0-0 8.♕d2 ♘c6 9.0-0-0 d5 10.ed5 ♘d5 11.♘c6 bc6 12.♘d5 cd5 13.♕d5 ♕c7 14.♕c5 ♕b7 15.b3 ♗f5 16.♗d3 ♖ac8 17.♕a5 ♖c3 18.♗f5 ♖e3 19.♗e4 ♕b8 20.g3 ♕c8 21.g4

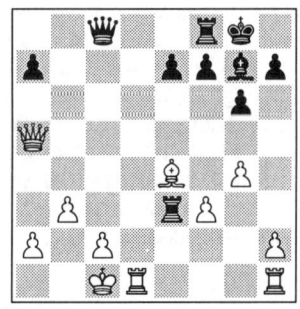

21...♖e2 [21...♕b8 22.♕g5 ♕b6! (22...♖e4?! 23.fe4 ♕b4 24.♖d3 ♕a3 25.♔d2 ♕a2 26.♖f1 a5 27.♕c5⩲< Thiele-Hollis, cr 1982) 23.♖d7?! (23.♕e7 ♕a5⩲) 23...♖e2 24.♔d1 ♖h2∓ Klauner-Qwint, cr 1995] 22.h4 ♕b8 23.g5 ♖h2! 24.♖h2 ♕h2 25.♕a7!? ♕f4 26.♔b1 ♕e5 27.♔c1 ♕f4 28.♔b1 ♕e5 29.♔c1 ½-½

Smirin,Ilya
Basin,Leonid

Minsk 1985

1.e4 c5 2.♘f3 d6 3.d4 cd4 4.♘d4 ♘f6 5.♘c3 g6 6.♗e3 ♗g7 7.f3 ♘c6 8.♕d2 0-0 9.0-0-0 d5 10.ed5 ♘d5 11.♘c6 bc6 12.♘d5 cd5 13.♕d5 ♕c7 14.♕c5 ♕b7 15.b3 ♗f5 16.♗d3 ♖ac8 17.♕a5 ♖c3 18.♗f5 ♖e3 19.♗e4 ♕b8 20.g3 ♕c5 ♕f4 21.g3 ♕h6 22.♔b1 ♗h8 23.♗d3 ♕g7 24.c3 ♕c3 25.♕c3 ♗c3 26.f4 ½-½ Potzsch-Nicht, cr 1985] 20...♕c8 21.h4?! [21.g4] 21...h5⩲ 22.♖hg1 a6 23.♖d5?! ♕e6 24.♖d8 ♖d8 25.♕d8 ♔h7∓ 26.♕c7 f5 27.♕c5 ♖c3 28.♕d5 ♕b6 0-1

Rytshagov,Mikhail
Savchenko,Stanislav

Barnaul 1988

1.e4 c5 2.♘f3 d6 3.d4 cd4 4.♘d4 ♘f6 5.♘c3 g6 6.♗e3 ♗g7 7.f3 0-0 8.♕d2 ♘c6 9.0-0-0 d5 10.ed5 ♘d5 11.♘c6 bc6 12.♘d5 cd5 13.♕d5 ♕c7 14.♕c5 ♕b7 15.b3 ♗f5 16.♗d3 ♖ac8 17.♕a7?

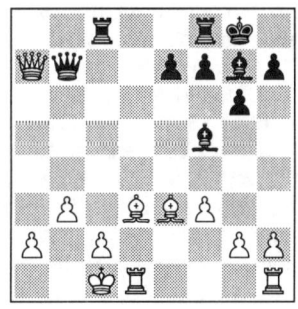

17...♗d3?! [17...♕b5! 18.♗f5 (18.♔b1 ♕b4! 19.♗f5 ♖a8 20.♕c5 ♖a2–+) 18...♕f5 19.c4 ♖a8 20.♕c5 ♕f6–+→ A.Schneider] 18.♕b7 [18.♖d3 ♕c6 19.c4 ♕f6 20.♕d4 ♕a6 21.♕a7 ♕f6 22.♕d4=] 18...♖c2 19.♔b1 ♖b2 ½-½

Wagener,Claude
Surendorj,Handsuren

Elista ol 1998 (9)

1.e4 c5 2.♘f3 d6 3.d4 cd4 4.♘d4 ♘f6 5.♘c3 g6 6.♗e3 ♗g7 7.f3 0-0 8.♕d2 ♘c6 9.0-0-0 d5 10.ed5 ♘d5 11.♘c6 bc6 12.♘d5 cd5 13.♕d5 ♕c7 14.♕c5 ♕b7 15.b3 ♗f5 16.♗d3 ♖fc8 17.♕a5 ♕c6?! 18.♗f5 gf5 19.c4 [19.♕d2?! f4! 20.♗f2 (20.♗f4? ♕f6–+) 20...♕c7⩲] 19...e5 [19...♕f6 20.♗d4 ♕g5 21.♔b1 ♕g4 22.♖d4 ♕g2 23.♕e1! ♔f8?! 24.♖g1

♕h2 25.♖d7 ♖e8 26.♖d2 1-0 Hennings-Lee, Orebro tt 1966] 20.♖d5 f4 21.♗f2 [21.♗c5!? ♕g6 22.♖hd1± A.Schneider] 21...♕g6 22.g4 fg3 23.♗g3± ♖ab8 24.♖hd1 f6 25.♖d7 ♗f8 26.♕d5 ♔h8 27.♕f7 ♗a3 28.♔d2 ♕h6 29.♔e2 ♖f8 30.♕d5 ♗b2 31.♕d2 ♕h3 32.♔b2 ♕g2 33.♗f2 e4 34.♖g1 ♕f3 35.♔e1 ♖bd8 36.♖d8 ♖d8 37.♕e2 ♕c3 38.♔f1 ♕c1 39.♔g2 ♕g5 40.♔h1 ♕e5 41.♕g4 f5 42.♕g5 ♖e8 43.♗e3 1-0

Kottke,Markus
Wippermann,Till

Amsterdam 2000 (3)

1.e4 c5 2.♘f3 d6 3.d4 cd4 4.♘d4 ♘f6 5.♘c3 g6 6.♗e3 ♗g7 7.f3 ♘c6 8.♕d2 0-0 9.0-0-0 d5 10.♘c6 bc6 11.ed5 ♘d5 12.♘d5 cd5 13.♕d5 ♕c7 14.♕c5 ♕b7 15.b3 ♗f5 16.♗d3 ♖fc8 17.♕a5 ♗d3 18.♖d3 ♕c6 19.c4 [19.♕d2 ♗c3 20.♕e2 a5 21.a4 ♖ab8 22.♖hd1 ♕e6 23.♖d5 h6 24.♕d3 ♔h7 25.♗c5 ♗f6 26.♖c8 ♖c8 27.♗f4 ♕b6 28.♔b1? (28.♕e3 ♕b4 29.♖d3∞) 28...♕b4 29.♔c1 ♖d8! 0-1 Valenti-Rajlich, Budapest 2000] 19...♕f6 20.♗d4 e5 [20...♕d6 21.♕d2 ♖d8 22.♖d1 ♕h2 23.♗g1 ♖d3 24.♗h2 ♖d2 25.♔d2 ♖d8 26.♔e2 ♖d1 27.♔d1± Wedemeyer-Weber, cr 1995]

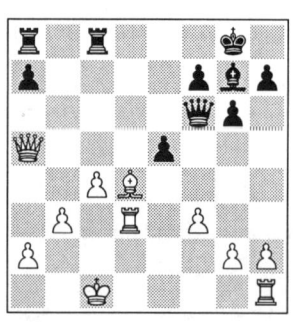

21.♗b2 [21.♗a1!? ♕g5 22.♕d2± Ruderfer/Blodstein] 21...♕f5 [21...h5 22.♔b1 ♕f5 23.♖d1 ♖d8 24.♕d2 ♗h6 25.♕c2± ♖d3 26.♕d3? ♖d8-+ Petri-Ballmann, Baguio City Wch-jr 1987] 22.♖hd1 ♕f4 23.♔c2 ♕h2 24.♖1d2 h5 25.♖d5 ♖e8 26.♖d7± a6 27.c5 ♗h6 28.♖e2 ♖ac8

29.♕c3 ♕g1 30.b4 ♗f4 31.♕c4 ♖e6 32.a4 a5 33.♖d1 ♕h2 34.b5 ♕h4 35.♖d7 ♕f6 36.♔b3 ♕f5 37.c6 e4 38.♖e4 1-0

Baranowski,Tadeusz
Czaplinski,P

cr ch-PL 1992

1.e4 c5 2.♘f3 d6 3.d4 cd4 4.♘d4 ♘f6 5.♘c3 g6 6.♗e3 ♗g7 7.f3 0-0 8.♕d2 ♘c6 9.0-0-0 d5 10.ed5 ♘d5 11.♘c6 bc6 12.♘d5 cd5 13.♕d5 ♕c7 14.♕c5 ♕b7 15.b3 ♗f5 16.♗d3 ♗d3?! 17.♖d3 ♕a6 18.♔b1 ♖ac8 [18...♖fc8 19.♕e7 ♖c2? 20.♖d8 ♖d8 21.♕d8 ♗f8 22.♕c2 ♕a2 23.♔c3+−] 19.♕a7 [19.♕e7?! ♖c2! 20.♔c2 ♕a2 21.♔d1 ♕b1 22.♔e2 ♕h1∓] 19...♕f6 [19...♘c6 20.c4 ♖a8 21.♕b6 ♕c8 22.♖hd1 ♖a6 23.♕c5 ♕a8 24.♖1d2 1-0 Baranowski-Kuma, cr 1991; 19...♕b5 20.♕e7 ♕a6 21.♕a7 ♕b5 22.♕b6 ♕e5 23.♗d4 ♕e2 24.♖c1 ♕g2 25.♗g7 ♔g7 26.♕d4+− Maliszewski-Garbacki, cr 1992] 20.♗d4 ♕c6 [20...♕f5 21.g4+−] 21.c4 ♖a8 22.♕b6 ♕b6 23.♗b6 ♖a2 24.♔a2 ♖a8 25.♔b1 ♖a1 26.♔c2 ♖a2 27.♔d1 ♖a1 28.♔e2 ♖h1 29.♖d8 ♗f8 30.c5 1-0

Sion Castro,Marcelino
Ponomariov,Boris

Guardamar 1997

1.e4 c5 2.♘c3 d6 3.♘f3 ♘f6 4.d4 cd4 5.♘d4 g6 6.♗e3 ♗g7 7.f3 0-0 8.♕d2 ♘c6 9.0-0-0 d5 10.ed5 ♘d5 11.♘c6 bc6 12.♘d5 cd5 13.♕d5 ♕c7 14.♕c5 ♕b7 15.b3 ♗e6?! 16.♕a5 [16.♗d3?! ♖ac8?! (16...♖fc8!∓ Sion Castro) 17.♗e4 ♕b8 18.♕a7 ♕e5 19.♗d4 ♕g5 20.♔b1 ♗d4 21.♕d4 ♕g2 22.f4 ♕g4 23.♕e5± Buscher-Ahn, Germany Bundesliga 1996] 16...♖ac8 [16...♖fc8 17.♗a6 ♗f5? 18.♖d8! 1-0 Piasetski-Cork, Canada 1972] 17.♗a6 ♗b3! 18.♖d2! [18.ab3 ♕b3 19.♗c8 ♕e3 20.♔b1 ♖c8 21.♖d8 ♖d8 22.♕d8 ♗f8 23.♖d1 ♕c5♕ Huberty-Cork, Coulsden 1999; 23...♕e2!?] 18...♕b8 19.♗c8 ♗c4 20.♖d8! ♕b2 21.♔d1 ♕a1 22.♔c1 ♗h6 23.♖f8 ♗f8 24.♕a3 ♗c1 25.♕c1 ♕e5 26.♔d2

[26.♕h6! ♔g8 27.♗b7!+−] 26...♕a5 27.c3 ♕d8 28.♔c2 ♕c8 29.♔b1 ♔g7 30.♕d2 ♕a6 31.♖e1 e6 32.♖d1 h5 33.♕d4 ♔h7 34.♖d2 ♕b5 35.♖b2 ♕a4 36.f4 a6 37.♔c1 ♕c6 38.♖b8T 1-0

14...♕b7 15.♗d4

Tolnai,Tibor
Perenyi,Bela

Budapest 1981

1.e4 c5 2.♘f3 d6 3.d4 cd4 4.♘d4 ♘f6 5.♘c3 g6 6.♗e3 ♗g7 7.f3 0-0 8.♕d2 ♘c6 9.0-0-0 d5 10.ed5 ♘d5 11.♘c6 bc6 12.♘d5 cd5 13.♕d5 ♕c7 14.♕c5 ♕b7 15.♗d4?! ♗f5 16.♗d3 [16.♕b5 ♕c7 17.♕e2 (17.♕c5? ♕f4 18.♗e3 ♕a4 19.♕c5 ♕a5 20.♕d5 ♖fc8!−+ Schone-Becher, Germany 1959) 17...♖fc8 18.c4 ♕f4 19.♕d2 ♗h6 20.g3 ♕d4! 21.♕h6 ♖c4 22.♗c4 ♕c4 23.♔d2 ♖d8 24.♗e3 ♕c5 25.♔e2 ♕b5 26.♔e3 ♕e5 27.♔f2 ♕b2 28.♔e3 ♕a3 29.♔e2 ♕a6 30.♔e3 ♕e6 31.♔f2 ♕a2∓ Marton-Rigo, Budapest 1982; 16.♕a3 − Ghinda-Marin 15.♕a3 ♗f5 16.♗d4] 16...♖fc8 17.♕a3 ♗d4 18.♗f5 ♖c3! 19.♗e4 [19.bc3 ♗e3 20.♖d2 gf5 21.c4 f4∓] 19...♕b6 20.♕e7 [20.bc3 ♗e3 21.♖d2 ♖b8 22.♕b3 ♗d2 23.♔d2 ♕f2−+] 20...♖c2! 21.♗c2 [21.♔c2 ♕b2 22.♔d3 ♕c3 23.♔e2 ♕e3−+] 21...♕b2 22.♔d2 ♕c3 23.♔c1 ♖c8 24.♕e4 [24.♖d2 ♕a1X] 24...♕a3 25.♔d2 ♖c2! 26.♔e1 ♕c3 0-1

14...♕b8

Ivanchuk,Vasily
Hodgson,Julian

Amsterdam Donner-mem 1996 (1)

1.e4 c5 2.♘f3 d6 3.d4 cd4 4.♘d4 ♘f6 5.♘c3 g6 6.♗e3 ♗g7 7.f3 0-0 8.♕d2 ♘c6 9.0-0-0 d5 10.ed5 ♘d5 11.♘c6 bc6 12.♘d5 cd5 13.♕d5 ♕c7 14.♕c5 ♕b8 15.b3 [15.♕a3 a5!? (15...♗f5?! 16.g4!? ♗e6 17.♗a6 ♕c7 18.♗d4 ♖ab8 19.♗g7 ♔g7 20.♔b1 ♖b6 21.b3 ♖fb8 22.♗d3!± Hovde-Herschel, cr 1985 – YB/5-39; 15...♕c7!? 16.♗d3 ♖b8 17.c3 a5 18.♖d2 ♗e6∞ Hovde) 16.♗d3 (16.♕b3?! ♗e6! 17.♕b8 ♖fb8 18.♗d4 ♗a2∓ Campbell-Chow, Lake County open ch 1984) 16...♗e6 17.♗e4 ♖a6 18.♗d5?! ♖c8 19.♗e6 ♖e6 20.♖d3 ♕c7 21.c3 ♖e3 22.♖e3 ♗h6 23.♖e1 ♕e5∓ Dabrowska-Bednarska, Gdansk 1994] **15...♗f5** [15...a5!? 16.♗b5!? Tiviakov] **16.♗d3** [16.♗a6?! ♕b6! 17.♕b6?! (17.♗d3∞) 17...ab6 18.♗d3 ♖a2∓ 19.♗f5? ♗c3! 0-1 Cross-A.Stein, Los Angeles 1991] **16...♖c8 17.♕a5 ♖c3!** [17...♗c3?! 18.♕b5 ♕d6 19.♔b1 ♗d7 20.♕a6 ♕e5 21.♗e4 ♗b5 22.♕a3±/∞< Evans-Padevsky, Havana 1964] **18.♗f5 ♖e3 19.♗e4** [19.♗d3?! ♕f4 20.♔b1 ♖e5 21.♕d2 ♕f6→] **19...♕f4 20.♗a8?! ♖b3?** [20...♖d3! 21.♔b1 (21.♖d2 ♗c3 22.♕c3 ♖c3∓) 21...♕d4 22.♕d8! ♕d8 23.♖d3 ♗a8 24.♖hd1 ♗f8 25.♖d8 ♕b7 26.♖e8 ♕b6 27.♖dd8 ♕g1 28.♔b2 ♕g2 29.♖f8 ♔g7∓ Hodgson] **21.♖d2 ♖b8** [21...♗c3 22.♕d8 ♔g7 23.cb3+–] **22.♗d5+– ♗h6 23.♖d1 ♕d4 24.c3 ♕d3 25.♗b3 ♖d8 26.c4 e5 27.c5 e4 28.fe4** 1-0

Willemze,Jeroen
Agnos,Demetrios

Cappelle la Grande 1998 (3)

1.e4 c5 2.♘f3 d6 3.d4 cd4 4.♘d4 ♘f6 5.♘c3 g6 6.♗e3 ♗g7 7.f3 ♘c6 8.♕d2 0-0 9.0-0-0 d5 10.ed5 ♘d5 11.♘c6 bc6 12.♘d5 cd5 13.♕d5 ♕c7 14.♕c5 ♕b8 15.b3 ♗f5 16.♗d3 ♖c8 17.♕a5 ♖c3 18.♗f5 ♖e3 19.♗e4 ♕f4 20.♖d8!? ♖d8 21.♕d8 ♗f8 22.♔b1 e6 23.g3 [23.h4!? ♖e2 24.g4±] **23...♕e5 24.♖d1 ♖e2 25.♖d2?** [25.h4 ♕g3 26.h5∞/=] **25...♖e1 26.♖d1 ♖d1 27.♕d1 ♗a3** 0-1

13.♕d5

Tamin,Upi
Zaw Win Lay

Jakarta tt 1997 (4)

1.e4 c5 2.♘f3 d6 3.d4 cd4 4.♘d4 ♘f6 5.♘c3 g6 6.♗e3 ♗g7 7.f3 ♘c6 8.♕d2 0-0 9.0-0-0 d5 10.ed5 ♘d5 11.♘c6 bc6 12.♘d5 cd5 13.♕d5 ♕c7 14.♕a8?! ♗f5 15.♕f8 ♔f8 16.♖d2 h5 17.♗e2 [17.♗c4?! ♗b2∓]

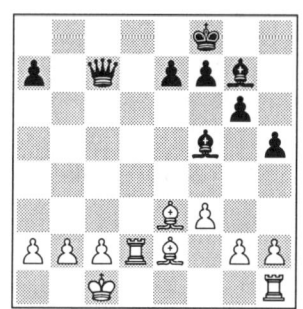

17...♔g8 [17...♕b8 18.b3 ♗c3 19.♖d5 ♗e6 20.♖d3?! (20.♖c5 ♕b4 21.♔b1 ♗f6∓ Geller) 20...♕b4 21.♔b1 ♗f5 22.♖d5** (22.♖d8 ♔g7 23.♖hd1 ♗f6 24.♗d3 ♕c3 25.♔c1 e5–+ Stoliar-Beilin, Leningrad 1955) 22...♗f6 23.♗d2 ♕a3 24.♗c1 ♕c2! 25.♔c2 ♕a2 26.♔d3 ♕b3 27.♔e4 ♕b7 28.♗h6 ♔g8 0-1 Strick-Deschamp, cr 1995] **18.♖hd1** [18.h3 ♕b8 19.c4?! ♗c3 20.g4 ♗d2 21.♗d2 ♕e5∓ Karaklajic-Trifunovic, Smederevska Palanka 1956; 18.g3!?] **18...♔h7 19.g4 hg4 20.fg4 ♗e4 21.h4 ♗e5 22.h5 ♕b8 23.hg6 ♔g6 24.b3 ♕b4 25.♗d4 ♗f4 26.♗b2 a5 27.a3 ♕d6 28.♗c4 ♗f3 29.♗d3 ♔g5 30.♔b1 ♕c6 31.♗c4 e6 32.♗c3 a4 33.♖d3 e5 34.♖d8 ♗d1 35.♖d1 ♔g4 36.♖g1 ♔h3 37.♖g7 ab3 38.cb3 f5 39.a4 e4 40.a5** 0-1

Wagener,Claude
Marshall,Mario

Elista ol 1998 (5)

1.e4 c5 2.♘f3 d6 3.d4 cd4 4.♘d4 ♘f6 5.♘c3 g6 6.♗e3 ♗g7 7.f3 0-0 8.♕d2 ♘c6 9.0-0-0 d5 10.ed5 ♘d5 11.♘c6 bc6 12.♘d5 cd5 13.♕d5 ♖b8?! 14.b3 [14.♕d8?! ♗b2 15.♔b1 ♗d4 16.♔c1 ♗e3 17.♕d2 ♗d2 18.♖d2 ♗e6∓ Tiviakov] **14...♕c7 15.♕c5 ♕b7 16.♗d3!?** [16.♕a7 ♕b4 17.♗d4! (17.♗c5?! ♕f4 18.♗e3 ♕e5 19.♗d4 ♕f4 20.♗e3 ♕e5 21.♗d4 ½-½ Dahl-Nilsson, Karlskrona ch-SE 1963) 17...♖d8 18.c3 ♕d6 19.♗c4 ♗f5 20.♔b2± Sapi/A. Schneider] **16...♗e6 17.♗e4 ♕a6 18.♕a7 ♕b5 19.♗d4 ♕g5 20.♔b1 ♕g2 21.♗g7 ♔g7 22.♕e7 ♖fc8 23.h4 h5 24.♖hg1** 1-0

INTRODUCTION: Karel van der Weide
MAIN ANALYSIS: Alexey Shirov, Peter Svidler
STUDY MATERIAL: Van der Weide

Sicilian Defence
Perenyi Gambit

SI 19.14

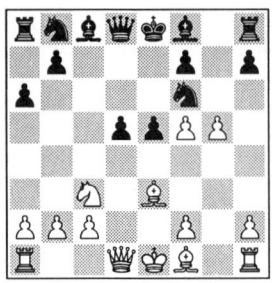

Perenyi Predictions

1.e4 c5 2.♘f3 d6 3.d4 cd4 4.♘d4 ♘f6 5.♘c3 a6 6.♗e3 e6 7.g4 e5 8.♘f5 g6 9.g5 gf5 10.ef5 d5

My prediction for the year 2001: the Perenyi Gambit with 9.g5 will disappear from the highest level. Thanks to the contributions by Shirov (White), Van Wely (Black) and Svidler (both colours!) the end is nigh. Black can maintain the balance despite the ferocious attack at his king.

The Crossing
After 9.g5 gf5 10.ef5 d5 we arrive at a crossroads. Shirov's latest try is 11.♕f3. Play continues 11...d4 12.0-0-0 ♘bd7 13.♗d2 (13.gf6 was unsuccessfully tested by Khalifman; 13.♖d4 deserves attention) 13...♕c7!. Black's alternatives on move 13 seem to favour White. Now, Shirov has played both the 'innocuous' 14.♗d3 and the sharp 14.gf6. The latter includes a rook sacrifice. In a Dutch chess magazine I claimed that Black was winning in Shirov-Van Wely, Istanbul Olympiad 2000. But Van Wely later pointed out a variation I had overlooked. Now I think Black has a draw in hand. Declining the rook sacrifice, as Van Wely did in Polanica Zdroj 2000, is not bad either.

The other way is 11.gf6 d4 12.♗c4 ♕c7 13.♕d3 de3 (13...dc3 looks suspicious) 14.0-0-0. Van den Doel played 14.f4!? on one occasion, but it was never repeated. Anyway, after 14.0-0-0, 14...ef2 seems to be Black's best choice. In order to continue the attack White has to sac another piece with 15.♗f7 ♔f7 16.♕d5 ♔f6 (the refutation of 16...♔e8 has still to be found) 17.♘e4 ♔e7.

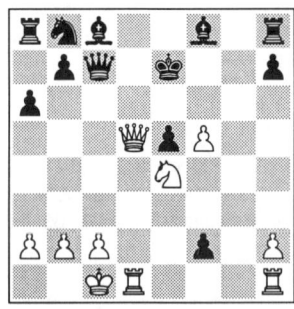

Here, the old move 18.♘d6 seems to be OK for Black, so 18.f6 looks forced. In his analysis Svidler proves that 20...♕c6? loses and that 20...♕b6 should lead to a draw.

Abandon?
This does not mean, of course, that us ordinary mortals will have to strike the Perenyi Gambit from our repertoires. It takes quite an effort

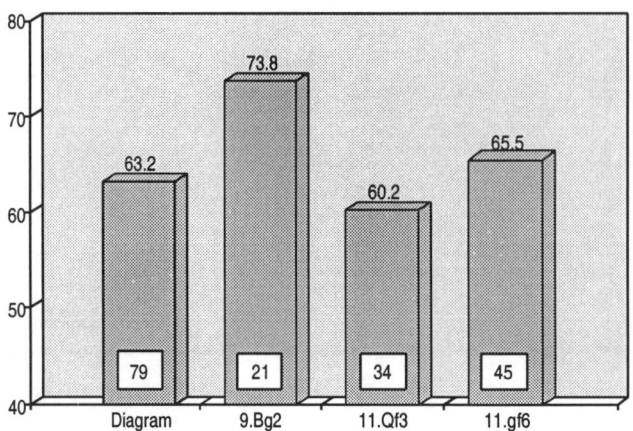

STATISTICS

to memorize the huge amount of theory. If you think that you're OK after reading this article, think again! Knowledge of the surveys in Yearbook 51 and 40 is equally indispensable. So perhaps your opponent will go astray somewhere in the labyrinth. Besides, each novelty can turn out to be an unsolvable problem over the board. I'll leave you with another prediction: the Perenyi Gambit with 9.♗g2 will be played more often in the year 2001!

SI 19.14

Shirov,Alexey
Van Wely,Loek

Polanica Zdroj 2000 (8)

1.e4 c5 2.♘f3 d6 3.d4 cd4 4.♘d4 ♘f6 5.♘c3 a6 6.♗e3 e6 7.g4 e5 8.♘f5 g6 9.g5 gf5 10.ef5 d5 11.♕f3 d4 12.0-0-0 ♘bd7 13.♗d2 ♕c7 14.gf6 dc3 15.♗c3 ♕c6 16.♕g3!?

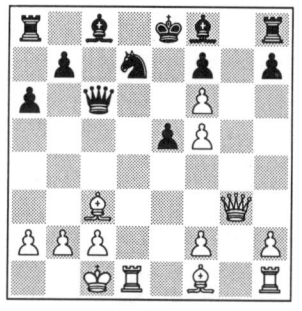

16...♗h6 [16...♕h1 17.♗g2∞ Shirov-Van Wely, Istanbul ol 2000] 17.♔b1 ♗f4 [17...♕h1 18.♗e5] 18.♕d3 0-0 19.♖g1 ♔h8 20.♗b4 ♖g8? [20...♘c5! 21.♗c4 (21.♗c5 ♕c5 22.♕h3 ♕c6-+; 21.♕h3! ♕f6 22.♗c5 ♗f5 23.♕a3∓) 21...♗f5 22.♗c5 ♖fc8 (22...b5 23.♕d5 ♕d5 24.♖d5 ♖fd8 25.♖d8 ♖d8 26.♗d3∞) 23.♗d3 (23.♗g2 ♕c5 24.♖d8 ♖d8 25.♕c5 ♖ac8 26.♕b4 ♖g8-+) 23...♗d3 24.♖d3 (24.♕d3 ♕c5 25.♖g7 e4 26.♕e4 ♕h5∓) 24...b5 25.♗f8 ♕f6 26.♕c8 ♖c8

27.♖d6 ♕d6 28.♗d6 ♗h2∓] 21.♖g8 ♔g8 22.♗e7+− h6 23.♗e2! [23.♕b3 ♕h1! 24.h3 ♘f6 25.f6 ♗f5∞] 23...♘f6

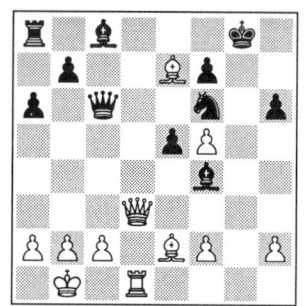

24.♕d8?? [24.♗f3 e4 25.♕d8 ♕e8 26.♗f6 (26.♕e8 ♘e8 27.♗e4 f6∞) 26...♗f5 27.♖g1 ♗g6 28.♕d5±/+−; 24.♖g1 ♔h7 25.♗f3 e4 26.♕b3 ♕d5 27.♗f6 ♕b3 28.♖g7 ♔h8 29.ab3 ef3 30.♖g4 ♔h7 31.♖f4±/+−] 24...♔h7! [24...♕e8 25.♗f3 ♕b5 26.♗d5 ♗h2 27.b3+−] 25.♕f8! ♗e6?? [25...♕e8 26.♕c8 ♘e8 27.♖d8 b5!! (27...♘g7 28.f6±; 27...♘c7 28.♗d3 ♗f5 29.♗f5 ♗g7 30.♖d7±) 28.♖e8 ♗b7 29.♖a8 ♗a8 30.h4±] 26.♕a8 ♗f5 27.♔a1!+− [27.♖g1? ♕c2 28.♕a1 ♗c1! 29.♕h8 ♔h8 30.♗f6 ♔h7 31.♖g7 ♔h8=; 27.♕f8?! ♗c2 28.♔a1 ♗g6∞/=] 27...♘d5 [27...♗c2 28.♖g1! ♗g6 29.♗f6 ♕f6 30.♗d3!+−; 27...♕c2 28.♗f6 ♕e2 29.♖g1+−] 28.♕f8 ♕e6 29.♗c5 ♗c2 30.♖g1? [30.♖g4! ♕g4 31.♕f7 ♕g7 32.♕g7 ♔g7 33.♖d5 ♗h2 34.♖d7 ♔g6 35.♖b7+−] 30...♔g6 31.h4 ♗h2! [31...h5 32.♗h5+−] 32.♖d1! ♘f4?? [32...b6 33.h5!?±] 33.♖d8
1-0
Shirov

SI 19.14

Svidler,Peter
Gelfand,Boris

Biel 2000 (4)

1.e4 c5 2.♘f3 d6 3.d4 cd4 4.♘d4 ♘f6 5.♘c3 a6 6.♗e3 e6 7.g4 e5 8.♘f5 g6 9.g5 gf5 10.ef5 d5 11.gf6 [11.♕f3 d4 12.0-0-0 ♘bd7 13.♗d2!? Polgar-Anand, Dos Hermanas 1999 − YB/51-34] 11...d4 12.♗c4 ♕c7 13.♕d3 de3 14.0-0-0 ef2 15.♗f7 ♔f7 16.♕d5 ♔f6 [16...♗e8 Shirov-Polgar, Dortmund 1996 − YB/51-35] 17.♘e4 ♔e7 18.f6!? [18.♘d6 ♗h6 19.♔b1 ♔f6 20.♖hf1 Shirov-Van Wely, Monaco rapid 2000; Topalov-Van Wely, Frankfurt II 2000] 18...♔e8 19.f7 ♔e7 20.♕d2

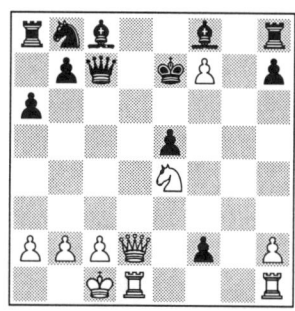

20...♕c6? [20...♘d7!? 21.♕g5 ♔f7 22.♖hf1 ♗c5 23.♖f2 (23.♘f2? ♔e8 24.♘e4 ♕b6 △ 25.♗e3) 23...♗f2 24.♕h5=; 20...♕b6! 21.♕g5 ♔f7 22.♖hf1 ♗h6 23.♖f2 ♖e8! (23...♕f2? 24.♘d6 ♔e6 25.♕h6 ♕f6 26.♕h3 ♔e7 27.♘c8 ♖c8 (27...♔e8 28.♘b6!↑) 28.♕c8) 24.♖d8 ♕d8 25.♕h6 (△ 26.♕g7) 25...♕d4 (25...♕e7!? 26.♘f6 ♔d8 27.♘d5 ♕e6 28.♕g5 ♔d7 29.♕g7 ♔c6 30.♖f6 ♔d5 31.♖e6 ♔e6 (31...♔e6 32.♕h8 h5 33.a4! ♗g4 34.a5) 32.♕h8 ♘c6 33.h4! h5 (33...♖b8 34.h5! ♔d7 35.♕h7∞) 34.♕h5 ♗d7 35.♕g6∞/=) 26.♕g7 ♕e4 (26...♕f2 27.♘f2 ♖f8 28.♕e5) 27.♕h8 ♗d7 28.♖d2 ♔c6 29.♕c8 ♔b6! (29...♔b5? 30.a4 ♔a4 31.b3 ♔b5 (31...♔a3 32.♕c5 ♕b4 33.♕e5+−) 32.♖d5 ♕d5 33.c4+) 30.♖d6 ♘c6 31.♕a8 ♕f4 32.♖d2 ♘d4! 33.♕d8 ♔a7 34.♕d6 ♘f3 35.♕c5=] 21.♕g5 ♔f7 22.♖hf1 ♗c5□ [22...♘d7 23.♖f2 ♔e8 24.♘f6! ♘f6 (24...♔d8 25.♘d7 ♔c7 26.♘f8+−) 25.♖f6 ♕d7! 26.♖d7! (26.♕e5 ♗e7 27.♖d7 ♔d7! 28.♖h6 ♖e8 29.♖h7) 26...♗d7 (26...♔d7 27.♖f7 ♔e8 28.♖f1! ♗e7 29.♕h5 ♔d7 30.♕f7+−) 27.♕e5 ♗e7 (27...♔d8 28.♗f4! ♗g8 29.♕a5 ♔e8 (29...♔c8 30.♖f8 ♖f8 31.♕c5)

30.♖e4 ♗e7 31.♕e5+−) 28.♖f1 ♖g8 (28...♖f8 29.♖f8 ♔f8 30.♕h8) 29.♖e1+−] **23.♘f2 ♘d7 24.♘g4 ♔e8 25.♘e5 ♕e6** [25...♗e3 26.♕e3 ♕e6 (26...♘c5 27.♕g5!+−) 27.♕d4!+−] **26.♖fe1**

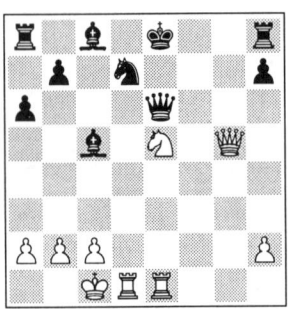

26...♘f6? [26...♗e7 27.♕h5 ♔d8 28.♘f7+−; 26...♖g8 27.♕h5 ♖g6 28.♘g6 ♗e3 29.♔b1 hg6 30.♕f3±/+−] **27.♘d3** [27.♘d7!? ♗d7 (27...♕e1 28.♘f6+−) 28.♖e6 ♗e6 29.♕f6+−] **27...♗e7** [27...♘e4 28.♕h5 ♕g6 (28...♕f7 29.♕e5+−; 28...♔f8 29.♘c5+−) 29.♖e4 ♗e7 30.♕e5+−] **28.♖e6 ♗e6 29.♖e1 ♘d7** [30.♖e6; 29...♘e4 30.♕e5+−]
1-0
Svidler

Study Material

11.♕f3 d4 12.0-0-0

**Foucault,J
Martino,David**

Fredericksburg 1999 (1)

1.e4 c5 2.♘f3 e6 3.d4 cd4 4.♘d4 ♘f6 5.♘c3 d6 6.♗e3 a6 7.g4 e5 8.♘f5 g6 9.g5 gf5 10.ef5 d5 11.♕f3 d4 12.0-0-0 ♕a5 13.♗c4 [13.gf6 dc3 14.♗c4 ♕c7 15.♕d5 ♘c6 16.♗b6 ♕d7 17.♕g2 ♗d6 18.♖d6 ♕d6 19.♗f7 ♔d7 20.♗e6 ♔e8 21.f7 1-0 Piskov-A.G.Panchenko, Baku 1981] **13...dc3 14.gf6 cb2** [14...♗a3 15.♗f7!

♔f7 16.♕h5 ♔f6 17.♗g5+−] **15.♔b1 h5 16.♖d5 ♕c7 17.♕e4 ♘c6 18.♗f4 ♗h6** [18...♘d7 19.♗e5 ♘e5 20.♖e5 ♔d8 21.♖d1→] **19.♗e5 ♗f5 20.♕f5 ♕c8 21.♕e4 ♘d8 22.♖d8!+− ♔d8 23.♖d1 ♔e8 24.♗f4**
1-0

**Khalifman,Alexander
Gelfand,Boris**

Shenyang 2000 (4)

1.e4 c5 2.♘f3 d6 3.d4 cd4 4.♘d4 ♘f6 5.♘c3 a6 6.♗e3 e6 7.g4 e5 8.♘f5 g6 9.g5 gf5 10.ef5 d5 11.♕f3 d4 12.0-0-0 ♘bd7 13.gf6 dc3 14.♗c4 ♕f6 15.♖hg1 h6 [15...♗h6? 16.♗f7 ♕f7 (16...♔f7? 17.♕h5) 17.♗h6⩲ Tischbierek]

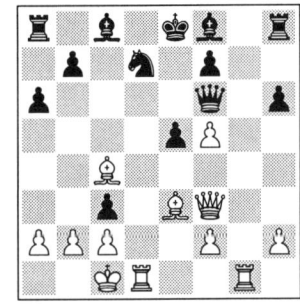

16.♔b1? [16.♕e2 △ 17.f4; 16.♖ge1 △ 17.f4 Khalifman] **16...♘c5! 17.♕e2** [17.♕d5 ♗d7! 18.♗c5 ♘c6+− Gelfand] **17...♗f5 18.f4 ♗e6 19.fe5 ♕e5 20.♗e6 ♘e6 21.♕f3 ♕b5 22.b3 ♕c6 23.♕f6 ♖h7 24.♖gf1 ♖d8 25.♖de1 ♖d5 26.♗c1 ♗e7 27.♕f3 ♗g5 28.♕g3 ♔d7 29.h4 ♗c1 30.♕g8 ♗d2 31.♕f7 ♖f7 32.♕f7 ♔d8 33.♖e6 ♖d6 34.♕g8 ♔c7 35.♕g7 ♔b8**
0-1

**Kalod,Radek
Knechtel,Roland**

Aschach 1999 (2)

**1.e4 c5 2.♘f3 d6 3.d4 cd4 4.♘d4 ♘f6 5.♘c3 a6 6.♗e3 e6 7.g4 e5 8.♘f5 g6 9.g5 gf5 10.ef5 d5 11.♕f3 d4 12.0-0-0 ♕c7 13.♖d4

♕c6** [13...ed4 14.♗d4⩲] **14.♖d5! ♘d5 15.♘d5 ♘d7 16.♗g2 ♔d8 17.♕h5! ♗c5 18.♕f7 ♗e3 19.fe3 ♕c5 20.g6 hg6 21.fg6 ♖f8 22.♕h7 ♖f2 23.♕h4 ♘f6 24.♕f2 ♘d5 25.♗d5**
1-0

12...♘bd7 13.♗d2

**Palac,Mladen
Pinter,Jozsef**

Pula 2000 (9)

1.e4 c5 2.♘f3 d6 3.d4 cd4 4.♘d4 ♘f6 5.♘c3 a6 6.♗e3 e6 7.g4 e5 8.♘f5 g6 9.g5 gf5 10.ef5 d5 11.♕f3 d4 12.0-0-0 ♘bd7 13.♗d2 dc3 14.♗c3 ♕c7 15.♗d3 ♕b6 [15...♗d6] **16.♖he1 ♗b4 17.♗b4** [17.♗e5?! ♗e1 18.♗f6 0-0!] **17...♕b4 18.gf6 ♕h4 19.♗e4** [19.♕d5 ♕h6 20.♔b1 0-0!] **19...♕h6** [19...♖b8] **20.♔b1 ♕f6 21.♗b7 ♗b7 22.♕b7 ♖d8 23.f4 ♕f5 24.fe5 0-0** [≥ 24...♖g8]

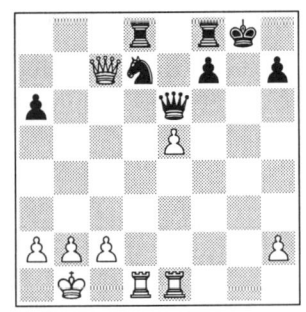

25.♕c7 ♕e6 26.♖d6 ♕e8? [26...♕f5] **27.♖ed1?!** [27.♖g1! ♔h8 28.e6! fe6 29.♖d7 △ 30.♕e5+−] **27...♕e5 28.♖g1 ♔h8 29.♖d7 ♕c7 30.♖c7 ♖d2 31.h3 f5 32.b3 ♖h2** [32...f4 33.♖gg7] **33.♖g3 f4 34.♖f3 ♖f6 35.♖c4 ♗g7 36.b4 ♔g6 37.♖cf4 ♖f4 38.♖f4 ♖h3 39.c4 h5 40.b5 ab5 41.cb5 ♔g5 42.♖f8 h4 43.♔b2?** [43.b6+−] **43...♖e3 44.a4 h3 45.♖h8 ♔g4 46.b6 ♖e6 47.a5 ♖e5 48.♔c3 ♖a5 49.b7 ♖b5 50.b8♖ ♖b8 51.♖b8 h2 52.♖h8 ♔g3 53.♔d3 ♔g2**
½-½

Shirov,Alexey
Van Wely,Loek

Istanbul ol 2000 (5)

1.e4 c5 2.♘f3 d6 3.d4 cd4 4.♘d4 ♘f6 5.♘c3 a6 6.♗e3 e6 7.g4 e5 8.♘f5 g6 9.g5 gf5 10.ef5 d5 11.♕f3 d4 12.0-0-0 ♘bd7 13.♗d2 ♕c7 14.gf6 dc3 15.♗c3 ♕c6 16.♕g3 ♕h1 17.♗g2

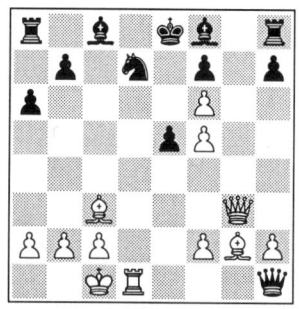

17...♗h6 [17...♖g8!? 18.♕g8 ♕h2 19.♗d5 (19.♗d2 ♕h5!; 19...♘f6 20.♕g5⇄) 19...♕h6 20.f4 ♕f6 21.fe5!? (Van Wely; 21.♗e5 ♘e5 22.♖e1 ♕g7; 21.♕h7 ♕g7 (△ ♕h6xf4) 22.♕h5 (→ Tischbierek) 22...♗d6! (22...♗e7?! 23.fe5 ♕g5 24.♕g5 ♗g5 25.♔b1 ♘b6 26.♗e4 ♘c4 27.b3 ♘e3 28.♖g1→) 23.fe5 (23.♖e1 ♘f6) 23...♘e5 24.f6 (24.♗e5 ♗e5 25.♖e1 ♔d8; 24.♖e1 ♔d8 25.f6 ♕f6 – 24.f6) 24...♕f6 25.♖e1 ♔d8 26.♗e5 ♗e5 27.♕e5 (27.♖e5? ♕f4) 27...♕e5 28.♖e5 f5=) 21...♗g7 22.♖g1! (Janssen; 22.♕g7 ♗g7 23.♗f7 ♔e7!∓; 23...♗f7 24.e6) 22...♕g8 23.♖g8 a5□ (23...♘e5 24.♗e5 ♗f5 25.♗d6 ♗d7 26.♗f8+–) 24.b4! ab4□ (24...♘c5 25.bc5 ♗f5 26.c6 0-0-0 27.cb7 ♔b8 28.♔b1+–) 25.♗b4 ♖a4 26.♗d6 ♖a6 (26...♖d4? 27.c4! b5 28.e6! fe6 29.fe6 bc4 30.e7+–) 27.♗b4 ♖a4=] 18.♗d2 ♗d2 19.♔d2 ♕g2 [19...♕d1 20.♔d1⇄] 20.♕g2 a5 21.f4 ef4 22.♕g7! [22.♕e4 ♔d8 23.♕e7 ♕c7 24.♔c1 ♖a6∓ Kuijf] 22...♖f8 23.♖e1 ♔d8 24.♖e7 ♕c7 25.♕f8 1-0

Shirov,Alexey
Svidler,Peter

Polanica Zdroj 2000 (1)

1.e4 c5 2.♘f3 d6 3.d4 cd4 4.♘d4 ♘f6 5.♘c3 a6 6.♗e3 e6 7.g4 e5 8.♘f5 g6 9.g5 gf5 10.ef5 d5 11.♕f3 d4 12.0-0-0 ♘bd7 13.♗d2 ♕c7 14.♗d3 ♘c5 15.gf6 dc3 16.♗c3 ♕c6 [16...♗h6 17.♔b1 ♕c6!? 18.♕h5 ♗f4 19.♗c4 ♕f6 20.♗f7 ♔e7 21.♗b4 b6∞] 17.♕e3 e4 18.♗c4 ♗f5 19.♖d4 ♘e6 [19...♗d6] 20.♗d5 ♕b6 21.♖c4 ♘c5 [21...♕e3] 22.♕g3 ♗f2 23.♕e5 ♕e3 24.♔b1 ♕f4 25.♕f4 ♘f4 26.♗b7 0-0 27.♖f1 ♖ad8 28.b3 ♗e3 29.♗a5!! ♗h3 30.♗d8 ♗f1 31.♖e4 ♖d8 32.♖e3 h5 33.♔b2 ♖d6? [33...♔h7 Svidler] 34.♖f3 ♖f6 35.♖f1 ♘d3 36.♔c3 ♖f1 37.♔d3 a5 38.a4 ♖f4 39.c4 ♔f8 40.b4 ab4 41.a5 b3 42.a6 b2 43.♔c2 ♖c4 44.♔b2 ♖a4 45.♔b3 ♖a1 46.♔c4 ♔e7 47.♔d5 ♔d7 48.♔e5 ♔c7 49.♔f6 ♖f1 50.♔g5 ♖g1 51.♔h5 f5 52.h4 f4 53.♔h6 ♖b1 54.♗e4 ♖b6 ½-½

Shirov,Alexey
Illescas,Miguel

Spain tt 2000 (5)

1.e4 c5 2.♘f3 d6 3.d4 cd4 4.♘d4 ♘f6 5.♘c3 a6 6.♗e3 e6 7.g4 e5 8.♘f5 g6 9.g5 gf5 10.ef5 d5 11.♕f3 d4 12.0-0-0 ♘bd7 13.♗d2 ♕a5 14.gf6? [14.a3! ♗a3 (14...♕c7!?) 15.b5! ♗b2 16.♔b2 ♕b6 17.♖a1 ♖b8 18.♗a5+–] 14...dc3 15.♗c3 ♕a2 16.♕e3 ♘b6? [16...♖a1 17.♔d2 ♕a4] 17.♕e5 ♗e6 18.fe6 ♗h6 [18...♖a1! 19.♔d2 0-0-0 20.♗d4 ♕b2 21.♗c4? ♘c4–+] 19.f4 ♕a1 20.♔d2 0-0-0 21.♗d4 ♕a4 22.♕c5 ♔b8 23.♔e1 ♘c8 24.♗e5 ♔a8 25.♗g2 ♖d1 26.♔d1 1-0

Sumets,Andrey
Khazankin,M

Odessa 1999

1.e4 c5 2.♘f3 d6 3.d4 cd4 4.♘d4 ♘f6 5.♘c3 a6 6.♗e3 e6 7.g4 e5 8.♘f5 g6 9.g5 gf5 10.ef5 d5 11.gf6 d4 12.♗c4 ♕c7 13.♕d3 dc3 14.0-0-0 cb2 15.♔b1 ♘c6 [15...♗d7 16.♖hg1 ♕c6 17.♗f7 ♔f7 18.♕b3 1-0 Smirnov-Asatov, Novosibirsk 1999] 16.♖hg1 b5 17.♗b3 ♘b4 [17...♗b7? 18.♗b6! ♘b4 19.♕e2 1-0 Shalimov-Karanda, Kharkov 2000] 18.♕e2 ♗f5 19.♖g5 ♗e6 [19...♘c2!? 20.♗c2 ♗h6⇄] 20.♗f4 ♘c2 21.♗e6 ♘a3 22.♔b2 fe6 23.♗e5 ♘c4 24.♔b1 ♕f7 25.♖dg1 ♖c8 26.♔a1 h6 27.♖g6 h5 28.♗d4 ♖h6

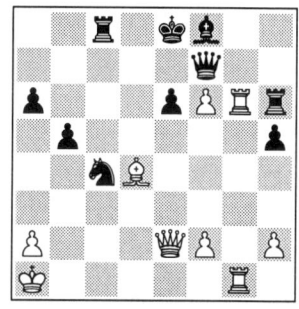

29.♖g7!+– ♗g7 30.♖g7 ♖g6 31.♖g6 ♕g6 32.♕e6 ♔f8 33.♕c8 ♕e8 34.♕c5 ♔g8 35.♕g5 1-0

Van den Doel,Erik
Van Wely,Loek

Dieren 1999 (9)

1.e4 c5 2.♘f3 d6 3.d4 cd4 4.♘d4 ♘f6 5.♘c3 a6 6.♗e3 e6 7.g4 e5 8.♘f5 g6 9.g5 gf5 10.ef5 d5 11.gf6 d4 12.♗c4 ♕c7 13.♕d3 de3 14.f4!?

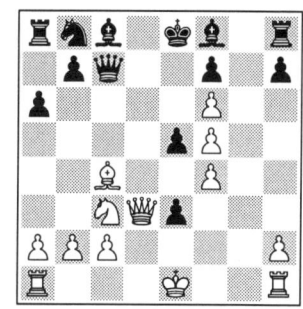

14...♗b4 [14...b5 15.♗d5 ♖a7; 14...♗f5; 14...e2] 15.0-0-0 ♗c3 16.bc3 ♘c6 17.♖hg1 e2?! [17...ef4] 18.♕e2 ♗f5 19.♕h5 ♗e4 [19...♘g6? 20.♖dg1 fg6 21.f7; 19...♗c2 20.♔c2 ♘d4 21.♖d4!] 20.fe5 ♘a5? 21.♗e6! ♖f8 22.♗d7 ♕d7 23.♖d7 ♔d7 24.♕g4 1-0

Schramm,Bernd
Baramidze,David

Kiel 2000 (9)

1.e4 c5 2.♘f3 d6 3.d4 cd4 4.♘d4 ♘f6 5.♘c3 a6 6.♗e3 e6 7.g4 e5 8.♘f5 g6 9.g5 gf5 10.ef5 d5 11.gf6 d4 12.♗c4 ♕c7 13.♕d3 de3 14.0-0-0 ♘c6 15.fe3 [15.♘d5] 15...♘b4 16.♕e4 ♗d7 17.♖hg1 [17.♖d7!?] 17...0-0-0 18.♗f7 ♗c5 19.♗e6 ♕b6 20.♖d7 ♖d7 21.♖g7 ♖d8 22.a3 ♗e3 23.♔b1

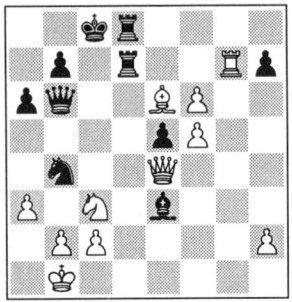

23...♕e6!–+ 24.♖d7 ♕d7 25.ab4 ♗d4
0-1

Almasi,Zoltan
Svidler,Peter

Polanica Zdroj 2000 (3)

1.e4 c5 2.♘f3 d6 3.d4 cd4 4.♘d4 ♘f6 5.♘c3 a6 6.♗e3 e6 7.g4 e5 8.♘f5 g6 9.g5 gf5 10.ef5 d5 11.gf6 d4 12.♗c4 ♕c7 13.♕d3 de3 14.0-0-0 ef2 15.♗f7 ♔f7 16.♕d5 ♔f6 [16...♔e8 17.f7 ♔e7 18.♕f3 ♗h6 19.♔b1 ♔f8 20.♕f2 ♘c6! 21.♕h4 ♗f4 22.♕f6 ♕f7 23.♕h8 ♕g8 24.♕f6 ♕f7 25.♕h8 ♕g8 26.♕f6 ½-½ Movsesian-Ribli, Austria 1999] 17.♘e4 [17.♕f3? ♗h6 18.♔b1 ♖d8 19.♖d8 ♕d8 20.♖d1 ♕f8 21.♕f2 ♗g7 22.♘d5 ♘c6 23.♕g3 ♔h8 24.f6 ♗e6 0-1 Fontaine-Svidler, Brussels rapid 2000] 17...♔e7 18.f6 ♔e8 19.f7 ♔e7 20.♕d2 ♕b6! 21.♕g5 ♔f7 22.♖hf1 ♗h6 23.♖f2 ♔e8 24.♖d8 ♕d8 25.♕h6 ♕e7 26.♘f6 ♔d8 27.♘d5 ♕e6 28.♕g5 ♔d7 29.♕g7 ♔c6 30.♖f6 ♔d5 31.♖e6 ♔e6 32.♕h8

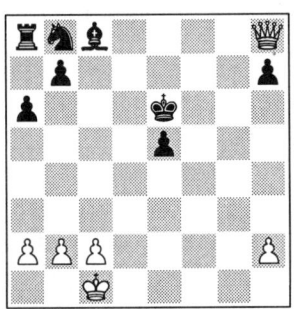

32...♘d7 [32...♘c6] 33.♕h7 ♘f6 34.♕c7? [34.♕h8!? b5 35.♕d8 Svidler; 34.♕h3!? Sindik] 34...♔f5! 35.h4 ♗e6 36.♕b7 ♗d5 37.♕b6 ♘g4 38.c4 ♗e4 39.h5 ♖h8 40.♕g6 ♔f4 41.♕f7 ♗f5 42.b4 e4 43.b5 ab5 44.cb5 e3 45.b6 ♘e5 46.♕e7 ♖h5 47.b7 ♖h1 48.♔b2 ♖b1 49.♔c3 e2 50.♕h4 ♘g4 51.♕h2 ♔f5 52.♕h7 ♘g6 53.♕d7 ♔g5 54.♕d2 ♔h5
0-1

Topalov,Veselin
Van Wely,Loek

Frankfurt II 2000 (8)

1.e4 c5 2.♘f3 d6 3.d4 cd4 4.♘d4 ♘f6 5.♘c3 a6 6.♗e3 e6 7.g4 e5 8.♘f5 g6 9.g5 gf5 10.ef5 d5 11.gf6 d4 12.♗c4 ♕c7 13.♕d3 de3 14.0-0-0 ef2 15.♗f7 ♔f7 16.♕d5 ♔f6 17.♘e4 ♔e7 18.♘d6 ♗h6 19.♔b1 ♔f6 20.♖hf1 ♖f8 21.♖f2 ♘c6 22.♕c4 ♔g7 [22...♗f4? 23.♖f4 ef4 24.♕c3 ♔g5 25.♖g1 ♔h4 26.♕f3 1-0 Shirov-Van Wely, Monaco rapid 2000] 23.♖g1 ♔h8 24.♖fg2 ♗g7 25.♖g7 ♕g7 26.♖g7 ♔g7 27.♕g4 ♔h8 28.♕g5 ♗e6 29.b3 ♖ad8 30.♕h6 ♗f5 31.♘b7 ♖c8 32.♘d6 ♗g6 33.♘c8 ♖c8 34.♔b2 ♘d4 35.c4 ♘f5 36.♕g5 ♔g7 37.h4 h5 38.♕f5 ♖e8 39.♕e4 ♘h6 40.♕b7 ♘f7 41.c5 e4 42.♕d7 ♖e5 43.c6 ♗f5 44.♕d1 e3 45.♕g1 ♔f6 46.c7 e2 47.♕e1 ♗g4 48.b4 ♖e7 49.♕c3 ♘e5 50.♔b3 ♖c7 51.♕e3 ♖e7 52.♕e5 ♔e5
0-1

INTRODUCTION: René Olthof
MAIN ANALYSIS: Viswanathan Anand
STUDY MATERIAL: Olthof, Van Wely

Sicilian Defence
English Attack

SI 19.16

Survey SI 19.16

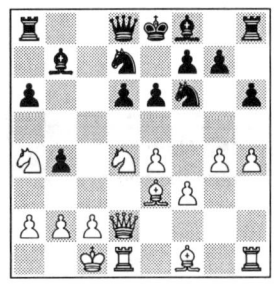

Never Say Never

1.e4 c5 2.♘f3 d6 3.d4 cd4 4.♘d4 ♘f6 5.♘c3 e6 6.♗e3 a6 7.♕d2 b5 8.f3 ♗b7 9.g4 h6 10.0-0-0 ♘bd7 11.h4 b4 12.♘a4

Although White's results with 11.h4 are quite reasonable, they are by no means better than those with the main alternative 11.♗d3. Such is the power of fashion in chess that the latter has nevertheless almost disappeared.
The pedigree of 11.h4 b4 12.♘a4 is short enough. In the beginning (the mid-'80s) there were a few games, then there was mainly silence until Oleg Korneev used the line to score a few points in Spain in the late '90s. Sergey Tiviakov took note and wrote an excellent theoretical about it, which was published in Yearbook 50. In Linares 1999 Kasparov started to meddle with the line, and then Alexander Grischuk launched his tremendous move 19.f5 during the annual Chigorin Memorial in November, scoring another point with this novelty at the European Team Championship in Batumi later that month.

Good News
This was reported in the FORUM section of Yearbook 53 and again one volume later. The line 12...♕a5 13.b3 ♘c5 14.a3 remained under a cloud, despite numerous attempts at rehabilitation, particularly by Loek van Wely. The good news is that after many losses a forced draw now seems in sight. Boris Gelfand held Vishy Anand in check in Shenyang in Grischuk's supposedly critical line. Later games (with Anand again involved but on the other side of the board) confirm this assessment.
The new try 14...♖c8 is aimed at retaining the tension for a little longer. The results with 15.♕b4, as in the featured game Anand-Khalifman, Shenyang 2000, have been quite discouraging for Black, but even 15.ab4!? (Stojanovski-Mertanen, Neum 2000) might prove promising.
In this line there is something to be found for everyone's taste. Compare the relatively solid 13...♗e7 versus the risky 12...d5. Opening the centre with an uncastled king is a hazardous undertaking, as Kasparov's double *Blitzsieg* again demonstrates. Theoretically speaking, though, Black should be fine after both.

Conclusion
Tiviakov's conclusion in Yearbook 50 has been found wanting. Calling 12.♘a4 'not satisfactory for White' is off the mark, nor does 12.♘b1 'seem to be the strongest

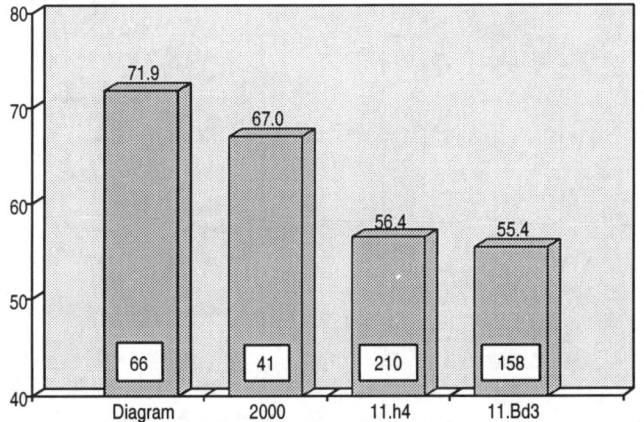

STATISTICS

move in the position'. My own prediction would entail the return of the developing move 11.♗d3 in the near future. For who is interested in yet another forced draw?

Into the New Millennium

And then the bad news arrived. It was heralded by the first magazine of the new millennium: Harding's *Chess Mail* from Ireland. The forced draw in Grischuk's line is further away than ever before! A few days before the Olympic Exhibition game Shirov-Anand, Roberto Alvarez from Argentina had finished off German Grandmaster Hans-Marcus Elwert in an E-mail game. Play over and shiver.

SI 19.16

Anand, Viswanathan
Khalifman, Alexander

Shenyang 2000 (2)

1.e4 c5 2.♘f3 d6 3.d4 cd4 4.♘d4 ♘f6 5.♘c3 a6 6.♗e3 e6 7.f3 b5 8.g4 h6 9.♕d2 ♘bd7 10.0-0-0 ♗b7 11.h4 b4 12.♘a4 ♕a5 13.b3 ♘c5 14.a3 ♖c8 15.♕b4 ♕c7 16.♔b1! [16.♘c5 16...♘cd7 [16...d5] 17.♕d2 [17.♕c4 d5 18.♕c7 ♖c7 19.ed5 ♘d5 20.♗c1 (20.♗d2 ♗a3=) 20...♘7b6!] 17...d5 18.♗h3 de4 19.g5 hg5 20.hg5 ♘d5

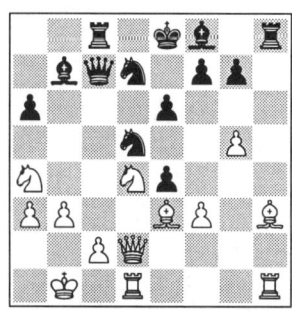

21.fe4?! [21.♗e6! ♖h1 22.♗d7 ♕d7 23.♖h1 ef3 24.♗f2± Ubilava/Mikhalchishin; 21.g6? ♖h3! 22.♖h3 ♘e3 23.♕e3 e5] 21...♘e3 22.♕e3 ♘e5 23.♖hf1 ♗a3 [23...g6! 24.♖f6 ♗e7!]

24.g6□ ♘g6 25.♗e6 fe6 26.♘e6 [26.♕g5 ♖h6 27.♘e6 ♕e7] 26...♕e7? [26...♕e5□ 27.♕b6 (27.♕a7 ♕e6 28.♗b7 ♘e7 29.♘b6 ♕c6) 27...♗e4! 28.♖d8 (28.♘g7 ♔e7 29.♘f5 ♗f5 30.♖de1 ♗e4 31.♖e4 (31.♕g6 ♗g6 32.♖e5 ♔d8∓) 31...♕e4 32.♕f6 ♕d7 33.♖d1 ♔e8) 28...♔e7 29.♕a7 (29.♘f8!! ♗c2 (29...♖d8 30.♕a7 ♔d6 31.♖d1+−) 30.♔a2 ♘f8 (30...♖f8 31.♖ff8±; 30...♖d8 31.♕b7 ♔d6 32.♕a6=) 31.♖c8 ♘d7 32.♕a6 ♖c8 33.♕c8 ♗b3 34.♔b3 ♕b5 35.♔a3 ♕f1 36.♘c3) 29...♖c7 30.♘c7 ♔d8 (30...♖d8? 31.♘d5 ♗e6 32.♕f7 ♗d5 33.♕c7 ♔d5 (33...♗e6 34.♕c6 ♕d6 35.♘c7 ♔e7 36.♕e4 ♘e5 37.♖f5+−) 34.♘b6 ♔d4 35.♕d8+−) 31.♖d1 ♗d6 32.♘c5! (32.♘e6 ♕e6 33.♘c5 ♗c2 34.♔c2; 32.♘a6 ♗c2 (32...♖h2; 32...♖h1!) 33.♔c2 ♖h2 34.♔b1 ♕e4 35.♘a1 ♖d2 36.♕b6 ♔e7 37.♖d2 ♕e1 38.♔a2 ♕d2 39.♘b2=) 32...♗c2 (32...♗f5 33.♘e6 ♗e6 34.♖d6 ♕d6 35.♘b7) 33.♔a2 ♗b3 (33...♗f5 34.♖d6 ♕d6 35.♘b7 ♔c7 36.♘d6 ♔d6 37.♕g7=; 33...♕d1 34.♘e7 ♕e6 35.♘e6 ♔c8 36.♘d4=) 34.♔b3 (34.♔a3 ♗d1!−+) 34...♖h3 35.♔a4 ♖h4 36.♔b3!=; 36.♔a5? ♕c3−+; 26...♕c2? 27.♘a1] 27.♕b6! ♘f8 [27...♖h6 28.♖d8 ♖d8 29.♘c7 ♔c7 30.♕c7 ♖d7 31.♕b8 ♔e7 32.♕g8+−; 27...♘e5 28.♖d8 ♖d8 29.♘c7 ♔d7 30.♕b7 ♕g5 31.♘a6 ♔e8 32.♘c7 ♔d7 33.♘b6 ♔d6 34.♘bd5+−] 28.♖d8 ♖d8 29.♘c7 ♕c7 [29...♔d7 30.♕b7] 30.♕c7 ♖d7 31.♕b8 [△ 32.♘b6]

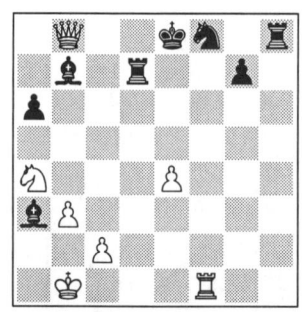

31...♔e7 32.♕e5 ♘e6 33.♖g1 ♔f7 34.♘b6 ♖hd8 [△ 35...♖d1] 35.♔a2 [35.♕f5 ♔e7 36.♖g6 ♖d1 37.♔a2 ♖8d6] 35...♗f8 36.♘d7

[36.♕f5!? ♔e7 37.♖f1] 36...♖d7 37.♕f5 [37.♖f1 ♔e7 38.♖f8 ♔f8 39.♕e6+−] 37...♔e7 38.♖f1 ♗c8 39.♕f7 ♔d6 40.e5 [△ 41.♖d1; 40.♖d1 ♔c7 41.♕e6 ♖d1 42.♕f7]
1-0
Anand

Study Material

12...♕a5 13.b3 ♘c5 14.a3 ♖c8

Movsesian, Sergey
Kulaots, Kaido

Istanbul ol 2000 (5)

1.e4 c5 2.♘f3 d6 3.d4 cd4 4.♘d4 ♘f6 5.♘c3 a6 6.f3 e6 7.♗e3 b5 8.♕d2 ♘bd7 9.g4 h6 10.0-0-0 ♗b7 11.h4 b4 12.♘a4 ♕a5 13.b3 ♘c5 14.a3 ♖c8 15.♕b4 ♕c7 16.♔b1 ♘fd7 17.♘b2 d5 18.♕d2 [18.♕e1 de4 19.♗c4 e5 20.♘f5 g6 21.♘g3 ef3∞ De la Riva-Van Wely, Mondariz zt 2000] 18...de4 [18...♘e5 19.ed5 ♘f3 20.♘f3 ♘e4 21.♕d3 ♘c3 22.♔c1 ♘d1 23.♘d1 ♗a3 24.♔b1 ♗d5 25.♖h3 0-0 26.c4 Mastrovasilis-Sedlak, Halkidiki 2000] 19.f4 [19.b4 ef3 20.bc5∞ Van Wely] 19...♘f6 20.♗c4!? [20.♗h3 ♘d5 21.c4 ♘e3 22.♕e3 ♗d6 23.♖hf1 Potkin-Belov, Moscow 2000] 20...♘g4 21.f5 e5 22.♘e2 ♘e3 23.♕e3 ♘d7 24.b4 ♘f6 25.♕b3 h5 26.♖h3! ♗d6 27.♖c3 ♕d7 [27...♕e7 28.♗a6!] 28.♘a4 ♕e7 29.b6 ♖c6

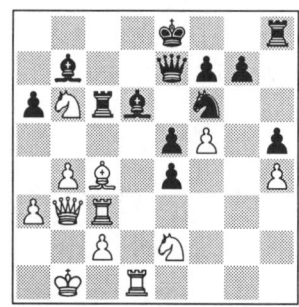

30.♗f7! ♕f7 31.♕f7 ♔f7 32.♖c6 ♗c6 33.♖d6 ♗b7 34.♘c4 ♖c8 35.♘e5 ♔g8 36.♖e6 ♖d8 37.♘g6

♔h7 38.♘e7 ♖d1 39.♔b2 ♖h1 40.♖b6 ♗d5 41.♖f6 gf6 42.♘d5 ♖h4 43.c4 ♖h2 44.♘f4 h4 45.b5 ab5 46.cb5 h3 47.b6   1-0

Tiviakov,Sergey
Van Wely,Loek

Rotterdam ch-NL 2000 (2)

1.e4 c5 2.♘f3 d6 3.d4 cd4 4.♘d4 ♘f6 5.♘c3 a6 6.♗e3 e6 7.♕d2 b5 8.f3 ♘bd7 9.g4 h6 10.0-0-0 ♗b7 11.h4 b4 12.♘a4 ♕a5 13.b3 ♘c5 14.a3 ♖c8 15.♕b4 ♕c7! [15...♕b4 16.ab4 ♘a4 17.ba4 d5 18.e5 (RR 18.b5 de4 19.ba6 ♗a8 20.♗b5 ♔e7 21.♗d2! Ernst) 18...♘d7 19.b5 Olenin-Gasanov, Alushta 2000] 16.♘c5 [16.♔b1 ♘fd7] 16...dc5 17.♕a4 ♘d7 18.♘e2 c4 19.bc4?! [19.b4 ♗c6 20.♕a6 ♖a8 21.♕c4 ♖a3 Anand-Gelfand, Monaco rapid 2000] 19...♗c6 20.♕b3 ♘c5 21.♗c5? [21.♕c3 ♘a4 22.♕a1 ♕a5] 21...♗c5 22.♖d3 0-0 23.g5 h5 24.♗h3 g6 25.♕c3 ♗d6 26.♔d2 ♗e5 27.♘d4 [27.♕b4 ♕a7 28.♕a5 ♗c7 29.♕c3 ♕f2] 27...♖fd8 28.♔e2 ♗a4?! [28...♖b5! 29.♗b5 (29.♘e6) 29...ab5 30.♕b4 bc4 31.♖d8 ♖d8 32.♖d1 ♗d4] 29.c5 ♕b8 30.♔e3 ♗b5 31.♖b1 ♗d4 32.♖d4

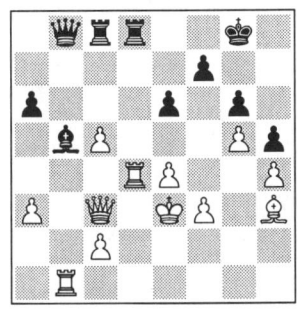

32...♕h2 33.♕d2! ♕c7! 34.♖d1 [34.♕c3 ♖d4 35.♕d4 ♖d8–+] 34...♗c5 35.♕b4 ♕a7 36.♔f4 e5 37.♔e5 ♖c5 [37...♕b8 38.♖d6 a5 39.♕d4 ♖c6] 38.♔f4 ♕c7 39.♔e3 ♖d4 [39...♖c3?? 40.♖1d3+–] 40.♕d4 ♖c3 41.♖d3 [41.♔f2 ♖c2 42.♖d2 ♕h2 43.♗g2 ♕h4] 41...♗d3 42.cd3 ♖a3 43.♕b4 ♕c1 44.♔d4 ♕a1 45.♔e3 ♕g1 46.♔f4 ♖d3   0-1
Van Wely
M/00-4-41

Reefat,Bin-Sattar
Hakki,Imad

Istanbul ol 2000 (11)

1.e4 c5 2.♘f3 d6 3.d4 cd4 4.♘d4 ♘f6 5.♘c3 e6 6.♗e3 a6 7.f3 b5 8.♕d2 ♘bd7 9.g4 h6 10.0-0-0 ♗b7 11.h4 b4 12.♘a4 ♕a5 13.b3 ♘c5 14.a3 ♖c8 15.♕b4 ♕c7 16.♘c5 dc5 17.♕a4 ♘d7 18.♘e2 c4 19.♗f4!? ♕c6 [19...♘c6 20.♕c4 e5 21.♗e3 ♗a3 22.♔b1± Ernst] 20.♔b2 [20.♕c6 ♗a3 21.♔b1 ♖c6 22.♘d4 ♖c8 23.♗c4! Ernst-Agrest, Orebro ch-SE 2000] 20...♕a4 21.ba4 g5!? 22.hg5 ♗g7 23.♔c1 hg5 24.♖h8 ♗h8 25.♗g5 ♘c5♘ 26.♘f4 ♘a4 27.♘h5 ♗b2 28.♔d2 ♘c3!? 29.♖e1 [29.♘f6] 29...♘b5 30.♗e3 ♗a3 31.♔f2 ♗c2 32.♖e2 ♗d4 33.♔g3 ♘b4–+ 34.e5 ♘d5 35.♖e4 ♗b2 36.♗c4 ♘b6 37.♘f6 ♔f8 38.♖e2 ♘c4 39.f4 ♗c3 40.♗h6 ♔e7 41.♗g5 ♗a5   0-1

Stojanovski,Dejan
Mertanen,Janne

Neum tt 2000 (2)

1.e4 c5 2.♘f3 d6 3.d4 cd4 4.♘d4 ♘f6 5.♘c3 a6 6.f3 e6 7.♗e3 ♘bd7 8.g4 h6 9.♕d2 b5 10.0-0-0 ♗b7 11.h4 b4 12.♘a4 ♕a5 13.b3 ♘c5 14.a3 ♖c8 15.ab4!? ♘b3 16.♘b3 ♕a4 17.♔b2 d5 18.♘c5 ♗c5 19.♗c5 de4 [19...♖c5? 20.bc5 0-0 21.♖a1 ♕c6 22.g5! Costantini-Mogranzini, Italy 2000; 19...♘d7 20.♗d6 ♕c6 (20...de4) 21.e5 ♘b6∞ Agopov-Mertanen, Tampere 2000] 20.b5 [20.♕d6?! ♕d7 21.♗a6 ♕d6 22.♖d6 ♗a6 23.♖a6 ef3 24.♖a7 ♘d7∓] 20...♘d5 21.♖a1 e3 22.♕h2 [22.♗e3 ♕b4 (22...♕c2 23.♕c2 ♖c2 24.♔c2 ♘e3 25.♔d3±) 23.♕b4 ♘b4 24.ba6 ♗f3 25.♗b5] 22...♕f4 23.♕f4 ♘f4 24.ba6 ♗f3 25.♗b5 ♔d8 26.♗b6 ♔e7 27.hf1 ♖b8 28.♗c5 ♔d8 29.c4 ♘d3 30.♔c3 ♘c5 31.♖f3± ♘e4 32.♔d4 ♘d6 33.a7 ♖a8 34.♗c6 ♔c7 35.♗a8 ♖a8 36.♖e3 h5 37.c5 ♘b5 38.♔c4 ♖a7 39.♖a7 ♘a7 40.gh5 ♘c6 41.♖g3 g6 42.h6   1-0

12...♕a5 13.b3 ♘c5 14.a3

Acs,Peter
Lesicge,Alexandre

Varadero Elite 2000 (11)

1.e4 c5 2.♘f3 d6 3.d4 cd4 4.♘d4 ♘f6 5.♘c3 a6 6.♗e3 e6 7.f3 b5 8.♕d2 ♘bd7 9.g4 h6 10.0-0-0 ♗b7 11.h4 b4 12.♘a4 ♕a5 13.b3 ♘c5 14.a3 ♘a4 15.ab4 ♕c7 16.ba4 d5 17.e5 ♘d7 18.f4 ♘b6 19.f5 ♘c4 20.♕e1 ♕e5 [20...♘e3 Hracek-Stohl – YB/54-11] 21.♗c4 dc4 22.♖f1! [22.fe6 (Stohl) 22...♗b4! 23.♕b4 ♗h1! (23...♕e3? 24.♔b1 ♗h1 25.♘f5+–) 24.♘f5 ♕a1 25.♔d2 0-0-0 26.♘d6 ♖d6 27.♕d6 ♕d6 28.♔d1 ♖d8 29.♕d8 ♔d8 30.ef7 ♔e7= Acs] 22...♗g2 [△ 23...♗b4] 23.fe6 ♗f1 24.ef7 ♔f7 25.♕f1 ♕g6 26.♕d2! ♕d5 27.♗c3 ♗h7 28.♘f5 ♕f7 29.♕g2 ♖e8 30.♕c6 ♖g8 31.♖d2 ♕g6 32.♕c4 h5 33.♕d3 ♗h8 34.g5? [34.♖d5!+–] 34...♖c8 35.♗d2 a5 36.b5 ♖c5 37.♘g3 ♕e6 38.♕f3 g6 39.♕f6 ♕f6 40.gf6 ♗c4 41.b6 ♗b4 42.♗h6 ♖e8 43.f7 ♖e1 44.♔b2 ♖c6 45.♗d2 [≥ 45.c3+–] 45...♖b6 46.♔a2 ♔g7 47.c3 ♖e7 48.♖d8 ♔f7 49.cb4 ab4 50.♔b3 ♖f6 51.♖d3 ♖f2 52.♔b4 ♖b7 53.♔c5 ♖b2 54.♘e4 ♖h2 55.♖d4 ♖e6 56.♗c3 ♖a2 57.♔b4 ♔f5 58.♘d6 ♔e5 59.♘c4 ♔e6 60.a5 ♖h1 61.♔b5 ♖b1 62.♗b4 ♔f5 63.♘b6 g5 64.♖d5 ♔g4 65.hg5 h4 66.g6 ♖e2 67.g7 ♖e8 68.a6 h3 69.a7 ♖g1 70.a8♕ ♖a8 71.♘a8 ♔f3 72.♗c3

72...♖g7 73.♗g7 h2 74.♖d1 ♔g2 75.♖d2 ♔h3 76.♖d1 ♔g2 77.♔c4 h1♕ 78.♖h1 ♔h1 79.♔d4 ♔g2 80.♘b6 ♔f3 81.♘d5 ♔g4 82.♔e4 ♔g3 83.♗d4 ♔g2 84.♔e3 ♔g3

85.♘f6 ♔g2 86.♗e5 ♔f1 87.♘e4 ♔g2 88.♘f2 ♔f1 89.♗h2 ♔g2 90.♗d6 ♔f1 91.♔f3 ♔g1 92.♗e5 ♔f1 93.♗h2 ♔e1 94.♘e4 ♔d1 95.♔e3 ♔c2 96.♘d2 ♔c3 97.♗d6 ♔c2 98.♗e5 ♔d1 99.♔d3 ♔c1 100.♘c4 ♔d1 101.♗g3 ♔c1 102.♗f2 ♔d1 103.♘b2 ♔c1 104.♔c3 ♔b1 105.♔b3 ♔c1 106.♗e3 ♔b1 107.♗f4 ♔a1 108.♘c4   1-0

Anand,Viswanathan
Gelfand,Boris

Shenyang pff 2000 (2)

1.e4 c5 2.♘f3 d6 3.d4 cd4 4.♘d4 ♘f6 5.♘c3 a6 6.♗e3 e6 7.f3 b5 8.g4 h6 9.♕d2 ♘bd7 10.0-0-0 ♗b7 11.h4 b4 12.♘a4 ♕a5 13.b3 ♘c5 14.a3 ♘a4 15.ab4 ♕c7 16.ba4 d5 17.e5 ♘d7 18.f4 ♘b6 19.f5 ♘a4 20.fe6 ♘c3 [20...0-0-0? Topalov-Gelfand – YB/54-12] 21.ef7 ♔f7 22.♗d3 [22.e6? ♔g8 23.♗f4 ♘b4!–+ 24.♔c7 ♗a3X Ekdyshman-Biriukov, St Petersburg 2000] 22...♘b4 23.♖df1 ♔g8 [23...♔e8? 24.♕f2 ♕a5? (24...♗a3 25.♔d2 ♘e4 26.♗e4 de4 27.♕f5±) 25.♕f7 ♔d8 26.♕h7!+– Aagaard-Eriksson, Swodon 2000] 24.♕f2 ♗a3 25.♔d2 ♘e4! [25...♘b4 26.♕f5! Grischuk-Ibragimov – YB/53-16] 26.♗e4 de4 27.♕f5 [27.e6?! ♖f8] 27...♘b4! [27...♘c4 28.♘e6 ♕d5 29.♗d4 ♕d7 30.♔e3 ♖c8 31.♘g7! ♕f5 32.♘f5± Grischuk] 28.♖d1 [28.♔c1 ♖f8 29.♕e6 (29.♕f8? ♗f8 30.♖f8 ♔h7–+) 29...♔h7 30.g5 ♖hg8] 28...♘c4 [28...♖f8!?] 29.♘e6 ♕d5 30.♔e2 [30.♗d4? ♕d7! 31.♔e2? (31.♕g6 e3∓) 31...♗d5 32.♘g7 ♗c4 33.♔e3 ♗d2! 0-1 Potkin-Vorobiev, Moscow 2000] 30...♕c4 31.♔d1 ♕d5 32.♔e2 ♕c4   ½-½

12...♕a5 13.b3 ♗e7

Von Bahr,Oskar
Eriksson,Johan

Stockholm 2000 (9)

1.e4 c5 2.♘f3 d6 3.d4 cd4 4.♘d4 ♘f6 5.♘c3 a6 6.♗e3 e6 7.f3 b5 8.g4 h6 9.♕d2 ♗b7 10.0-0-0 ♘bd7 11.h4 b4 12.♘a4 ♕a5 13.b3 ♗e7 14.♔b1 [14.♗h3 g5! 15.hg5 hg5 16.♗g5? ♘e4!] 14...♘c5 15.♘c5 dc5 16.♘e2 ♖d8 [16...c4!?; 16...♘c7 17.♗g2 ♘d7 18.g5 hg5 19.hg5 ♖h1 20.♖h1 0-0-0 Nijboer-Janssen, Rotterdam 2000] 17.♕c1 ♖d1 [17...♘d7 Kasparov-Van Wely – YB/54-34] 18.♕d1 c4 19.♕d4 cb3 20.cb3 [20.ab3? ♘g4 △ 21...♗f6] 20...♘e4!? [20...0-0; 20...♘d7] 21.♗g2? [21.fe4 ♗f6 22.♕c4 ♕e5 23.♔c1 ♕a1 24.♔d2 ♕a2 25.♔e1 ♕b1 26.♔f2 ♕e4 27.♕e4 ♗e4 28.♗g2 ♗g2 29.♔g2] 21...♗f6 22.♕a7 ♕b5 [22...♕e5 23.♕d4 ♕d4 24.♗d4 ♘d2 25.♔c1 ♗f3 26.♗f6 gf6 27.♔d2 ♗g2 28.♖c1 ♗d7–+] 23.fe4 ♕d3 24.♔c1 0-0!   0-1

12...d5

Lobzhanidze,Davit
Chuiko,Alexander

Tula 1999 (9)

1.e4 c5 2.♘f3 d6 3.d4 cd4 4.♘d4 ♘f6 5.♘c3 a6 6.♗e3 e6 7.f3 b5 8.♕d2 ♗b7 9.0-0-0 ♘bd7 10.g4 h6 11.h4 b4 12.♘a4 d5 13.♗h3 e5? 14.g5 ed4 15.♗d4 hg5 16.hg5 ♖h3 17.♖h3 ♘g8 18.ed5 ♗d5 19.♖h8 ♗e7 20.♗g7 ♕a5 21.♕e3 ♕a4 22.♖d5 ♖c8 23.b3 ♕c6 24.♖d2 ♕g6 25.♕d4 ♖c2 26.♖c2 ♕g5 27.♖d2   1-0

Kasparov,Garry
Wojtkiewicz,Aleksander

Kopavogur rapid m 2000 (2)

1.e4 c5 2.♘f3 d6 3.d4 cd4 4.♘d4 ♘f6 5.♘c3 a6 6.♗e3 e6 7.f3 b5 8.g4 ♘bd7 9.♕d2 h6 10.0-0-0 ♗b7 11.h4 b4 12.♘a4 d5 13.♗h3 g5 14.hg5 [14.♗g2 Kasparov-Van Wely – YB/54-33] 14...hg5 15.e5 ♘e5 16.♗g5 ♖g8 [16...♘c4 17.♕e2 ♖g8 18.♗h4 ♗h6 19.♔b1 ♕e7 20.♖he1 ♗e3 21.♗f2 ♗f2 22.♕f2 0-0-0 Topalov-Van Wely, Monaco blind 2000] 17.♘b6 ♘c4? [17...♖b8! 18.♖he1 ♗d6 19.f4 ♗g5! 20.fg5 ♘e4 21.♖e4 de4 22.♘e6 fe6 23.♕d6 ♕d6 24.♖d6 ♔e7∓ Rogers] 18.♘c4 dc4 19.♗f6 ♕f6

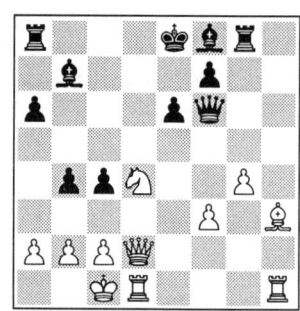

20.♘e6! ♗h6 21.g5 fe6 22.♕d7 ♔f8 23.gh6+– ♗d5 24.♕d6 ♕e7 25.♕f4 ♕f7 26.♕e5   1-0

into the new millennium

Alvarez,Roberto
Elwert,Hans-Marcus

cr Email 2000

1.e4 c5 2.♘f3 d6 3.d4 cd4 4.♘d4 ♘f6 5.♘c3 a6 6.♗e3 e6 7.f3 b5 8.g4 h6 9.♕d2 ♘bd7 10.0-0-0 ♗b7 11.h4 b4 12.♘a4 ♕a5 13.b3 ♘c5 14.a3 ♘a4 15.ab4 ♕c7 16.ba4 d5 17.e5 ♘d7 18.f4 ♘b6 19.f5 ♘a4 20.fe6 ♘c3 21.ef7 ♔f7 22.♗d3 ♗b4 23.♖df1 ♔g8 24.♕f2 ♗a3 25.♔d2 ♘e4 26.♗e4 de4 27.g5 ♗d5

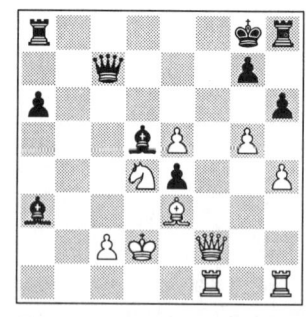

28.e6!N [28.gh6 ♗b2 29.♖b1 (29.hg7 ♕a5 30.c3 ♕c3 31.♔d1 ♗b3 32.♘b3 ♕b3 33.♔e1 (33.♕c2? ♖d8 34.♗d2 ♖d2!–+) 33...♗c3 34.♗d2 ♕b1 35.♔e2 ♕d3= Shirov) 29...♗c3 (Shirov-Anand, Sydney m-1 2000) 30.♔d1!?∞ Shirov] 28...♖f8 29.♕g2 ♕c4 30.♖f8 ♗f8 31.g6 [31...♕d4 32.♗d4 e3 33.♔e3 ♗g2 34.♖b1 ♗d6 35.♖b6+–; 31...♗e6 32.♖b1+–]   1-0

INTRODUCTION: Kick Langeweg
MAIN ANALYSIS: Loek van Wely
STUDY MATERIAL: Langeweg, Van der Wiel

Sicilian Defence
Scheveningen Variation

SI 22.6

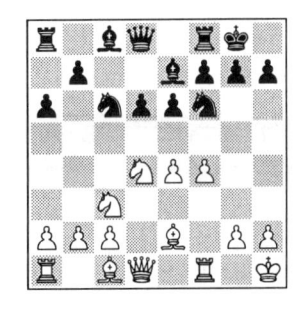

Making a Difference

1.e4 c5 2.♘f3 d6 3.d4 cd4 4.♘d4 ♘f6 5.♘c3 e6 6.♗e2 a6 7.0-0 ♗e7 8.f4 0-0 9.♔h1 ♘c6

This line involving 9...♘c6 occurs only once in a blue moon and is less accurate than 9...♕c7. In some cases, such as our main game Ivanchuk-Van Wely, Polanica Zdroj 2000, 9...♘c6 isn't even a deliberate choice. After the game Van Wely admitted to having failed to realise that there is a real difference between the two.
After 9...♘c6, 10.♗e3 ♕c7 11.a4 transposes to the common lines, but 10.♘c6 bc6 11.e5!? represents a worthwhile try for White to expose the drawbacks of 9...♘c6. Black has a choice between two options.

A) 11...♘e8 is the most common retreat. In an old game Romanishin-Dorfman, Lvov 1981, White came out on top after 12.♗e3. But after 12...♕c7 13.♘a4 de5 14.♗b6 ♕b8 15.♗f2 the exchange sacrifice 15...ef4 16.♘b6 ♘f6 looks like yielding sufficient counterplay. 16...c5 is another version of the same sacrifice, which turned out well for Black in Kudrin-Cvetkovic, Lugano 1983. 12.♗d3, more in line with a traditional Scheveningen set-up, is the preference of John van der Wiel.
After 12...g6 he fianchettoes his queen's bishop, also pointing it at the enemy king. He came out on top against both Jansa (Biel Interzonal 1985) and Ehlvest (Rotterdam 1989).

B) 11...de5. Black fixes the pawn structure and intends to make use of the weakness of the e5 pawn. In the survey game Ivanchuk-Van Wely, Polanica Zdroj 2000, Black tried to eliminate a defender with 12.fe5 ♘d7 13.♗f4 ♗g5. However, Ubilava-Mikhalchishin, Soviet Union 1979, had already shown that 14.♕d6 is advantageous for White. Nor did 13...♕a5 bring full equality in Kindermann-Sokolov, Naleczow 1984. 13...♖b8!? deserves closer scrutiny. Black modifies his plans depending on White's reply. 14.♖b1 is now strongly met by 14...♗g5, and under 14.b3 ♕a5 lies the idea 15.♕d4 f6. In Sune Berg Hansen-Akesson, Goteborg 1998, White played 14.♗d3 and sacrificed a pawn, with unclear consequences.

STATISTICS

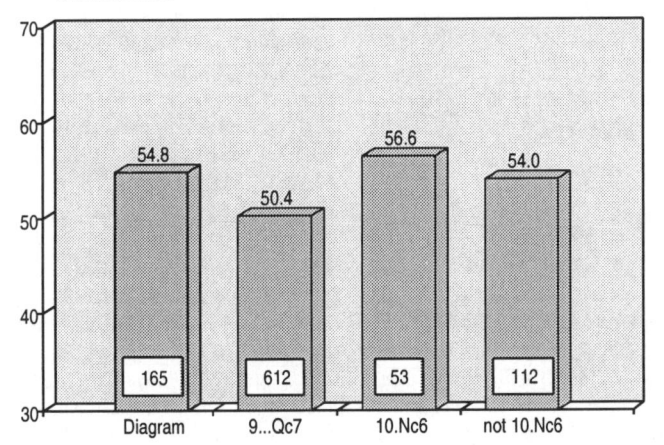

Diagram	9...Qc7	10.Nc6	not 10.Nc6
54.8	50.4	56.6	54.0
165	612	53	112

SI 22.6

Ivanchuk, Vasily
Van Wely, Loek

Polanica Zdroj 2000 (5)

1.e4 c5 2.♘f3 d6 3.d4 cd4 4.♘d4 ♘f6 5.♘c3 a6 6.♗e2 e6 7.0-0 ♗e7 8.f4 0-0 9.♔h1 ♘c6 [≥ 9...♕c7] 10.♘c6 bc6 11.e5 de5 12.fe5 ♘d7 13.♗f4 ♗g5

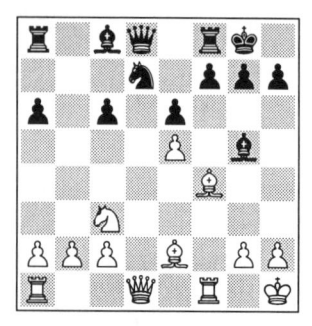

14.♗g3 [14.♕d6!? ♖b8 (14...♗f4 15.♖f4 ♕g5 16.♖af1 ♕e5 17.♕e7 ♕c5 (17...f5 18.♗c4 ♘b6? 19.♖f5!+−) 18.♖f7 ♕e7 19.♖e7±/+−) 15.♘e4 ♗f4 (15...♗e7 16.♕d3 ♖b2 17.♕g3↑ △ 18.♗d3→) 16.♖f4] 14...♘h4 15.♗f4 ♗g5 16.♕d2 ♗f4 17.♕f4 ♕a5 18.♖ae1 ♕e5 19.♕h4 h6 [19...g6] 20.♗d3 [20.♗a6 ♕g5 21.♕g5 hg5 22.♗d3=] 20...♕g5 21.♕e4 g6 22.♕c6 ♖b8 23.♘e4 ♕a5 [23...♕e7? 24.♘d6] 24.b3 ♔g7 25.♕d6∞ [25.♖e2!] 25...♖b6 26.♕e7 [26.♕g3 ♕e5 27.♕h4 f5] 26...♕b4 27.♕h4 f5 28.c3 ♕a3 29.♘d2 [29.b4 (△ 30.♘d6) 29...♖f7 30.♕g3 (30.♕f2 e5; 30...♗b7) 30...fe4 31.♖f7 ♔f7 32.♗e4 e5 △ ♔e8-d8-c7] 29...♕d6□ [29...♕a2 30.♘c4] 30.♖f3 g5! 31.♕f2 ♕c5 32.♕e2 ♗b7

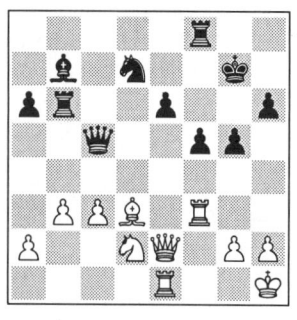

33.♖h3? [33.♖e3 e5 34.♘c4 e4 35.b4 ♕c7 36.♘b6 ♕b6] 33...e5 34.♘c4 ♖e6 35.b4 ♕c7 36.♘a5 e4 [36...♗a8 37.♗a6 e4] 37.♗c4 ♖ef6 38.♕f2? [△ 39.♕a7; 38.♘b7 ♕b7∓] 38...♗a8 39.♗f1 ♘e5 40.c4 f4 41.♕b2 e3 42.♔g1 [42.c5 f3 43.gf3 ♘f3−+] 42...g4 43.♖h5 ♘f3−+ 44.gf3 gf3 0-1
Van Wely

Study Material

10.♘c6 bc6 11.e5 ♘d5

Mestel, Jonathan
Stean, Michael

Marbella zt 1982 (3)

1.e4 c5 2.♘f3 d6 3.d4 cd4 4.♘d4 ♘f6 5.♘c3 a6 6.♗e2 e6 7.0-0 ♗e7 8.f4 0-0 9.♔h1 ♘c6 10.♘c6 bc6 11.e5 ♘d5 12.♘e4 de5 13.fe5 c5 [13...♕c7 14.♘d6! △ c4-c5±] 14.♕e1 ♗b7 15.♕g3 ♔h8 16.♘g5 ♗g5 17.♗g5 ♕c7 18.♗d3 c4 19.♗e4 [△ 20.♕h4+−] 19...♘e7 20.♗h7! ♔h7 21.♕h4 ♔g8 22.♗e7 ♖fe8 23.♗f6! ♕c6 [23...gf6 24.ef6+−] 24.♖f3 [24.♕g5 ♕g2 25.♕g2 ♗g2 26.♔g2 gf6] 24...♕e4 25.♕g5 ♕g6 26.♖g3! [26...♕g5 27.♖g5 g6 28.♖g3] 1-0

10.♘c6 bc6 11.e5 ♘e8

Gomez Baillo, Jorge
Szmetan, Jorge

Rio Hondo 1987 (9)

1.e4 c5 2.♘f3 d6 3.d4 cd4 4.♘d4 ♘f6 5.♘c3 e6 6.♗e2 ♗e7 7.0-0 0-0 8.f4 ♘c6 9.♔h1 a6 10.♘c6 bc6 11.e5 ♘e8 12.ed6 ♘d6 13.♗d3 ♕c7 14.♘e4 ♘f5 15.b3 c5 16.♕e1 ♗b7 17.♗b2 ♕c6 18.♕f2 ♖ad8 19.♘g3 ♘h4 20.♗f5 ef5 21.♗g7 ♖fe8 22.♗c3 ♖e6 23.♖ae1 ♗g3 24.hg3 ♖h6 25.♔g1 ♕g6 26.♕d2

♖f8 27.♖e7 ♗e4 28.♖e4 fe4 29.f5 ♕h5 30.♕f4 ♖e8 31.g4 ♕h4 32.♗d2 ♖c6 33.f6 e3 34.♗e1 1-0

Vanek, Petr
Soucek, Eduard

Czechoslovakia 1988

1.e4 c5 2.♘f3 d6 3.d4 cd4 4.♘d4 ♘f6 5.♘c3 e6 6.♗e2 ♗e7 7.0-0 ♘c6 8.♔h1 0-0 9.f4 a6 10.♘c6 bc6 11.e5 ♘e8 12.ed6 ♘d6 13.♗e3 ♘f5 14.♗g1 ♕a5 15.♘e4 ♖b8 16.b3 ♗b7 17.♗d3 c5 18.♕e1 ♕c7 19.♘g3 ♘h4 20.♗e4 c4 21.♗d4 ♗e4 22.♕e4 ♕b7 23.♖fd1 ♖fe8 24.♖d2 ♘f5 25.♕b7 ♘g3 26.hg3 ♖b7 27.♖ad1 ♖c8 28.♗e5 cb3 29.cb3 ♔f8 30.g4 f6 31.♗d6 ♔f7 32.♗e7 ♔e7 33.♖d6 ♖a8 34.♖c6 ♖d7 35.♖d7 ♔d7 36.♖b6 ♖a7 37.♔g1 a5 38.♖b8 e5 39.fe5 fe5 40.♔f2 ♔e6 41.♔e3 a4 42.♔e4 ab3 43.ab3 ♖a2 44.♖b6 ♔f7 45.♔e5 ♖g2 46.♔f4 ♖f2 47.♔e5 ♖e2 48.♔f5 ♖f2 49.♔e5 ♖e2 50.♔f4 ♖f2 51.♔g3 ♖b2 52.g5 ♖b1 53.♔g4 ♖g1 54.♔f4 ♖f1 55.♔e3 ♖f5 56.b4 ♖g5 57.♔f4 ♖g1 58.♔f5 ♔g6 59.b5 ♖f1 60.♔g4 h5 61.♔h4 ♖h1 62.♔g3 ♖b1 63.♔h4 ♖b4 64.♔g3 ♔f6 65.♖b6 ♔f5 66.♖b8 ♔g5 67.b6 ♖b3 68.♔g2 ♔g4 0-1

Tkachiev, Vladislav
Kohlweyer, Bernd

Geneva 1997 (6)

1.e4 c5 2.♘f3 e6 3.d4 cd4 4.♘d4 ♘f6 5.♘c3 d6 6.♗e2 ♗e7 7.0-0 ♘c6 8.♔h1 0-0 9.f4 a6 10.♘c6 bc6 11.e5 ♘e8 12.♗f3 ♕c7 13.♖e1 ♗b7 14.♘a4 c5 15.c4 ♖d8 16.♗b7 ♕b7 17.♕c2 ♕c7 18.b3 g6 19.♗a3 ♘g7 20.♕f2 ♖c8 21.ed6 ♗d6 22.♖ad1 ♗e7 23.♘c3 h5 24.♘e4 ♕c6 25.♗b2 f6 26.♖d3 ♔f7 27.♕f3 ♖fd8 28.♖d8 ♗d8 29.♕c3 ♘e8 30.♕f3 ♗g7 31.♔g1 ♗e7 32.♔f1 ♕c7 33.♖d1 ♘f5 34.♘g3 ♘g7 35.♗c3 h4 36.♘e4 ♘f5 37.g4 hg3 38.hg3 ♖d8 39.♖d8 ♕d8 40.g4 ♘h4 41.♕e2 f5 42.♘f2 ♕a8 43.gf5 ♕g2 44.♔e1 ♘f3

45.♗d1 gf5 46.♘d3 ♕g1 47.♔c2 ♘d4 48.♗d4 ♕d4 49.♘e5 ♔f8 50.♕h5 ½-½

10.♘c6 bc6 11.e5 ♘e8 12.♗e3

Opocensky,Karel
Kottnauer,Cenek

Praha 1942 (1)

1.e4 c5 2.♘f3 d6 3.d4 cd4 4.♘d4 ♘f6 5.♘c3 e6 6.♗e2 ♗e7 7.0-0 0-0 8.f4 ♘c6 9.♔h1 a6 10.♘c6 bc6 11.e5 ♘e8 12.♗e3 ♕c7 13.ed6 ♘d6 14.♗d3 c5 15.♘e4 ♘f5 16.♗d2 c4 17.♗e2 ♗b7 18.♗f3 ♖ad8 19.♕e1 ♖d7 20.♘c3 ♕f4 21.♘f6 gf6 22.♗b7 ♕h6 23.♖f5 ♗d6 24.g3 ef5 25.♖d1 ♖e7 26.♕f2 ♗e5 27.♗a6 ♕h5 28.g4 fg4 29.♗c4 ♗c3 30.bc3 ♖fe8 31.♖g1 f5 32.♕f4 ♖e4 33.♕c7 ♖e1 34.♗f1 ♕g5 0-1

Romanishin,Oleg
Dorfman,Iosif

Lvov 1981 (13)

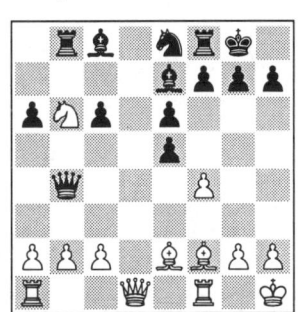

1.e4 c5 2.♘f3 e6 3.d4 cd4 4.♘d4 a6 5.♘c3 d6 6.♗e2 ♘f6 7.0-0 ♗e7 8.♔h1 ♘c6 9.f4 0-0 10.♘c6 bc6 11.e5 ♘e8 12.♗e3 ♕c7 13.♘a4 de5 14.♗b6 ♕b8 15.♗g1 ♕c7 16.♗b6 ♕b8 17.♗f2 ♕b4? [17...ef4!?] 18.♘b6 ♖b8

19.fe5! ♖b6 [19...♕b2 20.♖b1 ♕a3 (20...♕a2 21.♘d5 ♖b1 22.♘e7 ♔h8 23.♕b1) 21.♖b3 ♕a5 22.♘d5] 20.a3 ♕a5 [20...♕b2 21.♗d4+−] 21.b4 ♕e5 22.♗b6 c5 23.♗c5 ♗c5 24.bc5 ♕c5 25.♗f3 ♘f6 26.♕d2 e5 27.♖fe1 ♖e8 28.♕b4 ♕c2 29.♖ac1

♕f5 30.♗c6 ♗d7 31.♖f1 ♕e6 32.♕a4 ♗c6 33.♖c6 ♕e7 34.♖a6 h5 35.♖a7 ♕f8 36.h3 [36.♕b4] 36...e4 37.♕d4 [37.♕b4] 37...e3 38.♖e1 e2 39.♕b4 ♕b4 40.ab4 h4 41.b5 ♘d5 42.♖a3 ♘b4 43.♖c3 ♖e6 44.b6 ♖b6 45.♖e2 ♖c6 46.♖e8 ♔h7 47.♖f3 ♘d5 48.♖f7 ♘f6 49.♖ee7 ♘h5 50.♖b7 ♖a6 51.♖a7 ♖d6 52.♖fd7 ♖f6 53.♖a4 ♘g3 54.♔h2 ♘f5 55.♖f4 ♔h6 56.♖a7 ♔h7 57.♖a5 ♔g6 58.♖fa4 ♔h7 59.♖a6 ♖f8 60.♖f4 ♖f7 61.♔g1 ♖f8 62.♔f2 ♖f7 63.♔f3 g5 64.♖fa4 ♔h6 65.♔e3 ♖e7 66.♔d3 ♖d7 67.♔e4 ♖e7 68.♔d5 ♘f7 69.♔d4 ♘d8 70.♔d3 ♘e6 71.♖a7 ♘f4 72.♔d4 ♘e2 73.♔c4 ♖a7 74.♖a7 ♔g6 75.♖a2 ♘f4 76.♔d4 ♘h5 77.♔e5 ♘g3 78.♖a6 ♔g7 79.♔d4 ♘f5 80.♔e4 ♘h6 81.♔e5 g4 82.hg4 ♘g4 83.♔f4 1-0

Kudrin,Sergey
Cvetkovic,Srdjan

Lugano 1983

1.e4 c5 2.♘f3 e6 3.d4 cd4 4.♘d4 ♘f6 5.♘c3 d6 6.♗e2 ♗e7 7.0-0 ♘c6 8.♔h1 0-0 9.f4 a6 10.♘c6 bc6 11.e5 ♘e8 12.♗e3 ♕c7 13.♘a4 de5 14.♗b6 ♕b8 15.♗f2 ef4!? [Kasparov] 16.♘b6 c5! [16...♘f6!?∞ Kasparov] 17.♘a8 ♕a8 18.♗f3 ♗b7 19.♗e1 g5 20.♘c3 ♘d6 21.♗b7 ♕b7 22.♖f4 f5 [22...gf4? 23.♕g4] 23.♖f1 ♘e4 24.♕e1 [24.♕h5!?; 24.♗e5!?] 24...♗f6 25.♖d1 [25.♗f6 ♖f6∞] 25...♘c3 26.bc3 ♕b2 27.♕e2 ♕a2 28.♖d7 g4 29.♕e3 ♕c4 30.♔g1 [30.♕fd1 f4 31.♕g1 ♕e2 32.♕f1 (32.♕e1 f3−+; 32.♕f1 g3−+) 32...f3 33.gf3 ♘f2 34.♔g1 ♕f3−+] 30...♕f7 31.♖d8 ♔g7 32.♖f4 ♕c3! 33.♖d3 [33.♘e4 ♕a1!? (33...♕f6 34.♖e6 ♕d8 35.♕c5 ♕d1 36.♔f2∞) 34.♕e1 ♕f6 35.♖e6 ♕d8 36.♕c3 (36.♕e5 ♖f6 37.♖a6 ♕d1 38.♔f2 ♕c2 39.♔g3 ♕d3 (39...♕b3 40.♔h4 ♕f7) 40.♔h4 ♕d8 (40...♕d4 41.♕e7 ♔g6 42.♕e8 ♔h6 43.♕f8 ♔g6 44.♕g8 ♔h6 45.♕g5X) 41.♔g3 c4 42.♖f6 (42.♖c6 ♔g6 43.♖c4 ♕d3) 42...♕f6 43.♕c7 ♕f7 44.♕e5 ♔g6) 36...♖f6 37.♖a6 (37.♖f6 ♕f6 38.♕c5∓) 37...♕d4 38.♕d4 cd4∓;

33.♕c3 ♘c3 34.♖c4 ♘e4 35.♖a8 ♖d7∓] 33...♕c2 34.h3 [34.♖e4 ♕b1 35.♕e1 ♕d3−+] 34...g3 35.♖f1 ♖b7 36.♖dd1 ♖b2 37.♕f3 ♔g6 38.h4 ♕e2 39.♕e2 ♖e2 40.♖a1 c4 41.♖a6 ♔f6 42.♖fa1 c3 43.♖6a2 ♖d2 44.♔f1 c2 0-1

Stypka,Mieczyslaw
Ahlander,Bjorn

Kiekrz 1995 (3)

1.e4 c5 2.♘f3 e6 3.d4 cd4 4.♘d4 ♘f6 5.♘c3 d6 6.♗e2 ♗e7 7.0-0 a6 8.f4 ♘c6 9.♔h1 0-0 10.♘c6 bc6 11.e5 ♘e8 12.♗e3 ♕c7 13.♗d3 g6 14.ed6 ♘d6 15.♘e4 ♘f5 16.♗g1 c5 17.b3 ♗b7 18.♕e1 ♕c6 19.♕e2 ♖ad8 20.♖ae1 ♘d4 21.♕f2 ♖d7 22.♘d2 ♗h4 23.♗e4 ♗f2 24.♗c6 ♗e1 25.♗d7 ♗d2 26.♖d1 ♗f4 27.c3 ♘f5 28.♗c5 ♖d8 29.♗b6 ♖b8 30.♗a7 ♖a8 31.♗b6 ♗e3 32.♗c7 ♘h4 33.h3 ♘g2 34.c4 ♗f4 35.♗f4 ♘f4 36.♔h2 ♖d8 0-1

10.♘c6 bc6 11.e5 ♘e8 12.♗d3

Kindermann,Stefan
Lukin,Andrey

Plovdiv 1984 (3)

1.e4 c5 2.♘f3 d6 3.d4 cd4 4.♘d4 ♘f6 5.♘c3 e6 6.♗e2 ♗e7 7.0-0 0-0 8.f4 ♘c6 9.♔h1 a6 10.♘c6 bc6 11.e5 ♘e8 12.♗d3 d5 13.♕e2 c5 14.c4 f5 15.ef6 ♘f6 16.♘g3 ♗d7 17.♗d2 ♖a7 18.♘h5 d4 19.♕e2 ♘h5 20.♕h5 g6 21.♕h6 ♖af7 22.♖ae1 ♕c7 23.♔g1 ♗f4 24.♗f4 ♖f4 25.♖f4 ♖f4 [25...♕f4 26.♕f4 ♖f4 27.♖e5±] 26.♕g5 ♖f8 27.h3 ♕f7 28.♖f1 ♕c7 29.♖e1 ♕f7 30.♖f1 ½-½

Van der Wiel,John
Jansa,Vlastimil

Biel izt 1985 (12)

1.e4 c5 2.♘f3 e6 3.d4 cd4 4.♘d4 ♘c6 5.♘c3 a6 6.♗e2 d6 7.0-0 ♘f6 8.♔h1 ♗e7 9.f4 0-0 10.♘c6 bc6

11.e5 ♘e8 12.♗d3!? ♕c7 13.♕e2 g6 [13...d5 14.♘a4±] **14.ed6 ♘d6 15.b3 ♗f6** [15...c5 16.♗b2 ♗b7 17.♕e5 ♘e8 18.♘d5!+− ♕e5 19.♘e7 ♔g7 20.fe5 ♘c7 21.♗a3] **16.♗b2 ♗g7 17.♘a4 ♗b2 18.♘b2 c5 19.♖ae1 ♗b7 20.♕f2 ♗d5 21.c4 ♘c6 22.♗b1! ♖ac8 23.♔g1 ♕a5** [23...♘d7 24.♘d3 f6 25.g4!± Van der Wiel] **24.♖e5 ♗a8 25.♖fe1** [△ 26.♘d3] **25...♖fd8 26.♘d3?!** [26.g4!; 26.♖1e3] **26...♘f5!? 27.♘c5 ♖d2 28.♘e4 ♖f2 29.♖a5 ♖b2! 30.♖a6 ♘h4** [30...♖b1 31.♖b1 ♗e4 32.♖e1±] **31.♘f6 ♔g7 32.♗e4 ♘g2 33.♖d1 ♘e3 34.♖e1 ♘g2 35.♖f1 ♘e3** [35...♗e4 36.♘e4 ♘e3 37.♖c1 ♘g2 38.♔h1 ♖e2 39.♘g3 ♖f2 40.♖e1 (40.c5 ♖d8 41.♖d6 ♖d6 42.cd6 ♖a2 43.♖e1 ♘d5) 40...♖d8!⇄ 41.♘e4 ♖e2] **36.♖f2+− ♖f2 37.♔f2 ♗e4 38.♘e4 ♘f5 39.♘d6 ♔d6 40.♖d6 ♖a8 41.♖d2** [41.a4] **41...♖f6 42.♔e3 e5 43.fe5 ♔e5 44.♖d5 ♔e6 45.a4 f5 46.a5 g5 47.b4 h5 48.♖b5 h4 49.♖b6 ♔e5 50.a6 g4 51.♖b5 ♔f6 52.♖a5 ♔g5 53.a7 h3 54.♔f2 ♔h4 55.b5 f4 56.b6 g3 57.♔f3 gh2 58.♖a1 ♖g8 59.♖h1** 1-0

Van der Wiel, John
Ehlvest, Jaan

Rotterdam 1989 (14)

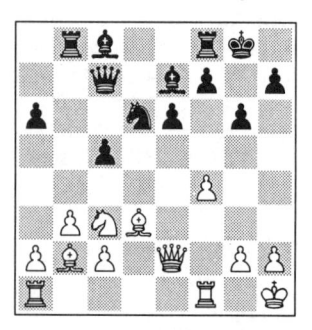

1.e4 c5 2.♘f3 e6 3.d4 cd4 4.♘d4 ♘f6 5.♘c3 d6 6.f4 a6 7.♗e2 ♗e7 8.0-0 0-0 9.♔h1 ♘c6 10.♘c6 bc6 11.e5 ♘e8 12.♗d3 g6 13.♕e2 ♕c7 14.b3 c5 [14...de5!? Langeweg] **15.ed6 ♘d6 16.♗b2 ♖b8** [16...♗f6 17.♘b5!? ab5 18.♗f6 c4 19.♗e4; 16...c4!?]

17.f5! c4 [17...♘f5 18.♗f5 gf5 19.♖f5±] **18.fg6! cd3** [18...hg6 19.♗g6 fg6 20.♕e5 ♘e8 21.♘d5!+−] **19.gh7! ♔h8**

20.♘d5 f6 21.♕g4! e5 [21...ed5 22.♖f6! ♗g4 (22...♖f6 23.♗f6 ♔h7 24.♕h5 ♔g8 25.♕g6) 23.♖f7!; 21...♕d8 22.♘e7 ♕e7 23.♖f6] **22.♕g8! ♖g8 23.hg8♕ ♔g8 24.♘c7 d2 25.♘d5 ♗d8 26.♖ad1 ♗g4 27.♖d2 ♘e4 28.♖d3 ♗e2 29.♘df3 ♗f1 30.♖f1 a5 31.♖e1 ♘d6 32.g4 ♖c8 33.c4 a4 34.g5 ab3 35.ab3 ♖b8 36.♗a3 ♘f5 37.gf6 ♖b3 38.♗e7 ♗a5 39.♖f1 ♘h6 40.f7! ♗f7 41.♖g1 ♔h8 42.♗f6 ♔h7 43.♖g7 ♔h6 44.♖f7** 1-0

Van der Wiel
M/89-6-35 YB/13-26

Topalov, Veselin
Nutiu, Horia

Singapore jr 1990

1.e4 c5 2.♘f3 e6 3.d4 cd4 4.♘d4 ♘f6 5.♘c3 d6 6.♗e2 ♗e7 7.0-0 a6 8.f4 ♘c6 9.♔h1 0-0 10.♘c6 bc6 11.e5 ♘e8 12.♗d3 ♕c7 13.♕e1 c5 14.f5 ef5 [14...de5 15.fe6 ♗e6 (15...fe6 16.♖f8 ♗f8 17.♗h7) 16.♕e4 f5 17.♕a8 c4 18.♕a6] **15.♘d5 ♕b7 16.ed6 ♗d6 17.♘e3 g6 18.♘c4 ♗e7 19.♗h6 ♘g7 20.♕c3 f6 21.♖ae1 ♖a7 22.♖e2 ♕c7 23.♗f4 ♕d8 24.♘a5 ♕d7 25.♗c4 ♔h8 26.♖d2 ♕a4 27.b3 ♕e8 28.♖e1 g5 29.♗b8 ♖d7 30.♖de2 f4 31.♘c6 ♗b7 32.♘e7 ♕b8 33.♘g6 hg6 34.♕h3 ♔h5 35.♕d7 f3 36.♖e8 f2 37.♖f8** 1-0

Vratonjic, Slobodan
Arbakov, Valentin

Katowice 1991 (8)

1.e4 c5 2.♘f3 d6 3.d4 cd4 4.♘d4 ♘f6 5.♘c3 a6 6.♗e2 e6 7.0-0 ♗e7 8.f4 0-0 9.♔h1 ♘c6 10.♘c6 bc6 11.e5 ♘e8 12.♗d3 d5 13.♘a4 c5 14.c4 d4 15.b3 ♗b7 16.♕e2 g6 17.♘b2 [17.♗e4!? ♗e4 18.♕e4 h5 19.g3 ♘g7 20.♗d2 ♘f5 21.♖f3±] **17...♔g7 18.♕d1?!** [18.♗e4 ♗e4 19.♕e4 h5 20.♗d2 ♘f5 21.g3±] **18...♘f5 19.♘f2 h5 20.♘e4 ♕g7 21.♗d2 a5 22.a4 ♗c6 23.♔g1 ♖a7 24.♖ab1 ♕a8 25.♖fe1 ♖d8 26.g3 ♕b8 27.♔f2 ♘e3 28.♗e3 de3 29.♕e3 ♖ad7 30.♗c2 ♖d4 31.♖e2 h4 32.g4 f5 33.ef6 ♗f6 34.♔g2 e5**

35.f5 h3 36.♔f1 ♗h4 37.♕h3 ♖h8 38.♕c3 ♕f8 39.♕a5 gf5 40.♕c7 ♔g8 41.♕c6 fe4 42.♔g1 ♖h6 43.♕c7 e3 44.♗f5 ♗f2 45.♖f2 ef2 46.♔g2 ♕a8 47.♔g3 ♖f4 0-1

Tkachiev, Vladislav
Vujatovic, Rajko

London 1993 (1)

1.e4 c5 2.♘f3 d6 3.d4 cd4 4.♘d4 ♘f6 5.♘c3 a6 6.♗e2 e6 7.0-0 ♘c6 8.♔h1 ♗e7 9.f4 0-0 10.♘c6 bc6 11.e5 ♘e8 12.♗d3 d5 13.♘a4 c5 14.c4 ♕c7 15.cd5 ed5 16.♗e3 a5 17.♗g1 ♗d7 18.♖c1 ♕a5 19.b3 f6 20.♗f2 ♗a4 21.ba4 ♘c7? 22.♕b3 [22...♔h8 23.♗e1] 1-0

German, Gustavo
Musanti, Diego

Buenos Aires 1997 (4)

1.e4 c5 2.♘f3 e6 3.d4 cd4 4.♘d4 ♘c6 5.♘c3 d6 6.♗e2 ♘f6 7.0-0 ♗e7 8.♔h1 0-0 9.f4 a6 10.♘c6 bc6 11.e5 ♘e8 12.♗d3 g6 13.♕e2 d5 14.♘a4 ♘g7 15.b3 c5 16.♕f2 ♕c7 17.♗a3 d4 18.c3 ♖d8 19.♖ac1 ♗d7 20.♘c5 ♕a5 21.♗b4 1-0

10.♘c6 bc6 11.e5 de5 12.fe5 ♕d1

Gaprindashvili, Nona
Belavenets, Liudmila

Tbilisi ch-SU-W 1979 (6)

1.e4 c5 2.♘f3 e6 3.d4 cd4 4.♘d4 ♘f6 5.♘c3 d6 6.♗e2 ♗e7 7.0-0 0-0 8.f4 ♘c6 9.♔h1 a6 10.♘c6 bc6 11.e5 de5 12.fe5 ♕d1 13.♖d1 ♘d7 14.♗f4 ♖d8 15.♘e4 ♖b8 16.b3 a5 17.♗f3 ♗b7 18.♘d6 ♗a8 19.♘c4 a4 20.♗d2 ♘c5 21.♗a5 ♖d1 22.♖d1 ab3 23.ab3 ♔f8 24.♗c7 ♖c8 25.♗d6 ♘d7 26.♖a1 ♗b7 27.♔g1 ♖a8 28.♖a8 ♗a8 29.♔f2 ♔e8 30.b4 ♗d6 31.ed6 ♘f6 32.♘b6 ♗b7 33.c4 e5 34.♔e3 e4 35.♗e2 ♗a6 36.♔d4 ♘d7 37.♘a8

♗b7 38.♘c7 ♔d8 39.c5 f5 40.♘e6 ♔e8 41.♘g7 1-0

Bielczyk,Jacek
Borkowski,Franciszek

Bielsko Biala 1987 (8)

1.e4 c5 2.♘f3 d6 3.d4 cd4 4.♘d4 ♘f6 5.♘c3 a6 6.f4 e6 7.♗e2 ♗e7 8.0-0 ♘c6 9.♔h1 0-0 10.♘c6 bc6 11.e5 de5 12.fe5 ♕d1 13.♖d1 ♘d5 14.♘e4 c5 15.♘d6 ♗d6 16.ed6 ♗b7 17.a3 ♖fd8 18.c4 ♘f6 19.♗e3 ♘e4 20.d7 ♗c6 21.♗f3 ♖a7 22.b4 ♖ad7 23.♖d7 ♖d7 24.b5 ab5 25.cb5 ♗b7 26.a4 ♖d3 27.♖d1 ♖d1 28.♗d1 ♘c3 29.♗c2 c4 30.♗d2 ♘d5 31.a5 f5 32.♔g1 ♔f7 33.♗a4 e5 34.b6 c3 35.♗e1 ♔e6 36.♗b5 c2 37.♗d2 ♘b4 38.♗c4 ♔d7 39.♗b5 ♔c8 40.g4 f4 41.g5 ♗a6 42.♗a4 ♗d3 43.♗b3 ♔b7 44.h4 ♗a6 45.♔f2 ♘e4 46.♔e2 ♘d5 47.♗a4 g6 48.♗c1 ♔a5 0-1

Illescas,Miguel
Granda Zuniga,Julio

Wijk aan Zee 1997 (4)

1.♘f3 c5 2.e4 ♘c6 3.d4 cd4 4.♘d4 ♘f6 5.♘c3 d6 6.♗e2 e6 7.0-0 ♗e7 8.♔h1 0-0 9.f4 a6 10.♘c6 bc6 11.e5 de5 12.fe5 ♕d1 13.♖d1 ♘d7 14.♗f4 ♖d8 15.♘e4 ♖b8 16.b3 a5 17.♗f3 ♗a6 18.♘d6 c5 19.c4 a4 20.♗c6 ab3 21.ab3 ♖b6

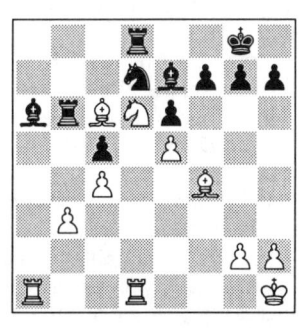

22.♗b5? [22.♘f7! ♔f7 23.♗d7 ♖b3 24.♗e6 ♔e6 25.♖a6 ♔f5 26.♖f1] 22...g5 23.♗e3 ♗b5 24.♘b5 ♖bb8 25.♖a7 ♘e5 26.♖d8 ♖d8? [26...♗d8 27.♗c5∞] 27.♖e7 ♖d1 28.♗g1 g4 29.♘c3 ♖e1 30.♖e8 ♔g7 31.♖d8

♖c1 32.♘e4 h5 33.♘c5 h4 34.♘d3 ♘d3 35.♖d3 e5 36.b4 f5 37.b5 f4 38.b6 e4 39.b7 ♖b1 40.♖d7 1-0

10.♘c6 bc6 11.e5 de5 12.fe5 ♘d7

Ubilava,Elizbar
Mikhalchishin,Adrian

Soviet Union 1979

1.e4 c5 2.♘f3 d6 3.d4 cd4 4.♘d4 ♘f6 5.♘c3 a6 6.f4 e6 7.♗e2 ♗e7 8.0-0 0-0 9.♔h1 ♘c6 10.♘c6 bc6 11.e5 de5 12.fe5 ♘d7 13.♗f4 ♗g5 14.♕d6 ♗f4 [14...♖b8!? 15.♘a4!?; 15.♘e4?!] ♗f4 16.♖f4 ♕a5] 15.♖f4 ♕g5 16.♖e4 ♖b8 17.♘a4 c5 18.♗f3 ♗b7 [18...♖b4 19.♘c5 ♖e4 20.♘d7 ♖d8 21.♘e4 ♖d7 22.♕c5!+− Ubilava] 19.♕d7 ♗e4 20.♗e4 ♕e5 21.♗f3 ♖b4 22.♖f1 ♖h4 23.h3 g5 24.♘c3 h5 25.♕d2 g4 26.♕f2 ♕g5 27.♘e4 ♕e7

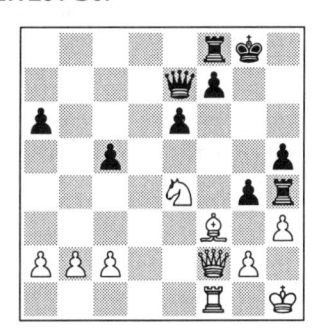

28.♗g4!+− f5 29.g3 hg4 [29...♖g4 30.hg4 ♕b7 31.♕f3+− hg4 32.♘f6] 30.gh4 gh3 [30...♕b7 31.♕g2 fe4 32.♕g4 ♕g7 33.♕g7 ♔g7 34.♖f8 ♔f8 35.♔g2+−] 31.♕g3 ♔h8 32.♕e5 1-0

Kindermann,Stefan
Sokolov,Andrey

Naleczow 1984

1.e4 c5 2.♘f3 e6 3.d4 cd4 4.♘d4 ♘f6 5.♘c3 d6 6.♗e2 ♗e7 7.0-0 0-0 8.f4 ♘c6 9.♔h1 a6 10.♘c6 bc6 11.e5 de5 12.fe5 ♘d7 13.♗f4 ♕a5 14.♕d4 ♖b8 15.♖ab1 [15.b3 f6] 15...♗c5 16.♕d3 ♗a7 17.♕g3

[17.♘e4! ♕d5 18.♕f3 ♘e5 19.♕g3 Sokolov] 17...♗d4 18.♘e4 ♗e5 19.♘f6 ♗f6 [19...♔h8 20.♘d7 ♗f4 21.♖f4 ♗d7 22.♖f7!] 20.♗b8 ♕a2 21.♗d6 ♖e8 22.♗d3 [22.♕a3!] 22...♕d5 23.♖bd1 ♕h5 24.♖de1 ♗b2∞ 25.♖f5 ♕h6 26.♗f4 ♕g6 27.♕f3 ♖f8 28.♖g5 ♕f6 29.♕g3 g6 30.h4 e5 31.♗e3 ♕g7 32.h5 h6 33.♖g4 ♘f6 34.♖c4 ♘h5 35.♕h4 ♘f4 36.♗f4 ef4 37.♕f4 ♗d7 38.♖e7 ♗e6 39.♖c6 ♗e5 40.♕f3T 1-0

Bielczyk,Jacek
Blees,Albert

Bielsko Biala 1986 (7)

1.e4 c5 2.♘f3 d6 3.d4 cd4 4.♘d4 ♘f6 5.♘c3 e6 6.♗e2 ♗e7 7.0-0 0-0 8.f4 ♘c6 9.♔h1 a6 10.♘c6 bc6 11.e5 de5 12.fe5 ♘d7 13.♗f4 ♕a5 14.♗d3 ♘e5 15.♗h7 ♔h7 16.♕h5 ♔g8 17.♕e5 ♕e5 18.♗e5 f6 19.♗g3 e5 20.♖ad1 ♗g4 21.♖d2 ♖fd8 22.♗e1 ♗c5 23.h3 ♗h5 24.♖d8 ♖d8 25.♗f2 ♗e7 26.♗e3 ♗g6 27.♖f2 ♗f7 28.♔g1 ♗e6 29.b3 f5 30.♖d2 f4 31.♖d8 ♗d8 32.♗c5 ♗f5 33.♗d6 ♗f6 34.♘a4 ♗c2 35.♘c5 ♔f7 36.♘a6 ♔e6 37.♗b8 g5 38.♔f2 ♗e7 39.b4 ♗d5 40.♘c5 ♗f5 41.a3 e4 42.h4 e3 43.♔f1 ♔d4 44.h5 ♗f6 45.h6 ♔c4 46.♗a7 ♗c3 47.♘a4 ♗d3 48.♔g1 e2 49.♗f2 ♗d4 0-1

Hansen,Sune Berg
Akesson,Ralf

Goteborg 1998 (6)

1.e4 c5 2.♘f3 d6 3.d4 cd4 4.♘d4 ♘f6 5.♘c3 a6 6.♗e2 e6 7.0-0 ♗e7 8.f4 ♘c6 9.♔h1 0-0 10.♘c6 bc6 11.e5 de5 12.fe5 ♘d7 13.♗f4 ♖b8!? 14.♗d3 [14.b3 ♕a5 15.♕d4 f6; 14.♖b1 ♗g5] 14...♖b2 15.♖f3 ♕a5 16.♕e2 ♖b4 17.♖h3 g6 18.♘e4 ♘e5 19.♗d2 ♘d3 20.♖d3 c5 21.♗b4 cb4 22.♕d2 ♗b7 23.♖e1 ♕a2 24.♖d7 [24.♖h3 ♗e4 25.♖e4 ♖d8] 24...♘e4 25.♖e4 ♗f6 26.♕b4 ♕c2 27.♖e1 ♗g7 28.♕b7 a5 [28...♕f2] 29.g3 a4 [29...♕f2] 30.♖f1 a3 31.♖df7 ♕b2 32.♖f8 1-0

NIC SURVEY

INTRODUCTION: A.C. van der Tak
MAIN ANALYSIS: A.C. van der Tak
STUDY MATERIAL: Van der Tak

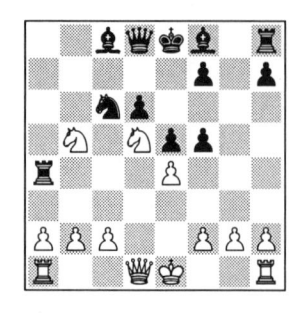

Sicilian Defence
Sveshnikov Variation

SI 38.3

The Bishop Sacrifice

1.e4 c5 2.♘f3 ♘c6 3.d4 cd4 4.♘d4 ♘f6 5.♘c3 e5 6.♘db5 d6 7.♗g5 a6 8.♘a3 b5 9.♗f6 gf6 10.♘d5 f5 11.♗b5 ab5 12.♘b5 ♖a4

Although White has tried to refute the Sveshnikov Variation right from the start with 11.♘b5 and in particular 11.♗b5, all attempts in this direction have failed to bring convincing results. Just to quote grandmaster-expert Michal Krasenkow: '... the piece sacrifice is very risky for White, as Black has many ways of obtaining good counterchances. That's why it occurs very rarely nowadays, mostly in correspondence games in which the players are less concerned about the result of the game.' And indeed, the majority of these piece sacrifices have occurred in the playground of postal players, the very reason why Neil McDonald laments that 'there is a dearth of grandmaster and international master games featuring the sacrifice, which makes it difficult to assess the value of the different variations.'

Now that 11.♗b5 ab5 12.♘b5 has been tried recently at the highest level, it seems like a good occasion to take a closer look at this line. In the main game Luther-Reinderman, Venlo 2000, White introduces a novelty after 12...♖a4 13.b4 ♖b4 14.♘bc7 ♔d7 15.0-0 ♕g5 16.♘b4 ♘b4, viz. 17.c3. According to Lutz on the Internet, Luther had prepared this idea for his pupil Elisabeth Pähtz. Reinderman goes wrong after just a few moves when he failed to find the only move 19...♔d8, and quickly goes under. As McDonald rightly observes: 'The piece sacrifices 11.♗b5 and 11.♘b5 are somewhat primitive, but they can be very dangerous against an unprepared or nervous opponent. Even if the theoretical verdict says that Black is fine, it is by no means easy to find the best moves (sometimes the 'only' moves!) when your king is floating around in the centre.'

Does Luther have more fresh ideas up his sleeve for White against 15...♕c7!? and 15...♖g8!? as seen in Baljon-Dolmatov and Baer-Berriot respectively? Will we see more of 11.♗b5 in the near future? The Study Material gives an overview of the possibilities after 12...♖a4, generally regarded as the strongest reply. Alternatives such as 12...♖a7, 12...♖b8 (see the FORUM section for news on that move), 12...♕a5 or 12...♕g5 are outside the scope of this survey.

STATISTICS

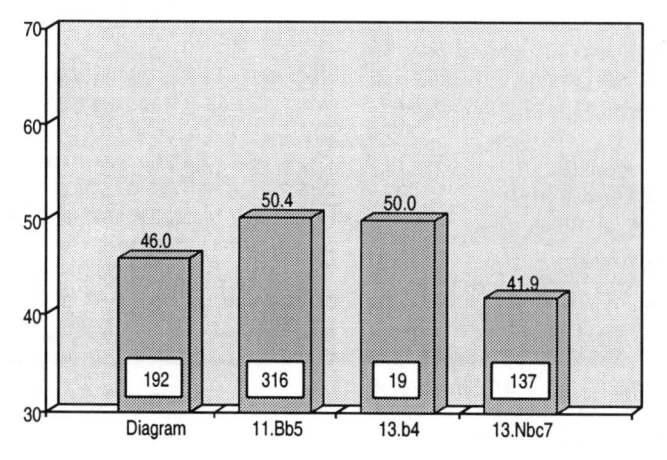

Diagram	11.Bb5	13.b4	13.Nbc7
46.0	50.4	50.0	41.9
192	316	19	137

SI 38.3

Luther,Thomas
Reinderman,Dimitri

Venlo tt 2000 (4)

1.e4 c5 2.♘f3 ♘c6 3.d4 cd4 4.♘d4 ♘f6 5.♘c3 e5 6.♘db5 d6 7.♗g5 a6 8.♘a3 b5 9.♗f6 gf6 10.♘d5 f5 11.♗b5 ab5 12.♘b5 ♖a4 13.b4 ♖b4 14.♘bc7 ♔d7 15.0-0 ♕g5 16.♘b4 ♘b4

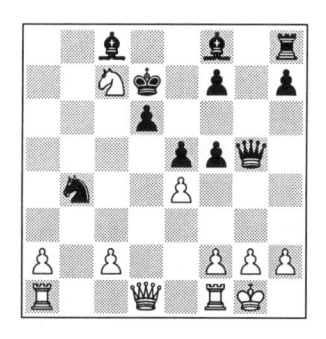

17.c3!? [17.♕b1 ♖g8 18.g3 ♔c7 (18...♔d8 19.♕b4 ♕c7 20.♖ab1 ♗a6 21.♖fd1 ♗e7 22.♖d2 f4 23.♕a4 ♕c6∓ Van den Dikkenberg-Ciemniak, Berlin 1993) 19.♕b4 ♔d7 (19...fe4!? Cherniaev) 20.c4 ♔e6 21.c5 ♔f6 22.cd6 f4 23.♖fd1 ♗e6 24.a4 h5 25.a5 h4 26.♖d3∞ Vitolinsh-Cherniaev, Kherson 1990] **17...♕c7** [17...♘c6?! 18.♘d5±] **18.cb4 fe4** [18...♗b7 19.♕a4 ♗g7 (19...♔b8 20.♕e8 ♗a7 21.b5 △ 22.b6) 20.♕a7→] **19.♕a4+-→ ♗h3?** [19...♗b7? 20.♖fc1 ♔b8 21.♕e8 ♔a7 22.♖c7+-; 19...♔d8!□ ∞] **20.♖ac1 ♔d8 21.♕a8 ♔e7 22.♖c7 ♗d7** [22...♔f6 23.♕d8 ♗g6 24.♕g5 ♔g5 25.gh3+-] **23.♕b7 ♕f5 24.♖fc1 ♖g8** [24...♔d8 25.♖d7 ♕d7 26.♕b8+-] **25.♖d7 ♔e6 26.♕c8 ♖g2 27.♔g2 ♕f3 28.♔g1 ♕g4 29.♔f1 ♕h3 30.♔e1** 1-0

Van der Tak

Study Material

13.b4

Baljon,Christofoor
Dolmatov,Sergey

Amsterdam IBM II 1979 (4)

1.e4 c5 2.♘f3 e6 3.d4 cd4 4.♘d4 ♘f6 5.♘c3 ♘c6 6.♘db5 d6 7.♗f4 e5 8.♗g5 a6 9.♘a3 b5 10.♗f6 gf6 11.♘d5 f5 12.♗b5 ab5 13.♘b5 ♖a4 14.b4 ♖b4 15.♘bc7 ♔d7 16.0-0 ♕c7!? 17.♘c7 ♔c7 18.♕h5?! [18.ef5!? ♗f5 19.♕f3 ♗g6 20.c3 ♖c4 21.a4∞] **18...♖e4 19.♕f7 ♗e7 20.a4 ♖f8 21.♕b3 ♖b4 22.♕d5 ♗a6 23.c3**

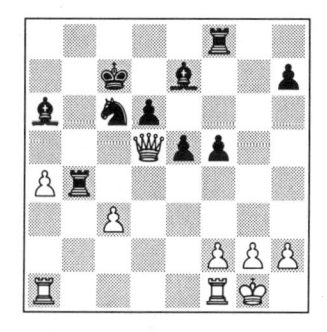

23...♖e4 [23...♗c4! 24.♕d2 ♖bb8 25.♖fb1 f4 △ d5, ♗c5∓ Adorjan/Horvath] **24.♖fb1 ♗c4 25.♕d1 ♖e2∓ 26.a5 d5 27.♖a4 ♗c5 28.♖c4 ♗f2 29.♔f1 ♖e1 30.♕e1 ♗e1 31.♖c6 ♔c6 32.♔e1 ♖a8 33.♖b6 ♔c5 34.♖e6 e4 35.a6 ♖b8 36.a7 ♖b1 37.♔d2 ♖a1 38.♖e7 h5 39.♔e3 ♖a3 40.♔f4 ♔c4** ½-½

Baer,Horst
Berriot,Bernard

cr Copa Latina 1994

1.e4 c5 2.♘f3 ♘c6 3.d4 cd4 4.♘d4 ♘f6 5.♘c3 e5 6.♘db5 d6 7.♗g5 a6 8.♘a3 b5 9.♗f6 gf6 10.♘d5 f5 11.♗b5 ab5 12.♘b5 ♖a4 13.b4 ♖b4 14.♘bc7 ♔d7 15.0-0 ♖g8 16.♘b4 [16.♕h5 ♕g5!? (16...♗e7 17.♕f7 ♕c7 18.♘c7 ♔c7∞ Neverov/Marusenko) 17.♕f7 ♗e7 18.g3 ♕g6! 19.♕g6 hg6 20.♘b4 ♘b4∓ Adorjan/Horvath] **16...♘b4 17.♘d5 ♘d5 18.♕d5 ♔e7 19.♖ab1 ♗e6 20.♕b7 ♔f6**

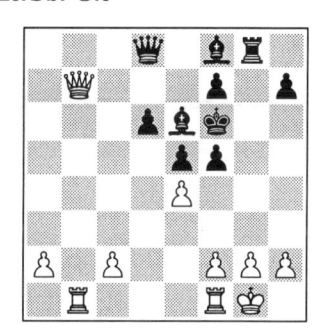

21.ef5 [21.f4 ♔g7 22.♖bd1 fe4 23.♔h1 ♔h8 24.♕e4 ♕c7 25.fe5 de5 26.c4 f5∓ Vitolinsh-Kishnev, Yurmala 1981] **21...♗f5 22.f4 e4 23.♕d5 ♕c8 24.♖b5 ♕e6 25.♕d4 ♔g6 26.♕e3 h6 27.a4 ♕c4 28.♕b3 d5 29.♕c4 dc4 30.a5 e3 31.♖f3 ♗c2 32.♖e3 ♗g7 33.♖g3 ♔h7 34.♖b7 ♗d4 35.♔h1 ♖e8 36.♖f7 ♔h8 37.h3 ♖e1 38.♔h2 ♗g1 39.♔h1 ♗f2 40.♔h2 ♗g3 41.♔g3 ♖e3** 0-1

Stroher,R
Chiesa,Marcello

cr EU/M/646 1985

1.e4 c5 2.♘f3 ♘c6 3.d4 cd4 4.♘d4 ♘f6 5.♘c3 e5 6.♘db5 d6 7.♗g5 a6 8.♗f6 gf6 9.♘a3 b5 10.♘d5 f5 11.♗b5 ab5 12.♘b5 ♖a4 13.b4 ♖b4 14.♘bc7 ♔d7 15.0-0 ♖e4 16.♕h5 ♕h4 17.♕f7 ♗e7 18.g3 ♖g4 19.♔h1?! [19.♘b5 f4 20.♖ad1 fg3 21.fg3 ♖g3= Chiesa] **19...♕h6 20.♕f5 ♔d8 21.♕d3 ♘b4! 22.b4 ♖b4 23.♕c3 ♗b7 24.f3** [24.♔g1 ♕h3 25.f3 ♖h4!-+] **24...♖b6 25.♖ab1 ♕h3 26.♖fd1?** [26.♘e6?! ♔e8 27.♘c7 (27.♘f4 ♖b1) 27...♔f8 28.♘e6 ♔g8-+; 26.♘d5□ ♗d5 27.♕a5 ♔d7 28.♕b6 h5→ Chiesa] **26...♖f8-+ 27.♘e6 ♕e6 28.♕a5 ♗f3 29.♔g1 ♗d1 30.♕b6 ♔e8 31.♖d1 ♕a2** 0-1

Shirov,Alexey
Lautier,Joel

Monaco blind 2000 (1)

1.e4 c5 2.♘f3 ♘c6 3.d4 cd4 4.♘d4 ♘f6 5.♘c3 e5 6.♘db5 d6 7.♗g5 a6

8.♘a3 b5 9.♗f6 gf6 10.♘d5 f5 11.♗b5 ab5 12.♘b5 ♖a4 13.b4 ♖b4 14.♘bc7 ♔d7 15.0-0 ♖b7 16.♕h5 ♘e7 [16...♖c7 17.♕f7 (17.♕f5 ♔e8 18.♘f6 ♔e7 19.♘d5 ♔e8 20.♘f6 ½-½ Veroci-Adorjan, Hungary 1981) 17...♘e7 18.♘f6?! (18.♘b6! ♔c6 19.♖ab1 d5 (19...♔b7 20.♕b3 ♔a7 21.♘d7 ♖d7 22.♕b8 ♔a6 23.♕b5= Krasenkow) 20.♕f6 (20.c4!?) 20...♕d6 21.♕h8 ♘g6 22.♕g8 ♗g7 23.♕d5∞ Cherniaev) 18...♔c6 19.♖ab1 d5! 20.c4 d4 21.c5 ♖b7 22.♘e8 ♖g8!∓ Y.Meister-Kharlov, Soviet Union 1990] 17.♕f7

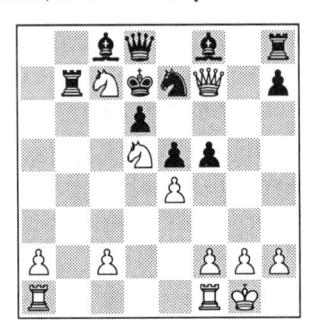

17...♔c6? [17...♖c7!] 18.♖ab1 fe4 [18...♖c7 19.♖b6 ♔c5 20.♖fb1+−] 19.♖b7 ♔b7 20.♖b1 ♔c6 [20...♔a7 21.♘e7 ♗e7 22.♕c4+−] 21.♖b6 ♔c5 22.♖b3 ♔c6 23.♖c3 ♔b7 24.♘e7 ♗e7 25.♕d5 ♔a7 26.♕a8 1-0

Luther, Thomas
McShane, Luke

Lippstadt 2000 (9)

1.e4 c5 2.♘f3 ♘c6 3.d4 cd4 4.♘d4 ♘f6 5.♘c3 e5 6.♘db5 d6 7.♗g5 a6 8.♘a3 b5 9.♗f6 gf6 10.♘d5 f5 11.♗b5 ab5 12.♘b5 ♖a4 13.b4 ♕h4 14.0-0 ♖g8 15.c3 f4 16.♕a4 ♖g2 17.♔g2 ♕g4 ½-½

13.c4

Blazkova, Petra
Salai, Ladislav

Slovakia tt 1995 (14)

1.e4 c5 2.♘f3 ♘c6 3.d4 cd4 4.♘d4 ♘f6 5.♘c3 e5 6.♘db5 d6 7.♗g5 a6 8.♘a3 b5 9.♗f6 gf6 10.♘d5 f5 11.♗b5 ab5 12.♘b5 ♖a4 13.c4 ♕a5 14.b4 ♖b4 15.♘f6 ♔d8 16.0-0 ♖b5 17.cb5 ♘d4 18.♖b1 ♗e7 19.♘d5 fe4 20.♕h5 ♗e6 21.♘e7 ♔e7 22.♕h4 ♕d7 23.♕e4 ♕a8 24.♕a8 ♖a8 25.b6 ♗d5 26.♖b2 ♖a2 27.♖fb1 ♖b2 28.♖b2 ♗b7 29.f3 ♔c6 30.♔f2 ♔b5 31.♔g3 f5 32.♔h4 ♔b6 33.♔g5 ♗c8 34.♔h6 d5 35.♔h7 e4 36.fe4 fe4 37.♔g6 d4 38.♔g5 ♔c5 39.h4 e3 40.♔f4 ♔c3 41.♖c2 ♔c4 42.h5 d3 43.♖c3 ♔c3 44.h6 d2 45.h7 d1♕ 46.h8♕ ♕d4 0-1

Rajlich, Vasik
Gara, Anita

Budapest 2000 (7)

1.e4 c5 2.♘f3 ♘c6 3.d4 cd4 4.♘d4 ♘f6 5.♘c3 e5 6.♘db5 d6 7.♗g5 a6 8.♘a3 b5 9.♗f6 gf6 10.♘d5 f5 11.♗b5 ab5 12.♘b5 ♖a4 13.c4 ♕a5 14.b4 ♖b4 15.0-0 ♖b5 16.cb5 ♘d4 17.♕h5

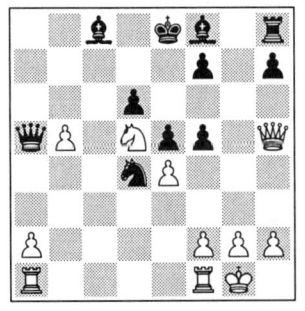

17...♗e6 [17...♗b7 18.♘f6 ♔e7 19.♕g5 (19.♘h7!? Nunn; 19.♕h4!? ♔e6 20.♘d5 Krasenkow) 19...h6 20.♕h4 fe4 (20...♕d2!? Nunn) 21.♖fc1 ♗e2 22.♔h1 ♘c1 23.♖c1⇆ Klinger-King, Oakham 1984; 17...♗g7 18.♖ac1 (18.♕g5 0-0 19.♘e7 ♔h8 20.ef5 f6 (20...h6 21.♕h5 ♕d2 Sveshnikov) 21.♕h5 ♖d8 22.♘c8 ♖c8 23.a4∞ R.Smith-Elburg, cr 1987) 18...♗e6 19.♘c7 ♔e7 20.ef5 ♕f5 21.b6 ♔d4 22.b7∞ Mares-Amerling, cr 1991] 18.♘f6 ♔d8 19.♖ab1 [19.b6! ♕b6 20.♖fb1 ♕a7 21.♖b2 fe4 22.♖ab1 ♔e7 23.♕h6! ♘f5 24.♕c1 ♗f6 25.♖b8 ♔e7 26.♖8b7 ♕b7 27.♖b7 ♗d7 28.♕c7 ♖d8 29.a4!± S.Szilagyi-Sergyan, cr 1980] 19...♗e7 20.♕h6 ♔c7 21.b6 ♔b7 22.♕g7 ♖c8 23.♘h7 ♘e2 24.♔h1 ♘c3 25.ef5 ♗c4 26.f6 ♘b1 27.fe7 ♗f1

11.♗b5 ab5 12.♘b5 ♖a4 13.c4 ♕a5 14.b4 ♖b4 15.♘f6 ♔d8 16.0-0 ♖b5 17.cb5 ♘d4 18.♖b1 ♗e7 19.♘d5 fe4 20.♕h5 ♗e6 21.♘e7 ♔e7 22.♕h4 ♕d7 23.♕e4 ♕a8 24.♕a8 ♖a8 25.b6 ♗d5 26.♖b2 ♖a2 27.♖fb1 ♖b2 28.♖b2 ♗b7 29.f3 ♔c6 30.♔f2 ♔b5 31.♔g3 f5 32.♔h4 ♔b6 33.♔g5 ♗c8 34.♔h6 d5 35.♔h7 e4 36.fe4 fe4 37.♔g6 d4 38.♔g5 ♔c5 39.h4 e3 40.♔f4 ♔c3 41.♖c2 ♔c4 42.h5 d3 43.♖c3 ♔c3 44.h6 d2 45.h7 d1♕ 46.h8♕ ♕d4 28.e8♕ ♖e8 29.♕f7 ♔b6 30.♕e8 ♕e1 31.♕d8 ♔c6 32.♕c8 ♔b5 33.♕d7 ♔c5 34.♕c7 ♔b4 35.♕d6 ♔c3 36.h4 ♕e4 37.♕c7 ♔b2 38.f3 ♕h4 39.♔g1 ♕e1 40.♕b6 ♗b5 41.♔h2 ♕h4 42.♔g1 ♘c3 43.g3 ♘e2 44.♔f2 ♕g3 0-1

Fercec, Nenad
Negro, Roberto

Aosta 1989

1.e4 c5 2.♘f3 ♘c6 3.d4 cd4 4.♘d4 ♘f6 5.♘c3 e5 6.♘db5 d6 7.♗g5 a6 8.♘a3 b5 9.♗f6 gf6 10.♘d5 f5 11.♗b5 ab5 12.♘b5 ♖a4 13.c4 ♕a5 14.b4 ♖b4 15.0-0 ♖c4

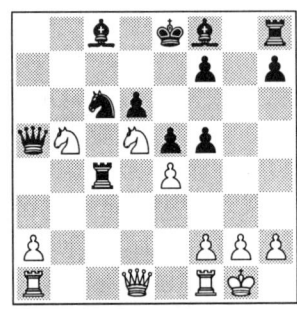

16.♕d3 [16.♘f6 ♔d8 17.♘d6 ♖d4 18.♘f7 ♔e7 19.♕h5 ♔f6 20.♘h8 ♕c7 21.♖ac1 ♖d6 22.f4 (+− Szilagyi-Mullner, cr 1980) 22...♔g7 23.fe5 ♖d8 24.♘c6 ♕c6 25.♕g5 ♔h8 26.♕d8 ♕c5 27.♔h1 f4 28.h3 1-0 Baiocchi-Landolfi, cr 1990; 16.♖c1 ♖c1 17.♕c1 ♗d7 18.♕g5 ♗e7 19.♘e7 ♕b5 20.♘d5 ♕a5 21.♕g7 ♖f8 22.♘f6 ♔e7 23.♕d7± Nunn] 16...♖c5 [16...♖d4 17.♘d4 d4 18.♖fc1 ♔d8 19.♖ab1± Frank-Kardos, cr 1982] 17.♘f6 [17.♖ab1? ♔d8 18.♖fd1 ♗a6−+ Demkov-Viard, cr 1995; 17.♖ac1!? Viard] 17...♔d8 18.♘d6 ♖e7 19.♘h5 ♗h6 20.♘c8 [20.♖fd1?! ♘d4 21.♘f5 ♕c5 22.ef5 f6 23.♖ab1 ♖hc8 24.♖b7 ♖8c7 25.♖c7 ♕c7 26.♕a6 ♘c6∓ Bertolucci-Landolfi, cr 1991] 20...♖c8 21.ef5 f6 [21...♘d4 22.f6 ♔e8 23.♘g7∞] 22.♘f6!? ♔f6 23.♕d6 ♔g7 24.♕d7 ♗e7 25.♕e7 ♔h8 26.♖ad1 ♖d5? [26...♕a2 27.♖d7 ♕g8 28.♖fd1 ♕g7 29.h3⇄] 27.♕e6 ♖d1 28.♖d1 ♖c1 29.♖c1 ♗c1 30.♕c8 ♔g7 31.♕c1 ♕a2 32.♕g5 ♔f7 33.h4 ♕b1 34.♔h2 ♕e4 35.h5 1-0

13.♘bc7 ♔d7 14.c4

Garcia,Raimundo
Szmetan,Jorge

Quilmes ch-AR 1980 (8)

1.♘f3 c5 2.e4 e6 3.d4 cd4 4.♘d4 ♘f6 5.♘c3 ♘c6 6.♘db5 d6 7.♗f4 e5 8.♗g5 a6 9.♘a3 b5 10.♗f6 gf6 11.♘d5 f5 12.♗b5 ab5 13.♘b5 ♖a4 14.♘bc7 ♔d7 15.c4 ♖c4 16.0-0 ♘d4! [16...♕g5 Marfia-Henderson, cr 1997; 16...♖e4?! 17.♕h5 ♘e7 18.♕f7 ♔c6 19.♖fc1 ♔b7 20.♘e7+− Marfia-Willey, Saint Paul 1982] 17.♘a8 [17.♘b6 ♔c7 18.♘c4 ♔b7 19.♖c1 ♔b8∓ Noseda-Venturino, cr 1990] 17...♗a6 18.♘ab6 ♔e8 [18...♘e6?! 19.ef5 ♘f5 20.♕d3 ♕h4 21.f4 e4 22.♖ae1± Knoppert-Reinderman, Alkmaar open 1987] 19.♘c4 ♗c4 20.♖e1 ♗h6 21.♘e3 ♗e6∓ 22.ef5 ♘f5 23.♘f5 ♗f5 24.♕f3 ♗e6 25.a4 ♔e7 26.♕h5 ♗d2 27.♖ed1 ♕a5 28.♕e2 ♗b4 29.♕c2 ♖g8 30.♕h7 ♕a8 31.f3 ♗c5 32.♔h1 ♖h8 33.♕e4 ♕g8 34.g4 ♕g5 35.♕e2 ♗e3 36.♖f1 ♗d5 37.♖a3 ♗d4 38.♖d3 ♕f4 39.♕d2 ♕g4 40.♕g2 ♕f4 41.♖e1 ♖h6 0-1

Dani,Peter
Zila,Laszlo

Hajduboszormeny 1995 (4)

1.e4 c5 2.♘f3 e6 3.d4 cd4 4.♘d4 ♘f6 5.♘c3 ♘c6 6.♘db5 d6 7.♗f4 e5 8.♗g5 a6 9.♘a3 b5 10.♗f6 gf6 11.♘d5 f5 12.♗b5 ab5 13.♘b5 ♖a4 14.♘bc7 ♔d7 15.c4 [15.♕h5 ♖e4 16.♔f1∞ Pinter-A.Schneider, Budapest 1999] 15...♖c4 16.♕h5 ♖e4 [16...♘d4 17.♕f7 ♔c6 18.♘b4 (18.0-0 ♔b7∓) 18...♔b7! 19.♕c4 (19.♘b5 ♕d7∓ Bruggemann-Gauglitz, DDR tt 1981) 19...♕c7∓ Christoffel-Lobron, Hastings 1977/78] 17.♔f1 ♕h4 18.♕f7 ♗e7 19.♘e7 [19.♘e6 ♗a6 20.♔g1 ♘d4 21.♘d4 ♖d4 22.g3 ♖f8! 23.♘b6 ♔c6 24.♕b3 ♖b4−+ Chiburdanidze-Maksimovic, Smederevska Palanka 1983] 19...♘e7 20.♖c1 [20.♘d5 ♗a6 21.♔g1 ♖c4 22.♘f6 ♔d8 23.♕g7 ♖g8 24.♘g8 ♗g8∓ Lorincz-Rabinowicz, cr 1991] 20...♕h6 [20...♕g5

21.♖c2 ♕g8∓ Popescu] 21.♖c2 ♗b7 [21...♕g6 22.♕b3 ♖g8 23.♕b5 ♔d8 24.g3 ♕g4−+ F.Michel-Kervaire, cr 1987] 22.f3 ♖b4 23.♘e6 ♖c8 24.♖c8 ♗c8 25.♘f8 ♔d8 26.♘h7 ♗a6 27.♔f2 ♖b2 28.♔g3 f4 0-1

13.♘bc7 ♔d7 14.0-0

Coco,Carmelo
Pantaleoni,Claudio

cr 1983

1.e4 c5 2.♘f3 ♘c6 3.d4 cd4 4.♘d4 ♘f6 5.♘c3 e5 6.♘db5 d6 7.♗g5 a6 8.♘a3 b5 9.♗f6 gf6 10.♘d5 f5 11.♗b5 ab5 12.♘b5 ♖a4 13.♘bc7 ♔d7 14.0-0 ♖e4 15.♕h5 ♕h4!? 16.♕f7 ♗e7 17.g3 ♖g4 18.♘b5 f4 19.♖ad1 fg3 20.fg3 ♖g3 21.hg3 ♕g3 ½-½

Van der Kooij,Jaap
Swinkels,Arnold

cr ch-NL-28 1998

1.e4 c5 2.♘f3 ♘c6 3.d4 cd4 4.♘d4 ♘f6 5.♘c3 e5 6.♘db5 d6 7.♗g5 a6 8.♘a3 b5 9.♗f6 gf6 10.♘d5 f5 11.♗b5 ab5 12.♘b5 ♖a4 13.♘bc7 ♔d7 14.0-0 ♖e4 15.♕h5 ♘d4 16.♘e2 17.♔h1 ♔c6 18.g3 ♖g8 19.♕f3 ♕c7!? 20.♘c7 ♔c7 21.♕d3 [21.♕h5? ♖g6 22.♕h7 ♗e6 23.♖ad1 ♖eg4 24.♕h8 ♖g8 25.♕h3 f4−+→ Perenyi-T.Horvath, Zamardi 1979] 21...f4

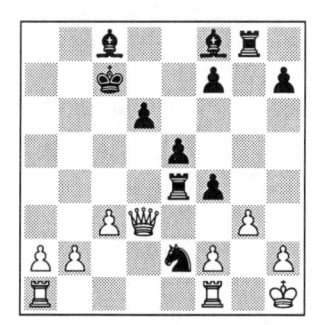

22.♖fe1 [22.♖ae1 ♗b7 23.f3 fg3! 24.♖e2 ♖e2 25.hg3 ♖b2 26.♕c4 ♔b6 27.♕f7 ♖g3 28.♕f8 ♖h3=; 22.f3?! fg3 23.♖g1 ♘g1! 24.fe4 (24.♕e4? ♘f3!−+) 24...♘h3 25.♕c4 ♔d8 26.hg3 ♖g3 27.♕f7 ♗e7→

Adorjan/Horvath; 22.♕e4?! ♗b7 23.♕b7 ♔b7 24.♔g2 e4 25.f3 fg3 26.fe4 gh2 27.♔h2 ♖h6 28.♖f7 ♔c6 29.♖af1 ♖g4∓ Kaufmann-Gerhardt, cr 1995] 22...♗b7 23.f3 ♖e3 24.♕c4 ♔b8 25.♖e3 ♖f3! [25...♔f3? 26.♖g2 d5 27.♕c6 ♗e7 28.♖f1 ♗e4 29.♔g1± Zajontz-Barten, cr 1988] 26.♔g1 fg3 27.♕h4 gh2 28.♔h2 ♖g6 29.♕d8 ♗a7 30.♖g2 ♖g2 31.♔g2 ♗h6 32.♕a5 ♔b8 33.♕b6 [33.♕d8=] 33...♖c3 34.♔f1 ♖f3 35.♔e2 ♖e3 36.♔d1∞ ♔a8 37.♕d6 ♗f4 38.♕f8 ♗a7 39.♕f7 ♔b6 40.♕e6 ♔a7 41.♕f7 ♔b6 42.a4 ♖d3 43.♔c2 ♗e4 44.a5 ♔b5 45.♕e8 ♔a6 ½-½

Spaans,M
De Laat,Piet

cr 1990

1.e4 c5 2.♘f3 ♘c6 3.d4 cd4 4.♘d4 ♘f6 5.♘c3 e5 6.♘db5 d6 7.♗g5 a6 8.♘a3 b5 9.♗f6 gf6 10.♘d5 f5 11.♗b5 ab5 12.♘b5 ♖a4 13.♘bc7 ♔d7 14.0-0 ♖e4 15.♕h5 ♘d4 16.c3 ♘e2 17.♔h1 ♔c6 18.g3 ♖g8 19.♖fe1 [19.♖ae1 ♖gg4! 20.f3 ♘g3 21.hg3 ♖h4 22.♕h4 ♖h4 23.gh4 ♕h4 24.♔g2 f4−+ Adorjan/Horvath] 19...♖gg4! 20.♕h7 ♗e6 21.♘e6 fe 22.♘e3 ♖e3 23.fe3 ♘g3 24.hg3 ♖g3 25.♖g1 ♖e3 26.♖g2 ♖e4 27.♖h2 ♔b6 28.♕h3 ♗e7 29.a4 ♔c7 30.a5 ♖h4 31.♕g2 ♖g4 32.♕f2 ♕a8 33.♖g2 ♗h4 34.♕e2 ♗g3 35.♕e3 ♗e1 0-1

Szarka,Sandor
Blasovszky,Istvan

cr 1988

1.e4 c5 2.♘f3 ♘c6 3.d4 cd4 4.♘d4 ♘f6 5.♘c3 e5 6.♘db5 d6 7.♗g5 a6 8.♘a3 b5 9.♗f6 gf6 10.♘d5 f5 11.♗b5 ab5 12.♘b5 ♖a4 13.♘bc7 ♔d7 14.0-0 ♖e4 15.♕h5 ♘d4 16.♕f7?! ♔c6! [16...♗e7?! 17.f3! (17.c3?! ♘e2 18.♔h1 ♕f8∓ Trocher-Foune, cr 1984 − YB/3-87] 17...♖h4 18.g3 ♖h6 19.c3 ♘e6 20.♕f5± Van der Wiel-Georgadze, Bad Lauterberg tt 1979] 17.♘b4 [17.b4 ♕d7 18.b5?! (18.♕h5 ♘e2 19.♔h1 ♘f4∓) 18...♘b5 19.♕d7

♗d7 20.♘b5 ♔b5∓ Velimirovic-T.Horvath, Stara Pazova 1983] **17...♔b7 18.♘cd5** [18.♘b5 ♕d7 19.♕d5 ♔b6 20.a4 ♘e2? (20...♘b5!–+) 21.♔h1 ♖b4 22.a5 ♔a6 23.♕a8 ♔b5 24.♕d5 ½-½ Szabo-T.Horvath, Oberwart 1979] **18...♕d7 19.♕h5 ♕e6 20.c4 ♕g6 21.♕d1 ♗d7 22.♘c2 ♗a4 23.b3 ♘e2 24.♔h1 ♖g8 25.g3 ♕h5 26.♘e1 ♗c6 27.♕c2 ♕h3 28.♘f3 ♖g3 29.fg3 ♘g3 30.♔g1 ♖e2 31.♖f2 ♖c2 32.♖c2 ♘e4 33.♖f1 ♗h6 34.♖e2 ♗e8 35.♖g2 ♗h5** 0-1

Kretschmar, Heinz
Lehmann, J

cr 1989

1.e4 c5 2.♘f3 ♘c6 3.d4 cd4 4.♘d4 ♘f6 5.♘c3 e5 6.♘db5 d6 7.♗g5 a6 8.♘a3 b5 9.♗f6 gf6 10.♘d5 f5 11.♗b5 ab5 12.♘b5 ♖a4 13.♘bc7 ♔d7 14.0-0 ♖e4 15.♕h5 ♘e7 16.♕f7 ♔c6 17.c4 ♕d7 18.♘a8 ♘g6! [18...♕e6?! 19.♕e8 ♕d7 20.♘e7 ♗e7 21.♕h8 ♔b7 22.♖ac1 ♗a8 23.c3 ♔b8 24.♕h7± Langhein-Traut, cr 1982] **19.♘b4 ♔b7 20.♕d5 ♔b8 21.♘c6 ♔a8 22.♕b5 ♕c7** [22...♕b7 23.♕a5 ♕a6 24.♕c7 ♕b7 ½-½ Y.Grunfeld-Fleck, Lugano 1980] **23.♖fd1?!** [23.♕a4 ♔b7 24.♘a5 ♔b8 25.♘c6 ♕c6?! (25...♔b7=) 26.♕c6 ♗b7 27.♕e8 (27.♕b6?! ♗e7 28.a4 ♖c8∞ Sveshnikov) 27...♔c7 28.c5!? dc5 29.♖fd1→ McDonald] **23...♗e7∓ 24.♕a4 ♔b7 25.♘a5 ♔b8 26.♕b5 ♔a7 27.♖d3 ♗a6 28.♕a4 ♗h6 29.b4 ♔b8 30.b5 ♗b7 31.b6 ♕c8 32.♖d6 ♖d4 33.♘b7 ♕b7 34.♖h6 ♘g6 35.♕b5 ♖hd8 36.f3 ♕g7 37.♕c6 ♖c8 38.♕a4 ♖dc4 39.♕a3 e4 40.♕a7 ♕a7 41.ba7 ♔a8 42.fe4 fe4 43.♖h7 e3 44.♖e1 ♖c1 45.♔f1 ♘f4 46.♖d7 e2** 0-1

Ellison, George
Koshy, Vagureese

Isle of Man 1993

1.e4 c5 2.♘f3 ♘c6 3.d4 cd4 4.♘d4 ♘f6 5.♘c3 e5 6.♘db5 d6 7.♗g5 a6 8.♘a3 b5 9.♗f6 gf6 10.♘d5 f5 11.♗b5 ab5 12.♘b5 ♖a4 13.♘bc7 ♔d7 14.0-0 ♖e4 15.♕h5 ♘e7 16.♕f7 ♔c6 17.c4 ♕d7 18.♖fc1 ♘g6?! [18...♗h6! 19.♖c3 (19.♘e7 ♔c7∓; 19.c5 ♗c1 20.♖c1 ♕d5 21.♕d5 ♔c7 22.c6 ♖e1! 23.♖e1 ♕c6–+) 19...♕g6 20.♕f6?! (20.♕d7∓) 20...♖f8 21.c5 ♖f6 22.cd6 ♔d6! 23.♘f6 ♘f4!–+ McDonald] **19.♘e6!? ♕h4?** [19...♕f7 20.♘d8 ♔d7 21.♘f7 ♖g8 22.♘g5∞; 19...♗h6! 20.♕f5 ♕e6 (20...♖h4 21.♕f3! ♕e6 22.♕b3! ♔d7 23.♕b5 ♔d6 24.♕b6= McDonald) 21.♕e4 ♔d7 22.c5 ♗c1 23.c6 ♔d8 24.♖c1 ♘e7 25.c7 ♔e8 26.♕a4 ♔f7∞ Valvo-Vukic, Mazatlan 1989] **20.♕f6 ♖g8** [20...♕e6 21.♕d8+–; 20...♗h6 21.♕h8 ♗c1 22.♖c1 ♕e6 23.♕d8+–] **21.♘d8** 1-0

Marfia, Jim
Henderson, G

cr APCT 1997

1.e4 c5 2.♘f3 ♘c6 3.d4 cd4 4.♘d4 ♘f6 5.♘c3 e5 6.♘db5 d6 7.♗g5 a6 8.♘a3 b5 9.♗f6 gf6 10.♘d5 f5 11.♗b5 ab5 12.♘b5 ♖a4 13.♘bc7 ♔d7 14.0-0 ♕g5 15.c4 ♖c4 16.b4 [16.♘a8 ♖g8 17.g3 ♗a6 18.♘ab6 ♔d8 19.♘c4 ♘c4 20.♕a4 ♕d5 21.ed5 ♘d4∓ Moniszka-Waschk, Koszalin 1996] **16...♖g8** [16...♗h6 17.♗b5 ♖d4 18.♘d4 (18.♕a4 fe4 (18...♖e4!?∞) 19.♘d4 ed4 20.♘b6 ♔c7 21.♖fc1 ♕c1 22.♖c1 ♗c1 23.♘d5 ♔d7 24.♕d1± Nunn-F.Portisch, Budapest 1978) 18...♘d4 19.f4!? ♕g6?! (19...♕h4!?; 19...♕g7!?) 20.♖c1± Van der Zwan-Berecz, cr 1988 – YB/9-30] **17.g3**

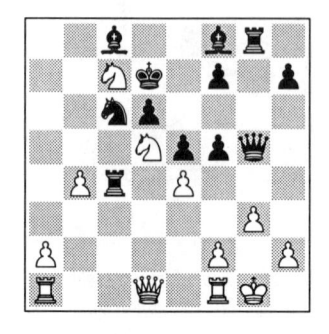

17...♗h6 [17...♔b7 18.♕d3 (18.♕a4! ♔c8 19.♘a6±) 18...♖b4 19.♘b4 ♔b4 20.♕b5 ♔c7 21.♖fc1 ♘c6 22.♖ab1 ♕c1 23.♖c1± Nunn-King, London 1978; 17...♖e4 18.♖c1 ♔b7 19.♕a4 ♗h6 20.♕b5 ♖b8 21.♘c6 ♗c6 22.♕b8 ♗d5 23.♘d5 ♖d4 24.♕a7 ♔e6 25.♘c7 ♔f6 26.f4 ♕g6? (26...♕g4! 27.♘e8□ ♔e6 28.♘c7= Den Broeder) 27.♘e8 ♔e6 28.♖e1! ♖e4 29.♕d1+– Van Oosterom-Schoemaker, cr 1980] **18.♘b5 ♖d4 19.♕a4 ♗b7 20.♘d4 ed4 21.♕b5 ♖b8∞ 22.f4 ♕d8 23.ef5 ♗g7 24.♖ac1 d3 25.♖fd1 ♗d4 26.♔g2 ♗a8 27.♕a4 ♕e8 28.♖e1 d2 29.♖e8 dc1♕ 30.♖b8 ♕c4 31.♖a8 ♕d5 32.♔h3 ♕f5 33.♔g2 ♕e4 34.♔h3 ♕e6 35.♔g2 ♕e2 36.♔h3 ♕f1 37.♔g4 h5 38.♔h5 ♕h3 39.♔g5 ♔e6 40.♖e8 ♔e7 41.♕b3 d5** 0-1

Antal, Gergely
Gladishev, Oleg

Budapest 1999 (5)

1.e4 c5 2.♘f3 e6 3.d4 cd4 4.♘d4 ♘f6 5.♘c3 ♘c6 6.♘db5 d6 7.♗f4 e5 8.♗g5 a6 9.♘a3 b5 10.♗f6 gf6 11.♘d5 f5 12.♗b5 ab5 13.♘b5 ♖a4 14.♘bc7 ♔d7 15.0-0 ♕g5 16.c4 ♖g8 17.g3 ♖a5!? [17...♖a4 18.♘b5 ♖b7 19.f4!? (19.a4 f4 20.a5 ♕h4 21.♖a3 ♘a5! 22.♖a5 fg3= Krasenkow) 19...♕h4 20.♕f3 ♖b5 21.cb5 ♘d4 22.♕g2 ♕h6 23.fe5 de5 24.♖ac1 f4 25.♖c7 ♔d8 26.♖fc1 ♗h3 27.b6? (27.♖a7! ♗d6 28.♖a8 ♔d7 29.♘f6 ♕f6 30.♕h3+– Krasenkow) 27...fg3 28.hg3 ♘e2–+ Dittmar-Antoszkiewicz, cr 1981] **18.♘b5** [18.b4 ♘b4 19.♘b5 ♘d5 20.♕d5 ♕f6 21.♖fd1 ♕e6 22.♕c5 ♖b5 23.♕b5 ♔e7 24.c5 dc5? (24...♕f6!∞) 25.ef5 ♕f5 26.♕b6!± Y.Grunfeld-Stein, Israel ch 1978] **18...♗b7!?N** [18...♖b5 19.cb5 ♘d4 20.f4 ♕g7 21.♖c1 fe4 22.f5 ♕h6 23.♖c7 ♔d8 24.♕a4+– T.Horvath-Sergyan, Zalaegerszeg 1979] **19.b4 ♖b5 20.cb5 ♘d4 21.f4 ♕h4 22.♖c1 ♖g3 23.hg3 ♕g3 24.♔h1** ½-½

Sicilian Defence
Taimanov Variation

SI 40.15

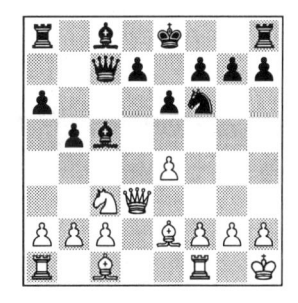

8.♔h1 on the Decline

1.e4 c5 2.♘f3 ♘c6 3.d4 cd4 4.♘d4 e6 5.♘c3 ♕c7 6.♗e2 a6 7.0-0 ♘f6 8.♔h1 ♘d4 9.♕d4 ♗c5 10.♕d3 b5

The move 10...b5 looks far more respectable than 10...h5, a possibility we investigated in a twin survey in Yearbook 56. The first example I could find with this line is where Semen Furman used it as Black against Liebert, Polanica Zdroj 1967. The idea behind 10...b5 is very logical, of course: Black will put his second bishop on its natural square b7, which is all the more logical since White almost invariably continues with f4 and the advance e5. As always the bishop on b7 is then excellently placed for pressure against the white kingside. If White does not play 11.f4, he has to resort to the rare alternatives 11.♗f3, 11.a3 or – like in some recent games – 11.♗g5, just like in the 10...h5 line.

After the normal 11.f4 ♗b7 (11...h5, just as in 10...h5 11.f4 b5, looks suspicious, but may be playable, see the game A. Sokolov-Skytte, Lausanne 2000, in the Study Material) 12.♗f3 (12.e5 is very rare since Black has control over d5) Black's older choice was 12...0-0. This is in fact what Furman played against Liebert. To the late Soviet grandmaster (a highly respected positional player, who for several years was Karpov's trainer and second) the cheeky 12...h5 was probably anathema, but it is Black's most popular and arguably wisest choice. Moreover, in comparison with the 10...h5 lines, the move order with 10...b5 sidesteps all the variations in which the white queen goes to either g3 or h3, and isn't chess very much about limiting your opponent's options as much as possible!? A very unusual possibility after 12.♗f3 is 12...♗b4?!; see the Study Material.

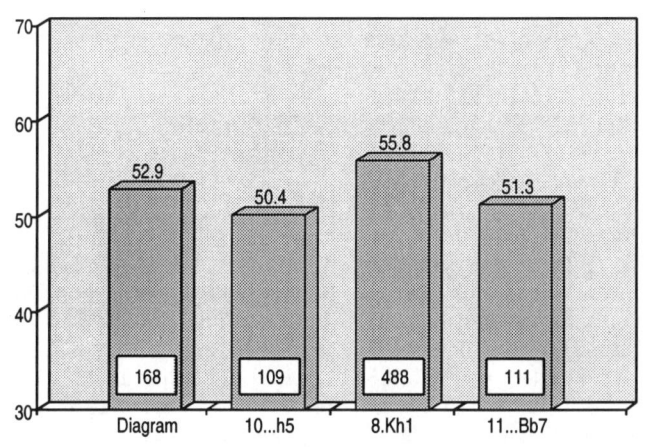

The Latest Cry
If White now refrains from advancing the e-pawn, he can go for the rare alternatives 13.♗d2 (a move already seen in the 10...h5 survey in Smirin-Tunik, Israel 1999) or 13.♗e3. After the much more common 13.e5 ♘g4 the choice is between exchanging on b7 (the most popular), playing 14.♘e4 or challenging b5 with 14.a4. The main variation continues 14.♗b7 ♕b7 15.♘e4 ♗e7. Here White has to decide where he is going to put his dark-squared bishop:

STATISTICS

(bar chart showing:
Diagram: 52.9, 168
10...h5: 50.4, 109
8.Kh1: 55.8, 488
11...Bb7: 51.3, 111)

47

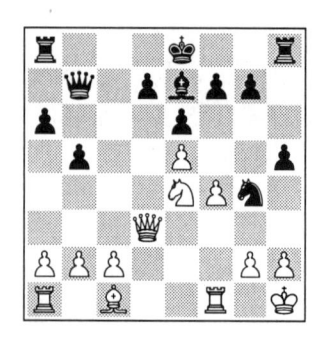

16.♗e3 is the oldest move. Alternatives are 16.♗d2 or 16.b3 – the latest cry advocated by Dolmatov to open the road to b2 and play c4 afterwards. Other possibilities still are 16.a4, 16.h3 and the 'subtle' 16.♕f3 threatening a cheapo with ♘d6. On going through the material you will notice that the move ♕f3, threatening to win the unprotected queen on b7 after ♘d6, appears quite frequently, so black players in this line beware!

Satisfactory Statistics

In the 163 games I have investigated, the score for Black is very satisfactory as black scores go: +43, =73, –47 or 49%. I see no reason, therefore, to follow some experts who maintain the Paulsen/Taimanov is a teeny-weeny bit suspicious and advise you to transpose to the Scheveningen after 8.♔h1 with 8...d6. In fact, I feel that the normal developing move 8.♗e3 causes Black more problems than 8.♔h1, which is probably why 8.♔h1 seems to be on the decline. Also, in my opinion, 10...b5 looks a better choice for Black than 10...h5, and likewise the bold 12...h5 may deserve preference over the timid 12...0-0.

SI 40.15

Anand,Viswanathan
Kasimdzhanov,Rustam

Wijk aan Zee 1999 (4)

1.e4 c5 2.♘f3 e6 3.d4 cd4 4.♘d4 ♘c6 5.♘c3 ♕c7 6.♗e2 a6 7.0-0 ♘f6 8.♔h1 ♘d4 9.♕d4 ♗c5 10.♕d3 b5 11.f4 ♗b7 [11...h5? 12.e5 ♘g4 13.♕h3↑ ♘f2 14.♖f2 ♗f2 15.♕f3 ♕a7 16.♘e4 ♗b6 17.a4±] 12.♗f3 0-0 13.e5 ♘e8 14.♗b7 ♕b7 15.f5 f6 [15...ef5 16.♖f5→]

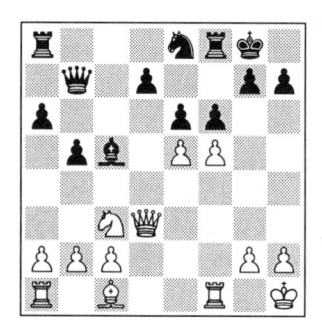

16.♗f4 [½-½ Ye Jiangchuan-Andersson, Istanbul ol 2000; 16.ef6 ♘f6 17.♗g5 (17.fe6? ♘g4∓) 17...ef5 (17...♕c6 18.♗f6! (18.♖ae1 ♘g4 19.♘e4 ef5∓) 18...♘f6 19.fe6 ♖f1 20.♖f1 de6 21.♕e4 (21.♘e4 ♗e7 22.c3 ♖d8 23.♕e2 h6∓) 21...♖c8 22.♕c6 ♖c6 23.♘e4 b4 (23...♗e7 24.c3 b4 25.♖d1 bc3 26.bc3 ♖c4 27.♖d4=) 24.g3=) 18.♕f5 ♗d4 19.♕d3 ♗c3 20.♕c3 ♕c6 21.♕b3 ♕c4 22.♗f6 ♖f6 23.♖f6 ♕b3 24.ab3 gf6±; 16.♘e4 ♗e7 17.♗e3 fe5 18.fe6 ♖f1 19.♖f1 de6 20.♘g5 ♗g5 21.♗g5 ♕d5 22.♕e2 ♘d6 23.♖d1 ♕e4∓; 16.fe6 de6 17.♗e3 (17.ef6 ♘f6 18.♗g5 ♘g4 19.♘e4 ♘f2 20.♘f2 ♗f2 21.♕e2 ♕b6=) 17...♗e7 18.ef6 ♘f6 19.♗d4 ♖ad8 20.♕e3 ♕c6∓] 16...ef5 [16...♗e7 17.♖ae1 fe5 18.♗e5 ♖c8 19.fe6 ♖f1 20.♖f1 de6 21.♘e2 (21.♘e4!? ♕d5 22.♕f3±) 21...♘f6 22.♗f4 ♕e4 (22...♕c6 23.c3 ♖d8 24.♕e2 ♕e4 25.♕e4 ♘e4 26.♘e6 ♖d2 27.♘g7 ♗c5 28.♘e6 (28.h3? ♖d5 29.♖f5 ♖d1 30.♔h2 ♗g1 31.♔h1 ♘d6!–+) 28...♘f2 29.♗g1 ♘h3=) 23.♕e4 ♘e4 24.c3 ♖d8; 24...♘c5; 16...♕c6 17.♖ad1 ef5 18.♕d7 ♕d7 19.♖d7 fe5 20.♗e5 ♖a7 21.♖d5± ; 16...fe5 17.♗e5 ef5 18.♖f5 ♖f5 19.♕f5 d6 20.♘g3 Bruzon-Vescovi, Istanbul ol 2000] 17.a4!↑ [17.♕f5 fe5 18.♕e5 ♗d6 19.♕d4 ♗f4 20.♖f4 ♗f4 21.♕f4 ♕f6=] 17...fe5 18.♗e5 b4?! [18...d6!? 19.♗g3 b4 (19...ba4 20.♖a4 ♖f7 (20...♕b2?

21.♕d5±) 21.b3 ♘c7 22.♖f5 ♖f5 23.♕f5 ♖f8 24.♕d3±) 20.♘d5 ♘f6 21.♖f5 ♘d5 22.♖d5 ♖ae8 23.♖d1± ♖e3 24.♕d2?? (24.♕c4! ♕f7 25.♗f2!±) 24...♕f7! 25.♕c1 ♖e2 (25...♕f3!!) 26.♖5d3 ♕b7 27.♖d5 ♖f5! 28.♖1d2 ♖d2 29.♖d2 ♗e3–+] 19.♕c4 ♔h8 20.♕c5 d6 21.♕d5! [21.♗d6 ♘d6 22.♕d6 bc3 23.bc3 ♕b2 24.♕d3±] 21...♕d5 22.♗g7 [22.♘d5 de5 23.♘b4 ♘d6=] 22...♕g7 23.♘d5± ♖ac8 24.♖f2 a5 25.♖d1 ♖fe8 26.b3! [△ ♘b6-c4] 26...♖c6 [26...♖c5] 27.h3 ♖e5 28.♔h2 ♔g8 [28...♖c5 29.♘b6±] 29.♖d3 ♔f7 30.♘e3 ♔e7 [30...♖ec5 31.♘c4 ♘e8 32.♖e2±] 31.♘c4 ♖ec5 32.♖fd2 ♘e8 33.♖e2 ♔f7 34.♖de3± ♘f6 [34...♘c7 35.♖e7 ♔g6 36.♖d7± d5? 37.♘e5+–] 35.♖e7 ♔g6 36.♖2e6 f4 [36...♖d5 37.♖d7±] 37.♘d6 f3 [37...♖c2 38.♖f7 ♖d6 39.♖ff6+–] 38.♖f7 ♖f5

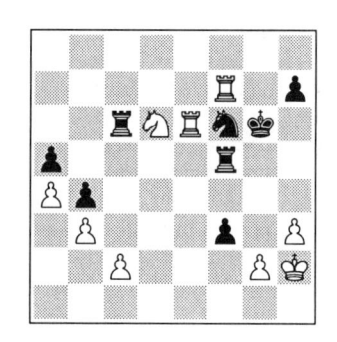

39.♖g7!+– [39...♔g7 40.♘f5+–; 39.♘f5?? ♖e6–+]   **1-0**
Meulders

SI 40.15

Lalic,Bogdan
Tregubov,Pavel

New York 2000 (7)

1.e4 c5 2.♘f3 e6 3.d4 cd4 4.♘d4 ♘c6 5.♘c3 ♕c7 6.♗e2 a6 7.0-0 ♘f6 8.♔h1 ♘d4 9.♕d4 ♗c5 10.♕d3 b5 11.f4 ♗b7 12.♗f3 [12.e5 ♘d5 13.♘e4 ♗b4∓; 13...♗e7] 12...h5 [12...b4?! 13.e5 bc3 14.ef6±] 13.e5 ♘g4 14.♗b7 ♕b7 15.♘e4 [15.a4 b4 16.♘e4 ♖c8

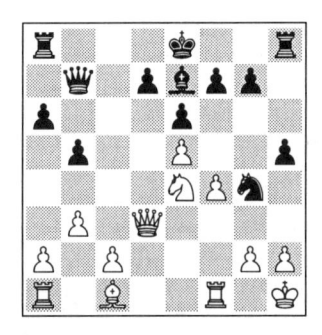

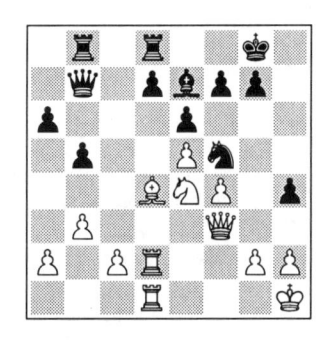

Study Material

11.f4 ♗b7 12.♗f3 0-0

Liebert,Heinz
Furman,Semen

Polanica Zdroj 1967 (12)

1.e4 c5 2.♘f3 ♘c6 3.d4 cd4 4.♘d4 e6 5.♘c3 ♕c7 6.♗e2 ♘f6 7.0-0 a6 8.♔h1 ♘d4 9.♕d4 ♗c5 10.♕d3 b5 11.f4 ♗b7 12.♗f3 0-0 13.e5 ♘e8 14.♘e4 ♗e7 15.♗e3 [15.a4 f5] 15...♖d8 16.a4 d6!? 17.ab5 de5 18.♕b3 ef4 19.ba6 ♗d5 20.♗b6 ♗b3 21.♗c7 ♘c7 22.cb3 ♖a8 23.a7 ♘d5 24.♘c3 ♗c5 25.♘d5 ed5 26.♗d5 ♖a7 27.♖a7 ♗a7 28.♖f4 g6 29.b4 ♔g7 30.b5 ♗b6 31.g3 [31.♖c4 ♖d8 32.♗f3 ♖d2 33.b4 ♖b2 34.g4 ♗e3=] 31...f5 32.♖f1 ♖d8 33.♖d1 ♔f6 34.♗b3 ♖d1 35.♗d1 ♔e5 36.♔g2 g5 37.♗c2 h6 ½-½

Solomon,Stephen
Meulders,Richard

Novi Sad ol 1990 (14)

1.e4 c5 2.♘f3 ♘c6 3.d4 cd4 4.♘d4 e6 5.♘c3 ♕c7 6.♗e2 a6 7.0-0 ♘f6 8.♔h1 ♘d4 9.♕d4 ♗c5 10.♕d3 b5 11.f4 ♗b7 12.♗f3 0-0 13.e5 ♘e8 14.♗b7 ♕b7 15.♘e4 ♗e7 16.f5 f6 17.fe6 de6 18.ef6 ♘f6

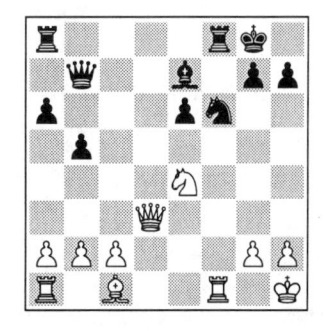

19.♘g5? [19.♘f6 ♗f6 20.♕e2 ♕d5 21.c3 ♕c4=] 19...♘e4!∓ 20.♘f3 ♖ad8 21.♕e2 ♕d5 22.♗e3 ♕h5 23.♔g1 ♗d6 24.♖ae1 ♗c7? [24...♗g3! 25.hg3 (25.♗b6 ♗e1 26.♗d8

♗f2 27.♖f2 ♘f2 28.♕e6 ♕f7 29.♕f7 ♔f7 30.♔f2 ♖d8∓) 25...♘g3–+] **25.c3 ♖d5 26.♗c1 ♗b6 27.♗e3 ♗c7 28.♗c1 ♗b6 29.♗e3 ♗c7 30.c4?** [30.♗c1=] **30...♖df5?!** [30...♖d7 31.♗c1 ♗b6 32.♗e3 ♗a5∓] **31.cb5 ab5 32.♗d4?** [32.♕c2!±] **32...♗g5!∓ 33.♔h1 ♗g3!?** [33...♗h2! 34.♔h2 ♖f1 35.♕f1 ♖f1 36.♖f1 ♘e4–+] **34.♖d1 ♗h2 35.g4 ♕g4 36.♕h2 ♘f3 37.♖f3 ♕f3 38.♕g2 ♖h5 39.♔g1 ♕d1** 0-1

Anand, Viswanathan
Ribli, Zoltan

Novi Sad ol 1990 (12)

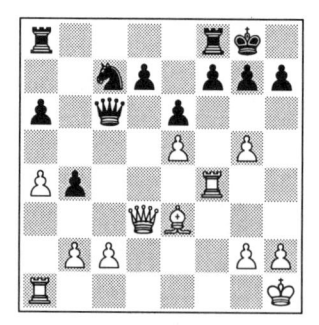

1.e4 c5 2.♘f3 e6 3.d4 cd4 4.♘d4 ♘c6 5.♘c3 ♕c7 6.♗e2 a6 7.0-0 ♘f6 8.♔h1 ♘d4 9.♕d4 ♗c5 10.♕d3 b5 11.f4 ♗b7 12.♗f3 0-0 13.e5 ♘e8 14.♗b7 [14.♘e4 ♗e7 15.♗e3 (15.a4 f5 (15...b4 16.♗e3 d6 17.♗d4 ♖d8 18.♕e3 ♖c8 19.♖fc1 ♘e4 20.♗e4 de5 21.♗e5 ♕a5=) 16.♘d2 b4 17.♗b7 ♕b7 18.♘c4 ♖c8 19.b3 ♖f7 20.a5 ♖c6 21.♗b2 ♗f8 22.♖ad1 ♗c7 23.♕f3=) 15...♖d8 16.a4 d6∞; 14.f5 f6 15.ef6 ♘f6 16.♗f4 ♕b6 17.♗b7 ♕b7 18.fe6 de6 19.♖ae1 ♖ae8 20.♗d6±] **14...♕b7 15.a4!** [15.♘e4 ♗e7 16.♗e3 (16.f5 f6= (Anand) 17.♗d2 fe5 18.fe6 de6 19.♖f8 ♗f8 20.♕f1 (20.♘g5 ♘f6 21.♘e6 e4 22.♕b3 ♕f7 23.h3 ♗d6∓) 20...♕d5 21.♕h3 ♗e7∓) 16...♕c6 (16...♖d8 17.♗c5 ♗c5 18.♘c5 ♕c6 19.♘e4±) 17.♗d4 (17.♖ad1 ♖d8 18.f5 f6 19.ef6 ♘f6 20.♘f6 ♗f6 21.c3 d5=) 17...f5 (17...d5 18.♘g5 g6 19.c3 h6=) 18.ef6 ♘f6 19.♘g5 ♕c4=; 15.f5 f6= (Anand) 16.ef6 ♘f6 17.♗g5±] **15...b4** [15...♖b8? 16.ab5 ab5 17.♖a5!] **16.♘e4 ♗e7 17.♗e3** [17.f5 f6 18.fe6 de6 19.ef6 ♘f6 20.♘g5 ♕d5 21.♗f4 ♕d3 22.cd3 ♖d5 23.♘e6 ♘f4 24.♘f4±] **17...♕c6 18.♘g5!?** [18.f5 f6 19.fe6 de6 20.ef6 ♘f6 21.♘g5 ♖ad8 22.♗d4 ♖d5?] **18...♗g5?** [18...f5! 19.ef6 ♘f6 20.♗d4 g6 21.♕h3 ♘h5!∓; 18...g6! 19.♖ad1 (19.♗d4 ♖c8= Anand) 19...d6] **19.fg5 ♘c7** [19...♖c8 20.♗d2! (≥ 20.♖f2; 20.b3 ♕c2 21.♕c2 ♖c2 22.♖ac1 ♖c1 23.♖c1 f6 24.♗c5 ♖f7 25.♗b4 fg5 26.♖c8? ♗f1X Anand) 20...a5 21.c3±; 19...d6 20.♖f4 de5 (20...♖c8 21.ed6 ♕d6 (21...♘d6? 22.♖b4 ♕c2 23.♕d6 ♖fd8

24.♕f4 ♖d1 25.♖d1 ♕d1 26.♗g1+–) 22.♖d4 ♕c6 23.♖b4 ♕c2 24.♕a6+–) 21.♖b4±; 21.♖c4?! ♕d5 22.♗c5 ♗c8–+] **20.♖f4!** [20.♖f3 ♘d5 21.♖h3 g6∞ Anand]

20...♘d5 [20...♕d5 21.♗d4! △ ♖af1, ♖h4 Anand; 21.♗d4? ♕e5 22.♗f4 ♕a5! (22...♕c5 23.♘c4) 23.♖d7 ♘d5] **21.♖c4 ♕b7 22.♗c5 ♖fc8 23.♖f1+– g6** [23...♖c6 24.♖h4 g6 (24...♖c5 25.♕h7 ♔f8 26.♕g6 ♔e7 27.♕f7 ♔d8 28.♕f8 ♔c7 29.♕d6 ♔c8 30.♖h8X) 25.♖h7! ♖c5 26.♖f7 ♘f4 27.♖fg7 ♔f8 28.♕d6 ♕e8 29.♕e7X] **24.♕h3!** [△ 25.♕h6; △ 25.♖f7 Anand] **24...d6** [24...♖c6 25.♖f7!+–] **25.ed6 ♕d7** [25...♖c6 26.♕h6 ♖ac8 27.♖h4 f5 28.gf6 ♕f7 29.♗d4 ♕c2 30.♕h7! ♕h7 31.f7 ♔f8 32.♖h7 ♖c1 33.♗g7X] **26.b3!** [20.♕h6 ♖c5 27.♖c5 ♕d6⇄] **26...♖c5** [26...♖c6 27.♕h6 ♖ac8 28.♖h4 f5 29.gf6 ♕f7 30.♗d4 ♖d6 31.♕h7 ♕h7 32.f7+–] **27.♖c5 ♕d6 28.♖c4 ♕e5 29.♕f3!** [29.♖h4 ♕g5 30.♖h7 ♘f4 31.♖h8 ♔g7 32.♕h7 ♔f6 33.♕h4! ♕h4□ 34.♖h4 g5 35.♖hf4 gf4 36.♖f4 ♔g6 37.♖b4+–] **29...♖f8 30.♖c6 ♕g5?** [30...a5 31.♖c5+–; 31.♖a6+– Anand] **31.♖e6!** [31...a5 32.♖e8+–] 1-0

Anand/Meulders
M/91-1-55

11.f4 ♗b7 12.♗f3 h5 13.e5

Grischuk, Alexander
Grabliauskas, Virginijus

New York 2000 (4)

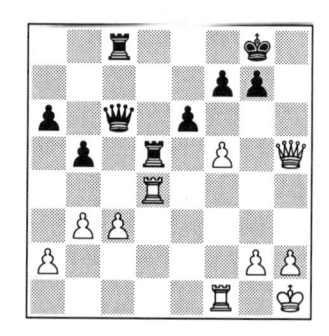

1.e4 c5 2.♘f3 e6 3.d4 cd4 4.♘d4 ♘c6 5.♘c3 ♕c7 6.♗e2 a6 7.0-0 ♘f6 8.♔h1 ♘d4 9.♕d4 ♗c5 10.♕d3 b5 11.f4 ♗b7 12.♗f3 h5

13.e5 ♘g4 14.♗b7 ♕b7 15.♘e4 ♗e7 16.♗e3 ♖c8 [16...♘c6 17.♗d4 ♘h6 18.a4 ♖c8 19.ab5 ab5 20.c3±; 16...h4 17.♗h6 18.♔h2 ♘f5 19.♗c5 ♗c5 20.♘c5 ♕c6 21.♘e4 0-0 22.c3±] **17.c3** [17.♗g1 ♘h6 18.a4 (18.♖ad1 ♘f5 19.♖d2 h4 20.♕f3 ♖c7=; 18.c3 ♘f5∞ 19.♖fe1 h4 20.h3 (20.♘d6? ♗d6 21.ed6 ♘g3 22.hg3 hg3 23.♗h2 ♖h2 24.♔g1 ♕g2X) 20...0-0 21.♖ad1 ♖fd8∓] 18...0-0 (18...b4) 19.ab5 (19.♕f3!?) 19...♕b5 20.♕f3; 20.♕b5 ab5 21.♖fd1 ♖c7 22.c3±; 17.♗d4 ♘h6 18.a4 ♘f5 19.ab5 ♕b5 20.♗c3 Odeev-Magem, Istanbul ol 2000] **17...♕c6** [17...h4 18.♗d4 (18.h3 ♘h6 19.♗f2 (19.♖ad1 ♘f5 20.♗f2±) 19...♘f5 20.♔h2 0-0 21.♕f3 ♕c6 22.♖ad1 ♖c7 23.♖d3 △ 24.♖fd1 Jelica-C.Flear, Istanbul ol-W 2000) 18...h3 19.g3 ♘h6 20.♕f3 ♕c6 21.♖ae1 ♘f5 22.♗f2 d5 23.ed6 ♗d6 24.♘d6 ♖d6=; 17...♘h6 18.♖ad1 ♘f5 19.♗f2 h4 20.♖fe1 ♖c4 21.♕f3 ♕c7 22.♖d3 0-0 23.b3 ♖c4 24.♖ed1 d5!=] **18.♗d4 ♘h6** [18...h4 19.f5 h3 20.gh3 ♘h6 21.fe6 de6≌] **19.b3 ♘f5 20.♗f2 0-0 21.♖ad1 ♖fd8 22.♕e2 d5! 23.ed6 ♘d6 24.♘d6 ♖d6 25.♗d4 ♖d5 26.f5± ♗c5 27.♕h5 ♗d4 28.♖d4**

28.g6! 29.♕d1 ♖d4 30.cd4 gf5= 31.h3 ♕c3 32.d5 ♖d8 33.d6 ♕e5 34.d7 ♕c7 35.♕d2 ♖d7 36.♕g5 ♔h7 37.♕h5 ♔g7 38.♕g5 ♔f8 39.♕h6 ♔g8 ½-½

Khalifman, Alexander
Ruzele, Darius

Vilnius Mikenas-mem 1997

1.e4 c5 2.♘f3 e6 3.d4 cd4 4.♘d4 ♘c6 5.♘c3 ♕c7 6.♗e2 a6 7.0-0 ♘f6 8.♔h1 ♘d4 9.♕d4 ♗c5

10.♕d3 b5 11.f4 ♗b7 12.♗f3 h5 13.e5 ♘g4 14.♗b7 ♕b7 15.♘e4 ♗e7 16.♗d2 ♕c6 [16...♘h6 17.♗a5 (17.a3 ♘f5 18.♗b4 ♕c6 19.c3 a5 20.♗e7 ♔e7 21.♖ad1 h4 22.♖f3±) 17...♘f5 18.a3 ♖c8 19.c3 h4 20.♕f3 ♔f8 21.♖ad1 ♖c4=] **17.♖ae1 h4 18.♕f3 ♘h6 19.♗a5 ♘f5 20.c3 ♖c8 21.a3 ♗c5 22.♕h3 ♖h6 23.♗b4** ½-½

Xie Jun
Skripchenko,Almira

Istanbul ol-W 2000 (7)

1.e4 c5 2.♘f3 e6 3.d4 cd4 4.♘d4 ♘c6 5.♘c3 ♕c7 6.♗e2 a6 7.0-0 ♘f6 8.♔h1 ♘d4 9.♕d4 ♗c5 10.♕d3 b5 11.f4 ♗b7 12.♗f3 h5 13.e5 ♘g4 14.♗b7 ♕b7 15.♘e4 ♗e7 16.♗d2 ♖c8 17.♖ae1 [RR 17.a3 ♕c6 (17...♕d5) 18.♗b4 h4 19.h3 ♘h6 20.♗e7 ♔e7 21.♘d6 ♖c7 22.f5 ef5 23.♘f5 ♘f5 24.♕f5 ♕g6 25.c3 ♕f5 26.♖f5∞ Hunt-Botsari, Istanbul ol-W 2000; 17.♗c3 ♘h6 18.a3 h4 19.♕f3 ♕c6 20.♖ad1 ♘f5 21.♖d3 ♕b6 22.♖fd1 ♖c4∓ 23.♘f2 (23.♖d7?? ♖e4!−+) 23...♕c6; 17.b3 ♕d5 18.a4 ♕d3 19.cd3 f5= Meulders] **17...0-0** [17...♕c6; RR 17...g6 18.a3 ♕c6 19.♗b4 ♘h6 20.♗e7 ♔e7 21.♘d6 ♖a8 22.♖d1 ♘f5 23.♕b3 ♕c5 Parma-Matulovic, Umag ch-YU 1972] **18.f5!** [18.h3 ♘h6 19.♕f3 ♕d5 20.♕h5 ♘f5⩲] **18...ef5** [18...♘e5 19.♕g3 f6∞ Belov/Vlassov]

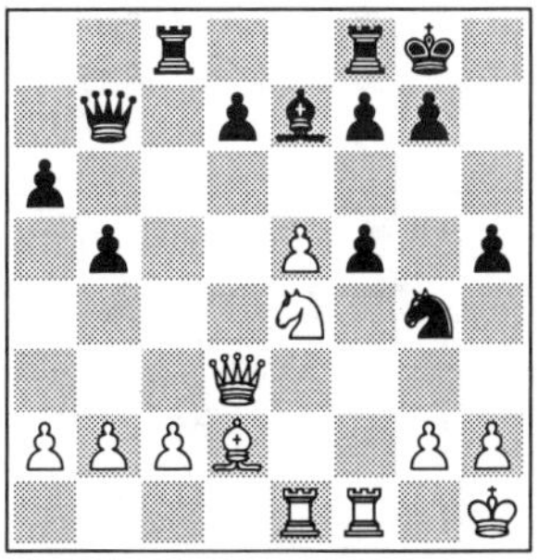

19.♘g3! [19.♖f5 g6 20.♖ff1 ♕c6 21.c3 ♗h4 △ 22...♕c4] **19...♕b6?** [19...♗h4 20.♖f5 (20.h3 ♗g3 (20...♕c7 21.hg4 ♕c2 22.♖e3±) 21.♕g3 ♖c2 22.♗b4 (22.♕d3 ♖b2 23.hg4 fg4 24.♖e2∞) 22...h4 23.♕f3 ♕f3 24.♖f3 ♘h6 (24...♘f2 25.♔g1 ♘e4 26.♗f8 ♔f8 27.♖f5) 25.♗f8 ♔f8 26.♖a3 ♖b2 27.♖a6∞ f4 28.♖f1 ♘f5 29.♖f4 ♘g3 30.♔h2 g5 31.♖g4 ♖b1 32.♖g3 hg3 33.♔g3 ♖e1 34.♖d6=) 20...g6 (20...♗g3 21.♕g3 g6 22.♖ff1 ♖c2 23.♗c3∞) 21.♖ff1 ♖fe8∞] **20.♖e2± ♘h6** [20...♗c5 21.♕f5 g6 22.♕g5 (22.♕f4? f6⇄) 22...♘f2 23.♖ef2 ♗f2 24.♘e4+−] **21.♘h5 ♖c4 22.♘f4+− ♗c5?!** [22...♗g5 23.♘d5 (23.b4 ♗e7 24.♘d5 ♕e6 25.♗h6 gh6 26.♖f5 ♖g4 27.♖f6+−) 23...♕g6 24.♗f4] **23.b4! ♗e7 24.♘d5 ♕e6 25.♗h6 gh6 26.♖f5 ♖g4 27.♖f6** 1-0

Xie Jun
M/00-8-44

Anand,Viswanathan
Ivanchuk,Vasily

Buenos Aires 1994 (10)

1.e4 c5 2.♘f3 e6 3.d4 cd4 4.♘d4 ♘c6 5.♘c3 ♕c7 6.♗e2 a6 7.0-0 ♘f6 8.♔h1 ♘d4 9.♕d4 ♗c5 10.♕d3 b5 11.f4 ♗b7 12.♗f3 h5 13.e5 ♘g4 14.♗b7 [14.a4 b4 15.♘c4 ♗e7 16.♗d2 Piket] **14...♕b7 15.♘e4 ♗e7 16.h3** [16.♗d2 Piket] **16...♘h6 17.♗e3 ♘f5** [△ 18...♕e4 Piket] **18.♗f2** [18.♗c5? ♕e4! 19.♕e4 ♘g3−+] **18...h4!=**

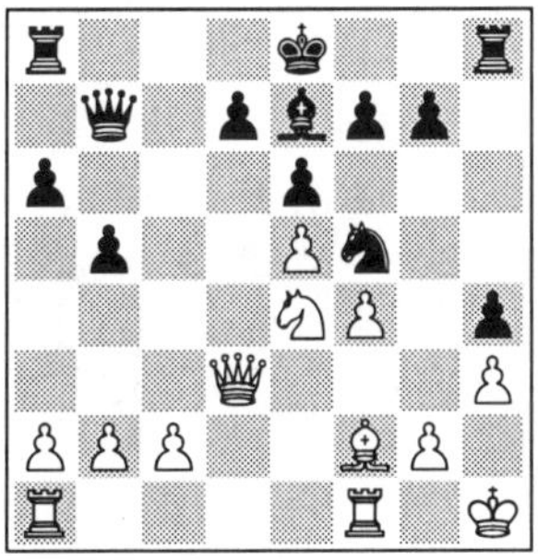

19.c3 0-0 20.♖ad1 ♖fc8 21.♕f3 ♖ab8 22.b3 ♖d8 [22...a5=] **23.♖d3 d6** [23...d5!?] **24.ed6** [24.♖fd1 ♕c7 (24...de5? 25.♖d8 ♗d8 26.♖d8 ♖d8 27.♘f6 gf6 28.♕b7+−; 24...d5∞) 25.ed6 ♘d6 26.♗h4! (26.♘d6 ♖d6 27.♖d6 ♗d6 28.♗h4 ♗f4=) 26...♘e4 27.♗e7 ♖d3 28.♖d3 f5 29.♗h4±] **24...♘d6 25.♘d6** [25.♗h4 ♘e4 26.♗e7 ♖d3 27.♕d3 ♘c3! 28.♕c3 ♕e7= Piket] **25...♕f3 26.♖f3 ♖d6 27.♗c5** ½-½

Rogovoi,Mark
Tunik,Gennady

St Petersburg 2000 (1)

1.e4 c5 2.♘f3 e6 3.d4 cd4 4.♘d4 ♘c6 5.♘c3 ♕c7 6.♗e2 a6 7.0-0 ♘f6 8.♔h1 ♘d4 9.♕d4 ♗c5 10.♕d3 b5 11.f4 ♗b7 12.♗f3 h5 13.e5 ♘g4 14.♗b7 ♕b7 15.♘e4 ♗e7 16.a4 [16.♕f3 ♕c6 17.b3 ♖b8 18.♗b2 ♕c2 19.♗d4 ♖c8 20.f5 ef5 21.♕f5 0-0∓ 22.♖ae1 ♖c6 (22...g6!?) 23.h3 ♘h6 24.♕h5 ♖g6 25.♖f2± ♕c6 26.♖f4 d6?? (26...♖c8; 26...♗b4; 26...♖e8) 27.ed6 ♗d6 28.♖f7!+−] **16...b4** [16...ba4?! 17.♖a4±; 16...♘h6 17.♗e3 b4 (17...♘f5) 18.♗c5 ♗c5 19.♘c5 ♕c6 20.♘e4 ♘f5 21.b3 0-0 22.♖ad1±] **17.c4** [17.♗d2 ♖c8 (17...♘h6 18.c4 ♘f5=) 18.c4 (18.c3 b3 19.♗e3 h4 20.♗d4 h3→ Jap Tjoen San-Fakhiridou, Istanbul ol-W 2000) 18...bc3 19.♗c3 ♘h6 20.♕f3 (20.♖ad1 h4 21.♕f3 ♕c6 22.♘d6 ♗d6 23.♕c6 ♖c6 24.♖d6 ♖d6 25.ed6 ♘f5∓) 20...♕a8 21.♖ad1±; 17.c3] **17...♘h6** [17...bc3 18.bc3±] **18.♗e3** [18.♕f3 ♕c6=] **18...♕c6 19.b3 ♘f5 20.♖ad1 a5= 21.♗f2 ♖d8 22.c5 f6∞ 23.h3** [23.ef6 gf6∞] **23...fe5 24.fe5 h4 25.♔h2 0-0!? 26.♕e2** [26.♘d6 ♗d6 27.cd6 ♖c8∞] **26...♘h6 27.♖d4** [27.♘d6!? ♘f5 28.♕g4] **27...♕c7 28.♘d6 ♘f5 29.♖g4** [29.♘f5 ♖f5 30.♗h4 ♖e5 31.♗g3 ♖e2 32.♗c7 ♗c5 33.♖c4 ♖f8=] **29...♕c6 30.♘f5 ef5** [30...♖f5 31.♗h4 ♗h4 32.♖f5 ef5 33.♖h4 ♕c5 34.♕c4 ♕c4 35.♖c4±] **31.♖c4 f4 32.♕g4** [32.♕h5 f3∓] **32...f3 33.♗h4** [33.♖g1!?∞] **33...♗h4 34.♕h4 fg2 35.♖f8** [35.♖g1 ♕d5∞] **35...♖f8 36.♖g4?!** [36.♕g5!? ♕d5 37.♖g4 g1♕ 38.♖g1 ♖f2⇄] **36...♕c5 37.♕g5?** [37.♖g7! ♔g7 38.♕g5 ♔h7 (38...♔f7?? 39.e6) 39.♕h5=]

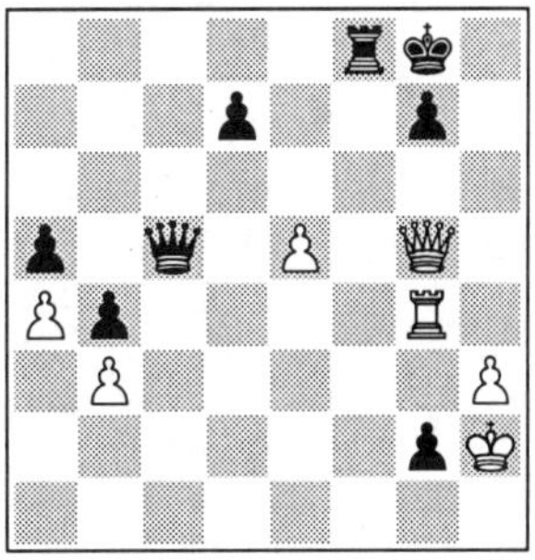

37...g1♕! [37...♖f7 38.♖g2=] **38.♖g1 ♖f2 39.♖g2** [39.♔g3!?] **39...♖g2 40.♔g2** [40.♕g2? ♕e5∓] **40...♕c2 41.♔g1 ♔f7!?∓** [41...♕b3 42.♕d8 ♔f7 (42...♔h7 43.♕h4 ♕g6 44.♕g4=) 43.♕d7=] **42.♕f4 ♔e6 43.♕g4 ♕f5!** [43...♔e5 44.♕g7=] **44.♕g7 ♕h3** [44...♕e5?! 45.♕g8 ♔d6 46.♕f8 ♔d5 47.♕f3 ♔d4 48.♔f2=] **45.♕f6 ♔d5 46.♕b6** [46.♕d6 ♔e4∓] **46...♕b3 47.♕a5 ♔e4∓ 48.♕a8 ♕d5! 49.♕a6** [49.♕d5 ♔d5–+] **49...b3 50.♕e2 ♔d4 51.a5!? ♕e4!** [51...♕a5? 52.♕d1 ♔c4 (52...♔c3?? 53.♕e1+–) 53.♕e2 ♔c5 54.♕e3 ♔b4 55.♕d4=] **52.♕b5 ♕b1 53.♔g2 ♕c2 54.♔g1 b2–+ 55.♕d7 ♔c3! 56.♕c6 ♔b3 57.♕d5 ♔a3** [57...♕c4!] **58.♕d6 ♔b3 59.♕d5 ♕c4! 60.♕f3** [60.♕b7 ♔a2 61.♕g2 ♔a1–+] **60...♔a2** [61.♕f2 ♔a1–+]

0–1

Vokarev,Sergey
Poluliakhov,Alexander

Swidnica 1999 (4)

1.e4 c5 2.♘f3 ♘c6 3.d4 cd4 4.♘d4 ♕c7 5.♘c3 e6 6.♗e2 a6 7.0-0 ♘f6 8.♔h1 ♘d4 9.♕d4 ♗c5 10.♕d3 b5 11.f4 ♗b7 12.♗f3 h5 13.e5 ♘g4 14.♗b7 ♕b7 15.♘e4 ♖c8 16.b3 [16.h3 ♘h6 17.♗e3 ♗e7 18.♗f2 ♘f5 19.♖ad1 h4 20.♖fe1 ♖h6 21.♕f3 ♕b8 22.♖d2±; 16.c3 ♗e7 17.♗e3 h4 18.♗d4 h3 19.g3 ♘h6! 20.♕f3 ♕c6 21.♖ae1 ♘f5 22.♗f2 d5!=] **16...♘h6** [16...♗e7 17.♗b2 ♘h6 18.♕f3 ♖c7 19.c4 bc4 20.♖ac1 0-0 21.♖c4±] **17.♕f3 ♕c6 18.♗b2** [18.♗e3 ♗a3 19.♗c1 ♗c5 20.♗e3 ♗a3=] **18...♘f5 19.c4 h4 20.♘c5 ♕c5 21.♖f2 bc4 22.♖c1 ♕a5 23.bc4 ♖c6∓**

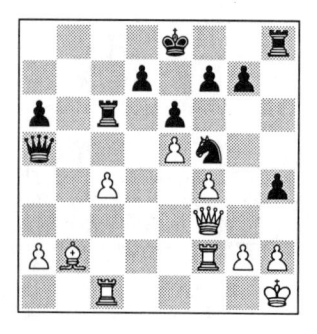

24.♗a3 f6 25.ef6 gf6 26.♖d1?! [26.♖b1] **26...♖c4∓ 27.♕a8 ♕d8 28.♕a6 ♕c8 29.♕b5 ♘g3! 30.♔g1 ♘e4 31.♖e2 f5 32.♖e3 ♖g8 33.♖e2 ♕c7 34.♗b4?** [34.♗b2∓] **34...♖c1–+ 35.♖c1 ♕c1 36.♖e1 ♕b2! 37.♖e2 ♕b1 38.♖e1 ♕a2 39.♖e2 ♕b1 40.♖e1 ♕b2 41.♖e2 ♕c1 42.♗e1 ♕f4 43.h3 ♘g5 44.♗f2 ♘h3 45.♔f1 ♘g5 46.♗c2 ♘e4 47.♔g1 ♕d6 48.♕e2 ♖g4 49.♖c8 ♔f7**

0–1

Sitnikov,Dmitry
Brodsky,Mikhail

Smolensk tt 2000 (5)

1.e4 c5 2.♘f3 ♘c6 3.d4 cd4 4.♘d4 e6 5.♘c3 ♕c7 6.♗e2 a6 7.0-0 ♘f6 8.♔h1 ♘d4 9.♕d4 ♗c5 10.♕d3 b5 11.f4 ♗b7 12.♗f3 h5 13.e5 ♘g4 14.♗b7 ♕b7 15.♘e4 ♖c8 16.♗d2 ♗e7 [16...♘h6 17.a4 b4 18.♕f3 ♕c6 19.♘c5 ♕c5 20.♕h5 ♕d4 21.♕d1 ♘f5∓; 16...h4 17.♕f3 ♕d5 18.♕g4 ♕e4 19.♕g7 ♖h5 20.h3 ♗f8 21.♕g8±] **17.a3** [17.♖ae1 g6 (17...♕c6 18.f5 ♘e5 19.♕g3 ♘g4 20.h3 ♕b6!∓) 18.a3 ♕c6 19.♗b4 ♘h6 20.♗e7 ♔e7 21.♘d6±] **17...f5!?** [17...♕c6 18.♗b4 f5 (18...♕c2) 19.ef6 gf6 20.♗e7 ♔e7 21.♖ad1 f5 22.♘d6 ♖cg8 23.♖f3±] **18.ef6** [18.♘d6 ♗d6 19.ed6 (19.♕d6?) ♖c2∓] 19...h4 20.h3 ♘f6∞] **18...gf6∞**

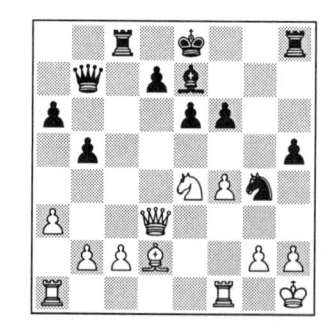

19.♖ae1 [19.f5 ♕c7 20.♕h3 (20.♗f4 e5∓) 20...d5 21.♘c3 d4 22.♘e4 ♕e5 23.♖ae1 ♖c2∓; 19.♗c3 ♖g8∞] **19...♕c6** [19...f5!?∓] **20.♗c3 ♖h6 21.f5** [21.h3 f5 22.♘d2 ♘f6∞] **21...e5** [21...d5? 22.♘f6! ♖f6 23.♗f6 ♘f6 24.♖e6∓] **22.♗d2 ♖h8 23.♘c3 ♗c5** [23...d5 24.♘d5 ♕c2 25.♕e2 ♕b2∞] **24.♖e2** [24.♘e4 d5 25.♘c5 ♕c5 26.♖e4↑; 26...♖h7∞] **24...♔f7 25.♘d5 ♗d4**

[25...e4? 26.♖e4 (26.♕e4? ♖he8–+) 26...♕f2 27.♖f2 ♗f2 28.♗c3±] **26.♘b4 ♕d6 27.c3?** [27.♖e4 ♗c5∞] **27...e4! 28.♕h3□** [28.♕g3 ♕g3 29.hg3 ♗a7∓] **28...♗e5 29.♗e3 ♘h2∓ 30.fe1 ♘g4 31.♗g1** [31.♖d2? ♕d2–+] **31...♕g3 32.♖f1 ♖c4 33.♘d5 e3–+ 34.♖d1** [34.♘e3 ♗e3 35.♖e3 ♖h4–+] **34...♘f2**

0–1

Agnos,Demetrios
Banikas,Hristos

Athens ch-GRE 1998 (6)

1.e4 c5 2.♘f3 ♘c6 3.d4 cd4 4.♘d4 ♕c7 5.♘c3 e6 6.♗e2 a6 7.0-0 ♘f6 8.♔h1 ♘d4 9.♕d4 ♗c5 10.♕d3 b5 11.f4 ♗b7 12.♗f3 h5 13.e5 ♘g4 14.♘e4 ♗e4 [14...0-0-0?! 15.a4 b4 16.♗d2±; 14...♖b8 15.♗g4 (15.♘c5 ♕c5 16.♕e2 ♕c4 17.♕c4 bc4 18.b3 f6∞) 15...hg4 16.♘c5 ♕c5 17.♕g3 ♕c2 18.♔g1 ♕f5 19.♗e3 ♖c8 20.♖ac1 0-0 21.♗c5 ♖fe8=; 14...♗e7 15.♗e3 (15.h3 ♕b6! 16.♘d6 (16.♗d2 ♖c8) 16...♗d6 17.♗b7 ♕b7 18.ed6 (18.♕d6 ♘h6) 18...♘h6!=; 15.♘d6 ♗d6 16.ed6 ♕b6 17.♗b7 (17.h3?! ♗f3 18.♕f3 ♖c8∓) 17...♕b7 18.f5±↑) 15...♖c8 16.♖ad1 ♗c5 17.♘d6 ♗d6 18.od6 ♕d6 19.♗d5 ♕d5 20.♗d4 ♕c4=] **15.♕e4** [15.♗e4 ♖d8=] **15...♖c8** [15...♖d8 16.♗g4 hg4 17.f5 g3 18.h3=] **16.♕e2** [16.♗g4 hg4=] **16...♘h6** [16...f5 17.c3 ♗f7 18.♗d2 ♕b6 19.b4 ♘f2 20.♗g1 ♘h3 21.♔h1 ♘f2=] **17.♗e3** [17.♗h5? ♘f5♛; 17.g3 ♘f5 18.c3 h4 19.♔g2∞] **17...♘f5** [17...♗e3 18.♕e3 ♘f5 19.♕a3 h4∓] **18.♗f2** [18.♗c5 ♕c5 19.c3 h4!?] **18...h4 19.♔g1**

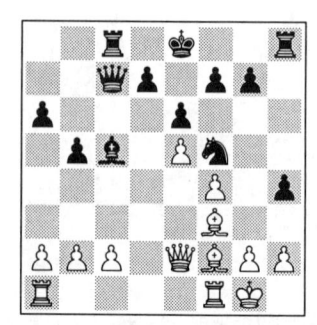

19...g5!↑ [19...♘d4 20.♕d3 (20.♗d4 ♗d4 21.♔h1 ♗b2∓) 20...♘f3 21.♕f3=] **20.♗g4** [20.fg5 ♘g3! 21.hg3 hg3 22.♗e3

(22.♗c5? ♕c5–+) 22...♕e5 23.♖fe1 ♖h4! 24.♗g4 ♖g4! 25.♕g4 ♗e3 26.♔h1 ♔e7!–+] **20...♘g3!?** [20...gf4 21.♗f5 ef5 22.♕f3=] **21.hg3 hg3 22.♗e3** [22.♗c5 ♕c5–+] **22...gf4 23.♖f4 ♕e5∞ 24.♖f3□ ♖h4** [24...♕b2!? 25.♖d1∓] **25.♗h3 ♖e4** [25...♕b2!? **26.♖e1 f5 27.♔f1□ ♗e3** [27...♕b2 28.♖g3∞] **28.♖e3 ♕f4** [28...♖e3 29.♕e3 ♖e3 30.♖e3 ♖c2 31.♖g3 ♖b2 32.♖a3±] **29.♕f3** [29.♔g1 ♖e3 30.♕e3 ♕e3 31.♖e3 ♖c2 32.♖g3 ♖b2=; 29.♖f3 ♖e2 30.♖f4 ♖e1 31.♔e1 ♖c2=] **29...♖c2 30.♖e4** [30.♕f4? ♖f4 31.♔g1 ♖b2∓] **30...♖f2** [30...♕f3 31.gf3 ♖f2 32.♔g1 fe4 33.fe4 ♖b2=] **31.♔g1 ♕f3 32.♖f4 ♕f4 33.♖e3 ♖a4 34.♗f5!?** [34.♔g3 ♖a2∓] **34...♖a2 35.♗d3** [35.♔g6 ♔e7 36.♖g3 ♖b2 37.♖a3=] **35...♖b2 36.♖g3 a5 37.♖g8 ♔e7 38.♖a8 a4 39.♖a5 d5 40.♗b5** [40.♖b5? ♖b5 41.♗b5 a3–+] **40...a3 41.♔h2□ a2 42.♗d3 e5** [42...♔d6!?] **43.♔h7!= e4 44.♗g8 e3** [44...♔d4? 45.♖a2±] **45.♔g3 e2** [46.♔f2 e1♕ 47.♔e1 ♖b1 48.♔d2 a1♕ 49.♖a1 ♖a1 50.♗d5=] ½-½

11.f4 ♗b7 12.♗f3

Iordachescu, Viorel
Halkias, Stelios

Ubeda 2000 (10)

1.e4 c5 2.♘f3 ♘c6 3.d4 cd4 4.♘d4 ♕c7 5.♘c3 e6 6.♗e2 a6 7.0-0 ♘f6 8.♔h1 ♘d4 9.♕d4 ♗c5 10.♕d3 b5 11.f4 ♗b7 12.♗f3 h5 13.♗e3 ♗e3 14.♕e3 b4 [14...♘g4 15.♕d2 ♖d8 16.a3 ♗c6 17.♖ae1 ♗f8 18.♘e2 e5 19.f5±; 14...d6 15.♖ad1 b4 16.♘a4 0-0 17.♕d4 a5 18.♖fe1 ♖ad8 19.c4 e5! 20.♕a7∞] **15.♘a4 d6** [15...♖c8 16.♗f2 ♗c6 17.♘c5 ♕b6 18.♖e1 d6 19.♘b3 ♕e3 20.♖e3 e5∓] **16.c3 bc3 17.♘c3 0-0 18.♖ae1 ♖ab8 19.♕e2± ♕c5 20.♖c1 ♖fc8 21.♕d2** [21.♖fd1] **21...♕b6 22.h3 e5! 23.♘ce1 ef4 24.♗d1 ♖c4** [24...♖e8 25.♖f4 ♕e5=] **25.♗b3 ♖d4 26.♕f4± ♖e8 27.♕g3 ♕d8 28.♖f4 ♖e5 29.♖ef1± ♔h8** [29...♔f8] **30.♕e3 ♖de4 31.♘e4 ♗e4 32.♕g3 ♕e7 33.♗d1 d5 34.♗f3**

♗g6 35.♖a4 ♖e3 36.♖a6+– ♘e4 37.♕b8 ♔h7 38.♖a8 ♗f5 39.♕h8 ♗g6 40.♖a6 ♘d6 41.♕h5 ♔f6 42.♗g4 g6 43.♕h6 1-0

Timman, Jan
Polgar, Judit

Wijk aan Zee 1998 (3)

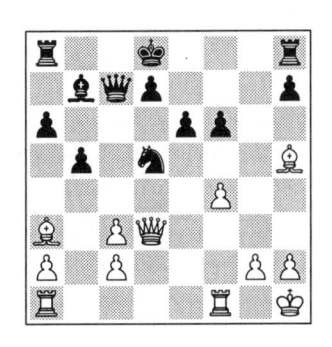

1.e4 c5 2.♘f3 e6 3.d4 cd4 4.♘d4 ♘c6 5.♘c3 ♕c7 6.♗e2 a6 7.0-0 ♘f6 8.♔h1 ♘d4 9.♕d4 ♗c5 10.♕d3 b5 11.f4 ♗b7 12.♗f3 ♗b4?! [12...b4? 13.e5 (13.♘a4 ♗a7 14.♗d2 ♗c6 15.b3 ♗b5 16.c4 bc3 17.♕c3 ♕c3 18.♘c3 ♗f1 19.♖f1 d5!∓) 13...bc3 14.ef6 gf6 15.♕c3 ♗f3 16.♖f3 ♔e7 17.b3 ♗d6 (17...d5 18.♗b2 d4 19.♕c4 ♖hd8 20.♖d1±; 17...♗b6 18.♗a3 d6 19.♖d1 ♖ad8 20.♕d2 ♕b8 21.f5!+–) 18.♕d2 ♖ac8 19.c4 ♖hg8 20.♗b2 ♖g4 21.♖d1±; 12...e5?! 13.♘d5 ♗d5 14.ed5 0-0 15.d6 ♗d6 16.♗a8 ♖a8 17.fe5 ♗e5 18.a4 ♖e8 19.ab5 ab5 20.♗g5 ♗b2 21.♖ae1±] **13.e5!?** [13.♗d2 ♗c3! (13...♖c8 14.♘b5 ♕c2 (14...ab5? 15.♗b4 ♕c2 16.♕d6+–) 15.♕c2 ♖c2 16.♗c3 ab5=; 13...♗c6 14.e5 ♗c3 15.♕c3 (15.♗c3 ♘d5±) 15...♘d5 16.♗d5 ed5 17.♕c5±) 14.♗c3 ♗f4 15.♖ae1 ♕c7 16.♗b4 a5 17.♗d6 ♕c4 18.♕e3 ♖a6 19.e5 ♗f3 20.♕f3 ♕d5 21.♕g3±] **13...♗c3 14.bc3 ♘d5** [14...♗f3? 15.ef6 ♗d5 16.fg7 ♖g8 17.♕h7±] **15.♗a3± f5 16.ef6** [16.♗d6 ♕b6=; 16...♕c4 17.♕c4 bc4 18.♖ab1 ♗c6] **16...gf6** [16...♘f6 17.f5! (17.♗b7 ♕b7 18.c4±; 18.♕d6?! 0-0-0=) 17...0-0-0 18.♗d6 (18.♗e7 ♖de8 19.♗d6 ♕b6 20.a4) 18...♕b6 19.a4↑] **17.♗h5 ♔d8**

18.f5→ ♖g8 [18...♕c3 19.♕c3 ♘c3 20.fe6 de6 21.♖f6 ♖g8 22.♗f3±] **19.♗f3**

[19.fe6? ♖g2 20.♔g2 ♘f4 21.♔g1 ♕b6 22.♖f2 (22.♕d4 ♘h3X) 22...♘d3 23.e7 ♔c7 24.cd3 ♕e6∓] **19...♖c8 20.♖ae1** [20.fe6 de6 21.♖ae1] **20...♕c3 21.fe6 ♕d3** [21...de6? 22.♕h7+–] **22.e7!± ♔c7 23.cd3 b4 24.♖c1** [24.♗b2 ♖ce8 25.♗d5 ♖d5 26.♖f2 ♖g6±] **24...♔d6□** [24...♔b6 25.♖c8 ♖c8 26.♗d5 ♖c5 27.♖f6 ♔b7 28.♖f8+–] **25.♖c8 ♖c8 26.♗b4?** [26.♗d5 ♖d5 27.♗c4 ♔e6 28.a3±] **26...♘b4 27.♗b7 ♖b8= 28.a3±] 26...♘b4 27.♗b7 ♖b8= 28.e8♕** [28.♖e1 ♖e8=] **28...♖e8 29.♗e4 ♘a2 30.♖f6 ♖e6 31.♖f1** [31.♖e6 de6 32.♗h7 ♘c3=] **31...h6 32.♖a1 ♘b4 33.h4 ♔e5 34.g4** [34...d5 35.♗f5 ♖c6=] ½-½

11.f4 ♗b7 12.e5

Lalic, Bogdan
Rowson, Jonathan

Southend rapid 1999 (2)

1.e4 c5 2.♘f3 e6 3.d4 cd4 4.♘d4 a6 5.♘c3 ♕c7 6.♗e2 ♘f6 7.0-0 ♗b4!? 8.♗d3 [8.♖e1 0-0 (8...♗c3 9.bc3 ♘e4 10.♗f3∞) 9.♗f1=; 8.♗d2 ♗c3 9.♗c3 ♘e4 10.♗b4♕] **8...♘c6 9.♔h1 ♘d4 10.♕d4 ♗c5 11.♕d3 b5 12.f4 ♗b7 13.e5** [13.♗f3!?] **13...♘d5 14.♘d5** [14.a3 ♖c8 15.♘e4 ♗e7 16.c3 0-0 17.♗d2 f5∞; 14.♗f3 ♘c3 15.♕c3 ♖c8 16.♗b7 ♕b7 17.♕g3 g6∞ 18.♖e1; 14.♘e4? ♘b4 15.♕d6 (15.♕f3 ♘c2∓) 15...♗d6 16.ed6 ♕c2∓] **14...♗d5 15.a4** [15.♕g3 g6 16.f5? gf5 17.♗f3 ♕c6 18.♗g5 ♖g8∓] **15...b4!?** [15...♕c6 16.♗f3 ♗f3 17.♖f3 0-0=; 15...♖b8?! 16.ab5 ab5 17.♕g3±] **16.♗d2 0-0=** [16...d6=] **17.c4** [17.c3 bc3 18.♗c3] **17...bc3** [17...♗b7=] **18.♗c3 ♖fb8 19.f5 ♖b3 20.♗d1 ♕c6 21.♕h3 ♖b7 22.f6 g6 23.♗f3** [23.♕h6?? ♗g2X] **23...♗f3 24.♖f3 d5 25.ed6 ♗d6 26.♖d3** [26.♕h6?! ♗f8] **26...♗f8 27.♕f3 ♕f3 28.gf3 h5 29.♖ad1 ♗b4 30.♗e5** [30.♖d8 ♖d8 31.♖d8 ♔h7 32.♗b4 ♖b4 33.♖f8 g5 34.♖f7 ♔g6 35.♖f8 ♖a4∓] **30...♔h7 31.f4 ♖c8 32.♖d8?!** [32.♖d7!? ♖d7 33.♖d7 ♔g8 34.♗d6 ♖c1 (34...♖d6 35.♖d6 a5) 35.♔g2 ♖c2 36.♗f3 ♖d2 (36...♗d6

37.Rd6±; 36...Rb2 37.Rd8 Kh7 38.Be7)
37.Rd8 Kh7 38.Be7∓] **32...Rd8
33.Rd8 h4 34.Kg2 g5!? 35.Kh3**
[35.fg5 Kg6 36.Rg8 Bf5 37.Bc3 (37.Bd4
e5) 37...Bc3 38.bc3 Rc7=] **35...gf4
36.Kh4 Ba5 37.Rd3 Kg6 38.Kg3
Rb4! 39.b3 Re4 40.Bd6** [40.Bf4??
e5–+] **40...Kf6 41.h4 Re3** [41...Rb6
42.b4] **42.Re3 fe3 43.Kf3 Bb6 44.b4
Kg6 45.a5 Bd8** [45...Bd4 46.Bc5 Be5
47.b5 ab5 48.a6 Bb8 49.Be3 Kh5
50.Bf4 Ba7 51.Be3=] **46.Bc5 Bc7**
[46...Kh4? 47.b5+–] **47.Bb6 Bd6
48.Bc5** [48.b5 ab5 49.a6 Bb8 50.Be3
Kh5 51.Bf4 Ba7 52.Be3=] **48...Bc7
49.Ke3 f5** [49...Kh5=] **50.Kd4 Kh5
51.Bb6 Bg3 52.Kc4 Be1** [52...Kh4?
53.b5 ab5 54.Kb5 Bg3 55.a6 Bb8
56.Kc6+–] **53.b5 ab5** [53...Ba5
54.Ba5 ab5=] **54.Kb5 Ba5 55.Ba5
Kh4** [56.Kc4 Kg4 57.Kd3=]   ½-½

11.f4 h5

Sokolov,Andrey
Skytte,Rasmus

Lausanne 2000 (2)

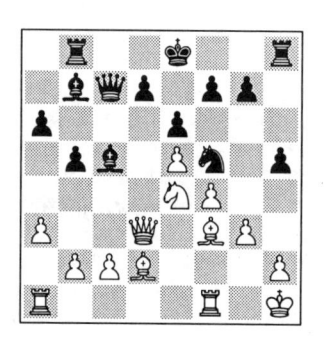

**1.e4 c5 2.Nf3 Nc6 3.d4 cd4 4.Nd4
Qc7 5.Nc3 e6 6.Be2 a6 7.0-0 Nf6
8.Kh1 Nd4 9.Qd4 Bc5 10.Qd3 b5
11.f4 h5?! 12.e5 Ng4 13.Bf3**
[13.Qh3] **13...Rb8 14.Bd2 Nh6
15.Ne4** [15.Bh5 Bb7 16.Bf3 Nf5
17.Bb7 Qb7 18.Rad1±] **15...Nf5
16.g3 Bb7 17.a3** [17.a4]

17...h4! 18.g4?! [18.Nc5! Qc5 19.g4
Bf3 20.Rf3 (20.Qf3 Ng3! 21.hg3 hg3
22.Kg2 Rh2 23.Kg3 Rd2∓) 20...Ne7
21.Bb4±] **18...Nd4! 19.Nc5 Bf3
20.Rf3 Nf3 21.Bb4 a5?!** [21...Ne5!
22.fe5 a5∓] **22.Qf3 ab4 23.ab4 Qc6
24.Nc6 dc6 25.Kg2= 0-0 26.Kh3
Rbd8 27.Nb3 g5! 28.fg5 Rd5
29.Re1 Kg7 30.Kh4 Rfd8 31.Kg3
Rd1 32.Re2 R8d5 33.h4 Rg1
34.Kf4 Rf1 35.Kg3 Rg1 36.Kf4
Rf1 37.Kg3 Rg1**   ½-½

11.Bg5

Kindermann,Stefan
Kogan,Artur

Furth 1999 (9)

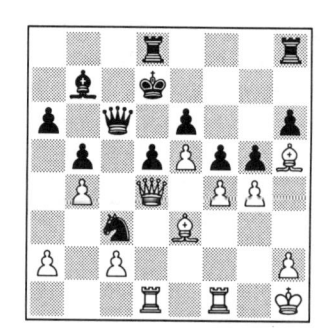

**1.e4 c5 2.Nf3 Nc6 3.d4 cd4 4.Nd4
Qc7 5.Nc3 e6 6.Be2 a6 7.0-0 Nf6
8.Kh1 Nd4 9.Qd4 Bc5 10.Qd3 b5
11.Bg5** [11.Bf3 Rb8 12.Bg5 Be7
13.Rfe1 (13.Rad1 b4 14.Ne2 d6 15.Bf4
Rb6 16.Be3 Rb8 17.Bf4 Rb6 18.Be3=)
13...d6 14.Rad1 b4 15.Ne2 0-0 16.Ng3
Rd8 17.Qe3 Bb5 18.Be2 Ng4 19.Bg4
Bg5 20.f4 Nf6=/∓; 11.a3 Bb7 12.Be3
0-0 13.Rad1 d5 14.e5 Ne4 15.Ne4 de4
16.Qd7 Qd7 17.Rd7 b4 18.fe3 Nc6
19.Bh5 f5 20.ef6 Rf6 21.Kg1±]
11...Bb7 [11...b4?! 12.Na4 Be7 13.f4 d6
(13...Rb7?! 14.e5 Nd5 15.Be7 Ke7?!
(15...Qe7!?) 16.c4! bc3 17.Nc3 Nc3
(17...f5 18.ef6 gf6 19.Nd5 Bd5 20.Bf3±)
18.Rac1! Re4 (18...Ng2? 19.Ng2 Qb7
20.Bf3 Qb2 21.Rc2+–) 19.Qg3! Rhc8
(19...Kf8 20.Nd5! Bd5 21.Bfc1→;
19...Ne2 20.Qg5+–) 20.Rc3+–) 14.e5
(14.Bf3!? e5◻ (14...Rb7? 15.e5↑) 15.c3
bc3 16.Nc3 Bb7 17.Rac1±) 14...de5
15.fe5 Qe5 16.Nb6 (16.Bf3 Qg5 17.Ba8
0-0∞; 16.Bf4 Qa5∞) 16...Qg5 17.Qa8
0-0∞] **12.f4** [12.a3 Be7 (12...b4 13.ab4
Bb4 14.Rae3 Bc3 15.bc3 Bc6 16.Rd4
Bb5 17.Qf3 Be2 18.Qe2 Qc3 19.Rfd1
Rc8 20.Bf6 gf6 21.Rd7±) 13.f4 d6

14.Bf3 Rd8 15.Rae1=; 12.Bf3 Rb8
13.Rad1 d6 14.a3 Nd7 15.Be2 f6 16.Bc1
Ne5 17.Qh3 Qe7 18.f4 Nf7 19.Bg4
Bc8 20.f5±] **12...d6** [12...b4 13.e5 Nd5
(13...bc3 14.ef6 cb2 15.fg7 ba1Q 16.Ra1
Rg8 17.Qh7 Qg7 18.Qg7±) 14.Nd5
Bd5 15.Bf3 Bf3 16.Rf3 (16.Qf3 Qc6=)
16...d5 (16...0-0 17.Rh3 f5 18.ef6 g6+–)
17.Re1 Qc6 18.Rh3 Qb5 19.Rh7 Qd3
20.Rh8 Kd7 21.cd3 Rh8∓; 12...
Bf3 13.Bf3 Bc3 14.bc3 Bc8 15.Bf6 (15.a4
Qc3 16.ab5 Qd3 17.cd3 ab5 18.Rfb1
Bc6=) 15...gf6 16.Rad1 Ke7 (16...Rg8
17.Qd4 Qd8 18.e5 Bf3 19.Rf3 f5
20.Qa7 Qc7 21.Qa6 Qc6 22.Qc6 Rc6
23.Rb1±) 17.e5 f5 18.Qd6 Ke8 19.Bb7
Qb7 20.Rf3 Rg8=] **13.Bf3 Nd7
14.Rad1 h6 15.Bh4 g5 16.Bg3**
[16.fg5 Ne5 17.Qe2 Qe7∓] **16...0-0-0
17.e5 d5 18.Bh5 Bb6 19.b4 Qc6
20.Ne2 f5∓ 21.Nd4 Bd4 22.Qd4
Nb6 23.Bf2 a4 24.Be3 Bd7**
[24...Nc3 25.Rd3 Ne4] **25.g4 Nc3**

26.gf5 ef5 [26...Nd1 27.fe6±] **27.e6!
Kc8** [27...Ne6!? 28.Qe5 Bd7 29.Qf5
Qe6 30.Qe6 Be6 31.Bg4 Kd6∞]
**28.e7+– Rde8 29.Rd3 Ne4
30.Bf3?!** [30.Be8 Re8 31.fg5 hg5
32.Bg5!+–] **30...Qe6 31.Be4 Qe4
32.Qe4 fe4 33.Rc3 Bd7 34.Bc5
gf4 35.Rf4 Rhg8 36.Rg3 Rg3**
[36...d4!?] **37.Kg1 e3?** [37...Rg3 38.hg3
d4; 37...Re5] **38.Kf1 a5 39.Re3+–
ab4 40.Bb4 Bc6 41.Rf6 Bg4 42.a3
d4 43.Re5 Rh4 44.Ree6 Be6
45.Ra6 Rh2 46.Ra7 Kc8 47.Rf8
Rh1 48.Kf2 Rh2 49.Kg3 Rg2
50.Kf4**   1-0

Sicilian Defence
Paulsen Variation

SI 41.9

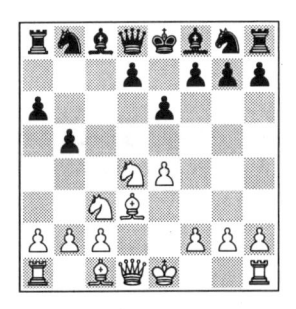

INTRODUCTION: Joseph Gallagher
MAIN ANALYSIS: Joseph Gallagher
STUDY MATERIAL: Gallagher, Magomedov, Svidler, Hoeksema, Bologan

The Novelty of the Year

1.e4 c5 2.♘f3 e6 3.d4 cd4 4.♘d4 a6 5.♘c3 b5 6.♗d3

There are many variations in the Sicilian in which Black plays an early ♕b6 to try and encourage the knight on d4 to relinquish its active post. At the moment the most popular version of this theme arises from the moves 1.e4 c5 2.♘f3 e6 3.d4 cd4 4.♘d4 a6 5.♘c3 b5 6.♗d3 ♕b6. This survey principally deals with lines in which the knight refuses to budge from d4. After 7.♗e3 (7.♘b3 and 7.♘f3 are alternatives that will not be covered) 7...♗c5 it was widely believed that 8.♗e2 was forced (8.♘ce2 ♘f6∓). Then, last June, in an issue of the German magazine *Schach*, Larry Christiansen wrote a few lines about his dreams of winning Informant's Novelty of the Year award with the shocking novelty 8.♕g4!?.

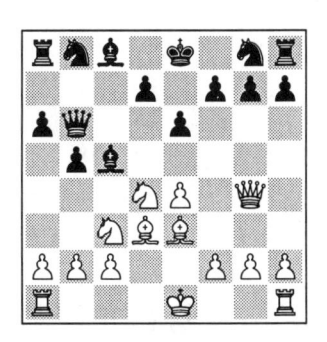

After 8...♗d4 9.e5! (this is an equally amazing follow-up) 9...♗e3 10.♕g7 ♗f2 11.♔f1 it seems that the fact that White is two pieces down with his king under fire is not enough to prevent him from claiming the advantage. I still can't quite fathom why Larry decided to reveal all. He had tested his idea in a few blitz games on the ICC but then seemed to lose confidence because of the reply 11...♘c6. However, as the analysis shows, Black seems to be struggling here. Even on a most optimistic reading for him it could, perhaps, be considered as unclear – certainly no reason not to try 8.♕g4 at least once. The shock-effect alone was well worth it – Milov took an hour and a half over his next two moves. So, thanks Larry, now I'm dreaming of winning your Novelty of the Year prize!

In fact, before my game against Milov it wasn't the tactics that concerned me. I spent most of my time looking at the ending after 9...♘c6! 10.♕g7 ♗e5 11.♕e5 ♘e5 12.♗b6. This line may well put a few people off 8.♕g4, but White does have a small but persistent edge, mainly due to Black's weaknesses on the dark squares. If Black tries to plug these holes he often just creates other weak-

STATISTICS

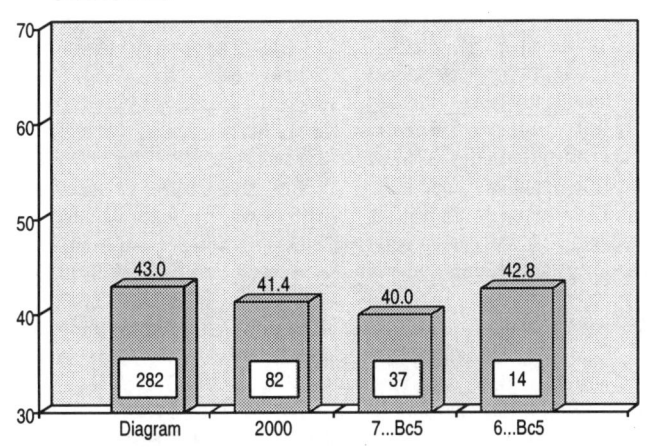

	Diagram	2000	7...Bc5	6...Bc5
	43.0	41.4	40.0	42.8
	282	82	37	14

nesses. All that remains to be done is to apologise (at least to myself) for my poor form and Milov's time-trouble which conspired to mar a potentially great game.

The Other Line 8.♗e2

What about the old line with 8.♗e2 (old meaning less than two years, – still a baby). How has this fared since Svidler's survey in Yearbook 50? Well, Black seems to be holding his own here. For a while 8...♗b7 9.a4 ♘f6 was touted as a good response for Black, but in the latest game, Magomedov-Dzhakaev, Makhachkala 2000, 10.e5! has put Black on the defensive again. After 8...♘c6 9.♘c6 Black has a choice. In the endgame after 9....♗e3 10.fe3 dc6 11.♕d3 ♕d4 12.ed4 e5! White is struggling to prove a serious advantage against an accurate defence (there are quite a few pitfalls for Black though). After both 13.d5 and 13.de5 an evaluation of somewhere between = and ± seems appropriate. Nataf's 15.b4 is perhaps White's best try. Note that although Kveinis lost quite badly to the young Ukrainian talent Volokitin earlier in the year, he repeated the same line at the Olympiad. Unfortunately, the game was immediately agreed drawn, leaving us in the dark as to his intended improvement. I have made my own suggestion.

But Black doesn't have to play this ending. So far practice has not supported Svidler's view (from Yearbook 50) that the alternative, 9...dc6 10.♗c5 ♕c5 11.♕d3 ♘f6 (11...e5 has also been played) 12.0-0 0-0 13.f4 e5 14.f5 leads to a clear advantage for White. White, at the very least, needs to improve on the Peng Xiaomin-Xu Jun game, which led to a most convincing victory for Black.

Another Move Order

A brief mention of the attempt to chase the knight with 6...♗c5 (instead of 6...♕b6) is also in order. If White replies 7.♗e3, the only consistent move for Black is 7...♕b6, transposing to our main position (this was the move order in Gallagher-Milov, for example). However, after 7.♘b3 ♗e7 the move 8.♕g4! (again) looks quite awkward for Black. He must now choose between the speculative looking 8...♘f6, and the seriously weakening 8...g6. I did not enjoy the latter in my lesson from Ponomariov.

Sl 41.9

Gallagher,Joseph
Milov,Vadim

Biel 2000 (8)

1.e4 c5 2.♘f3 e6 3.d4 cd4 4.♘d4 a6 5.♘c3 b5 6.♗d3 ♗c5 7.♗e3 ♕b6 8.♕g4!? ♗d4 [8...♔f8 9.♕g5! ♗e7 (9...f6 10.♘c5 ♕c5 11.♘e6; 9...♗d4? 10.♗d4 ♕d4 11.♕d8X) 10.♕f4 ♗c5 11.e5±; 8...♗e7 9.e5 ♘g6 (9...♘bc6 10.♘c6 ♗e3 11.♘e7+−; 9...h5 10.♕f4) 10.♘e4!? (10.♗g6 hg6 11.♘e4±) 10...♘c6 11.♘c6 (11.♘c5±) 11...♗e3 12.♘d6 ♔f8 13.♕f3 ♗f2 14.♔f1 f5 15.♘d4 (15.ef6 ♕c6; 15.♗f5 ♕e3 (15...♘h4 16.♕h5) 16.♗g6 ♕f3 17.gf3±) 15...♕d4 (15...♗d4 16.♕a8+−; 15...♖b8 16.♕f2 ♘e5 17.♘c8±) 16.♕a8 ♕f4 17.♕f3 (17.♕c8 ♔e7 18.♕b7 ♗b6 19.♕f3 ♕f3 20.gf3 ♘e5⇆) 17...♕e5 18.♘c8 ♗c5 19.♖e1 ♕c7 20.g4±; 8...g6 9.e5 ♘c6 (9...h5 10.♕f4±) 10.♘c6 ♗e3 11.fe3 (11.0-0 ♗c5! (11...dc6 12.fe3 ♕e3 13.♔h1 ♕e5 14.♖ae1∞) 12.♕b4!? (12.b4 dc6 13.bc5 ♕c5 14.♘e4 ♕e5) 12...a5 (12...♗b7) 13.♘bd5) 11...♕e3 12.♔d1? (12.♕e2∞; 12.♗e2∞) 12...dc6 13.♘e4→] **9.e5! ♗e3** [9...♘c6! 10.♕g7 ♗e5 11.♕e5 (11.♕h8 ♕e3 12.fe3 ♗h8) 11...♘e5 12.♗b6 ♘d3 (12...♘f6 13.♗d4 d6 14.♗e4±; 12...♗b7 13.♘e4 (13.♗d4 f6) 13...♘e4 14.♗e4 d5 15.♗d3±) 13.cd3 ♗b7 14.♗d4 (14.♘e4 ♗e4 15.de4 ♘e7 16.a4±) 14...f6 15.♘e4±; 9...♘c6 10.bc3 ♕c6 11.♕g7 ♕c3 12.♔e2+−] **10.♕g7 ♗f2 11.♔f1** [11.♔d1? ♕d4] **11...♗h4** [11...♘c6!? 12.♕h8 ♔f8 (12...♘e7 13.♘e4 ♗d4 (13...♕d4 14.♘f2±) 14.♘f6 ♔d8! (14...♔f8 15.♘h7 ♕e8 16.♘f6 ♔f8 17.c3!) 15.♘g8 ♗b7 16.♘e7 (16.♘f6 ♔c7 17.♘e8 ♖e8 18.♕e8 ♕c6) 16...♕e7 17.♕f6 ♕e8 18.♖e1±) 13.♗h7 ♕e3 (13...♘e7 14.♗g8! (14.♘e4 ♗e3! 15.♗g8 ♘g6!∞) 14...♕g8 (14...♘g6 15.♕h6 ♔g8 16.♘e4 ♗h4 17.♘f6 18.ef6+−) 15.♘e4 ♗d4 (15...♕d4 16.♘f2±; 15...♗e3 16.♘f6) 16.♘f6 ♗e5 17.♕g8 (17.♘h7!? ♘e7 18.♕e5 f6 19.♕g3 ♔f7 20.♘g5? (20.♖d1!) 20...fg5 21.♕f3 ♔g7! 22.♕a8 ♗b7 23.♕e8 ♕c6 24.♖g1 ♕c4) 17...♗e7 18.♕e8 ♔f6 19.♕h8 ♗f5 (19...♕e7 20.♕e5±) 20.♕h5 ♔f6 21.♕h4! (21.♕f3 ♔g7 22.♕a8 ♗b7 23.♕e8 ♕c6−+) 21...♔g6 22.♕e4 ♔f6 23.♕a8±) 14.♕g8 ♘e7 15.♘e4 ♗b7 16.♕g5 (16.♕g7!?) 16...♕g5 17.♘g5 ♗d4 18.c3 (18.♘f3 ♗b2 19.♖e1) 18...♗e5 19.♗c2±] **12.g3 ♗b7** [12...♕e3 13.♗e4 (13.♕h8 ♕f3 14.♔g1 ♗b7 15.♕g8 ♗e7 16.♗e4 ♕e3 17.♗g2 ♗e4 18.♘e4 ♕e4 19.♔h3∞) 13...d5! (13...b4 14.♕h8 bc3 15.♕g8 ♗e7 16.♗a8 cb2 17.♖b1 ♘c6 18.♗c6 dc6 19.gh4 ♕f3 20.♔g1 ♕e3 21.♔g2 ♕e2 22.♔h3+−) 14.♕h8 (14.ed6 ♗f6) 14...de4 15.♕g8 ♗e7 16.♕g4!! (16.♕c8 ♗g3! 17.hg3 ♕f3 18.♔g1 ♕g3=; 16.gh4 ♕f3 17.♔g1 ♕e3 18.♔g2 ♕f3=; 16.♔g2 ♘d7 17.♖hf1 ♘e5 18.gh4 ♗b7∓) 16...♗g5 (16...♕f3 17.♕f3 ef3 18.gh4 ♘d7 19.♖e1±) 17.♘e4 h6 (17...♗b7 18.♖e1 h5 19.♕h5+−; 17...♗h6 18.♖e1+−) 18.h4 f5 19.ef6 ♗f6 20.♘f6 ♔f6 21.♖h2!+−] **13.♕h8** [13.♖g1!?] **13...♗h1 14.♕g8 ♔e7**

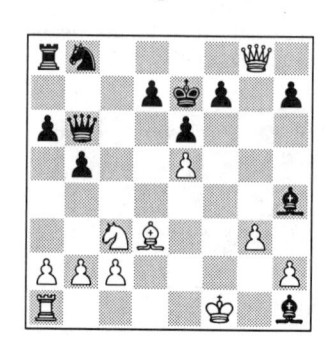

15.♕g4! [15.gh4 ♕e3 16.♖e1 (16.♕g5!?) 16...♕f4 17.♔g1 ♗f3

18.♖e4?! (18.♕g5±) 18...♗e4 19.♗e4 b4 20.♗a8 bc3 21.♕b8 ♕d4= Mazi-Pavasovic, Bled 2000] **15...♔d8** [15...♗g3 16.hg3±] **16.♕h4 ♕c7 17.♔e2?** [17.♖e1 ♘c6 18.♕h7±] **17...♗g2! 18.♖d1?!** [18.♕h7 ♘c6 19.♕f7 ♘d4 20.♔d1 ♘f3 21.♔e2 ♘d4 22.♔d1=] **18...♘c6 19.♗e4 ♗e4 20.♘e4** [20.♕e4 b4] **20...♘d4 21.♔d3** [21.♔f1 ♘f5] **21...♘f5** [21...♘c6! 22.♕g4! (22.♔d4 ♕d5; 22.c3 ♕c4 23.♔d2 ♘f3) 22...♕c4 23.♔e3 ♘f5 24.♔f2∞] **22.♕f4 ♕d4 23.♔e2 ♕c4?!** [23...♕b2 24.♕d2 (24.♘f6) 24...♕e5 25.♕d7 ♔b6 26.♔f3∞] **24.♔f3 ♘d4 25.♔g2 ♕e2 26.♘f2 ♘c6 27.♕f7 ♖d8?!** [27...♘e5 28.♕f4 d6±] **28.♕h7± ♕e5 29.c3?!** [29.b3!] **29...♕e2 30.♕d3 ♕b2 31.♖d2 ♕a3 32.h4∞ d5 33.♘h3 e5 34.♘g5 ♔b6?! 35.♘f7 ♖d7?** [35...e4! 36.♕e3 d4 37.♕e4 ♖d7 38.♘e5 (38.♕g6 ♕e7) 38...♘e5 39.♕e5 ♕c3 40.♕e6 ♔a5 41.♖f2 ♖g7=] **36.♘e5! ♘e5 37.♕d4 ♕c5 38.♕e5+− a5 39.h5 b4 40.cb4 ab4 41.♖d4!? ♕c2 42.♔h3 ♕b1 43.♖f4 ♔a5 44.♕d4** [44.a3! ba3 45.♕d4+−] **44...♔b5 45.a3! ♖d8 46.a4?** [46.♕b4+−] **46...♔c6 47.♔h4** [47.♖f6 ♖d6] **47...♕h1 48.♔g5 ♕e1! 49.♖f6 ♖d6 50.♖d6 ♔d6 51.♕f4 ♔c6 52.h6 ♕e7 53.♕f6 ♕f6 54.♔f6 b3 55.h7 b2 56.h8♕ b1♕ 57.♕c8 ♔d6 58.♕f8 ♔c6 59.♕c8 ♔d6 60.♕d8 ♔c6 61.♕e8 ♔d6 62.♕e5 ♔c5 63.♕c7 ♔d4 64.a5 ♕a2 65.♕b6 ♔e4 66.a6 ♕a1 67.♔g6 ♕a4 68.♔f6 ♕a3 69.♔f7 ♕a4**

70.a7 [70.♕b7+−] **70...♕d7 71.♔f6 ♕f5 72.♔e7 ♕h7 73.♔d6 ♕h6 74.♔c7 ♕g7 75.♔c8** [75.♔c6! ♕f6 76.♔b7 ♕e7 77.♔a6 ♕a3 78.♕a5 ♕d6 79.♔b5+−] **75...♕f8 76.♔b7 ♕e7 77.♕c7** [77.♔a6!] **77...♕b4 78.♔c6 ♕c3 79.♔d7 ♕g7 80.♔c8 ♕f8 81.♔d7 ♕g7 82.♔c6 ♕c3 83.♔b7 ♕b4 84.♔c8 ♕f8...** ½-½, 130 Gallagher

Study Material

8.♕g4

Mazi, Leon
Pavasovic, Dusko

Bled tt 2000 (3)

1.e4 c5 2.♘f3 e6 3.d4 cd4 4.♘d4 a6 5.♘c3 b5 6.♗d3 ♕b6 7.♗e3 ♗c5 8.♕g4 ♗d4 9.e5 ♗e3 10.♕g7 ♗f2 11.♔f1 ♗h4 12.g3 ♗b7 13.♕h8 ♗h1 14.♕g8 ♔e7 15.gh4 ♕e3 16.♖e1 [16.♕g5!?] **16...♕f4 17.♔g1 ♗f3 18.♖e4?!** [18.♕g5±] **18...♗e4 19.♗e4 b4 20.♗a8 bc3 21.♕b8 ♕d4 22.♔g2 ♕d2 23.♔h3 ♕e3 24.♔g2 ♕e2 25.♔g3 ♕e1 26.♔g2 ♕e2 27.♔g3** ½-½

8.♗e2 ♗b7

Bobras, Piotr
Poluliakhov, Alexander

Koszalin 1999 (2)

1.e4 c5 2.♘f3 e6 3.d4 cd4 4.♘d4 a6 5.♘c3 b5 6.♗d3 ♕b6 7.♗e3 ♗c5 8.♗e2 ♗b7 9.a4 ♘c6 [9...b4 10.a5 ♕d8 11.♘a4±] **10.♘c6?!** [10.a5! ♕a7 (10...♘a5 11.♖a5 ♕a5 12.♘b3) 11.♘db5 ab5 12.♘b5 ♗e3 13.♘a7 ♗a7 14.a6 ♗c8 15.0-0± Poluliakhov] **10...dc6 11.♗c5 ♕c5 12.ab5?!** [12.♕d3 ♘f6=] **12...cb5 13.0-0 ♘f6∓ 14.♗d3 0-0 15.♕e2 e5 16.♘b1 ♗c6 17.♘d2 a5 18.♔h1 a4 19.c3 ♖fd8 20.♖fd1**

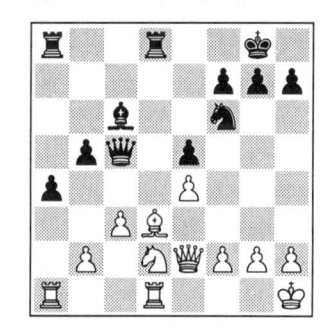

20...♖d3 21.♕d3 ♘g4 22.♖f1 ♘f2 23.♖f2 ♕f2 24.♕d6 ♖c8 25.♖f1 ♕e2 26.♔g1 h6 27.♘f3 ♕b2 28.♘e5 ♗e4 29.♖f2 ♕c1 0-1

Van den Doel, Erik
Chuchelov, Vladimir

Bad Zwesten 2000

1.e4 c5 2.♘f3 e6 3.d4 cd4 4.♘d4 a6 5.♘c3 b5 6.♗d3 ♕b6 7.♗e3 ♗c5 8.♗e2 ♗b7 9.a4 ♘f6 10.ab5 [10.e5!] **10...ab5 11.♖a8 ♗a8**

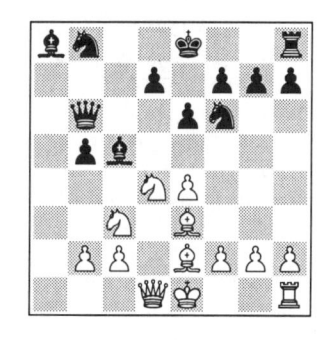

12.♘db5! [12.e5 ♘d5! 13.♘d5 ♗d5 14.0-0 (14.♘b5 ♗e3 15.♘d6 ♔e7 16.fe3 ♕b2 17.♕d4 ♕c1 18.♗d1 ♘c6 19.♕c5 ♗g2! 20.♖g1 ♗f3 21.♔f2 ♗d1 22.♘b7 ♔e8 23.♘d6 ♔e7 24.♘b7= Chuchelov) 14...b4 (14...♘c6!?) 15.c4! bc3 16.bc3 ♘c6 17.♘c6 ♕c6 18.♗c5 ♕c5 19.♕d3 (19.c4!) 19...♕d4 20.cd4 ♔e7∓ Werle-Chuchelov, The Hague 1999] **12...♗e3 13.fe3 0-0 14.♕d3 ♘c6 15.0-0 ♕c5 16.♕d2 h5?** [16...♕b4] **17.♘d6 ♕g5**

18.h3 ♘e5 19.b4± ♖b8 20.b5 ♖b6 21.♖f4?! [21.♖a1±] 21...♕g3 22.♘c4 ♘c4 23.♗c4 e5! 24.♖f3 ♕h4 25.♕f2 ♕f2 26.♖f2 ♖b8 27.♗d5 ♗d5 28.ed5 ♖c8 29.b6 d6 30.♖f1 ♘d7 [30...♖c3? 31.♗f6 ♖c2 32.♖d6 ♖b2 33.♖d8 ♔h7 34.♖b8+−] 31.♘e4 ♘b6 32.♘d6 ♖c2 33.e4 ♘c4! 34.♘f7 ♘d2 35.d6 ♘f1 36.d7 ♖d2 37.d8♕ ♖d8 38.♘d8 ♘g3 39.♘c6 ½-½

Magomedov,Magaram
Dzhakaev,D

Makhachkala 2000

1.e4 c5 2.♘f3 e6 3.d4 cd4 4.♘d4 a6 5.♘c3 b5 6.♗d3 ♕b6 7.♗e3 ♗c5 8.♗e2 ♗b7 9.a4 ♘f6 10.e5! ♘d5 11.♘d5 ♗d5 12.♘f5!

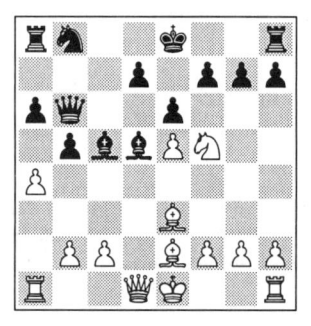

12...♗g2 [12...ef5 13.♕d5 ♗e3 14.♕a8 ♗f2 15.♔f1 0-0 16.ab5 ab5 17.♕d5±; 12...♗e3 13.♘e3 ♗b7 14.ab5 (14.♕d3! ♘c6□ 15.ab5 ab5 (15...♘e5 16.♕c3) 16.♖a8 ♗a8 17.♕d6 ♕a5 18.c3 b4 19.♘c4 ♕a1 20.♗d1 bc3 21.0-0 cb2 22.♗c2→) 14...ab5 15.♖a8 ♗a8 16.♕d3 ♕a5!] 13.♗c5 ♕c5 14.♕d6! [14.♘g7 ♔f8 15.♖g1 ♕e5 (15...♘c6!?) 16.♖g2 ♖g8∞] 14...♕d6 15.♘d6 ♔f8□ 16.♖g1 ♗d5 17.ab5 ab5 18.♖a8 ♗a8 19.♗b5 ♖g8!? [△ f6, g5, h5; 19...♘c6 20.♘c6! ♗c6 21.b4] 20.♔e2 f6 21.f4 ♔e7 22.h4! [g5<] 22...g6 [22...h6 23.h5] 23.b4 ♗c6 24.c4! h6 [24...♔b5 25.cb5, ♘b8<] 25.♔e3 g5 26.ef6! ♔f6 [26...♔d6 27.fg5 hg5 28.hg5 e5 29.♖f1! ♔e6 30.g6!] 27.fg5 hg5 28.♗c6! ♘c6 29.b5 ♘e5 [29...♔e7 30.c5] 30.hg5 ♔e7 [30...♖g5 31.♘e4] 31.c5!+− ♘f7T 32.♘f7 ♔f7 33.g6 ♔g7 34.b6 1-0
Magomedov

8.♗e2 ♘c6 9.♘c6 ♗e3 10.fe3 dc6 11.♕d4 ♕d4 12.ed4 e5 13.d5

Svidler,Peter
Milov,Vadim

Frankfurt 2000 (8)

1.e4 c5 2.♘f3 e6 3.d4 cd4 4.♘d4 a6 5.♘c3 b5 6.♗d3 ♕b6 7.♗e3 ♗c5 8.♗e2 ♘c6 9.♘c6 ♗e3 10.fe3 dc6 11.♕d4 ♕d4 12.ed4 e5 13.d5 ♗b7?! 14.a4 b4 15.dc6 ♗c6 16.♘d5 ♗d5 17.ed5 ♔e7 18.d6 ♔d6 19.0-0-0 ♔c7 20.♖d5 ♘e7 21.♖e5± ♗c6 22.♖f5 f6 23.♖f4 a5 24.♖g4 g6 25.♖c4 ♔b6 26.♗f3 ♘e5 27.♖f4 ♖af8 28.♖d1 ♘f3 29.gf3 f5 30.♖d6 ♔c7 31.♖d5 ♔b6 32.♖fd4 ♖a8 33.♖d6 ♔c7 34.♖d7 ♔c6 35.♔d2 ♖he8 36.♔d3 ♖e5 37.♖h7 ♖ae8 38.♖hd7 ♖e2 39.♖4d6 ♔c5 40.♖d5 ♔c6 41.♖7d6 ♔c7 42.♖g6 ♖8e3 43.♔c4 ♖c2 44.♔b5 ♖e7 45.♔a5 ♖b2 46.♖f5 b3 47.♖b5 ♖e8 48.♖bb6 ♖h2 49.♖b3 ♖f2 50.♖c3 ♔d7 51.♔b4 ♖f8 52.♖g3 ♖f4 53.♔b3 ♖f5 54.♖h3 ♔d6 55.♖d3 ♔c6 56.♖h6 ♔c5 57.♖c3 ♔d5 58.a5 ♖5f3 59.♖f3 ♖f3 60.♔b4 ♖f1 61.♔b5 ♖b1 62.♔a6 ♔c5 63.♔a7 ♔b5 64.♖b6 1-0

Yu Shaoteng
Ribshtein,Nati

Budapest 2000 (4)

1.e4 c5 2.♘f3 e6 3.d4 cd4 4.♘d4 a6 5.♘c3 b5 6.♗d3 ♕b6 7.♗e3 ♗c5 8.♗e2 ♘c6 9.♘c6 ♗e3 10.fe3 dc6 11.♕d4 ♕d4 12.ed4 e5 13.d5 ♘e7 14.0-0-0 ♖a7?! 15.a4 b4 16.♘a2 a5 17.dc6 ♘c6 18.♗b5 ♖c7 19.♖d5!± ♗e6 20.♗c6 ♖c6 21.♖a5 0-0 22.♘b4 ♖c4 23.♘d3 ♖e4 24.♖e5 ♖a4 25.♖he1 ♖d4 26.b3 ♖aa8 27.♘f4 ♗g4 28.♗b2 f6 29.♖d5 g5 30.♖d8 ♖d8 31.♘d3 ♗f5 32.♔c3 ♗f7 33.♘c5 h5 34.b4 h4 35.♖f1 ♔g6 36.b5 ♖c8 37.♔b4 ♗c2 38.b6 f5 39.♔b5 ♖b8 40.♔c6 ♖c8 41.♔d6 ♖d8 42.♔c7 ♖d5 43.♔c6 ♖d4 44.b7 1-0

Nataf,Igor-Alexandre
Koch,Jean-Rene

Vichy ch-FR 2000 (9)

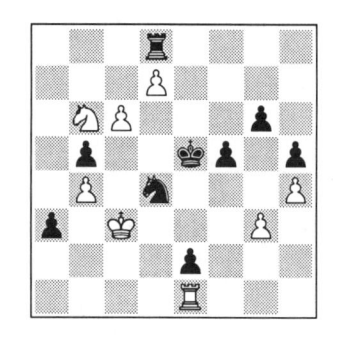

1.e4 c5 2.♘f3 e6 3.d4 cd4 4.♘d4 a6 5.♘c3 b5 6.♗d3 ♕b6 7.♗e3 ♗c5 8.♗e2 ♘c6 9.♘c6 ♗e3 10.fe3 dc6 11.♕d4 ♕d4 12.ed4 e5 13.d5 ♘e7 14.0-0-0 ♘d7 15.b4!? ♖a7 [≥ 15...0-0 Nataf] 16.♔b2 cd5 17.ed5 [17.♘d5±] 17...f5?! [17...♘f5 18.♘e4 ♘e3⇄] 18.a4 ba4 19.♘a2! ♔f7 20.c4 ♖b8 21.♔a3 ♘g6 22.c5 ♗b5 23.♗b5 ab5 24.♖he1 e4 25.♖f1 ♔f6 26.♘c3 ♘g5 [26...♘e5? 27.d6 (△ 28.♖d5) 27...♘f4 28.c6+−] 27.d6 ♘e5 28.♔a2? [28.♖d4! Murey] 28...♘c6 29.♘d5 g6 30.♖fe1 h5 31.g3 ♔h6 32.♔a3 ♔g7 33.♘b6 ♖f7 34.♖f1 ♖d8 35.♖d6 ♖f6 36.♖ed1 e3 37.♖f6 ♔f6 38.♖e1 ♘d4 39.♔b2 [39.♖e3 ♘c2 40.♔b2 ♘e3 41.c6 ♖d7!!−+ Nataf] 39...e2 40.♔c3 ♔e5 41.h4 a3 42.c6

42...♔d6? [42...♘c6!] 43.♔d4 ♔c6 44.♔e5! ♔b6 45.♔d6 a2 46.♔e7 ♖h8 47.♖c1 [△ 48.d8♕+−; 47.d8♕?? ♖d8 48.♔d8 ♔c6 49.♔e7 ♔d5−+] 47...♖h7= 48.♔e6 ♖h8 49.♔d6 ♔b7 50.♔e7 ♖h7 51.♔e6 ♖h8 52.♔e7 ♖h7 53.♔e6 ♖h8 54.♔e7 ½-½

Antoniewski,Rafal
Kveinis,Aloizas

Zakopane tt 2000 (9)

1.e4 c5 2.♘f3 e6 3.d4 cd4 4.♘d4 a6 5.♘c3 b5 6.♗d3 ♕b6 7.♗e3 ♗c5 8.♗e2 ♘c6 9.♘c6 ♗e3 10.fe3 dc6 11.♕d4 ♕d4 12.ed4 e5 13.d5 ♘e7 14.0-0-0 ♗d7 15.dc6 ♘c6

16.♘d5 0-0-0 [16...♖a7 Blehm-Kengis, Cappelle la Grande 1999 – YB/50-69] 17.c3 ♔b7 18.b4 ♗e6 19.g4 ♖d6 20.♖hf1 f6 21.a4 ba4 22.♔b2 a5 23.b5 ♘b8 24.♘e3 ♖hd8 25.♖d6 ♖d6 26.♖d1 ♖d1 27.♗d1 ♔b6 28.♗a4 ♔c5 29.h4 ♘d7 30.♗a3 ♘b6 31.♗b3 ♗b3 32.♔b3 a4 33.♔c2 ♗b5 34.♘d5 ♘c4 35.♘e7 ♘e3 36.♔b2 ♘g4 37.♘c8 ♔c4 38.♘d6 ♔d3 39.c4 ♔d4 40.♔a3 ♔c5 41.♘f5 ♔c4   0-1

8.♗e2 ♘c6 9.♘c6 ♗e3
10.fe3 dc6 11.♕d4 ♕d4
12.ed4 e5 13.de5

Stojanovski,Dejan
Bosboom,Manuel

Wijk aan Zee III 2000 (3)

1.e4 c5 2.♘f3 e6 3.d4 cd4 4.♘d4 a6 5.♘c3 b5 6.♗d3 ♗c5 7.♗e3 ♕b6 8.♗e2 ♘c6 9.♘c6 ♗e3 10.fe3 dc6 11.♕d4 ♕d4 12.ed4 e5 13.de5 ♘e7 14.a4 b4 15.♘d1 [15.♘b1 ♘g6 16.♘d2 ♘e5 17.♘c4± Timman] 15...a5 16.♘e3 ♘g6 17.♘c4 ♗e6 18.♘d6 ♔e7 19.0-0 ♘e5 20.♖ad1 g6 21.♖d2 ♖hd8 22.♖fd1 ♖d7 23.♘c4 ♗c4 24.♖d7 ♘d7 25.♗c4 ♘c5 26.b3 ♘e4 27.♖e1 f5 28.♗d3 ♔f6 29.♗e4 ♖e8 30.♔f2 ♖e4 31.♖d1 ♔e7 32.♔f3 g5 33.g3 h5 34.♖d2 h4 35.♖d1 h3 36.♖d2 ♖e5 37.♔f2 ♔e6 38.♖d1 ♖c5 39.♖d2 ♖c3 40.♖e2 ♔f6 41.♔e1 g4 42.♔d2 ♖f3 43.♔e1 ♔g5 44.♖e8 f4 45.♖e5 ♔g6 46.gf4 g3 47.hg3 h2 48.♖e6 ♔h5 49.♖e5 ♔g4 50.♖g5 ♔h3 51.♔e2 ♖g3 52.♖a5 ♔g4 53.♔f2 h1♕ 54.♖g5 ♔f4   0-1

Timman,Jan
Sokolov,Ivan

Amsterdam 1999 (4)

1.♘f3 c5 2.e4 e6 3.d4 cd4 4.♘d4 a6 5.♘c3 b5 6.♗d3 ♕b6 7.♗e3 ♗c5 8.♗e2 ♘c6 9.♘c6 ♗e3 10.fe3 dc6 11.♕d4 ♕d4 12.ed4 e5 13.de5 ♘e7 14.a4 [14.♗h5 ♘g6 15.♗g6 hg6

16.0-0-0 ♖h5 17.♖d6 ♖e5 18.♖hd1 (18.♖c6? ♔d7–+ Galego-Hauchard, Mondariz zt 2000) 18...♘g4 19.♖1d2 b4 20.♘a4 ♖e4 21.b3♗ Shahade-Waitzkin, New York 1999] 14...♖b8 15.ab5 ab5 16.♗h5 b4? [16...♘g6 17.♗g6 hg6∞] 17.♘e2 ♖b5 18.♗f3 ♖e5 19.♖a4! ♖b5 20.♘d4 ♖b6 21.♔f2± 0-0 22.♖a5 ♖d8?! 23.♖d1 ♖a6 24.♖e5 ♘g6 25.♘c6! ♖f8 26.♗c5+– ♖b6 27.♖d6 ♘h8 28.e5 b3 29.c3 ♖a6 30.♘a5 ♖d6 31.ed6 ♗e6 32.♖b5 ♖d8 33.♘c6 ♖c8 34.♖b8 ♖b8 35.♘b8 ♘e5 36.♗e2 f5 37.♔e3 [37.c4] 37...♔f7 38.d7 ♔g8 39.♗b5 ♔f8 40.♘a6 ♔e7 41.♘c5 ♗d5 42.g3 ♔d6 43.♘d4 ♗d8 44.♗a4 g5 45.c4 ♗f3 46.♘b3 ♗d1 47.♔c3 f4 48.gf4 gf4 49.♘c5 ♗a4 50.♘a4 ♘c6 51.♘b6 f3

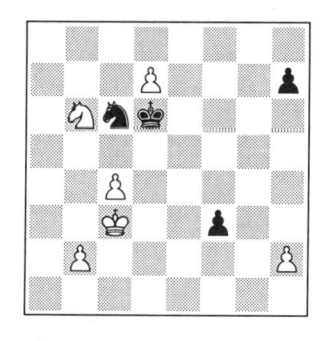

52.♔d3?? [52.♔d2!+–] 52...♔c5 53.♘d5 ♘e5 54.♔e3 ♘d7 55.b3 ♘e5 56.h4 ♘c6!= 57.♘f6 ♔b4 58.♔f3 ♔b3 59.c5 ♔c4 60.♘d7 ♔d5 61.♔f4 ♘d4 62.♘f6 ♔c5 63.♔e4 h6 64.♘g4 h5 65.♘f6 ♘c6 66.♘h5 ♔d6   ½-½

Volokitin,Andrey
Kveinis,Aloizas

Lausanne 2000 (3)

1.e4 c5 2.♘f3 e6 3.d4 cd4 4.♘d4 a6 5.♘c3 b5 6.♗d3 ♕b6 7.♗e3 ♗c5 8.♗e2 ♘c6 9.♘c6 ♗e3 10.fe3 dc6 11.♕d4 ♕d4 12.ed4 e5 13.de5 ♘e7 14.a4 ♖b8 15.ab5 ab5 16.♗h5 ♘g6 17.♗g6 hg6 18.♖a7 [½-½ Egger-Kveinis, Istanbul ol 2000] 18...♖h5 19.0-0 ♗e6 20.♖c7 b4 21.♘e2 ♗c4 [21...♖e5 22.♘d4 ♗d7 23.♖f7! ♔f7 24.♘c6± Mitkov-Bruzon, Lisbon 1999]

22.♖e1 ♖e5 23.♘d4 ♖d8 [23...♗d5 24.♘c6 ♗c6 25.♖c6 ♖d8±]

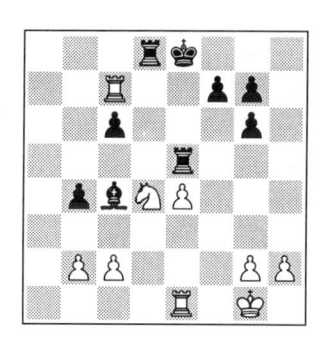

24.c3!? [24.♘c6 ♖c5 25.♖e7 ♔f8 26.♖f7 ♔f7 27.♘d8 ♔e7 28.♖d1 ♖a6] 24...bc3? [24...♗d5! 25.♘c6 (25.cb4 ♖e4 26.♖e4 ♗e4 27.♘c6 ♖d1 28.♔f2 ♗c6 29.♖c6 ♖d2 30.♗f3 ♖b2=) 25...♗c6 26.♖c6 bc3 27.bc3 (27.♖c3 ♖d2 28.♖c7 ♖b2 29.♖a1 ♖f8 30.♖aa7 ♖e4 31.♖f7 ♔e8=) 27...♖d2 28.♖c7 (28.♖b1 ♖e4 29.♖c7 ♖d7) 28...♖e7 29.♖e7 ♔e7±/=] 25.♘c6! ♖b5 [25...♖c5 26.b4] 26.b3! ♗b3 27.♘d8 ♔d8 28.♖c3+– ♗e6 29.♖a1 ♔e7 30.h3 ♘f6 31.♔f2 g5 32.♔f3 g4 33.hg4 ♔g5 34.♔g3 ♖e5 35.♖a4 ♘g4 36.♖ac4 ♗e2 37.♖c5 ♔f6 38.♖e5 ♔e5 39.♖c7 ♔f6 40.e5 ♔e6 41.♔f4 ♗d3 42.♖c8 ♗b1 43.♖e8 ♔d7 44.♖g8 g6 45.♖b8 ♗a2 46.♖b6 ♔e7 47.♔g5 ♗c4 48.♔h6 ♔f8 49.g3 ♗d5 50.♖b5 ♗c4 51.♖b8 ♔e7 52.♔g7 ♗e6 53.♖e8 ♔f5 54.♖e7 g5 55.g4 ♔g4 56.♖f7 ♔h3 57.♖c7 ♗d5 58.♔f6 g4 59.♔f5 g3 60.♔f4   1-0

8.♗e2 ♘c6 9.♘c6 dc6
10.♗c5 ♕c5 11.♕d3

Svidler,Peter
Polgar,Judit

Frankfurt 1999 (2)

1.e4 c5 2.♘f3 e6 3.d4 cd4 4.♘d4 a6 5.♘c3 b5 6.♗d3 ♕b6 7.♗e3 ♗c5 8.♗e2 ♘c6 9.♘c6 dc6 10.♗c5 ♕c5 11.♕d3 e5 12.♕g3 g6 13.0-0-0 ♘f6 14.f4 ♗e6 15.f5 ♗c8 16.♕h4± ♕e7 17.♖hf1 ♖g8 18.♖d3 ♖a7 19.fg6 ♘g6 20.♖df3

♘g4 21.♖h3 ♕h4 22.♖h4 ♘e3 23.♖f2 ♘g2 24.♖h7 ♘f4 25.♖h8 ♔d7 26.♗d1 ♔c7 27.♘e2 ♘e2 28.♗e2 ♗e6 29.h4 ♔b6 30.h5 ♖g1 31.♖f1 ♖g2 32.♗f3 ♖h2 33.h6 f5 34.♖h1 ♖h1 35.♗h1 ♔c5 36.h7 f4 37.♗f3 ♗h3 38.c3 a5 39.♔d2 ♖g7 40.♔e1 ♖d7 41.♔f2 ♖g7 42.♔e1 ♖d7 43.♗h5 ♖g7 44.♗g6 ♖g6 45.♖g8 ♖h6 46.h8♕ ♖h8 47.♖h8 ♗g2 48.♖h5 ♔d6 49.♖h6 ♔c5 50.♖e6 ♔c4 51.♖e5 ♔d3 52.c4 ♔e3 53.cb5 f3 54.♖f5 cb5 55.e5 ♔e4 56.♖f8 ♔e5 57.♖b8 b4 58.♖b5 ♔d4 59.♖a5 ♔e3 60.♖e5 ♔d3 61.b3 ♔d4 62.♖b5 ♔e3 63.♖e5 ♔d4 64.♖e7 ♔c3 65.♖b7 f2 66.♔f2 ♗b7 0-1

Khalifman,Alexander
Gunawan,Ruben

Denpasar 2000 (3)

1.e4 c5 2.♘f3 e6 3.d4 cd4 4.♘d4 a6 5.♘c3 b5 6.♗d3 ♕b6 7.♗e3 ♗c5 8.♗e2 ♘c6 9.♘c6 dc6 10.♗c5 ♕c5 11.♕d3 e5 12.0-0-0 ♗e6 13.♕g3 ♗f8 14.f4 ef4 15.♕f4 ♘e7 16.♖hf1± h5 17.♔b1 ♔g8 18.♕d6 ♕d6 19.♖d6 ♖c8 20.♗d3 ♘g6

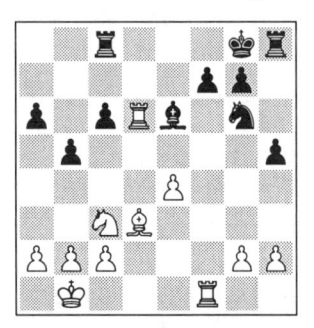

21.♘d5!? h4 22.♘b4 ♘e5 23.♘a6 ♖h6 24.b3 ♖g6≅ 25.♖f2 ♔f8 26.♘c5 ♗e7 27.♖d4 ♘g4 28.♖d2 ♘h2∞ 29.e5 ♖g4 30.♘e6 ♔e6 31.♖d6 ♔e5 32.♖d7 f5 33.♖e2 ♔f6 34.♖d6 ♔g5 35.♖ee6 ♔f4∓ 36.♖d4 ♔g5 37.♖dd6 ♔f4 38.♖d4 ♔g3!∓ 39.♖dd6 ♖f8 40.♖c6 ♔g2 41.♗b5 f4 42.♖cd6 f3 43.♗c6 ♗h3 44.♖e3 ♖g3 45.♗d7 ♔g2 46.♗c6 ♘g4 [46...g5! 47.a4 ♔h3 48.♗d7 g4–+] 47.♖e7 ♘f2?! [47...g5!?–+] 48.♖d2! ♖g6 [48...h3? 49.♖ee2] 49.♗d5 ♔g3

[49...♔f1 50.♗c4 ♔g2 51.♖e1⇄; 49...♔g1? 50.♖e1 ♔g2 51.♖ee2+–] 50.♖e1 ♘h3 51.a4 f2 [51...♖h6!?] 52.♖f1 ♖ff6 53.a5⇄ ½-½

Svidler,Peter
Kasimdzhanov,Rustam

Wijk aan Zee 1999 (6)

1.e4 c5 2.♘f3 e6 3.d4 cd4 4.♘d4 a6 5.♘c3 b5 6.♗d3 ♕b6 7.♗e3 ♗c5 8.♗e2! [8.♘ce2?! ♘f6∓] 8...♘c6 9.♘c6 dc6 [9...♕c6 10.♗d4!±; 9...♗e3 10.fe3 dc6 (10...♘c6 11.♕d4±) 11.♕d4 ♕d4 12.ed4±] 10.♗c5 [10.e5 ♗e3 11.fe3 ♕e3 12.♕d6 ♘e7 13.♖d1 ♕b6 14.♗f3 ♖a7!∓ Δ 15...0-0] 10...♕c5 11.♕d3 [11.f4 e5! 12.♕d3? ef4 13.g3 ♕e5 14.0-0-0 ♗e6 15.♕d6 ♕d6 16.♖d6 fg3 17.♖c6 ♘e7! (17...gh2 18.♖a6!∞) 18.♖b6 ♔d8!∓ Yermolinsky-Smirin, Philadelphia 1998] 11...♘f6?! [11...e5 12.♕g3! ♗f8±] 12.f4?! [12.0-0-0! 0-0 13.f4 e5 14.f5±] 12...e5 13.f5 [13.0-0-0?! ♗e6 14.f5 ♗c4∞] 13...♗b7 [13...♖a7!? 14.0-0-0 ♗d7 15.♕f3 h5∓ Beshukov-Neverovsky, Smolensk 2000] 14.0-0-0 ♔e7 15.g4 ♖hd8 16.♕f3 b4? [16...♖d1 17.♖d1 ♖d8=] 17.♘a4 ♕a5 18.b3 [18.g5 ♕a4 19.gf6 gf6 (19...♔f6 20.♕g3+–) 20.♗c4! ♖d1 21.♖d1 ♖d8 22.♖d8 ♔d8 23.♕d1 ♔c7 24.♕h5 ♕a5 25.♕f7 ♔b8 Δ 26...b3; Δ 26...♕c5] 18...c5? [18...h6 19.h4 ♖d1 20.♖d1 ♖d8] 19.g5! ♘e4 20.f6 ♗f8 21.♗d3 ♖d4 [21...♘d6? 22.fg7 ♔g8 23.♗h7 ♔h7 24.♕h5 ♔g7 25.♕h6 ♔g8 26.g6 ♗h1 27.♖d6 ♕c7 28.♕h7 ♔f8 29.♖e6+–] 22.♖de1 ♘d6 23.♕h5 e4 [23...♗h1 24.fg7 ♔e7 (24...♔g7 25.♕h6 ♔g8 26.♗h7 ♔h8 27.♗f5 ♔g8 28.♕h7 ♔f8 29.♕h8 ♔e7 30.♖e5X) 25.♕e5 ♔d7 26.♖c5! ♕d8 27.♕h3 ♔e7 28.♖e5X]

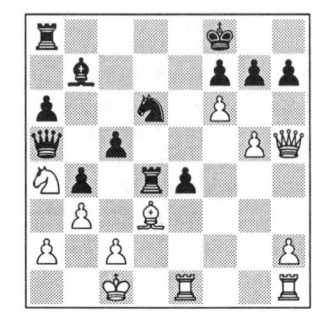

24.g6! [24.♕h7 gf6 25.gf6 ♔e8∞] 24...fg6 25.♕h7 gf6 26.hg1 g5 27.♖g5! fg5 28.♖f1 ♔e8 29.♕g7 ♔d8 30.♖f8 ♘e8 31.♕b7 ♖c8 32.♕f7 1-0

Svidler
M/99-2-48 YB/50-69

Peng Xiaomin
Xu Jun

Udaipur ch-ASIA 2000 (5)

1.e4 c5 2.♘f3 e6 3.d4 cd4 4.♘d4 a6 5.♘c3 b5 6.♗d3 ♕b6 7.♗e3 ♗c5 8.♗e2 ♘c6 9.♘c6 dc6 10.♗c5 ♕c5 11.♕d3 ♘f6 12.0-0-0 0-0 13.f4 e5 14.f5 a5 [14...♖a7 15.g4 ♘d7 16.♕f3 ♖fd8 17.g5 (17.♗d3 ♔e8∞ Jonsson-Landa, Reykjavik tt 1999) 17...♖d1 18.♘d1 ♘e8 19.♘f2 ♕e7 20.♖g1 c5 21.♕e3 c4 22.c3 ♗b7 23.f6 ♕c7 24.fg7 ♘g7 25.♘g4± Balinov-Hoffmann, Budapest 1999] 15.g4 a4∞ 16.g5 ♘d7 17.♖d2 b4 18.♘d1 ♗a6!? 19.♕d7 ♗e2 20.♔b1 [20.♖e2 ♕c4 21.♘d2 (21.♖e3 ♖fd8 22.♕e7 ♕a2 23.♖d3 ♖d3 24.cd3 a3) 21...♕a2 22.♖d3 a3 23.ba3 (23.b3 ♕a1 24.♔d2 a2) 23...ba3 24.♖fb8→ 25.fg7?! ♕b1 26.♔d2 a2 27.♖f1 ♕b7 28.♗e3? (28.♘c3∓) 28...♕d7 29.♖d7 ♖b1! 30.♖df7 a1♕ 31.♖f8 ♔g7 32.♖a8 (32.♖1f7 ♔g6 33.♖f6 ♔h5) 32...♕d4 33.♗e2 ♖f1 34.♘f1 ♕c4–+] 20...♗f3 21.♖e1 a3 22.g6 fg6 23.fg6 ab2 24.♘b2 ♔h8 25.♘d3 ♕c4 26.♘c1 ♗e4∓ 27.gh7 b3 28.♘b3 ♕a4 29.♖g1 ♕a2 30.♔c1 ♕a3 31.♔d1 ♖a7 32.♕d6 ♕d6 33.♖d6 ♗d5 34.♘c1 ♖f2 35.♖dg6 ♗f3 36.♔e1 ♖c2 37.♘b3 ♖h2 0-1

6...♗c5 7.♘b3 ♗e7 8.♕g4

Tiviakov,Sergey
Bosboom,Manuel

Hoogeveen 1999 (4)

1.e4 c5 2.♘f3 e6 3.d4 cd4 4.♘d4 a6 5.♘c3 b5 6.♗d3 ♗c5 7.♘b3 ♗e7 8.♕g4 ♘f6 9.♕g7 ♖g8 10.♕h6 ♘c6 11.♗d2 ♘e5 12.f4

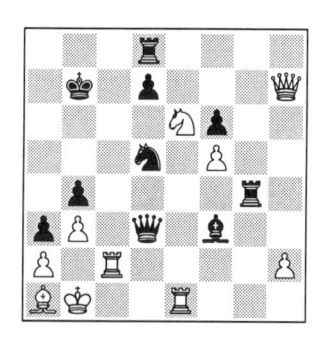

♘d3 13.cd3 b4 14.♘e2 ♖g2 15.♕h3 ♖g6 16.f5 ef5 17.ef5 ♖g4 18.0-0-0 ♗b7 19.♖he1 a5 20.♔b1 a4 21.♘bd4 ♕b6 22.♗e3 ♕a6 23.♗f4 a3 24.b3 ♗g2 25.♕h6 ♘d5 26.♕h7 0-0-0 27.♗e5 f6 28.♗g3 ♗c5 29.♗f2 ♗d4 30.♗d4 ♗f3 31.♗a1 ♘e3 32.♖c1 ♔b7 33.♗f4 ♘d5 34.♘e6 ♕d3 35.♖c2

35...♔a8!! 36.♘c5 [36.♘d8? ♗d1! 37.♖d1 ♕d1 38.♖c1 ♕d3 39.♖c2 ♖g1X] 36...♕b5 37.♕h3 ♖f4 38.♕g3 ♖c8 39.♖ec1 ♖c5! 40.♖c5 ♗e4 41.♖5c2 ♗c2 42.♖c2 ♖f1 43.♖c1 ♘c3 44.♗c3 ♕f5   0-1

Hoeksema
M/99-7-39

Rowson, Jonathan
Milov, Vadim

Torshavn 2000 (4)

1.e4 c5 2.♘f3 e6 3.d4 cd4 4.♘d4 a6 5.♘c3 b5 6.♗d3 ♗c5 7.♘b3 ♗e7 8.♕g4 g6 9.e5?! ♘c6 10.♗f4 h5 11.♕e2 ♕c7 12.0-0 g5 13.♗d2

♘e5 14.f4 ♘g4 15.a4 b4 16.♘e4 f5 17.♘g3 ♗b7 18.h3 ♘4f6 19.fg5 ♕g3 20.gf6 ♗d6 21.♗f4 ♗f4 22.♖f4 ♕f4 23.♖f1 ♕g3   0-1

Ponomariov, Ruslan
Gallagher, Joseph

Biel 2000 (10)

1.e4 c5 2.♘f3 e6 3.d4 cd4 4.♘d4 a6 5.♘c3 b5 6.♗d3 ♗c5 7.♘b3 ♗e7 8.♕g4 g6 9.♕e2 d6 10.0-0 b4? 11.♘d1 ♗b7 12.a3 ♘c6 13.♗d2 ba3 14.♖a3 ♕c8 15.♘e3 ♘f6 16.♘c4 ♕c7 17.♘ca5± ♗e5 18.♘b7 ♘d3 19.cd3 ♕b7 20.♘a5! ♕d7 [20...♕b2 21.♖b3 ♕a2 22.♖b7] 21.♖b3 ♖c8 22.♘c4! ♗d8 23.♗h6 d5 24.♘b6 ♗b6 25.♖b6 ♕a4 26.♕f3 ♘d7 27.b3 de4 28.de4 ♕a5 29.♖b7 ♕h5 30.♕f4 e5 31.♕d2 ♘c5 32.♖a7 g5 33.♕d6   1-0

Bologan, Viktor
Milov, Vadim

Buenos Aires 2000 (4)

1.e4 c5 2.♘f3 e6 3.d4 cd4 4.♘d4 a6 5.♘c3 b5 6.♗d3 ♗c5?! 7.♘b3 ♗e7 8.♕g4 g6 [8...♘f6 9.♕g7 ♖g8 10.♕h6 ♖g2? 11.e5] 9.♕e2 ♘c6 10.0-0 d6 11.a4 b4 12.♘d1 a5?! [b5<] 13.♗b5 ♗d7 14.c4! [♗b5>] 14...♕c7 15.f3 h5□ [15...♘f6 16.♗h6] 16.♘f2 ♘f6 17.♗g5! 0-0 18.♖fd1 ♖fd8 19.♖ac1 ♗e8!? 20.♕d2 [20.♖d2 ♘d7 21.♗e7 ♘e7 22.♖cd1

♘b6!=] 20...e5!? [Δ ♘d7-c5, ♘d4] 21.♘d3 ♘h7?! [21...♘d7!? 22.♗e3 ♘c5 23.♕c2! (23.♘bc5 dc5 24.♗c6 ♗c6 25.b3 ♖d7∞) 23...♘b3 24.♕b3±] 22.♗e3 ♘f8 23.♕f2 ♖ab8 24.f4! ♕b7 25.♖f1 ef4 26.♗f4 [26.♘f4!? ♘e5 27.♘d5 ♘g4 28.♘a5!] 26...♘e6 27.♗g3 ♗g5 [27...♖bc8? 28.♘a5] 28.♖ce1 ♖bc8 29.e5!

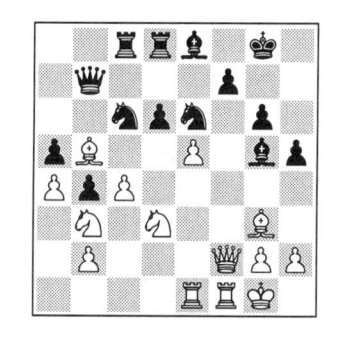

29...d5 [29...de5 30.♗c6 ♕c6 31.♘e5 ♕b7 32.♘a5 ♕e7 33.h4 ♖d2 34.♕b6 ♗h4 35.♘g6 ♕g5 36.♘h4 ♕g3 37.♕b4+-; 29...♘e5 30.♘a5 ♕c7 31.♘e5 de5 32.♖e5+-] 30.♘dc5 ♕e7 [30...♘c5 31.♘c5 ♕a7 32.cd5 ♖d5 33.♘e4 ♕f2 34.♖f2 ♗e7 (34...h4 35.♗f4) 35.♘d6 ♗d6 36.ed6 h4 37.♗h4 ♖d6 38.♗a6+-] 31.h4! ♗h6 [31...♘c5 32.♘c5 d4!? 33.hg5 ♕c5 34.e6±] 32.cd5 ♖d5 33.♘e4 ♗g7 34.♘d6 ♖c7 35.♘a5! ♘e5 [35...♘a5 36.♗e8 ♘d8 37.♕b6+-] 36.♘e8 ♘g4 37.♘c7 ♖b5 [37...♘f2 38.♘d5 ♕c5 39.♖f2 ♕d5 40.♘c6+-] 38.♘c6 ♕d7 39.♕f7   1-0

Bologan
M/00-7-60

INTRODUCTION: Leon Pliester
MAIN ANALYSIS: Leon Pliester
STUDY MATERIAL: Pliester, Yermolinsky, Timoshenko, Gallagher

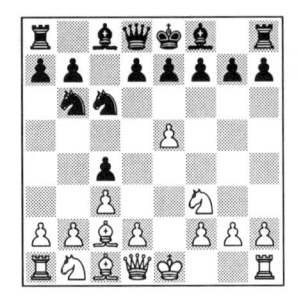

Sicilian Defence
Alapin Variation

SI 47.3

A Creative Idea in the Alapin

1.e4 c5 2.c3 ♘f6 3.e5 ♘d5 4.♘f3 ♘c6 5.♗c4 ♘b6 6.♗b3 c4 7.♗c2

The Sicilian Alapin, characterised by 2.c3, has the reputation of being suitable for white players hunting for a tiny edge, in contrast to the open Sicilian (2.♘f3 and 3.d4), which is more suited to more aggressively inclined players.
Many games in the Alapin follow well-trodden paths, especially the Isolated Queen Pawn positions. But even here there is room for creative ideas. This survey is a case in point. The position after 2...♘f6 3.e5 ♘d5 4.♘f3 ♘c6 5.♗c4 ♘b6 6.♗b3 c4 7.♗c2 gives rise to highly original pawn formations.
The Study Material can be divided into:

A) 7...♕c7 8.♕e2, and now the original thrust 8...g5!?. This can take the game into two directions.

The queens are exchanged. This is what happens in the first featured game Ponomariov-Van Wely, Biel 2000. Black has a small space advantage thanks to his extra central pawn. The fact that it is doubled doesn't detract anything from it.

The queens are not exchanged. With his g-pawn gone, Black can't take his king to safety as rapidly as he would like. A clear case in point is the second illustrative game Pavasovic-Tratar, Radenci 1998, where Black survived by the skin of his teeth.
In the 1996 Ukrainian Team Championship held in Alushta in April, Georgy Timoshenko conjured up wild complications against Boris Ponomariov (not to be confused with his talented pupil and namesake Ruslan Ponomariov!) in what might be the stem game of this system.

B) 7...d6, 7...d5 and 7...g6 all lead to similar schemes of play. The big question for White is: how to deal with Black's advanced c-pawn. Nearly everyone opts for eliminating it with b3, and then occupying the centre with d4, thus creating a small space advantage. Black's counter-measures, however, seem adequate.

No Clear Road
White players include hot shots like Adams, but also the accomplished Alapin specialists Rozentalis and Sveshnikov. So far, none has demonstrated a clear road to an advantage.

STATISTICS

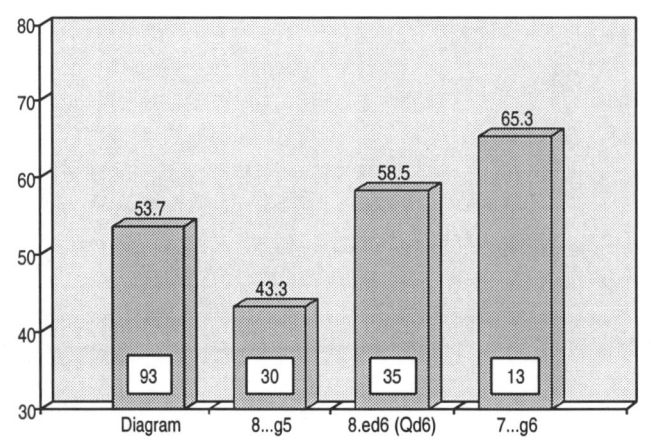

Line	Percentage	Games
Diagram	53.7	93
8...g5	43.3	30
8.ed6 (Qd6)	58.5	35
7...g6	65.3	13

SI 47.3

Ponomariov,Ruslan
Van Wely,Loek

Biel 2000 (2)

1.e4 c5 2.c3 ♘f6 3.e5 ♘d5 4.♘f3 ♘c6 5.♗c4 ♘b6 6.♗b3 c4 7.♗c2 ♕c7 [7...g5?! 8.♘g5 ♘e5 9.f4 ♘g6 10.♕h5 ♗g7 (Classen-Mainka, Leverkusen 1997) 11.d4±] **8.♕e2 g5 9.e6** [9.♘a3 g4 10.♘b5 ♕b8 11.♘g5 ♘e5 12.f4 gf3 13.♘f3 ♗f3 14.gf3 d5∓] **9...de6 10.♘g5 ♕e5 11.d4 cd3** [11...♕e2 12.♔e2 e5 13.de5 ♘e5=] **12.♗d3 ♕e2 13.♗e2** [13.♔e2 ♘e5 14.♗b5 ♗d7 15.♘a3 h6 16.♘f3 ♗f3 17.♔f3 a6 18.♗d7 ♘d7=] **13...h6 14.♘e4?!** [14.♘f3 e5=] **14...e5 15.♘a3 f5!** [15....♗f5] **16.♗h5 ♔d8 17.♘g3 e6** [△ 18...♗a3] **18.♘c2 ♗d6 19.♗d2?** [19.0-0 ♔e7∓] **19...♘c4 20.0-0-0 ♗d2** [20...♔e7 21.♗e2 ♘d2 22.♖d2 e4 23.♖hd1 ♗f4 24.♘e3 ♗g5∓] **21.♖d2 ♗e7 22.♖hd1 ♗c7 23.♘f1 b5 24.g3?!** [24.g4!=] **24...♖b8 25.b4** [25.g4!?] **25...♖d8** [25...e4 26.♘fe3 a5 27.♔b2 ♘e5∓] **26.♘fe3 ♖d2 27.♖d2 ♗b7** [27...e4 28.♘d4 ♘e5∓] **28.a3 a6 29.♘a1 ♗b6 30.♘b3**

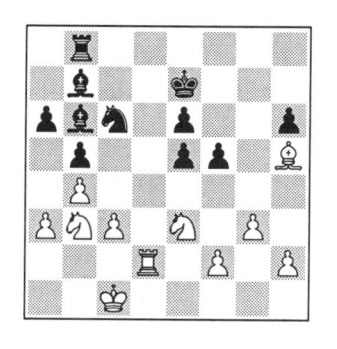

30...♘a7 [30...♖d8 31.♖d8 ♔d8 32.♘d2 ♔d7 33.c4 e4 34.c5 ♗c7∓; 30...e4 31.♗e2 ♘e5 32.♔b2 ♖c8∓] **31.♗d1?** [31.♔b2! ♖c8 32.♗e2∓; 31.♗e2! ♖c8 32.♔b2∓] **31...♘c8 32.♘c5 ♘d6 33.♖c2?** [33.♘b7 ♘b7 34.♗e2 ♗c7 35.♖c2∓] **33...♗c5 34.bc5 ♘e4∓ 35.c4 ♖c8 36.cb5 ab5 37.♗f3 ♔d7 38.♔b2 ♗d5 39.♗e4 ♗e4 40.♖c3 ♔c6 41.♘f1** [41.♘c2 ♗c2! 42.♖c2 ♖d8 43.f3 (43.♔b3 ♖d3 44.♔b4 ♖d4 45.♔b3

e4–+) 43...♖d4 (43...♖d3 44.♖e2 ♖d5∓) 44.♔b3 e4 45.fe4 (45.f4 e3 46.♖e2 ♖e4 47.♔c2 ♔c5 48.♔d3 ♔d5–+) 45...♖e4 46.♖c3 e5 47.♖f3 f4 48.gf4 ef4–+] **41...♖d8 42.f3 ♗d3 43.♘e3 h5!–+ 44.♔c1** [44.♘c2 ♗c2! 45.♖c2 ♖d4! △ 46...e4–+] **44...♖d4 45.♘d1** [45.♔b2 e4–+] **45...♗e2 46.♘f2** [46.♘b2 f4 47.gf4 ef4 48.♔c2 e5–+] **46...♖c4 47.♔d2 ♖c3 48.♔c3 ♗c5** [48...♗f3 49.♔b4 ♗e2 50.♘h3 f4! 51.gf4 ♗g4! 52.♘f2 ef4 53.♘d3 f3 54.h4 ♔d5 55.♔b5 e5–+] **49.f4 ef4 50.gf4 ♔d5 51.♔d2 ♗f1 52.h4 ♔c4 53.♘h1 ♗g2 54.♘f2 ♗b3 55.♘d3 ♗d5 56.♘b4 ♗e4 57.♘a6 ♔a3 58.♔c3 ♗d5 59.♘b4 ♔a4 60.♘d3 ♔a5 61.♘b4 ♗c4 62.♘c2 ♔a4 63.♘d4 ♔a3 64.♘c6 ♔a2 65.♘e5 ♔b1 66.♘d7 ♔c1 67.♘f6 ♗e2 68.♘e8 ♔d1 69.♘g7 ♗g4 70.♘e6 ♔e2 71.♘d4 ♔f2 72.♘b5 ♔g3 73.♔d2 ♔h4 74.♔e1 ♔g3 75.♘d4 h4 76.♔f1 h3 77.♔g1 h2 78.♔h1 ♔h3** 0-1

Pliester

SI 47.3

Pavasovic,Dusko
Tratar,Marko

Ljubljana 2000 (6)

1.e4 c5 2.c3 ♘f6 3.e5 ♘d5 4.♘f3 ♘c6 5.♗c4 ♘b6 6.♗b3 c4 7.♗c2 ♕c7 8.♕e2 g5 9.h3 ♗g7 10.0-0 ♘e5 11.♘g5 h6 [11...d5 12.♖e1 h6 13.♘f3 ♘f3 (13...♗g6!?) 14.♕f3=] **12.♘e4** [12.♘f3 d5 (12...d6 13.♘a3 ♗e6) 13.♖e1 ♘f3 (13...♗g6 14.d4) 14.♕f3=] **12...♘g6** [12...d5! 13.♘g3 d4 14.d3 (14.cd4 ♘c6∓) 14...cd3 15.♗d3 ♘d3 16.♕d3 ♗e6 17.♘f5 ♗f5 18.♕f5∓] **13.d4 cd3 14.♗d3 ♗e5** [14...d5 15.♘g3 g5 16.♘h5 ♔f8 17.♘g7 ♔g7 18.♘a3=] **15.♘a3 a6 16.♖e1 d5 17.♘g3 ♗f4** [17...♗d6 18.♘f5 ♗a3 19.ba3 e5±] **18.♗f4 ♗f4 19.♘h5 ♗d6** [19...♘h2 20.♔f1 ♗d6 21.♕f3] **20.♕f3 ♗d7** [20...♗a3 21.ba3 ♕d6 22.♘f4 ♕f4 23.♕f4 h5 24.♖ab1 ♖h6 25.♖e5±] **21.♘f6 ♔f8**

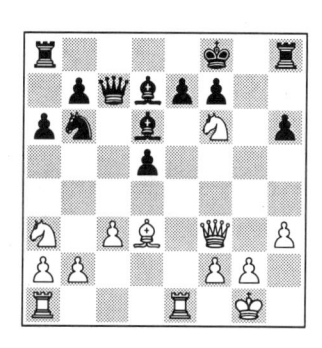

22.♗g6 [22.♘d7 ♕d7 23.♗f5 ♕a4; 22.♘d5 ♘d5 23.♕d5 ♖d8 24.♕d4±] **22...♗f4** [22...♗h2 23.♔h1 ♗f4 24.♘h5 e5 25.♘f4 ef4 26.♗d3±] **23.♘h5 e5 24.♘f4 ef4 25.♗d3 ♗c6 26.♘c2 ♘a4** [26...♘c4 27.b3 ♘d2 28.♕h5 ♘e4 29.♕f5±] **27.♖ab1 d4 28.♗e4 dc3 29.bc3 ♗e4** [29...♖e8 30.♗c6 ♖e1 31.♘e1 ♕c6 32.♖b7 ♕f3 33.♘f3 ♘c3 34.♘e5 ♘h7 35.a3 a5 36.♘g6 ♔g7 37.♘f4+–] **30.♕e4 ♘c3 31.♕b4** [31.♖b7 ♘e4 32.♖c7 ♘g5 33.♘d4 ♖d8 34.♘f5+–] **31...♔g8 32.♖e7 ♕d8 33.♕b7 ♕d5 34.♖b3** [34.♖c7! ♕b7 35.♖bb7 ♘e2 36.♔f1 f3 37.♖f7 fg2 38.♔g2+–] **34...♕b7 35.♖bb7 ♖h7 36.a3** [36.♘d4 ♘a2 37.♘f5 h5 38.♖a7 ♖f8 (38...♖a7 39.♖e8) 39.♖a6+–]

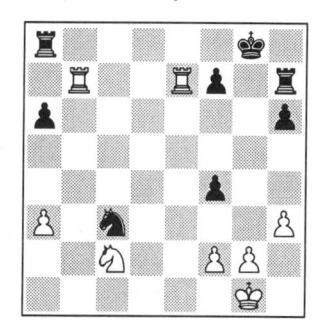

36...♘d5 37.♖e5? [37.♖ed7! ♘f6 38.♖d4 ♖c8 39.♖f4 ♘d5 40.♖f5 f6 41.♖h7 ♔h7 42.♖d5 ♖c2 43.♖d6+–] **37...f6!□ 38.♖h7 fe5 39.♖h6 ♔f7 40.♖d6 ♘c3 41.♘b4 ♕b5 42.♖d5** [42.♘a6 ♖a6 43.♘a6 ♘a3 44.♘c5 ♘c2+; 42.♘c6 ♘a3 43.♘a3 a5 44.♘e5 ♔g7 45.♖g6 ♔h7 46.♖f6 a4 47.♖f4 ♘b5 48.♘c4 a3 49.♘a3 ♖a3=] **42...♔e6 43.♖c5** [43.a4! ♘c7 44.♖c5 a5 45.♘d3 ♘d5 46.♖b5 ♖a7 47.f3+–] **43...♘a3 44.♘d3**

[44.♖c6 ♔f5 45.♘a6 ♘c2! 46.♘c5 ♘d4 47.♖h6 ♖a1 48.♔h2 ♖a2 49.♖h5 ♔g6 50.♖e5 ♖f2=] **44...♖d8 45.♘e5 ♖d1** [45...♖d5 46.♖d5 ♔d5 47.♘d3 a5 48.♘f4 (48.h4 ♘b5 49.h5 (49.♘f4 ♔e4 50.♘e6 ♔d5 51.♘f4 ♔e4=) 49...♘d6 50.♘f4 ♔c4 51.g4 a4 52.♘e2 a3 53.♘c1 ♔c3=) 48...♔e4 49.♘e2 ♘b5 50.♔f1±] **46.♔h2 ♖d5 47.♖d5 ♔d5 48.♘d3 a5 49.h4** [49.♘f4 ♔e4 50.♘e2 ♘b5 51.h4 a4 52.h5 ♔d3 53.♘f4 ♔c4 54.h6 ♘d6 55.♘e2 ♔d3 56.♘c1 ♔c2 57.♘a2 ♔b3 58.h7 ♘f7 59.g4 ♔a2 60.g5 ♘h8 61.f4 a3 62.f5 ♔b1 63.g6 a2 64.g7 a1♕ 65.g8♕ ♕e5=] **49...♘c4 50.h5 ♘e5 51.♘f4 ♔c4 52.♔g3 a4 53.♘e2 ♔d3 54.♘c1 ♔c2 55.♘a2 ♔b2 56.f4** [56.♔f4? ♔a2 57.♔e5 a3 58.h6 ♔b3−+] **56...♘f7 57.♘b4 ♔b3 58.♘d3 ♔c3 59.♘c1 ♔b2 60.♘d3 ♔c3** ½-½

Pliester

Study Material

7...♕c7 8.♕e2 g5 9.e6

Ivanov,Viktor
Khasin,Alexander

Smolensk tt 2000 (11)

1.e4 c5 2.c3 ♘f6 3.e5 ♘d5 4.♘f3 ♘c6 5.♗c4 ♘b6 6.♗b3 c4 7.♗c2 ♕c7 8.♕e2 g5 9.e6 de6 10.♘g5 ♕e5 11.♘e4 f5 12.♘g3 ♕e2 13.♘e2 e5 14.f3 ♖g8 15.0-0 ♗g7 16.♘a3 ♗e6 17.b3 0-0-0 18.♘g3 cb3 19.ab3 ♖gf8 20.♖e1 ♗d7 21.♗b2 e6 22.d3 ♗e8 23.b4 e4 24.d4 e5 25.fe4 ed4 26.♘f5 dc3 27.♘g7 cb2 28.♖ab1 ♖d2 29.♖ed1 ♖d1 30.♗d1 ♗g6 ½-½

Sveshnikov,Evgeny
Sakaev,Konstantin

St Petersburg 1997 (8)

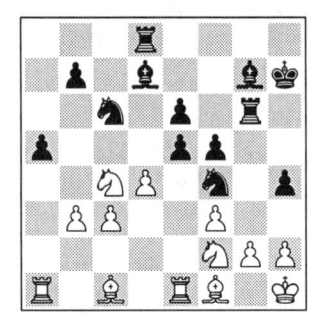

1.e4 c5 2.c3 ♘f6 3.e5 ♘d5 4.♗f3 ♘c6 5.♗c4 ♘b6 6.♗b3 c4 7.♗c2 ♕c7 8.♕e2 g5 9.e6 de6 10.♘g5 ♕e5 11.♘e4 f5 12.♘g3 ♕e2 13.♘e2 ♗g7 14.♘a3 0-0 15.0-0 ♗d7 16.♖b1 ♖ac8 17.b3 cb3 18.ab3 e5 19.f3 a5 20.♖e1 ♘d5 21.♘g3 ♖cd8 22.♗d3 e6 23.♖a1 ♘f4 24.♗f1 h5 25.♘c4 h4 26.♘h1 ♖f6 27.♘f2 ♖g6 28.♔h1 ♘h7 29.d4

29...♘g2□ [29...♘d5 30.♘e5 ♗e5 31.de5 ♘c3 32.♗d2 ♘d5 33.♗a5±] **30.♗g2 ed4 31.♘h3 dc3 32.♘g5** [32.♘f4 ♖h6 33.♘d6 c2 34.♖a2±] **32...♔g8 33.f4 ♘d4 34.♖b1 ♗c6 35.♘a5 ♗g2 36.♔g2 ♖a8 37.b4 b6 38.♘c4 ♖a2 39.♔h3 b5 40.♘e5 ♗e5 41.♖e5 c2 42.♖b2 ♖a1 43.♖c5 ♖g5** [43...♖c1?? 44.♖c8 ♔g7 45.♖c7 ♔g8 46.♖a2+−] **44.fg5 ♖c1 45.♔h4 ♖g1 46.♖bo2 ♘f3 47.♔h5 ♖g5 48.♔h6 ♗f7 49.♖f2 ♖g6 50.♔h5 ♖g5** ½-½

Ponomariov,Ruslan
Sadler,Matthew

Hastings 1998 (8)

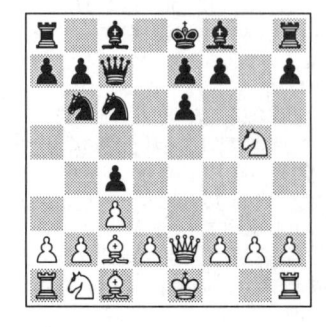

1.e4 c5 2.♘f3 ♘c6 3.c3 ♘f6 4.e5 ♘d5 5.♗c4 ♘b6 6.♗b3 c4 7.♗c2 ♕c7 8.♕e2 g5 9.e6 de6 10.♘g5

10...♕e5 [10...h6 11.♘f7 ♔f7 12.♕h5 ♔g8 13.♕g6 ♗g7 14.♕e8 ♗f8 15.♕g6=]

11.d4 cd3 12.♗d3 ♕e2 13.♔e2 h6 14.♘f3 e5 15.♗a3 ♗d7 [15...♗g4=] **16.♗e3 ♘d5 17.♗e4 ♗f4 18.♔f1 ♗g7 19.♘h4 0-0-0 20.♘f5 ♗f5 21.♗f5 e6 22.♗c2 ♖d7** [22...♘d5!?] **23.♗f4 ef4 24.♔e2 ♖hd8 25.♖ad1 ♘e5 26.♖d7 ♖d7 27.♖d1 ♖d1** ½-½

Ravi,Thandalam
Ramesh,Ramalhandran

Amsterdam 2000 (9)

1.e4 c5 2.c3 ♘f6 3.e5 ♘d5 4.♗c4 ♘b6 5.♗b3 ♘c6 6.♘f3 c4 7.♗c2 ♕c7 8.♕e2 g5 9.e6 de6 10.♘g5 ♕e5 11.d4 cd3 12.♗d3 ♕e2 13.♗e2 ♗g7 14.♘a3 a6 15.0-0 ♘d7 16.♖d1 ♗f5 17.♗f3 ♗g6 18.♗e3 ♘d7 19.♘c4 h6 20.♘e4 0-0-0 21.♘b6 ♘b6 22.♖b6 ♖d1 23.♖d1 f5 24.♘c5 e4 25.♗e2 ♘e5 26.a4 ♗f7 27.b3 ♗f6 28.a5 ♖g8 29.♔f1 h5 30.h3 ♗g6 31.f4 ef3 32.♗f3 ♗f3 33.gf3 ♗e5 34.♖d7 ♗d6 35.♖b7 ♗f7 36.♖a7 ♗c5? [36...♗d5⩱] **37.♗c5 ♗b3 38.♔f2 ♗g6 39.♖e7 ♖e6 40.♖h7 ♖e5 41.♗b6 f4 42.♖h8 ♔b7 43.♖f8 ♗e6 44.h4 ♖f5 45.♖e8 ♗d5 46.♖e7 ♔c6 47.♖c7 ♔b5 48.♖c5 ♔a4 49.c4 ♗e6 50.♖c6 ♗f7 51.♖e2 ♖e5 52.♔d3 ♔b3 53.♗d4 ♖e6 54.♖b6 ♖b6 55.ab6 ♗c4 56.♔e4 ♗b5 57.♔f4 ♗c6 58.♔e3 ♔c4 59.f4 ♗d5 60.f5 a5 61.♔f4 a4 62.f6 ♗e6 63.♔g5** 1-0

Stoockalov,Vladimir
Mohamed,Esam

Cairo tt 1998 (6)

1.e4 c5 2.c3 ♘f6 3.e5 ♘d5 4.♗f3 ♘c6 5.♗c4 ♘b6 6.♗b3 c4 7.♗c2 ♕c7 8.♕e2 g5 9.e6 de6 10.♘g5 ♕e5 11.d4 cd3 12.♗d3 ♕e2 13.♗e2 h6 14.♘e4 ♗g7 15.0-0 ♘d7 16.♘a3 e5 17.♘c4 ♘d5 18.a4 ♘f4 19.♗f4 ef4 20.a5 ♖b8 21.♖fd1 b5 22.ab6 ab6 23.♘a3 ♗b7 24.f3 ♘e5 25.♔f1 ♖fe8 26.♘f2 ♗c6 27.♘d3 ♘d3 28.♗d3 ♖bd8 29.♗e4 ♗a4 30.♗c2 ♗c6 31.♗e4 ♗a4 32.♗c2 ♗d7 33.♖d2 ♗e6 34.♖d8 ♖d8 35.♖d1 ♖c8 [35...♖d1=] **36.♗e4 ♔f8 37.♗e2 ♗e8 38.♗d5 ♗f5 39.♘b5 ♗c2 40.♖a1 ♗e5 41.♖a6 ♖b8**

42.♘d4 ♗d4 43.cd4 ♗f5 44.♗c6 ♔f8 45.d5 ♔g7 46.♖a4 e5 47.de6 ♗e6 48.♖b4 ♖d8 49.♗e4 ♖e8 50.♖b6 f5 51.♗c6 ♗c4 52.♔d2 ♖e6 53.♔c3 ♗f1 54.g3 fg3 55.hg3 ♔f6 56.♔d4 ♗g2 57.♔c4 ♖e3 58.♗d5 ♔g7 59.♔d4 ♖e7 60.♖b7 ♖b7 61.♗b7   1-0

Rozentalis,Eduardas
Hellers,Ferdinand

Aarhus 1997 (4)

1.e4 c5 2.c3 ♘f6 3.e5 ♘d5 4.♘f3 ♘c6 5.♗c4 ♘b6 6.♗b3 c4 7.♗c2 ♕c7 8.♕e2 g5 9.e6 de6 10.♘g5 ♕e5 11.d4 cd3 12.♗d3 ♕e2 13.♗e2 h6 14.♘e4 e5 15.♘a3 ♗f5 16.♗f3 0-0-0 17.♘c2 e6 18.♗d2 ♗g6 19.0-0-0 f5 20.♘g3 e4 21.♗e2 ♘d5 22.f3 ef3 23.gf3

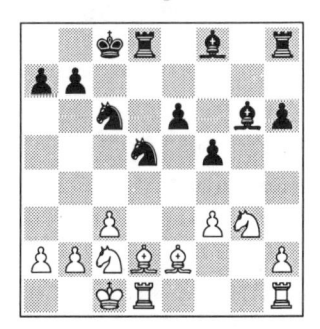

23...h5?! [23...♗d6] 24.♗g5 ♗h6 25.♗h6 ♖h6 26.♗c4 ♘f4 27.♖de1 ♗f7 28.♘e2 ♘e2 29.♖e2 ♖f6 30.♗b5 e5 31.♖he1 ♗d5 32.♗c6 ♗c6 33.♖e5 ♗f3 34.♘d4 ♗g4 35.♘e6 ♖e8 36.♘f4 ♖e5 37.♖e5 ♔d7 38.♔d2 ♗f3 39.♔e3 ♗e4 40.h4 ♖a6 41.a3 ♖b6 42.b4 ♖d6 43.♔e2 b6 44.c4 ♖c6 45.c5 bc5 46.♖c5 ♖c5 47.bc5 ♔c6 48.♘h5 ♔c5 49.♘f6 ♗b1 50.h5 ♔d6 51.h6 f4 52.♔d2 f3 53.♔e3 ♔e6   ½-½

Adams,Michael
Svidler,Peter

Groningen 1997 (4)

1.e4 c5 2.c3 ♘f6 3.e5 ♘d5 4.♘f3 ♘c6 5.♗c4 ♘b6 6.♗b3 c4 7.♗c2 ♕c7 8.♕e2 g5 9.e6 de6 10.♘g5 ♕e5 11.d4 cd3 12.♗d3 ♕e2 13.♗e2 h6 14.♘e4 e5 15.♘a3 ♗f5 16.♘g3 ♗g6 17.♘c4 ♘d5 18.0-0 0-0-0 19.♖e1 h5 20.h4 e6 21.♗f3 f6 22.a4 ♔c7 23.a5 ♗d3 24.♖a4 ♗c5 25.♗e4 ♗e4 26.♘e4 ♗e7 27.♗d2 ♖hg8 28.b4 a6 29.♖b1 f5 30.♘g5 ♗g5 31.hg5 f4 32.b5 ab5 33.♖b5 ♖g5 34.a6 b6 35.♔f1 ♖dg8 36.g3

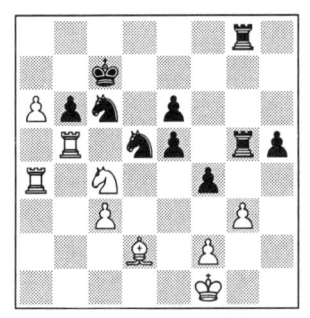

36...h4? [36...♘a7! 37.♖b1 b5 38.♖aa1 bc4 39.♖b7 ♔c6 40.♖a7 h4−+; 36...♖g4!−+] 37.a7 ♖a8 38.gf4 ♖gg8 39.♘e5 h3 40.♘f3 ♗a7 41.♖b1 ♘c6 42.♖a8 ♖a8 43.♘g5 [43.c4! ♘de7 44.♗e3=] 43...♖a2 44.♖d1 ♘a5 45.♘h3 [45.♘e6 ♔d6 46.♘g5 ♘c4 47.♗c1∓] 45...♘c4 46.♔e1 ♔c6 47.♘g5 ♘b2 48.♖b1? [48.c4!∓] 48...♘d3 49.♔d1 ♘f2 50.♔e1 ♘d3 51.♔d1 ♘5f4−+ 52.♗f4 ♘f4 53.♖b4 ♘d5 54.♖c4 ♔d6 55.♔c1 ♖e2 56.♘e4 ♔e5 57.♔d2 ♗f5 58.♖c8 ♔f4 59.♖f8 ♔g4 60.♔c2 e5 61.c4 ♘f4 62.♔d1 ♖g2 63.♖b8 ♘d3 64.♖g8 ♔h3 65.♖h8 ♔g3 66.♖g8 ♔f2 67.♘e4 ♔g1 68.♖b8 ♘b2 69.♔e1 ♘c4 70.♖c8 b5 71.♖c5 ♖g4 72.♘f2 ♖g3 73.♘d1 ♖b3 74.♔e2 ♔g2 75.♖c8 ♔g3 76.♖f8 ♖a3 77.♘f2 ♖e3 78.♔d1 b4 79.♘h1 ♔g2 80.♘f2 b3 81.♘g4 b2 82.♖b8 ♖e4 83.♘f6 ♖f4 84.♘h5 ♖f1 85.♔e2 b1♕ 86.♖g8 ♔h2   0-1

7...♕c7 8.♕e2 g5 9.♘g5

Torre,Eugenio
Ivanchuk,Vasily

Erevan ol 1996 (8)

1.e4 c5 2.c3 ♘f6 3.e5 ♘d5 4.♘f3 ♘c6 5.♗c4 ♘b6 6.♗b3 c4 7.♗c2 ♕c7 8.♕e2 g5 9.♘g5 ♕e5 10.d4 cd3 11.♗d3 ♕e2 12.♗e2 ♗g7 13.0-0 0-0 14.♖d1 d5 15.♗e3 ♖d8 16.♗h5 ♘e5 17.♗d4 ♘g6 18.♘a3 ♗d4 19.♖d4 f6 20.♘e4 e5 21.♖d2 ♘f4 22.♗d1 ♔f7 23.♘c5 ♗e7 24.g3 ♘e6 25.♘e6 ♗e6 26.♗b3 ♘c4 27.♗c4 dc4 28.♖ad1 ♖d3 29.♖d3 cd3 30.♖d3 ♗a2 31.♘c2 ♔e6 32.♖d2 ♗d5 33.♔f1 h5 34.h4 ♖g8 35.♔e2 f5 36.♘e3 ♗c6 37.c4 f4 38.gf4 ef4 39.♘c2 ♗f5 40.♘d4 ♔g4 41.♘c6 bc6 42.♖d6 f3 43.♔d3 c5 44.♖d5 ♖b8 45.♖c5 ♖b2 46.♖c7 a5 47.♖g7 ♔h4 48.♔e3 ♖b3 49.♔f4 a4 50.♖g1 ♔h3 51.c5 a3 52.♖c1 a2 53.♖a1 ♖a3 54.c6 ♔g2 55.c7 ♖c3 56.♖a2 h4 57.♖a8 ♖c7   0-1

Benjamin,Joel
Gallagher,Joseph

Luzern Wch-tt 1997 (7)

1.e4 c5 2.c3 ♘f6 3.e5 ♘d5 4.♘f3 ♘c6 5.♗c4 ♘b6 6.♗b3 c4 7.♗c2 ♕c7 8.♕e2 g5!? 9.♘g5 [9.e6 de6 10.♘g5 ♕e5 11.♘e4=; 11.d4=] **9...♕e5 10.d4 cd3 11.♗d3 ♕e2 12.♗e2 h6** [12...♗g7] **13.♘f3 ♗g7 14.♘a3** [♘b6<] **14...d5** [14...a6] **15.♗e3 ♗g4 16.♘b5 0-0 17.0-0-0 e6 18.h3 ♗f3?** [18...♗h5 19.g4 ♗g6 20.g5↑∞; 20.♘d6↑∞] **19.gf3!**

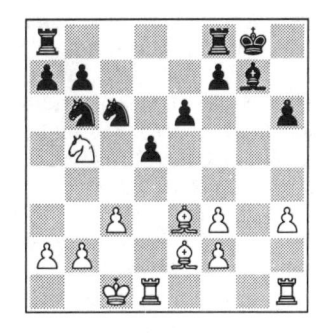

19...♘c4? [19...♘e7 20.♘d6 ♖ab8 21.♖hg1 ♔h8 22.♖g2 ♖ec8] **20.♗c4 dc4 21.♖hg1 ♔h7 22.♖d7± ♖ad8** [22...♘e5 23.♖g7 ♔h8 24.♗h6 ♘d7 25.♘d6 ♘e5 26.f4] **23.♖b7 ♖b8 24.♖b8 ♖b8 25.♘d6 ♘e5 26.♔c2 ♘f3 27.♖d1 ♔g6 28.♘c4+− ♖b7

29.b4 ♘g5 30.♘d6 ♖c7 31.c4 ♗e5 32.c5 a5 33.♘c4 ♗f6 34.b5 ♘e4 35.b6 ♖c8 36.b7 ♖b8 37.c6　　1-0
Yermolinsky
M/97-8-19

Kunte,Abhijit
Timoshenko,Georgy

Ubeda 1998 (4)

1.e4 c5 2.c3 ♘f6 3.e5 ♘d5 4.♗c4 ♘b6 5.♗b3 c4 6.♗c2 ♘c6 7.♘f3 ♕c7 8.♕e2 g5 9.♘g5 [9.e6 f6!? 10.♘a3!; 10.ed7 ♗d7 11.0-0 g4 12.♘h4 ♘e5 13.b3∓ Ponomariov-Timoshenko, Kiev 1997] 9...♘e5N 10.0-0 h6 11.♘f3 ♗g7 [11...♘f3!? 12.♕f3 ♖g8!?] 12.♖e1 d6 13.♘e5 ♗e5 14.d4 cd3 15.♗d3 ♗e6 16.♘a3 [16.♘d2!? 0-0-0 17.♗f3 ♗f5 18.♗e3 ♖de8 19.♗d4 ♗d4 20.♘d4 ♘c4±] 16...a6 17.♘c2 0-0-0 18.♘d4?! [18.♗e3 ♗b8 (18...♘c4 19.♗d4 ♘b2?! 20.♗a6±) 19.♗d4 ♘d7=] 18...♗d4 19.cd4 ♔b8∓ 20.♗d2 ♘d5 21.♗e4 ♘f6 22.♗f3 ♖de8 23.♖ec1 ♕d7 24.♗c3 [24.b4!?] 24...♘d5 25.♖ac1 ♕f5 26.♗d5 ♘d5 27.♖b3 ♔a7 28.♖f3 ♕h7 29.h3 [29.b4 ♖c8] 29...h5 30.♕c4 e6 31.♕a4 f6 [31...♖c8 32.♖c8 ♖c8 33.♕d7 ♖c7 34.♕d6 ♕b1 35.♔h2 ♕b2 36.♗f4∞] 32.b4 [32.♗f4!?] 32...♖d8 33.♖e1 ♕f7 34.♗a3 ♖hg8 [≥ 34...f5] 35.♕d1 f5 36.♕e2 h4! [36...♖g6 37.♖g3∞] 37.♕e6! ♕g7 38.g3 ♕d4 39.♔h2 [39.♗d6 hg3! (39...♖ge8 40.♕e8 ♖e8 41.♖e8 ♘f6 42.♖d8) 40.♖g3 ♘f6 41.♖g8 (41.♗e5 ♖g3 42.♗g3 ♖e8 43.♗e5 ♕d2∓) 41...♖g8 42.♔f1 ♖e8 43.♗e7 ♘e4∓] 39...hg3 40.fg3 ♖ge8 41.♕e8 ♖e8 42.♖e8 ♕d2 43.♔g1 ♘f6 44.♖ee3 [44.♖f8!?] 44...♘e4 45.g4?! [45.♖d3 ♕e1 46.♖f1 ♕e2 47.♖df3 (47.♖ff3 ♘g5−+) 47...♘d2 48.♖f5 ♘f1 49.♖f1 ♕e3 50.♔g2 b5∓] 45...♕d1 46.♔g2 f4! 47.♖e4 [47.♖b3 ♕e2 48.♔g1 ♕d2∓] 47...♕c2 48.♔f1 ♕e4 49.♔f2?! [≥ 49.♔g2] 49...b5 50.b4 a5 51.♔g2 [51.♖b3 ♕c2−+] 51...♕e2 52.♖f2 ♕e3 [52...f3 53.♔g3 ♕e5 54.♔f3 ♔c3 55.♔g2 ♕a3 56.ba5 d5−+] 53.♖f3 ♕d2 54.♖f2 ♕d5 55.♔g1 ♕d3 56.♗c1 ♕g3 57.♔f1 ♕h3 58.♔e1 ♕h1 59.♔d2 ♕e4 60.♔d1 f3 61.ba5 ♕g4 62.♗e3

♔a6 63.♗b6 b4 64.♔d2 [64.♔c1 ♕g1 65.♔c2 (65.♗b2 ♕d1−+) 65...♕a1 66.♔d3 d5−+] 64...♕e4 65.♔c1 ♕e1 66.♔c2 ♕c3 67.♔b1 d5 68.♖c2 ♕e1 69.♔b2 ♕e5 70.♔b3 d4 71.♔c4 ♕e2 72.♔b3 ♕c2　　0-1
Timoshenko

Ponomariov,Boris
Timoshenko,Georgy

Alushta tt 1996 (9)

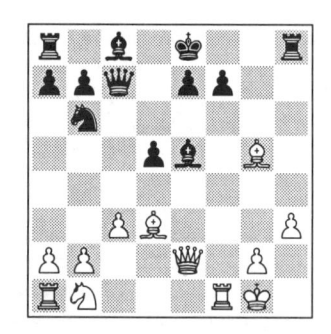

1.e4 c5 2.c3 ♘f6 3.e5 ♘d5 4.♘f3 ♘c6 5.♗c4 ♘b6 6.♗b3 c4!? 7.♗c2 ♕c7 8.♕e2 g5! 9.h3 [9.♘g5 ♘e5 10.f4 (10.♘h7? ♘d3 11.♗d3 cd3 12.♕d3 ♕e5 13.♔f1 ♕h5−+; 10.♗h7? ♗h6 11.♕h5 ♖h7! 12.♘h7 ♘d3 13.♔e2 ♘f4−+) 10...♘d3! 11.♗d3 cd3∓] 9...♗g7 10.0-0 ♘e5 11.♘g5 d5 [11...h6!?] 12.f4 [12.♘h7 ♘d3!; 12.♗h7 ♗f6 13.♕h5 ♗f5 14.f4 ♗g6 15.♕h6 ♘d3∓] 12...h6 13.fe5 hg5 14.d4 cd3 15.♗d3 ♗e5! [15...g4 16.♗b5 ♔f8 17.♗f4 ♗e6 18.hg4∞; 15...♕e5 16.♖e5 ♗e5 17.♗g5 ♗e6∞] 16.♗g5

16...f6? [16...♘c4! 17.b3 (17.♘d2 ♕c5 18.♕f2 ♕f2 19.♖f2 ♗b2 20.♗b5 ♔f8 21.♖e1 ♗d6 22.♖b1 ♘c4∓) 17...♕c5 18.♖f2 (18.♗h1? ♗h3−+; 18.♕f2 ♕f2 19.♖f2 ♘d6∓) 18...g3 19.bc4 dc4 20.♗e3 cd3 21.♗c5 de2 22.♖e2 ♗e6∓; 16...♗e6 17.♗f5∞] 17.♖f6! ♗h3 [17...♖f6 18.♗f6 ♖f8 19.♗e5±] 18.♗g6 ♔d8 19.♖f7 ♗d7 20.♖e7 ♕c5?! [20...♔h2 21.♔h1!? ♔c8 22.♖h7 ♖h7 23.♗h7 ♗f4∞] 21.♕f2 ♕e7 [21...♕h1? 22.♔h1 ♕f2 23.♖f7 ♗f6 24.♖f6 ♕g3

25.♖f8+−] 22.♗e7 ♔e7 23.♘d2! [23.♕c5 ♗d6 24.♕e3 ♗f6 25.♗d3 ♘a4 26.b4 ♗c7⩱] 23...♘h2 24.♔f1 ♖af8 25.♘f3 ♗b5 26.♔e1 ♗d6 27.a4 [27.♔d2! ♗c4 28.♗c2 ♘e5 29.♖h1!+−] 27...♗d7 28.♔d2 ♖hg8 29.♗d3 ♗g3 30.♕f1 [30.♕d4! ♗f4 31.♗d1∓] 30...♘a4 31.♔c2?! [31.♗b5!?] 31...♘c5 32.♗h7 ♖g7⩲ 33.b4 ♘e6 34.♗d3 a6 35.♕g1 ♔e7 36.♕b6 ♗c7 37.♕f2 ♔d8 38.♖d1? [38.♔b2] 38...♘a4 39.♔d2 ♖e8 [39...♗d1!?∓] 40.♖e1!? ♗f4 41.♗e2 ♘c5 [41...♗g3 42.♕a7!⇄] 42.♔f1 ♘d3 43.♕b6 ♗c7?! [43...♖c7!? 44.♖e8 ♗e8 45.♕f6 ♖e7 46.♕d4 ♗b5 47.♕d5 ♗c7 48.c4 ♖d7 49.♕e6 ♗c6∓] 44.♖e8 ♗e8 45.♕b7 ♘f4 46.♘d4 [46.♕a6∞] 46...♖g6 [46...♗d7 47.♕a6 ♖g8 48.♕a8 ♔e7 49.♕b7=] 47.♕a8 ♔d7 48.g3 ♘h5 [48...♖g3 49.♕c6 ♔d8 50.♕a8=] 49.♕d5 ♔c8 50.g4 ♘f4 51.♕a8 ♗b8 52.g5 ♗d7 53.c4 [53...♘h3 54.c5 ♔c7 55.♕d5∞]　　½-½
Timoshenko

Rozentalis,Eduardas
Hracek,Zbynek

Germany 1998

1.e4 c5 2.c3 ♘f6 3.e5 ♘d5 4.♘f3 ♘c6 5.♗c4 ♘b6 6.♗b3 c4 7.♗c2 ♕c7 8.♕e2 g5 9.h3 [9.e6 fe6 10.♘g5 ♕e5 Rozentalis] 9...♗g7 10.0-0 ♘e5 11.♘g5 d5 12.b3 ♗d7 13.a4 cb3 14.♗b3 ♗f5! 15.a5 ♘bc4 16.d4

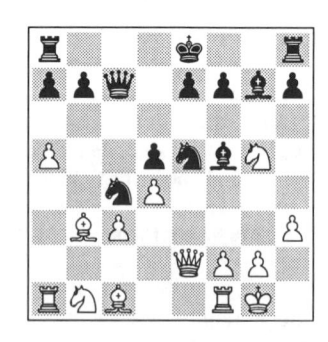

16...h6! [16...♘d3? 17.♕d1! ♗f1 18.de5 ♗g2 19.♔g2± Rozentalis] 17.de5 hg5 18.♗g5 ♕e5 [18...♗e5∓ Rozentalis] 19.♗c4 dc4 20.♕e5 ♗e5 21.♖e1 f6 22.f4! 0-0-0 23.fe5 [23...fg5 24.♖a4= Rozentalis]　　½-½

Jonkman,Harmen
Blokhuis,Jeroen
Amsterdam 2000 (4)

1.e4 c5 2.c3 ♘f6 3.e5 ♘d5 4.♘f3 ♘c6 5.♗c4 ♘b6 6.♗b3 c4 7.♗c2 ♕c7 8.♕e2 g5 9.h3 ♗g7 10.0-0 ♘e5 11.♘g5 ♘g6 12.♖e1 [12.d4 cd3 13.♗d3 d5 14.♘a3 e5 15.c4 h6 16.♘b5 ♕d8 17.c5 hg5∞ 18.cb6 ab6] 12...d5 13.d4 cd3 14.♗d3 e5 15.♘a3 0-0 16.♕h5 h6 17.♘b5 ♕d7 18.♘f7 ♕f7 19.♕g6 ♕f2 20.♔h2 ♗f5 21.♗f5 ♕f5 22.♕f5 ♖f5 23.♗e3 ♘c4 24.♘c7 ♖d8 25.♘e6 ♖d7 26.♘g7 [26.♗a7!] 26...♔g7 27.b3 ♘e3 28.♖e3 ♔f6 29.♖ae1 h5 30.h4?! [30.g4!?] 30...♖g7 31.♖1e2 b5 32.g3 ♖g4 33.♔g2 ♔e6 34.b4

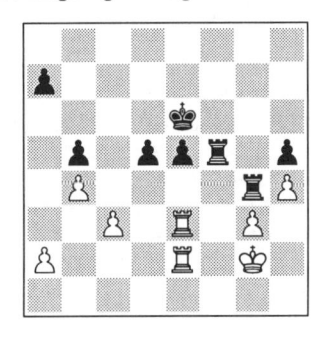

34...e4? [34...♖c4!−+] 35.a4 a6 36.ab5 ab5 37.♖a2 ♖g7 38.♖a6 ♔e5 39.♖b6 ♖a7 40.♖b5 ♖a2 41.♔g1 ♖af2? [41...♖ff2 42.♖c5 ♖g2 43.♔f1 ♖af2 44.♔e1 ♖h2 45.♔d1 ♖a2 46.♖a5 ♖ad2 47.♔c1 ♖dg2 48.♖e1 ♖c2 49.♔b1 ♖c3−+] 42.♖e1 ♖2f3 43.c4 ♖g3 44.♔h2 ♖d3 45.♖d5 ♖d5 46.cd5 ♔d5 47.♖b1 ♔c4 48.♔g2 e3 49.b5 ♖f2 50.♔g3 ♖f7 51.b6 e2 52.♔g2 ♖e7 53.♖c1 ♔d3 54.♖a1 ♔e3   ½-½

7...d5/d6 8.ed6

Kernazhitsky,Leonid
Lemmers,Oscar
Olomouc IIB 1999 (9)

1.e4 c5 2.♘f3 ♘c6 3.c3 ♘f6 4.e5 ♘d5 5.♗c4 ♘b6 6.♗b3 c4 7.♗c2 d6 8.ed6 ♕d6 9.b3 ♕e6 10.♕e2

♕e2 11.♔e2 e5 12.♖e1 f6 13.♔f1 ♔f7 14.bc4 ♘c4 15.d3 ♘b6 16.♗b3 ♗e6 17.♘bd2 ♗b3 18.♖b3 [18.ab3!=] 18...♖d8 19.♔e2 ♘d5 20.♗d2 ♗a3 21.♖ab1 ♖d7 22.♖ed1 ♖hd8 23.c4 ♘b6 24.♗a5 ♘a5 25.♘a5 ♗f8 26.♖dc1 ♖c8 27.♖b5 ♖cc7 28.♘b3 e4 29.de4 ♘c4 30.♖d5 ♘b6 31.♖d7 ♖d7 32.♘e1 ♗a3 33.♖c2 ♘e7 34.♔d3 f5! 35.f3 ♗b4 36.♖c1 ♘d7 37.♘c2 fe4 38.fe4 ♗d6 39.h3 ♘f6∓ 40.♖e1 ♘h5 41.♖f1 ♔g8 42.♖f2 ♗g3 43.♖d2 ♗f4

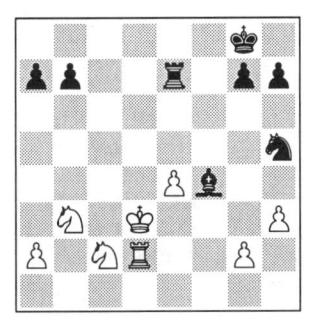

44.♘e3? [44.♖f2] 44...♘f6 45.♘c5 ♗e3 46.♔e3 b6 47.♘b3 ♖e4 48.♔f3 h5 49.♘d4 ♔f7 50.♘f5 ♔g6 51.♘e3 ♖a4−+ 52.g3 ♔f7 53.♖c2 ♔g6 54.♘c4 ♔d7 55.♘d6 ♘e5 56.♔e3 ♔f6 57.♘e4 ♔e6 58.♘d2 ♔d5 59.♘b1 ♖e4 60.♔f2 ♘d3   0-1

Rozentalis,Eduardas
Greenfeld,Alon
Israel tt 1999 (2)

1.e4 c5 2.c3 ♘f6 3.e5 ♘d5 4.♘f3 ♘c6 5.♗c4 ♘b6 6.♗b3 c4 7.♗c2 d6 8.ed6 ♕d6 9.0-0 ♗g4 10.h3 ♗h5 11.♕e2 e6 12.♘a3 ♕f4 13.b3 cb3 14.ab3 ♗d6 15.♖e1 ♗f3 16.♕f3 ♕f3 17.gf3 0-0 18.d4 ♘d5 19.♘b5 ♗f4 20.♗e4 ♖c1 21.♖ac1 ♖ad8 22.c4 ♘db4 23.c5 ♖d7 24.♖ed1 ♖fd8 25.♘d6 g6 26.♖c4 ♔g7 27.♖a1 ♖d6 28.cd6 ♖d6 29.♗c6 ♘c6 30.♖d1 e5 31.♖d5 ♘d4 32.♔f1 ♖d5 33.f4 b5 34.♖c7 ef4 35.♖e7 ♖d6 36.♖e4 ♘f5 37.♖d6 ♘d6 38.♖f4 ♔f8 39.♔e2 a5 40.♔d3 a4 41.♔b4 f5 42.♖d4 ♘e7 43.♖d5 ♔d7 44.♔d4 ♔c6 45.♖c5

♔b6 46.♖c2 ♘e8 47.♖e2 ♘c7 48.♖e7 ♔c6 49.♖h7 ♔d6 50.h4 ♘e6 51.♔c3 ♘f4 52.♖g7 ♔e5 53.♖b7 ♘d5 54.♔d2 ♘b4 55.♖b5 ♘d5 56.♔d3 ♔e6 57.♔d4 ♘f4 58.♖b6 ♔f7 59.♖a6 ♔g7 60.♔e3 ♘h5 61.♖a4 ♔h6 62.♖c4 ♔g7 63.♖c7 ♔h6 64.♖f7 ♔g7 65.♔f4 ♔h5 66.♔e5 ♘g7 67.♖f8 ♔h7 68.♔f6 ♘h5 69.♔g5   1-0

Adams,Michael
Miladinovic,Igor
Beograd 1995 (9)

1.e4 c5 2.♘f3 ♘c6 3.c3 ♘f6 4.e5 ♘d5 5.♗c4 ♘b6 6.♗b3 c4 7.♗c2 d6 8.ed6 ♕d6 9.0-0 ♗g4 10.♖e1 ♘e5 [10...e6 Adams] 11.♖e5 ♗f3 12.♕e1 ♗d5 13.b3 e6 14.♗a3 ♕c6 15.♗f8 ♔f8 16.♘g5 f6! 17.♘g3 h5 18.♘a3! h4 19.♖g4 h3 20.bc4 ♗g2 21.♘b5

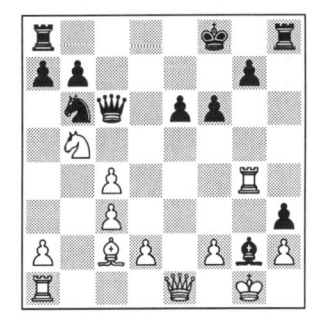

21...♘c4?? [21...e5 22.♕b1 a5 23.♕b3∞ Adams] 22.♘d4 ♘e5 23.♖g3 ♕d5 [23...♕d6 24.f4+− Adams] 24.♗b3 ♕e4 25.♘e6 ♔e7 26.♕e4 ♗e4 27.♖e1 ♘f3 [27...f5 28.♘g5 Adams] 28.♖f3 ♗f3 29.♖d6 ♔d6 30.♘f3 ♖ae8 31.♖e3 g5 32.♘d4 ♖e3 33.fe3 ♔e5 34.♖e6 b5 35.♔f2 ♔d6 36.♔g3 a5 37.♗h3 b4 38.cb4 ab4 39.♗e6 ♔e5 40.♗b3 ♔e4 41.♗c2 ♔d5 42.d3 ♖e8 43.♘f5   1-0

Lutz,Christopher
Khalifman,Alexander
Wijk aan Zee m 1995 (3)

1.e4 c5 2.c3 ♘f6 3.e5 ♘d5 4.♘f3 ♘c6 5.♗c4 ♘b6 6.♗b3 d5 7.ed6

♕d6 8.0-0 c4 9.♗c2 g6 10.b3 ♗g7 11.♘a3 cb3 12.ab3 0-0 13.d4 ♗g4 14.h3 ♗f3 15.♕f3 e5 16.♘b5 ♕d5 17.♕d5 ♘d5 18.♗e4

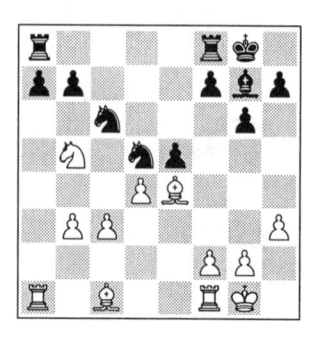

18...a6 [18...♘f6 19.♗c6 bc6 20.♘a7 ♘e4 21.de5 ♘c3 22.♗b2 ♗e5 23.♖fe1 ♘b5± Lutz] **19.♗d5 ab5 20.♖a8 ♖a8 21.de5 ♗e5 22.c4 bc4 23.bc4 ♖a1 24.g3 ♗d4 25.♗f4 ♖f1?!** [25...♖a2 Lutz] **26.♔f1± ♘e5 27.♔e2 b6 28.♗h6 ♘d7 29.g4 ♗g7 30.♗f4 ♗e5 31.♗e3 ♔f8 32.f4 ♗d6 33.♔f3 ♔e7?!** [33...♗c5 Lutz] **34.g5?!** [34.♗d4 Lutz] **34...♗c5 35.♗d2 ♗d4 36.h4 ♗g7 37.♗b4 ♘c5 38.♔g4 h6 39.gh6 ♗h6 40.f5 ♗e3 41.♗e4 ♗d2! 42.♗a3 ♗c1! 43.♗c1 ♘e4 44.♔f4 gf5** [44...♘c5 45.♗e3± Lutz] **45.h5** [45.♔e5 f6 46.♔d5 ♔f7= Lutz] **45...♔f8 46.♗e5 ♔g7 47.♗e3 ♘f6 48.♔f5 ♘h5 49.♗b6 ♔f8 50.♗d4** ½-½

Dolmatov,Sergey
Yudasin,Leonid

Haifa 1995 (1)

1.e4 c5 2.c3 ♘f6 3.e5 ♘d5 4.♘f3 ♘c6 5.♗c4 ♘b6 6.♗b3 c4 7.♗c2 g6 8.b3 d5 9.ed6 ♕d6 10.0-0 ♗g7 11.♘a3 cb3 12.ab3 0-0 13.d4 ♗g4! 14.h3 ♗f3 15.♕f3 e5 16.♘b5 ♕d7 17.♗a3 ♖fd8 18.de5 ♘e5 19.♕e2 a6 20.♘d6

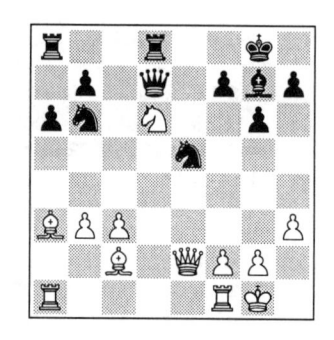

20...♕c7?! [20...♘d5! 21.♕d2 ♘c7= (Yudasin) 22.c4? ♕h3! 23.f4 ♕h6! Pavasovic-Tratar, Radenci 1998] **21.♖ad1 ♕c3 22.♘b7 ♖d1 23.♖d1 ♘c6** [23...h6!= Yudasin] **24.♘d8!□ ♕e5□ 25.♕e5 ♘e5± 26.♗e4 ♖c8 27.f4 ♘ed7 28.♘c6 ♗f8! 29.♗f8 ♔f8 30.♗f3** [30.♖a1± Yudasin] **30...♘f6 31.♔f2?!** [31.♖a1!± Yudasin] **31...♘bd5! 32.♖d5 ♖c6 33.♖d4 ♖b6 34.b4 ♔e7 35.g4 h6 36.♔e3 ♖b5!= 37.♗c6 ♖b6 38.♗f3 ♖b5 39.♗c6 ♖b6** ½-½

Adams,Michael
McShane,Luke

England tt 1997 (4)

1.e4 c5 2.c3 ♘f6 3.e5 ♘d5 4.♗c4 ♘b6 5.♗b3 ♘c6 6.♘f3 d5 7.ed6 c4 8.♗c2 e5 9.0-0 ♗d6 10.d3 cd3 11.♕d3 ♗e6 12.♖e1! f6? [12...♕c7 13.♕e2±] **13.♘d4 ♗c4 14.♕h3 ♔f7 15.♘d2! ♘d4 16.cd4 ♗e6 17.♗b3! ♖e8 18.♘e4 ♗b4 19.de5 ♘d5 20.♕h5 ♔g8 21.♖d1 ♗f7**

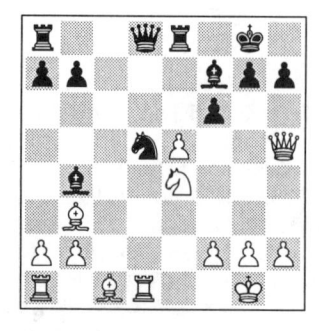

22.♕f7 ♔f7 23.♖d5 ♔g6 [23...♕b8 24.♖d7 ♔g6 25.♗f7 ♔f5 26.♘g3 ♔e5 27.f4X] **24.♖d8 ♖ad8 25.f4 fe5 26.♗c2 ♖f8? 27.♘g5** 1-0
Gallagher

7...g6

Adams,Michael
Gelfand,Boris

Wijk aan Zee m 1994 (7)

1.e4 c5 2.c3 ♘f6 3.e5 ♘d5 4.♘f3 ♘c6 5.♗c4 ♘b6 6.♗b3 c4!? 7.♗c2 g6 8.♘a3 d6 9.♕e2 d5 [9...♗e6 10.♘g5 ♘e5 11.♘e6 fe6 12.f4∞] **10.h3 ♗g7 11.0-0 ♘d7!?** [11...0-0 12.b3! ♗e6 13.♘g5↑] **12.e6 fe6 13.♘g5 ♘f8 14.f4 e5! 15.fe5 ♘e5 16.♔h1 h6 17.♘f3 ♘fd7 18.♘e5 ♘e5 19.b3 ♕c7** [19...cb3 20.ab3 △ 21.d4↑] **20.bc4 dc4 21.♘b5 ♕a5 22.a4 ♗d7 23.♗a3 ♗b5 24.ab5 ♕b6 25.d4 cd3 26.♗d3 ♗f6 27.♗e4 0-0 28.c4 a6 29.♗d5 ♔h8 30.ba6 ♖a6 31.♖ab1 ♕d8 32.♕e3 ♕h7 33.♗b2 ♘d7 34.♗b7 ♖b6 35.♗f6 ♖ff6 36.♗f3 ♖be6 37.♕c3 ♘c5 38.♗d5 ♖f1 39.♖f1 ♖f6 40.♖e1 ♕d6 41.♕e3 e6 42.♗f3 ♖f4 43.♖d1 ♕c7 44.♖c1 h5 45.♕c3 ♕g7 46.♕c2 ♕e5 47.♕d2 ♖d4 48.♖e1 ♕f4 49.♕e2 ♖c4 50.♖f1 ♖c1 51.♖c1 ♕c1 52.♔h2 ♕c3?** [52...♕f4 53.g3 ♕d6 54.♔g2 e5∓ Seirawan] **53.h4 ♕d4 54.g4 hg4 55.♗g4 ♕f4 56.♔g2 ♘e4 57.♕f3 ♕d2 58.♔g1 ♕d4 59.♔g2 ♕b2 60.♔h3 ♘f2 61.♔g3 ♘g4 62.♔g4 ♕d4 63.♔h3 ♔g7 64.♕a3 ♕f4 65.♕e7 ♕f7 66.♕b4 e5 67.♔g2 ♕a7 68.♕d2 ♕g1 69.♔h3 ♕h1 70.♔g3 ♕g1 71.♔h3 ♕d4 72.♕c1 ♕d3 73.♔g4 ♕e4 74.♔g3 ♕d3 75.♔g4 ♕e4 76.♔g3 ♕f6 77.♕d2 ♔e6 78.h5 gh5 79.♕h6 ♔d5 80.♕h5 ♕e1 81.♔g2 ♕d4 82.♕f7 ♕d2 83.♔g3 e4 84.♕a7 ♔d3 85.♕a6 ♔c2 86.♕a2 ♔d3** ½-½

M/94-2-35

**Sicilian Defence
Morra Gambit**

SI 50.8-10

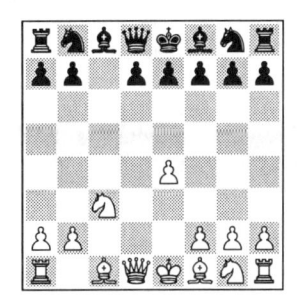

A Refutation Refuted

1.e4 c5 2.d4 cd4 3.c3 dc3 4.♘c3

A closer look at two replies to the Morra Gambit

Many gambits involve a rather strange paradox. They are popular – and are applied successfully – up to a certain level, but grandmasters, for some reason, refuse to take them seriously. In the case of the Morra Gambit, this difference is especially striking.

Black is supposed to have several ways to reach at least equality. This survey will look at two popular approaches for Black to find out whether the damage for White is really as bad as people make it out to be. We will deal with 4...♘c6 5.♘f3 e6 6.♗c4 ♕c7 and 4...♘c6 5.♘f3 d6 6.♗c4 a6.

Variation A

4...♘c6 5.♘f3 e6 6.♗c4 ♕c7

Some years ago, this move sequence was regarded as very good for Black. In the late '80s it yielded Boris Schipkov a number of quick wins. Why is this line so dangerous? Simply because White cannot play the standard Morra moves without getting mated: 7.0-0 ♘f6 8.♕e2?! ♘g4!, and now, for instance, 9.♗b3?? ♘d4!, and White resigned in Kolenbet-Schipkov, Khabarovsk 1987. And even if White does not blunder on move 9, Black already has a clear advantage after 8...♘g4. 9.g3 is not a pleasant move, 9.♖d1 runs into the strong 9...♗c5, and 9.♘b5 ♕b8 doesn't make much difference, e.g. 10.h3 h5!, as in Wittelsberger-Lau, Regensburg 1996. The journal *Europa-Rochade* wrote about the line, while in the June 1992 edition of *CHESS*, Andrew Martin went so far as to refer to the 'refutation of the Smith-Morra Gambit' – albeit with a question mark.

The question mark was warranted, as White turned out to have a very strong reply to Black's refutation attempt. In the early years of Internet chess, for example, the game 'Potzy'-'Junior' was played, in which White won after 16 (!) moves with the sequence 8.♘b5! ♕b8 9.e5!. This idea, dreamt up by Shipman, constituted a serious blow to Schipkov's 'Morra refutation'. As borne out by some games in the Study Material, Black cannot take pawn e5, while 9...♘g4 10.♗f4 also leaves White with good chances. Black has to go 10...a6, and after 11.♘d6 ♗d6 12.ed6 the d6 pawn is very annoying for Black (although he managed to draw in the correspondence game Brink-Schaper, 1997). After

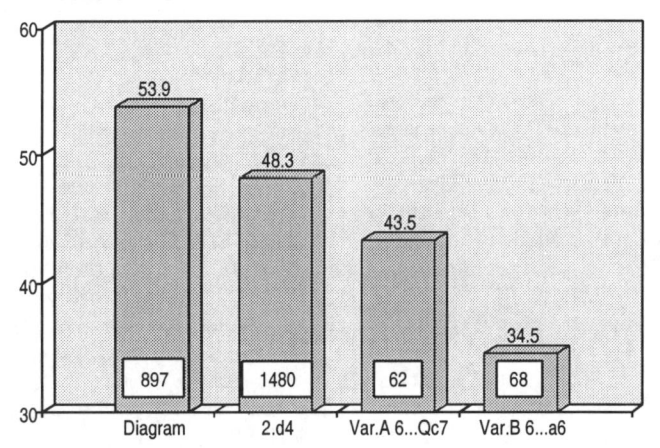

9.e5, too, Black can immediately play 9...a6, which after 10.♘d6 (10.ef6 isn't dangerous for Black – see Novak-Musil, Klatovy 1996) 10...♗d6 11.ed6 leads to virtually the same annoying position. Exactly *how* annoying is especially important for black players who are hoping for a quick win. They will have to be prepared to play this type of position when White has got wise to his dastardly plan.

Variation B
4...♘c6 5.♘f3 d6 6.♗c4 a6
With this move sequence, Black wants to give his bishop an active part by meeting 7.0-0 ♘f6 8.♕e2 with 8...♗g4!. Precisely in the Morra, in which White's knight is going to stay on f3 for the time being, this is a logical idea. It is a popular variation, partly due to the fact that Joe Gallagher recommends it in his 1994 *Beating the Anti-Sicilians*. The model game of this set-up is Ackermann-King, Bern 1992, where White actually allowed 8...♗g4. The Hungarian Pálkövi is of the opinion that this is quite playable for White, provided he meets 9.♖d1 e6 with 10.h3 instead of 10.♗f4. But after 10...♗f3 11.♕f3 Black can safely play 11...♗e7 (see Regan-Pähtz, Dresden 1998; Pálkövi only gives 11...♘e5), when I don't see many problems.
I believe that the Morra is eminently playable against this set-up, provided White prevents Black's main idea with 8.h3!. After 8...e6 9.♕e2 ♗e7 10.♖d1 White threatens 11.e5, so Gallagher recommends 10...♗d7. This forces Black to play 11...0-0 after 11.♗g5 and accept his weakened king position, since Gallagher's 11...♕b8?! 12.♖d2 leaves Black in trouble – 12...0-0 now fails to 13.e5. According to Pálkövi, 10...♕c7 is the best way to exploit White's tempo-wasting h2-h3, but he only indicates 11.♗f4 ♘e5 12.♗e5 (see Neffe-Howell, Wrexham 1995). Instead, 12.♗b3 0-0 13.♖ac1

yields him good chances. 13...♕b8 14.♘d4 then transposes to the game Angelov-Arnaudov, Bulgarian Championship 1972, and after 13...♘f3 14.♕f3 we find ourselves in Hamed-Wheldon, London 1986. 11.♗g5 0-0 12.♖ac1 ♘e5 13.♗b3 also looks interesting, by the way; after 13...♕b8 White plays 14.♘d4 again, while after 13...♘f3 14.♕f3 ♕b8 15.♕e2 b5 16.f4 certainly has some compensation.
Finally, I would advise black players to have a look at Vanderwaeren-Lemmers, Belgian Team Championship 1998, in which 8.h3 e6 9.♕e2 b5!? 10.♗b3 ♖a7 was tried.

Conclusion
I feel that in the case of the Morra Gambit we can justifiably conclude that its popularity amongst club and Internet players can most certainly be defended on technical grounds.

Study Material

**Variation A
5...e6 6.♗c4 ♕c7**

**Horvath,Imre
Schipkov,Boris**
Zalakaros 1989

1.e4 c5 2.♘f3 ♘c6 3.d4 cd4 4.c3 dc3 5.♘c3 e6 6.♗c4 ♕c7 7.0-0 [7.♕e2 ♘f6 8.h3 d6 9.0-0 ♗e7 10.♖d1 a6 11.♗e3 b5 12.♗b3 0-0 13.♖ac1 ♕b7 14.♗f4 ♖d8 15.a3 h6∓ Kramadzhian-Schipkov, Novosibirsk 1988] **7...♘f6 8.♕e2 ♘g4! 9.♘d5!?** [9.♗b3?? ♘d4 0-1 Kolenbet-Schipkov, Khabarovsk 1987; 9.♘b5 ♕b8 10.h3 h5!∓; 9.♖d1 ♗c5∓; 9.g3 d6∓]

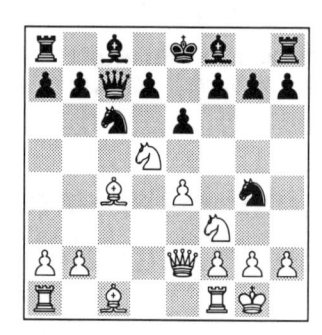

9...♕b8! [9...ed5? 10.ed5 ♘e7 11.h3] 10.g3 [10.♗f4 ♗d6∓] 10...d6 11.h3 ♘ge5 12.♗b5 ♗d7 13.♗c6 ♘f3 14.♕f3 bc6!∓ [14...♗c6?!] 15.♖e1? 15.♘f4? [15.♘c3 ♗e7∓] 15...e5 16.♘h5 ♗h3 17.♖d1 ♕c8-+ 18.♗g5 ♗g4 19.♕h1 ♗d1 20.♖d1 ♕g4 0-1
Schipkov
YB/13-41

**Doronenkov,Andrey
Matveev,Grigory**
Kolontaevo jr 1998 (9)

1.e4 c5 2.d4 cd4 3.c3 dc3 4.♘c3 ♘c6 5.♘f3 e6 6.♗c4 ♘f6 7.0-0 ♕c7 8.♕e2?! ♘g4! 9.g3 a6 10.♗f4 d6 11.♖fd1 ♗e7 12.♖ac1 0-0 13.♗b3 ♗d7? [13...♖d8; 13...♘ge5]

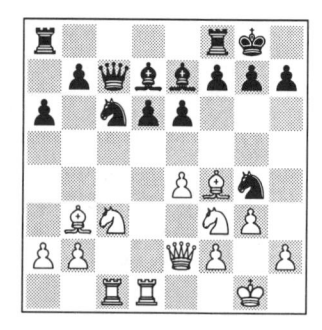

14.♘d5! [14.♕d2 ♖fd8 (14...e5 15.♘d5 ♕d8 16.♘e7 ♕e7 17.♗g5) 15.♗d6 ♗d6 16.♕d6=] **14...ed5 15.ed5 ♖fe8** [15...♗f6? 16.dc6 ♗c6 17.♗d6] **16.dc6 ♗c6 17.♘d4 ♕d7** [17...♘e5 18.♗e5 de5 19.♘c6 bc6 20.♗d5±] **18.♘c6 bc6 19.♕c4 ♕f5 20.♕c6 g5** [20...♕h5 21.h4] **21.♗c2?!** [21.♖d5±] **21...♕f6 22.♕f3?** [22.♗e3 ♘e3 23.fe3 ♕e5 (23...♕b2 24.♕e4 ♕g7 25.♗a4) 24.♕e4±] **22...♘e5 23.♕h5 gf4 24.h7 ♔g7 25.gf4 ♕f4 26.♖c3 ♗h4 27.♔h1 ♘g4 28.♖g1 ♕h2X** 0-1

Wittelsberger,H
Lau,Ralf

Regensburg 1996 (1)

1.e4 c5 2.d4 cd4 3.c3 dc3 4.♘c3 ♘c6 5.♘f3 e6 6.♗c4 ♕c7 7.0-0 ♘f6 8.♕e2?! ♘g4! 9.♘b5 ♕b8 10.h3 h5 11.e5 [11.♕d2!? COMP Fritz] 11...♘ge5 12.♘e5 ♘e5 13.♗f4 f6∓ 14.♖ac1 a6 15.♘c7? ♕c7 16.♗d3 ♕a5 17.♗e5 ♕e5 18.♗g6 ♔d8 19.♕c2 ♗d6 20.f4 ♕e3 21.♔h1 ♗f4 22.♕a4 ♗c7 23.♖c3 ♕e5 24.g3 b5 25.♕d1 ♔e7 26.♔h2 h4
0-1

Shein,E
Bitansky,Igor

Israel tt 2000 (11)

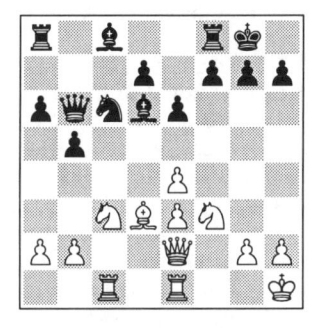

1.e4 c5 2.♘f3 ♘c6 3.d4 cd4 4.c3 dc3 5.♘c3 e6 6.♗c4 ♕c7 7.0-0 ♘f6 8.♕e2?! ♘g4! 9.♖d1 ♗c5 10.♗e3 ♘e3 11.fe3 0-0∓ 12.♔h1 a6 13.♖ac1 b5 14.♗d3 ♕b6 15.♖e1 ♗d6

16.e5!? ♘e5 17.♘e5 ♗e5 18.♗h7 ♔h7 19.♕h5 ♔g8 20.♕e5 f6 21.♕g3 d5 22.h4 ♗d7 23.h5 ♕b8 24.♕g4 ♕e8 25.♖cd1 ♖c8 26.♕h4 ♖c4 27.♖d4 ♗c6 28.♖ed1 ♕e7 29.♘e2 e5 30.♖c4 dc4 31.♘g3 ♖d8 32.♖d8 ♕d8 33.♘f5 ♕d1 34.♔h2 ♗d7 35.e4 ♗f5 36.ef5 ♕d4 37.♕h3 ♕f4 38.♔g1 b4
0-1

Twitchell,Neville
Verney,Kevin

cr BPCF 1993

1.e4 c5 2.d4 cd4 3.c3 dc3 4.♘c3 ♘c6 5.♘f3 e6 6.♗c4 ♕c7 7.0-0 ♘f6 8.♕e2?! ♘g4! 9.♘d5?! ♕b8

10.♗f4 [10.g3] 10...♘d6! 11.♗d6 ♕d6–+

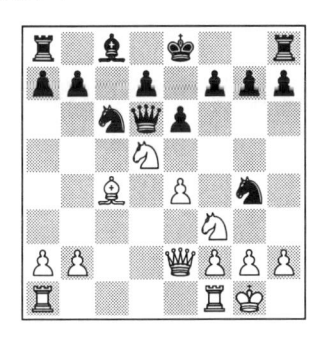

12.♖fd1 ed5 13.ed5 ♘e7 14.♖d4 ♘f6 15.♖e1 ♔f8! 16.♖d3 b5!? [16...♘f5 17.♘e5 g6] 17.♖e3 bc4 18.♖e7 ♗b7 19.♘e5 ♕e7! 20.♘g6 hg6 21.♕e7 ♔g8 22.♕d6 ♗d5 23.g4 ♖h4 24.♖e3 ♖g4 25.♔f1 c3 26.bc3 ♗c4 27.♔e1 ♘e4
0-1

8.♘b5 ♕b8 9.e5

Quadrio,Alexandre
Paramos,Roberto

Loures 1996 (3)

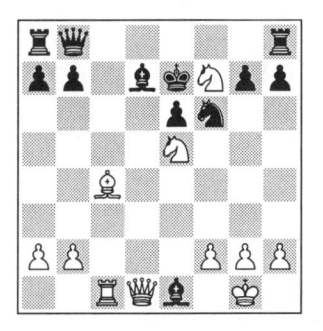

1.e4 c5 2.d4 cd4 3.c3 dc3 4.♘c3 ♘c6 5.♘f3 e6 6.♗c4 ♕c7 7.0-0 ♘f6 8.♘b5 ♕b8 9.e5! ♘e5? 10.♗f4 d6 11.♗e5?! de5 12.♖c1 ♗d7 13.♖e1?! ♗b4 14.♘e5?! [14.♖e5 0-0∓] 14...♗e1 15.♘d6 ♘e7 16.♘df7

16...♗f2! 17.♔h1 [17.♔f2 ♖f8] 17...b5 18.♘d7 ♘d7 19.♗e6 ♔e6 20.♘h8 ♕e5? 21.♘f7 [21.♕b3! ♔e7 22.♕f7 ♔d6 23.♕f2 ♖h8 24.♖d1 ♗c6 25.♕a7∞] 21...♕d5 22.♕e2 ♔f7 23.♕f2 ♔g8 24.h3 ♘f6
0-1

Hrvacic,Pavle
Gara,Anita

Budapest 1999 (2)

1.e4 c5 2.d4 cd4 3.c3 dc3 4.♘c3 ♘c6 5.♘f3 e6 6.♗c4 ♕c7 7.0-0 ♘f6 8.♘b5 ♕b8 9.e5! ♘e5? 10.♘e5 ♕e5 11.♖e1

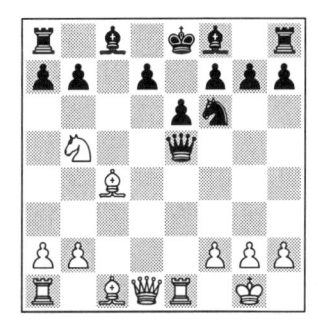

11...♕c5 [11...♕b8?! 12.♕d4!+– d6 13.♗f4 e5 14.♖e5! de5 15.♗e5 ♗b4 16.♗b8 1-0 'Potzy'-'Junior', Internet 1994] 12.♗f1 ♘d5 13.♗g5!? f6 14.♖c1 ♕e7 15.♗f4 [15.♘a7?! ♖a7 16.♖c8 ♔f7] 15...♗f4 [15...♔f7 16.♘d6 ♔g8 17.♕d5! ed5 18.♖e7 ♗e7 19.♘c8±] 16.♘c7 ♔d8 17.♘a8± ♕d6 18.♕a4 ♕b8 19.♘c7 ♗d6 20.♘b5 a6 21.♘d6 ♕d6 22.♖ed1 ♗d5 [22...♕e5±] 23.♕g4 g6 24.♗c4+– ♖e8 25.♕d4 ♕b6 26.♗d5 ♕d4 27.♖d4 ed5 28.♖d5 ♖e6 29.f3 b5 30.♖cd1 f5 31.♔f2 ♖e7 32.♖e1 ♖f7 33.♖de5 d6 34.♖e8 ♔d7 35.b4 ♗b7 36.♖h8 ♗d5 37.a3 ♗c6 38.h4 ♗b7 39.♔e3 ♗c6 40.♔d4 ♗b7 41.♖ee8 ♔c7 42.♖hf8 ♖g7 43.♔e3 ♔c6 44.♔f4 ♔d5 45.♖d8 ♗c6 46.h5 ♔e6 47.hg6 ♖g6 48.g3 ♔e7 49.♖h8 ♖g7 50.♖c8 ♗d7 51.♖a8 d5 52.♖a6 d4 53.♖h6 d3 54.♖6h7 ♖h7 55.♖h7 ♔d6 56.♖d7 1-0

Brink,J
Schaper,Hans-Peter

cr ch-NL 1997

1.e4 c5 2.d4 cd4 3.c3 dc3 4.♘c3 ♘c6 5.♘f3 e6 6.♗c4 ♕c7 7.0-0 ♘f6 8.♘b5 ♕b8 9.e5! ♘g4 10.♗f4 ♘b6 11.♘d6 ♗d6 12.ed6 b5 13.♗b3 0-0 14.♘d4 ♘d4 15.♕d4 ♗b7 16.♖ac1 ♕d8 [16...♘f6 17.♘c7 ♘d5 18.♗d5 ♗d5 19.♖d7 ♗a2 20.♖c1±] 17.♖c3?!

[17.♖c7] **17...♕f6 18.♕d2 ♖fc8 19.♖fc1 ♖c3 20.♖c3 ♘e5 21.h4** [21.♖c7] **21...♕g6 22.♖g3 ♕b1 23.♔h2 ♘g6 24.♗g5 ♕f5∓ 25.h5 ♘e5 26.♕f4 ♖c8 27.♗d1 ♕f4 28.♗f4 ♘c4 29.♗b3 g6 30.hg6 fg6 31.♗c4 ♖c4 32.♗e5 ♖c2 33.♔g1 ♖c1 34.♔h2 ♗d5 35.a3 ♖c2 36.♔g1 ♖e2 37.♖e3 ♖e3** ½-½

Novak,Pavel
Musil,Vitezslav

Klatovy 1996 (1)

1.e4 c5 2.d4 cd4 3.c3 dc3 4.♘c3 ♘c6 5.♘f3 e6 6.♗c4 ♘f6 7.0-0 ♕c7 8.♘b5 ♕b8 9.e5! a6 10.ef6?! [10.♘d6] **10...ab5 11.fg7 ♗g7 12.♗b5 ♖a5?!** [12...0-0 13.♖e1 d5 14.a4 ♕d6 15.♖a3 e5∓ Quadrio-Cacho, Linares open 1995] **13.a4 b6 14.♗d2 ♖a7 15.♕c2** [15.♗c3!? ♗c3 16.bc3 ♖g8 17.♖b1∞] **15...♗b7 16.♗c3 ♗c3 17.♕c3 ♖g8 18.♖fd1 ♕f4 19.g3 ♗a8 20.♕d3?!** [20.♖ac1!?] **20...♕c7 21.♖ad1 ♘b8! 22.♕e5 ♕e5 23.♘e5 ♗d5 24.♖d4 ♔e7 25.b4 ♖gc8∓ 26.♗f1 ♖c1 27.a5 ba5 28.ba5 f6 29.♖c1 ♖c1 30.♘c4 ♗c6 31.♖h4 ♗c4 32.♖c4 ♖c4 33.♗c4 ♗a5 34.♗d3 h6 35.♔g2 ♘c6 36.g4 ♘e5 37.♗e2 d5 38.h4 d4 39.h5 ♘f7 40.f4 e5 41.♔f3 ♗d6 42.♗d3 ♔e6 43.♗g6 ♘b7 44.♗f5 ♔e7 45.♗g6 ♘c5 46.♗h7 ♘e4 47.f5 ♘g5** 0-1

Variation B
5...d6 6.♗c4 a6

Ackermann,Roland
King,Daniel

Bern 1992 (2)

1.e4 c5 2.d4 cd4 3.c3 dc3 4.♘c3 ♘c6 5.♘f3 d6 6.♗c4 a6 7.0-0 ♘f6 8.♕e2 ♗g4 9.♖d1 e6 [9...♘e5? 10.♘e5!] **10.♗f4** [10.h3 ♗f3 11.♕f3 (Palkovi) 11...♗e7] **10...♕b8 11.h3** [11.♖d2!? ♗e7 12.♖ad1 0-0 13.♗d6 ♗d6 14.♖d6 ♘e5 Gallagher] **11...♗f3 12.♕f3** [12.gf3 ♗e7 13.♕d2 ♘e5 14.♗e2 0-0 15.♗e3 b5 16.b3 ♕b7 17.f4

♘g6 18.♗f3 ♖ac8∓ Kruger-S.Bohm, Kleve 1999] **12...♗e7 13.♖ac1 0-0 14.♗b3 ♖c8 15.♕e3 b5 16.♗g5 ♘a5 17.f4 h6 18.♗h4**

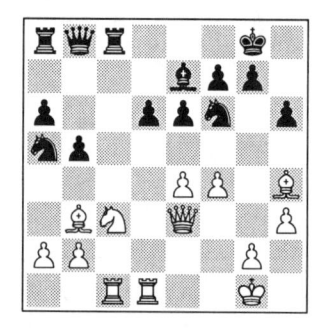

18...♘g4! 19.hg4 ♗h4 20.g5 hg5 21.f5 ♘b3 22.ab3 g4 23.fe6 fe6 24.♕f4 ♗f6 25.♕g4 ♖e8 26.e5 ♗e5 27.♘e4 ♕b6 28.♔h1 ♕e3 29.♖c7 ♕h6 30.♔g1 d5 0-1

Holt,Philip
Palliser,Richard

Guernsey 1995 (7)

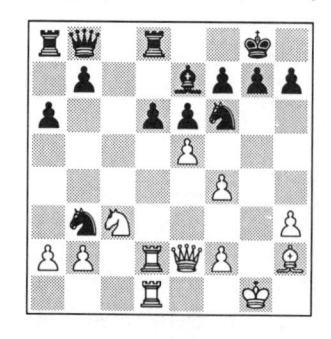

1.e4 c5 2.d4 cd4 3.c3 dc3 4.♘c3 ♘c6 5.♘f3 d6 6.♗c4 a6 7.0-0 ♘f6 8.♕e2 ♗g4 9.♖d1 e6 10.♗f4 ♕b8 11.♖d2 ♗e7 12.♖ad1 ♘e5!? [12...0-0 13.♗d6 ♗d6 14.♖d6 ♘e5∓ Gallagher] **13.♗b3 0-0 14.h3?** ♗f3 [14...♘f3 15.gf3 ♗h3 16.♗d6 (16.♖d6? ♘h5 17.♗h2 ♗d6 18.♗d6 ♕d8) 16...♗d6 17.♖d6 e5∓] **15.gf3 ♖d8 16.♗h2 ♘c6 17.f4 ♘a5?!** [17...b5 18.e5 de5 19.fe5 ♖d2 20.♖d2 ♘e8 21.♕e4 ♕c7 22.♗c2 g6∓] **18.e5 ♘b3?!** [18...♘e8]

19.ef6! ♘d2 20.fe7 ♖e8 21.♕d2 ♗e7 22.f5! e5 [22...♖e8 23.f6!+−] **23.♘d5 ♖e8 24.f6+− h6 25.♔h1 b5 26.♖g1 g5 27.♖g5 ♔f8 28.♖g8** 1-0

8.h3

Quenolle,Philippe
Djuric,Stefan

Metz 2000 (1)

1.e4 c5 2.d4 cd4 3.c3 dc3 4.♘c3 ♘c6 5.♘f3 d6 6.♗c4 a6 7.0-0 ♘f6 8.h3 e6 9.♕e2 ♗d7!? 10.♖d1 ♘e5 11.♘e5 de5 12.♗e3 ♖c8 13.♖ac1 b5 14.♗b3 ♗b4 15.f3 [15.a4!? 0-0 (15...♗c3 16.bc3 ♘e4 17.c4⩲) 16.ab5 ab5 17.♗g5∞] **15...0-0 16.♕f2 ♕e7∓ 17.♕g3 ♗c5 18.♕f2 ♗e3 19.♕e3 h6 20.♘e2 ♖fd8** [20...a5!?] **21.♕b6 ♖c1 22.♘c1 ♖c8** [22...♘h5!?] **23.♘d3 ♗e8 24.♕a6 ♖b8 25.♖c1** [25.♕a5] **25...♕d7 26.♘c5?** [26.♖d1] **26...♕d2 27.♖c2 ♕e3 28.♔h1 ♖d8 29.♖c1 ♖d1?** [29...♕f2 30.♖d3 ♕f1−+] **30.♔h2?** [30.♖d1 ♕e1 31.♔h2 ♘h5 32.f4+−] **30...♕g1 31.♔g3 ♕e1** 0-1

Manhardt,Thomas
Pelletier,Yannick

Medellin Wch-jr 1996 (4)

1.e4 c5 2.d4 cd4 3.c3 dc3 4.♘c3 ♘c6 5.♘f3 d6 6.♗c4 a6 7.0-0 ♘f6 8.h3 e6 9.♕e2 ♗e7 10.♖d1 b5!? [10...♕c7 11.♗f4 ♘e5] **11.♗b3 ♗d7 12.♗f4** [12.♗g5!?] **12...♕b8 13.e5 de5 14.♘e5 ♘e5 15.♗e5 ♕b7 16.♗f6 ♗f6 17.♘d5** [17.♘e4 ♗e7 18.♗d5 ♗c6 (Montavon-Gallagher, Neuchatel 1994) 19.♗c6 ♕c6 20.♖ac1 ♕b6∓ Gallagher] **17...♗d8 18.♖ac1 0-0** [18...♖c8 19.♖c8 ♗c8∓] **19.♕f3 ♕a7** [19...♖a7!?] **20.♘b4 ♗b6?!** [20...a5∓] **21.♘a6! ♖ad8 22.♘b4 ♗c5 23.♘d3 ♗d4 24.♕e2 ♕b6** ½-½

Lie,Kjetil
De Firmian,Nick

Gausdal 1999 (9)

1.e4 c5 2.d4 cd4 3.c3 dc3 4.♘c3 ♘c6 5.♘f3 d6 6.♗c4 a6 7.0-0 ♘f6 8.h3 e6 9.♕e2 ♗e7 10.♖d1 ♗d7 11.♗g5 0-0!? 12.♗f6 gf6 13.♘h2 ♔h8 14.f4 [14.♕h5 (f7<) 14...♗a5!? 15.♕h6 ♕g5∓] **14...♖g8 15.♔h1 ♖c8 16.♘g4** [16.♘f3 ♕a5 17.♖ac1]

16...♖g7 17.♘d3 ♕a5 18.e5?! [18.♖ac1] 18...fe5 19.fe5 ♘e5 20.♘e5 ♕e5 21.♕e5 de5 22.♗h7 ♖c7 23.♗d3 f5–+ 24.♗f1 e4 25.♘e2 ♗f6 26.♖ac1 ♖c1 27.♖c1 ♗c6 28.♖c2 ♖d7 29.b3 ♖d1 30.♖c1 ♖d2 31.♘f4 e5 32.♘h5 ♗g5 33.♖e1 f4 0-1

Vanderwaeren, Serge
Lemmers, Oscar

Belgium tt 1998 (2)

1.e4 c5 2.♘f3 ♘c6 3.d4 cd4 4.c3 dc3 5.♘c3 d6 6.♗c4 a6 7.0-0 ♘f6 8.h3 e6 9.♕e2 b5 10.♗b3 ♖a7 11.♗e3 [11.♗f4!?] 11...♖d7

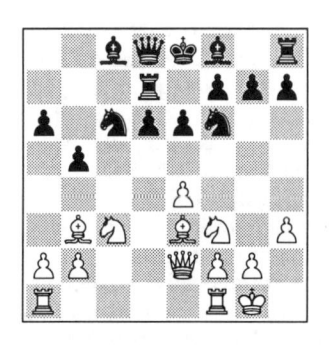

12.♘b5?! ab5 13.♕b5 ♗b7 14.e5 ♘d5 [14...♘e5?! 15.♘e5 de5 16.♗a4] 15.♗d5 ed5 16.♗b6 [16.♗f4!?] 16...♕a8 [16...♕b8!?] 17.♖fe1 ♗e7 18.ed6 ♖d6 19.♗c5 ♖e6 20.♕e7 ♔e7 [20...♖e7 21.♖e7 ♔e7 22.♕c5] 21.♕c5 [21.♘g5!] 21...♔e8 22.♘g5 ♖e7 23.♕d5 ♘e5 24.♕d6 f6 25.♘e6 ♕c8 26.♖d4 [26.♖ac1? ♕e6 27.♕b8 ♔f7 28.♕h8 ♕d5 29.f3 ♘f3–+] 26...♔f7 27.♕a3 ♖d8 28.♖ac1 ♕d7 29.♖ed1 ♘g6 30.♕b3 ♗d5 31.♘c6 ♗b3 32.♘d8 ♔e8 33.♖d7 ♖d7 34.♘c6 ♗a2 35.♖a1 ♗d5 36.♘d4 ♗f4 37.f3 ♖b7 38.♘f5 ♖b2 39.♘g7 ♔f8 40.♘f5 ♖g2 41.♔h1 0-1

Neffe, Axel
Howell, James

Wrexham 1995 (8)

1.e4 c5 2.d4 cd4 3.c3 dc3 4.♘c3 ♘c6 5.♘f3 d6 6.♗c4 a6 7.0-0 ♘f6 8.h3 e6 9.♕e2 ♗e7 10.♖d1 ♕c7

11.♗f4 ♘e5 12.♗e5?! de5 13.♖ac1 0-0 14.♗b3 ♕b8

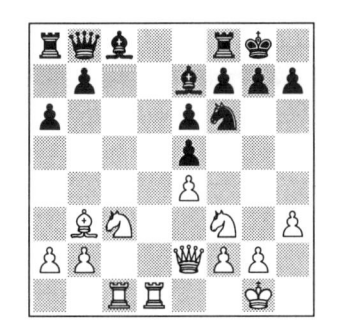

15.♘a4 ♘d7 16.♖d7 ♗d7 17.♘b6 ♗b5 18.♕c2 [18.♗c4 ♕c7 19.♘a8 ♖a8 20.b3 ♗a3∓ Hernandez-Guzkowska, Moscow ol 1994] 18...♗d6 19.a4 ♗c6 20.♘a8 ♕a8 21.♕d2 ♖d8∓ 22.♕g5?! ♗e4 23.♘e5 ♕b8 24.♖e1 ♗e5 25.♖e4 ♗b2 26.♖b4 ♖d4 27.♖d4 ♗d4 28.♕e7 g6 29.♔f1 ♕f4 0-1

Angelov
Arnaudov, Peter

Sofia ch-BG 1972

1.e4 c5 2.d4 cd4 3.c3 dc3 4.♘c3 ♘c6 5.♗c4 d6 6.♘f3 e6 7.0-0 ♗e7 8.♕e2 a6 9.♖d1 ♕c7 10.♗f4 ♘f6 11.♖ac1 0-0 12.♗b3 ♕b8 [12...b5 13.♘d5] 13.h3 [13.e5!? ♘h5 14.♗g5 d5 15.♗c2] 13...♘e5 14.♘d4 ♗d7 15.♗g3 ♘c6 16.♘f3 e5 [16...♘e5] 17.♗c2 b5?! 18.♘d5 ♘d5 19.ed5 ♘d8

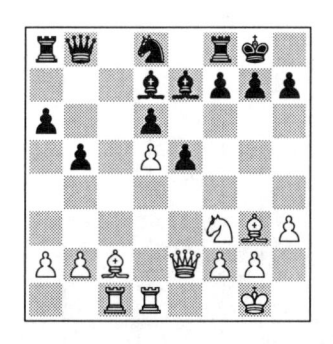

20.♘e5!? de5 21.♗e5 ♗d6 22.♗h7!? ♔h7 23.♕h5 ♔g8 24.♗g7 f6 [24...♔g7 25.♕g5 ♔h8 26.♖d4] 25.♗f8 [25.♕h8 ♔f7 26.♗f8

♗f8 27.d6 ♘e6∓] 25...♗f8 26.♖d3 ♗g7 27.♖g3 ♘f7 28.♕g6 ♘g5 [28...♕f8 29.♖c7 ♖d8 30.♕f6 ♔h8 (Tringov) 31.♕h4= ♘h6?! 32.♖g6 ♔h7 33.♖a6] 29.h4 ♕e8?! [29...♖e8 30.♕f5 ♘h7 31.♕g4 ♕b7 32.♖e1 ♕f7 33.d6→] 30.♕e8 ♖e8 31.hg5 f5 32.♖e3 ♔f8?! [32...♖e3 33.fe3 ♗e5] 33.♖c7 ♖e3 34.fe3 ♔e8 35.g6 ♗b2 36.d6 ♗e5 37.♖a7 ♔d8 38.♖a6 ♗e6 39.a3 ♗b2 40.♖a7 ♗d7 41.♖a8 ♗c8 42.d7 1-0

Hamed, Ahmed
Wheldon

London 1986

1.e4 c5 2.d4 cd4 3.c3 dc3 4.♘c3 ♘c6 5.♗c4 d6 6.♘f3 e6 7.0-0 ♗e7 8.♕e2 a6 9.♖d1 ♕c7 10.♗f4 ♘f6 11.♖ac1 ♕b8 12.h3 [12.♘d5 ed5 13.ed5 ♗a5 14.♖e1 0-0 15.♕e7 ♘c4 16.♖c4 ♘d5 17.♕d6 ♘f4 18.♕f4 ♗e6 Flesch; 12.♗b3 ♘e5 13.♘d4 0-0 14.♗g3 ♗d7∞] 12...♘e5 13.♗b3 ♗f3 14.♕f3 0-0 15.♖d2 b5 16.♖cd1 ♗b7 17.♗c2 [17.♖d6!? ♕c8 18.♖6d2 b4 19.♘a4 ♗e4∓ Doggers] 17...♖d8 18.♗b1 ♗c6 19.g4!? b4 [19...♕b7!? 20.♗d6 ♖d6 21.♖d6 ♖d6 22.♖d6 b4] 20.♘e2 ♕b7 21.♘g3 d5 22.e5 ♘d7 [22...♘e4 23.♖e2 a5 (23...♘g3!?) 24.♘e4 de4 25.♖d8 ♖d8 26.♗e4 ♖d1 27.♔g2 ♖e4 28.♕e4 ♕e4 29.♖e4 g5∓] 23.g5 ♘f8 24.♔h2 ♖ac8 25.♖g1 ♗b5? [25...d4 26.♗e4 ♘g6 Doggers] 26.♘h5 ♘g6

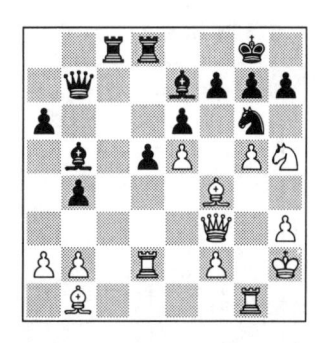

27.♘f6! gf6 28.gf6 ♗f8 29.h4 ♔h8 30.h5 ♘e5 [30...♘f4 31.♕f4 ♕c7 32.♖g3+– Doggers] 31.♗e5 ♗h6 32.♖g7! ♗g7 33.fg7 ♔g8 34.♕f6 ♖d7 35.♗f4 [△ 36.♗h7] 1-0

N**I**C SURVEY

INTRODUCTION: Jeroen Bosch
MAIN ANALYSIS: Jeroen Piket
STUDY MATERIAL: Bosch

Pirc Defence
150 Attack

PU 14.2

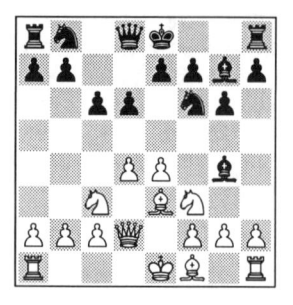

Discovering the Inner Doll

1.e4 d6 2.d4 ♘f6 3.♘c3 g6 4.♘f3 ♗g7 5.♗e3 c6 6.♕d2 ♗g4

Our present subject (the ever-popular ♘f3, ♗e3, ♕d2 set-up versus the Pirc/Modern) has been dealt with before in the Yearbook series. This is something like a survey within a survey within a survey, then. Imagine, if you like, a *matrushka* (the well-known Russian doll).
In Yearbook 43 Bogdan Lalic wrote a survey on a huge subject, 4.♗e3 versus the Pirc (where White often follows up with 5.♕d2 and 6.♘f3). Yearbook 48 saw Paul van der Sterren limit the field of study in focussing on 4.♘f3 ♗g7 5.♗e3. With reference to Lalic's work he cleverly pointed out that after 5...c6 6.♕d2 b5 7.♗d3 ♘bd7 Black would be in trouble (one of Lalic's conclusions by transposition). Van der Sterren found a loophole for Black though: '5...c6 6.♕d2 and now 6...♗g4 (...) looks completely reliable'. Next, Yearbook 54 went back to one of the outer dolls by means of Igor Stohl's article on 4.♗e3 c6 5.h3.
A recent game by Jeroen Piket forces us to discard all outer dolls, though, and check Van der Sterren's recommendation 4.♘f3 c6 5.♗e3 ♗g7 6.♕d2 ♗g4 once again. The idea behind 6...♗g4 is of course a subsequent ♗f3, when White's pawn structure will be fractured. As Van der Sterren pointed out, 7.♘g5 is met by 7...h6, while 7.♗e2 is rather passive and not in line with White's aggressive intentions.
Nevertheless, Piket's solution to the opening problem is truly astonishing. With the novelty 7.h3! (his exclam) he forced Minasian to execute his threat! The tense middle game after 7...♗f3 8.gf3 d5! 9.0-0-0 e6 10.h4 gives both sides something to play for.

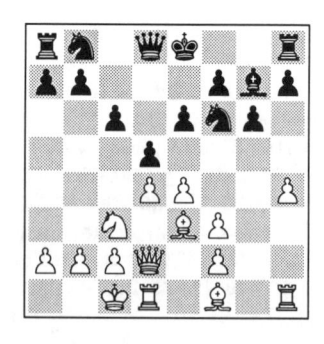

Black has the better pawn structure, but White has two bishops and his king seems safer too. Piket's notes to our main game suggest that White has an edge.
The Study Material demonstrates that Black has no problems after

STATISTICS

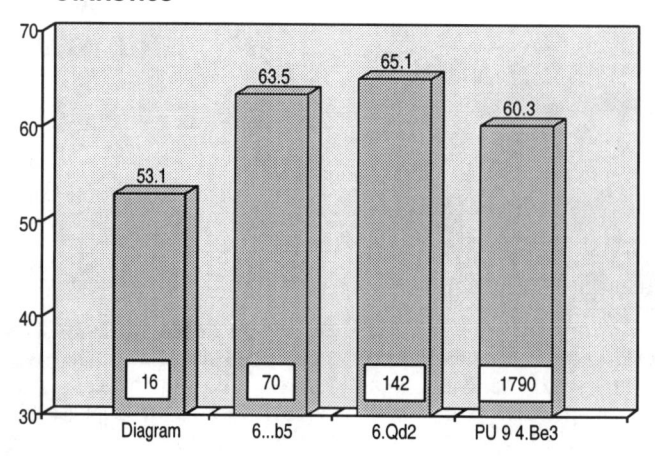

Diagram	6...b5	6.Qd2	PU 9 4.Be3
53.1	63.5	65.1	60.3
16	70	142	1790

74

7.♗h6, 7.♗e2 or 7.♘g1. Not without interest are 7.♗d3 (though the bishop is sometimes misplaced here) and 7.0-0-0. Emms-Norwood, British Championship, Eastbourne 1990, is an early version of Piket's idea: i.e. 8.h3!?. Should 7.h3 really be as strong as Piket suggests, then we have truly discovered a jewel within our Yearbook-matrushka. In that case, Black is once again in trouble against this rather crude system.

PU 9.3

Piket,Jeroen
Minasian,Artashes

Montecatini Terme 2000 (6)

1.d4 g6 2.e4 c6 3.♘c3 d6 4.♗e3 ♘f6 5.♘f3 ♗g7 6.♕d2 ♗g4 [6...b5?! 7.♗d3 ♗g4 8.e5 b4 9.♘e4 COMP Junior-Khalifman, Dortmund 2000] **7.h3!** [7.♗e2 ♘bd7; 7.0-0-0!?] **7...♗f3 8.gf3 d5! 9.0-0-0** [9.h4? de4 10.fe4 ♘g4 11.0-0-0 ♕e3 12.fe3 e5] **9...e6 10.h4 ♘h5!?** [10...♘bd7 11.♗e2 b5 (11...♗f8!? 12.e5 ♘h5 13.f4 ♘g7 14.h5 ♘f5 15.hg6 fg6 16.♖dg1→) 12.e5 ♘h5 13.f4 ♕a5 14.a3 (△ ♗h5, f5) 14...♗f8]

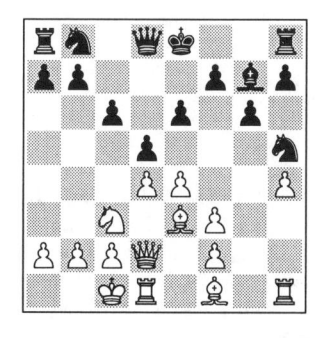

11.♘e2! [11.♗h3 f5! 12.ef5 ef5 13.♗g5 ♗f6 14.♖de1 ♔f7∓] **11...♘d7 12.♘g3 ♘g3 13.fg3** [△ 14.h5] **13...h5 14.♔b1 ♕c7 15.♗f4 ♕b6 16.c3 ♖d8** [16...0-0-0 17.ed5 cd5 18.♗d3; 18.c4?! dc4 19.♗c4 ♘e5! 20.♖c1 ♘c6!∓] **17.ed5□** [17.♗d3 de4 18.fe4 e5 19.♗g5 ♖c8] **17...cd5 18.♗d3 ♗f6**

[18...♕c6!? 19.g4 b5] **19.g4 ♔f8** [19...hg4 20.fg4 ♖h4 21.♖h4 ♗h4 22.g5±] **20.♗h6 ♗g7 21.♗g5 ♖c8** [≥ 21...♖e8] **22.♔a1 ♕d6 23.♖de1 a6 24.♖e2! b5 25.♖he1 ♖e8 26.a3 ♗f6□** [26...♕b6 27.♕f4±; 27.♕c2±] **27.♗f4 ♕b6 28.♗h6 ♗g7 29.♗g5 ♕d6?!** [29...a5!? 30.♗c2!↑] **30.♕c2!**

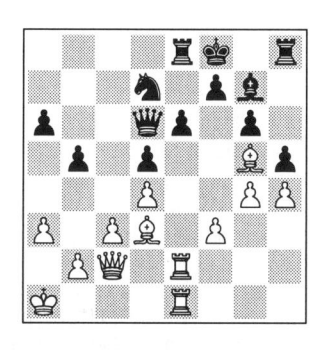

30...♗f6 [30...♘f6 31.♗g6! fg6 32.♗f6 ♗f6 33.♕g6 ♗h4 34.♖e6 ♖e6 35.♖e6 ♕d7 36.g5 ♗g5 37.♖e5+−] **31.♗f6 ♘f6 32.g5 ♘g8** [32...♘d7 33.f4! ♗g7 (33...♕f4 34.♗g6+−) 34.f5 gf5 35.♗f5±] **33.♗g6! fg6 34.♕g6 ♕d7 35.♖e6?!** [35.f4! ♕h7□ (35...♕f7 36.♕f7 ♔f7 37.f5) 36.♕h7 ♖h7 37.f5 ♖f7 38.f6 ♗f6 39.gf6 ♖f6 40.♖e5 ♖h6 41.♔a2+−] **35...♖e6 36.♖e6 ♕f7 37.f4 ♘e7 38.♕f7 ♔f7 39.♖a6 ♔g7?** [39...♔f8! 40.♖f6 (40.♖d6=; 40.b3=) 40...♘e8 41.♖f8 ♔f8 42.b3 ♘g6 43.a4 ba4 44.ba4 ♔e8 45.a5 ♔d7 46.a6 ♔c6 47.f5 ♘h4 48.f6 ♔b6−+] **40.♖a7 ♔f8 41.b3!+− ♖g8** [41...♘f5 42.♖a8 ♔g7 43.♖h8 ♔h8 44.a4 ba4 45.ba4 ♘h4 46.a5 ♘f5 47.a6 h4 48.a7+−] **42.♖a8 ♔f7 43.♖g8 ♘g8** [43...♔g8 44.ba4 45.ba4 ♘c6 46.f5 ♔f7 47.♔a2+−] **44.a4 ♘e7 45.a5 ♘c6 46.a6 ♔g6 47.♔b2 ♔f5 48.c4** [48...bc4 49.bc4 dc4 50.d5+−]

1-0
Piket

Study Material

Gallagher,Joseph
Krasenkow,Michal

Metz 1994

1.e4 g6 2.d4 ♗g7 3.♘c3 d6 4.♘f3 ♘f6 5.♗e3 c6 6.♕d2 ♗g4 7.♗h6 ♗h6 [7...0-0? 8.♗g7 ♔g7 9.♘g5! ♕a5 (9...h6 10.h3) 10.h3 ♗c8 11.f4± Baklan-Schmidt, Passau 1997] **8.♕h6 ♗f3** [8...♕a5 9.♕e3 ♗f3 10.gf3 b5 11.a4 ♘bd7?! 12.b4! ♕b4 13.ab5± Kinsman-Watson, London 1996] **9.gf3 ♕a5 10.0-0-0** [10.♕e3] **10...♘bd7 11.♔b1 0-0-0 12.♕e3 e5= 13.de5 de5 14.♗h3 ♔c7 15.f4 ♖he8 16.fe5 ♕e5 17.f4 ♕c5 18.♕f3?** [18.♖d4] **18...♘b6 19.e5**

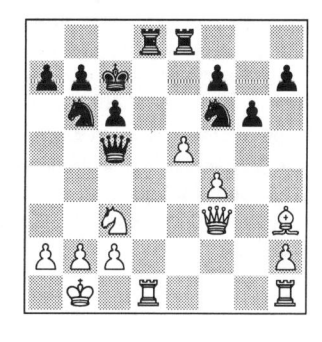

19...♘c4! 20.ef6 [20.♔a1 ♕b6 21.♘a4 ♕e3∓] **20...♕b4! 21.♘a4** [21.b3 ♖e3] **21...♕d2! 22.♖d2 ♕d2 23.b3 ♖e3 24.♕f1 b5 25.♘c5 ♖c3 26.♘a6 ♔b6 27.♘b4 a5 28.♕g1 ♔b7** 0-1

Galinsky,Timofey
Gritsak,Orest

Kiev 2000 (1)

1.e4 d6 2.d4 ♘f6 3.♘c3 g6 4.♘f3 ♗g7 5.♗e3 c6 6.♕d2 ♗g4 7.♗e2 ♘bd7 [7...0-0 8.h3 ♗f3 9.♗f3 ♘bd7 10.g4!? (10.0-0 − YB/48-60) 10...e6 11.g5 ♘e8 12.h4 d5 13.0-0-0 ♘d6 14.♔b1 b5 15.h5 Luther-Seul, Bad Zwesten 1999] **8.h3 ♗f3 9.♗f3 0-0** [9...e5 10.0-0-0 ♕a5 11.de5 de5 12.g4 0-0-0 13.g5 ♘b6 14.♕e2 ♘fd7 15.♗g4 ♗c7 16.♗d7 ♘d7 17.♕c4± Littlewood-Dunworth, Birmingham

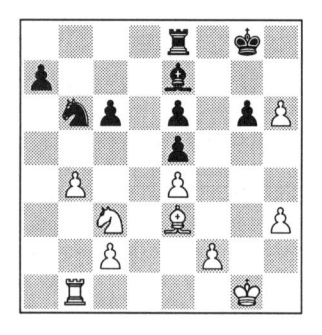

2000] **10.0-0 e5 11.de5 de5 12.♖ad1 ♖e8 13.g4!? ♘b6 14.g5 ♘fd7 15.♗g4 ♘f8 16.♕d8 ♖ad8 17.b3 h5!?** [17...♘e6] **18.gh6 ♗f6 19.a4 ♘e6 20.a5 ♘c8 21.♖d8 ♗d8 22.b4 ♗e7 23.♗e6 fe6 24.♖b1 b5 25.ab6 ♘b6**

26.♗c5 [26.b5 ♖c8 27.♖a1±] **26...♗c5 27.bc5 ♘d7 28.♖b7 ♘c5 29.♘a7 ♖d8 30.♖c7 ♖d4 31.♖c6 ♘e4 32.♘e4 ♖e4 33.♖c7 ♔h8 34.♔g2 ♖d4 35.c4 ♖d3 36.c5 ♖c3 37.c6 e4 38.h4 e5 39.♖c8 ♔h7 40.c7 ♖c1 41.h5** [41.♔g3 ♖g1 42.♔h2 ♖c1] **41...gh5 42.♔h3 ♖c4 43.♔g3 e3 44.fe3 ♖g4 45.♔h3 ♖c4 46.e4 h4 47.♔h4 ♖e4 48.♔g5 ♖c4 49.♔f5 e4 50.♔f4 ♖c1 51.♔e4 ♖c1 52.♔d3 ♖c1** ½-½

Zhao Zong Yuan
Nikolic,Predrag

Parkroyal 2000 (4)

1.e4 d6 2.d4 ♘f6 3.♘c3 g6 4.♗e3 ♗g7 5.♕d2 c6 6.♘f3 ♗g4 7.♗e2 ♗f3 [7...0-0 8.♗h6 ♗f3 9.♗f3 e5 10.♗g7 ♔g7 11.h4 ♘bd7 12.0-0-0 ♕a5 13.h5 ♖ad8 14.g4?! ed4 15.♕d4 ♕g5 16.♔b1 ♘c5∓ Van Lankveld-Van der Wiel, Vlissingen 2000] **8.♗f3 ♘bd7 9.0-0 0-0 10.a4 e5 11.♖fd1 ♖e8 12.d5 ♗f8 13.b4 a5 14.dc6 bc6 15.b5 ♕c7 16.♖ab1 ♖ec8 17.b6 ♕b7 18.♖b2 ♗e7 19.♕e2 ♘f8 20.g3 ♘e6**

21.♗g2 ♘d7 22.h4 ♘dc5 23.h5 ♖d8 24.hg6 hg6 25.♕c4 ♗f6 26.♘e2 ♔g7 27.c3 ♖a6 28.♖d6? [28.♖db1] **28...♖d6 29.♗c5 ♖d1 30.♔h2 ♖a8! 31.♗h3 ♘c5 32.♕c5 ♖ad8 33.♔g2 ♖1d2 34.♖d2 ♖d2 35.♕a5 ♖b2** [35...♖e2? 36.♕a7] **36.♗g4 ♖b6 37.♗c8 ♕c7 38.c4 ♗e7 39.♗g4 ♗b4 40.♕a8 ♖b8 41.♕a6 ♗c5 42.♘c1 ♕d6 43.♕a5 ♖b1 44.♕c3 ♗d4** 0-1

Rechel,Bernd
Vigus,James

Hampstead II 1998 (7)

1.e4 d6 2.d4 ♘f6 3.♘c3 g6 4.♘f3 ♗g7 5.♗e3 c6 6.♕d2 ♗g4 7.♘g1 [7...♘g5 h6] **7...♗c8** [7...h5?! 8.h3 ♗e6 9.♘f3 ♘a6 10.♘g5 ♘c7 11.f4 d5 12.e5 ♘h7 13.♘e6 ♘e6 14.g4± Magem Badals-Sarto, Torrevieja ch-ES 1997] **8.f3** [8.♘f3 ♗g4] **8...♕a5** [8...b5; 8...♘bd7] **9.♗c4 ♘bd7** [9...b5] **10.a3 b5 11.b4 ♕c7 12.♗b3 a5 13.♖d1 0-0 14.♘ge2 ♘b6 15.0-0 ♗d7 16.♗h6 c5 17.♗g7 ♔g7 18.e5 ♘e8 19.dc5 dc5 20.bc5 ♕c5 21.♕d4 ♕d4 22.♘d4 ♘c7 23.♘c4 ♖fo8 24.♘o5 ♗e8 25.e6 f6 26.♖fe1 ♖a7 27.♘d7 ♖a6 28.♘c6 ♘bd5! 29.♘d4 ♘b6 30.♘c5 ♖a7 31.♘d7 ♖a6 32.♘c5** ½-½

Gallagher,Joseph
Ramseier,Jana

Zurich 1999 (5)

1.e4 g6 2.d4 ♗g7 3.♘c3 d6 4.♗e3 ♘f6 5.♕d2 c6 6.♘f3 ♗g4 7.♗d3 ♗f3 8.gf3 ♘bd7 [8...d5!? 9.0-0-0 e6; 9...de4? 10.fe4 ♘g4 11.e5!] **9.0-0-0** [9.f4 ♘g4 10.0-0-0 ♕a5 11.♔b1 e6 12.h3 ♘e3 13.fe3 0-0-0 14.h4 ♘b6 15.e5 d5 16.h5 ♘a4 17.♘e2± Videki-Balenovic, Sisak 2000] **9...♕a5 10.♔b1 b5** [10...e5] **11.♗h6 ♗h6 12.♕h6 ♘b6** [12...e5]

13.♖he1 ♘a4 14.♘a4 ♕a4 15.e5 de5 16.de5 ♘d5 17.♕g7 ♖f8 18.e6 f5 19.♖e5 ♕b4! [19...0-0-0 20.♖d5 cd5 21.♕e7♖/±] **20.♖d5 cd5 21.♕h7♖ 0-0-0 22.♕g6 ♖f6 23.♕g5 ♕d6 24.♖e1 ♕h2 25.♕e3 d4 26.♕e2 a6 27.a4 ♕d6 28.ab5 ab5 29.♗b5 ♕c5 30.♗d7 ♔c7 31.♕d2 ♖b8 32.♖d1 ♖b4 33.b3 ♖f8 34.♕f4 ♕d6 35.♕d6 ♔d6 36.♔b2 ♔e5 37.♖h1 ♖bb8 38.♖h7 ♖f6 39.f4 ♖g8? 40.♖f7+− ♔g6 41.♖e7 ♖g7** 1-0

Emms,John
Norwood,David

Eastbourne ch-GB 1990 (3)

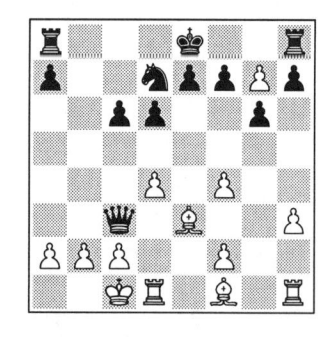

1.e4 g6 2.d4 ♗g7 3.♘f3 d6 4.♘c3 ♘f6 5.♗e3 c6 6.♕d2 ♗g4 7.0-0-0 ♕a5 [7...♗f3?! (Piket) 8.gf3 ♘bd7 (8...d5 9.h4 tempo cf Piket-Minasian, Montecatini Terme 2000) 9.♗c4?! Beliavsky-Beim, Frankfurt rapid 1998; YB/48-60; 9.h4; 9.f4] **8.h3!? ♗f3 9.gf3 ♘bd7 10.f4 b5 11.e5 b4 12.ef6 bc3 13.♕c3 ♕c3 14.fg7**

14...♕e3 15.fe3 ♖g8 16.♗g2 ♖c8 17.♖d3 e6 18.♖a3 ♖c7 19.♖a6 d5 20.♔d2 ♖g7 21.h4 h6 22.c4 ♘b6 23.cd5 cd5 24.♗f1 g5⇄ 25.hg5 hg5 26.fg5 ♖g5 27.♖a3 ♖f5 28.♗b5 ♔e7 29.♖c1 ♖f2 30.♔e1 ♖c1 31.♔f2 ♖c2 32.♔f3 ♘c8 33.♗a6 ♘d6 34.♗d3 ♖c7 35.♖a6 f6 36.♔f4 ♘f7 37.b3 ♘d6 ½-½

Survey FR 1.2

INTRODUCTION: Vladimir Belikov
MAIN ANALYSIS: Vladimir Belikov
STUDY MATERIAL: Van der Weide, Belikov

French Defence
Chigorin Variation

FR 1.2

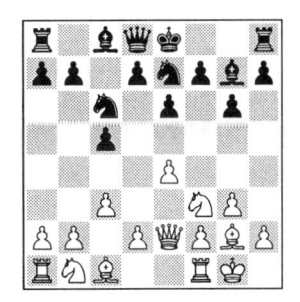

Varied and Interesting Play

1.e4 e6 2.♕e2 c5 3.♘f3 ♘c6 4.g3 g6 5.♗g2 ♗g7 6.0-0 ♘ge7 7.c3

Lately the Chigorin Variation of the French Defence has been gaining some popularity. The great Russian player Mikhail Chigorin adopted this second move more than once in the late nineteenth and early twentieth century. As a result this variation was later named after him. The strategic idea of this rather original continuation is that the genuine battle is postponed until the middle of the game, with the games often featuring closed positions and lengthy manoeuvring.
The most widespread reply to 2.♕e2 is 2...c5 3.♘f3 ♘c6 (this position may also be reached via the Sicilian Defence: 1.e4 c5 2.♘f3 e6 3.♕e2 ♘c6). Subsequently Black either fianchettoes his bishop to g7 (the subject of this survey), or he follows the scheme ♗e7, d5, f6. Besides this, practical play has also seen other, most diverse continuations on Black's second move!
Having studied this variation, I have come to the conclusion that the ensuing positions don't pose any serious danger to Black. However, this system has not been examined extensively and the resulting play is sufficiently varied

and interesting as witness my victory in the featured game from 1995 against Timur Ivanov.

FR 1.2

Belikov, Vladimir
Ivanov, Timur

Zhavoronki 1995 (9)

1.e4 e6 2.♕e2 c5 3.♘f3 ♘c6 4.g3 g6 5.♗g2 ♗g7 6.0-0 ♘ge7 7.c3 h6?! [≥ 7...0-0] **8.d4! cd4 9.cd4 d5** [9...♘d4 10.♘d4 ♗d4 11.♘a3! a6 12.e5 d5 (12...♘c6 13.♘c4) 13.ed6 ♕d6 14.♖d1 △ 15.♘c4; △ 15.♗f4; △ 15.♘c2±] **10.e5 ♘f5 11.♖d1 ♕b6 12.♕d3 ♗b4** [12...♗d7 13.♘c3 0-0 14.♗h3! ♘fe7 (14...♗b4 15.♕d2! ♖ac8 16.♗f5 gf5 17.♕f4 △ 18.♕h4±→) 15.♘a4 ♕c7 16.♘c5 ♗c8 (16...♖fc8 17.♗e3 b6 18.♘d7 ♕d7 19.♕d2 ♔h7 20.g4! ♖c7 21.♗f1±) 17.♕d2! b6 18.♘d3 ♗d7 (18...♗a6 19.♘f4) 19.b3 ♖fc8 20.♗a3±] **13.♕b3 ♗d7 14.♘c3** [14.g4!? ♘e7 15.♗d2 ♘bc6 16.♕b6 ab6 17.♘c3 ♘a5 18.b3 0-0 19.♗f1±] **14...0-0 15.♘a4** [15.a3 ♘c6 16.♕b6 ab6 17.b3 ♘a5 (17...♘cd4 18.♘d4 ♘d4 19.♖d4 ♗e5 20.♖b5 21.♖f3±) 18.♖b1 ♖fc8 19.♗d2 ♗f8 20.g4 ♘e7 21.♗f1±; 15.♗d2!? ♖fc8 (15...♘d4? 16.♘d4 ♕d4 17.♗e3±) 16.♗f1! ♗f8 (16...♘d4

STATISTICS

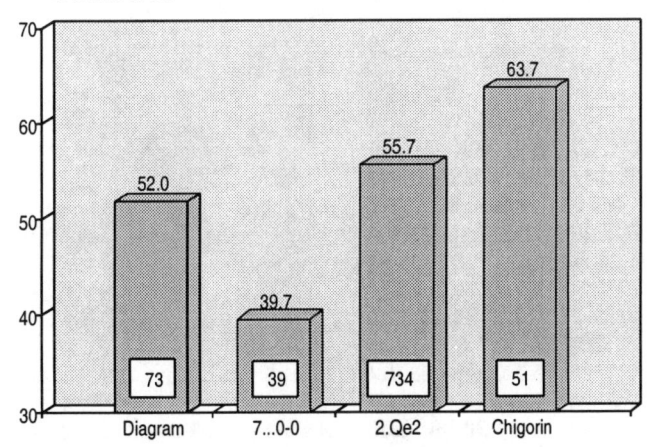

77

17.♘d4 ♕d4 18.♘e2!±) 17.♗e1 △ 18.a3; △ 18.♖ac1±] **15...♗a4 16.♕a4 ♖ac8 17.g4 ♘e7 18.a3?** [18.b3 △ 19.♗d2±] **18...♘c2! 19.♖b1 ♖c4 20.b4 ♘d4 21.♖d4 ♖d4 22.♗e3 ♘c6**

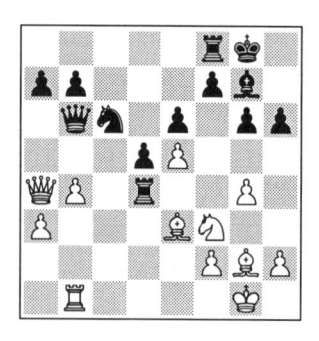

23.♖c1! [23.♘d4 ♘d4 24.♕d1 ♗e5 25.♖c1 ♖d8! (25...♗g7 26.♖c5! e5 27.♖d5≅) 26.♖c5 ♘c6 27.♖d5 ♖d5 28.♗d5 ♕c7∓] **23...f6** [23...♘e5!? 24.♘d4 ♗g4 25.♕d1! ♘e3 (25...h5!?) 26.fe3 ♖d8 (26...f5? 27.♘e6! ♕e3 28.♔h1) 27.♕d3 a6≅] **24.♘d4 ♘d4 25.♕d7! ♕b5!□** [25...fe5 26.♖c7+−; 25...♖f7 26.♖c8 ♗f8 27.♖f8! ♖f8 28.♗h6 ♖f7 29.♕e8 ♔h7 30.♕f7 ♔h6 31.ef6+−] **26.♕b5 ♘b5 27.a4 d4 28.♗d2 ♘c3 29.♗c3 dc3 30.♖c3**

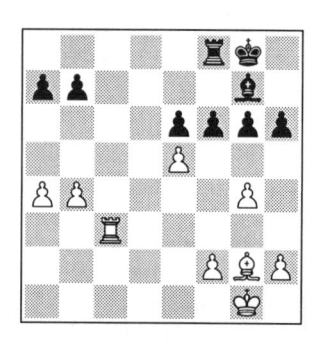

30...f5?! [30...fe5 31.♗e4 (31.♗b7 ♖f4!) 31...b6 32.♗c7 (32.♗g6 ♖f4; 32.♖c6 ♖d8 33.♖e6 ♖d4) 32...♖f7=] **31.♗b7 ♗e5 32.♖e3 ♗d6 33.b5!** [33.♖e6 ♗b4 34.♖g6 ♔h7 35.gf5 ♖g8! (35...♖f5 36.♖a6±) 36.♗e4 ♖g6 37.fg6 ♔g7=] **33...♔f7 34.a5 ♖b8 35.♗c6 ♖d8** [35...fg4? 36.b6 ♗c5 (36...ab6 37.a6) 37.♖c3 ♗d4 38.♖c4 e5 39.♖d4 ed4 40.ba7+−] **36.gf5 gf5 37.♖b3 ♔f6 38.b6 ab6**

39.a6! ♗b8 40.♖b6 ♗a7 41.♖b7 ♖g8?T [41...♖d1 42.♔g2 ♗c5 (42...♗d4? 43.♖d7) 43.♖b5 (43.a7 ♖a1) 43...♗d4 44.♖b4 ♗c5=] **42.♔f1 ♖g7 43.♗d7 ♗c5 44.a7+− ♗a7 45.♖a7 ♔g5 46.♖b7 e5 47.♗c8 ♖b7 48.♗b7 e4 49.♔g2 ♔f4 50.♗a6 ♔g4 51.♗e2 ♔h4 52.♗d1 h5** [52...f4 53.♗e2! f3 54.♗f3 ef3 55.♔f3 ♔h3 56.♔e4 ♔h2 57.f4 h5 58.f5 h4 59.f6 h3 60.f7 ♔g1 61.f8♕ h2 62.♔e3 h1♕ 63.♕f2X] **53.♗e2 f4 54.♗b5 f3** [54...e3 55.f3; 54...♔g4 55.♗d7 ♔h4 56.♗f5+−] **55.♔f1 ♔g4 56.♕e1 ♔h3 57.♔d2 ♔h2 58.♔e3 ♔g1 59.♗c6 h4 60.♗e4 h3 61.♗f3**

1-0
Belikov

Study Material

7.c3

Korolev,Sergey
Kortchnoi,Viktor

Leningrad ch-city 1973

1.e4 e6 2.♕e2 c5 3.g3 ♘c6 4.c3 g6 5.♗g2 ♗g7 6.♘f3 ♘ge7 7.0-0 b6 8.d4 0-0 9.♖d1 cd4 10.cd4 d5 11.e5 a5 12.♗f4 h6 13.h4 ♗a6 14.♕d2 ♔h7 15.♘c3 ♕d7 16.♗f1 ♗f1 17.♖f1 a4 18.♔g2 ♘a5 19.h5 g5

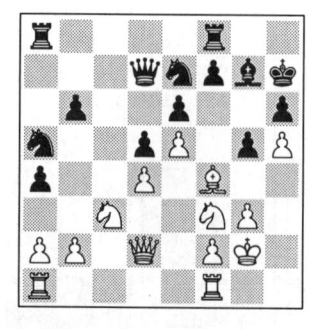

20.♗g5 hg5 21.h6 ♗h8 [21...♔h6□ 22.♖h1 ♘g8 (22...♘f5 23.g4 ♘c4 24.♕c1≅) 23.♕d3→ △ 24.♘g5]

22.♘g5 ♔g8 23.h7 ♔g7 24.♖h1 ♖fc8 25.♘ge4!+− ♘f5 26.♘f6 ♕b7 27.g4 ♘c4 28.♕g5 ♔f8 29.gf5 **1-0**

Kaminski,Marcin
Stojanovic,Mihajlo

Guarapuava jr 1995 (10)

1.e4 e6 2.♕e2 c5 3.g3 ♘c6 4.♘f3 g6 5.♗g2 ♗g7 6.0-0 ♘ge7 7.c3 d5 8.d3 b6 9.♘a3 ♗a6 10.e5 h6 11.h4 b5 12.♘c2 b4 13.cb4 cb4 14.♗f4 0-0 15.♕d2 ♔h7 16.♘e3 ♗f5 17.♘g4 ♕e7 18.♖fc1 ♖fc8 19.d4 ♗b5 20.♖c2 a5 21.♖ac1 ♘a7 22.♘f6!? ♗f6 23.ef6 ♕f6 24.♖c7≅ ♗e8 25.♗e5 ♕d8 26.♘h2 ♖c7 27.♖c7 h5 [27...♘c6 28.♖c6 ♗c6 29.♘g4→] **28.g4 ♘b5 29.gf5 ♘c7 30.fg6 ♔g6** [30...fg6 31.♕f4±] **31.♕d3 ♔h6 32.♕g3 f6 33.♗c7± ♕d7 34.♗f4 ♔h7 35.♘f1 ♗g6 36.♕f3 ♖c8 37.♗e3 ♕f7 38.♕f4 ♖c2 39.♘g3 ♖b2 40.♗f3 ♕g7 41.♔h2 ♖a2 42.♘h5 ♗h5 43.♗h5 b3 44.♗g4 ♖a1 45.f3 ♖a2 46.♔h3 b2 47.♗e6 b1♕ 48.♗f5 ♔h8** **0-1**

Zhang Pengxiang
Atanu,Lahiri

Shenyang city 1999 (5)

1.e4 e6 2.♕e2 c5 3.♘f3 ♘c6 4.g3 g6 5.♗g2 ♗g7 6.c3 ♘ge7 7.0-0 d5 8.d3 b6 9.e5 ♕c7 10.♖e1 ♗a6 11.♗f4 h6 12.h4 g5!? 13.hg5 ♗g6 14.c4 ♘f4 15.gf4 ♘e7 16.♘c3 ♗g6 17.♕c2 ♕d7 18.f5! ♘f4 19.f6 ♗f8 20.♘d5! ed5 21.e6 fe6 22.♘e5 ♕b7 23.♕a4 ♔d8 24.g6 ♘g2 25.♔g2 ♗d6 26.♘f7 ♔c7 27.♖e6 dc4 28.f3 ♖hd8 29.♖ae1** **1-0**

Ehlvest,Jaan
Yusupov,Artur

Novgorod 1995 (6)

1.e4 e6 2.♕e2 c5 3.♘f3 ♘c6 4.g3 g6 5.♗g2 ♗g7 6.0-0 ♘ge7 7.c3 d5 8.d3 h6 9.♘a3 b6 10.h4 ♗a6 11.e5 ♕c7 12.♖e1 0-0-0 13.♖b1 g5 14.hg5 ♘g6 15.gh6 ♗e5 16.♘e5 [16.♗g5 ♖dg8 17.♕d2 ♗d6 18.b4∞ Lastin-

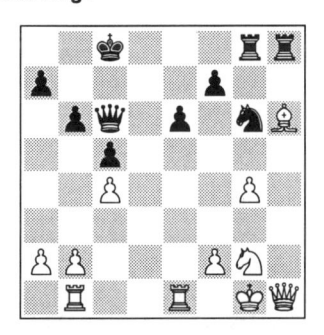

Rychagov, Moscow 1996] 16...♘ce5? [16...♘e5! 17.♗e3 ♕f5⇄ Yusupov] 17.c4 ♘c6 18.♘c2± dc4 19.dc4 ♗b7 20.♗g5 ♖dg8 21.♕h5 ♘ce5 22.♕h1! ♘g4 23.♘e3 ♘h6 24.♗h6?! [24.♗b7 ♔b7 25.♕b7 ♔b7 26.♔g2± Yusupov] 24...♗g2 25.♘g2 ♕c6 26.g4

26...♘f4 [26...♘e7!!→ 27.♕h5 ♖g6 (27...♘f5? 28.♕f7) 28.g5 ♖hh6 (28...♘f5∓) 29.♕h6 ♖h6 30.gh6 ♕f3∓ Yusupov] 27.♗f4 ♖h1 28.♔h1 ♕f3∓ 29.♗g3 ♖h8 [29....♕g4!? 30.♖e3 ♕h5 31.♔g1 (31.♗h4? ♖g2−+) 31...♖h8 32.♘h4 (32.♗h4? ♕g6−+) 32...f5 33.♖f3≅ Yusupov] 30.♔g1 ♕g4 31.♖e3 ♕h3 32.♗h4 ♕g4 33.♗g3 ♕h3 34.♗h4 ♕g4 35.♗g3 ½-½

Belikov,Vladimir
Mesropov,Konstantin

Moscow 1996 (10)

1.e4 e6 2.♕e2 c5 3.♘f3 ♘c6 4.g3 g6 5.♗g2 ♗g7 6.c3 ♘ge7 7.0-0 d6?! [≥ 7...0-0] 8.d4! cd4 9.cd4 0-0 [9...♘d4 10.♘d4 ♗d4 11.♗h6≅↑] 10.♖d1 a6? [10...d5 11.e5 f6 12.ef6 (12.♗f4!?) 12...♗f6 13.g4!? ♕b6 14.♗e3 ♗d7 15.♘c3±] 11.♘c3 b5 12.♗f4 b4 13.♘a4 ♖e8 14.b3 ♖a7 15.♖ac1 ♖d7 16.♗e3 ♗b7 17.d5 ed5 18.ed5 ♘e5 19.♘e5 ♗e5 20.♘b6 ♖c7 21.♘c4 ♘c8 [21...♕b8 22.♘e5 ♖c1 23.♗c1 de5 24.♕c4 a5 25.♕b5 ♖a8 26.♗g5+−] 22.♘e5 ♖c1 23.♗c1 ♖e5 [23...de5 24.d6 ♗g2 25.d7+−] 24.♕d2 ♕e7 25.♕b4+− f6 26.a4 ♔g7 27.♗f4 ♖e2 28.♗f3 ♖c2 29.♖e1 ♕f7 30.♖d1 ♕e7 31.h4 h6 32.h5 g5 33.♗e3 ♕f7 34.♗d4 ♔g8 35.♗a1 ♖c7 36.♕d4 ♔g7 37.♖e1 ♘e7 38.♖e6 ♘d5 39.♖e1? [39.♖d6

♖c1 40.♔h2+−] 39...♔g8 40.b4 [40.♖d1? ♘c3!] 40...♘b4 41.♗b7 ♖b7 42.♕d6 ♘c2 43.♖c1 ♘a1 44.♖a1 ♖a7□ 45.a5 ♔g7 46.♕b6!± ♕e7 47.♖c1 ♕d7 48.♔h2 ♕f7 49.♔g2 ♕d5 50.♔g1 ♕d7 51.♖c6! ♕d1 [51...♔f7 52.♖f6!] 52.♔g2 ♕d5 53.♔h2 ♖f7 54.♕a6 g4 55.♕b6 ♕h5 56.♔g1 ♕e5 57.♖c1 f5 [57...h5 58.a6 h4 59.a7 ♕e4 60.♕b8+−] 58.♖c6 f4 59.♖g6 ♔h7 60.♖h6 ♔g7 61.♖g6 ♔h7 62.♖g4 ♕e1 63.♔g2 ♕e4 64.♔h2 fg3 65.♖g3 ♖g7 66.♕f6 ♖g3 67.♔g3 ♕d3 68.f3 1-0
Belikov

Rausis,Igors
Lindinger,Markus

Hamburg 2000 (2)

1.e4 c5 2.♘f3 e6 3.♕e2 ♘c6 4.g3 g6 5.♗g2 ♗g7 6.0-0 ♘ge7 7.c3 d6 8.d4 cd4 9.cd4 ♘d4 10.♘d4 ♗d4 11.♗h6 ♘g8 12.♗e3 ♗e3 13.♕e3 ♕b6 14.♕a3 ♘f6 15.♘d2 0-0 16.♘c4 ♕c5 17.♘d6 ♕a3 18.ba3 e5 19.f4 ♗e6 20.♘b7 ♖fc8 21.f5 gf5 22.ef5 ♗d5 23.♗d5 ♘d5 24.♖fe1 f6 25.♖ad1 ♖c7 26.♖d5 ♗b7 27.♖ed1 ♖f8 28.♖1d2 ♔g7 29.♔g2 ♖ff7 30.g4 h5 31.h3 hg4 32.hg4 ♖bc7 33.♔g3 ♖c3 34.♔h4 ♖a3 35.♖d7 e4 36.♖f7 ♔f7 37.♖d7 ♔e8 38.♖d4 ♖a2 39.♖e4 ♔f7 40.♖e6 ♖h2 41.♔g3 ♖c2 42.♖d6 ♖e2 43.♖a6 ♖e7 44.♔h4 ♖b7 45.♔h5 ♔g7 46.♖c6 ♖d7 47.♖a6 ♖b7 48.g5 fg5 49.♔g5 ♔f7 50.♖h6 ♖b6 51.♖h7 ♔f8 52.♖a7 ♖c6 ½-½

Belkhodja,Slim
Garbarino,Xavier

Cannes m 2000 (1)

1.e4 c5 2.♘f3 e6 3.♕e2 ♘c6 4.g3 g6 5.♗g2 ♗g7 6.0-0 ♘ge7 7.c3 d6 8.d4 cd4 9.cd4 0-0 10.♖d1 ♖e8 11.♘c3 a6 12.h4 ♕c7 13.h5 e5 14.h6 ♗h8 15.♘d5 ♘d5 16.ed5 ♗g4 17.dc6 e4 18.♖e1 ♖e6 19.♕c4 ef3 20.♖e6 fe6 21.d5 fg2 22.♕g4 ed5 23.♕e6 ♕f7 24.cb7 ♖e8 25.♕f7 ♔f7 26.♔g2 ♖b8 27.♖b1 ♖b7 28.b4 ♗e6 29.♔f3

♗c3 30.a3 ♖b5 31.♗b2 ♗d2 32.♗g7 a5 33.♔e2 ♗g5 34.♔d3 ♗f6 35.a4 ♖b7 36.b5 ♗g7 37.hg7 ♖g7 38.♔d4 ♖f7 39.b6 ♖b7 40.f4 h5 41.♖b3 ♖b8 42.b7 ♔d7 43.♔d5 ♔c7 44.♖b5 ♔d7 45.♖a5 ♖b7 46.♖a6 ♔e7 47.♖d6 ♖a7 48.♖g6 ♖a4 49.♔e5 1-0

7...0-0

Slobodjan,Roman
Horther,Heinrich

Furth 1998 (5)

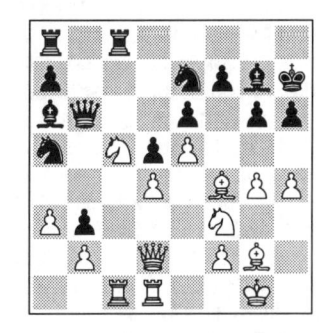

1.e4 e6 2.♕e2 c5 3.g3 ♘c6 4.♘f3 ♘ge7 5.♗g2 g6 6.0-0 ♗g7 7.c3 0-0 8.♖d1 d5 9.e5 ♘f5 10.d3 h6 11.h4 b5 12.♗f4 ♗b7 13.♘bd2 b4 14.♘b3 ♕b6 15.g4 ♘fe7 16.d4 [16.♗e3 d4⇄] 16...cd4 17.cd4 ♔h7 18.♖ac1 ♖fc8 19.♕d2 ♘a5 20.♘c5 b3 21.a3 ♗a6

22.♘d7! ♕d8 23.♘f6 ♔h8 [23....♗f6 24.ef6 ♘g8 25.g5+−] 24.♗h6+− ♘c4 25.♘g5 ♕f8 [25....♘h6 26.♘f7 ♔g7 27.♕h6 ♔f7 28.♕h7 ♔f8 29.♗d5!+−] 26.♗g7 ♔g7 27.♕e2 ♘g8 28.♘gh7 ♕d8 29.♘g8 ♔g8 30.♘f6 ♔g7 31.h5 ♕h8 32.♖c3 ♕h3 33.♖h3 ♕f4 34.hg6 ♔h8 35.♘h5 1-0

Zagema,Wieb
Riemersma,Liafbern

Nederland tt 1991

1.e4 c5 2.♘f3 e6 3.♕e2 ♘c6 4.g3 g6 5.♗g2 ♗g7 6.0-0 ♘ge7 7.c3 0-0 8.d4?! cd4 9.cd4 ♘d4 10.♘d4 ♗d4 11.♗f4 d6 12.♖d1 ♘c6 13.♘c3 ♕e7 14.♖d2 ♗e5 15.♗e3 ♖d8

16.♖ad1 b6 17.h4 ♗b7 18.♗g5 f6 19.♗e3 ♗c3 20.bc3 ♖ac8 21.g4 ♘e5 22.g5 ♘c4 23.gf6 ♕f6 [23...♕f7∓ 24.♖d3?! ♗a6] 24.♗g5 ♕e5 25.♖d4 b5? [25...♖f8 26.♘c4? ♗a6 27.♗dd4 ♖c4 28.♘c4 d5–+] 26.♗d8 ♖d8 27.♕g4 ♖f8 28.♖e1 ♕f6 29.♕g3 e5 30.♖d3 ♕d8 31.♖f3 ♖f3 32.♗f3 ♕a5 33.♗g4 ♕a2 34.♖e6 ♔g7 35.♕f3 ♕d2 36.♖d1 ♕c2 [36...♕f4 37.♕f4 ef4 38.♗c4+–] 37.♕f7 ♔h6 38.♗g4 1-0

8.♘a3

Kaminski,Marcin
Glek,Igor

Biel 1995 (8)

1.e4 e6 2.♕e2 c5 3.♘f3 ♘c6 4.g3 g6 5.♗g2 ♗g7 6.0-0 ♘ge7 7.c3 0-0 8.♘a3 e5 9.♖d1 [9.d4?! cd4 10.cd4 ed4 11.♗f4 d5 12.e5 ♗f5 13.♘b5 d3 14.♕d2 ♗e4 15.♖fe1 ♗f5 16.♘c3 ♗f3 17.♗f3 ♘fd4 ½-½ Slipak-Fiorito, Pena City 1996] 9...d5 10.ed5 ♘d5 11.d4?! cd4 12.cd4 ed4 13.♗g5 ♕b6 14.♕d2 ♕b4 15.♕b4 ♘db4 16.♘b5 ♗f5 17.a3 ♘c2 18.♖ac1 h6 19.♘d6 ♗e6 20.♗d2 d3 21.♗c3 ♗c3 22.bc3 ♘a3 23.♘b7 ♖ac8 24.♘c5 ♗f5 25.♘d3 ♖fd8 26.♘f4 ♖d1 27.♖d1 ♘e7 28.♘e2 ♘b5 29.♘fd4 ♗g4 30.♘b5 ♗e2 31.♖e1 ♗b5 32.♖e7 ♖c3 33.♗d5 ♖c1 34.♔g2 ♗f1 35.♔f3 ♖c5 36.♗f7 ♔f8 37.♖e1 ♖f5 38.♔e3 ♖e5 39.♔d2 ♖e1 40.♔e1 ♔f7 41.♔f1 ♔e6 42.♔e2 ♔d5 43.♔d3 g5 44.f3 h5 45.♔e3 a5 46.♔d3 h4 47.♔c3 h3 48.♔d3 a4 49.♔c3 a3 50.♔b3 ♔d4 51.♔a3 ♔e3 52.f4 gf4 53.gf4 ♔f4 0-1

Kaminski,Marcin
Almasi,Istvan

Cappelle la Grande 1998 (3)

1.e4 e6 2.♕e2 c5 3.g3 ♘c6 4.♘f3 g6 5.♗g2 ♗g7 6.0-0 ♘ge7 7.c3 0-0 8.♘a3 b6 9.h4 h6 10.d4 cd4 11.cd4 d5 [11...♘d4 12.♘d4 ♗d4 13.e5] 12.e5 ♘b4 13.♘b5 a5 14.♗f4 ♗a6 15.♖fc1 ♕d7 16.♗f1 ♖fc8 17.a3 ♘c2 18.♖ab1 ♗f5 19.♖c2 ♖c2 20.♕c2 ♗b5 21.♖c1 ♗f1 22.♔f1 ♖f8 23.♕c6 ♖a7 24.a4 ♘e7 25.♕b5 ♕b7 26.♔g2 ♕a6 27.♕a6 ♖a6 28.♖c7 ♔g7 29.♗d2 ♖a8 30.♖b7 ♘c8 31.♘h2 ♗e7 32.♖c7 ♗d8 33.♖d7 ♘e7 34.♘g4 ♗g8 35.♔f3 ♖c8 36.♔e2 h5 37.♘h2 ♘e7 38.♘f3 ♔f8 39.♘g5 ♔e8 40.♖b7 ♖c7 41.b4 ♘c6 42.ba5 ba5 43.♔d3 ♘d8 44.♖b5 ♖a8 45.♘h7 ♘c6 46.♘f6 ♔d8 47.f3 ♖b8 48.♖b8 ♘b8 49.♗g5 ♔c8 50.g4 ♔d8 51.gh5 ♗f6 52.h6 ♗h8 53.♗f6 ♘d7 54.♗h8 ♘f8 55.♗f6 ♔d7 56.♗g5 ♔c6 57.♗d2 ♔b6 58.♔e3 ♘h7 59.♔f4 ♔a6 60.♔g4 ♔b6 61.♗g5 1-0

Belikov,Vladimir
Saltaev,Mikhail

Moscow 1996 (1)

1.e4 c5 2.♘f3 e6 3.♕e2 ♘c6 4.g3 g6 5.♗g2 ♗g7 6.c3 ♘ge7 7.0-0 0-0 8.♘a3 d5 [8...d6 △ 9...e5] 9.e5 ♗d7 [≥ 9...♖b8; 9..f6!?] 10.d3 b5?! [10...f6 11.ef6 ♗f6 12.♗f4±] 11.♘c2 ♖b8?! [11...f6 12.ef6 ♗f6 13.♗e3 c4 (13...♕b6 14.d4) 14.d4±/±] 12.♗f4 ♗f5 13.♗e3 ♘e3 14.♕e3 c4 15.d4 b4 16.h4 bc3 17.bc3 ♘e7 18.♗h3± ♗a4 19.♕c1! ♕d7 20.♖e1? [20.♗g5 △ 21.♗f6±; 20.♘h2!? △ 21.♘g4+] 20...♖b6 21.♗h6 ♖fb8 22.♘h2 ♗h8 23.♘g4 ♘g8 24.♗g5 ♖b2 25.♕f4 ♗c2 26.h5 [26...gh5 27.♘f6 ♘f6 28.ef6 (28.♗f6 ♗g6) 28...♗f8 29.♗h6 ♗g6 (29...♗d6 30.♕g5 ♗g6 31.♕d5!±) 30.♗f8 ♖f8∞] ½-½
Belikov

Ehlvest,Jaan
Polgar,Judit

New York m rapid 1995 (1)

1.e4 c5 2.♘f3 e6 3.♕e2 ♘c6 4.g3 ♘ge7 5.♗g2 g6 6.0-0 ♗g7 7.c3 0-0 8.♘a3 d5 9.e5 d4 10.d3 ♖b8 11.c4 a6 12.♘c2 b5 13.b3 a5 14.a4 bc4 15.bc4 ♗d7 16.♗a3 ♘b4 17.♗b5 ♘ec6 18.♗f4 ♕b6 19.♕d2 ♖be8

20.♖fe1 f6?! 21.ef6 ♖f6 22.♗c7 ♕a6 23.♘e5± ♕c8 24.♗d6 ♗f8 25.♘g4+– ♕d8 26.♘f6 ♕f6 27.f4 ♖d8 28.♗f8 ♖f8 29.♗h3 ♕e7 30.♖e2 e5 31.♗d7 ♕d7 32.fe5 ♖f3 33.e6 ♕e7 34.♖f1 ♖f1 35.♔f1 ♕f6 36.♔g2 ♘e7 37.♘d6 h5 38.♖f2 ♘f5 39.♘f5 gf5 40.♕e2 ♘c6 41.♕h5 ♘e7 42.♕f7 ♕f7 43.ef7 ♔f7 44.♖b2 1-0

Lau,Ralf
Fotsch,Daniel

Dresden 1998 (3)

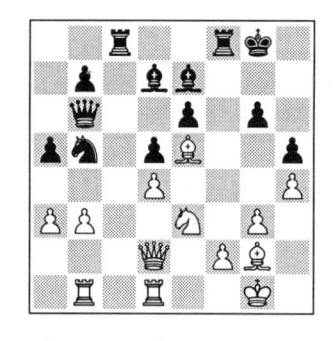

1.e4 e6 2.♕e2 c5 3.♘f3 ♘c6 4.g3 g6 5.♗g2 ♗g7 6.0-0 ♘ge7 7.c3 0-0 8.♘a3 d6 9.♘c2 f5 10.d4 cd4 11.cd4 fe4 12.♕e4 ♕b6 13.♖d1 ♗d7 14.♗f4 d5 15.♕d3 ♖ac8 16.♕d2 ♘f5 17.h4 a5 18.b3 ♗f6 19.♖ab1 ♗e7 20.a3 ♘d6 21.♘e5 ♘e5 22.♗e5 ♘b5 23.♘e3 h5 [23...♘c3 24.♘g4→]

24.♘d5 [24.♗d5! ed5 (24...♘c3 25.♘c4) 25.♘d5 ♕e6 26.♕h6 ♔f7 27.♖e1! ♕d5 28.♕g7 ♔e8 29.♗f6+–] 24...ed5 25.♕h6 [25.♗d5? ♔h7] 25...♗f7 26.♗d5 ♔e8 27.♗g7 ♘c3 28.♗f8 ♘d5 29.♖e1 ♕f6 30.♗e7 [30.♗g7] 30...♕e7 31.d5 ♖c2 32.♕e3 ♔f7 33.♖bd1 ♘f5 34.♕a7 ♘d6 35.♖c1 ♕c3 36.♖c2 ♕e1 37.♔h2 ♕e4 38.♖c7 ♕f5 39.♕d4? ♘b5–+ 40.♖d7 ♕d7 41.♕c5 ♕c7 42.♕a5 ♘d5 43.♕c5 ♘f6 44.♕c4 ♕d5 45.♕c7 ♔e6 46.♕c8 ♔e7 47.♕c7 ♘d7 48.b4 ♔e6 49.♔g1 ♘e5 50.♕b6 ♔f5 51.♕e3 ♘g4 52.♕e2 ♔f5 53.♕e3 ♕f3 54.♕g5 ♘e4 55.♕e7 ♕d1 56.♔g2 ♕d5 57.a4 ♔d3 58.♔g1 ♔e2 59.b5 ♕e4 0-1

Survey FR 3.3

INTRODUCTION: Harmen Jonkman
MAIN ANALYSIS: Jan Timman
STUDY MATERIAL: Jonkman, Sveshnikov

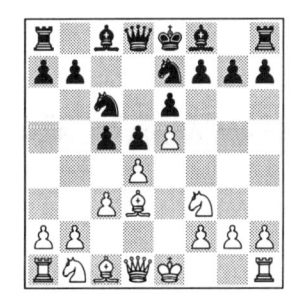

French Defence
Advance Variation

FR 3.3

A Subtle Loss of Tempo

1.e4 e6 2.d4 d5 3.e5 c5 4.c3 ♘c6 5.♘f3 ♘ge7 6.♗d3

The idea behind the early knight deployment to e7 is to increase the pressure against d4 without wasting time on getting the bishop to d7. In recent years this continuation has remained in the limelight thanks to the loyal support of grandmasters like Andersson, Gurevich and Glek.

6.♘a3, 6.a3, 6.♗e2 and 6.♗d3 are all plausible replies for White. In this survey I will concentrate on 6.♗d3, the most popular choice, which is also recommended by Psakhis. The old main line goes 6...cd4 (the immediate 6...♘f5 is inaccurate. White has a pleasant edge after 7.0-0 cd4 8.♗f5 ef5 9.♘d4! ♗e6 10.♗e3 ♗e7 11.f4) 7.cd4 ♘f5 (note that the same position arises when 5...♘h6 has been played instead of 5...♘ge7) 8.♗f5 ef5 9.♘c3 ♗e6. Black's plan in this position is to gain space on the kingside with h6 and g5.

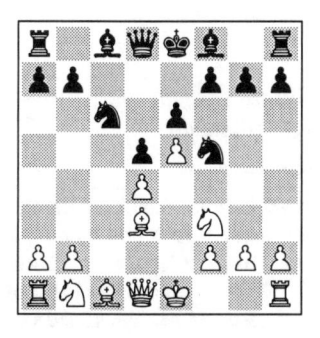

There are two ways for White to counter this: ♘e1, followed by f4, or h4 (sometimes even h5) envisaging ♘c3-e2-f4, ♔f1-g1 and possibly ♖h3-g3. The game Khalifman-Akopian, Dortmund 2000, is a fine example of the latter scheme.

Alternative Lines

On move 8 there are two interesting alternatives for White. 8.♗e3 is an interesting possibility to force a change in the pawn structure. 8...♘e3 9.fe3 leads to a position in which White's knights and central stronghold try to take on Black's bishop pair. It is largely a matter of taste which side one prefers.

Recently Timman came up with a new idea, 8.♗c2!?. The idea is to lure Black's queen to b6 in order to gain a tempo later on with ♘c3-a4. There is almost no escape from 8...♕b6, because otherwise White will play 9.♘c3, when the knight on f5 starts to feel uncomfortable. After 8.♗c2 ♕b6 9.♗f5 ef5 10.♘c3 ♗e6 Benjamin preferred the well-known plan 11.♘e2 and 12.h4 in his game against Shaked from the

STATISTICS

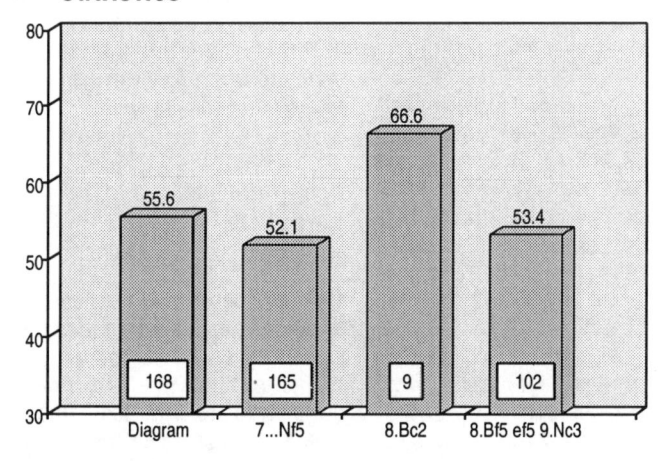

Diagram	7...Nf5	8.Bc2	8.Bf5 ef5 9.Nc3
55.6	52.1	66.6	53.4
168	165	9	102

US Open, Kona 1998, in which this very position occurred via a remarkable transposition of moves (♗e2-♗d3 instead of ♗d3-c2). Timman postponed ♘e2 and used the knight on the queenside instead. His game went 11.0-0 h6 12.♘a4 ♕b5 13.♘e1! (to meet g7-g5 with f2-f4), and he scored a convincing victory against Andersson, Malmö 2000. It's hard to say whether his approach is really superior to the old plan, but it certainly has a healthy look. The Study Material is bound to give the reader sufficient inspiration for this line.

FR 3.3

Timman,Jan
Andersson,Ulf

Malmo 2000 (1)

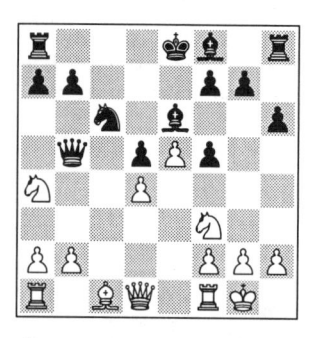

1.e4 e6 2.d4 d5 3.e5 c5 4.c3 ♘c6 5.♘f3 ♘ge7 6.♗d3 cd4 7.cd4 ♘f5 8.♗c2 [8.♗f5 ef5 9.♘c3 ♗e6] 8...♕b6 9.♗f5 ef5 10.♘c3 ♗e6 11.0-0 [11.♘a4?! ♕b5!] 11...h6 [11...♗e7 12.♘a4 △ 13.♗g5] 12.♘a4 ♕b5

13.♘e1! [△ 13...g5 14.f4] 13...♗e7 14.♗e3 ♖c8 15.♘d3 b6 16.♘c3 ♕c4 17.♖c1 [△ 18.♘f4] 17...g5 18.f4 g4 [18...♘b4 19.♗b4 ♗b4 (19...♕b4 20.♕d2! g4 21.♘d5! ♕d2 22.♖c8±) 20.fg5 hg5 21.♘e4!→] 19.a4 ♘b4 [19...♘d4?! 20.♘b5 ♘c2 21.♗f2±] 20.♘f2 ♕a6? [20...♘a2 21.♘a2 ♕a2 22.b3 △ 23.♘d3, ♕a2<; 20...♔d7! 21.b3 (21.♘b5 ♕a2; 21.♘g4 fg4 22.f5 ♕d3) 21...♕a6 22.♘b5±] 21.♘b5 [21.♘g4 fg4 22.f5 ♕d3!⇄] 21...♖c1 22.♗c1

[△ 23.♘c7; △ 23.♘g4] 22...♔d7 [22...♕b7 23.♘g4! fg4 24.f5 ♗d7 25.♕g4→>; 22...♕c8 23.♘a7 ♕c2±] 23.♘g4! fg4 24.f5 ♖g8 [24...h5? 25.fe6 fe6 26.♖f7 ♖f8 27.♖h7+−] 25.fe6 [25.♗d2!?] 25...fe6 26.♗d2 [26.♘h6 ♕c8! 27.♘a7 ♕c2⇄; 27...♕c4⇄] 26...♘c6 [26...♖f8 27.♖f8 ♗f8 28.♗b4 ♗b4 29.♕c2 ♕c8 30.♕c8 ♔c8 31.♘a7±/+−] 27.♗h6+− ♕c8 28.♖f7 ♖h8 29.♘d6 ♕g8 30.♗g7 [30...♖h7 31.♕g4] 1-0
Timman

Study Material

8.♗c2

Magem Badals,Jordi
Martinez Martin,David

Barcelona ch-ES 2000 (3)

1.e4 e6 2.d4 d5 3.e5 c5 4.c3 ♘c6 5.♘f3 ♘h6 6.♗d3 cd4 7.cd4 ♘f5 8.♗c2 ♕b6 9.♗f5 ef5 10.♘c3 ♗e6 11.0-0 ♗e7 12.♘a4 ♕b5 13.♗e3 b6 14.♘e1 g5 15.f4 g4 16.♘d3 ♖c8 17.♘c3 ♕a6 18.a4 ♘b4 19.♘b4 ♗b4 20.♘b5 ♕a5 21.♕b3 a6 22.♘d6 ♗d6 23.ed6 ♖c4 24.♕d3 ♕b4 25.b3 ♖c3 26.♕a6 0-0 27.♕e2 ♖b3 28.♕d2 ♕d2 29.♗d2 ♖d3 30.♖fd1 ♖d4 31.♗e3 ♖d1 32.♖d1 ♖a8 33.♗b6 ♖a4 34.♗d4 ♖a6 35.♖a1 ♖a1 36.♗a1 ♗f8 37.♔f2 ♔e8 38.♗e5 ♔d7 39.♗e3 ♔c6 40.♔d4 ♗d7 41.g3 ♗c8 42.♗g7 ♔d6 43.♗f8 ♔c6 ½-½

Benjamin,Joel
Levin,Felix

Koln rapid 1997 (5)

1.e4 e6 2.d4 d5 3.e5 c5 4.c3 ♘c6 5.♘f3 ♕b6 6.♗e2 ♘h6 7.♗d3 cd4 8.cd4 ♘f5 9.♗f5 ef5 10.♘c3 ♗e6 11.♘e2 ♗e7 12.h4 h6 13.♔f1 0-0-0 14.h5 ♔b8 15.♔g1 ♖c8 16.♖b1 ♕a6 17.a3 ♘a5 18.b3 ♖c7 19.♘f4

♖hc8 20.♗d2 b6 21.a4 ♘c6 22.♖h3 ♘b4 23.♖g3 ♗f8 24.♗b4 ♗b4 25.♖g7 ♗a3 26.♕e2 ♕e2 27.♘e2 ♖c2 28.♘f4 ♖c1 29.♖c1 ♗c1 30.♘e6 fe6 31.♖g6 ♖c6 32.b4 b5 33.ab5 ♖b6 34.♔f1 ♖b5 35.♖e6 ♖b4 36.♖d6 ♖b5 37.e6 ♔c7 38.♖d7 ♔c8 39.♘e5 ♗g5 40.e7 ♗e7 41.♖e7 a5 42.♘c6 a4 43.♘a7 1-0

Benjamin,Joel
Shaked,Tal

Kona US open 1998 (6)

1.e4 e6 2.d4 d5 3.e5 c5 4.c3 ♕b6 5.♘f3 ♘c6 6.♗e2 ♘h6 7.♗d3 cd4 8.cd4 ♘f5 9.♗f5 ef5 10.♘c3 ♗e6 11.♘e2 [11.0-0; 11.♔f1!? △ ♔g1, h4, a3, b4, ♘a4-c5] 11...h6 12.h4 0-0-0!? 13.♔f1 ♔b8 14.♔g1 ♗e7 15.♖b1 [15.a3!? △ b4, ♘f4; 15.h5!? △ ♖h3-g3] 15...f4!? 16.♘f4 ♗f5 17.♖a1 ♗e4 18.♘e2 f6 19.♖h3 ♖hf8 20.♗f4 ♔a8 21.ef6 ♗f6 22.♘e5 ♗e5 23.de5 d4≅

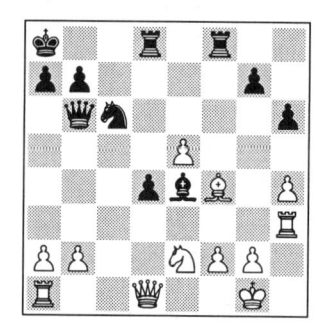

24.♕d2 ♕c5 25.♖e1 ♗f5 26.♖g3 ♘e5 27.♗e5 ♕e5 28.♘f4 ♕f6 29.♘h5 ♕h4 30.♘g7 ♗c8 31.♘e6 ♗e6 32.♖e6 ♖f6 33.♕e1 a6 34.♖e8 ♖d6 35.♖gg8 ♔a7 36.♕e5 ♖d5 37.♕c7 ♖e8 38.♖e8 ♕f6 39.♕b8 ♔b6 40.♖c8 ♕d6 41.♕d6 ♖d6 42.♔f1 d3 43.♔e1 ½-½

Jonkman,Harmen
Aagaard,Jacob

Hoogeveen 2000 (4)

1.e4 e6 2.d4 d5 3.e5 c5 4.c3 ♘c6 5.♘f3 ♘ge7 6.♗d3 cd4 7.cd4 ♘f5 8.♗c2 ♘h4!? 9.♘h4 ♕h4 10.♗e3 ♗d7 [10...f6!?] 11.0-0 f5 12.f4± ♖c8 13.♘d2 ♗e7 14.a3 ♘a5 15.♗d3 b5

16.b3 0-0 [16...♖c3 17.♖f3 △ 18.♗f2] 17.♘f3 ♕h5 18.♗d2 ♖d8 19.♗b4 ♖e8 20.♗c5 a6 21.♖b1± h6 22.♗e2 ♕f7 23.♕d2 ♔h8 24.h3 ♖g8 25.♖f2 ♘b7 26.b4 g5 27.fg5 ♗g5 28.♘g5 hg5 29.g4 [29.h4!?] 29...♕h7 30.♖bf1 ♖g6 31.♖h2 ♖cg8 32.♗f3 ♘c5 33.dc5 f4 34.h4 gh4 35.♕f4 ♗c6 36.♖h3 d4 37.♔h1 [37.♗d1±] 37...♗f3 38.♕f3 ♖g4 39.♕f6 ♖8g7 40.♕d8 ♖g8 41.♕f6 ♖8g7 42.♕f8 ♖g8 ½-½

Jonkman,Harmen
Monte,Peter

The Hague 2000 (3)

1.e4 e6 2.d4 d5 3.e5 c5 4.c3 ♘c6 5.♘f3 ♘ge7 6.♗d3 cd4 7.cd4 ♘f5 8.♗c2 ♗e7 9.♘c3 f6?! [9...0-0 10.0-0±] 10.g4 ♘fd4□ [10...♘h6 11.ef6 ♗f6 12.g5+−] 11.♘d4 fe5 12.♘c6 bc6

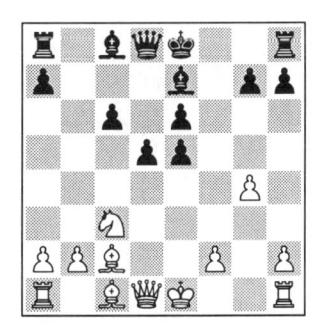

13.g5!± ♕b6 [13...0-0 14.♗h7! ♔h7 15.♕h5 ♔g8 16.g6+−] 14.♕h5 ♗d7 15.0-0 ♗a6 16.♘a4 ♕b4 17.♖d1 ♖af8 18.♗e3 g6 19.♕h3 ♗e2 20.a3 ♕g4 21.♕g4 ♗g4 22.♖e1 d4 23.♗d2 ♗f5 24.♖ac1 ♗d6 25.♘e4 ♗e4 26.♖e4 ♖f5 27.♘c5 ♗e7 28.♘d3 ♔d7 29.♘c5 ♔e7 30.♖ee1 ♖b8 31.b4 ♖f3 32.♘e4 ♖b6 33.a4 ♖d3 34.a5 ♖a6 35.♘c4 ♔d7 36.f4 ef4 37.♘d6 ♖d2 38.♘e4 ♖d3 39.♘c5 1-0

Mathioudakis,D
Ringel,G

cr IECG Internet 1999 (1)

1.d4 e6 2.e4 d5 3.e5 c5 4.♘f3 ♘c6 5.c3 ♕b6 6.♗e2 cd4 7.cd4 ♘h6 8.♗d3 ♗d7 9.♗c2 ♘f5 10.♗f5 ef5 11.♘c3 ♗e6 12.0-0 h6 13.♘a4 ♕d8 14.a3 ♗e7 15.b4 g5 16.♗b2 g4 17.♘d2 ♗g5 18.f4 gf3 19.♖f3 f4 20.♘c5 ♗g4 21.♕b3 ♗f3 22.♘b7 ♕d7 23.♘d6 ♔f8 24.♘f3 ♗e7 25.h4 ♕g4 26.hg5 hg5 27.♖c1 ♕h5 28.♔f1 ♕g4 29.♘g1 ♖h1 30.♖c7 ♖d8 31.♖a7 ♖d6 32.ed6 ♘f5 33.♕f3 ♘e3 34.♔e2 ♕e6 35.d7 ♘g2 36.♔d2 ♕e3 37.♕e3 fe3 38.♔c2 ♔e7 39.b5 ♖g1 40.♗c3 1-0

8.♗e3

Jonkman,Harmen
Glek,Igor

Vlissingen 1998 (4)

1.e4 e6 2.d4 d5 3.e5 c5 4.c3 ♘c6 5.♘f3 ♘ge7 6.♗d3 cd4 7.cd4 ♘f5 8.♗e3 ♗e7 9.♘c3 ♘e3 10.fe3 0-0 11.0-0 ♗d7 12.a3 [12.e4 ♘b4!=] 12...f5 13.ef6 ♗f6 [13...♖f6!?] 14.♕c2 [14.♖c1 ♖c8 15.♖c2 (15.b4) 15...♕e7 16.♕b1 g6= Keitlinghaus-Glek, Budapest 1998] 14...h6 [14...g6 15.♗g6!? (15.♘a4) 15...hg6 16.♕g6 ♔h8 (16...♗g7? 17.♘g5+−) 17.♕h6 ♔g8=] 15.♖ad1 ♖c8 16.♕e2 ♗e8 17.♗b1 ♖c7 18.e4± [18.♕d3 g5] 18...h5 19.e5 [19.ed5!? ed5 20.♕e6 ♗f7 21.♕f5 g6 22.♕f4 ♗g7 23.♘e5±] 19...♗g5 20.♕d3 [≥ 20.♘b5] 20...g6 21.♘g5 [21.h3!?] 21...♕g5 22.♖f8 ♔f8 23.♖f1 ♗f7 24.h3 ♖f1 25.♕f1 ♔g8= 26.♕f2 ♕c1 27.♔h2 g5 28.♘g3 [28.g4] 28...♕e7 29.♗d3 ♗g6 30.♕g6 ♘g6 31.♔g4?! [31.♘b5 ♕f4 (31...♘f4 32.♗a7) 32.♕f4 ♘f4=] 31...♘f4 32.♔g3 h5

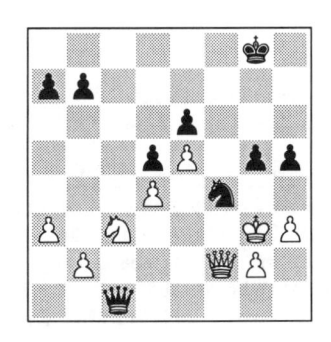

33.h4? [33.♔h2] 33...♘d3−+ 34.♕f6 ♕e1 35.♔h2 ♕h4 36.♔g1 ♕d4 37.♔f1 ♕f4 38.♕f4 gf4 0-1

Hendriks,Willy
Vaganian,Rafael

Antwerp 1997 (2)

1.e4 e6 2.d4 d5 3.e5 c5 4.c3 ♘c6 5.♘f3 ♘h6 6.♗d3 cd4 7.cd4 ♘f5 8.♗e3 ♗e7 [8...♕b6 9.♕d2 ♘a5 10.♘c3 ♘c4 11.♗c4 dc4 12.0-0 ♗d7∞ Hendriks-Visser, Wijk aan Zee 1999] 9.0-0 ♗d7 10.♘c3 ♘e3 11.fe3 f5? [11...0-0] 12.ef6 ♗f6 13.♘e5!± ♔e7 14.♘g4 ♘b4 15.♖c1 ♗g5 16.♔h1 ♗e8 17.a3 ♘d3 18.♕d3 ♗g6 19.♕d2 ♖f8 20.♘b5 ♖f1 21.♖f1 a5 22.♘e5 ♕b6 23.a4 ♖c8 24.b4 ♖a8 25.♕c3 ♗e8 26.ba5 ♖a5 27.♕b4 ♔d8 28.♘f7 ♗f7 29.♖f7 ♕b5 30.♕d6 ♔e8 31.♕f8X 1-0

Jonkman,Harmen
Glek,Igor

Utrecht 1999 (3)

1.e4 e6 2.d4 d5 3.e5 c5 4.c3 ♘c6 5.♘f3 ♘ge7 6.♗e3 ♘f5 7.♗d3 ♘e3 8.fe3 ♗e7 9.0-0 ♕b6 10.♕c2 ♗d7 11.♘bd2 ♖c8 12.a3 g6 13.♖ae1 [13.♔h1 ♔f8 14.dc5 ♕c5 15.e4 ♗g7 16.b4 ♕b6 17.ed5 ed5 18.c4 ♗e6 19.c5 ♕c7 20.♕b2± Mikhalets-Moskalenko, Yalta 1996] 13...0-0 14.♔h1 ♗g7 15.♕b1 [15.dc5 ♗c5 16.e4∞] 15...f6 16.ef6 ♖f6 17.b4 [17.dc5 ♗c5 18.e4∞] 17...cd4 18.cd4 ♖cf8 19.♕b2 [19.b5 ♘a5 20.♘e5 ♖f1 21.♖f1 ♖f1 22.♕f1 ♗e8 23.a4 ♕c7=] 19...♖6f7 20.♘b3 ♘d8 21.♘e5 [21.♕e2] 21...♖f1 22.♖f1 ♖f1 23.♗f1 ♗b5 24.♕f2 ♗f1 25.♕f1 ♕c7 26.♘c5 ♗c5 [26...b6? 27.♕f7! ♘f7 28.♘e6 ♔f6 29.♘c7 ♘e5 30.♘d5 ♔e6 31.♘e7 ♘c4 32.♘c6±] 27.bc5 ♘c6 28.♘c6 bc6 [28...♕c6 29.g4! ♕a4 30.g5± ♕a3? 31.♕f6 ♔g8 32.♕e6 ♔f8 33.♕c8 ♔e7 34.♕b7+−] 29.♕e1 [29.g4 e5=] 29...e5 30.♕g3 ♕e7 31.h3 ed4 32.ed4 ♕f6= ½-½

8.♗f5 ef5 9.0-0

Thipsay,Praveen
Schebler,Gerhard

Groningen 1997 (7)

1.e4 e6 2.d4 d5 3.e5 c5 4.c3 ♘c6 5.♘f3 ♘ge7 6.♗d3 cd4 7.cd4 ♘f5 8.♗f5 ef5 9.0-0 ♗e7 10.♘c3 ♗e6 11.♘e1! [11.♘e2 g5 12.♘e1 f4 13.f3 ♕b6 14.♔h1 ♗f5∓ Teschner-Portisch, Monte Carlo 1969] 11...g5 12.f4 h6 13.♘e2 ♕b6 14.♔h1 f6 15.ef6 ♗f6 16.♘d3 0-0-0 17.♗e3 ♔b8 18.♕d2 ♕c7 19.b4 ♗c8 20.♖ab1 ♖hg8 21.♖fc1 ♕g7 22.b5 ♘d4 23.♘e1 ♘e2 24.♗a7 ♔a8 25.♕e2 ♔a7 26.b6 ♔b8 27.♕d2 ♗d4 28.♘f3 ♗b6 29.♖b6 ♖ge8 30.♘d4 ♖e4 31.♘c6 ♔c7 32.♕a5 ♖c4 33.♖a6 ♔d6 34.♕d8 ♕d7 35.♘e5 ba6 36.♘c4 1-0

Agdestein,Simen
Bunzmann,Dimitry

Germany Bundesliga 2000 (1)

1.d4 e6 2.e4 d5 3.e5 c5 4.c3 ♘c6 5.♘f3 ♘ge7 6.♗d3 cd4 7.cd4 ♘f5 8.♗f5 ef5 9.0-0 ♗e6 10.♘c3 ♗e7 11.♘e1 0-0 12.f4 f6 13.♘e2 fe5 14.de5 d4 15.♘d3 ♕d5 16.b3 a5 17.♖f3 ♖fd8 18.♗d2 ♕b5 19.♖h3 a4 20.♖b1 ab3 21.ab3 g6 22.♕e1 ♖a3 23.♘ec1 ♖da8 24.♕c2 ♖a1 25.♖a1 ♖a1 26.♕b2 ♖a6 27.b4 ♖b6 28.♖f3 ♗d5 29.♖f2 ♗c4 30.♕b1 ♕d5 31.♖b2 ♕e4 32.♕c2 ♗e6 33.b5 ♗a3 34.♗h4 ♗b2 35.♕b2 ♗c4 36.♕c2 ♗b5 37.♕b3 ♔f8 38.♕a3 ♔e8 39.♕a8 ♔d7 40.♕g8 ♘e7 41.♘c5 ♔c7 42.♘e4 ♘g8 43.♘d2 ♗c6 44.♘cb3 ♔b4 45.♗f2 d3 46.♘c5 ♖b2 47.♗e3 ♗e4 48.♘ce4 fe4 49.♘e4 ♖e2 50.♘c3 d2 0-1

Blatny,Pavel
Moldovan,Daniel

Stara Zagora zt 1990 (8)

1.e4 c5 2.c3 e6 3.d4 d5 4.e5 ♘c6 5.♘f3 ♘h6 6.♗d3 cd4 7.cd4 ♘f5

8.♗f5 ef5 9.0-0 ♗e7 10.♘c3 g5 11.♘e1 f4?! [11...h5?! 12.h4! (12.f4?! g4∓) 12...gh4 13.♗e3 ♗e6 14.♘d3 ♕d7 15.♘f4±; 11...♗e6!=] **12.h4!** h6 **13.♕h5!** gh4 [13...♘d4 14.hg5 ♗g5 15.♕d1 (15.♘f3!?±, d5<, f4<) 15...♘c6 16.♕d5 ♗f5 (16...♗e6 17.♕e4) 17.♘f3±] **14.♗f4±** ♗e6 15.♗e3 ♕d7 16.♘d3 ♗g4

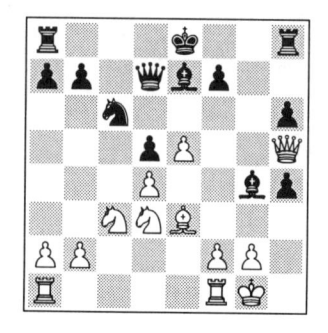

17.e6! ♗e6 **18.♗f4 0-0-0?!**
19.♘b5+− a6 20.♘e5 ♕e8 21.♘c6 ♕c6 1-0

8.♗f5 ef5 9.♘c3 ♗e6 10.h4

Khalifman,Alexander
Akopian,Vladimir

Dortmund 2000 (5)

1.e4 e6 2.d4 d5 3.e5 c5 4.c3 ♘c6 5.♘f3 ♘h6 6.♗d3 cd4 7.cd4 ♘f5 8.♗f5 ef5 9.♘c3 ♗e6 10.h4 h6 11.h5 ♗e7 12.♘e2 ♕a5 13.♔f1 ♖c8 14.♔g1 ♔d7 15.♘f4 ♖c7 16.♖h3 ♖hc8 17.♖g3 ♗f8 18.♗d2 ♕a6 19.♗c3 ♔e8 20.♘e1 ♕b6 21.♘c2 ♖d7 22.♕d2 a5 23.♗e3 a4 24.♘c2 [24.♕c2!?±] ½-½

Van den Doel,Erik
Van der Weide,Karel

Amsterdam Donner-mem 1994 (6)

1.e4 e6 2.d4 d5 3.e5 c5 4.c3 ♘c6 5.♘f3 ♘h6 6.♗d3 cd4 7.cd4 ♘f5 8.♗f5 ef5 9.♘c3 ♗e6 10.h4 h6 11.♔f1 ♕b6 12.♖b1 0-0-0 13.♗f4 ♗e7 14.♔g1 ♔b8 15.♖h3 ♔a8

16.h5 ♖dg8 17.♘a4 ♕d8 18.♘c5 ♗c8 19.♕a4 ♕a5 20.♕a5 ♘a5 21.♘e1 ♘c6 22.♘b3 ♕d8 23.♘c2 ♘e6 24.♗d2 g6 25.♗b4 ♗g5 26.hg6 ♖g6 27.♗d6 ♖hg8 28.♔h1 ♗f4 29.g3 ♗g5 30.♘b4 f4 31.g4 ♕d8 32.♘d5 ♘g5 33.♖c3 ♗g4 34.♖bc1 b6 35.♘f4 ♗f3 36.♔h2 ♗e4 37.♘g6 ♖g6 38.♖c8 ♔b7 39.♘d2 1-0

Sveshnikov,Evgeny
Psakhis,Lev

Sochi 1987 (12)

1.e4 e6 2.d4 d5 3.e5 c5 4.c3 ♘c6 5.♘f3 ♘ge7 6.♗d3 cd4 7.cd4 ♘f5 8.♗f5 ef5 9.♘c3 ♗e6 10.♘e2 ♗e7 [10...♗b4 11.♔f1±] **11.h4 ♕a5?!** **12.♔f1** [12.♗d2 ♕b6∞] **12...h6** **13.♘f4** [13.♔g1 f4!? △ 14...♗g4⇆] **13...♖c8 14.♔g1! ♕b6** [≥ 14...g6] **15.h5** [15.♖h3!?] **15...♘b4** [≥ 15...0-0±] **16.♗d2**

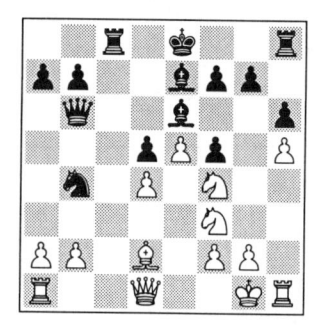

16...♘c2? [16...0-0] **17.♘e6!** fe6 [17...♕e6 18.♖c1 ♘b4 19.♖c8 ♕c8 20.♗b4 ♗b4 21.♕a4+−; 17...♘a1 18.♘g7 ♔f8 19.♘f5 ♕b2 20.♔h2±] **18.♖c1 ♕b2⊡ 19.♘e1 ♕d4 20.♖c2± 0-0 21.♖h3! ♖c2** [21...♕e5 22.♗e3 ♕d6 23.♕e2±] **22.♘c2 ♕a4 23.♖c3 ♕a2 24.♘d4 ♕a6** [24...♗b4 25.♖c2 ♕a4 26.♘e6 ♖e8 27.♘g7+−] **25.♖g3!+−** [25...♔h7 26.♖g6+−] 1-0

Sveshnikov
YB/8-45

Bosch,Jeroen
Glek,Igor

Nederland tt 1995

1.e4 e6 2.d4 d5 3.e5 c5 4.c3 ♘c6 5.♘f3 ♘h6 6.♗d3 cd4 7.cd4 ♘f5

8.♗f5 ef5 9.♘c3 ♗e6 10.h4 h6 11.♘e2 ♕b6 12.♘f4 ♗e7 13.g3 g6 14.♔f1 0-0-0 15.♔g2 ♖dg8 [15...♔b8!? 16.♖b1 ♗c8 17.e6 ♗e6 18.♘e6 fe6 19.♖e1 e5! 20.♘e5 ♘e5 21.♗f4 ♗f6 22.de5 ½-½ Sax-M.Gurevich, Germany Bundesliga 1993] 16.♗e3 g5 17.♘e6 fe6 18.hg5 hg5 19.♖h8 ♖h8 20.♗g5 ♗g5 21.♘g5 ♘d4 22.♕d2± ♔d7 23.♖d1 ♘b5 24.a4 ♘c7 25.b4 ♖a6 26.a5 ♕b4 27.♕b4 ♖b4 28.♖b1 ♘c6 29.♖b7 ♔c8 30.a6 ♖e8 31.f4 d4 32.♔f2 ♖h8 33.♘e6 ♖h2 34.♔e1 ♖c2 35.♔d1 d3 36.♖c7 ♔b8 37.♖b7 ♔c8 38.♖b3 ♖a2 39.♖d3 ♖a6 40.♖d6 ♖a1 41.♔e2 ♘b4 42.♘g7 a5 43.♘f5 ♖a2 44.♔f3 ♖a3 45.♔e4 ♔c7 46.e6 ♘c6 47.♖c6 ♔c6 48.♘d4 1-0

Hendriks, Willy
Glek, Igor

Nederland tt 1995 (7)

1.e4 e6 2.d4 d5 3.e5 c5 4.c3 ♘c6 5.♘f3 ♘h6 6.♗d3 cd4 7.cd4 ♘f5 8.♗f5 ef5 9.♘c3 ♗e6 10.♘e2 ♗e7 11.h4 h6 12.♘f4 ♕b6 13.♔f1 [13.h5 ♖c8 14.0-0 0-0 15.♖b1 a5 16.a3 ♕b5 17.b3 ♖c7 18.♕d3 ♘a7 19.a4 ♕b6 20.♗d2= Pirrot-Glek, Germany Bundesliga 1994] 13...0-0-0 14.h5 ♔b8 15.♖h3 ♖he8 16.♖g3 ♗f8 17.♔g1 ♖c8 18.♘e2 ♗c7 19.♘c3 ♖ec8 20.♘a4 ♕b5 21.♗f4 b6 22.♖b1 ♖a8 23.♘c3 ♕a6 24.♘e1 ♘e7 25.♕d2 g5 26.hg6 ♘g6 27.♘c2 h5 28.♗h6 h4 29.♖f3 ♘h6 30.♕h6 f4 31.♖e1 ♖c4 32.♖f4 h3 33.♖f6 ♖h8 34.♕g7 ♖cc8 35.♖e6 fe6 36.♕g6 ♖cg8 37.♕e6 hg2 38.♕d5 ♕b7 39.♕g8 ♖g8 40.♘e4 ♕h7 0-1

Adams, Michael
Vaganian, Rafael

Luzern Wch-tt 1997 (9)

1.e4 e6 2.d4 d5 3.e5 c5 4.c3 ♘c6 5.♘f3 ♘h6 6.♗d3 cd4 7.cd4 ♘f5 8.♗f5 ef5 9.♘c3 ♗e6 10.♘e2 h6 11.h4 g6 12.♗d2 ♕b6 13.♖b1 a5 14.♔f1 ♗e7 15.♔g1 ♔d7 16.a3 ♕a6 17.♗e3 a4 18.♘f4 g5 19.hg5 hg5 20.♖h8 ♖h8 21.♘e6 fe6 22.♗g5 ♗g5 23.♘g5 ♖h4 24.♘f3 ♖g4 25.b3 ab3 26.♖b3 ♔c8 27.♕c1 ♕e2 28.♖e3 ♕b5 29.♕c2 ♕b6 30.♖b3 ½-½

Adams, Michael
Lputian, Smbat

Pula Ech-tt 1997 (6)

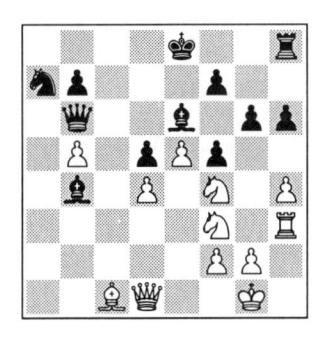

1.e4 e6 2.d4 d5 3.e5 c5 4.c3 ♘c6 5.♘f3 ♘h6 6.♗d3 cd4 7.cd4 ♘f5 [7...♕b6 8.♘c3 ♗d7 9.♗c2±] 8.♗f5 ef5 9.♘c3 ♗e6 [9...♗b4!?] 10.♘e2 h6 11.h4 ♕a5 [11...♗e7] 12.♔f1 ♗e7 13.♔g1 ♖c8 14.♘f4 g6 15.a3 [≥ 15.♖h3] 15...♕b6! [b2<] 16.b4 a5 17.♖b1 ab4 18.ab4 ♘a7 19.b5! ♖c4 [19...♘b5 20.♗d2 ♕a6 21.♕b3 ♘a3 22.♕b7 ♕b7 23.♖b7±] 20.♖h3 ♖b4 [≥ 20...♗d7; 20...♘b5 21.♕d2! ♖b4 (21...♖d4 22.♘e6 fe6 23.♖hb3+−) 22.♖hb3 ♕a5 23.♖b4 ♗b4 24.♕b3 ♗d2 25.♗d2 ♕d2 26.♕b5 ♗d7 27.♕b7+− Adams] 21.♖b4 ♗b4

[diagram]

22.♖g3? [22.♘e6!? fe6 (22...♕e6 23.♕a4) 23.♖g3 ♔f7 24.h5 g5 25.♘g5! hg5 26.♗g5 △ h6, ♕h5, Adams] 22...♔d7□ 23.♘e6 ♔e6 24.♗d2 ♕b5 25.h5! ♗d2 26.♕d2!+− g5 27.♖b3 ♕c6 28.♕b1 b5 29.♖a3 ♖a8 30.♕a1 ♕b7 31.♘b3 ♗e7 32.♘c5 ♕c7 33.♖a6 ♗f8 34.♖h6 ♖c8 35.♖f6 ♔g8 36.♖f5 ♘c6 37.♖g5 ♔h8 38.♘b3 ♔d8 39.♘c5 ♘c6 40.♖f5 ♖g8 41.♕c1 1-0

Christiansen, Larry
Andersson, Ulf

Groningen 1997 (1)

1.e4 e6 2.d4 d5 3.e5 c5 4.c3 ♘c6 5.♘f3 ♘ge7 6.♗d3 cd4 7.cd4 ♘f5 8.♗f5 ef5 9.♘c3 ♗e6 10.h4 h6 11.♔f1!? [11.♘e2] 11...♕d7 12.♗e3 ♗e7 13.♘e2 0-0-0 14.♔g1?! [14.g3] 14...♔b8 15.♘f4?! [15.h5; 15.g3] 15...g5! 16.hg5 hg5 17.♖h8 ♖h8 18.♘e6 fe6 19.♗g5 ♗g5 20.♘g5 ♕g7 21.f4 [21.♘e6? ♕h6−+] 21...♕h6 22.♘h3 ♖g8 23.♘g5 ♕h4 [23...♖h8∞] 24.♕d2 [24.♘e6 ♖h8 25.♘g5 ♕h2 26.♔f2 ♕f4 27.♘f3 ♖g8 28.♕d2! ♕d2 (28...♕g3 29.♔f1 ♖h8 30.♔g1) 29.♘d2 ♘d4= Christiansen] 24...♘d4 25.♖f1 [25.♕d4? ♕g5 26.♕f2 ♖h5∓] 25...a6 26.a4 ♕g4 27.♖f2 a5! 28.♕d3 ♖g6 29.g3 ♘c6 30.♖h2 [△ 31.♖h4] 30...♕g5! 31.fg5 ♕g5♛ 32.♖h8 ♔a7 33.♕c3! ♕g7 34.♖e8 ♕d7 35.♖f8 ♔b6 36.♖f6 ♕e7 37.♔g2 ♔c7 38.♕d2 d4 39.g4? [39.♕c2! ♕d7 40.♕c4 d3 41.♕e6+−] 39...fg4 40.♕f4 ♕c5 41.♕g4 ♕d5! 42.♕f3 ♕e5 43.♕f4? [43...♔d6! 44.♕e5 ♘e5 45.♖f8 ♘c4−+] 44.♖f4 ♔d6 45.♖f7 b6 46.♖b7 ♔c5 47.♖c7!= ♔d5 48.♖d7 ♔e4 49.♖d6 ♘b4 50.♖e6 ♔d3 51.♖d6 ♔c2 52.♔f1 ½-½

INTRODUCTION: Jeroen Bosch
MAIN ANALYSIS: Viswanathan Anand
STUDY MATERIAL: Bosch, Shipov, Bologan

French Defence
Steinitz Variation

FR 4.6

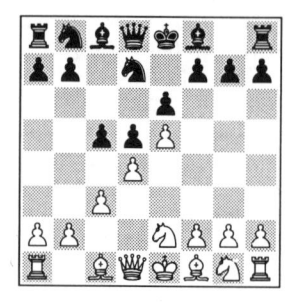

Anand beats the French

1.e4 e6 2.d4 d5 3.♘c3 ♘f6 4.e5 ♘fd7 5.♘ce2 c5 6.c3

Chess theory moves back and forth like a pendulum, as we all know. Books on the French hardly devote any space to the old 5.♘ce2 in the Steinitz Variation these days. Steinitz himself played it occasionally, but its popularity waned as the years went by. Now the books will certainly return to this line, as Anand has taken up the knight move recently – with considerable success. At present it is not yet clear what Black's best set-up against the slightly odd knight move is. This survey will investigate, after 5...c5 6.c3, the alternatives to 6...♘c6. A companion survey will be devoted to this main line (6...♘c6).

First, what is the idea behind 5.♘ce2? In one word: 'overprotection'. Nimzowitsch pointed out the importance of this concept of *Überdeckung* with relevance to pawn chains, and his theory still holds, of course. Ideally, White would like to play 5.♘ce2, 6.c3, 7.f4 and 8.♘f3, when he has both the base and the front of his pawn chain well (over)protected. Only then, does he want to develop the rest of his pieces and does he feel ready for action: i.e. attacking Black's base with f4-f5. Of course,

Black won't always allow this. And it seems only fair to point out that Black often plays in the spirit of Nimzowitsch as well in trying to attack d4 or even c3 at an early stage. Post-Nimzowitsch play is also allowed: an attack on the front with f7-f6.

Crossroads
This survey mainly deals with the popular 6...cd4 7.cd4 f6, when White is at a crossroads. He can try to play for a safe endgame edge with 8.♘f4 ♗b4 9.♗d2 ♕b6 10.♗b4 as Anand did against Bareev in our main game from the

final of the recent FIDE World Cup tournament in Shenyang. Anand improved on Bezgodov-Sakaev, Russian Championship, Moscow 2000, with 15.♘f3 instead of 15.♗d3?!.
Yet, the winner feels that if Bareev had not allowed the bishop-for-knight swap on move 16, he would not have had any advantage. Moreover, the game still seems to have been fairly balanced at a later stage. In Dvoiris-Nielsen, New York 2000, White played 8.♘f4 ♗b4 9.♗d2 ♕b6 10.♖c1, but it seems that it was White who had to make an effort to equalise.

STATISTICS

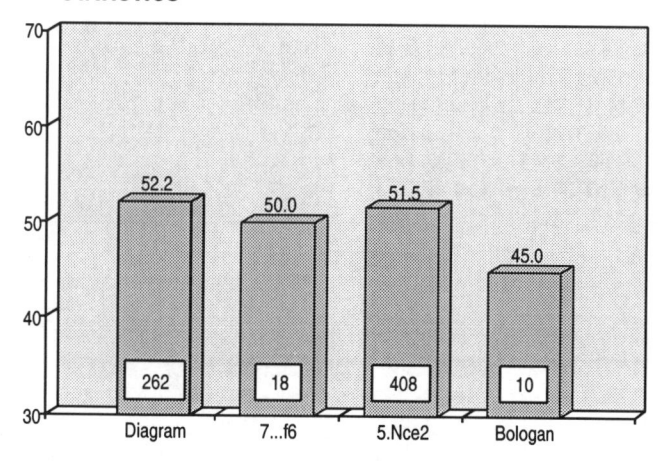

	Diagram	7...f6	5.Nce2	Bologan
%	52.2	50.0	51.5	45.0
games	262	18	408	10

The alternative on move 8 is 8.f4, when play can become very sharp, especially after 8...fe5 9.fe5.

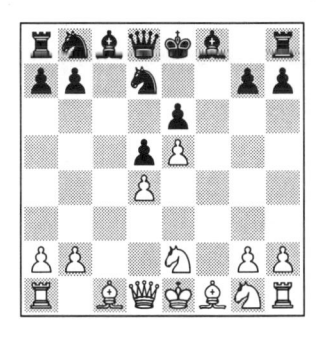

In Polgar-Hernandez, Merida 2000, Black missed a good opportunity to back up his sacrificial play.
Possibly 9.de5 is better with a tense middle game. See Bologan-Short, Beijing 2000, for the details.

FR 4.6

Anand,Viswanathan
Bareev,Evgeny

Shenyang final 2000 (2)

1.e4 e6 2.d4 d5 3.♘c3 ♘f6 4.e5 ♘fd7 5.♘ce2 c5 6.c3 cd4 7.cd4 f6 8.♘f4 ♗b4 9.♗d2 ♕b6! [9...♕e7] 10.♗b4 ♕b4 11.♕d2 ♕d2 12.♔d2 ♗e7 13.ef6 gf6 14.♖e1 ♘b6 15.♘f3 ♘c6 16.♗b5! ♗d7 [16...♘a5 △ 17...a6; 16...♘d8 △ 17...a6] 17.♗c6 bc6 18.♖e2!

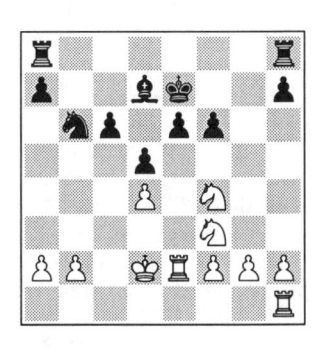

18...♖ae8 [18...♖ab8 19.♖he1 (19.♘e6 ♘c4 20.♔c3 ♗e6 21.♖he1) 19...♘a8 20.b3 (20.♖e6 ♗e6 21.♖e6 ♔f7 22.b3 ♖bc8 23.♘h4 ♖he8 24.♖d6 ♖ed8 (24...♖e4!?) 25.♘f5) 20...♘c7] **19.♖he1 ♔f7** [19...♖d6! 20.♘h5 ♖ef8! (20...♖hf8? 21.♘g7! ♖e7 22.♘f5+−) 21.♘g7/ ♘c4 22.♔c3 e5 23.b3 ♖hg8! (23...e4 24.bc4 ef3 25.c5 ♔c7 26.gf3+−) 24.bc4 ♗g7 25.de5 fe5 26.♘e5 ♖g2 27.♘d7 ♔d7∓] **20.♔c1± ♘c4 21.♘d2! ♗d2 22.♔d2** [△ ♘d3-c5, ♖e3-a3] **22...c5 23.dc5 e5 24.♘d5!** [≤ 24.♘d3≌] **24...♗b5 25.♔c3! ♗e2 26.♖e2**

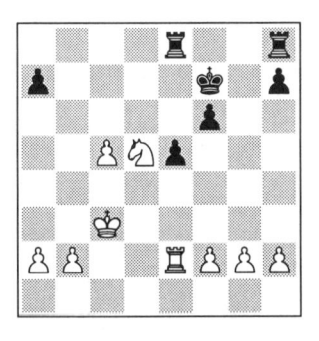

26...♖c8? [26...♖d8! 27.♔c4 ♔e6 28.♖d2 ♖d7 29.c6 (29.f4? e4 30.♖d4 (30.c6 ♖d6 31.♔c5 ♖hd8) 30...f5 31.g4 ♖hd8 32.gf5 ♔f7 33.c6 ♖d6 34.♔c5 e3 35.c7 e2! 36.cd8♕ (36.♖e4 ♖d5 37.♔c4 ♖d4 38.♖d4 ♖e8!∓) 36...♖d8 37.♖e4 ♖e8−+) 29...♖d6 30.♔c5 ♖hd8 31.c7 (31.♘c7 ♗e7 32.♖d6 ♖d6 33.♘d5 (33.♘b5? ♖d2 34.♘a7 ♖c2 35.♔d5 ♔d8!∓) 33...♔e6 34.♘f4 ♔e7! 35.c7 ♖d2) 31...♖d5 32.♖d5 ♖d5 33.♔c6 ♖d6 34.♔c5! (34.♔b7 ♖b6−+) 34...♖d5 35.♔c6=; 26...♖hg8 27.f3±] **27.♔c4 ♔e6** [27...a5 28.a3 a4 29.♘b6] **28.b4! ♖hd8 29.♖d2 ♖d7 30.f4** [30.b5 ♖cd8=] **30...e4** [30...♖cd8 31.c6 ♖d6 32.f5 ♔f5 33.c7!] ♖c8 34.♘e7 ♖e6 35.♖d6+−] **31.♖d4 f5 32.g4 ♖g7** [32...♖cd8 33.c6 ♖d6 34.gf5 ♔f7 35.b5! e3 36.c7 e2 37.♖e4! (37.cd8♕?? ♖d8 38.♖e4 ♖e8) 37...♖d5] **33.♘e3+− fg4 34.♖d6 ♔f7 35.♘f5 e3** [35...♖g6 36.♖g6] **36.♘g7 ♖e8 37.♘e8 e2 38.♖f6** [38...♔e7 39.f5+−] **1-0**
Anand

Study Material

6.c3

Burnett,Ronald
Utterberg,Cary

Saint Paul 2000 (6)

1.e4 e6 2.d4 d5 3.♘c3 ♘f6 4.e5 ♘fd7 5.♘ce2 c5 6.c3 ♕a5!? 7.f4 b5 [7...♘c6 8.♘f3 b5 9.♗d2 ♕b6 10.♗e3 b4 11.c4 dc4 12.d5 ♘e7 ½-½ A.Sokolov-Dreev, St Petersburg zt 1993] **8.dc5 b4 9.cb4!?** [9.a3 ♗c5 10.cb4 ♗b4 11.♗d2 ♗d2 12.♕d2 ♕b6 13.♘d4 ♗a6= Kristiansen-Chernin, Kobenhavn 1984 − YB/24-34] **9...♕b4 10.♗d2 ♕e4** [10...♕b2 11.♘c3∞; 10...♕c5?? 11.♖c1] **11.♕b1** [11.b4 a5 12.a3 ♗a6; 12...♘c6] **11...♘c5 12.♕e4 ♘e4 13.♘d4 ♘d2 14.♔d2 ♗a6 15.♘gf3 ♗b4 16.♔e3 ♗c5 17.♖c1 ♗b6 18.b4±**

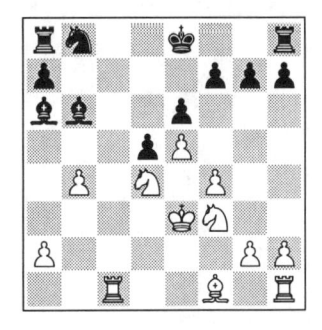

18...♔e7 19.a4 ♗f1 20.♖hf1 a6 21.a5 ♗d4 22.♘d4 ♖a7 23.f5 ♖b7 24.fe6 fe6 25.♖f4! ♖e8 26.h4 ♔d7 27.♖f7 ♖e7 28.♖f8 [△ 29.♖cc8] **28...♖e8 29.♖e8 ♔e8 30.b5** [30.♘e6] **30...ab5 31.♘e6 b4 32.♔d4 b3 33.♘c5 ♖b4 34.♔d5 ♖b5 35.♔c4 ♖a5 36.♔b3 ♘d7 37.♔d3 ♗e7** [37...♘e5 38.♖e1] **38.♖c7 ♔e6 39.♖c6 ♔e7 40.♖c7 ♔e6 41.♔b4! ♖a1 42.♖c6 ♔e7 43.e6 ♘f6 44.♘c5 ♖g1 45.♖c7 ♔d6 46.♖g7 ♖b1** [46...♘d5! 47.♔c4 ♖c1 48.♔d4 ♖c5 49.♖d7 ♔c6 50.♖h7 ♖a5 51.e7 ♔d7] **47.♘b3 ♔e6 48.♔c3 ♖d1 49.♘d4 ♔d5 50.♘f3 h5 51.♔c2 ♖a1 52.♔d3 ♖a3 53.♔e2 ♔e4 54.♖f7 ♖a2 55.♔f1 ♔f5 56.♔g1 ♔g6 57.♘e5 ♔f5 58.♘d7+− ♔e6 59.♖f6 ♔d7 60.♖f5 ♔e6 61.♖h5 ♔f6**

62.♔h2 ♔g6 63.♖b5 ♖a3 64.g3 ♔h6 65.♔h3 ♖a4 66.♖b6 ♔g7 67.h5 ♖c4 68.g4 ♔h7 69.♔h4 ♖a4 70.h6 ♖a1 71.♔h5 ♖h1 72.♔g5 ♖a1 73.♖b7 ♔g8 74.♔h5 ♖a6 75.g5 ♖a1 76.♖b8 ♔f7 77.g6 ♔f6 78.♖f8 ♔e5 79.g7 1-0

Giaccio,Alfredo
Panno,Oscar

La Plata 1998 (2)

1.e4 e6 2.d4 d5 3.♘c3 ♘f6 4.e5 ♘fd7 5.♘ce2 c5 6.c3 b5 [6...♕b6 7.f4 f6 (7...♘c6 – 6...♘c6 7.f4 ♕b6) 8.♘f3 ♗e7!?; 8...cd4?! 9.cd4 ♗b4 10.♘c3 ♘c6 11.a3 ♗c3 12.bc3± Ehlvest-Dolmatov, Clermont Ferrand 1989 – YB/24-34] **7.♘f4!?** [7.f4 b4 8.cb4 cb4 (8...cd4 9.a3 Sax-Doric, Pula 1994) 9.♘f3 ♗e7 10.f5 Sax-Gulko, Aruba 1992] **7...cd4 8.cd4 ♕a5 9.♗d2 ♕b6 10.♗d3 ♘c6** [10...♕d4 11.♘f3♔] **11.♗e3 b4** [11...♘d4? 12.♘e6 fe6 13.♗d4] **12.♖c1 ♗a6 13.♗b1 ♖c8 14.b3 ♘e7 15.♖c8 ♗c8 16.♘f3 a5 17.♘g5 h6**

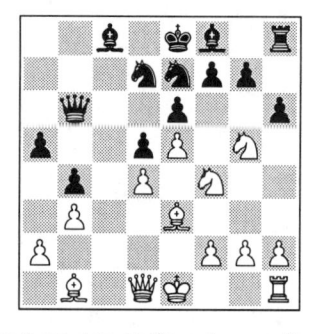

18.♘f7! ♔f7 19.♕h5 ♔g8 20.♕e8 ♕c6 21.♘g6 ♔g6 22.♗g6 ♘e5 23.♗f7 ♔h7 24.♗g6 ♔g8 25.de5 ♕e8 26.♗e8+– g5 27.♔d2 ♖h7 28.♖c1 ♗b7 29.♗b6 ♗e7 30.♗b5 ♗g7 31.♖c7! ♖f7? [31...♖c7 32.♗c7, a5<] **32.♗d7** 1-0

6...cd4 7.cd4 f6 8.♘f4

Bezgodov,Alexey
Sakaev,Konstantin

Moscow ch-RUS m 1999 (6)

1.e4 e6 2.d4 d5 3.♘c3 ♘f6 4.e5 ♘fd7 5.♘ce2 c5 6.c3 cd4 [6...f6?

7.♘f4 Bosch] **7.cd4 f6** [7...♗b4 8.♗d2 ♗d2 9.♕d2 f6 10.f4 0-0 11.♘f3 ♘c6 12.♖d1 b6 13.♘c3± Finkel-Nardin, Nova Gorica 1997] **8.♘f4 ♗b4 9.♗d2 ♕b6?!** [9...♗d2 10.♕d2 ♕e7 11.ef6 ♘f6 12.♗d3 ♘c6 13.♘ge2 0-0 14.0-0 ♗d7 15.♖ad1 ♖fd6 16.♗b1 ♖ae8 17.♘d3 e5 18.de5 ♘e5 19.♘e5 ♖e5 20.♘c3± Morozevich-Moskalenko, Moscow 1994] **10.♗b4** [10.♕h5! g6 11.♘g6 ♗d2 12.♔d2 ♕b2 13.♔e3 ♕a1 14.♘h8 ♔d8 15.♘e2±] **10...♕b4 11.♕d2 ♕d2** [½-½ Vukovic-Piskov, Formia 1995] **12.♔d2 ♔e7 13.ef6 gf6 14.♖e1** [14.g3 ♘c6 15.♘ge2 ♕b6 16.♗g2 ♖d8 △ 17...e5] **14...♘b6**

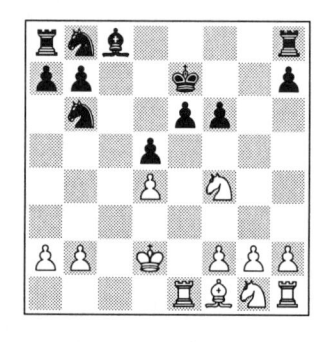

15.♗d3? [15.♘f3 ♔d6 (15...♘c6 16.♗h5! – Anand-Bareev) 16.♘h5 ♖f8 17.♔c1 ♘c6 18.♗b5∞] **15...♘c6 16.♘f3 ♔d6** [! Bosch] **17.♘h5 ♖f8 18.♗h7 e5** [⇄ Bosch] **19.♘g3 e4 20.♘h4** [20.♘e4!? de4 21.♗e4∓] **20...♘d4 21.f3 ♖h8 22.♘hf5 ♗f5 23.♘f5 ♔e5 24.♘d4 ♔d4 25.♗f5 ♘c4 26.♔e2 ♖ag8∓ 27.♖d1 ♔e5 28.g4 ♖h3** [! Bosch] **29.fe4 ♖e3** [29...d4!?] **30.♔f2 de4 31.♖d7 ♔f4 32.♖e1?** [32.♖b7!⇄] **32...♖h8 33.♗h7 ♘e5! 34.♖e3 ♘g4 35.♗e2 ♘e3–+ 36.♖b7 ♘f5 37.♖a7 ♘d4 38.♔d1 ♖d8 39.♖f7 f5 40.♔c1 e3**
0-1
Shipov
M/00-1-75

Dvoiris,Semen
Nielsen,Peter Heine

New York 2000 (9)

1.e4 e6 2.d4 d5 3.♘c3 ♘f6 4.e5 ♘fd7 5.♘ce2 c5 6.c3 cd4 7.cd4 f6 8.♘f4 ♗b4 9.♗d2 ♕b6 10.♖c1!?

[10.♗b4 ♕b4 11.♕d2] **10...0-0 11.♗b4 ♕b4 12.♕d2 ♕e7** [12...♕d2 13.♔d2 fe5 14.♘e6 ♖f2 15.♔e1 ♖f1 16.♔f1 ♘a6+–] **13.ef6 ♘f6** [△ ♘e4, ♕b4] **14.♘d3 ♘c6 15.♘f3 ♘e4 16.♕e3 ♕d8 17.♗e2 ♕a5 18.b4 ♕b4 19.0-0 ♘c6 20.♖c2 ♘d6 21.♘de5 ♘f5 22.♕g5**

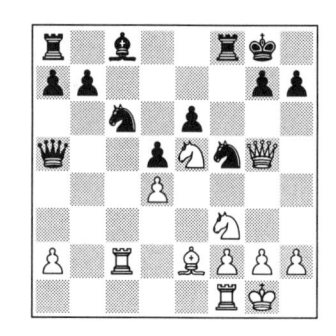

22...♘e5 [22...♘cd4 23.♘d4 ♘d4 24.♗d3 ♘c2 25.♕h5 h6 (25...g6 26.♘g6 ♖f6 27.♘e7 ♔f8 28.♕h7) 26.♕g6 ♖f5 27.♗f5 ef5 28.♕e8 ♔h7 29.♕g6=] **23.de5 ♗d7 24.♗d3 ♗b5 25.♖c5 a6 26.♗f5 ♖f5 27.♕e7 ♖f7 28.♕e6 ♕d8 29.♖d5 ♕e8 30.♕e8 ♖e8 31.♖e1 ♗c6= 32.♖d3 ♗f3 33.gf3 ♖f5 34.e6 ♖f6 35.e7 ♔f7 36.♖d7 b5 37.♖a7 ♖e6 38.♖e6 ♔e6 39.♖a6 ♔e7 40.♔g2 b4 41.f4 ♖b8**
½-½

Velcheva,Maria
Peng Zhaoqin

Istanbul ol-W 2000 (3)

1.e4 e6 2.d4 d5 3.♘c3 ♘f6 4.e5 ♘fd7 5.♘ce2 c5 6.c3 cd4 7.cd4 f6 8.♘f4 ♗b4 9.♗d2 ♗d2 10.♕d2 ♕b6 [10...♕e7 11.ef6 ♘f6 12.♗d3 ♘c6 13.♘ge2± Sax-Glek, Germany Bundesliga 1993 – YB/31-39] **11.ef6** [11.♘f3] **11...♘f6 12.♗d3 ♘c6 13.♘f3** [13.♘ge2!?] **13...♘e4 14.♗e4 de4 15.♘e5 ♘e5 16.de5 0-0∓ 17.0-0 ♕c5 18.♖fe1 ♕e5 19.♘e2 b6 20.♘c3 ♗b7 21.♕e2 ♖ad8 22.♘e4 ♗e4 23.♕e4 ♕e4 24.♖e4 ♖d2 25.f3 ♖c8 26.b4 ♖cc2 27.♖g4 ♖a2 28.♖c1 ♖ac2 29.♖a1 ♖c7 30.h3 h5 31.♖g5 ♖d5 32.♖d5 ed5 33.♔f2 ♔f7 34.e3**

♔e6 35.♔d3 h4 36.♖a2 ♔d6 37.♔d4 g5 38.b5 ♖f7 39.♖a1 ♖c7 40.♖a2 ♔e6 41.♖e2 ♔f6 [41...♔d6 42.♖a2 threefold repetition] 42.♖a2 ♖c5 43.♖a7 ♖b5 44.♖b7 ♖b2 45.♔d5 ♖g2 46.f4 gf4 47.♔e4 ♖b2 48.♔f4 ♖b4 49.♔e3 ♔e5 50.♖e7 ♔d6 51.♖h7 ♖b3 52.♔d4 ♖h3 53.♖h6 ♔c7 54.♔d5 ♔b7 55.♔c4 ♔a6 56.♔b4 ♖h1 57.♖h5 h3 58.♔b3 b5 59.♖h6 ♔b7 60.♔b2 ♔c7 61.♔c2 ♔d7 62.♖h5 ♔e6 63.♔b2 [63.♖b5 h2 64.♖h5 ♖a1] 63...b4 64.♔a2 ♔f6 65.♖h4 ♔g5 66.♖h8 ♔g4 67.♖g8 ♔f3 68.♖h8 ♔g3 69.♖g8 ♔h2 70.♔b2 ♖g1 71.♖d8 ♔h1 72.♖d3 h2 73.♖d8 ♔g2 74.♖g8 ♔f3 0-1

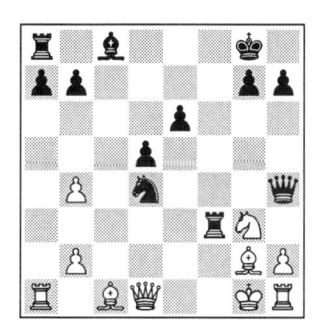

17...♖f7? [17...♘e2! 18.♕e2 ♕d4 19.♗e3 ♖e3 20.♕f2 ♗d7 21.♖f1 ♖d3♔/∓] 18.♗e3 ♘f5 19.♘f5 ♖f5 20.b5± ♗d7 21.b6 a6 22.♕d4 ♕h5 23.h3 ♗c6 24.♔h2 e5 25.♕g4 ♖d8 26.♕h5 ♖h5 27.♖hf1 g6 28.♗f3 ♖f5 29.♗g4 ♖f1 30.♖f1 ♔g7 31.♗e6 ♗e8 32.♗c5 1-0

6...cd4 7.cd4 f6 8.f4

Polgar, Judit
Hernandez, Gilberto

Merida 2000 (3)

1.e4 e6 2.d4 d5 3.♘c3 ♘f6 4.e5 ♘fd7 5.♘ce2 c5 6.c3 cd4 7.cd4 f6 8.f4 fe5 [8...♗b4 9.♗d2 (9.♔f2) 9...♕b6 10.♗b4 ♕b4 11.♕d2 ♘c6 12.♘f3 fe5 13.fe5 (13.de5) 13...♕d2 14.♔d2 ♘b6 Kozlov-Matveeva, Moscow 1999] **9.fe5 ♗b4 10.♔f2 0-0 11.♘f3 ♘c6 12.a3** [12.♗e3 ♘de5 13.de5 ♘e5 14.♗d4 ♘c6♔ Bologan] **12...♘de5 13.ab4 ♕h4 14.♔g1 ♘f3 15.gf3 ♖f3 16.♘g3 ♘d4 17.♗g2**

Bologan, Viktor
Short, Nigel

Beijing 2000 (3)

1.e4 e6 2.d4 d5 3.♘c3 ♘f6 4.e5 ♘fd7 5.♘ce2 c5 6.c3 cd4 7.cd4 f6!? 8.f4 [8.ef6 ♘f6 9.♘f3 ♘c6 (9...♗d6 10.g3 ♘c6 11.♗g2 0-0 12.0-0 ♕b6 Bologan-Glek, Germany Bundesliga 1993 – YB/31-40) 10.♘c3 ♗d6 11.♗d3 0-0 Nijboer-Glek, Wijk aan Zee 1999. cf Tarrasch 3.♘d2 ♘f6 4.e5 ♘fd7 5.♗d3 c5 6.c3 cd4 7.cd4 f6 8.ef6 ♘f6 9.♘f3 ♘c6 10.♘c3 ♗d6 11.♗d3 0-0] **8...fe5 9.de5!? ♕b6** [9...♘c6 10.♘f3 ♗b4 11.♘c3 ♘c5 12.♗e3 ♕a5 13.♕c2 0-0 14.♖c1 d4 15.♘d4 ♘d4 16.♗d4 ♖f4∓

Shirov-Ivanchuk, Tilburg 1993 – YB/31-39; 9...♗c5!? 10.♘c3 ♕b6 11.♘h3 0-0 12.♗d3±] **10.♘c3 ♘c6 11.♘f3** [11.♗d3!? ♘c5 12.♗b1 d4 13.♘e4 d3 14.♘c5 ♗c5 15.♘f3 ♗b4 16.a3 ♘c2 17.♗c2 dc2 18.♕c2 ♗d7 19.b4 ♗e7∞] **11...♗b4 12.♗d2** [12.a3 ♗c3 13.bc3 ♘c5 14.♕c2 ♕b3 15.♖a2 b6=] **12...♘c5** [12...0-0!? 13.♗d3 (13.g3 ♘de5? 14.fe5 ♘e5 15.♗e2±) 13...♘c5 14.♗h7? ♔h7 15.♘g5 ♔g8 16.♕h5 ♘d3 17.♔d1 ♖f5 18.♕h7 ♔f8 19.♕h8 ♔e7 20.♕g7 ♔d8] **13.a3 ♗c3 14.♗c3 0-0 15.g3 ♗d7 16.b4 ♘e4 17.♗d4**

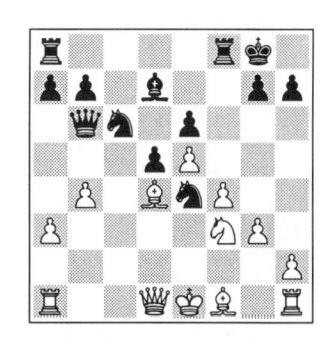

17...♕d8?! [17...♘d4 18.♕d4 ♘g5!? 19.♕b6 ♘f3 20.♔f2 ab6 21.♔f3 ♖fc8 22.♗d3 ♖c3 23.♘e2 ♖aa3 24.♖a3 ♖a3 25.♖c1 ♖a2 26.♘e3 ♖a3!=] **18.♗e3! ♖c8 19.♗d3 a5 20.♕b1** [20.b5! ♘e7 21.♘d4 ♘f5?! 22.♘f5 ♖f5 (22...ef5 23.♗e4 de4 24.♕d5 ♔h8 25.♖d1 ♖c3 26.♗c5+−) 23.0-0 ♕e8 24.a4±] **20...♘e7 21.♘d4 ♘f5** [22.♘f5!? ef5 23.♗d4 ♗e6 24.♕b2 ab4 25.ab4 ♖c4!?⇄ 26.0-0 ♕e7 27.♗c4 dc4] ½-½

Bologan
M/00-5-68

INTRODUCTION: Jeroen Bosch
MAIN ANALYSIS: Viswanathan Anand
STUDY MATERIAL: Bosch, Anand

French Defence
Steinitz Variation

FR 4.6

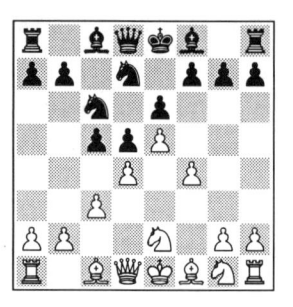

Anand beats the French Part II

1.e4 e6 2.d4 d5 3.♘c3 ♘f6 4.e5 ♘fd7 5.♘ce2 c5 6.c3 ♘c6 7.f4

Steinitz or Tarrasch?
This companion survey concentrates on the main line with 6...♘c6 7.f4. Please note that no effort has been made (neither in this part nor in the previous survey) to cover all the material after 5.♘ce2. The emphasis is on recent games, especially on the lines preferred by the likes of Anand, Bologan, Polgar etc. So you'll search in vain for games with, for example, 6...♘c6 7.♘f3 or 7.f4 b5 8.♘f3 b4(!). These lines are simply out of fashion – often for good reasons.

Our main game, Anand-Shirov, Leon 2000, features the line 7...b5 8.a3!. Funnily enough, the players followed the game Shirov-Kortchnoi, Lucerne 1993, for several moves. Shirov was the first to deviate (from Kortchnoi's play that is) with 11...♕a5. This apparently gave him about equal chances, and it was only well into the ending that he went wrong. In Anand-Morozevich, Frankfurt 2000, Black also got a reasonable position with 8...c4 9.♘f3 ♘b6 10.g4 f5!?.
Five moves later he went into self-destruction mode and lost quickly. It is interesting that neither of these games involved classical chess. Ilyumzhinov will be pleased to hear that the first game was 'Advanced Chess' and the second game 'Rapid'.
The bulk of this article is about the position after 7.f4 ♕b6 8.♘f3, which is actually a line from the Tarrasch (3.♘d2) – see Khalifman-Hertneck for the alternative move order.

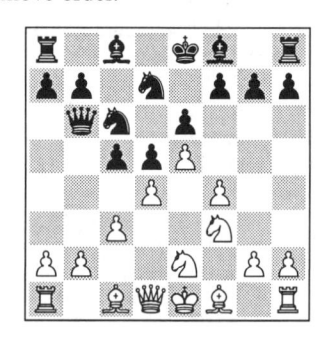

While playing through the illustrative games you will see the same typical manoeuvres made over and over again: Can Black sacrifice a knight on e5 for a long-term initiative? Is White able to overprotect his centre? Does he play b4 to relieve the pressure on d4, or does he embark on a kingside adventure with h4 and ♖h3?

Conclusion
To conclude, theoretically speaking it is hard to believe that Black

STATISTICS

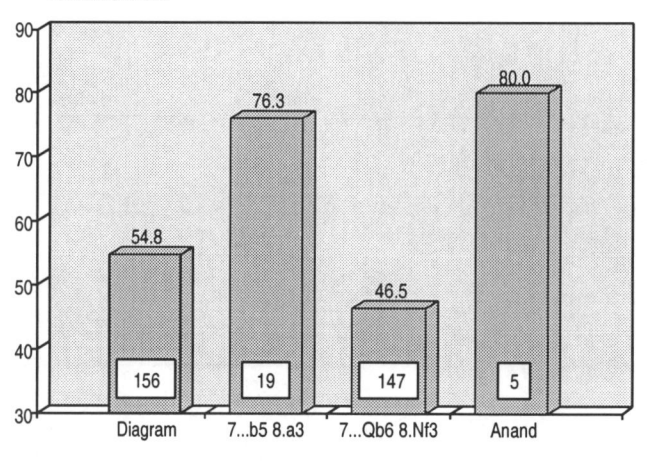

Category	Value	Count
Diagram	54.8	156
7...b5 8.a3	76.3	19
7...Qb6 8.Nf3	46.5	147
Anand	80.0	5

is in trouble after 5.♘ce2. Indeed, he has several playable lines. But the system does cause him some new problems and since the standard manoeuvres are easy to learn for White: Why not follow in Anand's footsteps?

FR 4.6

Anand,Viswanathan
Shirov,Alexey

Leon m 2000 (2)

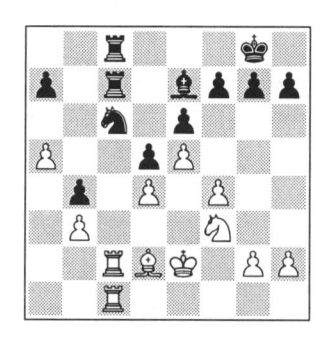

1.e4 e6 2.d4 d5 3.♘c3 ♘f6 4.e5 ♘fd7 5.♘ce2 c5 6.c3 ♘c6 7.f4 b5 8.a3 cd4 9.♘d4 ♘d4 10.cd4 b4 11.a4 ♕a5 12.♗d2 ♗e7 13.♘f3 0-0 14.♗b5 [14.b3 ♗a6] 14...♘b6 15.b3 [15.♕e2 ♘c4] 15...♗a6 16.♗a6 ♕a6 17.a5 [17.♕e2 ♕e2 18.♔e2 a5] 17...♘d7 18.♕e2 ♘b8! [18...♕e2 19.♔e2 ♖ac8 20.♖hc1 ♘b8 21.g4 ♖c6 22.f5 (22.♖c6 ♘c6 23.♖c1 ♘a5 24.♖c7 ♖e8) 22...fc6 23.♖c6 ♘c6 24.♔d3±] 19.♔f2 ♕e2 20.♔e2 ♘c6 21.♖hc1 ♖fc8 22.♖a2 ♖c7 23.♖ac2 ♖ac8

24.a6! ♔f8?! [24...♗d8 25.♔d3 ♘b8 26.♖c7 ♖c7 27.♖c7 ♗c7 28.♗b4 ♗a6∞] 25.g4 ♔e8? [25...g6 26.f5 ef5 27.gf5 gf5 28.♗f4! △ 29.e6; 28.e6 ♗d6; 25...f5!? 26.ef6 gf6] 26.f5 ♔d7 27.♗f4! [27.f6 gf6 28.ef6 ♗f6 29.♗f4 ♘d4! 30.♘d4 ♖c2 31.♘c2 ♗b2] 27...g5 28.♗e3 h6 [28...ef5 29.gf5 g4 30.e6 fe6 31.♘e5! ♘e5 32.♖c7 ♖c7 33.fe6 ♔d8 34.♖c7 ♗c7 35.de5] 29.f6 ♗f8 30.♔d3 ♘a5? [30...♖b8!? 31.♘g5 (31.♗g5? hg5 32.♘g5 ♗h6 33.♖c6 ♖c6 34.♖c6

♗g5; 31.h4!? gh4 32.♘h4 ♖b6 33.♖a1) 31...hg5 32.♗g5] 31.♖c7 ♖c7 32.♖c7 ♔c7

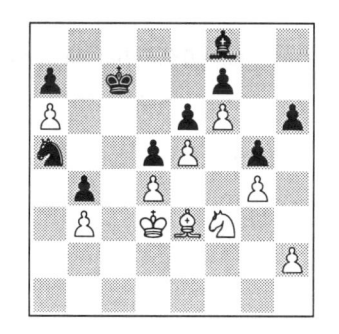

33.♘g5!+− [33.♗g5!?] 33...hg5 34.♗g5 ♘b3 35.h4 ♘a1 36.♗c1! [36.h5?? b3 37.♗c1 (37.♔c3 ♗a3) 37...♗h6! 38.♗b2 ♘c2−+] 36...♘b3 37.♗e3 ♘a5 38.g5 ♘c4 39.♗c1 1-0

Anand

Study Material

7.f4

Klimov,Sergey
Volkov,Sergey

St Petersburg 1998 (1)

1.e4 e6 2.d4 d5 3.♘c3 ♘f6 4.e5 ♘fd7 5.♘ce2 c5 6.c3 ♘c6 7.f4 ♗e7 [7...f5 8.♘f3 ♗e7 9.g3!?; 9.♗e3!? Keres] 8.♘f3 0-0 [8...g6 9.g3 a6 10.♗h3 b5 11.0-0 ♕b6 12.♔h1?! (12.♗e3) 12...b4 13.c4?! dc4 14.d5 ed5 15.♕d5 ♕c7 16.♕c4? ♘b6 0-1 Perez-Borges, Santa Clara 2000] 9.a3 [9.g3 f5 (9...cd4 10.cd4 ♘b6 11.♗h3?! Maroczy-Lasker, New York 1924; 11.♘c3!± △ ♗d3, 0-0 Alekhine) 10.♗g2 cd4 11.♘fd4 ♘c5 12.♗e3 ♘e4 13.0-0 a5 14.a4 ♗d7 15.h3 a6 16.g4 Vasiukov-Vifian, Leningrad 1991; 9.h4!? f6 10.a3 a5 11.♘g3 b6 12.♗d3 ♗a6 13.♗h7!? ♔h7 14.♘g5 ♔g8 (14...fg5? 15.hg5 ♔g8 16.♖h8!+−) 15.♕h5! (15.♘e6?! ♕e8∞ Berkvens-Hummel,

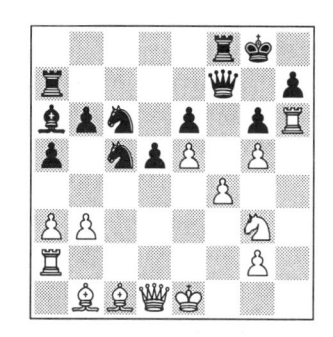

Hoogeveen 2000) 15...♗d3 16.f5 fg5 (16...♗f5 17.♘f5 fg5 18.♘h6!+−) 17.hg5 ♗f5 18.♘f5 (18.g6!?) 18...♖f5 19.g4→ Van der Wiel] 9...a5 10.♘g3 cd4 11.cd4 f6 12.♗d3 fe5 13.de5 ♘c5 14.♗b1 b6 15.h4!? ♕e8 16.♘g5 ♗g5 17.hg5 g6 18.b3 ♗a6 19.♖a2 ♕f7 20.♖h6 ♖a7

21.♘h5!? gh5 22.g6 ♕e8 [22...hg6 23.♖g6 ♕g6!? (23...♔h8 24.♕h5 ♕h7 25.♖h6 ♗d3 26.♗d3 ♘d3 27.♔d1±) 24.♗g6 ♘e5 25.♕h5 ♘g6 26.♕g6 ♖g7⊟] 23.♕h5 ♘d3 24.♔d1 ♖g7 25.f5 hg6 26.fg6 [26.♖h8 ♔f7 27.fe6 ♔e6 28.♕h3 ♘e5 29.♖e2 ♘d6 30.♖e8 ♖f1 31.♔d2 ♖f2=] 26...♖f1 27.♔d2 ♖f2 28.♔d1 [28.♔c3?? d4X] 28...♖f1 29.♔d2 ½-½

Oll,Lembit
Gundersen,Helge

Senek tt 1998 (1)

1.e4 e6 2.d4 d5 3.♘c3 ♘f6 4.e5 ♘fd7 5.♘ce2 c5 6.c3 ♘c6 7.f4 cd4 [7...a5 8.♘f3 a4 9.g4 cd4 10.cd4 ♗b4 11.♔f2 ♘b6 12.♘g3 f6 13.♘h5 fe5 14.de5 ♕e7∞ J.Polgar-Hamdouchi, Cap d'Agde rapid 1998; 7...♕a5 8.♔f2!? b5 9.♗e3 b4 10.♘f3 ♖b8 11.cb4?! ♕b4 12.b3 ♗e7 13.g3 0-0 14.dc5 ♘c5 15.♘ed4 ♘d4 16.♗d4 ♗d7 17.♗g2 a5∓ Heyken-Savchenko, Gausdal 1992] 8.cd4 ♗e7 9.♘f3 f6 10.g3 0-0 11.ef6 ♘f6 12.♗h3 ♘e4 13.0-0 ♕e8 14.♗e3 ♕h5 15.♗g2 ♗d7 16.♖c1 ♖ac8 17.a3 h6 18.♘c3 ♘c3 19.♖c3 ♗d6 20.♘e5 ♕d1 21.♖d1 ♘e5 22.de5 ♖c3 23.bc3 ♗a3 24.♖a1 ♗b2 25.♖a7 ♗c3 26.♖b7± ♗c6 [26...♗c8 27.♖c7 △ 28.♖c8] 27.♖c7 ♗a8 28.♗e6 ♔h8 29.♗c5 d4 30.♔h3

♖b8 31.♖d7 ♗c6 32.♖d6 ♗b5 33.♗d4 ♗b4 34.♖b6 ♗f1 35.♔h4 ♗e7 36.♔h5 ♗e2 37.♔g6 ♖d8 38.♖b7 ♗f8 39.♖d7 ♖e8 40.♗f7 ♗d3   1-0

De la Riva,Oscar
Vallejo,Francisco

Mondariz zt 2000 (11)

1.e4 e6 2.d4 d5 3.♘c3 ♘f6 4.e5 ♘fd7 5.♘ce2 c5 6.c3 ♘c6 7.f4 cd4 8.cd4 ♗b6 [8...g6?! 9.♘f3 ♕b6 10.a3 ♘db8 11.♘c3 ♗d7 12.b4± Steinitz-Meitner, Wien 1873!; 8....♗b4 9.♘c3 (9.♗d2!) 9...0-0 10.♘f3 f6 11.a3 ♗c3 12.bc3 Steinitz-Vergani, Hastings 1895] 9.♘f3 a5 10.♘c3 ♗d7 11.♗d3 a4 12.0-0± g6 13.g4 ♘c4 14.♖f2 b5 15.f5 gf5 16.gf5 ♖g8 17.♔h1 ♕b6 18.♗f1 h6

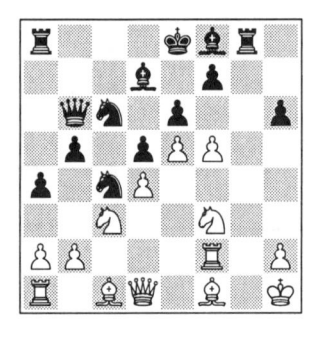

19.♗h3! ♕b7 20.♗f4 b4!? 21.♘a4 ♖a4 22.fe6 [22.♕a4 ♘d4 23.♕d1 ♘f5] 22...fe6 23.♕a4 ♘d4 24.♕d1 ♘f3 25.♕f3 ♗c6 26.♕h5+− ♔d8 27.♗g3 d4 28.♔g1 ♕d7 29.♖c1 ♘e3 30.♕f7 ♕f7 31.♖f7 d3 32.♖c6 d2 33.♖f8!   1-0

7.f4 b5 8.a3

Morozevich,Alexander
Dukhov,Alexander

Moscow 1992 (9)

1.e4 e6 2.d4 d5 3.♘c3 ♘f6 4.e5 ♘fd7 5.♘ce2 c5 6.c3 ♘c6 7.f4 b5 8.a3 ♕b6 9.♘f3 a5 [9...b4 10.ab4 cb4 11.f5 ef5 12.♘f4 ♗e7 13.c4± Fedorowicz-Bonin, New York 1992; 9...c4 10.g4 f6 11.♗h3 fe5 12.fe5 ♗e7 13.♘f4 ♘f8 14.♘h5 ♖g8 15.0-0± Golubev-Relange, Groningen 1993] 10.f5 cd4 11.fe6 fe6 12.cd4 ♗e7 13.♘f4 ♘f8 14.♗d3 ♗d7 15.♗e3± 0-0-0 16.♘e2 ♘g6 17.♕d2 a4

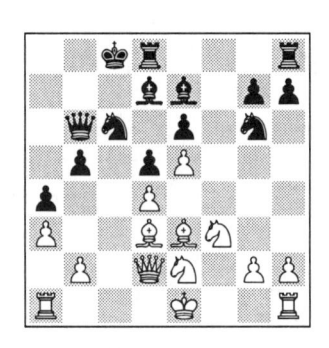

18.♗g6! hg6 19.♗g5! ♖he8 20.0-0 ♔b7 21.♖ac1 ♖c8 22.♗e7 ♖e7 23.h3 ♖c7 24.♔h2 ♗e8 25.♘f4 ♘a5 26.♖c7 ♖c7 27.♕b4 ♘b3 28.h4 ♗d7 29.♘g6 ♖c4 30.♕e7 ♖c7 31.♖d1 b4 32.♘f4 ♗c8 33.♕f8 ♔a7 34.ab4+− ♕c6 35.♖d3 ♕c2 36.b5 ♔b7 37.b6 ♖c6 38.♕e7 ♔b6 39.♕b4 ♔c7 40.♕a4 ♘c1 41.♕a7 ♗b7 42.♘e6 ♔c8 43.♕a5 ♔b8 44.♖c3 ♖c3 45.bc3 ♘e2 46.♕c7
                                                  1-0
                                              YB/31-41

Waitzkin,Joshua
Thorhallsson,Throstur

Bermuda 1999 (6)

1.e4 e6 2.d4 d5 3.♘c3 ♘f6 4.e5 ♘fd7 5.♘ce2 c5 6.c3 ♘c6 7.f4 b5 8.a3 a5 9.♘f3 ♘a6 [9...b4 10.ab4 cb4 11.f5 ef5 12.♘f4 ♘b6 13.♗b5 ♗b7 14.e6! ♗d6 15.ef7 ♔f7 16.0-0± Shirov-Nikolenko, Moscow ch-SU 1991] 10.h4(!) [10.♘g3 g6 11.♗e2 ♗e7 12.♗e3 ♕c8 13.h4 h5 14.0-0 b4 15.ab4 ♗e2 16.♕e2 ab4= Bikhovsky-Monteleone, Porto San Giorgio 1999; 10.dc5 ♗c5 11.b4 ♗a7 12.♘ed4 ♘d4 13.cd4 ♘b6 14.a4!? ♘c4∞ Lanka-Gausel, Debrecen Ech-tt 1992] 10...b4 11.h5 ♗e7 12.f5 ef5 13.♘g3 ♗f1 14.♔f1 ♘f8 [14...g6 15.e6!? fe6 16.hg6] 15.♘f5 ♘e6 16.h6 g6 17.♘g7 ♔f8 18.ab4 cb4 19.♗g1 ♕d7 [19...♘g7 20.hg7 ♔g7 21.♗h6 ♔g8≌ ♖h8<] 20.♘e6 ♕e6 21.♗g5± ♔e8

22.♕d2 ♔d7 23.♖f1 ♖hf8 24.♗e7 ♕e7 25.♘g5 bc3 26.bc3 f6 27.ef6 ♖f6 28.♖f6 ♕f6 29.♘h7 ♕f5 30.♘g5 a4 31.h7 ♖h8

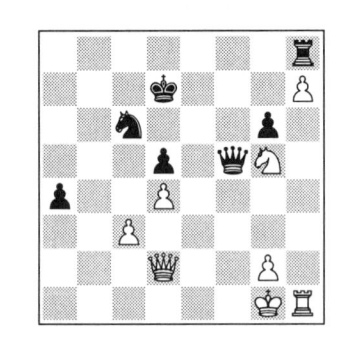

32.♔h2 ♘a5 33.♔g3 a3 34.♕f4 ♕f4 35.♔f4+− ♖f8 36.♔g4 ♘b3 37.♘f7 a2 38.h8♕ ♖h8 39.♘h8 a1♕ 40.♖a1 ♘a1 41.♘g6 ♘c2 42.♘f4 ♔d6 43.♔h5 ♘e3 44.g4 ♘d1 45.♘e2 ♘e3 46.g5 ♔e6 47.♔g6 ♘g2 48.♔h7 ♘e3 49.g6 ♔f5 50.g7 ♘g4 51.g8♕ ♘f6 52.♔h8 ♘g8 53.♔g8 ♔e4 54.♔f7
                                                  1-0

Anand,Viswanathan
Morozevich,Alexander

Frankfurt rapid 2000 (7)

1.e4 e6 2.d4 d5 3.♘c3 ♘f6 4.e5 ♘fd7 5.♘ce2 c5 6.c3 ♘c6 7.f4 b5 8.a3 c4 9.♘f3 ♗b6 10.g4± [Kortchnoi] 10...f5 11.gf5 ef5 12.♗g2 ♗e7 13.0-0 h6 14.♖f2 ♗e6 15.♗f1

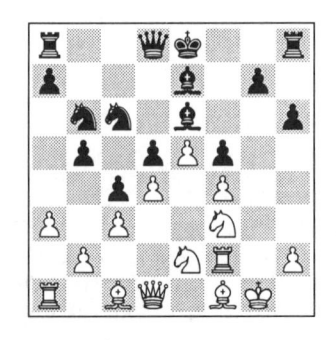

15...g5? [15...♔d7!? Baburin] 16.fg5 hg5 17.h4! g4 [17...gh4 18.♘f4 ♕d7 Baburin] 18.♘g5 ♗c8 19.♖h2+− a5 20.♘g3 ♖a6 21.♗e3 ♘a4 22.♕c2 ♖f8 23.♖f2 ♕d7 24.e6   1-0
                                              M/00-5-37

Shirov, Alexey
Kortchnoi, Viktor

Luzern Wch-tt 1993 (3)

1.e4 e6 2.d4 d5 3.♘c3 ♘f6 4.e5 ♘fd7 5.♘ce2 c5 6.c3 ♘c6 7.f4 b5 8.a3 cd4 9.♘d4 ♘d4 10.cd4 [RR 10.♕d4?! ♗c5 11.♕d3 0-0 12.♘f3 f6 13.♘d4 ♘e5 Shirov-Bareev, Hastings 1991/92] 10...b4 [10...♕b6 11.♘f3 b4 12.♕a4 (12.a4) 12...♖b8 13.ab4 ♗b4 14.♔f2 a5 15.♗e3 ♗e7 16.♖c1 ♗a6 17.♖c6 ♗b5 18.♗b5 ♕b5 19.♕c2± Gofshtein-Arkhangelsky, Cappelle la Grande 1995] 11.a4 ♘b6 [11...♗e7 12.♘f3 ♕b6? 13.a5 ♕c6 14.♗e3 ♘b8 15.♖c1± Laveryd-Nordstrom, Borlange 1995; 11...a5 △ 12...♗a6 Kortchnoi] 12.♘f3 [RR 12.b3!] 12...♗e7 13.b3 a5 14.♗b5 ♘d7 [14...♗d7 15.♗d3] 15.0-0 ♗a6 16.♗a6 ♖a6 17.♕d3 [RR 17.f5!] 17...♖c6 18.♗d2 0-0 19.♖ac1 [RR 19.f5] 19...♘b8 20.f5 ef5 21.♕f5 [RR 21.♖c6 ♘c6 22.♖c1 ♘d7 23.♕a6 ♖c8? 24.e6! Kortchnoi] 21...♕b6 22.♖c6 ♘c6 23.♗e3 ♘d8 24.♕d7 ♕e6 25.♕e6 ♘e6 26.♖c1± ♖a8 27.h4 h6 28.g4 ♔f8 29.g5!? hg5 30.♗g5 ♗g5 31.♘g5 ♘d4 32.♖c7 ♔g8 33.♖f7 ♖f8? [RR 33...♘b3∓] 34.♖d7 ♘f3 35.♔g2 ♘e5 36.♖d5 ♘c6 37.♖c5 ♖f6 38.h5 g6? [RR 38...♖h6 39.♘f3 ♖f6] 39.♘e4 [RR 39.h6 ♖f5 40.♖f5 gf5 41.♔f3 ♘d4 42.♔f4 ♘b3 43.♔f5+− Kortchnoi] 39...♖e6 40.hg6 ♖e4 ½-½

YB/31-42

7.f4 ♕b6 8.♘f3

Arakhamia, Ketevan
Volkov, Sergey

Port Erin 2000 (7)

1.e4 e6 2.d4 d5 3.♘c3 ♘f6 4.e5 ♘fd7 5.♘ce2 c5 6.c3 ♘c6 7.f4 ♕b6 8.♘f3 a5 9.a3 [9.g3 a4 10.♗h3 cd4 11.cd4 a3 12.b3 ♗b4 13.♔f2 ♘db8 14.♗d7 15.g4 h5 Khalifman-Volkov, St Petersburg 1999; 9.a4 ♗e7 10.g3 0-0 11.♗h3 cd4 12.cd4 f6!? 13.♗e6 ♔h8 14.ef6 ♗b4 15.♘c3 ♘f6 16.♗c8 ♖e8⇆ Gorin-Volkov, Bydgoszcz 2000] 9...a4 10.h4 ♖a7!? 11.f5 ef5 12.♘f4 cd4 13.cd4 ♕a5 14.♗d2 ♕d8 15.♗d3 ♘b6 16.♕c2 g6 17.h5 g5! 18.♘e2 f4 19.♗h7 ♘c4 20.♗f5 g4! 21.♘g5 ♕g5 22.♗c8 ♘d2 23.♗b7 ♘e7 24.♕o7 ♖b7 25.♕b7 ♘c4 26.♕a8 ♔d7 27.♕a4 ♗e6 28.♕a6 ♔f5 29.♘g3 fg3 30.0-0 ♔e4

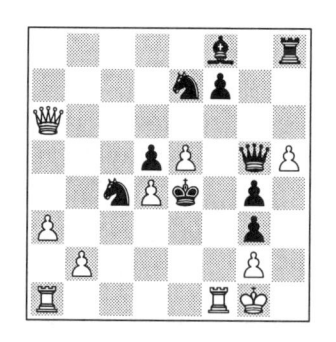

31.♖ae1? [31.♖fe1 ♘e3 (31...♔f4! 32.♖f1=) 32.♖ad1! ♔f5 33.♕d3±] 31...♘e3 32.♕e2 ♖h5 [△ 33...♖h1] 33.♕c2 ♔d4 34.♕c3 ♔e4 35.♕c2 ♔e5 36.♕c7 ♔e6 37.♕g3 ♗h6−+ 38.♕c7 f5 39.♕b6 ♔f7 40.♖f2 g3 0-1

Bologan, Viktor
Gurevich, Mikhail

Frankfurt 2000 (14)

1.e4 e6 2.d4 d5 3.♘c3 ♘f6 4.e5 ♘fd7 5.♘ce2 c5 6.c3 ♕b6 7.f4 ♘c6 8.♘f3 ♗e7 9.a3 0-0 10.b4 cd4 11.♘ed4 ♘d4 12.cd4 f6 13.♗d3 fe5 14.fe5 a5 15.b5 a4 16.h4 [16.0-0 ♘e5 17.♗h7 ♔h7 18.♘e5 ♖f1 19.♔f1 ♕b5 20.♔g1 ♕e8] 16...♔h8 17.♗e3 ♕a5 18.♔e2 ♘b6 19.♗d2 ♕a7 20.♗g5 ♖f7 21.♕b1 ♗d7 22.♗h7 ♗b5 23.♔f2 ♘c4 24.♔g3 ♖f3!? 25.gf3 ♕d4 26.♗e7 ♕e5 27.♗h3 ♕h5 28.♗e4 [28.♔g2 ♘d2 29.♕d1 ♘c4] 28...de4 29.♕e4 ♗c6 30.♕g4 ♕f7 31.♗g5 ♖a5 32.♖hf1 ♖f5 33.♖ad1 [33.♕c4 ♗f3 34.♔h2 ♖f2 35.♔g1 ♕f3−+] 33...♘e5 34.♕g3 ♗f3 35.♖d8 ♔h7 36.♔h2 ♗c6 37.♖f5 ♕f5 38.♕f4 ♘f3 39.♔g3 ♕c2 40.♖d2 ♘d2 41.♕d2 ♕e4 42.♕e3 ♕g2 43.♔f4 ♕h2 44.♔g4 ♗d5 45.♕d3 ♔g8 46.♕c3 ♕e2 47.♔g3 ♕g2 48.♔f4 ♕h2 49.♔e3

e5 50.♕c8 ♔h7 51.♕f5 ♔h8 52.♕f8 ♗g8 53.♔e4 ♕e2 54.♗e3−+ 0-1

Anand, Viswanathan
Shirov, Alexey

Frankfurt rapid 2000 (9)

1.e4 e6 2.d4 d5 3.♘c3 ♘f6 4.e5 ♘fd7 5.♘ce2 c5 6.c3 ♘c6 7.f4 ♕b6 8.♘f3 ♗e7 9.a3 0-0 10.h4 [10.b4] 10...f6 11.♖h3 ♘a5?! [11...a5 △ ♕a7, b5 Bareev] 12.b4 cb4 13.ab4 ♘c4 14.♘g3 a5 [14...fe5!? 15.fe5 ♘de5!? 16.de5 ♘e5∞<] 15.♗d3 f5 [15...fe5 16.♗h7 ♔h7 17.♘g5 ♗g5 (17...♔g8 18.♕h5 ♘f6 19.♕g6 △ 20.♘h5) 18.hg5 ♔g8 19.♕h5+−] 16.♘g5 ♖d8 [16...♗g5 17.hg5 ♖d8 (17...♔f7 18.♖h7 ♔h7 19.♕h5 ♔g8 20.g6+−; 17...g6 18.♘h5! ♖f7 19.♘f6±] 18.♘h5 △ 19.♘f6; 18.♕h5 ♘f8] 17.♕h5 ♗g5 18.♕g5! [18.hg5 ♘f8] 18...♖f8 [18...♘f8 19.♘h5 ♖d7 20.♘f6+−] 19.♘h5 ♖f7 20.♖g3 g6 21.♗c4! dc4 22.b5! ♕b5 [22...♔h8 23.♗a3; 22...♖f8 23.♗a3 ♗d7 24.♘f6 ♔h8 25.h5+−] 23.♗a3 b6 24.♕h6 ♗b7 25.♖g6 hg6 26.♕g6 ♔h8 27.♕f7 ♗g8 [27...♘f6] 28.♗f8! [28...♘f8 29.♘f6+−] 1-0

Anand
M/00-5-38

Van den Doel, Erik
Vuckovic, Bojan

Agios Kyrikos 2000 (7)

1.e4 e6 2.d4 d5 3.♘c3 ♘f6 4.e5 ♘fd7 5.♘ce2 c5 6.c3 cd4 7.cd4 ♘c6 8.f4 ♕b6 9.♘f3 ♗e7 10.h4 [10.♘c3 0-0 11.a3 a5 12.♘a4 ♕a7 13.♗e3 f6 14.♕d2 b6 15.♖c1± Akhmadeev-Poliakov, St Petersburg 2000] 10...f6 11.♖h3 0-0 12.a3 ♘a5 13.b4 ♘c4 14.♘g3 a5 15.♗d3 fe5 16.fe5 ♘ce5!? 17.de5 ♘e5 18.♖h1 ab4 19.♕e2 ♘d3 20.♕d3 ba3 21.h5 ♗d7 22.h6 ♗b5 23.♕d4 ♕d4 24.♘d4 ♗f6 25.♘b5 ♗a1 26.♗a3 ♗e5 27.♘e2 ♖fc8 28.♖h5 ♗f6 29.♖h3 ♖a4 30.hg7 ♖c2 31.♖e3 ♖b2 32.♘d6 e4 33.♘f4 b5 [33...♖c3!−+] 34.♖g3? ♗g7?T [34...♗h4−+] 1-0

Khalifman,Alexander
Hertneck,Gerald

Germany Bundesliga 2000 (11)

1.e4 e6 2.d4 d5 3.♘d2 [3.♘c3 ♘f6 4.e5 ♘fd7 5.♘ce2 c5 6.c3 ♘c6 7.f4 ♕b6 8.♘f3 cd4 9.cd4 ♗e7 – game] 3...♘f6 4.e5 ♘fd7 5.c3 c5 6.f4 ♘c6 7.♘df3 cd4 8.cd4 ♕b6 9.♘e2 ♗e7 [9...f6 10.a3 ♗e7 11.h4 0-0 12.♖h3 fe5 13.fe5 ♖f5 14.♘f4 ♘ce5!? 15.de5 ♘e5 16.♘d4∞< Nijboer-M.Gurevich, Escaldes zt 1998] 10.a3 0-0 11.h4 ♘a5 12.b4 ♘c4 13.♘c3 ♕c6 14.b5 ♕c7 15.♕c2 f5 16.g4 ♘a5 17.♗d3 ♘b6 18.♗d2 ♕d8 19.gf5 ef5 20.♘e2 ♘bc4 21.♘g3 ♔h8 22.♗c1 ♕b6 23.♘f5 ♗f5 24.♗f5 ♘b3 25.♕b3 ♖f5 26.♖a2   ½-½

Sendur,Adnan
Kaidanov,Gregory

Istanbul ol 2000 (1)

1.e4 e6 2.d4 d5 3.♘c3 ♘f6 4.e5 ♘fd7 5.♘ce2 c5 6.c3 ♘c6 7.f4 ♕b6 8.♘f3 f6 9.a3 a5!? [9...cd4 10.♘ed4 fe5 11.♘e6 e4 12.♘fd4 ♘f6 13.♗e2 Shabalov-Jurkovic, Nova Gorica 1999] 10.g4 [10.h4] 10...♗e7 11.♗g2 0-0 12.♕d3 cd4 13.cd4 fe5 14.fe5

14...♖f3! 15.♗f3 ♘de5 16.de5 ♘e5 17.♕e3 [17.♕c3 d4 18.♘d4 ♕d4]

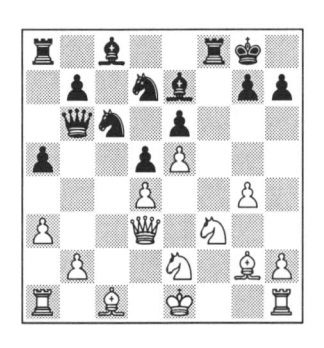

17...♕e3 18.♗e3 ♘f3 19.♔f2 ♘e5∓ 20.♗d4 ♘g4 21.♔g3 ♘h6 22.♗e5 ♘f7 23.♗c7 e5 24.b4 ♖a6 25.♖hc1 ♖g6 26.♔f2 ♗g4 27.ba5 ♘g5 28.♘g3 ♖f6 29.♔g1 ♘h3   0-1

Sakaev,Konstantin
Bareev,Evgeny

Elista 1998 (3)

1.e4 e6 2.d4 d5 3.♘c3 ♘f6 4.e5 ♘fd7 5.♘ce2 c5 6.c3 ♘c6 7.f4 ♕b6 8.♘f3 f6 9.a3 ♗e7 10.h4 0-0 11.♖h3 a5 12.b3 ♕d8 13.♘g3 h6 [13...♘b6 14.♗d3 f5 15.♗c2 Smirin-Psakhis, Las Vegas 1999] 14.♗e3 f5 15.♗d3 cd4 16.cd4 ♘b6± 17.♘h5 ♕e8 18.♘h2 g6 19.♘f6 ♗f6 20.ef6 ♘d7 21.h5 ♘f6 22.hg6 ♕g6 23.g4 ♘g4 24.♘g4 ♕g4 25.♕g4 fg4 26.♖h6 ♘e7 27.♔d2 ♖f7 28.♗f2 ♖g7 29.♖ah1 g3 30.♖h8 ♔f7 31.♗e1 g2 32.♖g1 b6 33.♗h4 ♗b7 34.♖a8 ♗a8 35.♗g5 ♘f5 36.♗f5 ef5 37.♖g2= ♔e6 38.♖h2 ♔d7 39.♖h6 ♗c6 40.♖f6 ♖h7 41.♖f5 ♖h2 42.♔e1 a4 43.ba4 ♗a4 44.♖d5 ♔c6 45.♖e5 ♗b3 46.f5 ♖h5 47.f6 ♖h7 48.♔f2 ♖d7 49.♖e3 ♗f7 50.♖c3 ♔d5 51.♔e3 ♖a7 52.♗f4 ♔e6 53.♗e5 ♔f5 54.♔d2 ♖a4 55.♖f3 ♔e6 56.♖b3 ♔f5 57.♖f3 ♔e6 58.♖c3 ♔f5 59.♖h3 b5 60.♖h7 ♔e6 61.♖h3 ♔f5 62.♖f3 ♔e4 63.♖g3 ♔f5 64.♔c2 b4 65.ab4 ♖b4 66.♖g7 ♖b7 67.♔d3 ♖b3 68.♔d2 ♖b2 69.♔e3 ♖b3 70.♔f2 ♔e6 71.♖h7 ♖a3 72.♖h8 ♔f5 73.♖d8 ♖a7 74.♔g3 ♗e6 75.♖e8 ♗f7 76.♖b8 ♖d7 77.♖b1 ♖d8 78.♖b7 ♖f8 79.♔f2 ♔g6 80.♔e3 ♖h8 81.♖b1 ♖h3 82.♔f4 ♖h4 83.♔g3 ♖e4 84.♖g1 ♔f5 85.♖h1 ♖e3 86.♔f2 ♖e5 87.de5 ♔e5 88.♔e3 ♔f6 89.♔f4 ♔g7 90.♔g5 ♔g8 91.♖b1 ♗d5 92.♖b5 ♗c4 93.♖b7 ♔h8 94.♔f6 ♔g8 95.♖d7 ♗b3 96.♖d2 ♗c4 97.♖f2 ♗d5 98.♖c2 ♗e4 99.♖c5 ♗d3 100.♖a5 ♗c2 101.♖a8 ♔h7 102.♖h8   ½-½

Almasi,Istvan
Plischki,Sebastian

Pardubice 2000 (1)

1.d4 e6 2.e4 d5 3.♘c3 ♘f6 4.e5 ♘fd7 5.f4 c5 6.♘f3 ♘c6 7.♘e2 f6 8.c3 ♕b6 9.a3 ♗e7 10.b4 cd4 11.♘ed4 [11.cd4 0-0 12.♘c3 (12.♖b1 a5 13.b5 a4 14.ef6 (14.♘c3? ♘ce5 15.fe5 fe5→ Shirov-M.Gurevich, Munchen 1993) 14...♘f6 15.♘c3∞) 12...fe5 13.de5 ♘de5 14.fe5 ♕e5 15.♗e2 ♗d7 ½-½ Smirin-Psakhis, Las Vegas 1999] 11...♘d4 12.cd4 ♘b8 [12...0-0 13.♗d3 fe5 14.fe5 ♖f3 15.gf3 ♗h4 16.♔e2 ♘e5 17.♗f4 ♘d3 18.♕d3 ♗d7 19.♕e3± Sax] 13.♗d3 ♗d7 14.♕e2 a6 15.0-0 f5± 16.g4 fg4 17.♘g5 ♗b5 18.♗b5 ab5

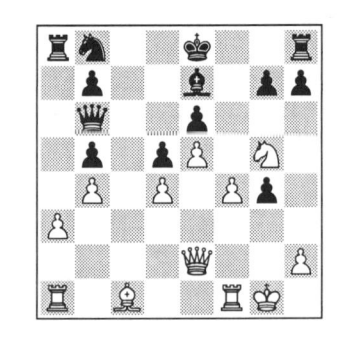

19.♗e3 h6 20.♘e6 ♕e6 21.f5 ♕b6 22.f6 gf6 23.ef6 ♗d6 24.f7 ♔d8 25.♗h6? [25.♕g4⇆] 25...♕d4 26.♔h1 ♘d7? [26...♖h6!] 27.♗g5 ♔c7 28.♖ac1 ♘c5 [28...♔b8 29.♕e8 ♔a7 30.♗e3+–] 29.♗f6 ♕e4 30.♕e4 ♖h2 31.♔g1 de4 32.bc5 ♗g3 33.♗e7+– e3 34.♗d6   1-0

INTRODUCTION: Jeroen Bosch
MAIN ANALYSIS: Viktor Bologan
STUDY MATERIAL: Bosch, Wolff

Caro-Kann Defence
Advance Variation

CK 4.12

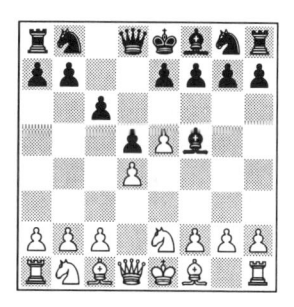

Stick To Your Guns

1.e4 c6 2.d4 d5 3.e5 ♗f5 4.♘e2

The Innocuous 4.♘e2
In his notes to the main game of this survey in New In Chess Magazine, Bologan explains how he managed to surprise his opponent by employing the Caro-Kann (an opening he almost never plays). Ricardi clearly feared his opponent's preparation against his pet-line 4.♘f3 and in turn surprised Bologan with 4.♘e2. The Moldavian grandmaster was not impressed, however, as he knows his classics – he evaluates 4.♘e2 as easy for Black on the basis of Bronstein-Botvinnik, Moscow 1966! With hindsight it is easy to condemn Ricardi's cop-out strategy. Especially when you see how well he plays the 4.♘f3 positions – just take a look at Ricardi-Campora, Buenos Aires 1997! Of course, it is different when you sit behind the pieces in a tense tournament situation and are facing the choice yourself...

The Theoretical Perspective
Nevertheless, Bologan's evaluation of the 4.♘e2 line seems correct. After 4...e6 Black has little to worry about from a theoretical perspective. The sideline 5.♘f4 is of some interest. Black may strike in the centre with 5...c5, but Bareev and Leko prefer the prophylactic 5...h6. Now 6.c3 was a disaster in Hosek-Burmakin, Pardubice 1993, but 6.♗d3 is better, although it should not worry Black unduly, of course.
5.♘g3 has always been more popular. It is best to withdraw the bishop, as 5...♘e7 6.c4 gives White some play (see Parma-Hort, Palma de Mallorca 1969, for the details). After 5...♗g6 6.h4 both 6...h6 and 6...h5 are playable. The latter is surely best. Black need never worry that he will lose his h-pawn, since White will always lose his h-pawn too. As the examples show, a Black queen on h4 can be quite menacing. The Bronstein-Botvinnik game indeed promises White less than nothing. But 8.c3 ♘c6 9.♗e3 is not really a bid for an advantage either, as the Study Material shows.
In conclusion, stick to your guns and don't pick up this popgun!

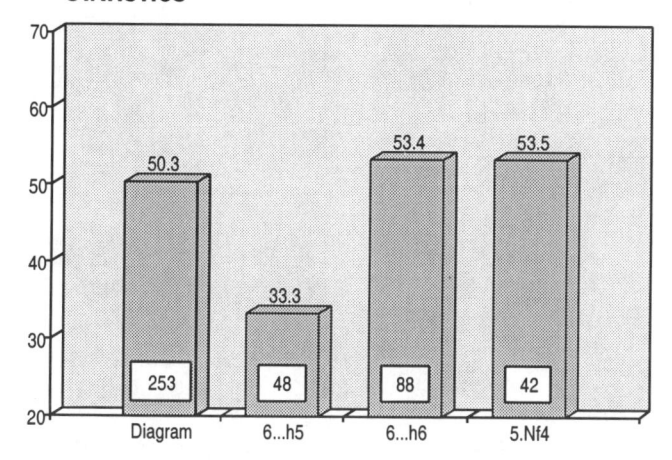

CK 4.12

Ricardi, Pablo
Bologan, Viktor

Buenos Aires 2000 (1)

1.e4 c6 2.d4 d5 3.e5 ♗f5 4.♘e2 e6 5.♘g3 ♗g6 6.h4 h5 [6...h6] 7.♗e2 c5 8.c3 ♘c6 9.♘h5 cd4 10.cd4 ♗b1 [10...♕b6 11.♘f4 ♗b1

STATISTICS

Category	Value	Count
Diagram	50.3	253
6...h5	33.3	48
6...h6	53.4	88
5.Nf4	53.5	42

12.♖b1 ♘d4 13.♕a4 ♘c6 14.♘d3=]
11.♖b1 g6 12.♘f4 [12.♘g3 ♖h4
13.♖h4 ♕h4 14.♗e3 ♗b4 15.♔f1
♗a5!, d4<] **12...♖h4 13.0-0 ♘ge7**
[13...♖h8 14.♗e3 ♕h4 15.♘h3]

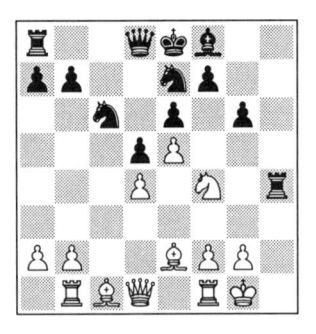

14.g4!? [14.g3 ♖h8 15.♗e3 ♘f5
16.♗g4 ♕b6] **14...h6 15.♗e3
♕b6 16.♘g2 ♗e3! 17.fe3**
[17.♘h4 ♘d4 18.♘f3 ♗e5 19.♘e5
♘e5∓] **17...♖h7 18.b4! 0-0-0
19.♕c2 ♔b8 20.♕c5 ♖c8!** [c4>]
21.♘e1!? [△ 22.♘f3] **21...♖dh8**
[21...f5!? 22.♕b6! (22.ef6 ♕c7
23.♘g2 ♕h2 24.♔f2 ♘d6 25.♗f3
♖h3-+) 22...♘b6 23.♘f3 ♖h3 24.gf5
gf5 25.♔f2] **22.♕b6** [22.♘f3 ♕d8!
23.♗b5 (23.b5 ♘a5) 23...♖h4! 24.g5
♖h3 25.♔g2 ♘6e7 26.♖h1 ♖h1
27.♖h1 ♖h1 28.♔h1 ♘f5∓]
**22...♖h1! 23.♔f2 ♖1h2 24.♘g2
♘b6 25.♖fc1 g5** [△ 26...f6, ♔f2<]
**26.a3 ♘e7 27.♔g1 ♘g8! 28.♖f1
f6 29.♗d3** [29.ef6 ♘f6 30.♖f6 ♖h1
31.♔f2 ♖b1 32.♖e6 ♖b2-+]
**29...♖h1 30.♔f2 ♖f1 31.♖f1 fe5
32.♔g3!** [32.de5 ♘d7 33.♔g3 ♘h6
34.♗e2 ♔c7-+] **32...♘e7**
[32...♘h6! 33.♖f6 e4 34.♗b5 ♔c7
35.♖e6 ♔d8 36.a4 ♘f7] **33.♖f7
♘bc8?** [33...♘c6!? 34.♖g7 ed4
35.♖g5 de3 36.♘e3 ♘d4 37.♘c2!?
♘c2 38.♗c2 ♖c8 39.♗h7]

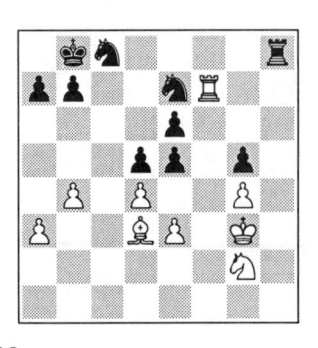

34.♖f6? [34.de5!? ♘c6 35.♖g7 ♘e5
36.♗c2 ♖f8 (36...♘c4 37.♖g5 ♘a3
38.♗d3 ♘c4 39.♖h5≌) 37.♖g5 ♖f3
38.♔h4 ♘c4 39.♗d3 ♘e3 40.♘e1
♘g2 41.♘g2 ♖d3 42.♘f4]
**34...e4-+ 35.♗b5 ♔c7 36.♖e6
a6 37.♗a4 ♖f8 38.♖e5 ♖g8
39.♖e6 ♖g7 40.♗b3 ♔d7
41.♖h6 ♘d6 42.♖h1 ♖f7
43.♖h5 ♖f3 44.♔h2 ♘f7!
45.♔g1 ♖f6 46.♖h7 ♔e8
47.♗d1 ♖c6 48.♔f2 ♖c3 49.a4
♖a3 50.b5 ♖a2 51.♔f1 a5
52.♘e1 ♔f8 53.♗c2 ♖a3
54.♔e2 ♘c8** **0-1**
Bologan

Study Material

Ricardi

Ricardi,Pablo
Campora,Daniel

Buenos Aires Najdorf 1997 (3)

**1.e4 c6 2.d4 d5 3.e5 ♗f5 4.♘f3 e6
5.♗e2 ♘d7 6.0-0 ♘e7 7.h3 c5**
[7...h6!?] **8.c4 dc4 9.♘a3 ♘c6
10.♘c4 ♘b6 11.♗g5 f6 12.ef6 gf6
13.♗h4 cd4 14.♘fe5 ♘c4 15.♘c6
bc6 16.♗c4 ♗e7 17.♖e1 e5**

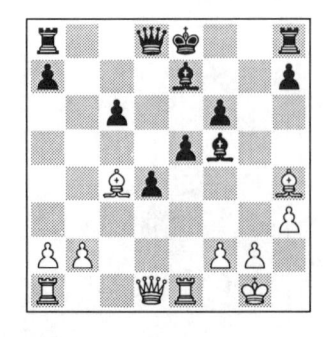

18.♖e5 [18...fe5 19.♕h5 ♗g6 20.♕e5
♖f8 (20...♔d7 21.♗e6) 21.♖e1] 1-0
Wolff
M/97-5-60

5.♘f4

Hosek,Milan
Burmakin,Vladimir

Pardubice 1993 (9)

**1.e4 c6 2.d4 d5 3.e5 ♗f5 4.♘e2 e6
5.♘f4 h6 6.c3 c5 7.♕d2** [7.dc5 ♘c6
8.♗d3 ♕c7 9.0-0 ♘e4!? 10.♘d2 g5!?
11.♗e4 de4 12.♘h5 ♕e5 (12...0-0-0!?)
13.♘c4!≌ Mikenas-Bannik, Moscow ch-SU
1957] **7...♘c6 8.♘f3 ♕b6 9.♗d3
♗g4** [9...♗d3 10.dc5! ♗c5 11.♘d3 a5
12.♕a4 ♗f8 13.b4 ♖c8 14.♗e3 ♕d8
15.0-0± Klaman-Mikenas, Leningrad 1956]
10.dc5 [10.♘e2 cd4 11.cd4 ♘ge7
(11...♗f3) 12.h3 ♗f5 (12...♗f3 13.gf3 g6;
13...d4? 14.♘d4 ♕b4 15.♕d2+-)
13.0-0 h5 14.♘c3 ♗b4 15.♗b5 ♘bc6
16.♗d3 ½-½ Hosek-Kucera, Czechoslovakia
1994] **10...♗c5 11.♕e2 g5! 12.♘h3
♕c7 13.♘hg1 ♗h5!** [13...♘ge7 14.h4]
14.b4 [14.h3 ♘ge7; 14.h4 g4-+]
14...♗f8! 15.b5 ♘b4! 16.cb4
[16.♗b2 ♘d3 17.♕d3 g4-+] **16...♕c3
17.♕d2 ♕a1 18.♘e2 ♗f3 19.gf3
♗g7** **0-1**

Rabiega,Robert
Bareev,Evgeny

Frankfurt II 2000 (5)

**1.e4 c6 2.d4 d5 3.e5 ♗f5 4.♘e2 e6
5.♘f4 h6 6.♗d3 ♘e7** [6...♗d3 7.♘d3
♘d7 (7...h5 8.0-0 g6 9.♘d2 ♘h6 10.♘f3
♘f5 11.♗g5± Nurkic-Vasiljevic, Tuzla
1989) 8.0-0 ♘e7 (8...c5 9.dc5 ♘c5
10.♘c5 ♗c5 11.♕g4 g6 12.c4 ♘e7
13.♘c3 ♖c8 14.♖d1± Ciric-Hocevar,
Beograd 1961) 9.c3 c5 10.dc5 ♘c6
11.♗e3 ♘ce5 12.♘e5 ♘e5 13.♘d2 ♗e7
14.f4± Lazovic-Sebenik, Ljubljana 1998]
7.0-0 ♘d7 8.♘a3 [8.c3!? c5 9.♘a3
♗d3 10.♕d3 cd4 11.cd4 ♘c6 12.♘c2
♘b6 13.b3 ♗e7 14.♗d2± Lazovic-Nikolac,
Porec tt 1998] **8...♗d3 9.♕d3 ♘f5
10.c3 ♗a3 11.ba3 ♕e7** [11...h5
12.♖b1 ♘b6 13.♕d1 h4 14.a4 ♕c7
15.♘d3 ♘c4 16.♗g5 b6 17.♕f3 ♔d7
18.g4 Morozevich-Leko, Frankfurt 1999]
**12.♖b1 b5 13.♕f3 g6 14.♘d3 ♘b6
15.♘c5 a6 16.a4 ♔f8 17.♕d1 ♔g8
18.♖e1 ♔h7 19.g3 ♖hb8 20.♕d3**

h5 21.h4 ♘d7 22.♗a3 ♘c5 23.♗c5 ♕d8 24.♕c2 ♖b7 25.♖b4 ♖ab8 26.♖eb1 ♔g7 27.ab5 cb5 28.a4 g5 29.♕e2 ♔g6 30.ab5 ♖b5 31.♖b5 ♖h5 32.♖b5 ab5 33.hg5 ♕g5 34.♕b5? h4 35.♕e8 hg3! 36.♕g8 ♔h5 37.♕f7 ♔g4 38.♕e6 ♔h3!–+ 39.fg3 ♔g3 40.♔f1 ♕c1 41.♔e2 ♕c2 42.♔e1 ♕f2   0-1

Kobese, Watu
Karpov, Anatoly

Cap d'Agde rapid 1998 (6)

1.e4 c6 2.d4 d5 3.e5 ♗f5 4.♘e2 e6 5.♘f4 c5 6.g4 ♗e4 7.f3 [7.♗b5 ♘c6 8.f3 (8.♗c6 bc6 9.f3 ♕h4 10.♔f1 ♗g6 11.♗e3 Ugrinovic-Spirov, Albena 1975) 8...♕a5 9.♘c3 cd4 10.fe4 dc3 11.♗c6 bc6 12.b3 ♕b4 13.ed5 cd5 14.0-0 Ciric-Rabar, Zagreb ch-YU 1961] 7...♕h4 8.♔e2

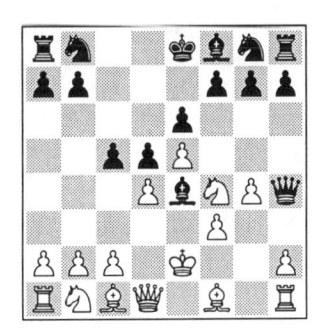

8...♗g6 [8...♘c6!? 9.fe4 (9.♘g2 ♘d4 10.♔e3 (10.♕d4 ♗f3!) 10...♗c2–+) 9...♕g4 10.♔e1 ♕h4 11.♔e2 ♕g4=] 9.c3 ♘c6 10.♗e3 ♕d8! [10...cd4 11.cd4 ♕d8 12.♔f2 ♕b6 13.♕d2 Ugrinovic-Florian, San Benedetto 1962] 11.♔f2 ♘ge7 12.♗b5 ♕b6 13.♕b3 c4 14.♗c6 [14.♕a4] 14...♘c6 15.♕d1 h5 16.♘d2 hg4 17.fg4 ♗h7 18.b4 a5 19.a3 ♘c8 20.♔g3 ♘b6 21.♖f1 ♘a4∓ 22.♖c1 0-0-0 23.♘h5 ♖d7 24.♘f3 ♗b2 25.♕d2 ♘d3 26.♖a1 ♗g6 27.♘f4 ♘f4 28.♗f4 ♗e7 29.h4 ♗d3 30.♖f2 f6 31.h5 f5 32.g5 ♖h5 33.♖h2 ♖h2 34.♕h2 ♗d8 35.♘h4 ♕a4 36.♕g6 ab4 37.cb4 ♕b3 38.♖e1 ♕c3 39.♖e3 ♕d4 40.♕h8 ♕a1 41.♕e8 ♕g1 42.♔h4 ♕g4X   0-1

Kindermann, Stefan
Miles, Anthony

Dortmund 1986 (7)

1.e4 c6 2.d4 d5 3.e5 ♗f5 4.♘e2 e6 5.♘f4 c5 6.dc5 ♗c5 [6...♘c6 7.♗d3 ♗g6 8.0-0 ♘e5 9.♖e1 ♘d3 10.♘d3 ♘e7 11.b4 ♘c6 12.a3± Korzubov-Oll, Soviet Union 1983] 7.♗d3 ♘e7 8.♗f5 [8.0-0 0-0 9.c3 ♘d7 10.♕e2 ♕c7 11.♖e1= Ciocaltea-Golombek, Moscow ol 1956] 8...♘f5 9.♘d3 ♗b6 10.0-0 ♘c6 11.♘d2 0-0 12.♘f3 f6 13.ef6 ♕f6 14.♗f4 ♘fd4 15.♘fe5 ♘e5 16.♗e5 ♕g5 17.♔h1 ♖ac8 18.c3 ♘f5 19.a4 ♖c4 20.a5 ♗d8 21.♖e1 ♗f6 22.g3 ♕h6±   ½-½

5.♘g3 ♘e7

Parma, Bruno
Hort, Vlastimil

Palma de Mallorca 1969 (16)

1.e4 c6 2.d4 d5 3.e5 ♗f5 4.♘e2 e6 5.♘g3 ♘e7 6.c4 dc4 [6...♗g6 7.♘c3 ♘f5 8.♘f5 ♗f5 9.cd5 cd5 10.♗d3 ♗d3 11.♕d3± Honfi-Orendy, Budapest 1961; 6...c5?! 7.cd5 ♗b1 8.♕a4! ♕d7 9.♖b5 ♘ec6 10.♗c6 bc6 11.de6 fe6 12.♖b1 ♕d4 13.♕b3± Kolvig-Porath, Varna ol 1962; 6...♘d7 7.♘c3 ♗g6 8.h4 h6 9.h5 ♗h7 10.♗e3 ♘f5 11.♘f5 ♗f5 12.g4 ♗h7 13.c5± Zwaig-Clarke, Tel Aviv ol 1964] 7.♗c4 ♘d7 8.♘c3 ♗b6 9.♗b3 ♗g6 10.0-0 ♕d7 11.♗e3 h5 12.♘ge2 ♗f5 13.♘f4 h4 14.♖e1 ♗g6 15.♘g6 ♗g6 16.h3 ♗f5 17.♗c2 g6 18.♕e2   ½-½

Schmittdiel, Eckhard
Roder, Frank

Wien 1991 (2)

1.e4 c6 2.d4 d5 3.e5 ♗f5 4.♘e2 e6 5.♘g3 ♘e7 6.♘c3 [6.♗d3 ♗d3 7.♕d3 ♕a5 8.c3 ♕a6=; 6.h4 h6 7.♘c3 ♘d7 8.♗e3 ♗h7 9.♗d3 ♗d3 10.cd3 h5!= Tal-Botvinnik, Moscow Wch m-20 1961] 6...♗g6 7.h4 h5 8.♗e3 ♘f5 9.♘f5 ♗f5 10.♕d2 ♘d7 11.♘e2 ♗e7 12.♘f4 ♕c7 [12...♕h4] 13.♗e2 g6 14.♘d3 0-0-0 15.b4!? ♔b8 16.♗g5

♗g5 17.hg5 ♗d3 18.♕d3 b6 [18...♘b6] 19.c4 c5? 20.cd5 ed5 21.bc5 bc5 22.0-0 c4 23.♕a3 ♘f8 24.♖ab1 ♔a8 25.♖fc1 ♕c6?

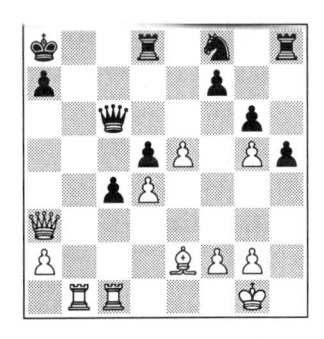

26.♖c4! ♕d7 [26...dc4 27.♗f3 ♖d5 28.♕a4+–] 27.♖a4 ♘e6 28.♗b5   1-0

5.♘g3 ♗g6 6.h4 h6

Giurumia, Sorin
Rogozenko, Dorian

Tusnad 1992

1.e4 c6 2.d4 d5 3.e5 ♗f5 4.♘e2 e6 5.♘g3 ♗g6 6.h4 h6 7.h5 ♗h7 8.♗d3 ♗d3 9.cd3 [9.♕d3 c5 10.c3 ♘c6=] 9...♕b6 [9...♘d7 10.♘c3 ♕b6 11.♘ce2 c5 12.dc5 ♗c5 13.d4 ♗a5 14.♔f1 = Spassky-Liberzon, Soviet Union 1960] 10.♗e3 ♕b2 [10...c5 11.dc5 ♗c5 12.d4 ♗f8 13.0-0 ♘c6 14.♘c3± Y.Grunfeld-Campora, Graz 1981] 11.♘d2 ♕c3!? [11...♕b4 12.0-0 ♗d2 13.♖b1 ♕a2 14.♗d2 b6 15.♗b4 Kuzmin-Bordonada, Nice ol 1974; 11...♕b6 12.0-0 ♘e7 13.f4 ♘f5 14.♗f5 ef5 15.g4 Asaturian-Khodos, Soviet Union 1969] 12.♕b1 ♘d7 [12...♗a3? 13.♕b7+– Rogozenko] 13.0-0 0-0-0 14.♖c1 [14.a4!?] 14...♕a3 15.♘e2 ♘e7 16.♕c2 ♘f5 17.♖ab1 ♕a6 18.a4 ♗a3 19.♖d1 ♗e7 20.♘b3 ♘e3 21.fe3 ♗g5 22.♘f4 ♕c3 23.♕c3 gh5 24.♘a5 ♘b6 25.♖dc1 ♔c7 [25...♘a4? 26.♕b4 ♘b6 27.♖a1+– Rogozenko] 26.♘c6 bc6 [26...♘a4 27.♕a5! (27.♘b4 ♘c3 28.♖c3 ♕c6 Rogozenko) 27...♕a5 28.♘a5+– Rogozenko] 27.♕c6 ♔b8 28.a5 ♕b7 29.ab6 ♕c6 30.♖c6 ♖c8 31.ba7 ♔a7 32.♖c5?! [32.♖d6∞ Rogozenko]

32...♖c5 33.dc5 d4∓ 34.♔f2 ♖c8 35.♖c1 ♔b7 36.♖c4 ♖d8 37.♔f3 de3 38.♔e3 ♔c6 39.g3 f6 40.♔e2 fe5 41.♘e6 ♖d7 42.♖c2 ♗e7 43.♘g5 hg5 44.♔e3 ♔d5 45.c6 ♖c7 46.♖h2 h4   ½-½

Wu Wenjin
Sasikiran,Krishnan

Shenyang tt 1999 (7)

1.e4 c6 2.d4 d5 3.e5 ♗f5 4.♘e2 e6 5.♘g3 ♗g6 6.h4 h6 7.h5 ♗h7 8.♗d3 ♗d3 9.cd3 ♕d7!? 10.♘c3 c5 11.dc5 ♗c5 12.♕g4 f5 13.♕g6 ♕f7 14.♘b5 ♘a6 15.♗e3 ♕g6 16.hg6 ♗e3 17.♘d6 ♔d7 18.fe3 ♘e7 19.d4 ♘g6 20.♘h5≌ ♖hg8 21.♖h3 ♖af8 22.♖g3 ♘e7 23.0-0-0 b6 24.♖h1 ♘b4 25.♔d2 ♘c8 26.♘c8 ♖c8 27.a3 ♖c2 [27...♘c6] 28.♔d1 ♖b2 29.♘f6 gf6 30.♖g8 fe5 [30...♖b1 31.♔e2 ♖h1 32.ef6+−] 31.♖h6 ♘d3 32.a4 ed4 33.ed4 ♘f2 34.♔e1 ♘d3 35.♔f1 ♖b4 36.♔e2 ♘b2 37.♖g7 ♔d6 38.a5 ba5 39.♖a7 ♖d4 40.♖a6 ♔c5 41.♖a5 ♔b4 42.♖a6 ♖e4 43.♔f3 ♘c4 [43...e5 44.♖hb6 ♔c3 45.♖a3 ♔c2 46.♖a2+−] 44.♖he6 ♘e5 45.♔f2 a4 46.♖eb6 ♔c5 47.♖b8 d3 48.♖c8 ♔d5 49.♖d8 ♔c5 50.♖a1 ♔b4 51.♖c1 ♖e2 52.♔g3 ♖c2 53.♖e1 f4 54.♔f4 ♘c4 55.g4 ♔c3 56.g5 ♖f2 57.♔g3 ♖f5 58.♖c1 ♔b4 59.♔h4 d2 60.♖c4 ♔c4 61.♖d2   1-0

Bronstein,David
Botvinnik,Mikhail

Moscow tt 1966

1.e4 c6 2.d4 d5 3.e5 ♗f5 4.♘e2 e6 5.♘g3 ♗g6 6.h4 h5 7.♗e2 c5 8.dc5 ♗c5 [8...♕a5 9.♘d2 ♕c5 10.c4 ♘d7 11.♘b3 ♕c7 12.cd5↑ Bloch-Milbers, Siegen ol 1970] 9.♘d2 ♘c6 10.♘b3 ♗b6 [10...♗e7 11.♘h5 ♗h5 12.♗h5 g6 13.♗e2 ♘e5 14.g3= Sadowski-Rylo, cr 1992] 11.♗h5 ♘e5 12.♗g6 ♘g6 13.♗g5 ♕d6 14.♕e2 ♕e5 15.♕e5 ♘e5 16.f3 f6= 17.♗d2 ♘c4 18.0-0-0 ♘d2 19.♘d2 ♘e7 20.h5 ♔f7 21.♘e2 g6 22.hg6 ♘g6 23.c4 dc4 24.♘c4 ♖ac8 25.b3 ♖h1 26.♖h1 ♘e5 27.♖h7 ♔g6 28.♖b7 ♘c4 29.bc4 ♖c4 30.♔d1 ♖a4 31.♖e7 e5 32.♘c3 ♖a3 33.♘e4 ♖a2 34.♖e6 ♖g2 35.♖f6 ♔g7 36.♖e6 ♗d4 37.♖d6 ♗f8 38.♖d7 a5 39.♖d5 a4 40.♖a5 ♖a2 41.f4 ef4 42.♖f5 ♔e7 43.♖f4 ♗e6 44.♘d2 ♔d5 45.♖f5 ♔c6 46.♘c4 ♗c3 47.♔c1 ♖e2 48.♔b1 ♖e4 49.♔c2 ♗g7 [49...♖c4 50.♔d3] 50.♘d2 ♖g4   ½-½

Ginzburg,Maximiliano
Sorokin,Maxim

Villa Martelli 1997 (2)

1.e4 c6 2.d4 d5 3.e5 ♗f5 4.♘e2 e6 5.♘g3 ♗g6 6.h4 h5 7.♗e2 c5

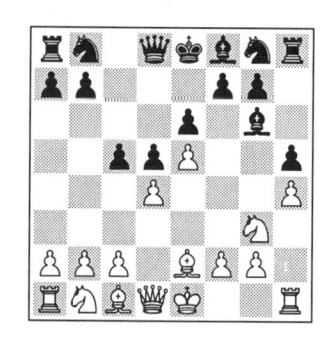

8.c3 [8.f4? ♘c6 9.dc5 ♗c5 10.♗d3 ♕b6 11.♖f1 ♗e7 12.♖h1 ♘h6 13.♗g6 fg6∓ Bellin-Seirawan, Hastings 1979; 8.♗g5?! ♗e7 9.♗e7 ♘e7 10.c3 ♕b6 11.♗h5 ♕b2 12.♗g6 ♘g6 13.h5 ♕a1 14.♕b3 ♘e7 15.0-0 cd4 16.♕b7 dc3 17.♘a3 ♕b2−+ Kovalev-Adams, Tilburg 1992; 8.♘h5? ♗h5 9.♗h5 g6 10.♗e2 ♖h4 11.♖h4 ♕h4⇄; 8.♗h5? ♗h5 9.♘h5 g6 10.♘g5 ♗e7 11.♗e7 ♕e7 12.♘g3 ♖h4 13.♖h4 ♕h4∓] 8...♗b1!? 9.♖b1 g6 10.♕a4 ♘c6 11.dc5!? ♗c5 12.b4 ♗e7 13.♗b5 ♕c7 14.♘e2 ♔f8! 15.♗c6 ♕c6 [15...bc6] 16.b5 ♕c4 17.♕c4 dc4 18.0-0!? ♘h6 [18...♗h4 19.♖d1 ♖d8 20.♗e3≌] 19.♗h6 ♖h6 20.♖fd1 ♗h4 21.♖d7 ♖b8 22.♖bd1 ♔e8 23.♖c7 ♗d8 24.♖c4 h4 25.♘d4 ♗b6 26.♘f3 h3 27.♘g5 ♖h5 [27...h2 28.♔h1 ♗f2? (28...♖h5!) 29.♖c7 ♗b6 30.♖f7 ♖h5 31.♖g7] 28.♖g4 ♖d8 29.♖d8 ♔d8 30.♘f3 h2 31.♔h1 ♗b6 32.♖c4 ♔d7 33.g4 ♖h8 34.♘h2 ♗f2 35.♔g2 ♗b6 36.♘f3 ♔e7 37.♔g3 ♖d8 38.♔f4 ♖d5 39.a4 ♖d1 40.♔e4 ♖a1 41.♔d3   ½-½

Heidenfeld,Mark
Roos,Daniel

Germany Bundesliga 1992

1.e4 c6 2.d4 d5 3.e5 ♗f5 4.♘e2 e6 5.♘g3 ♗g6 6.h4 h5 7.♗e2 c5 8.c3 ♘c6 9.♕b3 ♕b6 [9...♕c7 10.♗f4 cd4 11.cd4 ♗b4 (11...♘d4 12.♕a4≌) 12.♘c3 ♘ge7 (12...♘d4 13.♕a4 ♕c6) 13.a3 ♗a5 14.0-0 Kichev-Pietila, cr 1986] 10.♗e3 cd4 11.♗d4 [11.♕b6 ab6 12.cd4=] 11...♘d4 12.cd4 ♕d4 13.♕b7 ♕b4 14.♕b4 ♗b4∓ 15.♔d1 ♖c8 16.♘a3 f6 17.♗a6 ♖c5 18.f4 fe5 19.fe5 ♘h6 20.♖f1 ♘g4−+ 21.♖f3 ♘e5 22.♖b3 ♗a3 23.♖b8 ♔e7 24.♖b7 [24.♖h8 ♗b2] 24...♔d6 25.ba3 ♖f8 26.♔e1 ♖a5 27.♗b5 ♖a3   0-1

Spassky,Boris
Dzindzichashvili,Roman

Tilburg 1978 (8)

1.e4 c6 2.d4 d5 3.e5 ♗f5 4.♘e2 e6 5.♘g3 ♗g6 6.h4 h5 7.♗e2 c5 8.c3 ♘c6 9.♗e3 ♕b6 10.dc5 [10.♕b3 ♕b3 11.ab3 cd4 12.♗d4 ♘d4 13.cd4 Rodriguez Aguilera-Garcia Blazquez, Ceuta 1995; 10.0-0 ♕b2 11.♘d2 c4 12.♗h5 ♗h5 13.♘h5 ♕c3∓ Swic-Jasnikowski, Poland 1982] 10...♕b2 11.0-0 0-0-0 [11...♕a1 12.♕b3] 12.♕b3 ♕b3 [12...♕a1 13.♘a3 ♕f1 14.♘f1] 13.ab3 a6   ½-½

INTRODUCTION: Paul van der Sterren
MAIN ANALYSIS: Peter Leko, John Nunn
STUDY MATERIAL: Van der Sterren

Caro-Kann Defence
Capablanca Variation

CK 11.7

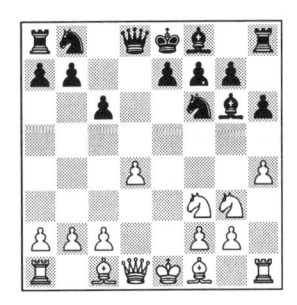

A Full Member

1.e4 c6 2.d4 d5 3.♘c3 de4 4.♘e4 ♗f5 5.♘g3 ♗g6 6.h4 h6 7.♘f3 ♘f6

The new variation 7...♘f6 in the classical Caro-Kann is fast developing into a full member of the club. After initial attempts to put Black away with 8.♘e5 ♗h7 9.♗c4 failed and the routine 8.h5 ♗h7 9.♗d3 was clearly shown to be relatively harmless, 8.♘e5 ♗h7 9.♗d3 has now emerged as the main line. This had already been established by Karel van der Weide in a survey in Yearbook 51, where he also noted that, after the logical follow-up 9...♗d3 10.♕d3 e6, 11.♗d2 seems to be White's best option, although 11.♗f4 also has its supporters.

Although these lines are probably quite playable for Black, some players have tried to take the sting out of this completely with the remarkable 9...♘bd7!?. This move is intended to limit White's options severely and is based on the assumption that 10.♗h7 ♘e5 does not offer White anything special. However, it is precisely this position which is critical for an assessment of 9...♘bd7, and I think that 11.de5 ♕a5 in particular (from the main game Leko-Bareev) will decide the fate of 9...♘bd7. It is remarkable that, although Black did have some counterplay in this game, his approach has never been repeated. Instead, later games with 9...♘bd7 saw Black trying to defend the rather bleak endgame after 11...♕d1 12.♔d1 ♘h7, or experimenting with 10...♘h7.

CK 11.7

Leko, Peter
Bareev, Evgeny

Dortmund 2000 (5)

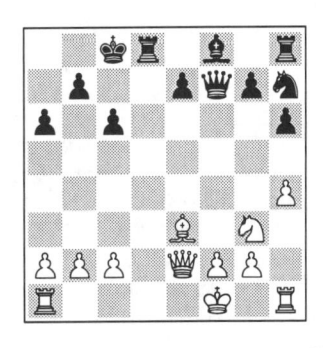

1.e4 c6 2.d4 d5 3.♘c3 de4 4.♘e4 ♗f5 5.♘g3 ♗g6 6.h4 h6 7.♘f3 ♘f6 8.♘e5 ♗h7 9.♗d3 ♘bd7!? 10.♗h7 ♘e5 11.de5 ♕a5! [11...♕d1 12.♔d1 ♘h7 13.♔e2 △ 14.♗e3±] **12.♔f1 ♘h7 13.♕e2 0-0-0!** [13...e6 14.♗d2! ♕b6 15.♗c3 △ ♘e4,♖h3, ♘h7<] **14.e6 ♕d5 15.ef7 ♕f7** [15...e5!?] **16.♗e3 a6** [△ e5, ♘f6]

STATISTICS

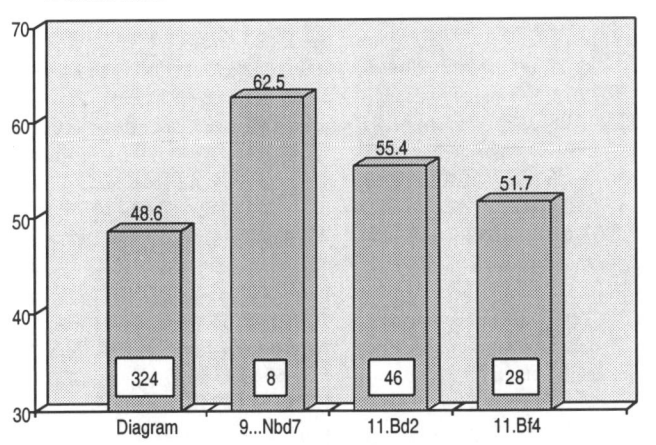

Category	Value	Count
Diagram	48.6	324
9...Nbd7	62.5	8
11.Bd2	55.4	46
11.Bf4	51.7	28

17.b4!! e6 [17...e5 18.a4! ♗b4? 19.♕g4; 17...♘f6 18.c4] **18.♗b6! ♖d7** [18...♗b4 19.♗d8 ♖d8 20.♘e4 ♘f6 21.♖h3†] **19.♖b1 ♘f6 20.c4 ♗d6 21.♖h3 ♗f4! 22.♖b2** [22.♔g1?! ♖d2 (22...♕g6!?) 23.♕f3 ♕g6; 22.b5?! ♖d2 23.♕f3 e5!] **22...♕g6! 23.b5!?** [23.♔g1 ♕d3 24.♘f1 ♕e2 25.♖e2 ♖e8 26.♖f3 ♗c7∞] **23...♕d3 24.bc6 bc6 25.♔g1 ♕e2 26.♖e2 ♖d1 27.♘f1± ♘g4!? 28.♖e6** [28.♖e4!? ♗h2 (28...e5 29.g3) 29.♔h2 ♘h2 30.♔h2 ♖f1 31.♖e6⩲; 28.g3 ♗c7 29.♗c7 ♗c7 30.h5=] **28...h5 29.g3 ♗e5!?** [29...♘d7 30.♖e2] **30.♖c6?** [30.♗c5!] **30...♔b7** [30...♔d7 31.♖g6 (31.♖c5? ♖b8!) 31...♘f6 32.♔g2 ♘e5 33.♘e3 ♖d2 (33...♖a1!?) 34.♖f6 gf6 35.a4 ♖c8 36.♖h1 ♘c4 37.♘c4 ♖c4 38.a5∓] **31.♖e6 ♖h6! 32.♖h6 gh6 33.♗e3 ♖a1 34.♔g2 ♖a2 35.♔f3 ♗c3** [35...a5 36.♘d2 a4 37.♖h1 ♖b2 (37...a3 38.♖b1 ♖b2 39.♖b2 ♗b2 40.♔e4 a2 41.♘b3=) 38.c5! a3 (38...♖b4!?) 39.♘c4 a2 40.♘b2 ♗b2 41.♔e4∞] **36.♘h2 ♘e3 37.♔e3 ♗b4?** [37...a5 38.♘f3 a4 39.♘d4 (39.♖h1 a3) 39...♗d4 (39...a3 40.♘b5) 40.♔d4 ♖f2 41.♖h1=] **38.f4 ♗c5** [38...a5!] **39.♔e4 ♖a3 40.♘f3! ♖e3 41.♔d5 ♗b4** [41...♖f3!? 42.♔c5] **42.♘e5 a5 43.♖h2 a4** [43...♗c3!? 44.♖a2 ♖g3 45.c5±] **44.♖b2 ♖b3 45.♖b3 ab3 46.♘d3**

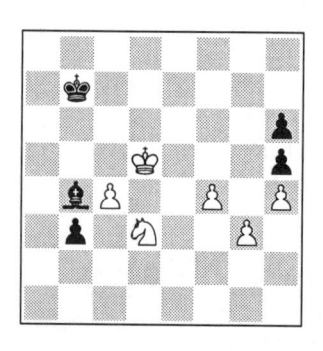

[47.♘c5? ♔c7 48.♘b3 ♗g3=] **47...♗g3 48.♔e6 ♗h4 49.♔d7!!+− ♗e7!? 50.c5 1-0**
Leko

CK 11.7

Galliamova,Alisa
Kortchnoi,Viktor

Munchen tt 2000 (3)

1.e4 c6 2.d4 d5 3.♘d2 de4 4.♘e4 ♗f5 5.♘g3 ♗g6 6.h4 h6 7.♘f3 ♘f6 [7...♘d7] **8.♘e5 ♗h7 9.♗d3 ♗d3 10.♕d3 e6 11.♗d2 ♘bd7 12.f4 ♗e7 13.0-0-0 c5** [13...0-0 14.♕e2 c5 15.dc5 ♘c5 16.♗c3] **14.♗c3** [14.♕b5 ♕c8 15.f5 Emms-Hunt, Scarborough ch-GB 1999] **14...0-0 15.♘d7?!** [15.dc5 ♘c5 16.♕e2] **15...♕d7 16.f5 ♕d5 17.b3 ♖ac8 18.dc5 ♕c5 19.♗d4 ♕a3?** [19...♕a5! 20.♔b1 e5] **20.♔b1 ♘d5 21.c4 ♘b4 22.♕e2 b5 23.f6! ♗f6** [23...gf6 24.♘h5 f5 25.♖d2→] **24.♗f6 gf6 25.♘h5 f5**

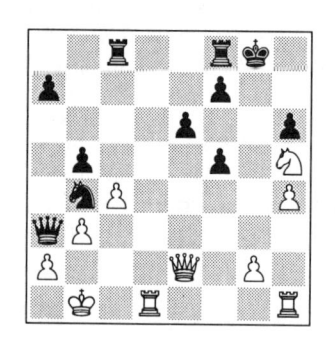

26.♘f6? [26.♖d2! ♘a2 (26...♖fd8 27.♕e5 ♔f8 28.♕h8 ♔e7 29.♕f6 ♔e8 30.♘g7; 26...♘c6 27.cb5) 27.♕d3 △ 28.♖a2] **26...♔h8?!** [26...♔g7 27.♘h5 ♔h7 (27...♔g6? 28.g4 bc4 29.gf5 ♔h7 30.♘f6 ♔h8 31.♕d2+−) 28.♖d2 ♘a2 29.♖a2 ♕b3] **27.♖d2 ♖fd8** [27...bc4 28.♕e3 ♔g7 29.♕d4 ♖g8 30.♘g8 ♔g8 31.♖h3 ♔h7 32.♕d7+−] **28.♕e3 ♔g7 29.♘h5 ♔g6◻** [29...♔h7? 30.♕e5] **30.♖h3?** [30.g4 ♖d2 (30...♖c4 31.gf5 ♔h5 32.fe6+−) 31.gf5 ♔h7 32.♕d2 bc4 33.♖g1 ♕a2 34.♕a2 ♘a2 35.♔a2 cb3 36.♔b3+−;

30.♕g3 ♔h5 31.♕g7 ♖g8 (31...♖f8 32.♖g1 ♖g8 33.g4 fg4 34.♕f7 ♖g2+−; 31...♔d7? 32.♖g1!) 32.♕f7 ♖g6 (32...♔g4 33.♕e6) 33.g4! (33.♖f1 ♖c4! 34.bc4 ♕e3∞) 33...fg4 34.♖e1 ♘d3 35.♖d3 ♖f8 36.♖d5! ed5 37.♕d5 ♔h4 (37...♖g5 38.hg5 ♔h4 39.♖h1 ♔g3 40.♕e5+−) 38.♖h1 ♔g3 39.♕e5 ♖f4 40.♕e1 ♕f2 41.♖g1 ♔f3 42.♕c3 ♔f4 43.♕g3+−]

30...♖c4!◻ [30...♔h5 31.♖g3 ♖g8 32.♕f3 ♕g4 33.♖g4 fg4 34.♕f7 ♔h4 35.g3 ♔g5 36.♕g7 ♔f5 37.♖f2 ♔e4 38.♖f4+−] **31.♖g3 ♖g4 32.♖g4 fg4 33.♘f4** [33.♕e2 ♔h5 34.♘f4 ♘d5 35.♕e5 f5 36.♕e6 ♘c3 37.♔c2 ♕a2 38.♔d3 (38.♔c3 ♕a5) 38...♘e4!? 39.♕f5 ♘g5∞] **33...♕f5◻** [33...♔g7 34.♕e5 ♔h7 35.♕e4 ♔g7 36.♘h5+−; 33...♕c3 34.♕c3 ♔f5 35.♖d8 ♕a2 36.♔c1+−] **34.♕c5** [34.♘h5 ♔g6= 34...♖d2 35.♕f4 ♔g6 36.♕g4+−; 34...♘d5 35.♕d3 ♔e5 36.♕g3 ♔f5 37.♖f2+−] **34...e5 35.♖d8 ♕a2 36.♔c1 ♕b3!** [36...♕a3 37.♔d2 ♔f4= 38.♕f2 ♔e4 39.♕e3 ♔f5]

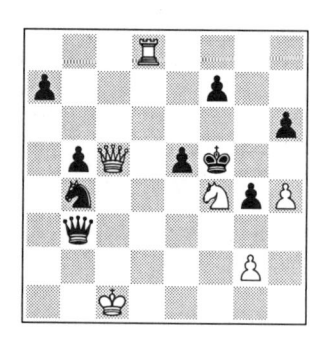

37.♖d2? [37.♘h5 ♘d3 38.♖d3 ♕d3 39.♕c8 ♔e4 40.♕g4 ♔e3 41.♕f3= 37.g3 ♕g3 38.♘h5 ♕e1 39.♔b2∞] **37...♘a2 38.♖a2 ♕a2 39.♘d5 ♕c4 40.♕c4 bc4 41.♔d2** [41.♘e3 ♔f4 42.♘c4 ♔g3 43.♘e3 ♔h4 44.♔d2 ♔g3–+] **41...a5** [41...♔e4? 42.♘f6 ♔f4 43.♘h5=] **42.♔c3 ♔e4 43.♘f6** [43.♔c4 f5 44.♘f6 ♔e3 45.♘g8 h5 46.♘f6 f4 47.♘h5 f3 48.gf3 ♔f3–+] **43...♔f4 44.♔c4** [44.♘h5 ♔f5 45.♘g3 ♔g6 46.♔c4 f5 47.♔b5 f4–+] **44...♔g3 45.h5 ♔f4 46.♔b5 e4** [46...♔g5 47.♘d7 (47.♘e4 ♔h5 48.♘d6 ♔h4

49.♘f7 h5 50.♘e5 ♔g3–+) 47...e4 (47...♔h5? 48.♘e5 ♔h4 49.♘f7 h5 50.♘d6! ♔g3 51.♘e4 ♔g2 52.♘f6=) 48.g3 e3 49.♘c5 e2 50.♘d3 ♗f5] **47.♘d5 ♗e5** [47,..♔g3? 48.♘e3] **48.♘e3 g3 49.♔a5 f5 50.♔b4** [50.♘c2 f4 51.♘e1 ♔d4–+; 50.♘c4 ♔d4 51.♘d6 f4 52.♘f5 ♔d3 53.♘h4 ♔e3–+] **50...f4 51.♘g4 ♔d4 52.♘h6 f3 53.♘f5 ♔d3 54.h6 fg2 55.h7 g1♕ 56.h8♕ ♕b6–+ 57.♔a4 ♕a6 58.♔b4 ♕c4 59.♔a3 ♕c5 60.♔b3 ♕b5 61.♔a2 ♕f5 62.♕h1 ♕f2 63.♔b3 g2 64.♕h3 ♔e2** 0-1
Nunn

Study Material

9...♘bd7

Fontaine, Robert
Magem Badals, Jordi

France tt 1998 (5)

1.e4 c6 2.d4 d5 3.♘c3 de4 4.♘e4 ♗f5 5.♘g3 ♗g6 6.h4 h6 7.♘f3 ♘f6 8.♘e5 ♗h7 9.♗d3 ♘bd7 10.♗h7 ♘e5 11.♗f5 ♘ed7 12.♗d3 e6 13.♕e2 ♕c7 14.♗d2 0-0-0 15.0-0-0 c5!= 16.dc5 ♘c5 17.♗e3 [17.♗c4 ♗d6] 17...♗d6 18.♔b1 ♗f4 19.♗c5 ♕c5 20.♘e4 ♘e4 21.♗e4 ♗e5 22.c3 ♗f6 23.h5 ½-½

Kudrin, Sergey
Yermolinsky, Alex

Woburn 1998

1.e4 c6 2.d4 d5 3.♘c3 de4 4.♘e4 ♗f5 5.♘g3 ♗g6 6.h4 h6 7.♘f3 ♘f6 8.♘e5 ♗h7 9.♗d3 ♘bd7 10.♗h7 ♘e5 11.♗f5 ♘ed7 12.♕e2 e6 13.♗d2 ♗e7 14.♗h3 0-0 15.0-0-0 c5 16.dc5 ♘c5= 17.♘e4 ♘e4 18.♕e4 ♘f6 19.♕e2 ♕d5 20.♔b1 ♕e4 21.♖de1 ♖fd8 [21...♕h4!?]

22.♗a5 ♖d4 23.g3 ♕d5 24.♖d1 ♕e4 25.♖de1 ♕c6 26.♖d1 ♕e4 ½-½

Sulipa, Alexander
Hauchard, Arnaud

Gonfreville 1999 (11)

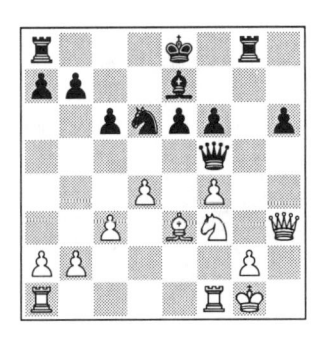

1.e4 c6 2.d4 d5 3.♘d2 de4 4.♘e4 ♗f5 5.♘g3 ♗g6 6.h4 h6 7.♘f3 ♘f6 8.♘e5 ♗h7 9.♗d3 ♘bd7 10.f4 e6 11.♗h7 ♘h7 12.♗e3 ♗e7 13.♕f3 ♕a5 14.c3 ♕d5= 15.♕e2 ♘hf6 16.0-0 ♘e4 17.♕f3 ♘d6 18.♕g4 ♘f6 19.♕h3 g6 20.h5 ♘h5 21.♘h5 gh5 22.♕h5 ♖g8 23.♕h3 f6! 24.♘f3 ♕f5

25.♔h2 ♔d7 26.♘h4 ♕h3 27.♔h3?? [27.gh3∓] 27...♘e4! 28.g4 [28.♔h2 ♖g4 29.♘f3 ♖ag8 30.♖g1 ♗d6–+; 28.♖f3 f5 29.g3 ♖g4–+] 28...h5 29.g5 fg5 30.fg5 ♗g5 31.♖f7? ♔e8 32.♖f3 ♗e3 33.♖e3 ♘f2 34.♔h2 ♘g4 0-1

Moreno, Javier
Sulipa, Alexander

Madrid 1999

1.e4 c6 2.d4 d5 3.♘c3 de4 4.♘e4 ♗f5 5.♘g3 ♗g6 6.h4 h6 7.♘f3 ♘f6 8.♘e5 ♗h7 9.♗d3 ♘bd7 10.♗h7 ♘e5 11.de5 [11.♗f5 ♘ed7] 11...♕d1 [11...♕a5 12.♔f1!] 12.♔d1 ♘h7 13.♗e3 e6 14.♔e2± f5 15.♖ad1 ♗e7 16.f4?! [16.♘h5; 16.h5] 16...♘f8 [≥ 16...g6] 17.h5! ♘d7 18.♔f3 ♘b6 19.♘e2 ♘d5 20.♗f2 b5 21.hg1? [21.♘d4!] 21...♖f8? [21...c5!? 22.g4 0-0] 22.g4 fg4 23.♖g4 ♖f7 24.♖g6 ♔d7 25.♖e6!+– ♔e6 26.♘d4 ♔d7 27.e6

♔d6 28.ef7 ♖f8 29.♘f5 ♔e6 30.♖d5! cd5 31.♘e7 ♔e7 32.♗c5 ♔f7 33.♗f8 ♔f8 34.♔g4 ♔f7 35.♔f5 b4 [35...d4 36.♔e4; 35...a5 36.c3!] 36.c3 bc3 37.bc3 a6 38.a3 a5 39.a4 g6 40.hg6 ♔g7 41.♔e6 h5 42.f5 1-0

Vallejo, Francisco
Magem Badals, Jordi

Leon rapid m 2000 (2)

1.e4 c6 2.d4 d5 3.♘c3 de4 4.♘e4 ♗f5 5.♘g3 ♗g6 6.h4 h6 7.♘f3 ♘f6 8.♘e5 ♗h7 9.♗d3 ♘bd7 10.♗h7 ♘e5 11.de5 ♕d1 12.♔d1 ♘h7 13.♔e2 e6 14.♗e3 [14.♘e4 0-0-0 (14...f5!?) 15.♗e3 b6 16.a4 ♗e7 17.a5 ♔b7 18.♖h3±/± Nisipeanu-Berescu, Romania 2000] 14...f5 15.ef6 ♘f6 16.♖ad1 ♗e7 17.f3 0-0 18.c4± a6 19.♗b6 ♗d8 20.♗c5 [20.♗d8 ♖ad8 21.♘e3±] 20...♖f7 21.♗d6 b5 22.b3 bc4 23.bc4 ♖aa7 24.♗c5 ♖ad7 25.♔e3 [25.♖d7 ♘d7 (25...♖d7 26.♖b1±) 26.♘e4±] 25...♗c7 26.♘e2 [26.♖d7] 26...e5 27.♘c3 ♗a5 28.♘a4 [28.♘e4 ♘e4 29.fe4±/=] **28...e4!⇄ 29.fe4 ♘g4 30.♔e2 ♘e5 31.♗b6 ♗b6 32.♘b6 ♖b7 33.c5 ♖f4 34.♔e3 ♖bf7 35.♖d8 ♔h7 36.♖e8** [36.♔d4] **36...♘g4 37.♔d4 ♖f2 38.a4 ♖d2 39.♔c3 ♖g2∓ 40.♔b4 ♘f2 41.♖b1 ♘d3 42.♔c4 ♖f3 43.♖b3 ♘b2 44.♔b4 ♘d3 45.♔c4 ♘b2 46.♔b4 a5 47.♔a3 ♖ff2 48.♖b8?** [48.♖h3 ♘d1 49.♘c4] **48...♘c4** 0-1

Svidler, Peter
Hauchard, Arnaud

Istanbul ol 2000 (4)

1.e4 c6 2.d4 d5 3.♘d2 de4 4.♘e4 ♗f5 5.♘g3 ♗g6 6.h4 h6 7.♘f3 ♘f6 8.♘e5 ♗h7 9.♗d3 ♘bd7 10.♗h7 ♘h7 11.♕e2 e6 12.♗d2 ♗e7 13.0-0-0 0-0 14.f4 f5!? [14...♗h4?? 15.♘d7+–] 15.♕c4 ♘e5 16.de5 ♕d5 17.♕d5 cd5 [17...ed5!? 18.h5 ♖f7 19.♘e2 ♘f8] 18.h5 ♖fc8 19.♘e2 ♘f8 20.g4 fg4 21.♖dg1 ♖c7 [21...♘c5!?] 22.♖g4 ♖c7± 22.♗e3 ♖ac8 23.c3 ♘d7 24.♖g4 ♗c5 25.♗d2± ♖f7 26.♖hg1 ♘d7 27.♖g6 ♔h8 28.♗c5 ♘c5

29.♔e3 ♖e7 30.♘d4 ♖ce8 31.♖c1 ♘d7 32.c4 dc4 33.♖c4 ♘f8 34.♖g2 ♔h7 35.♖gc2 g5 36.hg6 ♘g6 37.♖c7 ♔g8 38.♖2c6 ♘f8 39.♘b5 ♘g6 40.♖a7 ♖a7 41.♘a7 ♘e7 42.♖c4 ♖a8 43.♘c6 ♘f5 44.♘e4 ♖a2 45.♘d8 ♘g7 46.♖c6 ♖b2 47.♘e6 ♖b4 48.♔f3 ♘f5 49.♔g4 ♘e3 50.♔f3 ♘f5 51.♖c8 ♔f7 52.♖f8 ♔e6 53.♖f6 ♔d5 54.♖f5 ♖c4 55.♖h5 ♖c6 56.♖h1 b5 57.♔g4 b4 58.♔f5 b3 59.e6 b2 60.♖b1 ♖c2 61.e7 ♖e2 62.♔f6 1-0

9...♗d3 10.♕d3 e6 11.♗d2

Glek,Igor
Dautov,Rustem

Essen 2000 (5)

1.e4 c6 2.d4 d5 3.♘c3 de4 4.♘e4 ♗f5 5.♘g3 ♗g6 6.h4 h6 7.♘f3 ♘f6 8.♘e5 ♗h7 9.♗d3 ♗d3 10.♕d3 e6 11.♗d2 ♘bd7 12.f4 ♗e7 13.0-0-0 0-0 14.♕e2 c5

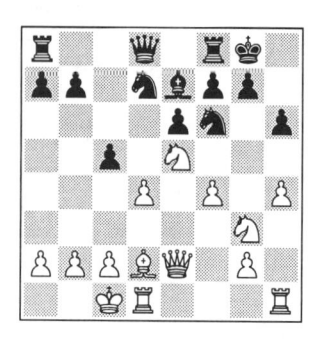

15.f5?! cd4 16.♘f7 ♕c7 17.fe6 ♕g3 18.♘h6 gh6 19.ed7 ♖f7∓ 20.♗h6 ♖d8 21.♖d4 ♘d7 22.♖d7 ♘d7 23.♔b1 ♗f8 24.♗c1 ♕f2 25.♕d1 ♘e5 26.♕d5 ♘c6 27.a3 ♘d4 28.♕e4 ♖e7 29.♕d3 [29.♕d5 ♖f7 30.♕e4= Glek] 29...♕g2 30.♖d1 ♗g7? [30...♘c6∓/∓] 31.♕c4 ♔h7

32.♖d4 ♗d4 33.♕d4 a6 34.h5 ♕e4 35.♕f2 ♕d5 36.h6 ♖f7 37.♕e2 ♕f3 38.♕d2 ♕f5 39.b3 ♖d7 40.♕e2 ♖f7 41.a4 ♕f3 42.♕d2 ♕f2 43.♕d8 ♕f6 44.♕b8 ♕f5 45.♕h2 ½-½

Adams,Michael
Stohl,Igor

Hamburg 2000 (1)

1.e4 c6 2.d4 d5 3.♘d2 de4 4.♘e4 ♗f5 5.♘g3 ♗g6 6.h4 h6 7.♘f3 ♘f6 8.♘e5 ♗h7 9.♗d3 ♗d3 10.♕d3 e6 11.♗d2 ♗d6 12.f4 ♘bd7 13.0-0-0 ♕c7 14.♘e4 ♘e4 15.♕e4 h5?! 16.f5! ♘f6 [16...♘e5 17.de5 ♗e5 18.fe6±] 17.♕e2 ♕e7 18.♖he1 0-0-0 19.♗g5! ef5 20.♕f3 ♕e6

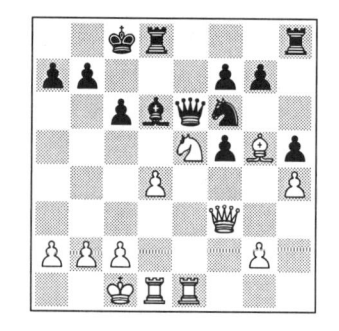

21.♘c6 ♕a2 22.♘d8 ♕a1 23.♔d2 ♗b4 24.♔d3 ♕a6 25.c4 ♖d8 26.♕f5 ♔b8 27.♗f4 ♔a8 28.♗c7 1-0

Hracek,Zbynek
Dautov,Rustem

Lippstadt 2000 (4)

1.e4 c6 2.d4 d5 3.♘d2 de4 4.♘e4 ♗f5 5.♘g3 ♗g6 6.h4 h6 7.♘f3 ♘f6 8.♘e5 ♗h7 9.♗d3 ♗d3 10.♕d3 e6 11.♗d2 ♘bd7 12.f4 ♗e7 13.0-0-0 0-0 14.♕f3 ♕c7 15.♖he1 c5

16.♘d7 ♕d7 17.dc5 ♕d5 18.♕d5 ♘d5 19.♘e4!± ♖fc8 20.c4 ♘f6 21.♗c3 ♘e4 22.♖e4 ♗c5

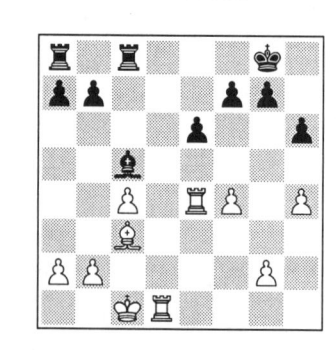

23.h5 b6 24.♔c2 a5 25.♖d7 a4 26.g4 ♖d8 27.♖b7 ♔f8 [27...♖ab8] 28.f5 ef5 29.gf5 ♖ab8 30.♖b8 ♖b8 31.b4 ab3 32.ab3+− ♖b7 33.b4 ♗f2 34.♖f4 ♗e3 35.♖g4 ♗g5 36.b5 ♔e7 37.♖e4 ♔d7 38.♗g7 ♖a7 39.♗d4 ♔c7 40.f6 ♖a2 41.♔b3 ♖d2 42.♔c3 1-0

11.♗f4

Ponomariov,Ruslan
Conquest,Stuart

Torshavn 2000 (8)

1.e4 c6 2.d4 d5 3.♘c3 de4 4.♘e4 ♗f5 5.♘g3 ♗g6 6.h4 h6 7.♘f3 ♘f6 8.♘e5 ♗h7 9.♗d3 ♗d3 10.♕d3 e6 11.♗f4 ♕a5 12.c3 ♕a6 13.♘e4 [13.♕f3 − YB/51] 13...♘e4 14.♕e4 ♘d7 15.♘d7 ♔d7 16.♖h3 ♖c8 17.♗e5 ♕c4 18.♖f3 f6 19.♗g3 f5 20.♕c2 g5 21.♗e5 ♖g8 22.b3 ♕d5 23.c4 ♕a5 24.♔f1 ♗e7 25.hg5 ♖g5 26.♖d1 h5 27.♕e2 ♕a6 28.♗f4 ♖g6 29.♖e3 ♖cg8 30.g3 h4 31.♖e1 ♗b4 32.♖e6 ♗e1 33.♖e7 ♔d8 34.♗c7 ♔c8 35.♕e5! b5 36.♗d8! ♗a5 37.♖c7 ♔b8 38.♖c6 1-0

NIC SURVEY

INTRODUCTION: Glenn Flear
MAIN ANALYSIS: Jonathan Speelman, Christopher Ward
STUDY MATERIAL: Flear, Doggers

Ruy Lopez
Berlin Variation

RL 7.4

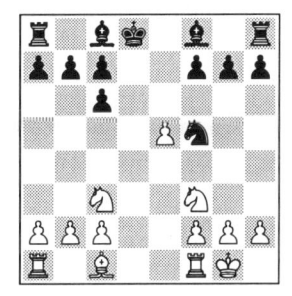

The Berlin Wall Defence

1.e4 e5 2.♘f3 ♘c6 3.♗b5 ♘f6 4.0-0 ♘e4 5.d4 ♘d6 6.♗c6 dc6 7.de5 ♘f5 8.♕d8 ♔d8 9.♘c3

Recent experience suggests that if Black knows what he's doing it's no easy matter for White to breach Black's defences in the Berlin Variation. Black's queenside pawns and his pieces in the centre and on the kingside create a Berlin Wall-like barrier for White's ambitions. The main line of the Berlin features a queenless middle game reminiscent of the Spanish Exchange Variation.
In both the Berlin and Exchange, Black's queenside pawn majority is inferior in that he has less opportunity to create a passed pawn, and it's a recognised fact that this can be a serious problem in a simplified endgame. On the plus side, he has the bishop pair and a solid position.
However, there are two differences between the Exchange and the standard position of the Berlin: Here, having lost the right to castle, the black king is stuck in the centre, and the white central pawn has already advanced to e5 (in the Exchange it generally stays on e4 in the early stages).
The black king can get in the way of linking rooks, but with careful defending this is rarely a problem.

Black has three main shelters for his king, depending on the circumstances:
1) To e8 and later to e7 (or even f7), e.g. Kasparov-Kramnik, Game 9.
2) To c8 and later to b7, e.g. K vs K, Games 1 & 3.
3) The active manoeuvre of going via d7 (or b7) to c6, e.g. Dutreeuw-Jonkman, Mondariz 2000.

A Pawn on e5
With White's pawn on e5, it no longer attacks the important d5 and f5 squares, both of which can now be used by Black's minor pieces. Of course, White can try and shift any Black outpost on d5 with c2-c4, or on f5 with g2-g4 (see K vs K, Game 9, for both!). These are common themes, but neither advance can be played without the risk of weakening other squares.
Black commonly repositions his f5-knight to the less exposed g6 square, pre-empting the g4 advance and keeping an eye on the e5 pawn.

A Bishop on e6
The e6 square, then, is a natural one for the queen's bishop (eyeing f5 and d5), but if played there early it can be hit by the immediate ♘g5 or an early ♘d4. Is this serious,

STATISTICS

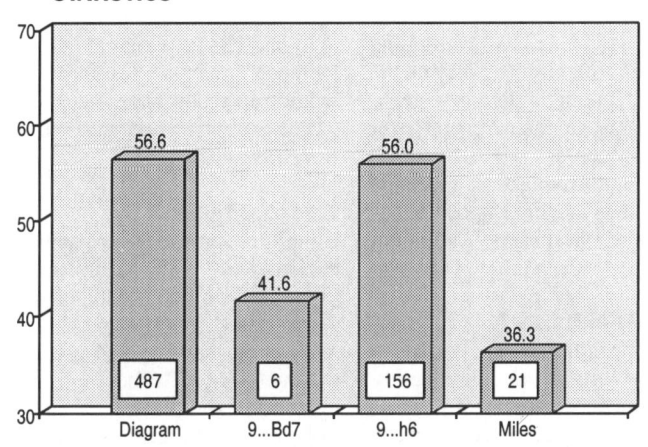

	56.6		56.0	
		41.6		36.3
	487	6	156	21
	Diagram	9...Bd7	9...h6	Miles

103

however? After 9...♗e6 10.♘g5 ♔e7 (Daniliuk-Alexandrov, Krasnodar 1995) Black was able to recapture on e6 with his king. In Game 9, Kramnik took on e6 with the pawn and in both cases White was unable to gain a significant advantage.

More popular, however, is 9...h6 10.h3 ♗e6 (playing the bishop to the key square only after ♘g5 has been ruled out), whereupon *ECO* recommends the immediate 11.g4 ♘e7 12.♘d4 ♗d7 13.♗f4 c5 14.♘de2 ♔c8 15.♖ad1, see Geller-Romanishin, Soviet Championship, Leningrad 1977. But Black has no problems after the more active continuation 12...♗c4! 13.♖fd1 ♔e8 14.b3 ♗d5!, Kuczynski-Mokry, Czech Republic 1995.

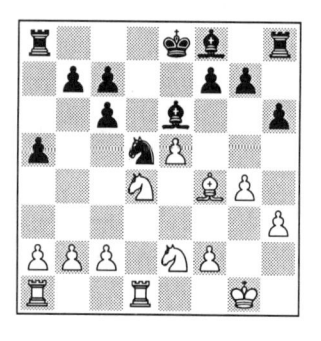

In Game 9, after 9...h6 10.♖d1 ♔e8 11.h3 a5 12.♗f4 ♗e6 13.g4 ♘e7 14.♘d4 ♘d5 15.♘ce2,

the move 15...♗c5! represents an improvement over Galkin-Yarovik, Novgorod 1999, where the ineffective 15...h5 led to a weakening of the g5 square and no play on the h-file. Kramnik's defensive technique was an improvement over Black's approach in Kindermann-Smejkal, German Bundesliga 1996, in an analogous position. So White's best after 9...h6 is not clear.

Interest in 9...♗d7

One appealing aspect of 9...♗d7 is that the bishop can subsequently go to the c6 square, as in K vs K, Game 3. The general feeling, however, is that here, and in the game Shirov-Krasenkow, Polanica Zdroj 2000, White has the better of it. Kramnik switched to 9...h6 in the latter two encounters (Games 9 & 11). I suspect that there will be further interest in 9...♗d7 (note that 9...h6 10.h3 ♗d7 is fairly popular), as the games so far only scratch the surface, and I'm not sure whether Kramnik was ever in danger of losing Game 3.

General Considerations

A general point is that Black does well to play for ...c5 at some point, gaining space and freeing the c6 square:
Following 9...♔e8 10.h3 ♘e7 11.♘e4 ♘g6 12.♖e1 h6 13.♗d2 ♗d7 14.b4! ♖d8 15 a4 ♗e6 16 a5, Black probably regretted having forgotten to play ...c5, as White had a pleasant bind on the queenside, Luther-Van den Doel, Venlo 2000.

So the line is positionally complex, because forcing lines, quick development and tactical play are secondary to control of key squares and piece outposts. Exact move order is less critical; general considerations, manoeuvres and blockades are the standard preoccupations.

Which makes this a variation in which human ability, planning and defensive technique far outweigh tactical ingenuity or computer preparation, for that matter.

So if I had to answer the question: Why did Kramnik play the Berlin Defence against Kasparov? I would reply that Kramnik played to his strengths and away from Kasparov's.

Transpositions

Here the survey only examines 9...♗d7 and 9...h6, but transpositional possibilities abound and plans based on ...♗e6 without ...h6, or an early ...♗b4 are also worthy of note. The best approach to learning and playing the line is to be aware at all times of where you intend to place your pieces and how you will react if your opponent tries to sharpen the struggle. The games below are arranged according to White's plans to make it easy to compare the various options and how leading players meet them.

RL 7.4

Kasparov, Garry
Kramnik, Vladimir

London m 2000 (1)

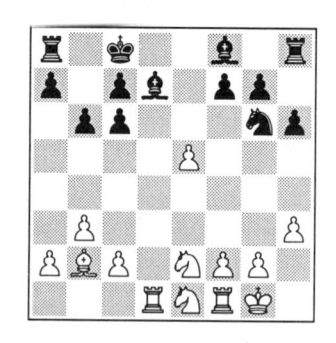

1.e4 e5 2.♘f3 ♘c6 3.♗b5 ♘f6! 4.0-0 ♘e4 5.d4 ♘d6 6.♗c6 dc6 7.de5 ♘f5 8.♕d8 ♔d8 9.♘c3 ♗d7! [9...♗e6; 9...h6 (△ 10...♗e6) 10.♖d1 ♔e8☐; 10...♗d7? 11.e6 fe6 12.♘e5] **10.b3** [10.♖d1 ♔c8 11.♘g5 ♗e8 12.e6 fe6 13.♘e6 ♗d6= Flear/Tan] **10...h6 11.♗b2 ♔c8 12.h3 b6 13.♖ad1 ♘e7!** [△ 14...♘g6] **14.♘e2** [14.♘h4!? g5!? 15.♘f3 g4!? 16.hg4 ♗g4] **14...♘g6 15.♘e1!** [△ f4-f5]

15...h5! 16.♘d3 [16.f4 ♘h4 (16...♘e7 17.♖d7 ♔d7 18.f5∞) 17.g3 ♘f5 18.♘g2 ♗c5 19.♔h2 ♗e6] **16...c5 17.c4 a5 18.a4 h4! 19.♘c3!?** [19.♘ef4 ♘f4 20.♘f4 ♗f5 (△ 21...♗c2) 21.♖d2 ♔b7 22.♖e1 ♖e8∓] **19...♗e6!** [19...♗f5? 20.♘d5 ♔b7 21.♘e3 ♗e6 22.f4] **20.♘d5 ♔b7 21.♘e3 ♖h5! 22.♗c3 ♖e8 23.♖d2 ♔c8 24.f4!? ♘e7 25.♘f2 ♘f5** [26.♘f5 ♗f5! 27.♘g4 ♗e7 28.♘e3 ♗e6 (△ 29...g6) 29.f5? ♗g5] ½-½

Speelman

RL 7.4

Kasparov,Garry
Kramnik,Vladimir

London m 2000 (3)

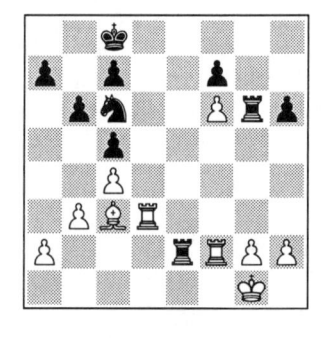

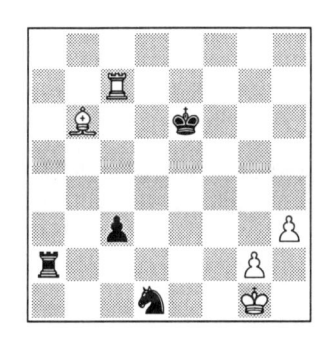

1.e4 e5 2.♘f3 ♘c6 3.♗b5 ♘f6 4.0-0 ♘e4 5.d4 ♘d6 6.♗c6 dc6 7.de5 ♘f5 8.♕d8 ♔d8 9.♘c3 ♗d7 10.b3 h6 11.♗b2 ♔c8 12.♖ad1 [12.h3 Kasparov-Kramnik, London m-1 2000] 12...b6 13.♘e2 c5 14.c4 ♗c6 15.♘f4 ♔b7 16.♘d5 [16.e6? ♗f3 17.gf3 ♗d6] 16...♘e7 17.♖fe1 ♖g8 [17...♖d8 18.e6 fe6 19.♘f4 ♖d1 20.♖d1±] 18.♘f4 g5 19.♘h5 [f6<] 19...♖g6 20.♘f6 [20.♖d3!? ♖e6 21.♘d2 ♘g6⇄ Flear] 20...♗g7 21.♖d3 ♗f3 [21...♘g8 △ 22...♖e6] 22.♖f3 ♗f6 23.ef6 ♘c6 24.♖d3 ♖f8! [24...♘d4 25.♗d4 cd4 26.♖d4 ♖f6 27.♖d7 ♖e6 28.♖e6 fe6] 25.♖e4 ♔c8 26.f4 [26.h4!?] 26...gf4 27.♖f4 ♖e8 [△ 28...♖e2 29.♖f2 ♖e1=] 28.♗c3 [28.♔f2 ♘b4!] 28...♖e2 29.♖f2

29...♖e4!? [! Flear; 29...♖f2 (?! Flear) 30.♔f2 ♘d4 31.♗d4 cd4 32.♖d4 ♖f6 (Ward) 33.♔g3± Flear] 30.♖h3 a5 31.♖h5 [31.♗d2 ♘e5 32.♖h6 ♖h6 33.♗h6 ♘g4] 31...a4 32.ba4!? ♖c4 33.♗d2 ♖a4 34.♖h6 ♖g8 [?! Kramnik; ∞ Kasparov; 34...♖h6 35.♗h6 c4; 35...♔d7! Flear] 35.♖h7 ♖a2 36.♖f7 ♘e5 37.♖g7 ♖f8 38.h3 c4 39.♖e7 ♘d3 40.f7 ♔f2 41.♖e8 ♔d7 42.♖f8 ♔e7 43.♖c8 [43.♗h6?] 43...♔f7 44.♖c7 ♔e6 45.♗e3 ♘d1 46.♗b6 [46.♖c4?? ♖g2! (46...♘e3 47.♖e4) 47.♔g2? ♘e3] 46...c3

47.h4?! [47.♔h2!? (△ 48.♗g1 Ward) 47...♖a6 48.♗g1 ♔d5! 49.♔g3 ♖c6 50.♖d7 ♖d6 51.♖d6 ♔d6 52.♔h2 c2 53.♔f3 ♔e6 54.♗f4 ♘c3 55.h4 ♘a2= Flear] 47...♖a6 48.♗d4 [48.♗f2 ♖a1 49.♗d4; 49.♗e1] 48...♖a4 49.♗c3 ♘c3 50.♖c3 ♖h4 51.♖f3 ♖h5 52.♔f2 ♖g5 [52...♖f5?? 53.♖f5 ♔f5 54.♔f3] 53.♖f8 ♔e5 [54.g3 ♖f5=; 54.♔f3 ♖f5=]
½-½
Ward

Study Material

♘e6

Dvoiris,Semen
Ragozin,Evgeny

St Petersburg 1995

1.e4 e5 2.♘f3 ♘c6 3.♗b5 ♘f6 4.0-0 ♘e4 5.d4 ♘d6 6.♗c6 dc6 7.de5 ♘f5 8.♕d8 ♔d8 9.♘c3 h6 10.♖d1 ♔e8 11.b3 ♗b4 12.♘e2 a5 13.a4 ♗e6 14.♘f4 ♗e7 15.♘e6 fe6 16.♗b2 h5 17.♖d3 ♖d8 18.♖ad1 ♖d3 19.♖d3 ♔f7 20.♗c1 ♖d8 21.♖d8 ♗d8 22.♔f1 ♔e8 23.♗d2 b6 24.♔e2 ♔d7 25.h3 ♘e7 26.♗d3 ♔g6 27.♔e4 ♘h8 28.♗g5 ♗g5 29.♘g5 ♔g6 30.f4 ♘e7 31.g4 hg4 32.hg4 g6 33.♘f3 ♔e8 34.♘h4 ♗f7 35.f5 gf5 36.gf5 ef5 37.♘f5 ♘g6 38.♘d4 ♘e7 39.c4 c5 40.♘b5 c6 41.♘c7 ♔g6 42.♔f5 ♘h4 43.♔g4 ♘g6 44.♔f5 ♘h4 45.♔g4 ♘g6 46.♔f5 ♘h4
½-½

Turov,Maxim
Rohl,,Juan

Budapest 1996 (7)

1.e4 e5 2.♘f3 ♘c6 3.♗b5 ♘f6 4.0-0 ♘e4 5.d4 ♘d6 6.♗c6 dc6 7.de5 ♘f5 8.♕d8 ♔d8 9.♘c3 h6 10.b3 ♗b4 11.♘e4 ♗e6 12.c4 ♗e7 13.h3 h5 14.♗b2 a5 15.♘eg5 ♔e8 16.♘e6 fe6 17.♖fd1 ♖d8 18.♔f1 ♖f8 19.♔e2 ♗c5?! [19...h4!?] 20.♖d8 ♔d8 21.♘g5! ♔e7? [21...♖e8 22.♖d1 ♔c8 23.g4±] 22.♘e4+– ♘d4 23.♔f1 ♗a7 24.♗a3 c5 25.♖d1 ♖d8 26.♘c5 ♔e8 27.♘b7 ♖b8 28.♘a5 c5 29.♗b2 ♔d7 30.a3 ♔c7 31.♗d4 cd4 32.b4 ♖f8 33.c5 ♖f5 34.♘b3 ♖e5 35.♘d4 ♔b7 36.♘f3 ♖d5 37.♖d5 ed5 38.♔e2
1-0

Kindermann,Stefan
Smejkal,,Jan

Germany Bundesliga 1996

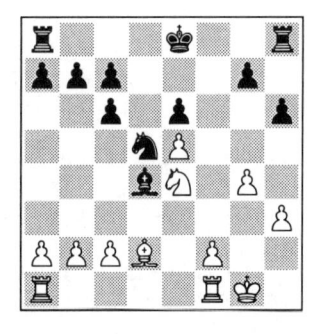

1.e4 e5 2.♘f3 ♘c6 3.♗b5 ♘f6 4.0-0 ♘e4 5.d4 ♘d6 6.♗c6 dc6 7.de5 ♘f5 8.♕d8 ♔d8 9.♘c3 h6 10.h3 ♔e8 11.♗f4 ♗e6 12.g4 ♘e7 13.♘d4 ♘d5 14.♘e6 fe6 15.♗d2 [15.♘e2 ♗c5 16.♖ad1 ♔e7 17.♗c1 ♖hd8 18.a3 b5 19.♔g2 a5 20.♖d3± Wahls-Smejkal, Germany Bundesliga 1997/98] 15...♗c5 16.♘e4 ♗d4?!

17.♖ae1! b6 18.c3 ♗e5 19.f4 ♗d6 20.c4 ♘e7 21.♘d6 cd6 22.♖e6± ♔d7 23.♖fe1 ♖ae8 [23...♖he8!? 24.f5 ♘g8 25.♗c3 ♘f6] 24.♗c3 ♖hg8 25.f5 h5 26.♔g2 hg4 27.hg4 d5 28.cd5 cd5 29.a4 ♘c6 30.♖e8 ♖e8 31.♖e8 ♔e8 32.♗g7 ♔f7 33.♗h8 ♔g8 34.♗f6 ♔f7 35.g5 ♘b4 36.♔f3 ♘d3 37.♗d4 ♘c5 38.g6 ♔e7
1-0

Rudolf, Henrik
Schlecht, Daniel

Germany Bundesliga 1997 (8)

1.e4 e5 2.♘f3 ♘c6 3.♗b5 ♘f6 4.0-0 ♘e4 5.d4 ♘d6 6.♗c6 dc6 7.de5 ♘f5 8.♕d8 ♔d8 9.♘c3 h6 10.h3 a5 11.b3 [11.a4!? ♗e6 12.g4 ♘e7 13.♘d4 g5 14.f4 gf4 15.♘e6 fe6 16.♗f4± Djurhuus-Dumitrache, Haifa Ech-tt 1989] 11...♗e6 12.♗b2 ♔e8 13.g4 ♘e7 14.♘d4 h5! 15.♘e6 fe6 16.♘e4 hg4 17.hg4 ♖h4 18.f3 ♘d5 19.♗c1 a4 20.♗d2 ♗b4! 21.c3 ♗e7 22.♔g2 ♔f7 23.c4 ♘b6 24.♘g5 ♗g5 25.♗g5 ♖h7 26.♖fd1 ♖ah8 27.♗f4 g5 28.♗g3 ♔e7 29.♖d3 ♖d8 30.♖ad1 ♖d3 31.♖d3 ♖h3 32.f4 gf4 33.♗f4 ab3 34.ab3 ♖g8 35.♔f3 ♘d7 36.♖d2 ♘c5 37.b4 ♘d7 38.♖h2 ♖g7 39.♖a2 ♘b6 40.♖a7 ♘c4 41.♖b7 ♔d7 42.♖b8 ♘b6 43.g5 ♘d5 44.♗d2 ♔e7 45.♔g4 ♔f7 46.♖h8 ♘e7 47.♔h2 ♘d5 48.♖h6 ♖g6 49.♖h1 ♖g7 50.♖c1 ♘e7 51.♗e3 ♔g6 52.♖a7 ♖h7 53.♗c5 ♘d5 54.♖g1 ♖h5 55.♔f3 ♖g5 56.♖g5 ♔g5 57.♔e4 ♔g4 58.♗f8 ♔f4 59.♔d4 ♔f5 60.♗g7 ♘g6 61.♗f6 ♘f4 62.♔g7 ♘g6 63.♗f6 ♘f4 64.♗g7 ♘g6 ½-½

Kindermann, Stefan
Bastian, Herbert

Gladenbach ch-GER 1997 (3)

1.e4 e5 2.♘f3 ♘c6 3.♗b5 ♘f6 4.0-0 ♘e4 5.d4 ♘d6 6.♗c6 dc6 7.de5 ♘f5 8.♕d8 ♔d8 9.♘c3 h6 10.h3 a6 11.♗f4 ♗e6 12.♖ad1 ♔e8 13.g4 ♘e7 14.♘d4 ♘d5 15.♘e6 fe6 16.♗d2 ♘c3 17.♗c3 h5 18.♔g2 ♗e7 19.f4 hg4 20.hg4 g6 21.♖h1 ♖f8 22.♖h6 ♖f4 23.♔g3 g5 24.♖e6 ♔f7 25.♖h6 ♖f8 26.♖d3 ♔g7 27.♖e6 ♔f7 28.♖h6 ♔g7 29.♖e6 ♔f7 30.♖h6 ♔g7 ½-½

Rogovoi, Mark
Skatchkov, Pavel

Smolensk 1997 (6)

1.e4 e5 2.♘f3 ♘c6 3.♗b5 ♘f6 4.0-0 ♘e4 5.d4 ♘d6 6.♗c6 dc6

7.de5 ♘f5 8.♕d8 ♔d8 9.♘c3 h6 10.♖d1 ♔e8 11.♘e2 ♗e7 12.♘f4 ♗e6 13.b3 [13.g4 ♘h4 14.♘h4 ♗h4 15.♘e6 fe6 16.f4±] 13...♖d8 14.♖d8 ♔d8 15.♘e6 fe6 16.♗b2 c5 17.♖d1 ♔c8 18.c4 h5 19.♖d3 c6 20.♔f1 b5 21.♔e2 ♖g8 22.♖d2 ♔c7 23.g3 ♖b8 24.♗c3 b4 25.♗b2 a5 26.a4?! ba3 27.♗a3 a4! 28.ba4 ♖a8 29.♘e4 ♖a4 30.♖c3 ♘d4 31.♔d3 ♔b6 32.♘d6

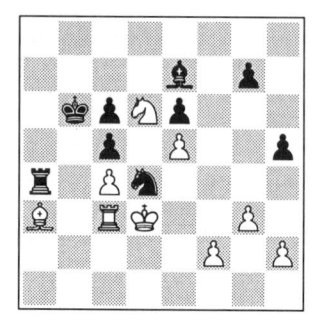

32...♖a8! 33.♗c5 ♔c5 34.♘e4 ♔b4 35.♔d4 ♖d8 36.♔e3 ♗c5 37.♔f3 ♖f8 38.♔e2 ♖f2 39.♔f2 ♘c3 40.♘d3 ♔c4 41.♘f4 ♗d4 42.♘e6 ♗e5 43.♔f3 ♔d5 0-1

Klovans, Janis
Reichenbach, Werner

Berlin 1998 (5)

1.e4 e5 2.♘f3 ♘c6 3.♗b5 ♘f6 4.0-0 ♘e4 5.d4 ♘d6 6.♗c6 dc6 7.de5 ♘f5 8.♕d8 ♔d8 9.♘c3 h6 10.b3 ♔e8 11.♗b2 ♗e7 12.♖ad1 ♗e6 13.♘e2 ♖d8 14.♖d8 ♗d8 15.♖d1 ♖g8 16.♘f4 g5 17.♘e6 fe6 18.g4 ♘e7 19.♘d4 ♖g6 20.c4 c5 21.♘e2 ♖g8 22.♘g3 ♘g6 23.♘h5 ♗e7 24.♔g2 ♖f8 25.♔g3 ♖f7 26.♖d3 ♗d8 27.f3 b6 28.♔f2 ♖d7 29.♖d7 ♔d7 30.♔e3 ♔e8 31.♔e4 ♔f7 32.♗c1 c6 33.♗e3 ♗f8 34.f4 gf4 35.♗f4 ♔g6 36.♘f6 ♗f6 37.ef6 ♘d7 38.h3 b5 39.f7 h5 40.gh5 ♔f7 41.♔d3 ♔f6 42.a4 a6 43.a5 ♔f5 44.♔e3 ♔f6 45.h6 bc4 46.bc4 ♔f5 47.♗e5 ♘h7 48.♗f4 ♘f6 49.♔f3 ♔f5 50.h4 ♔g6 51.♗e5 ♔g8 52.♗g7 ♘e7 53.♔e4 ♘f5 54.h5 ♔f7 55.♗e5 ♘h6 56.♔f4 ♔f5 57.♔g5 ♔g8 58.♔g6 ♘h4 59.♔f6 1-0

Fogarasi, Tibor
Keitlinghaus, Ludger

Budapest 1998 (6)

1.e4 e5 2.♘f3 ♘c6 3.♗b5 ♘f6 4.0-0 ♘e4 5.d4 ♘d6 6.♗c6 dc6 7.de5 ♘f5 8.♕d8 ♔d8 9.♘c3 h6 10.h3 ♔e8 11.♗f4 ♗b4 12.♘e2 ♗e6 13.♘ed4 ♗c5 14.♘e6 fe6 15.g4 ♘e7 16.♗g3 ♘g6 17.♘h4 ♘h4 18.♗h4 g5 19.♗g3 h5 20.♖ad1 hg4 21.hg4 ♖d8 22.♖d8 ♔d8 23.♔g2 ♔e8 24.♖h1 ♖h1 25.♔h1 ♘d4 26.c3 ♗c5 27.♔g2 ♗e7 28.♔f3 ♔f7 29.♔e4 ♔g6 30.f3 a6 31.♗f2 ♔f7 32.♗e3 ♔g6 ½-½

Zelcic, Robert
Rogulj, Branko

Pula ch-CRO 1998 (3)

1.e4 e5 2.♘f3 ♘c6 3.♗b5 ♘f6 4.0-0 ♘e4 5.d4 ♘d6 6.♗c6 dc6 7.de5 ♘f5 8.♕d8 ♔d8 9.♘c3 h6 10.♖d1 ♔e8 11.♘e2 ♗c5 12.♘f4 ♗e6 13.♘e6 fe6 14.g4 ♘e7 15.♘e1 ♖f8 16.♘d3 ♖d8 17.♖f1 ♗d4 18.♔g2 ♖d5 19.f4 c5 20.♖d1 c4 21.♘b4 ♖d7 22.c3 ♗c5 23.♖d7 ♔d7 24.♘c2 g5! 25.♔g3 gf4 26.♗f4 ♗f2! 27.♔f2 ♖f4 28.♔g3 ♘d5=

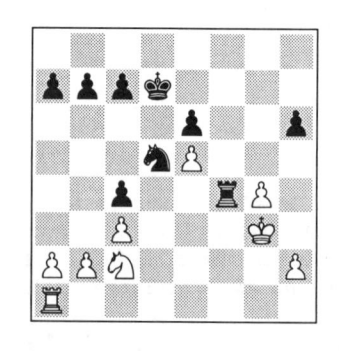

29.♖e1 b5 30.h4 a5 31.♘d4 b4 32.h5 c5 33.♘f3 a4 34.a3 bc3 35.bc3 ♖f8 36.♘d2 ♘c3 37.♘c4 ♔c6 38.♖e3 ♘b5 39.♖f3 ♖h8 40.♘b2 ♘d4 41.♖d3 ♘d5 42.♘a4 ♖b8 43.g5 c4 44.♘c3 ♔e5 45.♖e3 ♔f5 46.gh6 ♖h8 47.♘e4 ♖h6 48.♘d6 ♔f6 49.♔g4 ♖h8 50.♘e4 ♔e5 51.♘c3 ♔f6 52.♖h3 ♖f5 53.♔f4 e5 54.♔f3 ♖d8 55.♘e4 ♔e6

56.♔e2 ♖d4 57.♘c3 e4 58.a4 ♔e5 59.a5 ♖d6 60.h6 ♘h6 61.♖h4 ♖a6 ½-½

Galkin,Alexander
Yarovik,Yu

Novgorod 1999 (6)

1.e4 e5 2.♘f3 ♘c6 3.♗b5 ♘f6 4.0-0 ♘e4 5.d4 ♘d6 6.♗c6 dc6 7.de5 ♘f5 8.♕d8 ♔d8 9.♘c3 h6 10.♖d1 ♔e8 11.h3 a5 12.♗f4 ♗e6 13.g4 ♘e7 14.♘d4 ♘d5 15.♘ce2 [15.♗d2 ♘c3 16.♗c3 h5!?; 15.♘e6 fe6 16.♘e2] 15...h5?! 16.♘e6 fe6 17.c4 ♘b6 [17...♘e7±] 18.b3 hg4 19.hg4 a4 [19...♘e7!?] 20.♔g2 ♗e7 21.♘c3 ♗b4 22.♘e4 ♗a3 [≥ 22...♘d7± Galkin] 23.♖d3 ♖d8 24.♖ad1 ♖d3 25.♖d3 ab3 26.ab3 ♘d7 27.♗g5 ♖f8 28.f4 ♗c1 29.♔g3 ♗a3 30.♖d1 ♗b4 31.♖a1 ♔f7 32.♖d1 ♔e8 33.♗h4 ♗e7 34.♗e7 ♔e7 35.♖a1 ♖b8 36.♖a7 c5 37.♔h4 c6 38.♔g5 b6 39.♔g6 ♖g8 40.♔h7 ♖f8 41.♔g7 [41...♖f4 42.♘f6] 1-0

Kasparov,Garry
Kramnik,Vladimir

London m 2000 (9)

1.e4 e5 2.♘f3 ♘c6 3.♗b5 ♘f6 4.0-0 ♘e4 5.d4 ♘d6 6.♗c6 dc6 7.de5 ♘f5 8.♕d8 ♔d8 9.♘c3 h6 10.♖d1 ♔e8 11.h3 a5 12.♗f4 ♗e6 13.g4 ♘e7 14.♘d4 ♘d5 15.♘ce2 ♗c5! [15...h5?!± Galkin-Yarovik, Novgorod 1999] 16.♘e6 fe6 17.c4 ♘b6 18.b3 a4= 19.♗d2 ♔f7 20.♗c3 ♖hd8 21.♖d8 [21.♔g2!?] 21...♖d8 22.♔g2 ♖d3 23.♖c1 g5 24.♖c2 [24.♖h1; 24.h4 ♗e7] 24...ab3 25.ab3 ♘d7 26.♖a2 ♗e7 27.♖a7 ♘c5

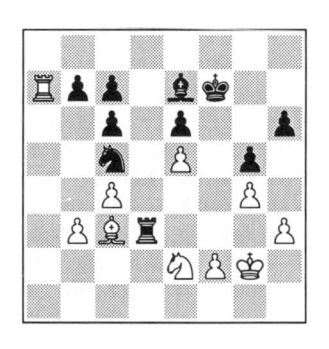

Bezgodov,Alexey
Kuzmin,Gennady

Cappelle la Grande 2000 (4)

1.e4 e5 2.♘f3 ♘c6 3.♗b5 ♘f6 4.0-0 ♘e4 5.d4 ♘d6 6.♗c6 dc6 7.de5 ♘f5 8.♕d8 ♔d8 9.♘c3 h6 10.h3 ♔e8 11.a3 ♘e7 12.♖e1 ♗e6 13.♘d4 c5 14.♘e6 fe6 15.♘e4 ♘c6 16.♗e3 b6 17.f4 ♗e7 18.♖ad1 ♖f8 19.g3 ♖d8 20.♖d8 ♔d8 21.♔g2 ♔c8 22.♖d1 a6 23.g4 ♗h4 24.♖d3 ♘e7 25.♘c3 ♘c6 26.♖d1 ♖f7 27.♘e2 ♘a5 28.b3 ♘c6 29.♘g1 ♗e7 30.♘f3 c4 31.b4 ♗d8 32.♘d4 ♘d4 33.♖d4 b5 34.♖d1 ½-½

♗b2, g4, f4

Shirov,Alexey
Krasenkow,Michal

Polanica Zdroj 2000 (4)

1.e4 e5 2.♘f3 ♘c6 3.♗b5 ♘f6 4.0-0 ♘e4 5.d4 ♘d6 6.♗c6 dc6 7.de5 ♘f5 8.♕d8 ♔d8 9.♘c3 ♗d7 10.b3 h6 11.♗b2 ♔c8 12.♖ad1 a5 13.h3 b6 [13...♗b4!? Shirov] 14.a4 ♗b4 15.♘e2 ♖e8 16.♘f4 g6 17.g4 ♘g7 18.♖d3 ♘e6 19.♘e6 ♗e6 20.♘d4 ♗d7 21.♘e2?! [21.♖fd1 ♔b7!] 22.♘e2 ♗c8± 21...♗d6! 22.f4 f5? [22...♗c5 23.♔h2 f5∞ Krasenkow]

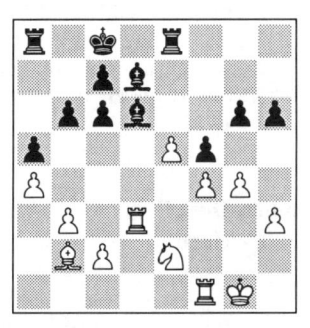

23.ed6! ♖e2 24.dc7 ♔c7? [24...fg4 25.♗e5! gh3 26.♖fd1!±] 25.♗e5 ♔c8

26.♖fd1 ♗e6? [26...♖a7□] 27.♖d6 [27...♗d5 28.c4 ♖g2 29.♔f1+−] 1-0

Blalock,Rex
Rocha,Sergio

Viseu 2000 (3)

1.e4 e5 2.♘f3 ♘c6 3.♗b5 ♘f6 4.0-0 ♘e4 5.d4 ♘d6 6.♗c6 dc6 7.de5 ♘f5 8.♕d8 ♔d8 9.♘c3 h6 10.♘e4 b6 11.b3 ♗e6 12.♗b2 c5 13.c4 ♗e7 14.g4?! ♘h4 15.♘h4 ♗h4 16.h3 h5! 17.f4 [17.f3] 17...hg4 18.f5 ♗c8 19.hg4 ♗b7 20.♖ad1 ♔e8 21.♘c3 ♗g5∓ 22.♘d5 ♗d5 23.♖d5 [23.cd5!?] 23...♖h4 24.e6 ♖g4 25.♔h2 ♗e7 26.♔h3 ♖g5 27.f6 gf6 28.ef7 ♔f8 29.♖g5 fg5 30.♔g4 ♖d8 31.♔h5 ♖d6 32.♗e5 ♖e6 33.♖f5 ♗d6 34.♗c3 ♗e7 35.♗e5 a6 36.♗c7 ♗f6 37.a3 ♔f7 38.♗d8 ♔g7 39.♗f6 ♖f6

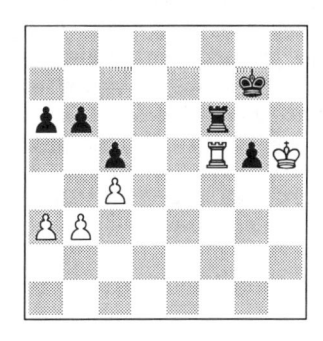

40.♖g5 ♔f7 41.♔g4 ♔e6 42.♖d5 [42.b4!?] 42...♖f1 43.♖d3 ♔e5 44.♔g3 [44.b4!?] 44...♔e4 45.♖c3 ♖d1 46.♔f2 ♖d3 47.♖c2 ♖b3 48.♔e2 ♖h3 49.♔d1 ♖h1 50.♔d2 ♔d4 0-1

♗b2, g4

Jirovsky,Petr
Fuksik,Jaroslav

Czech tt 1998 (3)

1.e4 e5 2.♘f3 ♘c6 3.♗b5 ♘f6 4.0-0 ♘e4 5.d4 ♘d6 6.♗c6 dc6 7.de5 ♘f5 8.♕d8 ♔d8 9.♘c3 h6 10.b3 ♗e6 11.♗b2 a5 12.h3 ♗b4

13.♘e2 a4 14.g4 ♗d5? 15.♖fd1 ♔c8 16.♖d5 cd5 17.gf5 ab3 18.ab3 ♖a1 19.♗a1+− c6 20.♘f4 ♔c7 21.e6 f6 22.♘h5 ♖a8 23.♗d4 ♗f8 24.♘h4 c5 25.♗e3 d4 26.♗f4 ♗d6 27.♗d6 ♔d6 28.♘g6 ♖g8 29.e7 ♔d7 30.♘hf4 b6 31.♘e6 ♖c8 32.♔f1 c4 33.♘d4　　　　　　1-0

Szelag,Marcin
Gdanski,Jacek

Zakopane 2000 (2)

1.e4 e5 2.♘f3 ♘c6 3.♗b5 ♘f6 4.0-0 ♘e4 5.d4 ♘d6 6.♗c6 dc6 7.de5 ♘f5 8.♕d8 ♔d8 9.♘c3 h6 10.h3 ♗d7!? 11.b3 ♔c8 12.♗b2 ♘e7 13.♖ad1 c5 14.♖d3 b6 15.♖fd1 ♗f5 16.♖3d2 ♔b7 17.g4 ♗e6 18.♔g2 ♘g6 19.♔g3 ♗e7 20.♘e4 a5 21.a4 c4 22.♘d4 ♗h4 23.♔h2 ♗g5! 24.♘g5 hg5 25.♘e6 fe6 26.♔g3 ♘f4 27.♖h1 cb3 28.cb3 ♖ad8 29.♗c1 ♖d4 30.♖d4 ♘e2 31.♔g2 ♘d4 32.♗g5 ♘b3 33.h4 b5 34.ab5 a4 35.♗e7 ♔b6 36.h5 ♔b5 37.g5 c5 38.g6 a3 39.♗f6 a2 40.♗g7 ♖h5 41.♖h5 a1♕ 42.♗f6 ♕a8 43.♔g1 ♘d4 44.g7 ♘e2 45.♔h2 ♘f4 46.♖g5 ♕f3 47.♔g1 ♘h3　　　　　　0-1

♗b2

Vokac,Marek
Keitlinghaus,Ludger

Lazne Bohdanec 1995 (2)

1.e4 e5 2.♘f3 ♘c6 3.♗b5 ♘f6 4.0-0 ♘e4 5.d4 ♘d6 6.♗c6 dc6 7.de5 ♘f5 8.♕d8 ♔d8 9.♘c3 h6 10.b3 ♗e6 11.♗b2 ♔e8 12.♘e2 ♗d5 13.♘fd4 ♘d4 14.♘d4 ♗c5 15.♖ad1 ♗d4 16.♖d4 ♗e6 17.h3 ♖d8 18.f4 ♗f5 19.♖d8 ♔d8 20.♖f2 h5 21.♖e2 ♔d7 22.♔f2 ♗e6 23.♔f3 c5 24.♗c3 b6 25.♗e1 g5 26.fg5 ♖d8 27.♗g3 ♖d1 28.♗f4 ♖f1 29.♔e3 ♖c1 30.c4 a5 31.♔f3 ♖f1 32.♔e3 a4 33.ba4 ♖c1 34.a5 ♖c3 35.♔f2 ♖c4 36.♗d2 b5 37.♔e3 ♔d5 38.♖d2 ♔c6 39.♖d8

♖a4 40.♖f8 ♗e6 41.♖e8 ♗d5 42.e6 ♖a2 43.♔g3 ♖g2 44.♔h4 ♗e6 45.a6 ♔b6 46.a7 ♔a7 47.♗c5 ♔b7 48.♔h5 ♗h3 49.♖e5 ♗e6 50.♔h6 ♔c6 51.♔g7 ♖g4 52.♔f8 ♗d7 53.♗e7 b4 54.♖b5 b3 55.♖b8 ♔c6 56.♗f6 ♖f4 57.♔e7 ♖e4 58.♔d8 ♖e2 59.♖b4 ♗d5 60.♖b8 ♔d6　　0-1

Tseshkovsky,Vitaly
Poliakov,Yury

Krasnodar 1996 (1)

1.e4 e5 2.♘f3 ♘c6 3.♗b5 ♘f6 4.0-0 ♘e4 5.d4 ♘d6 6.♗c6 dc6 7.de5 ♘f5 8.♕d8 ♔d8 9.♘c3 h6 10.♖d1 ♔e8 11.b3 ♗e7 12.♗b2 ♘h4 13.♘d4 ♗f5 14.♘de2 g5?! 15.♘e4 ♗e6 16.f3 ♘e3?! 17.♖d2 ♘f5 18.♔f2 h5 19.a4 c5 20.♘2c3 ♘d4?! 21.♘f6 ♗f6 22.ef6 ♖h6 23.♘e4 b6 24.♗d4 cd4 25.♖d4 ♖g6 26.♖ad1 h4 27.g4 hg3 28.hg3 g4 29.♖h1 ♔f8 30.♖h8 ♖g8 31.♖g8 ♔g8 32.♘g5 ♗f5 33.♖c4 c5 34.fg4 ♗g6 35.♘f3 ♖d8 36.♘e5 ♗h7 37.♔e3 ♖d6 38.g5 ♖d5 39.♘c6 ♖g5 40.♘e7 ♔h8 41.♘f4 ♖h5 42.b4 ♖h2 43.bc5 bc5 44.c3 ♖a2 45.♖c5 ♖a4 46.♔g5 ♗e4 47.♔h6 ♗b7 48.♖g5　　　1-0

Gross,David
Keitlinghaus,Ludger

Czech tt 1997 (10)

1.e4 e5 2.♘f3 ♘c6 3.♗b5 ♘f6 4.0-0 ♘e4 5.d4 ♘d6 6.♗c6 dc6 7.de5 ♘f5 8.♕d8 ♔d8 9.♘c3 h6 10.♖d1 ♔e8 11.h3 ♗d7 12.b3 ♖d8 13.♗b2 ♗c8 14.♘e2 ♖d1 15.♖d1 ♖h7 16.♘f4 ♗e7 17.c4 g6 18.♘d2 ♘g8 19.g4 h5 20.g5 ♗f5 21.♘f3 h4 22.♔h2 ♗e7 23.♖e1　　　　　½-½

Van den Doel,Erik
Narciso,Marc

Mondariz zt 2000 (10)

1.e4 e5 2.♘f3 ♘c6 3.♗b5 ♘f6 4.0-0 ♘e4 5.d4 ♘d6 6.♗c6 dc6 7.de5 ♘f5 8.♕d8 ♔d8 9.♘c3 h6

10.h3 ♗d7!? 11.b3 ♔c8 12.♗b2 ♘e7 13.♖ad1 ♘g6 14.♘e2 a5 15.a4 b6 16.♖d2 ♗b4?! [16...c5 17.♖fd1 ♗f5±/=] 17.c3 ♗e7 18.♖fd1 ♖d8 19.c4 c5?!

20.e6! ♗e6 21.♖d8 ♗d8 22.♗g7 h5 23.♗h6 ♔b7 24.♘g5 ♗g5 25.♗g5 ♖g8 26.h4 ♗g4 27.♖d2 ♘e5 28.♘g3 ♖e8 29.♗f6 ♘d7 30.♗b2 ♖e1 31.♔h2 ♖d1 32.♖c2 c6 33.f3 ♗e6 34.♘h5 b5 35.♘g7 ba4 36.ba4 ♘b6 37.♘e6 fe6 38.h5 ♖d7 39.h6 e5 40.♗e5　　　　　　1-0

Klovans,Janis
Markowski,Tomasz

Istanbul ol 2000 (7)

1.e4 e5 2.♘f3 ♘c6 3.♗b5 ♘f6 4.0-0 ♘e4 5.d4 ♘d6 6.♗c6 dc6 7.de5 ♘f5 8.♕d8 ♔d8 9.♘c3 ♔e8 10.b3 ♗e7 11.♗b2 ♘g6 12.h3 h5 13.♖ad1 h4 14.♖fe1 ♖h5 15.♘e4 ♘f4 16.♘h2 ♗e6 17.♘g4 ♗e7 18.♗c1 ♘g6 19.f3 b6 20.♘ef2 a5 21.a4 ♖d8 22.♖d8 ♔d8 23.♘d3 c5 24.c4 ♗d7 25.♖d1 ♔c6 26.♔f2 ♖h8 27.♘f4 ♘f4 28.♗f4 ♗f5 29.♘e3 ♗g6 30.♘d5 ♗d8 31.♖d2 ♖e8 32.♖e2 ♔d7 33.♖d2 ♔c8 34.♘c3 ♖e6 35.♘b5 ♖e8 36.♘c3 ♗f5 37.♘e4 ♗e7 38.♘c3 c6 39.♘e4 ♗e4 40.fe4 ♖d8 41.♖d8 ♗d8 42.e6 fe6 43.♔f3 ♔d7 44.♔g4 ♔e8 45.♗g5 ♗c7 46.♗h4 g6 47.♗f6 ♔f7 48.e5 ♔g8 49.♔g5 ♔h7 50.g4 ♗b8 51.h4 ♗c7 52.h5 gh5 53.gh5 ♗b8 54.♗d8 ♗e5 55.♗b6 ♗c3 56.♗c5 ♔g7 57.♗e3 ♔h7 58.♗f4 ♔h6 59.♔g4 ♔g7 60.♔f3 ♔f6 61.♔e4 ♗b4 62.♗d4　　　　　　　　　　　　　　1-0

♗f4, g4

Lanka,Zigurds
Schlindwein,Rolf

Cappelle la Grande 1995 (2)

1.e4 e5 2.♘f3 ♘c6 3.♗b5 ♘f6 4.0-0 ♘e4 5.d4 ♘d6 6.♗c6 dc6 7.de5 ♘f5 8.♕d8 ♔d8 9.♘c3 h6 10.h3 b6 11.♗f4 ♗d7 12.♖ad1 ♔c8 13.g4 ♘e7 14.♔g3 c5 15.♖fe1 ♗e6 16.♘h4 h5 17.f3 ♘c6 18.♘e2 hg4 19.hg4 ♘d4 20.♘d4 cd4 21.♔g2 c5 22.♘f5 ♗b7 23.a3 ♔c6 24.c3 g6 25.♘d6 ♗d6 26.ed6 dc3 27.bc3 ♖hd8 28.♗e5 ♖d7 29.♔g3 b5 30.♔f4 a5 31.♔g5 b4 32.cb4 ab4 33.ab4 cb4 34.♖c1 ♔b5 35.♗g3 ♖a3 36.♖e5 ♔a4 37.♔c7 ♖c7 38.dc7 ♖c3 39.♖e6 fe6 40.♗e5 ♖c5 41.♔g6 b3 42.♔f6 ♖c7 43.g5 ♖c5 44.g6 ♖e5 45.♔e5 b2 46.g7 b1♕ 47.g8♕ ♕f5 ½-½

Dudek,Ryszard
Schlindwein,Rolf

Germany Bundesliga B 1995

1.e4 e5 2.♘f3 ♘c6 3.♗b5 ♘f6 4.0-0 ♘e4 5.d4 ♘d6 6.♗c6 dc6 7.de5 ♘f5 8.♕d8 ♔d8 9.♘c3 h6 10.h3 ♗d7 11.g4 ♘e7 12.♗f4 ♔c8 13.♗g3 c5 14.♘d2 ♘c6 15.♘ce4 h5 16.f3 ♗e7 17.c3 b6 18.♘c4 ♔b7 19.♘e3 ♖ae8 20.♖ad1 ♗e6 21.b3 ♗c8 22.♘f5 hg4 23.hg4 ♗f8 24.♘g5 ♗f5 25.♘f7? ♖h3 26.gf5 ♖e7 27.e6 ♖g3 28.♔h2 ♖f7 29.ef7 ♖g5 30.♖d5 ♖h5 31.♔g3 ♖h6 32.♖e1 ♖f6 33.f4 ♖f7 34.♔g4 ♗d6 35.♖de5 ♗e5 36.fe5 ♘e7 37.♖f1 ♔c6 38.♔g5 ♔d5 39.f6 gf6 40.ef6 ♘c6 41.♖d1 ♔e6 0-1

Shirov,Alexey
Almasi,Zoltan

Polanica Zdroj 2000 (2)

1.e4 e5 2.♘f3 ♘c6 3.♗b5 ♘f6 4.0-0 ♘e4 5.d4 ♘d6 6.♗c6 dc6 7.de5 ♘f5 8.♕d8 ♔d8 9.♘c3 ♗d7 10.h3 h6 11.♗f4 b6 12.a4 a5 13.♖ad1 ♔c8 14.b3?! [14.g4 ♘e7 15.♘d4] 14...♗b4! 15.♘e4 ♗e6 16.c4 c5! 17.g4 ♘e7 18.♘e1 ♗d7 19.♘g3 g5 20.♗e3 ♘g6 21.♘d3 ♗c6 22.f4 gf4 23.♘f4 ♗c3 24.♘fe2?! ♗e5 25.♖f7 ♔b7 26.♖ff1

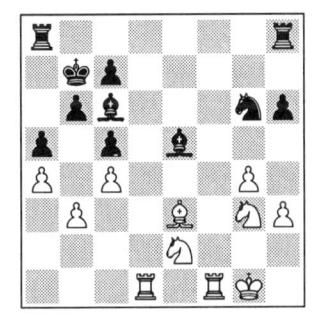

26...♖ae8 [26...♖ag8! (△ 27...h5) 27.♘h5 ♖e8!] 27.♖d3 ♖e6 28.♖f2 ♖he8 29.♗d2 ♘h4 30.♔f1 ♗d6 [≥ 30...♖8e7] 31.♘c3 ♗g3 32.♖g3 ♖d8 33.♗c1 ♖de8 34.♗d2 ♖d8 35.♗c1 ♖d7 36.♗f4 ♖de7 37.♗d2 ♖d7 38.♗c1 ♖de7 39.♗d2 ♖d7 40.♗c1 ♖de7 ½-½

Nijboer,Friso
Narciso,Marc

Mondariz zt 2000 (7)

1.e4 e5 2.♘f3 ♘c6 3.♗b5 ♘f6 4.0-0 ♘e4 5.d4 ♘d6 6.♗c6 dc6 7.de5 ♘f5 8.♕d8 ♔d8 9.♘c3 h6 10.h3 ♗d7 11.♗f4 ♔c8 12.♖ad1 ♗b4 13.♘e4 ♗e6 14.g4 ♗d5?! 15.gf5 ♗e4 16.♘d4 ♗d5 [16...c5 17.f3] 17.♔h2 g5 18.♗g3 b6 19.b3 c5?!

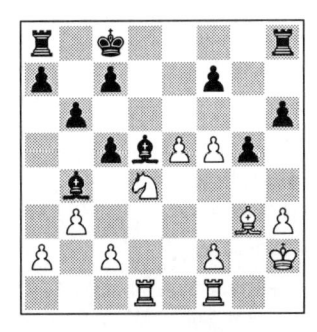

20.c3! ♗a5 21.b4! cb4 [21...cd4 22.♖d4 (22.ba5 ♗c4) 22...♗a2 23.ba5±; 23.♖a1? c5!] 22.cb4 ♗b4 23.♘c2 ♗c4 24.♘b4 ♗f1 25.♖f1 ♖d8 26.e6+− fe6 27.fe6 ♔b7 28.♖e1 ♖d2 29.♖e5 ♖e8 30.♘d5 ♖a2 31.♘c7 ♔c7 32.♖e2 ♔b7 33.♖a2 ♖e6 34.h4 a5 35.h5! ♔c6 36.♔h3 ♔c5 37.♔g4 ♔b4 38.♔f5 ♖c6 39.♖d2 b5 40.♖d6 ♖c5 41.♔g6 ♔c4 42.♔h6 b4 43.♔g6 b3 44.h6 b2 45.♖d1 ♔b3 46.h7 ♖c1 47.♖d3 ♔c4 48.h8♕ b1♕ 49.♕d4 ♔b5 50.♕d5 ♔a6 51.♕a8 ♔b5 52.♕b7 ♔c4 53.♕d5 ♔b4 54.♕e4 ♔b5 55.♖d5 ♔b6 56.♕b1 ♖b1 57.♔g5 a4 58.♗e5 a3 59.♖d3 1-0

♗f4

Kornasiewicz,Stanislaw
Holecek,Vladimir

Frydek Mistek 1996 (8)

1.e4 e5 2.♘f3 ♘c6 3.♗b5 ♘f6 4.0-0 ♘e4 5.d4 ♘d6 6.♗c6 dc6 7.de5 ♘f5 8.♕d8 ♔d8 9.♘c3 h6 10.♗f4 ♗e6 11.a3!? ♗e7 12.h3 a5 13.♖fe1 ♔e8 14.♖ed1 ♖d8 15.♖d8 ♔d8 16.♘e2 ♗c5 17.♗d2 ♗b6 18.♗c3 ♘e7 19.♘fd4 ♗c4 20.b3 ♗a6 21.♘f4 ♗d5 22.♘d5 cd5 23.♘f5 ♖g8 24.♖d1 c6 25.b4 a4 26.♘d6 ♔e7 27.b5 cb5 28.♖d5 ♔e6 29.♖d1 ♗c5 30.♗b2 ♖d8 31.♖e1 g6 32.♘e4 ♗e7 33.f4 b4 ½-½

Span,Paul
Ernst,Sipke

Leiden ch-NL jr 1999 (4)

1.e4 e5 2.♘f3 ♘c6 3.♗b5 ♘f6 4.0-0 ♘e4 5.d4 ♘d6 6.♗c6 dc6 7.de5 ♘f5 8.♕d8 ♔d8 9.♘c3 h6 10.♗f4 ♗e6 11.♖ad1 ♔e8 12.h3 ♗b4 13.a3 ♗c3 14.bc3 c5 15.♘d2 b6 16.♘e4 ♘e7 17.♗c1 ♖d8 18.♖d8 ♔d8 19.♖e1 ♘d5 20.f4 h5 21.♔f2 ♔c8 22.♔f3 h4 23.♖d1 ♘e7 24.♘g5 ♘f5 25.♗e3 c6 26.♘e6 fe6 27.♗f2 ♖h6 28.a4 a5 29.c4 ♔c7 30.c3 ♖h8 31.♖d2 ♖f8 32.♔e4 ♖f7 33.♖d3 ♖f8 34.♖d2 ♖g8 35.♗e3 g5 36.fg5 ♘e3 37.♔e3 ♖g5 38.♔e4 ♖g3 39.♖c2 ♔d7 40.♔f4 ♔c7 41.♔e4 ♔b7 42.♔f4 ♔a6 43.♔e4 b5 44.ab5 cb5 45.♖d2

bc4 46.♖d6 ♔b5 47.♖e6 ♖c3
48.♖e8 ♖c1 49.♖b8 ♔a4 50.♖c8
♔b4 51.♖b8 ♔a3 52.♖b5 a4
53.♖c5 ♔b4 54.♖c8 a3 55.♖b8
♔c3 56.♖a8 ♔b2 57.♖b8 ♔a1
58.e6 c3 59.♔d3 c2 60.♖a8 a2
61.e7 ♖e1 62.♔c2 ♖e2 63.♔b3
♖e3 64.♔c2 ♖e7 65.♖f8   ½-½

Perez Lopez,Julio
Narciso,Marc

Barcelona ch-ES 2000 (4)

1.e4 e5 2.♘f3 ♘c6 3.♗b5 ♘f6
4.0-0 ♘e4 5.d4 ♘d6 6.♗c6 dc6
7.de5 ♘f5 8.♕d8 ♔d8 9.♘c3 h6
10.h4?! ♗e6 11.♗f4 a5 12.a3 ♔c8
13.♖fd1 b5! 14.♘d4 ♘d4 15.♖d4
♔b7 16.♖d2 ♗e7 17.♘e4 c5!
18.♗e3 ♗c6 19.f4 ♖hd8 20.♖ad1
♖d2 21.♖d2 b4 22.a4 ♗f5 23.♘g3
♗h7 24.♘h5

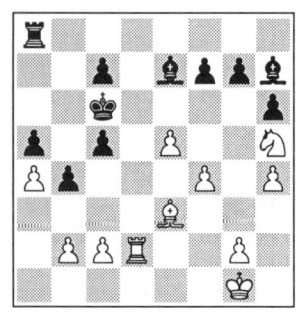

24...♖d8! 25.♖d8 ♗d8 26.♘g7 ♗c2
27.f5 ♗d5 28.e6 fe6 29.♘e6 ♗h4
30.♘c5 ♘f6 31.b3 h5 32.♔f2 ♔c6
33.♔e2 ♗f5 34.♔d2 h4 35.♘d3
♗e4 36.♘f4 ♗g2   0-1

Greenfeld,Alon
Aseev,Konstantin

St Petersburg tt 1999

1.e4 e5 2.♘f3 ♘c6 3.♗b5 ♘f6
4.0-0 ♘e4 5.d4 ♘d6 6.♗c6 dc6
7.de5 ♘f5 8.♕d8 ♔d8 9.♘c3 h6
10.h3 ♗d7 11.♗f4 ♗e7 12.♘e4 b6
13.♖ad1 ♘h4!? [13...♔c8] 14.♘h4
[14.♘d4 ♔c8 △ 15...c5] 14...♗h4
15.♗g3 ♗g3 16.♘g3 ♔e7 17.f4 g6
18.♔f2 ♖ad8 19.♘e4 ♗f5 20.♔e3
♖d5 21.c4 ♖d1 22.♖d1 ♗e4
23.♔e4

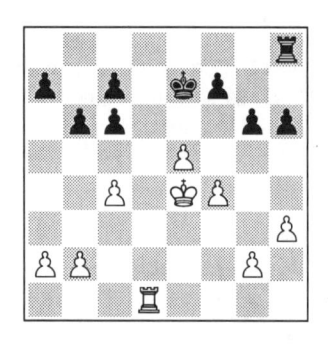

23...a5 24.♖d3 [24.g4!? h5 25.♖d2 hg4
26.hg4 ♖h4=] 24...h5 25.g3 ♔e6
26.♖d2 ♗e7 27.♖d3 ♗e6 28.♖d2
c5 29.♖d3 ♔e7 30.♔d5 ♖d8
31.♔e4 ♖h8 32.♔d5 ♖d8 33.♔e4
♖h8 34.♔d5   ½-½

♗d2

Pinero Fernandez,Xavier
Granados Gomez,Manuel

Paretana II 1999 (8)

1.e4 e5 2.♘f3 ♘c6 3.♗b5 ♘f6
4.0-0 ♘e4 5.d4 ♘d6 6.♗c6 dc6
7.de5 ♘f5 8.♕d8 ♔d8 9.♘c3 h6
10.h3 ♔e8 11.g4 ♘e7 12.♔g2 h5
13.♔g3 ♘g6 14.♘e4 ♗e7 15.♗d2
♗e6 16.♖ae1 ♖d8 17.b3 ♖d5 18.c4
♖d3 19.♗e3 c5 20.♖d1 ♖d1
21.♖d1 b6 22.♘c3 hg4 23.hg4 f6
24.ef6 gf6 25.♘b5 ♗d8 26.a4 a6
27.♘c3 c6 28.♘e4 ♗c7 29.♔g2
♔e7 30.a5 ♗g4 31.ab6 ♗b6
32.♖e1 ♔f7 33.♗c5 ♗c5 34.♘c5
♖h3 35.♖e4 ♗f5 36.♘d4 ♗c8
37.♘c6 ♘h4 38.♔f1 ♘f3 39.♖e7
♔g6 40.♖e3 ♗g4 41.♘e7 ♔f7
42.♘d5 a5 43.♖e7 ♔f8 44.♘e6
      ½-½

Salai,Ladislav
Rogers,Jonathan

Senek tt 1998 (1)

1.e4 e5 2.♘f3 ♘c6 3.♗b5 ♘f6
4.0-0 ♘e4 5.d4 ♘d6 6.♗c6 dc6
7.de5 ♘f5 8.♕d8 ♔d8 9.♘c3 ♗d7
10.♗f4 h6 11.♖ad1 ♔c8 12.♘e2 g5
13.♗d2 ♗g7 14.♗c3 ♖e8 15.g4
♘h4 16.♘h4 gh4 17.e6!? ♖e6

18.♗g7 ♖e2 19.♖fe1? [19.h3!? ♖c2
20.♖fe1 ♗e6] 19...♗g4 [19...♖c2?
20.♖e7+−] 20.♖e2 ♗e2 21.♖d2 ♗c4
22.♖d4 ♗a2 23.♖h4 ♗b1 24.c3
♗d7 25.♖d4 ♔e6 26.♗h6 ♖g8
27.♔f1 c5 28.♖d1 ♗c2 29.♖d2
♗e4 30.♔e2 c4 31.♗f4 ♗d3
32.♔f3 c5 33.♖d1 f6 34.♖e1 ♗d7
35.h4 a5 36.h5 b5 37.♖a1 a4 38.h6
♔c6 39.♖e1 b4 40.♖e6 ♔b5
41.♖e1 bc3 42.bc3 a3 43.♗c1 a2
44.♗b2 ♔c6 45.♖e6 ♔d5 46.♖a6
♗b1 47.♗c1 ♔e5 48.♖a5 ♖g1
49.♗f4 ♔e6 50.♔e3 ♖h1 51.♔d2
♗f5 52.♗e3 ♔g6 53.♖a6 ♗f5
54.♖a8 ♔g4 55.♖a6 ♔f3 56.♖f6
♗f5   0-1

Dutreeuw,Marc
Jonkman,Harmen

Mondariz zt 2000 (7)

1.e4 e5 2.♘f3 ♘c6 3.♗b5 ♘f6
4.0-0 ♘e4 5.d4 ♘d6 6.♗c6 dc6
7.de5 ♘f5 8.♕d8 ♔d8 9.♘c3 ♗d7
10.♘e4 h6 11.♗d2 c5 12.♖ad1
♔c8 13.♖fe1 b6 14.♗c3 ♘e7
15.♘h4?! ♗e6 16.f4 ♗b7 17.h3
♔c6 18.a3 [18.g4 h5! 19.f5 ♗a2 20.b3
(20.f6!?) 20...c4 21.b4 ♘d5∓] 18...b5
19.♘f3 ♘d5 20.♗d2 g6 21.♖f1
♗e7 22.♘h2 h5 23.♘f3 a5 24.♘fg5
a4 25.♖c1 b4 26.♖f3 ba3 27.ba3
c4 28.♖b1 ♖hb8 29.♖b8 ♖b8
30.♘e6 fe6 31.♗c1 ♖b1 32.♖f1 h4
33.♔f2 ♖a1 34.♘g5 ♗g5 35.fg5
♖a2 36.♔f3 ♖c2 37.♔g4 ♖g2
[38.♔h4 ♘e7]   0-1

others

Saidy,Anthony
Gufeld,Eduard

Los Angeles 1997

1.e4 e5 2.♘f3 ♘c6 3.♗b5 ♘f6
4.0-0 ♘e4 5.d4 ♘d6 6.♗c6 dc6
7.de5 ♘f5 8.♕d8 ♔d8 9.♘c3 h6
10.h3 ♗e7 11.g4 ♘h4 12.♘h4 ♗h4
13.♔g2 ♗e6 14.♗e3 ♔c8 [14...h5!?
15.♖ad1 ♗c4?! 16.♖fe1 ♖d8
[16...h5!?] 17.♖d8 ♔d8 18.b3 ♗e6
19.♖d1 ♔e8 20.f4 ♖d8 21.♖d8

♔d8 22.♘f3 b6 23.♘e4 g6 24.c4 h5 25.♔f2 hg4 26.hg4 ♗e7 27.♘c3! [27...♗b4 28.♘e2 c5 29.♘g3 △ 30.f5± Gufeld] ±

Klundt,Klaus
Schlindwein,Rolf
Steckborn tt 1997 (2)

1.e4 e5 2.♘f3 ♘c6 3.♗b5 ♘f6 4.0-0 ♘e4 5.d4 ♘d6 6.♗c6 dc6 7.de5 ♘f5 8.♕d8 ♔d8 9.♘c3 h6 10.♖d1 ♔e8 11.♘e2 g5!? 12.♘fd4 ♗g7 13.f4 gf4 14.♗f4 ♘e7 15.e6 ♘d5 16.ef7 ♔f7 17.♖f1 ♘f4 18.♖f4 ♔g6 19.♖af1 ♖e8 20.♖4f2 ♗g4 21.c3 ♖ad8 22.h3 ♗d7 23.♘f4 ♔h7 24.♘h5 ♗d4 25.cd4 ♗e7 26.d5 cd5 27.♘f6 ♔h8 28.♘d5 ♖g7 29.♖f8 ♖f8 30.♖f8 ♔h7 31.♘f6 ½-½

Kuczynski,Robert
Mokry,Karel
Czech tt 1999 (2)

1.e4 e5 2.♘f3 ♘c6 3.♗b5 ♘f6 4.0-0 ♘e4 5.d4 ♘d6 6.♗c6 dc6 7.de5 ♘f5 8.♕d8 ♔d8 9.♘c3 h6 10.h3 ♗e6 11.g4 ♘e7 12.♘d4 ♗c4 [12...c5 13.♘e6 fe6 14.f4 ♘c6 15.♗e3 b6 16.♘e4 ♗e7 17.♔g2 Campora-Rubinetti, Buenos Aires ch-AR 1989] 13.♖d1 ♔e8 14.b3 ♗d5 15.♘d5 ♘d5 16.♗e2 a5 17.c4 ♘b4 18.♘c3 ♖d8 19.♖d8 ♔d8 20.♗b2 ♔c8 21.♖d1 ♗e7 22.a3 ♘c2 23.a4 ♖d8 24.♖d8 ♔d8 25.♘e4 ♗a3 ½-½

Adams,Michael
Kortchnoi,Viktor
Dos Hermanas 1999 (3)

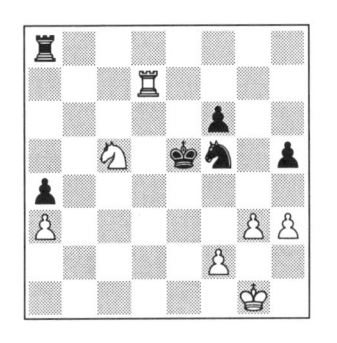

1.e4 e5 2.♘f3 ♘c6 3.♗b5 ♘f6 4.0-0 ♘e4 5.d4 ♘d6 6.♗c6 dc6 7.de5 ♘f5 8.♕d8 ♔d8 9.♘c3 h6 10.♖d1 ♔e8 11.h3 ♗b4 12.♘e2 ♗e7 13.b3 h5?! 14.♗g5! f6 15.ef6 gf6 16.♗f4 ♘d6 17.c4 ♔f7 18.♖ac1 ♗f5 19.♘g3 ♗h7 20.♖e1 [△ 21.♘h5; 20.♘h5 ♗e4] 20...♖e8 21.♖cd1 ♗d6 22.♗d6 cd6 23.♖d2 ♘g7 24.♖d6 ♖hd8 25.♖ed1 ♖d6 26.♖d6 ♔e7 27.♖d2 a5 28.a3 a4 29.b4 b6 [≥ 29...c5] 30.♘d4 c5 31.bc5 bc5 32.♘b5 ♗g8 33.♘e4 ♗c4 34.♘bd6 ♗e6 35.♘c5 ♖b8 36.♘e6 ♔e6 37.♘e4 ♔e5 38.♘c5 ♖a8 39.♖d7 ♘f5 40.g3

40...♘d6□ 41.f4 ♔d5 42.♘b7 ♔c6 43.♖d6 ♔b7 44.♖d4 ♔c6 45.g4 h4 46.♔f2 ♖b8 47.♔e3 ♔c5 48.♖a4 ♖b3 49.♔e4 ♖h3 50.♖a6 ♖g3 51.♔f5 h3 52.♖f6 ♖a3 53.♖h6 ♔d4 54.g5 ♖g3 55.g6 ♔e3 56.♔e5 [56...h2 57.f5] 1-0

Zoler,Dan
Kosashvili,Yona
Israel tt 2000 (8)

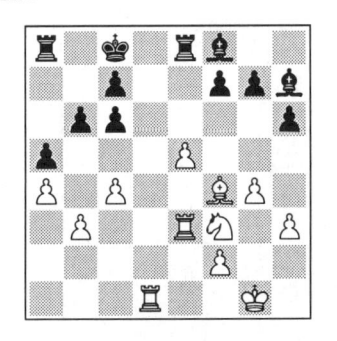

1.e4 e5 2.♘f3 ♘c6 3.♗b5 ♘f6 4.0-0 ♘e4 5.d4 ♘d6 6.♗c6 dc6 7.de5 ♘f5 8.♕d8 ♔d8 9.♘c3 h6 10.h3 ♗d7 11.♘e4 ♔c8 12.a4 a5 13.g4 ♘e7 14.♖a3!? ♘g6 15.♖d3 ♗e6 16.♖fd1 ♗b4 17.b3 ♖e8 18.♘g3 b6 19.♘h5 ♗f8 20.♘f4 ♗f4 21.♗f4 ♗d5 22.c4 ♗e4 23.♖e3 ♗h7

24.e6!? fe6 25.♘d4 ♖d8 26.♖ee1 g5 27.♗g3 ♗b4 28.♘e6 ♖e8 29.♖e2 ♗g8 30.♘f4 ♖e2 31.♘e2 b5 32.ab5 a4 33.ba4 c5 34.♗e5 ♖a4 35.♖c1 ♗a5 36.♗g7 ♗c4 37.♘g3 ♗d2 38.♖c2 ♗f4 39.♘f5 ♖b4 40.♘h6 ♖b1 41.♔g2 ♗d5 42.f3 ♖d1 43.♘f5 ♗b7 44.♖c5 ♖d2 45.♔f1 ♗b6 46.♖c3 ♗b5 47.♘d4 ♗b4 48.♘c2 ♗a4 49.♘e1 ♗b5 50.♘d3 ♗d6 51.♔e1 ♖h2 52.♗e5 ♖h1 53.♔e2 ♖h3 54.♗d6 cd6 55.♘f2 ♖g3 56.♖e3 ♗c4 57.♔e1 d5 58.♖e5 ♖f3 59.♘g5 ♖e3 60.♔d1 ♔b4 61.♖h5 ♗e2 62.♔h2 ♔c3 63.♖h3 ♔d4 64.♖f3 ♖a2 65.♔c1 ♗e2 66.♖f8 ♔c3 67.♖c8 ♗c4 68.♘d1 ♔d4 69.g5 ♔g2 70.♖g8 ♗b3 71.♖b8 ♗c4 72.♖g8 ♗d3 73.♖c8 ♖g5 74.♔b2 ♖g2 75.♔c1 0-1

Kasparov,Garry
Kramnik,Vladimir
London m 2000 (13)

1.e4 e5 2.♘f3 ♘c6 3.♗b5 ♘f6 4.0-0 ♘e4 5.d4 ♘d6 6.♗c6 dc6 7.de5 ♘f5 8.♕d8 ♔d8 9.♘c3 h6 10.h3 ♔e8 11.♘e4 c5 12.c3 b6 13.♖e1 ♗e6 14.g4 ½-½

Nijboer,Friso
Gomez Esteban,,Juan
Istanbul ol 2000 (5)

1.e4 e5 2.♘f3 ♘c6 3.♗b5 ♘f6 4.0-0 ♘e4 5.d4 ♘d6 6.♗c6 dc6 7.de5 ♘f5 8.♕d8 ♔d8 9.♘c3 h6 10.h3 ♔e8 11.♘e4 c5 12.g4 ♘d4 13.♘d4 cd4 14.♖d1 h5 15.f3 hg4 16.hg4 c5 17.c3 ♗e6 18.cd4 ♗d5 19.♗e3 ♗e4 20.fe4 cd4 21.♗d4 ♖h4 22.♔g2 ♖g4 23.♔f3 ♖g6 24.♗e3 ♖c6 25.♖d5 ♗e7 26.♖h1 b6 27.♖h8 ♗f8 28.♗d2 a5 29.b4 f6 30.ba5 ba5 31.ef6 ♖f6 32.♔e2 ♔f7 33.♖d7 ♔g6 34.♗c3 ♖f7 35.♖d1 ♖f2 36.♔f2 ♗c5 37.♔g3 ♖h8 38.♖d7 ♖g8 39.♔g4 ♗b4 40.♗b2 ♖c8 41.♖g7 ♔h6 42.♖a7 ♖c2 43.♗d4 ♖c4 [43...♖a2 44.♔f5 (△ 45.♗e3 ♔h5 46.♖h7X) 44...♖a3 45.♗g7 ♔h5 46.♗e5 ♖f3 47.♗f4+−] 44.♗e3 ♔g6 45.♖a6 ♗f6 46.♔f5 ♗c3 47.♖a7 ♔e8 48.♗g5 ♖c2 49.e5 ♖a2 50.e6 ♖f2 51.♔g6 1-0

INTRODUCTION: Karel van der Weide
MAIN ANALYSIS: Karel van der Weide
STUDY MATERIAL: Van der Weide, Magomedov

Ruy Lopez
Chigorin Variation

RL 23.3

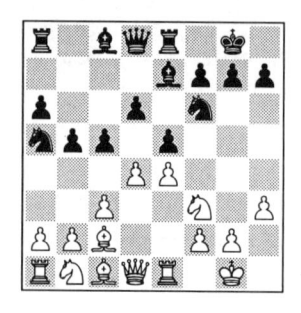

Preparation Prize

1.e4 e5 2.♘f3 ♘c6 3.♗b5 a6 4.♗a4 ♘f6 5.0-0 ♗e7 6.♖e1 b5 7.♗b3 d6 8.c3 0-0 9.h3 ♘a5 10.♗c2 c5 11.d4 ♖e8

In some tournaments a variety of special prizes is awarded. The beauty or brilliancy prize is generally known, but sometimes prizes for best technique and best played ending are also handed out. In this year's Harry Golombek memorial in Paignton, I thought it would have been appropriate to award a preparation prize, as both Keith Arkell and Mark Hebden managed to analyse their games up to and including the final position! In my opinion, Hebden's performance was the best, as he had prepared his draw with Black. Arkell did the same with the white pieces.

Hebden's game was not only well prepared, but also spectacular. Facing Alexander Naumann, he played his pet line of the Ruy Lopez with 11...♖e8!?, which includes the pawn sacrifice 12.de5 de5 13.♘e5. Playing 16...♘e4!?, Hebden improved upon his games against Short and Chandler. The temporary knight sacrifice turned out to be sufficient for a draw. You could surely try one of my suggested alternatives instead of 18.♕g3, but watch out for the 'Hebden ambush'. He has been studying this line for several years; I studied it for only one week.

The pawn sacrifice can be declined with 12.♘bd2, after which a tough Spanish struggle arises. In addition to the latest developments in this Yearbook, I recommend a study of the survey in Yearbook 28. Nowadays, after 12...♗f8 13.♘f1 cd4 14.cd4 ed4 15.♘d4 ♗b7 16.♘g3, 16...♖c8 is frequently played, although Hebden is still faithful to 16...g6. It is well worth taking a look at Romanishin's games. He is very experienced in these kinds of positions.

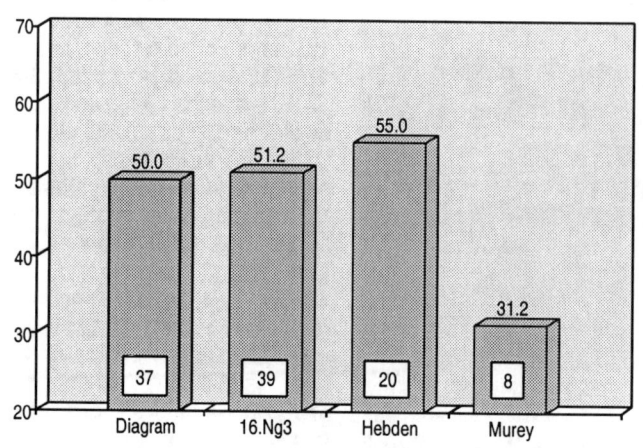

RL 23.3

Naumann, Alexander
Hebden, Mark

Paignton 2000 (5)

1.e4 e5 2.♘f3 ♘c6 3.♗b5 a6 4.♗a4 ♘f6 5.0-0 ♗e7 6.♖e1 b5 7.♗b3 0-0 8.c3 d6 9.h3 ♘a5 10.♗c2 c5 11.d4 ♖e8 12.de5 de5 13.♘e5 ♗b7 14.♕f3 ♗f8 15.♗f4 ♖e6 16.♘g4

STATISTICS

Diagram	16.Ng3	Hebden	Murey
50.0	51.2	55.0	31.2
37	39	20	8

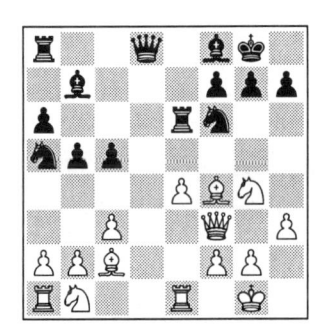

Study Material

12.de5 de5 13.♘e5

Sax, Gyula
Hebden, Mark

London 1993

1.e4 e5 2.♘f3 ♘c6 3.♗b5 a6 4.♗a4 ♘f6 5.0-0 ♗e7 6.♖e1 b5 7.♗b3 0-0 8.c3 d6 9.h3 ♘a5 10.♗c2 c5 11.d4 ♖e8 12.de5 de5 13.♘e5 ♗d6?! **16...♘e4!? 17.♗e4 f5 18.♕g3** [18.♘d2 fe4 19.♕g3 (19.♘e4 ♕e7 (19...♘c4? 20.♘ef6!) 20.♗g5 ♖e4!) 19...♕e7 (19...♗d6?! 20.♗d6 ♕d6 21.♕d6 ♖d6 22.♘e4 ♗e4 23.♖e4 ♖d2±) 20.♘e5 ♖e8 21.♘e4 ♘c4!; 21...♖e5? 22.♗e5 ♕e5 23.♘f6±; 18.♗c7 fg4□ (18...fe4 19.♕g3+− △ 20.♗a5; 18...♕c7 19.♗d5+−) 19.♗h7 ♔h7 (19...♔h8 20.♖e6+−) 20.♕f5 ♔h8 21.♕e6 ♕c7 22.♕g4∞; 18.♗g5 ♕g5□ (18...fg4 19.♕g4+−; 18...fe4 19.♗d8±) 19.♗d5 ♔h8 20.♗e3 ♗d5 21.♕d5 ♖ae8 22.♘d2∞] **18...♖e4 19.♘h6 ♔h8 20.♘f7 ♔g8 21.♘h6** [21.♖e4 ♕d1 22.♔h2 ♗e4 23.♘h6 ♔h8 24.♘f7=] **21...♔h8 22.♘f7 ♔g8 23.♘h6** [23.♘d8? ♖e1 24.♔h2 ♖d8∓] ½-½
Van der Weide

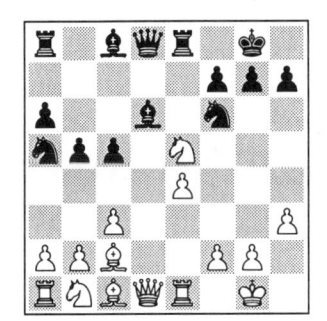

14.♘f7 ♔f7 15.e5 ♕e7 16.♗f4! ♗c7 [16...♗b8 17.♘d2! ♘d5 18.♕h5 ♔f8 19.♗g5 ♕f7 20.♕h7 ♖e5 21.♗g6 ♕g8 22.♕h4± Sax] **17.♖e3 ♕d7 18.e6 ♖e6 19.♕d7 ♗d7 20.♗c7 ♘c4** [20...♖e3 21.fe3 ♘c4 22.♗b3 ♗e6 23.♗c4 ♗c4 24.♘d2 ♘d5 25.♗g3 ♘e3 26.♗f2± Sax] **21.♖e6 ♗e6 22.b3 ♘d5 23.bc4?!** [23.♗g3! ♘cb6 24.♘d2 ♘c3 25.♗e5 ♘bd5 26.♗h7! g6 27.♘f3 ♗f5 28.g4 ♗c2 29.h4± Sax] **23...♘c7 24.cb5 ab5 25.a4 ♘d5 26.a5 ♘f4?** [26...♖a6± Sax] **27.a6 ♘a7 28.♖a5 ♗d5 29.f3 ♗e7 30.♔f2 ♘e6 31.♘a3 ♘c7 32.♘b5 ♘b5 33.♖b5 ♖a6 34.♗h7 ♔d6 35.♖b2 ♖a3 36.♗c2 ♗b3 37.♖d2 ♔c7 38.♗f5 ♗a4 39.♖e2 ♖c3 40.♖e7 ♔d6 41.♗g7 ♗b5 42.♖a7 ♖c1 43.♖a2 c4 44.h4 c3 45.h5 ♖h1 46.♖c2 ♖h5 47.g4** 1-0

Ernst, Thomas
Hebden, Mark

Malmo 1987 (9)

1.e4 e5 2.♘f3 ♘c6 3.♗b5 a6 4.♗a4 ♘f6 5.0-0 ♗e7 6.♖e1 b5 7.♗b3 0-0 8.c3 d6 9.h3 ♘a5 10.♗c2 c5 11.d4 ♖e8 12.de5 de5 13.♘e5 ♗b7 **14.♘d2 ♗d6 15.♘ef3 ♕c7 16.b3 ♖ad8 17.♗b2 c4 18.♕e2 ♗f4** [18...♗c5 19.♖ac1 (19.b4 ♗b4) 19...♘h5? (19...♗b6) 20.b4! ♘g3 21.♕d1+− Howell-Hebden, Eastbourne ch-GB 1991] **19.♖ad1 g6** [19...♖e6 20.bc4 bc4 21.♗a3 ♘d5 22.♕b1± Ernst] **20.e5?** [20.bc4 ♘c4 21.♘c4 ♖d1 22.♖d1 ♕c4 23.♕c4 bc4 24.♖d4 ♗e4 25.♖c4± Ernst] **20...♘d2?** [20...♘c6= Ernst] **21.♘d2 ♖e5 22.♕f1 ♖d5 23.♘e4 ♗e4 24.♖d5 ♗d5 25.♗e4 ♗e6 26.b4 ♘c6 27.♗c1 ♗d6 28.♕e2 ♘e7 29.♗e3 ♗e5 30.♕d2 f5 31.♗f3 ♔f7 32.♗d4** 1-0

Lutz, Christopher
Emms, John

Kobenhavn 1995 (8)

1.e4 e5 2.♘f3 ♘c6 3.♗b5 a6 4.♗a4 ♘f6 5.0-0 ♗e7 6.♖e1 b5 7.♗b3 d6 8.c3 0-0 9.h3 ♘a5 10.♗c2 c5 11.d4 ♖e8 12.de5 de5 13.♘e5 ♗b7 **14.♕d8** [14.♕f3 ♗d6?! 15.♘g4 ♘g4 16.♕g4 ♘c4 17.f4! ♗f8 18.e5! g6 19.♕g3! ♗g7 20.b3 ♘b6 21.♘d2 f6 22.♘e4! ♗c6 23.e6 ♗f6 24.♘f6 ♕f6 25.♗d2+− Smirin-Gofshtein, Israel 1991] **14...♖d8 15.♘g4 ♘e4 16.♘d2 ♘d6 17.♖e8 ♘e8 18.♘b3 ♘b3 19.ab3 ♗e7 20.♗e3 ♖d8 21.♖e1 ♘c7 22.♗c1** ½-½

Short, Nigel
Hebden, Mark

Port Erin 1999 (7)

1.e4 e5 2.♘f3 ♘c6 3.♗b5 a6 4.♗a4 ♘f6 5.0-0 ♗e7 6.♖e1 b5 7.♗b3 0-0 8.c3 d6 9.h3 ♘a5 10.♗c2 c5 11.d4 ♖e8?! **12.de5 de5 13.♘e5 ♗d6 14.♕f3** [14.♕d8 ♗d8! 15.f4 ♗c7; 14.f3 ♕c7 15.♘g4 ♘g4 16.hg4 ♘c4⩲] **14...♗f8 15.♗f4 ♗e6** [△ 16...♕e8] **16.♘g4 ♘c4 17.♘f6?!** [17.b3±] **17...♖f6 18.♗g5□ ♖f3 19.♗d8 ♖d8⩰ 20.gf3 ♘b2 21.a4 b4** [21...c4!?] **22.♖a2 ♘c4 23.♖d1 ♖e8 24.cb4 cb4**

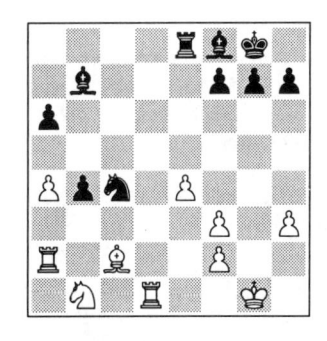

25.♘d2?! [25.♗b3! ♘e5 26.♗d5 ♗c8 (26...♘f3 27.♔g2 ♗d5 (27...♖e1 28.♔f1) 28.ed5 ♘h4 29.♔f1 ♗f5∞) 27.f4 ♘g6 28.f5 ♗f4 29.♗c6±] **25...♘e5 26.♗b3 ♖d8! 27.♔g2?** [27.f4 ♘g6 (27...♖d2 28.♖ad2 ♘f3 29.♔f1 ♘d2 30.♖d2 ♗e4 31.♖d7) 28.♖c1 ♖d7□ 29.f5 ♘e5 (29...♘f4 30.♔f1) 30.♔f1] **27...♖d3** [△

28...♘f3] 28.♗c2 ♖c3 29.♔b1 ♗c6∓ 30.♘f1 ♘f3 31.♘e3 b3! 32.♖b2 ♘h4∓ 33.♔g3 [33.♔f1 ♗a4] 33...g5 34.♔g4 [34.♘d3☐ ♖c1 35.♖d1 ♗d6 36.♔g4 ♖d1 37.♘d1 ♗a4 38.♘c3 ♗d7 39.♔g5] 34...h6 35.♖d8 [35.♖d3 ♗e4! 36.♖c3 ♗f3 37.♔g3 ♗d6X] 35...♔g7 36.♖bd2 ♗c5 37.♗d3 ♗e3 38.fe3 ♗a4–+ 39.e5 [39.♘a6 ♖e3 40.♖8d4 (40.♗d3 b2) 40...♔g6!] 39...♗c6 40.♖f2 a5 41.e6 fe6 42.e4 ♘g6 0-1 Magomedov

Chandler,Murray
Hebden,Mark

Millfield ch-GB 2000 (8)

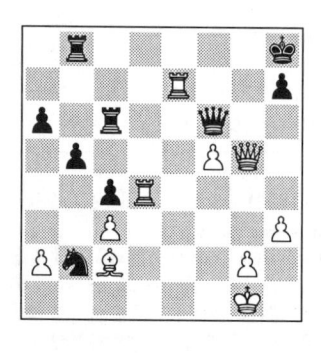

1.e4 e5 2.♘f3 ♘c6 3.♗b5 a6 4.♗a4 ♘f6 5.0-0 ♗e7 6.♖e1 b5 7.♗b3 0-0 8.c3 d6 9.h3 ♘a5 10.♗c2 c5 11.d4 ♖e8 12.de5 de5 13.♘e5 ♗b7 14.♕f3 ♗f8 15.♗f4 ♖e6 16.♘g4 ♘c4 17.♘f6 ♕f6 18.♘d2 ♘e5 [18...♘b2?! 19.♖ab1 g5 (19...♘d6 20.♗d6 ♖d6 21.e5! ♗f3 22.ef6) 20.♗g3 ♕f3 21.♘f3 ♗g7 22.♘g5 ♖g6 23.e5! ♖g5 24.♖b2± Emms] 19.♕g3 ♕d8 [19...♖ae8 20.♗g5 ♕g6 21.f4 ♗e7 22.h4 ♗g5 23.hg5 ♕g5 24.f5± Martin] 20.♖ad1 ♘g6 21.♘c4 ♕e7 22.♗d6 ♕e8 23.♘b6 ♖d8 24.♗f8 ♖f8 25.♕c7 ♖b8 26.♘d5 c4 27.♘d2 ♗d5 28.♖d5 ♖c6 29.♕g3 ♘e6 30.♖ed1 g6 31.f4 ♘c5 32.f5 ♘a4 33.♖g5 f6 34.♕g3 ♘b2 35.♖1d4 g5 36.e5 fe5 37.♖e5 ♕f8 38.♕g5 ♔h8 39.♖e7 ♕f6 [39...♕h6 40.♕g3 ♖g8 41.♕e5 ♕f6 (41...♖f6 42.♖e6 ♖f8 43.♖dd6) 42.♖dd7! ♖gc8 43.♖e8 ♖e8 44.♕e8 Martin]

40.♖h7! [40...♔h7 41.♖h4 ♕h6 42.f6 ♘d3 43.♖h6] 1-0

12.a4

Stefansson,Hannes
Emms,John

Kopavogur 1994 (6)

1.e4 e5 2.♘f3 ♘c6 3.♗b5 a6 4.♗a4 ♘f6 5.0-0 ♗e7 6.♖e1 b5 7.♗b3 0-0 8.c3 d6 9.h3 ♘a5 10.♗c2 c5 11.d4 ♖e8 12.a4 ♗b7 [12...b4 13.cb4 cb4 14.d5 ♘d7 15.b3 ♗b7 16.♗e3 a5 17.♘bd2 ♘bc5 18.♘c4 ♗a6 19.♘fd2 ♖c8 20.♔h1 ½-½ Howell-Hebden, Matanzas 1993] 13.d5 c4 14.♗e3 ♗c8 15.♘bd2 ♘d7 16.♖a3 ♕b8 17.ab5 ab5 18.♕a1 ♘b7 19.♗a7 ♕c8 20.b3 cb3 21.♗b3 ♗d8 22.♖c1 ♘h5 23.♗e3 ♖a3 24.♕a3 ♘f4 25.♗d1 ♗a5 26.♗f4 ef4 27.♘d4 ♕c5 28.♕a1 g6 29.♘2b3 ♕c7 30.♗g4 ♗g4 31.hg4 ♖e4 32.♘b5 ♕e7? [32...♘d7 33.♘a5 ♕b5⇄] 33.♘a5 ♘a5 34.♘d6 ♕d6 35.♕a5 ♖c4 36.♕b5 ♖c5 37.♕e8 ♔g7 38.c4 f3 39.g3 ♕f6 40.♕e3 ♖c7 41.♕c3 ♕c3 42.♖c3 ♔f8 43.c5 1-0

12.♘bd2 ♗f8 13.d5

Rechlis,Gad
Murey,Yaacov

Jerusalem 1986 (10)

1.e4 e5 2.♘f3 ♘c6 3.♗b5 a6 4.♗a4 ♘f6 5.0-0 ♗e7 6.♖e1 b5 7.♗b3 d6 8.c3 0-0 9.h3 ♘a5 10.♗c2 c5 11.d4 ♖e8 12.♘bd2 ♗f8 13.d5 c4 14.b4 [14.♘f1 ♗b7 15.a4 ♘d7 16.ab5 ab5 17.♗g5 ♗e7 18.♕d2 ♖a5 19.♘g3 ♕c7 20.♘h4 ♖a1 21.♖a1 ♘c5 22.♘hf5 ♗f5 23.♘f5 ♗d8 24.♕e3 g6 25.♖a8!± Morris-Hebden, London 1993] 14...cb3 15.ab3 ♕c7 16.♘f1 ♗d7 17.♗d2 g6 18.♘g3 ♖ec8 19.♗d3 ♗g7 20.♖a3 ♘b7 21.b4 a5 22.♕a1 ♕d8 23.♖c1 ab4 24.cb4 ♘d5 25.ed5 e4 26.♖c8 ♖c8 27.♕f1 ed3 28.♕d3 ♖a8 29.♖a8 ♕a8 30.♕e3 h6 31.♗c3 ♕e8 32.♕d2 f6 33.♕d4 ♕e7 34.♕d3 f5 35.♗g7 ♕g7 36.♘e2 ♕d8 37.♖ed4 ♘f7 38.♘b5

♕b2 39.♘bd4 ♕b4 40.♘e6 ♘e5 41.♕e3 ♕b1 42.♔h2 ♘f3 43.gf3? [43.♕f3=] 43...♕a2 44.♘f4 ♔f7 45.♕d4 ♕a4 46.♕e3 ♕c4 47.♔g2 g5 48.♘e6 [48.♕a7 ♕a4 49.♕a4 ♗a4∓] 48...♕d5 49.♘d4 ♔g6 50.♔g1?!–+ [50.♕e7] 50...f4 51.♕d3 ♗f5 52.♕e2 ♗h3 53.♕e8 ♕f7 54.♕d8 ♕f6 55.♕g8 ♔h5 56.♔h2 ♔h4 57.♘e2 ♕e6 58.♕g7 h5 59.♘g1 ♗f1 60.♕a1 ♕c4 61.♕e1 d5 62.♕e6 ♕c2 63.♕e1 ♗d3 64.♘h3 ♗f5 65.♘f4 ♕c7 66.♕g1 gf4 67.♕g8 ♕b6 0-1

Morris
Emms,John

Le Touquet 1992 (6)

1.e4 e5 2.♘f3 ♘c6 3.♗b5 a6 4.♗a4 ♘f6 5.0-0 ♗e7 6.♖e1 b5 7.♗b3 0-0 8.c3 d6 9.h3 ♘a5 10.♗c2 c5 11.d4 ♖e8 12.♘bd2 ♗f8 13.d5 g6 14.b4 [14.b3 ♗g7 15.a4 ♗d7 16.♗d3 ♘h5∓ Thipsay-Murey, London 1987] 14...♘b7 15.a4 cb4 [15...♗d7 16.a5 ♘h5 17.♗f1 ♗g7 18.♗e3 ♕c8 19.♖c1 ½-½ Grunfeld-Murey, Holon 1986] 16.cb4 a5 17.ab5 ♗d7 18.ba5 ♖a5 19.♖b1 ♖b5 20.♖b5 ♗b5 21.♕b3 ♗d7 22.♗e3 ♕c7 23.♗d3 ♗a4 24.♕b1 ♖b8 25.♕a2 ♗b3 26.♕b3 ♘bc5 27.♕c2 ♗e7 28.♖b1 ♗d8 29.♖b8 ♕b8 30.♗c5 ♘c5 31.♘e5 de5 32.♕c5 ♗c7 33.g3 ♗d6 34.♕e3 ♕b4 35.♔g2 ♗g7 36.h4 h5 37.♕f3 ½-½

12.♘bd2 ♗f8 13.♘f1 ed4 14.cd4 15.♘d4 ♗b7 16.♘g3

Liberzon,Vladimir
Alterman,Vladimir

Holon 1986

1.e4 e5 2.♘f3 ♘c6 3.♗b5 a6 4.♗a4 ♘f6 5.0-0 ♗e7 6.♖e1 b5 7.♗b3 d6 8.c3 0-0 9.h3 ♘a5 10.♗c2 c5 11.d4 ♖e8 12.♘bd2 ♗f8 13.♘f1 ed4 14.cd4 cd4 15.♘g3 ♗b7 16.♘d4 d5?! 17.♗g5 h6 18.♗f6 ♕f6 19.♘h5 ♕b6 20.e5 ♔h8 21.♕d3 g6 22.e6! ♖e7 23.ef7 ♖e4 24.♕g3! ♗d6 25.♖e4 de4 26.♕e3 ♗f8 27.♘f4 ♘c4 28.♕c3 b4?+− [28...♗g7 29.♘fe6±] 29.♕c4 ♖c8

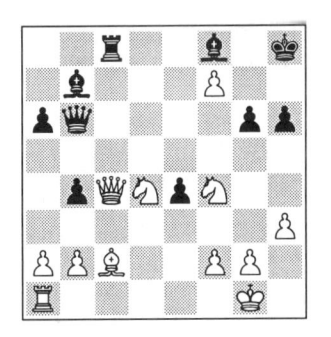

30.♘de6! ♔h7 [30...♖c4 31.♘g6 ♔h7 32.♘gf8+−] 31.♘f8 ♖f8 32.♘e6 1-0

Zelic, Zdravko
Romanishin, Oleg

Kastel Stari 1997 (2)

1.e4 e5 2.♘f3 ♘c6 3.♗b5 a6 4.♗a4 ♘f6 5.0-0 ♗e7 6.♖e1 b5 7.♗b3 d6 8.c3 0-0 9.h3 ♘a5 10.♗c2 c5 11.d4 ♗b7 12.♘bd2 cd4 13.cd4 ed4 14.♘d4 ♖e8 15.♘f1 ♗f8 16.♘g3 ♖c8 17.♗f4 ♘c4 18.b3 ♘e5 19.♘h5 [19.♘df5 d5 20.ed5 ♕d5 21.♕d5 ♘d5 22.♗e5 ♖c2 23.♗g7 ♖e1 24.♖e1 ♗g7 25.♖e8 ♗f8 26.♘h6 ♔g7 27.♘gf5 ♔g6 28.♖f8± Prandstetter-Plachetka, Czechoslovakia 1989] 19...♘h5 20.♕h5 g6 21.♕d1 ♗g7 22.♖c1 d5 23.ed5 ♗d5 24.♗b1 ♖c1 25.♗c1 ♗a8 26.♘c2 ♕c8 27.♗e3 ♕c6 28.♕e2 f5 29.f4 ♘d7 30.♕c2 ♗d4 31.♕c6 ♗c6 32.♔f1 ♘f6 33.♘c2 ♖e1 34.♘e1 ♘e4 35.♘f3 ♗g7 36.♗d3 ♘c3 37.a3 ♗d5 38.b4 ♗f3? [38...♘a2 39.♗d2 ♗b2∓] 39.gf3 ♘d5 40.♗d2 ♗b2 [40...♘h6 41.a4] 41.a4 ba4? [41...♗a3 42.ab5 ab5 43.♗b5 ♗b4=] 42.♗c4 ♗g7 43.♗d5 ♔h6 44.♔e2 ♔h5 45.♗e1 ♗c1 46.♔d3 ♗f4 47.♔c4 ♗e3 48.♗b7 ♔g5 49.♗a6 ♔f4 50.♗b7 g5 51.b5 a3 52.♗b3 ♗c5 53.♗d5 h5 54.♗d2 ♔e5 55.♗c6 g4 56.fg4 fg4 57.hg4 hg4 58.♗c1 a2 59.♔a2 ♔d4 60.♔b3 ♔d3 61.♗f4 ♗b6 62.♔b4 ♔e2 63.♗g3 1-0

Hunt, Harriet
Emms, John

London Menchik-mem 1994 (8)

1.e4 e5 2.♘f3 ♘c6 3.♗b5 a6 4.♗a4 ♘f6 5.0-0 ♗e7 6.♖e1 b5 7.♗b3 d6 8.c3 0-0 9.h3 ♘a5 10.♗c2 c5 11.d4 ♖e8 12.♘bd2 ♗f8 13.♘f1 cd4 14.cd4 ed4 15.♘d4 ♗b7 16.♘g3 ♖c8 17.♗f4 ♕b6 18.b3 d5 19.e5 ♘e4 20.♗e4 de4 21.♗e3 ♖cd8 22.♕g4 ♕g6 23.♕f4 ♖d5 24.e6 fe6 25.♕e4 ♕e4 26.♘e4 ♗b4 27.♖e2 ♖ed8 28.♘c2 ♖d1 29.♖d1 ♖d1 30.♔h2 ♗e7 31.♗b6 ♘c6 32.♗e3 ♘d4 33.♘d1 ♘e2 34.♘c5 ♗d6 35.g3 ♗c8 36.♘e4 ♗b8 37.♗e3 h6 38.♘c5 ♗d6 39.♘e4 ♗b8 40.♘c5 ♗d6 41.♘e4 ♗c7 42.♘dc3 ♘c3 43.♘c3 ♗b7∓ 44.♔g1 ♔f7 45.♔f1 ♗f3 46.♔e1?! [46.h4] 46...g5! 47.♔d2 ♔g6 48.♘e2 e5 49.♘c3 ♗g2 50.h4 gh4 51.gh4 ♗d8∓ 52.f4 ef4 53.♗f4 ♗h4 54.♔d3 ♗f6 55.a4 h5 56.ab5 ab5 57.♘e4 ♗e7 58.♘d6 h4 59.♔d4 ♗c6 60.♔c5 ♗d7 61.♔b6 ♗d6 62.♗d6 ♔h5 63.♔c7 ♗e8 64.♔d8 ♗f7 65.b4 ♔g4 66.♔e7 ♗c4 67.♔f6 h3 0-1

Kotronias, Vasilios
Romanishin, Oleg

Tilburg 1994 (1)

1.e4 e5 2.♘f3 ♘c6 3.♗b5 a6 4.♗a4 ♘f6 5.0-0 ♗e7 6.♖e1 b5 7.♗b3 d6 8.c3 0-0 9.h3 ♘a5 10.♗c2 c5 11.d4 ♗b7 12.♘bd2 cd4 13.cd4 ed4 14.♘d4 ♖e8 15.♘f1 ♗f8 16.♘g3 ♖c8 17.b3 d5 18.e5 ♘e4 19.♗b2 ♖e5 20.♘df5 ♖e6 21.♘e4 de4 22.♕g4 ♕g6 23.♕f4 ♕g5 24.♕g5 ♖g5 25.♖ad1 ♖e8 26.♘d6 ♖d8 [26...♗d6 27.♖d6 ♖d5? (27...♖g6) 28.♖d5 ♗d5 29.♘h5 f6 30.♗f6± Adams-Romanishin, Groningen 1993] 27.♘b7 ♘b7 28.♖d8 ♘d8 29.♖d1 ♘c6 30.♘e4 ♖g6= 31.♔f1 h6 32.g4 ♖e6 33.f3 ♗e7 34.♘c3 ♘e5 35.♔e2 ♘g6 36.♗d2 ♘h4 37.♗e1 ♘g6 38.♗g3 ♖c6 39.♖d7 ♖c2 40.♖d2 ♖c6 41.f4 ♘f8 42.f5 f6 43.♔d1 ♔f7 44.♗f4 ♘h7 45.h4 ♘f8 46.♘d6 ♔g8 47.♖d4 g5 48.fg6 ♗d6 49.♗d6 ♘g6 50.h5 ♘e5 51.♗e5 fe5 52.♖d5 ♖e6 53.♔e2 ♔f7 54.♔e3 ♔f6 55.♖d8 ♖c6 56.♔e4 a5 57.♖g8 ♔f7 58.♖b8 ♖c2 59.a3 a4 60.♖b5 ab3 61.♖b3 ♖c4 62.♔f3 ♖d4 63.♔g3 ♖a4 64.♔h4 ♔g7 65.♖e3 ♔f7 66.♖f3 ♔g7 67.♔h3 ♔h7 68.♖g3 ♔g7 69.♔g2 ♔f6 70.♖f3 ♔g7 71.♔f2 ♔h7 72.♖g3 ♔g7 73.♖f3 ♔h7 74.♖e3 ♔g7 ½-½

Sherzer, Alex
Acs, Peter

Budapest 1998 (12)

1.e4 e5 2.♘f3 ♘c6 3.♗b5 a6 4.♗a4 ♘f6 5.0-0 ♗e7 6.♖e1 b5 7.♗b3 d6 8.c3 0-0 9.h3 ♘a5 10.♗c2 c5 11.d4 ♗b7 12.♘bd2 cd4 13.cd4 ed4 14.♘d4 ♖e8 15.♘f1 g6 16.♘g3 ♗f8 17.♗g5 ♗g7 18.b3 ♖c8 19.♕d2 ♘c6 20.♘c6 ♖c6 21.♖ad1 ♕c8 22.♗b1 ♘d7 23.♖e2 ♘f8 24.♗h6 ♗h8

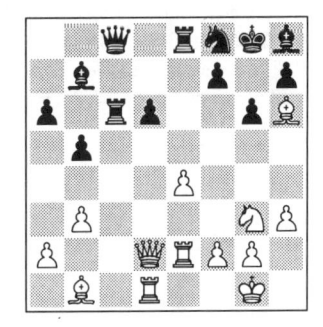

25.♘f5!? gf5 26.♕g5 ♘g6 27.ef5 ♖c5 [27...♖e2? 28.fg6 fg6 29.♗g6+−] 28.♖d6?! [28.fg6 hg6 29.♖e8 ♕e8 30.♕g3=] 28...♖e2 29.fg6 [29.♖d8□ ♖e8 30.fg6 hg6 31.♖c8 ♖ec8∓; 31...♖cc8? 32.♗g6] 29...♖e1 30.♔h2 ♖h1! 31.♔h1 ♕h3 32.♔g1 ♖c1 0-1

16...g6 17.b3

Van den Doel, Erik
Kosashvili, Yona

Breda pff 2000 (2)

1.e4 e5 2.♘f3 ♘c6 3.♗b5 a6 4.♗a4 ♘f6 5.0-0 ♗e7 6.♖e1 b5 7.♗b3 d6

8.c3 0-0 9.h3 ♘a5 10.♗c2 c5 11.d4 ♗b7 12.♘bd2 cd4 13.cd4 ed4 14.♘d4 ♖e8 15.♘f1 ♗f8 16.♘g3 g6 17.b3 d5 18.e5 ♘e4 19.♘e4 de4 20.♗e4 ♗b4 21.♗b7 ♗e1 22.♗a8 ♗c3 23.♖b1 [23.♗d2 ♗d4 (23...♕d4 24.♗c3 ♕c3 25.♖c1 ♕e5 26.♗d5±) 24.♗a5 ♕a5 25.♕d4 ♖a8 26.e6 ♖e8 27.ef7 ♔f7± Geller-Savchenko, Berlin 1991] 23...♕a8 24.♗e3 ♘c6 25.♘c6 ♕c6 26.♖c1 b4 27.♕d6 ♕b5 28.♗d4 ♗d4 29.♕d4 ♕e5 30.♕b4 ♕b2 31.♖e1 ½-½

Kotronias, Vasilios
Romanishin, Oleg

Beograd 1993 (6)

1.e4 e5 2.♘f3 ♘c6 3.♗b5 a6 4.♗a4 ♘f6 5.0-0 ♗e7 6.♖e1 b5 7.♗b3 d6 8.c3 0-0 9.h3 ♘a5 10.♗c2 c5 11.d4 ♗b7 12.♘bd2 cd4 13.cd4 ed4 14.♘d4 ♖e8 15.♘f1 ♗f8 16.♘g3 g6 17.b3 ♖c8 18.♗b2 ♘d7 19.♕d2 ♘e5 20.♖ad1 ♘ac6 21.♘de2 ♕h4 22.f4 ♘d7 [22...♘h6!? 23.♕d6? ♗f8 24.♕d2 ♗c5 25.♔h1 ♘f3!–+ Romanishin] 23.e5 d5 24.♔h2 ♘c5 25.♕e3

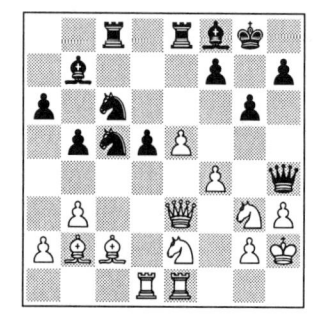

25...♘e6 [25...d4!? 26.♘d4 (26.♗d4 ♘e6⇄ 27.♗b2 ♘e5) 26...♘d4 27.♗d4 ♗h6! 28.♖f1 ♘e6 Romanishin] 26.f5! ♗c5 27.♕f3 ♘g5 28.♕f4 ♕f4 29.♘f4 ♘e7 30.♖e2? [30.f6 ♗g1!? 31.♔g1 ♖c2 32.♖e2 ♖e2 33.♘ge2 ♘f5 34.♘d5 h5± Romanishin] 30...♗e3 31.♖f1? [31.♖e3 ♖c2 32.♖e2= Romanishin] 31...d4!∓ 32.f6 ♘d5 33.♘d5 ♗d5 34.h4 ♘e6 35.♗e4 ♗e4 36.♘e4 ♗f4 [36...♘f4! 37.♖e3 de3 38.♘d6 e2 39.♖e1 ♖c2–+ Romanishin] 37.g3 ♗e5 38.♖f3 ♖cd8 39.♘f2 ♘c5 40.♔g2 h5 41.♗a3 ♗d6 42.♖d2 ♘e6 43.♗d6 ♖d6 44.♘e4 ♖d5 45.♖fd3 ♖c8 46.♔f2 ♖c6 47.a3 ♖f5 48.♖f3 ♖e5 49.♖e2 ♖c8 50.a4 ba4 51.ba4 ♖c4 52.♘d6 ♖e2 53.♔e2 ♖c2 54.♔d1 ♖c6 55.♘e4 ♘c5 56.♘c5 ♖c5 57.♖f4 ♖c4 58.a5 ♔h7 59.♔d2 ♔h6 60.♖e4 ♖c6 61.♖f4 ♖e6 62.♔d1 ♖d6 63.♔d2 ♖d5 64.♔d3 g5 65.♖d4 ♖a5 66.hg5 ♖g5 67.♖d8 ♔g6 68.♔e4 a5 69.♖a8 ♔f6 70.♖a6 ♔g7 71.♔f3 f6 72.♖a8 ♔f7 73.♖a7 ♔g6 74.♖a8 ♖b5 75.♔g2 ♔f5 76.♖a6 ♖b2 77.♔f3 ♖b3 78.♔e2 ♖a3 79.♔f2 ♖a2 80.♔f3 ♖a3 81.♔f2 a4 82.♖a8 ♖a1 83.♔g2 a3 84.♖a4 a2 85.♖a5 ♔g6 86.♔h2 f5 87.♖a8 h4 88.gh4 f4 89.♖g8 ♔h7 0-1

Gormally, Daniel
Hebden, Mark

Scarborough ch-GB 1999 (6)

1.e4 e5 2.♘f3 ♘c6 3.♗b5 a6 4.♗a4 ♘f6 5.0-0 ♗e7 6.♖e1 b5 7.♗b3 0-0 8.c3 d6 9.h3 ♘a5 10.♗c2 c5 11.d4 ♖e8 12.♘bd2 ♗f8 13.♘f1 cd4 14.cd4 ed4 15.♘d4 g6 16.♘g3 ♗b7 17.b3 ♖c8 18.♗b2 ♘d7 19.♕d2 ♘e5 20.♖ad1 ♘ac6 21.♗b1 ♘d4 22.♗d4 ♕h4 23.♗e3 h6 24.♗d4 ♖e6 25.♕e3 d5!? 26.f4 ♘c6 27.♗b2 d4 28.♕f3 ♗c5 29.♖f1 ♖ce8 30.♔h2 h5 31.♘h1 f5!? 32.♘f2 ♘b4 33.♗d4 fe4 34.♗e4 ♗d4 35.♖d4 ♘c2 36.♖d2 ♖e4 37.♘e4 ♗e4 38.♕c3 b4 39.♕c4 ♔g7 40.♖d7 ♖e7 41.♕e6 ♖d7 42.♕d7 ♗f8 43.♕c8 ♗e7 44.♕c7 ♕e8 45.♖d1 ♗f5 46.♕b8 ♔f7 47.♖d8 ♕e7 48.♖h8 ♔f6 49.♖e8 ♕c5 50.♖e5 ♕c8 51.♕d6 [51...♗e6 52.♖c5; 51...♔g7 52.♕e7 ♔h6 53.♕f6] 1-0

Gormally, Daniel
Hebden, Mark

Hastings II 1998 (8)

1.e4 e5 2.♘f3 ♘c6 3.♗b5 a6 4.♗a4 ♘f6 5.0-0 ♗e7 6.♖e1 b5 7.♗b3 0-0 8.c3 d6 9.h3 ♘a5 10.♗c2 c5 11.d4 ♖e8 12.♘bd2 ♗f8 13.♘f1 cd4 14.cd4 ed4 15.♘g3 g6 16.♘d4 ♗b7 17.b3 ♘d7 18.♗b2 ♗g7 19.♕d2 ♖c8 20.♖ad1 ♘e5 21.♗b1 ♘ac6 22.♘c6 ♖c6 23.f4 ♕h4 24.♘e2 ♘d7 25.♗g7 ♔g7 26.♘d4 ♖b6 27.♔h2 b4 28.♘f3 ♕d8 29.♕d4 ♔g8 30.♘d2!± d5 31.ed5 ♖b5 32.♖e8 ♕e8 33.♗e4 ♕d8 34.d6 ♕f6 35.♕f6 ♘f6 36.♗b7 ♖b7 37.♘e4!+− ♘d7 38.♖c1 ♖b6 39.♖c8 ♔g7 40.♖c7 ♘f8 41.d7 ♖b8 42.♘c5 a5 43.g4 1-0

Survey IG 5.2

INTRODUCTION: Peter Lukacs, Laszlo Hazai
MAIN ANALYSIS: Peter Lukacs, Laszlo Hazai
STUDY MATERIAL: Lukacs, Hazai

Italian Game
The Evans Gambit Declined

IG 5.2

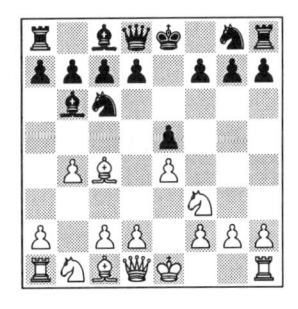

A Modest Retreat?

1.e4 e5 2.♘f3 ♘c6 3.♗c4 ♗c5 4.b4 ♗b6

After almost a hundred years of being a Sleeping Beauty, the Evans Gambit is again a frequent guest at top level tournaments. Great players like Kasparov, Morozevich, Short, Sveshnikov and others use it regularly to create a fight on a relatively unknown, or rather, completely forgotten territory. If one's opponent is not well prepared, or simply wants to avoid complications, he may choose the modest retreat with the bishop on b6. However, declining the Evans Gambit was a well-known alternative as early as the nineteenth century. Now White can transpose, with 5.c3, to the quiet d3 and b4 line of the Italian Game, but this won't give him a real opening advantage, see our Illustrative Game Bacrot-Z.Almasi (third match game Szeged 2000) and Palkövi-Karolyi, Hungarian Team Championship 1998. We will not deal with this option very extensively; we primarily want to show Black's possibilities for equalising the game.

5.b5 can be met with 5...♘a5, which is best met by 6.♘e5, a reply already known in Steinitz's time. Other tries are not impressive, see Meister-Ibragimov, Russian Championship, Samara 2000. There is nothing wrong with the other knight move 5...♘d4, however, as demonstrated in Morozevich-Adams, Frankfurt 1999.

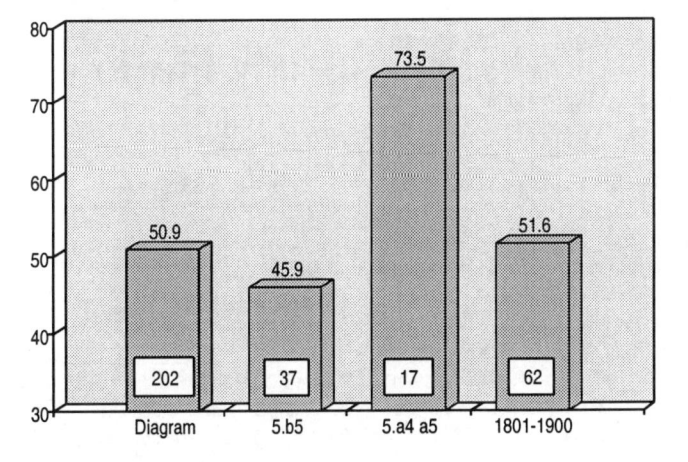

The Most Popular Move
The most popular (and seemingly best) continuation is 5.a4. 5...a5 has had a bad reputation (not without reason!) since the famous game Kasparov-Piket, Amsterdam 1995. After 5...a6! 6.♗b2 d6 7.b5 ab5 8.ab5 ♖a1 9.♗a1 the best reply is 9...♘d4! which is usually the best square for the knight here. In Hansen-Korneev, Hamburg 1992, Black gained the initiative rather quickly.
This leads us to the conclusion that 6.♘c3 poses the real threat for Black. After the normal 6...♘f6 White can try the romantic 7.d4?!, but if Black defends accurately, he can beat off the attack, see Resika-Husari, Budapest 1999. The critical continuation is 7.♘d5, and after 7...♘d5 8.ed5 ♘d4 White has to go for the positional pawn sacrifice 9.d6, or insert 9.a5 ♗a7 and then go 10.d6. The assessment of the whole line depends on this move, but there is a lack of practice here. If White doesn't sacrifice, he gets no advantage, see Miranovic-Leko, Hungarian Team

117

Championship 1995, and Lode-Mikhalevski, Paris 2000. So the critical game is Casella-Z.Almasi, New York 1993, where theoreticians may find many new ideas.

IG 2.6

**Bacrot,Etienne
Almasi,Zoltan**

Szeged m 2000 (3)

1.e4 e5 2.♘f3 ♘c6 3.♗c4 ♗c5 4.b4 ♗b6 5.a4 a6 6.c3 ♘f6 7.d3 d6 8.0-0 0-0 9.♖e1 [9.♘bd2 ♘e7 10.♗b3 (10.♖e1 ♘g4!? (10...♘g6) 11.♖e2 ♔h8 △ 12...f5; 11...d5 12.ed5 ♘d5 13.♘e4 ♗f5 14.♕c2 c6 15.h3 ♘gf6 16.♘g3 ♗e6 17.a5 ♗a7 18.♖e5± Lazic-Lejlic, Kladovo 1990) 10...c6!? (10...♘g6 11.♘c4 ♗a7 12.♗e3 (12.♖a2 h6 13.♖e1 ♖e8 14.h3 ♗e6= Ljubojevic-Furman, Portoroz/ Ljubljana 1975; 12.h3 h6 13.♖e1 ♗d7 14.♖a2 ♖e8 15.a5 ♕e7 16.♗a4 ½-½ Nunn-Byrne, Baden 1980; 12.a5 ♖e8 (12...h6) 13.♖e1 h6 14.♖a2 ♗e6 15.♖d2 ♘f4 16.♘e3 (Lutz-Leko, Cap d'Agde 1994) 16...♗c8∞) 12...♘e6 13.♗a7 ♖a7 14.♖e1 ♗a8 15.♖a2 h6 16.♖d2 (16.♘a5 ♗b3 17.♕b3 ♕c8 18.h3 ♘f4 19.♖e3 ♘h5 Harding-Thorbergsson, cr 1992) 16...♖e8 (16...♘h7 17.♘e3 ♘g5 18.♘g5 ♕g5 19.♗e6 fe6 20.♕g4 ♕f6 21.g3± Ljubojevic-Hjartarson, Linares 1989) 17.♘e3 d5=) 11.♘c4 (11.d4 g4 (11...♘g6) 12.de5 de5 13.h3 ♘h5 14.g4 ♘g6 15.♕e2 ♕c7 16.♗c2 c5 17.♘c4 cb4 18.cb4 ♘c6 19.♘b6 ♕b6 20.♖b1= Spasov-Ziatdinov, Niksic 1991) 11...♗c7 12.♖e1 (12.♗g5 ♘g6 13.♘h4 ♘f4!?) 12...♘g6 13.♗b2?! ♖e8 14.♘e3 d5 15.♕c2 ♘f4 16.♖ad1 ♕e7∞ Werner-Svidler, Oakham 1990; 9.a5 ♗a7 10.♖e1 (10.♗b3 ♘e7 11.h3 ♘g6 12.♖e1 h6) 10...h6 11.h3 ♘h5 12.d4 ♕f6 13.♗e3 ♘f4 14.♗f1 ed4 15.♘d4 ♘e5 16.♘h2 c5 17.♘c2 ♖d8 18.g3 ♘h3! 19.♗h3 ♘f3 20.♔g2 ♘h3 21.♔h3 ♕e6 22.♔g2 ♘e1 23.♘e1 ♕e4 24.♕f3 ♕f3= 25.♘f3 ½-½ Timoshenko-Jaracz, Koszalin 1999; 9.♗g5 ♔h8 10.♘bd2 ♘e7 11.d4 ♘g6 12.de5 de5 13.♕b3 ♕e7 14.♘h4 h6 15.♘g6 fg6 16.♗e3 ♗e3 17.fe3 ♖d8 18.♕c2 ♗e6= Nun-Gretarsson, Pardubice 1998; 9.♗e3 ♗e3 10.fe3 d5 11.ed5 ♘d5 12.♕d2 ♗e6 13.♘a3 ♕e7 14.e4 ♘b6 15.♗e6 ♕e6 16.♘c2 ♖ad8 17.♗e3 f6 18.a5 ♘c8 19.♘d5 ♕d7 20.♖ad1 ♘e7= Yermolinsky-Anand, Madrid 1998] **9...h6** [9...♘e7 10.a5 ♗a7 11.♗g5 (11.♘bd2 ♘g6 12.♘f1 h6 13.h3 ♖e8 14.♘g3 c6 15.d4 ♗e6 ½-½ Becerra Rivero-Arencibia, Mondariz 1996) 11...♘g6 12.♘h4] **10.h3** [10.a5 ♗a7 11.h3 ♘e7 12.♗b3 ♘g6 13.d4 ♕e7 (13...ed4!? 14.cd4 d5 15.e5 ♘e4 16.♗c2 ♗f5) 14.♗c2 ♗d7 15.♗e3 ed4 16.♗d4 ♖fe8= Yudasin-Granda Zuniga, Madrid 1992] **10...♘e7** [10...♔h8 11.♖a2 ♘h7 12.♗e3 ♗e3 13.fe3 f5 14.♖f1 fe4 15.de4 ♗d7 16.♖af2 ♕e7= Ambroz-Honfi, Trnava 1982]

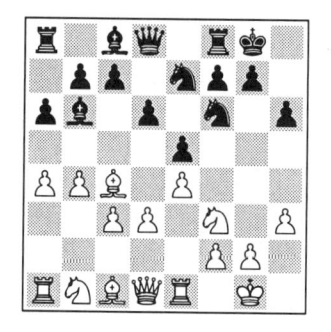

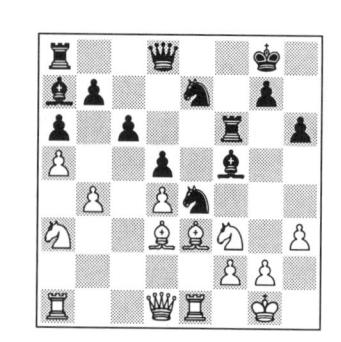

11.d4? [11.a5 ♗a7 12.♘bd2 ♘g6 13.♗b3=] **11...ed4 12.a5 ♗a7 13.cd4** [13.♘d4 d5 14.ed5 ♘ed5=] **13...d5** [13...♘e4? 14.♖e4 d5 15.♖e7!] **14.e5** [14.ed5 ♘ed5∓] **14...♘e4 15.♗d3 ♗f5 16.♘a3** [16.♗e3 f6 17.♕b3] **16...f6!?** [16...c6] **17.ef6** [17.♕b3 ♔h8 18.♗e3 ♘g6 19.♖ad1 c6] **17...♖f6 18.♗e3** [18.b5!? ab5 (18...♘c3 19.♕c2 ♘b5 (19...♘d3 20.♕d3 ♘e4 (20...♘b5 21.♘b5 ab5 22.♕b5) 21.♖b1) 20.♘b5 ab5 21.♖e7! ♖c6! (21...♘d3 22.♕c7 ♕c7 23.♖c7 ♗e4 24.♖b7 ♗f3 25.gf3 ♗d4 26.♖a2±) 22.♕g7! (22.♕e2 ♗d3 23.♕e5 ♖g6 24.♕c7 ♕c7 25.♖c7 ♗e4) 22...♕g7 23.♖g6 ♔h8 (23...♔h6 24.♕d2 g7 25.♗f5♕) 24.♕d2 ♖d5 25.♘g5 ♕g8 26.♕d3 ♖g6 27.♗f4 ♖g2 28.♔h1 ♖e8 29.♕f5♕] 19.♘b5 ♗b8 20.♕e4 (20.♗e3? c6) 20...♘e4 21.♘e5 c6

22.♘c3 ♗f5 23.♗a3 ♘g6 (23...♗d6 24.♗d6 ♕d6 25.♕b3) 24.♕g6 ♖g6 25.♕h5 ♕f6 26.♖e7 (26.♖e8 ♔h7∓) 26...♗a7∓] **18...c6**

19.g4?? [19.♘e5 ♕d6 20.♘c2 ♘g6 (20...♖af8∓) 21.f3 ♘c3 (21...♘g3! 22.♗f2 (22.♕d2 ♖af8∓) 22...♘f4 23.♗f5 (23.♗g3 ♘d3∓) 23...♘f5∓) 22.♕d2 ♗d3 23.♘d3! (23.♕d3 ♘b5) 23...♗b8 24.♕c3 (24.♘e5! ♘b5 (24...♘e5 25.de5 ♕e5 26.f4+-) 25.♗f2∞) 24...♕h2 25.♔f1 (25.♔f2 ♘h4 26.♔e2 – 25.♔f1) 25...♘h4 26.♔e2 ♕g2 27.♔d1 (27.♗f2 ♗g3-+; 27.♘f2 ♖f3∓) 27...♗g3 28.♖e2 ♕h3♕] **19...♘c3! 20.♕c2 ♗d3 21.♕c3** [21.♕d3 ♗f3 22.♔g2 (22.♕c3 ♖h3-+) 22...♘f5 23.♗f2 ♘h4 24.♔g3 ♗e4 25.♔h2 ♕d6 26.♔h1 (26.f4 ♘f3 27.♔h1 ♕e1 28.♖e1 ♕b4-+) 26...♖f8! (26...♘f3 27.♔g2) 27.f4 ♕f4-+] **21...♖f3 22.♕d3 ♕d6** **0-1**

Lukacs/Hazai

Study Material

5.b5

**Meister,Yakov
Ibragimov,Ildar**

Samara ch-RUS 2000 (8)

1.e4 e5 2.♘f3 ♘c6 3.♗c4 ♗c5 4.b4 ♗b6 5.b5 ♘a5! 6.♗e2?! [6.♘a3?! ♘c4 7.♘c4 d6 8.d4 ed4 9.♘d4 ♗e6

10.♘e3 ♕h4∓; 6.♘e5!? ♘h6 7.d4 d6 8.♗h6 de5! 9.♗g7 ♖g8 10.♗f7 ♔f7 11.♗e5 ♕g5! 12.g3 (12.♘c3 ♘c4!) 13.♕f3 (13.♗g3?! ♗g4 14.♕d3 ♘b2 15.♕e3) ♖ad8 16.♕g5 (16.♘d5 ♖d5 17.ed5 ♖e8 18.♗e5 ♕e3 19.fe3 ♘c4∓) 16...♖g5 17.♗h4 ♗d4 18.♘e2 ♗e2 19.♗g5 (19.♔e2 ♖g2 20.♗d8 ♗f2 21.♔e1 ♖c2 22.♖f1 ♗e8 23.♗f6 ♗f2!−+) 19...♗b5! 20.f3 ♖g8 21.h4 h6∓ Reti-Perlis, Wien 1913) 13...♔e8 14.♘d5 ♗a5 (14...♘e5 15.♘f6 ♔f7 16.de5 ♕g2 17.♕h5 ♕g6 18.♕f3 ♕g2 19.♕h5 ♕g6=) 15.c3 ♘e5 16.de5 ♕g2 17.♕h5 (17.♘f6 ♔f7 18.♕h5 ♕g6 19.♕f3 ♖d8) 17...♕g6 18.♕h4 ♗g7 19.♘d2 ♕g5 20.♕g5 ♖g5 21.♖hg1 ♖g1 22.♖g1 ♔f7 (22...♗e6 23.♗g7 ♔f8 24.♖h7 ♖d8∓) 23.♘f6 ♗e6 24.♘h7 ♖h8 25.♘g5 ♔e7 26.h3 ♗b6 27.♔g2 ♖f8 28.f3 ♗a2∓ Steinitz-Dubois, London m-2 1862; 12.♘d2!? (Keres) 12...♕g2 13.♕h5 ♕g6 14.♕f3 (14.♕h4 c6 15.c4 cb5 16.cb5 ♗d7 17.a4 ♖ac8∓) 14...♔e8 15.c4♔) 12...♗h3; 12...♗g4!?] **6...♘f6** [6...d5! 7.d3 (7.♘c3?! de4 8.♘e4 f5∓ 9.♘c3 e4 10.♘g1 ♘f6∓ Spielmann-Burn, Karlsbad 1911; 7.ed5? e4∓; 7.0-0? de4 8.♘e1 ♘e7 9.♗a3 0-0 10.d3 ed3 11.cd3 ♖e8 12.♘d2 ♘d5∓ Zelcic-Mikac, Pula 1994) 7...de4 8.de4 ♕d1 9.♗d1 (9.♔d1 ♘f6) 9...♘c4=] **7.d3 a6 8.a4 d6 9.c4 c6 10.♘c3 ♗g4 11.♘d2 ♗e6 12.0-0 0-0 13.♗a3 ♗d4 14.♖c1 ab5 15.cb5 ♕e7 16.♕c2 ♘d7 17.♕b1 ♗c5 18.♗d1 f5∓ 19.♘e2 fe4 20.♘d4 ed4 21.♗c5 dc5 22.♘e4 b6 23.♖e1 ♗d5 24.bc6 ♕c7 25.♖c2 ♘c6 26.♖ce2 ♘b4 27.♗b3 ♗b3 28.♕b3 ♕f7 29.♕c2?? 0-1**

Morozevich, Alexander
Adams, Michael

Frankfurt 1999 (3)

1.e4 e5 2.♘f3 ♘c6 3.♗c4 ♗c5 4.b4 ♗b6 5.b5 ♘d4 6.♘d4 [6.♘e5!? ♕g5∓] **6...ed4** [6...♗d4 7.c3 ♗b6 8.d4 ed4 (8...♕f6 9.♗e3) 9.cd4 d6 10.0-0 ♘e7 11.♗g5 0-0 12.♘c3± Carls-Bannet, cr 1898] **7.0-0 ♗e7** [7...d6 8.d3 ♘f6 9.♗g5 h6 10.♗h4 g5 (10...0-0 11.f4) 11.♗g3 ♗g4 12.♘d2 ♗e7 (Afonin-Safonov, Moscow 1959) 13.h3 ♘e5 14.f4±] **8.♕h5** [8.♖e1 0-0] **8...0-0 9.d3 d6 10.♗g5 ♗e6**

11.♘d2 ♗a5 12.♕h4 [12.♘f3 ♗c3] **12...♖e8** [12...♘g6 13.♗d8 ♘h4 14.♗h4 ♗d2] **13.♗e6 fe6 14.♘c4 ♗c3 15.♖ab1 ♕d7 16.♕h3** [16.f4 ♘g6 17.♕h3 d5! 18.ed5 ♕d5 19.f5 ef5 20.♖f5 ♕e6] **16...♘c8?!** [16...♘g6 17.f4 d5!] **17.♗d2** [17.f4 ♗b6] **17...♗d2 18.♘d2 a6 19.ba6 ♖a6 20.♖b2** [20.♖b7? ♗b6] **20...b5= 21.♖fb1 ♗b6 22.♖b5 ♖a2 23.♖h5 g6 24.♖g5 ♖ea8 25.♕g4 ♖a1 26.♕d1 ♖b1 27.♕b1 ♖a4 28.♕b7 ♖f8 29.♖a5 ♘c5 30.♕b2 e5 31.♕a2 ♔h8 32.h3 ♘e6 33.♖a8 ♖a8 34.♕a8 ♔g7 35.g3 h5 36.h4 ♕f7 37.♔g2 ♕d7 38.♘f3 ♘f4 39.gf4 ♕g4 40.♔f1 ♕f3 41.fe5 de5 42.♕e8 ♕f6** [42...♕d1 43.♔g2 ♕g4=] **43.♕d7 ♔h6?** [43...♕f7=] **44.♕c7 g5 45.hg5 ♔g5 46.c4 dc3 47.♕c3 h4 48.♕c8 ♕f7 49.♔g2 ♕f6 50.♕g8 ♔h6 51.♕g4 ♕d6 52.♕h4+− ♔g6 53.♕g4 ♔h6 54.♕f5 ♔g7 55.♕g5 ♔f7 56.♕g3 ♕f6 57.♔h3 ♕d7 58.♔g2 ♕d6 59.♕f3 ♕g7 60.♕g3 ♕h6 61.♕e3 ♔g6 62.♕e2 ♔f6 63.♕h5 ♔g7 64.f3 ♔f8 65.♕f5 ♔g7 66.♔g4 ♕d4 67.♔g5 ♕e3 68.♔g4 ♕g1** [69.♔h5+−] ½-½

5.a4 a5

Kantsler, Boris
Mikhalevski, Victor

Ramat Aviv 1998

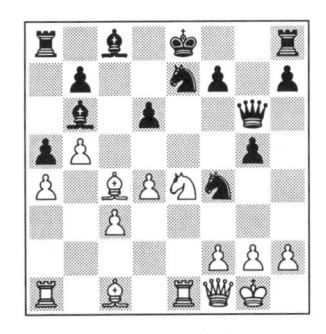

1.e4 e5 2.♘f3 ♘c6 3.♗c4 ♗c5 4.b4 ♗b6 5.a4 a5 6.b5 ♘d4 7.♘e5!?N [7.c3 ♘f3 8.♕f3 ♕f6 (8...♘f6 9.d3 d6 10.♗g5±) 9.♕g3 d6 10.d3 ♘e7 11.0-0 h6 12.♗e3±; 7.♗f7! ♔f7 8.♘e5 ♔f8 9.c3 ♕g5 (9...d6 10.♗a3 ♕g5) 10.♕g4 ♘b3−+] **7...♕g5 8.0-0!?** [8.♘f7?? ♕g2 9.♖f1 ♕e4 10.♗e2 ♘f3X; 8.♗f7!? ♔f8 9.♘g4♔] **8...♕e5 9.c3 ♘e6 10.♖e1** [10.d4? ♕e4 11.♖e1 ♕f5−+] **10...♕c5!?** [10...♘f6 11.d4 ♘d4 (11...♕h5?! 12.♗e2 ♕h4 13.e5! ♘e4 14.g3 (14.♗e3 0-0 15.f3 d6 16.fe4 de5) 14...♕d8 15.♗g4 (15.♗f3 ♘c3 16.♘c3 ♗d4 17.♕d3 0-0) 15...♘c3 16.♘c3 ♗d4 17.♕d3♔) 12.cd4 ♕d4 (12...♗d4 13.♖a2 d6 14.♖d2 ♗g4 15.♕c2 0-0 16.h3 ♗d7∓]

13.♕d4! (13.♕e2!? ♘g4! (13...♕a1 14.e5♔) 14.♖a2 d6∓) 13...♗d4 14.♖a2 d6 15.♖d2 ♗e5 16.♖d3 ♘d7 17.f4 ♗a1 18.♗e3 (18.♗a3 ♘b6 19.♗b3 ♗e6) 18...♘c5; 10...♗f2!? 11.♔f2 ♕c5 12.d4 ♕c4 13.♖e0 (Δ 14.♘a3) 13...♘f4 14.♕f3 ♕g6 15.♘d2 ♕e6 16.♔g1 d6∓] **11.♕e2 ♘f4 12.♕f1 ♕h5 13.d4!** g5? [f6<; 13...♕g6 14.♘d2 ♘8e7 15.♗b3∓] **14.e5!** [Δ ♘d2-e4] **14...♗e7 15.♘d2 d5** [15...♕g6 16.♘e4] **16.ed6! cd6 17.♘e4 ♕g6**

18.♘d6!+− ♕d6 19.♗a3 ♕c7 20.♖e7 ♕e7 21.♗e7 ♔e7 22.♕e1 ♗e6□ [22...♔f8 23.♕e5+−; 22...♗e6 23.d5+−] **23.♕e4!** [b7<] **23...♔f6 24.♗e6 fe6** [24...♘e6 25.♕e5 ♔g6 26.d5+−] **25.♖e1!** [Δ 26.g3, e6<] **25...♖he8 26.♕b7 ♖ab8 27.♕h7 ♘g6 28.♖e3** 1-0

Riemersma, Liafbern
Mikhalevski, Alexander

Amsterdam 1995 (9)

1.e4 e5 2.♘f3 ♘c6 3.♗c4 ♗c5 4.b4 ♗b6 5.a4 a5 6.b5 ♘d4 7.♘d4 ♗d4 [7...ed4?! 8.0-0 ♘e7 9.♕h5 0-0 10.d3 d6 11.♗g5 ♗e6 12.♕h4 ♖e8 13.♗e6 fe6 14.f4 ♕d7 15.♖f3 ♕g6 16.♕g4 c6 17.h4 cb5 18.h5 ♘h8 19.♖g3→ Pyhala-Grun, Pohja 1985] **8.c3 ♗b6** [8...♗a7!? 9.d4 ♕e7 10.♕d3 ♘f6] **9.d4 ed4 10.0-0** [10.cd4 d5! 11.♗d5 (11.ed5 ♕h4!? (11...♘e7 12.♘c3 ♗f5 13.0-0 0-0 14.♗a3 ♖e8 ♗c5±) 12.♗e3 ♘f6 13.0-0 0-0 14.♘c3 ♖e8 15.♕d2 ♗f5) 11...♘e7= (Kasparov; 11...♘f6 12.♗g5 h6 13.♗f6 ♕f6 14.♖a3!? ♕d4 15.♕d4 ♗d4 16.♖d3 ♗e5 17.♘d2) 12.♗g5! (12.♗a3?! ♘d5 13.ed5 ♕d5 14.0-0 ♗e6) 12...f6! (12...h6)

13.♗e7 ♕e7 14.0-0 ♕b4 15.♘a3 ♕d4 16.♘c4 0-0 17.♖c1±] 13.♗e3 ♘d5 14.♕h5 (14.ed5 ♕d5 15.0-0 0-0 16.♘c3 ♕c4 17.♕d2 ♗f5) 14...g6 15.♕d5 ♕d5 16.ed5 ♗f5 17.♘c3 0-0-0 18.♔d2 ♖he8⩲] **10...♕e7 11.cd4 d5 12.ed5 ♘d5 13.♗a3** [13.♖e1 ♗e6 14.♗a3] **13...♗e6 14.♕h5?** [14.♖e1] **14...♘f4** [14....♗d4 15.♖e1! (15.♖a2 ♘f4–+) 15...♕f6! (15...♘f4? 16.♗e6! ♗f2 17.♔f2 ♕d4 18.♗f3 ♕h5 19.♗g4+−) 16.♖a2 0-0-0∓] **15.♗f3 ♗c4 16.♕f4 ♕d4 17.♕g5 ♕f6?!** [17...♔d7!? 18.♔d2 ♗f1 19.♖f1 (19.♕f5 ♔d8) 19...♔c8∓] **18.♖e1 ♗e6 19.♕f6 gf6 20.♗b5** [20.♘c3 0-0-0∓] **20...♖g8 21.♗f6 ♖g6 22.♖h4** [22.♗e5! ♔e7 23.♘c3=] **22...♖g4 23.g3** [23.♗g3 ♖d8 24.♘c3 ♔e7∓] **23...♘d4 24.♖a3?** [24.♖a2 ♔d7 25.♖d2 ♖h4 26.♖ed1 ♔e7 27.♖d4 24...♘b2! 25.♖d3** [25.♖b3 ♖b4] **25...♖a4 26.♘c3 ♖a1–+ 27.♖a1 ♗a1 28.♘a4 b6 29.♗g5 ♗e5 30.♖e3 ♗g7 31.♗f4 0-0-0 32.♖e1 ♖d4 33.♘c3 ♖f4** 0-1

Kasparov,Garry
Piket,Jeroen

Amsterdam Euwe-mem 1995 (2)

1.e4 e5 2.♘f3 ♘c6 3.♗c4 ♗c5 4.b4 ♗b6 5.a4 a5 6.b5 ♘d4 7.♘d4 ♗d4 8.c3 ♗b6 9.d4 ed4?! [9...♕e7! 10.0-0 (10.♕g4 ♘f6 11.♕g7 ♖g8 12.♕h6 ♖g6∞) 10...d6 (10...♘f6!? 11.♖e1 (11.♗a3 d6 12.♖e1 0-0 13.♕d3 ♖e8 14.♘d2) 11...d6 12.♘a3 0-0 13.♗b3 ♗g4 14.♕d3 ♗e6 15.♗e6 fe6 16.♘c4± Grosar-Barle, Geneve 1996) 11.♕d3! (11.f4 ♗e6!? (11...♘f6?! 12.fe5 de5 13.♗a3±; 13.♗g5!?; 11...ed4 12.cd4 ♗f6 (12...♗g4?! 13.♕d2 (13.♕d3!? ♗e2 14.♕e2 ♗d4 15.♗e3 ♗a1 16.♗d5 ♖b8 17.♘d2⩲) 13...♘f6 14.♘c3 0-0 15.♖e1±) 13.♘c3 ♗e6=) 12.♘a3 ed4 13.cd4 0-0-0 14.♗e2 ♘f6 15.♗f3 d5 16.e5 ♘e4 17.♕e2 ♘h5!= Nunn-Hecht, Buenos Aires ol 1978) 11...♘f6 12.♘d2; 9...d6? 10.de5 de5 11.♗f7+−] **10.0-0 ♘e7 11.♗g5!** [11.♗a3 d6 ⧸a3-f8] **11...h6 12.♗e7** [12.♗h4 0-0 13.cd4 g5 14.♗g3 d5 15.ed5 ♘d5 Van der Sterren] **12...♕e7 13.cd4 ♕d6?** [13...0-0 14.♘c3; 13...d6 14.♘c3 ♗e6 15.♘d5; 13...♕b4!? 14.♘a3 0-0

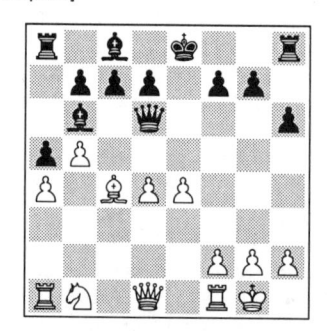

15.♕d3 d5! 16.ed5 (16.♗d5!? ♕d4 17.♕d4 ♗d4 18.♖ad1 ♗c5 19.♘c4) 16...♗d7 17.♘c2 ♕d6 18.♘e3± Kasparov]

14.♘c3! ♗d4 [14...♕d4 15.♘d5! ♕e5!? (15...♕d1 16.♘fd1±; 15...♕c4 16.♖c1 ♕a2 17.♖c7! ♗c7 18.♘c7 ♔e7 (18...♔d8 19.♘a8±) 19.♘a8 d6 20.♕c1+− Kasparov) 16.♘b6 (16.♗h1!? 0-0 17.♕c2 d6 18.f4⩲) 16...cb6 17.♗d5 0-0 18.♖c1±] **15.♘d5! ♗a1 16.♕a1 0-0** [16...f6 17.b6! cb6 18.e5 (18.♖b1→) 18...fe5 19.♖e1 ♔d8 20.♖e5±] **17.e5 ♕c5 18.♖c1+−** [△ ♘c7, ♗f7] **18...c6 19.♗a2 ♕a3 20.♘b6 d5 21.♘a8+− ♔h8 22.♘b6 ♗e6 23.h3 ♖d8 24.bc6 bc6 25.♖c3 ♕b4 26.♖c6 ♖b8 27.♘d5 ♕a4 28.♖c1 ♕a3 29.♗c4** 1-0

M/95-4-38

5.a4 a6

Palkovi,Jozsef
Karolyi,Tibor

Hungary tt 1998

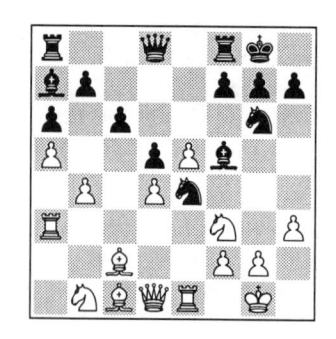

1.e4 e5 2.♘f3 ♘c6 3.♗c4 ♗c5 4.b4 ♗b6 5.a4 a6 6.c3 ♘f6 7.d3 0-0 8.0-0 d6 9.♗b3 ♘e7 10.a5 [10.♗g5 ♘g6] **10...♗a7 11.h3 ♘g6 12.♖e1 c6!** [12...h6?! 13.d4 ♖e8 (13...♕e7) 14.♗c2 ♗d7 15.♗e3 ♕c8 16.♘bd2 ♗h8 17.♔h2 ed4 18.cd4 ♘e7 19.♖b1± Sermek-S.Polgar, Ljubljana 1994] **13.d4?!** [13.♗g5 h6; 13.♘bd2 d5 14.ed5 ♘d5 15.♘e4 (15.♘e5? ♘e5 16.♖e5 ♘c3∓; 15.♗d5 ♕d5) 15...♖e8=] **13...ed4! 14.cd4 d5! 15.e5 ♘e4 16.♗c2 ♗f5 17.♖a3** [17.g4 ♗e6 18.♗e4 de4 19.♗g5 f6 20.ef6 gf6 21.♗h6 ef3 22.♖e6 ♗d4 23.♕b3 ♕d5∓]

17...f6! 18.♘bd2 [18.g4 ♘f2! 19.♔f2 ♗c2 20.♕c2 fe5 21.♗g2 e4∓] **18...fe5 19.♘e4 ♗e4 20.♗e4 de4 21.♖e4 ♕d5 22.♕e1** [22.♕b3 ed4 23.♘d4 ♖f7 24.♕e3 ♖af8] **22...ed4 23.♗b2 ♖f4 24.♖f4 ♘f4 25.♕d2 ♖f8–+ 26.♔h2 c5 27.♕d1 cb4 28.♖b3 ♘e6 29.g3 ♗c5 30.h4 h6 31.♔g2 ♕f5 32.♖d3 ♕d5 33.♔g1 ♘c7 34.♘d2 ♖d8 35.♔h2 ♘b5 36.f4 ♖e8 37.♕f1 ♖e3 38.f5 ♔f7 39.f6 gf6 40.♖e3 de3 41.♕f6 ♔e8 42.♘f3 e2 43.♕g5 ♔d7 44.♕g4 ♗c6 45.♘e5 ♕e5 46.♗e5 e1♕ 47.♕f3 ♔d7 48.♕b7 ♔e6 49.♕c8 ♔d5 50.♕g8 ♔e4 51.♕g6 ♔f3 52.♕f7 ♔e3 53.♗f4 ♔d3 54.♕f5 ♔c4 55.♕f7 ♔c3 56.♕f6 ♘d4 57.♗h6 ♕e2 58.♔h1 b3** 0-1

Sveshnikov,Evgeny
Georgiev,Kiril

Elista 1998 (1)

1.e4 e5 2.♘f3 ♘c6 3.♗c4 ♗c5 4.b4 ♗b6 5.a4 a6 6.♗b2 d6 7.b5 [7.a5 ♗a7 8.b5 ab5 9.♗b5 ♘e7 10.d4 ed4 11.♘d4 0-0 12.♘c6 ♘c6∞] **7...ab5 8.ab5 ♖a1 9.♗a1 ♘a5** [9...♘b8?! 10.d4 ed4 11.♗d4 ♘d4 12.♕d4 ♕f6! (12...♘f6 13.0-0 0-0 14.♘c3 ♘bd7 15.h3 ♖e8 16.♖a1 h6 17.♕h4 ♘e5 18.♖a8 ♘d7 19.♘f5 ♘b6 20.♖c8 ♕c8 (Tartakower-Yates, Karlsbad 1929) 21.♗b3 △ 22.f4⩲) 13.e5! de5 14.♘e5 ♗e6 15.♗e6 ♕e6 16.0-0 ♘f6 17.♖e1 0-0 18.♘d3 ♕c8± Tartakower] **10.♗a2** [10.♗e2!? ♘f6 11.♘c3 0-0 12.0-0 (12...♗g4!?) 13.d4± Breyer-Nyholm, Baden Baden 1914] **10...♘f6** [10...♗g4 11.♗b2 ♘f6 12.0-0 0-0 13.h3 ♗d7? (13...♗e6!) 14.♘c3 ♕e8 15.♕b1 ♗h8 16.♘a4! ♘h5?! (16...♗b5 17.♘b6 cb6 18.♕b4±;

16...♗e6!) 17.♘b6± Kostic-Yates, Rotterdam 1921] **11.♘c3 0-0 12.0-0 c6** [12...♗g4 13.h3] **13.d4** [13.d3 ♗g4 14.h3 ♗f3 15.♕f3 ♗d4] **13...ed4 14.♘d4 ♖e8 15.♕d3** [15.♖e1 ♘g4!] **15...♗e7 16.♘f3** [16.♘f5 ♗f5 17.ef5 d5] **16...♗e6 17.♗e6 ♕e6 18.♘a4! ♗d8!** [18...♖a7? 19.b6 ♗b8 20.♕c3! ♗c4 21.♘d4+–] **19.e5 de5 20.♘e5** [20.♗e5 cb5 21.♕b5 ♕c6=] **20...♕c7 21.♘c5?!** [21.♘f3=] **21...♕d5! 22.♕d5 ♘d5 23.bc6 ♗e5!?** [23...♘c6 24.♘c6 bc6=] **24.♗e5 ♖e5 25.cb7 ♖e8** [25...♘c6? 26.♖d1 ♘c3?? 27.b8♕+–] **26.g3 ♘f6 27.♖d1 ♘c6 28.♘d7 ♘b8** [28...♘d7 29.♖d7 ♗f8 30.♖c7 ♘b8 31.♖c8 ♔e7 32.♖c7 (32.c4 ♔d7) 32...♔f6 (32...♘d7 33.c4 ♗d6 34.♖c8) 33.♖c8 (33.c4!?) 33...♔e7=] **29.♘f6** [29.♘b8 ♖b8 30.c4 g6] **29...gf6 30.c4 ♔g7 31.c5 ♖e7 32.♖b1 ♖c7 33.♖b5 f5 34.♔g2 ♔f6 35.♔h3** [35.♔f3 ♔e5] **35...♔g6 36.♔h4 f6 37.f4 ♖e7 38.♖b2 ♖c7 39.♖b5 ♔h6 40.♔h3 ♔g7 41.♔h4 ♔g6 42.♔h3 ♔g7** ½-½

Hansen,A
Korneev,Oleg

Hamburg 1992 (1)

1.e4 e5 2.♘f3 ♘c6 3.♗c4 ♗c5 4.b4 ♗b6 5.a4 a6 6.♗b2 d6 7.b5 ab5 8.ab5 ♖a1 9.♗a1 ♘d4! 10.♗d4 [10.♘d4 ed4 11.d3 (11.0-0 ♘f6 12.d3 (12.♕f3 0-0 13.c3 ♗g4 14.♕f4 ♗e6 15.♗e6 fe6 16.cd4 ♖a8 17.♗c3= ½-½ Chandler-Keitlinghaus, Germany Bundesliga 1996) 12...0-0 13.♘d2 d5 14.ed5 ♘d5 (½-½ Palkovi-Lukacs, Budapest 1996) 15.♘f3 (15.♖e1 ♗e6 16.♗b2 ♘e3!; 15.♕f3 ♘b4! 16.c3 ♘c2!) 15...♗g4 16.h3 ♗h5 17.g4 ♗g6=; 11.c3 ♘f6! 12.0-0 0-0 13.d3 (13.cd4 ♘e4 14.♘c3 ♘f6 15.♘a4 ♗a7 16.♕b3 d5=) 13...d5 14.ed5 ♘d5 15.♕f3 ♘f6 16.cd4 (16.h3 ♖e8) 16...♗d4 17.♘c3 ♗g4 18.♘d5 ♗a1 19.♖a1 ♘e5 20.♕g3 ♘c4=) 11...♘f6=] **10...ed4 11.c3** [11.0-0 ♘f6 12.d3 0-0 13.♘bd2 (Tartakower-Schlechter, Baden Baden 1914) 13...d5!=; 11.d3 ♘f6] **11...♘f6 12.d3** [12.0-0 0-0∓; 12...♘e4 13.♖e1 d5 14.♗d5!] ♕d5 15.d3 dc3 16.♘c3 ♕h5 17.♖e4 ♗e6 18.♖e5 ♕h6 19.♘d5♕] **12...0-0 13.0-0 d5 14.ed5 ♗g4 15.h3 ♗h5**

16.cd4 ♘d5∓ 17.♘bd2 [17.♗d5 ♕d5 18.♘c3 ♕d8 19.g4 ♗g6∓] **17...♘c3 18.♕b3 ♘e2 19.♔h1 ♘d4 20.♘d4 ♕d4 21.♘e4 h6 22.♕c3 ♖d8 23.f3 ♗g6 24.♕b3 ♖a8 25.♕c3 ♔h7 26.♖c1 f5 27.♕d4 ♗d4 28.♘c3 c6 29.bc6 bc6 30.♘e2 ♗e3 31.♖d1 ♖b8 32.♗e6 f4 33.♘c3 ♖b7 34.♘e4 c5 35.♗c4 ♖b2 36.♘c3 ♗e8 37.♗d5 ♗d4 38.♗e4 ♗g6 39.♘d5 ♗e4 40.fe4 g5 41.♘e7 ♖b3 42.♘f5 ♔g6 43.♘d4 cd4 44.♖d2 ♖b1 45.♔h2 ♖e1 46.♖a2 ♖e3 47.♖a6 ♔h5! 48.♖a3 ♔h4 49.♖b3 h5 50.♖b8 ♖d3 51.♖d8 ♖d2 52.♔g1 ♔g3** 0-1

5.a4 a6 6.♘c3

Conquest,Stuart
Winants,Luc

Amsterdam 1996 (4)

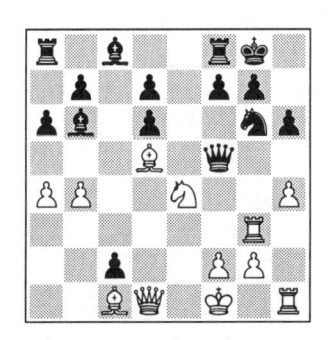

1.e4 e5 2.♘f3 ♘c6 3.♗c4 ♗c5 4.b4 ♗b6 5.a4 a6 6.♘c3 ♘f6 7.d4!?N ed4?! 8.♘d5 ♘d5 9.ed5 ♕e7 10.♔f1! ♘e5 [10...♘b4 11.♗g5 f6 12.♕d2→ △ 13.♖e1] **11.d6! cd6□** [11...♕d6 12.♗f4 f6 13.a5 ♗a7 14.♘e5 fe5 15.♕h5 g6 16.♕e5+–] **12.♗d5♗** [♖a8<, ♗c8<] **12...♕f6** [△ 13...♕f5, ♗d5<] **13.♘g5 0-0 14.♖a3** [△ 15.♘h7] **14...h6?** [■<; 14...d3 15.f4 (15.♘e4 ♕f5 16.cd3 ♘c6) 15...a5 16.♘e4 ♕f5 17.♘d6 ♕f6 18.♘e4=] **15.♘e4 ♕f5 16.♖g3 ♘g6 17.c4! dc3 18.h4** [△ 19.h5] **18...c2!**

19.♕d2! [19.♕c2 ♕d5 20.♘f6 gf6 21.♖g6 fg6 22.♕g6=; 19.♕d3 ♘e7! 20.♗h6 ♘d5? (20...♕e5! (△ 21...♘f5)

21.♖g7 ♕g7 22.♗g7 c1♕ 23.♔e2 ♘d5! (23...♕h1 24.♕g3) 24.♕d5 (24.♘f6 ♘f6 25.♖c1 ♖e8 26.♔f1 ♔g7) 24...♕c2 25.♔f3 ♖e8 26.♘f6 (26.♖e1 ♖e4) 26...♔g7 27.♕g5 ♕g6 28.♘e8 ♔f8) 21.♕d5 c1♕ (21...♗e3 22.♖g7 ♔h8 23.♕f5 c1♕ 24.♔e2 ♕b2 25.♔e3+–] **22.♖c1 ♕d5 23.♘f6 ♔h8 24.♘d5 ♗d4 25.♖g5** (△ ♖h5, ♘e7X) 25...g6 (25...♖e8 26.♘c7+–; 25...f6 26.♘e7!+–) 26.h5+–] **19...♕h5□ 20.♖g6?** [20.f3? ♗e3!!; 20.♕c2? ♕d5 21.♘f6 gf6 22.♖g6=; 20.♘f6!! gf6 21.♗f3 ♕f5 (21...♘e5 22.h5) 22.h5 ♖e8 23.hg6 fg6 24.♗d5 ♖e6 25.♖h6] **20...♕d1!** [20...♕g6 21.♖h3 ♔h8 (21...♕h5 22.♘f6 gf6 23.♗f3+–) 22.♕c2 ♕d4 23.♕c4 ♖a1 24.♘g5 ♔g8 25.♘f7 ♖f7 26.h5 ♕f6 27.♖f3+–] Winants] **21.♕e1 ♔h8! 22.♖g3?** [22.♖d6 ♗c7!∓ 23.♗d2 ♗d6 24.♘d6 c1♕ 25.♖c1 ♕d5–+; 22.♖g5! hg5 (22...♕d3 23.♖g1 (23.♕e2 ♕d1 24.♕e1 ♕d3= Winants) 23...hg5 24.hg5 ♔g8 25.♘c3 ♗d4 26.♗e4 ♖e8 (26...♕c3 27.♗h7 ♔h8 28.♕e7+–) 27.♗h7 ♔f8 28.♕e8 ♔e8 29.♗d3 ♘c3 30.♘e4 ♔d8) 23.hg5 ♔g8 24.♘c3! (I.Sokolov) 24...♕e1 (24...♕d3 25.♕e2 ♕c3 26.♕e4 g6 27.♖h6 ♕g7 28.♖g6 ♗d4 29.♖g7 ♗g7 30.g6) 25.♕e1 g6 (25...♖e8 26.♔d2 ♖e6 27.f4→) 26.♘e4 ♗d4 27.♔d2 ♖b8 28.♔c2 b5 29.♘d3 ♗g7 30.♘f6 ♗f6 31.gf6 ba4 32.♖h6 (△ ♗g7, ♖h8X) 32...♖b5 33.♗f3+–] **22...♕d5–+ 23.♗b2 ♗d4 24.♗d4 ♕d4 25.♖c3 ♖e8 26.f3 d5** 0-1

Leyva,Ricardo
De la Paz,Frank

Cienfuegos 1997 (10)

1.e4 e5 2.♘f3 ♘c6 3.♗c4 ♗c5 4.b4 ♗b6 5.a4 a6 6.♘c3 ♘f6 7.d4 ♗d4 8.♘d4 ♘d4 9.f4 d6 10.fe5?! de5 11.♗g5 [11.0-0 ♕d6 (11...♗e6) 12.♗a3 ♗e6] **11...♗e6 12.♘d5** [12.♗e6 fe6] **12...c6** [12...♗d5! 13.♗d5 (13.ed5 ♕d6 14.c3 ♘e4 15.♗d2 ♘f5∓) 13...c6 14.♗c4 (14.c3 cd5 15.cd4 ♕d6 16.♗f6 gf6) 14...♕b6!∓] **13.♘f6 gf6 14.♗e6! fg5 15.♗c4 ♘e6 16.♕h5** [16.♗e6 ♕d1 17.♖d1 fe6!] **16...0-0 17.c3 ♘f4 18.♕f3 b5 19.♗b3 ♕d3 20.♕d3 ♘d3 21.♔d2 ♖ad8∓ 22.♔c2 ♘f2**

23.♖he1 ♘g4 24.h3 ♘f6 25.♖e2 ♔g7 26.ab5 ab5 27.♖f1 h6 28.♖f5 ♖fe8 29.g4 ♘e7 30.♖ef2 ♖d6 31.♖2f3 ♖ed7 32.♘e5 ♖d2 33.♔c1 ♖2d3!–+ 34.♖d3 ♖d3 35.♖f5 [35.♖c5 ♖h3 36.♖c6 ♘e4] 35...♖c3 36.♔b2 ♖h3 37.e5 ♘d5 38.♗d5 cd5 39.♖f6 ♖g3 40.♖b6 ♖g4 0-1

Resika, Nathan
Husari, Sate

Budapest 1999 (8)

1.e4 e5 2.♘f3 ♘c6 3.♗c4 ♗c5 4.b4 ♗b6 5.a4 a6 6.♘c3 ♘f6 7.d4 ♗d4 8.♘d4 ♘d4 9.0-0 d6 10.f4 ♗e6! [10...h6!? 11.♘d5 (11.fe5 de5 12.♘d5 ♗e6 13.♘f6 gf6 14.♗d3 ♘b3! 15.♖b1 ♘c1 16.♕c1 ♕d4 17.♔h1 f5 18.ef5 ♗d5 19.♗e2 0-0-0∓ Ponomariov-Giorgadze, Krasnodar 1997) 11...♘d5 (11...♗e6 12.c3 ♘c6) 12.♗d5 0-0 13.c3 ♘c6 14.f5 ♕f6 15.g4! (15.♕h5?! ♘e7 16.g4 ♘d5 17.ed5 e4∞ Palkovi-Acs, Budapest 1997) 15...♕h4 16.♖a2±] 11.♗e6 fe6 [11...♘e6 12.f5 ♘f8 13.♗g5 ♘8d7 14.a5 h6 15.♗h4 0-0 (15...♕b8!?) 16.♘d5 c6 17.♘f6 ♘f6 18.c4⩲] 12.♗e3 [12.fe5 de5 13.♗g5 0-0] 12...♘c6 [12...0-0 13.♘d4 ed4 14.♕d4 c5!? 15.♕c4 (15.bc5 dc5 16.♕d8 ♖ad8=] 15...cb4 (15...d5?! 16.ed5 ed5 17.♕c5 ♖c8 18.♕d4 ♖c4 19.♕d3 ♕b6 20.♔h1 ♖d4 21.♕f3 ♕b4 22.♖ab1 ♕e7) 16.♕b4 ♕c7] 13.b5 ab5 14.ab5 ♖a1 15.♕a1 ♘e7 [15...♘g4!? 16.bc6 (16.♗d2 ♘d4) 16...♘e3 17.♕a2 ♘f1 (17...d5!?) 18.♕e6 ♘e7 19.♕c8 ♕d8 20.cb7 (20.♕e6=) 20...0-0 21.♘d5! ♔f7! (21...♔h8 22.♘e7!+–) 22.♕f5 ♔g8 23.♕c8= Resika] 16.fe5 de5 [16...♘g4!? 17.♗d4 c5 18.bc6 ♘c6 19.ed6! ♕d6 (19...♘d4? 20.♘b5! e5 21.♕a2±) 20.♕a8 ♘d8 21.♕a4 ♘c6 22.♕a8=] 17.♖d1 [17.b6!? 0-0 18.♘b5] 17...♕c8 18.♗c5 ♘g6! 19.b6 c6 [19...cb6! 20.♗a3 (20.♗b4 ♗f7; 20.♗b6 0-0) 20...♔f7∓] 20.♗d6! ♔f7 21.♗c7 ♖f8 22.♕a5 ♔g8 23.♗e5= ♘e5 24.♕e5 ♖d8 25.♖d3 ♖d3 26.cd3 ♕d8 27.d4 ♕b6 28.♕e6 ♔h8 29.♕c8 ♔g8 30.♘e2 ♕b1 31.♔f2 ♕e4 32.♕b7 h6 33.♕b8 ♔h7 34.♕f4 ♕c2 35.♕c1 ♕g6 36.♔g1 ♕e4 37.♕d2 ♘e7 38.♘c3 ♕g4 39.♕d3 ♕f5 ½-½

Perez, Juan C
Gonzalez, Miguel

Havana m 1995 (8)

1.e4 e5 2.♘f3 ♘c6 3.♗c4 ♗c5 4.b4 ♗b6 5.a4 a6 6.♘c3 ♘f6 7.♘d5 ♘d5 8.ed5 e4?! 9.dc6 ef3 [9...0-0 10.♗b2!? (10.0-0 ef3 11.♕f3 dc6 12.♗b2! – 9...ef3) 10...ef3 11.♕f3 dc6 12.♕c3 ♖e8 13.♔f1 ♕g5 14.h4 ♕h6 15.a5 ♗a7 16.h5! ♗f5! (16...♗e6 17.♖h4± Sokolsky-Goldenov, Soviet Union 1945) 17.♖h4 (17.♕f3 ♗e6) 17...♖ad8∞] 10.0-0!N [10.♕f3!? ♕e7! (10...0-0 11.cb7 ♗b7 12.♕b7 ♕f6 13.♖a3 ♕f2 14.♔d1+–) 11.♔d1! dc6 12.♖e1 (12.♗b2 ♗e6 13.♗g7 ♖g8 14.♗f6 ♗g4 15.♗e7 ♗f3 16.gf3 ♘e7 17.♔e2 ♖g2 18.♖af1 ♖e8 (18...♔f6 19.f4) 19.f4 ♔f6 20.♘f3± Matsukevich) 12...♗e6 13.♗e6 (13.♗b2 0-0-0!⇄) 13...fe6 14.♕g4 0-0 (14...0-0 15.f3±) 15.f3! (15.♕e6 ♕e6 16.♖e6 ♗f2 17.♖a3 ♖hf8=] 15...♗d6 16.♗b2 (16.c3?! ♖hd8 17.♔c2 ♔b8 18.d4 ♗d4 19.cd4 ♖d4⩲) 16...♖hd8 17.d3 ♕d7∞] 10...0-0 11.♕f3 dc6 12.♗b2!↑ [12.♖e1 ♗e6!∞; 12...♕d4?? 13.♕f7!+–] 12...♕d2?! [12...♗d4 13.c3 ♗f6 14.d4±⑤ △ ♗c1-f4 Perez] 13.♕g3 ♕h6 [13...♗d4 14.♖ad1+–; 13...g6 14.♕c5+–] 14.a5 ♗a7 15.♖ae1! ♗d7 [15...♗e6 16.♗e6 fe6 17.♖e6!+–; 15...♕g6 16.♕g6 hg6 17.♖e7!+–; 15...♗f5 16.♖e5! ♗c2 17.♖h5! ♕g6 18.♖g5+–] 16.♖e7+– ♖ad8 17.♖d1! ♗f5 18.♗f7! ♔h8 19.♖d8 ♖d8 20.♗d5! 1-0

Lode, Sebastien
Mikhalevski, Alexander

Paris 2000 (6)

1.e4 e5 2.♘f3 ♘c6 3.♗c4 ♗c5 4.b4 ♗b6 5.a4 a6 6.♘c3 ♘f6 7.♘d5 ♘d5 8.ed5 ♘d4 9.♗b2 ♘f3 10.♕f3 d6 11.d4 [11.a5 ♗a7 12.0-0 ♕h4∓] 11...♕h4!? [11...♗d4 12.♗d4 ed4 13.♕f4 (13.0-0-0 0-0 14.♖d4 b5) 13...0-0 14.0-0 ♖e8∓] 12.g3 ♕h3?! [12...♗g4 13.gh4 ♗f3 14.♖g1 ♗d4 15.♗d4 ed4∓] 13.♗f1?! [13.de5 0-0 14.a5 ♗a7 15.♗f1] 13...♗g4 14.♕b3? [14.♕d3 ♕h5 15.de5 de5 16.♗g2 0-0-0] 14...♕h5 15.♗g2 [15.de5 ♗f3 16.♖g1 ♕f5 17.♗d3 ♗e4∓] 15...ed4 16.0-0 0-0

17.f3 ♗d7 18.♔h1 ♖fe8 19.♕c4 [19.♖fe1 ♖e3] 19...♕e5 20.♕b3 ♕e2 21.♖fd1 ♖e3 22.♖d3 ♖ae8 23.g4 ♕f2 0-1

Zawadzki, Stephane
Husari, Sate

Koszalin II 1999 (4)

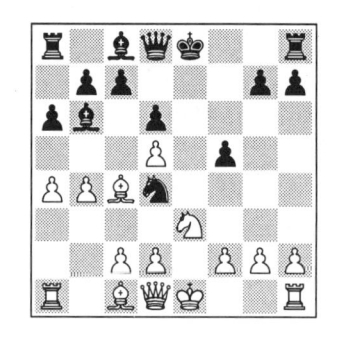

1.e4 e5 2.♘f3 ♘c6 3.♗c4 ♗c5 4.b4 ♗b6 5.a4 a6 6.♘c3 ♘f6 7.♘d5 ♘d5 8.ed5 ♘d4 9.♘e5?! d6 [9...0-0 10.0-0 d6 11.♘f3 ♗g4 12.♗e2 ♘e2 13.♕e2 ♖e8 14.♕d3 ♕f6 (Bednarski-Minev, Warszawa 1961) 15.♖a3 ♗f5 16.♕b3 (16.♕c3 ♘c3 17.♖c3 ♗e4) 16...♗e4 17.c4 (17.♗b2 ♕f5) 17...a5 18.b5 ♖e7⩱] 10.♘g4? [10.♘f3 ♕e7 11.♔f1 ♗g4⩱]

10...f5! [10...♗g4? 11.♕g4 ♘c2 12.♔d1 ♘a1 13.♕g7 (13.♗b2? ♗f2; 13.♖e1? ♔f8 14.♗b2 ♕g8) 13...♖f8 14.♖e1 ♗d7 15.♗b2 ♔c8 16.♗f6 ♖g8 17.♕h7 ♕f8 18.a5 ♗a7 19.♕a1± 10...♘c2!? 11.♕c2 ♗g4 12.♕e4 ♘e7 13.♕e7 ♗e7 14.♗b2 ♔f8∓] 11.♘e3 [11.a5 ♗a7 12.c3 fg4 13.cd4 ♕d4∓] 11...f4∓ 12.0-0 fe3 13.de3 ♘f5 14.a5 ♗a7 15.♗b2 0-0 16.♕d2 ♕g5 17.♖ae1 ♘h4! 18.f4 ♖f4 19.♖f4 ♕f4 20.♕c3 ♕g5 0-1

Miranovic, Rajko
Leko, Peter

Hungary tt 1995 (7)

1.e4 e5 2.♘f3 ♘c6 3.♗c4 ♗c5 4.b4 ♗b6 5.a4 a6 6.♘c3 ♘f6 7.♘d5 ♘d5 [7...♘e4?! 8.♕e2 (8.0-0 (Kan-Botvinnik, Odessa ch-SU sf 1929) 8...d6 9.d3 ♘f6 10.♗g5±) 8...♘f6 (8...♗f2 9.♔f1 f5 10.d3±) 9.♘b6 cb6 10.♘e5 c6

11.♘c6 dc6 12.0-0±] **8.ed5** [8.♗d5?! ♘b4∓] **8...♘d4! 9.a5N** [9.0-0 ♘f3 10.♕f3 d6 11.♗b2 (11.a5 ♗a7 – 9.a5) 11...0-0; 11...♕h4!?] **9...♗a7 10.0-0?! ♘f3 11.♕f3 d6∓ 12.d3** [12.♗b2 0-0 (12...♕h4) 13.d4 ♗d4 (13...ed4 14.♖fe1 ♕g5; 13...♕h4!? 14.g3 (Stevic-Rogic, Vinkovci 1995) 14...e4! 15.♕e3 ♕g4) 14.♗d4 ♕h4!∓] **12...0-0 13.♗e3** [13.♕g3?! f5 14.♔h1 f4 15.♕f3 ♕h4∓] **13...♗e3 14.♕e3** [14.fe3 f5 15.♕g3 ♗d7 16.♖f2 ♕e7 17.♖af1 ♖f6∓] **14...f5 15.f4 ef4 16.♕f4 ♗d7 17.d4 ♕f6** [17...g5! 18.♕g3 ♕f6 19.c3 f4 20.♕f2 ♖ae8 21.♖ae1 ♖e1 22.♖e1 ♔g7∓ Leko] **18.h4**

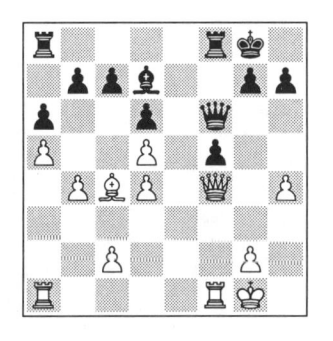

18...♕f7! 19.♖ae1 ♖ae8 20.♗b3 ♖e7 21.♖e7 ♕e7 22.♗c4! [22.c4?! ♕e2!∓] **22...♖e8 23.♗d3 g6 24.♔h2 ♔g7 25.♖f3 ♕f6 26.c4 h6 27.♖g3 ♔f7! 28.♔g1** [28.♕h6? ♖h8 29.♕g5 ♖h4 30.♔g1 ♕d4–+] **28...♖g8 29.♖h3 g5! 30.hg5 hg5 31.♕f2! ♖g7 32.c5 g4 33.♖e3?** [33.♖h5□ f4! 34.g3! (34.c6 g3! 35.♕b2 bc6 (35...♔g4 36.cb7!) 36.dc6 ♗g4 37.♖h8 f3!) 34...fg3 35.♕f6 ♔f6 36.cd6 cd6 37.♔g2 ♖e7! 38.♖h6 ♔g5 39.♖d6 ♔f4 40.♖f6 ♔e3 41.d6 ♖g7 42.♗f5=] **33...g3!–+ 34.♖g3 ♖g3 35.♕g3 ♕d4 36.♔h2 ♕d5 37.cd6 cd6 38.♗e2 ♕e5 39.♕e5 de5 40.♔g3 ♗b5 41.♗d1 ♔f6 42.♔f2 f4 43.g3 ♗c6 44.gf4 ef4 45.♗e2 ♔e5 46.♔e1 ♔d4 47.♔d2 f3** 0-1

Casella,M
Almasi,Zoltan

New York 1993 (1)

1.e4 e5 2.♘f3 ♘c6 3.♗c4 ♗c5 4.b4 ♗b6 5.a4 a6 6.♘c3 ♘f6 7.♘d5 ♘d5 8.ed5 ♘d4 9.d6!? [9.a5 ♗a7 (9...♘f3 10.♕f3 ♗a7 11.d6 0-0 12.0-0 ♕h4 13.d3≅) 10.d6! (10.0-0 0-0 11.d6 ♘f5 12.♘e5 ♘d6 13.d4 ♘c4 14.♘c4 ♕h4 15.c3 d5 16.♘e3 c6 17.♖e1 ♗d7 18.♖a2 ♖b8 19.g3 ♕h3 20.♘g2 h6 21.♗f4± Zelcic-Rogic, Djakovo 1994) 10...♕f6! (10...cd6 11.0-0 0-0 12.♘d4 ♗d4 13.c3 ♗a7 14.♕f3≅; 10...0-0 11.0-0 e4! 12.♘d4 ♗d4 13.♖a3! ♗e5 14.♖h3 ♗d6 15.♕h5 h6 16.d3!≅; 10...♘f5 11.♗b2 ♘d6 12.♗b3 e4 13.♘e5 0-0 14.0-0 ♘b5) 11.0-0 (11.dc7? e4) 11...♘f3 (11...♕d6? 12.♘e5±) 12.♕f3 ♕f3 13.gf3 cd6 14.♗d5 ♖b8 15.♖e1 b5 16.ab6 ♗b6 17.c3≅] **9...♕f6** [9...♘f5 10.♗b2 ♘d6 11.♗b3 0-0 12.♘e5 ♘e8 13.a5 ♗a7 14.c4 d5 15.c5±] **10.0-0 ♘e6** [10...♘f3 11.♕f3 ♕f3 12.gf3 cd6 13.a5 ♗c7 14.♗d5] **11.♗b2** [11.a5! ♗a7 (11...e4 12.c3 ef3 13.ab6 fg2 14.♖e1 cb6 15.d4≅) 12.♗b2 cd6 13.♖e1 (13.d4!≅) 13...0-0 14.d3≅] **11...cd6 12.d4 e4 13.♘d2 ♕g6 14.♗e6** [14.♖a3!?] **14...de6 15.♘c4 ♗c7 16.d5 0-0 17.♖e1 ♖d8 18.♖e3 e5 19.♖g3 ♕f6 20.♗c1 ♕e7 21.♗h6 g6 22.♕e2 ♗f5 23.♕h5 ♗d7 24.♕e2** [24.♘d2!? ♔h8 25.♕g5 f6 26.♕e3 f5 27.♗g5 ♕f7 28.♗d8 ♗d8≅] **24...b5! 25.♘d2 ♗f5**
♕d5 37.cd6 cd6 38.♗e2 ♕e5 39.♕e5 de5 40.♔g3 ♗b5 41.♗d1 ♔f6 42.♔f2 f4 43.g3 ♗c6 44.gf4 ef4 45.♗e2 ♔e5 46.♔e1 ♔d4 47.♔d2 f3 0-1

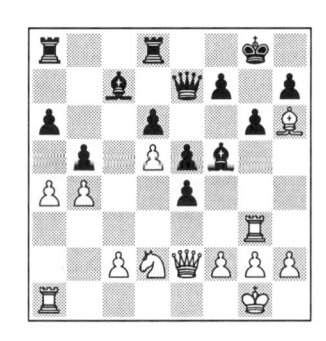

26.♘e4?? [26.♕h5! ♔h8 (26...♕d7 27.♕h4) 27.♕f5 gf5 28.♗g7 ♔g8 29.♗h6=] **26...♕h4–+ 27.♗g5 ♕e4 28.♕e4 ♗e4 29.♗d8 ♖d8 30.ab5 ab5 31.♖c3 ♗b6 32.♖a6 ♗d4 33.♖c7 ♗b2 34.♖b6 ♖a8 35.h3 ♖a1 36.♔h2 ♗c1 37.♔g3 ♗f4 38.♔g4 h5 39.♔h4 ♗f3!** 0-1

5.a4 a6 6.♗a3

Arakhamia,Ketevan
Spassky,Boris

London 1996 (10)

1.e4 e5 2.♘f3 ♘c6 3.♗c4 ♗c5 4.b4 ♗b6 5.a4 a6 6.♗a3 d6 7.b5 ♘ce7 [7...ab5 8.ab5 ♘d4 9.♘d4 ♗d4 10.c3 ♗b6 11.0-0 ♘f6 12.♔h1 ♘h6 13.f3 0-0 14.d3 ♗d7 15.♘d2 ♔h8 16.♕e2 ♕e7= Muir-Franzen, cr 1960] **8.0-0 ♘f6 9.d4 ed4 10.e5 ♘e4 11.♕e2 d5 12.♗d3 0-0 13.♗e4 de4 14.♕e4 ♗f5 15.♕b7** [15.♕h4? ♘g6; 15.♕f4 ♗c2] **15...♖a7 16.♗e7 ♕e7 17.♘c6 ab5 18.♕b5 ♖fa8** [18...♗c2?! 19.a5 ♖fa8 20.♘a3! (20.ab6 ♖a1 21.b7 ♖b8–+) 20...♗e4 (20...♖a5?? 21.♘c2+–) 21.ab6 cb6 22.♘d4 ♖a3 23.♖a3 ♖a3 24.♕b6±] ½-½

N✠C
SURVEY

INTRODUCTION: Peter Lukacs, Laszlo Hazai
MAIN ANALYSIS: Peter Lukacs, Laszlo Hazai
STUDY MATERIAL: Lukacs, Hazai

Italian Game
The Evans Gambit Accepted

IG 5.5-11

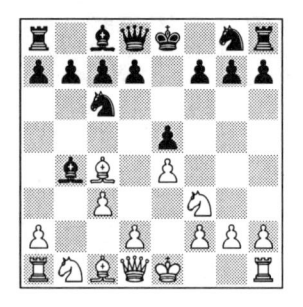

Will it be 5...♗e7 or 5...♗a5 ?

1.e4 e5 2.♘f3 ♘c6 3.♗c4 ♗c5 4.b4 ♗b4 5.c3

In the Evans Gambit Accepted, 5...♗e7 is the most popular try these days. This relatively new line has found its adherents 'only' in the sixties, as the idea is not so easy to comprehend at first sight. Black wants to return the material in order to finish development, meanwhile making some 'ugly' moves as well. 6.♕b3 is a rare guest in tournament practice, and after 6...♘h6 7.d4 ♘a5 8.♕b5 ♘c4 9.♗h6 Gutman's suggestion of 9...♘d6 10.♕e5 ♘e4! was successfully introduced in our Illustrative Game Morozevich-Bacrot, Sarajevo 2000. 6.d4 ♘a5 is the main line, where Kasparov's 7.♗e2 ousted the previous continuations. If Black wants to give back the pawn, creating a relatively closed position, he can go for 7...d6 here, see Short-Svidler, Internet 2000. 7...ed4 leads to a more complicated tactical skirmish. After 8.♕d4 d5!? Black wants to finish his development as quickly as possible, see the game Gunnarsson-Sasikiran, Elista Olympiad 1998. A similar idea 7...d5 was played in Rajlich-Sulskis (Budapest 2000), and after 8.ed5 Black could have transposed to the main line after 8...ed4! Let's go back to the main line. After 8.♕d4 Black can go wild with 8...d6, allowing 9.♕g7 ♗f6 10.♕g3. Now 10...♘e7 is also playable (see Short-Onischuk, Beijing 2000), but the 'theoretical' move is 10...♕e7, and after 11.0-0 Nguyen's brave 11...♕e4 deserves attention. It worked well in his game against Rajlich, Budapest 2000.

6.d4 ♘a5 7.♘e5 ♘c4 8.♘c4, the old main line after 5...♗e7, is certainly playable as well. White wants to create a strong centre, compensating for Black's pair of bishops. Now Svidler's moderate 8...d6 comes into consideration. He lost the game against Sveshnikov (Gausdal 1992), but not because of the opening. 8...d5 9.ed5 ♕d5 10.♘e3 ♕d8 11.0-0 ♘f6 is the main continuation, when after the natural 12.c4 a complicated middle game arises with chances for both sides, see Sveshnikov-Nikolov, Ljubljana 1999.

The Classical Main Line
In the classical line 5...♗a5 Black has similar ideas to give back the pawn quickly in order to finish development. 6.d4 d6 7.♕b3 ♕d7 8.de5 is the main line, and here we want to deal only with Lasker's old

STATISTICS

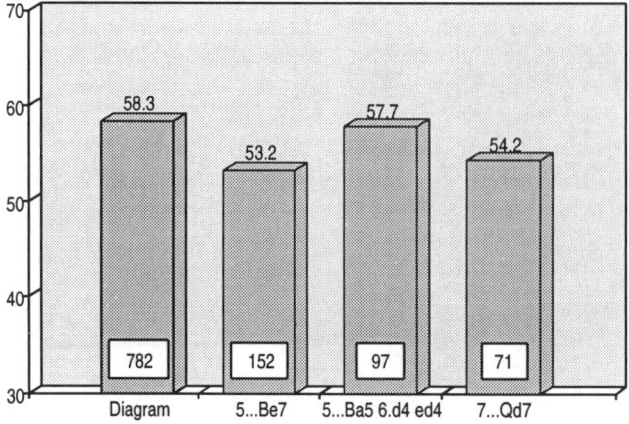

Diagram	5...Be7	5...Ba5 6.d4 ed4	7...Qd7
58.3	53.2	57.7	54.2
782	152	97	71

8...♗b6!, since 8...de5 is less flexible in our opinion. Now the threat is 9...♘a5, so White can try 9.♗b5. Now V.Ivanov's idea 9...a6 10.♗a4 ♗c5 is worthy of attention. In the Elekes Memorial in Budapest 1999 Lukacs opted for 9...♕e6 against Nguyen, improving on the line 9...a6 10.♗a4 ♕e6 11.♗c6 bc6 12.0-0 ♖b8 13.♕e6 ♗e6 14.♗a3±. Here the same idea fails to work: 10.♗c6 bc6 11.0-0 is strongly met by 11...♗a6!. Black reached a good position, but went down after missing the brilliant move 15...♘e4!!. 9.♘bd2! was called for, and now the best reply in our opinion is 9...♘a5!, see Short-Hübner, Dortmund 1997. The dangers of 9...♘h6?! are well illustrated in the game Sveshnikov-Meister, Russian Championship, Samara 2000. In case of 9...de5 10.♗a3 ♘a5 11.♕b4 c5 12.♕b2 ♘c4 13.♘c4 f6 White's best option is still 14.♖d1!, as indicated in the FORUM section of Yearbook 52. 14.♕b3 is not nearly as dangerous, see Gunnarsson-Thorhallsson, Icelandic Championship, Akureyri 1997. However, instead of 12...♘c4, 12...♕c7 comes into consideration, as played in Gunnarsson-Gretarsson, Reykjavik 2000.

Finally, the early 6...ed4 is not popular, as it is rather frightening to open the position in a gambit variation. But in Short-Adams, Sarajevo 2000, Black did reach equality in the end.

Conclusion

To sum up, we don't think that the Evans Gambit has been refuted at all, and against an unprepared opponent it can yield a quick success for White. But Black also has many hidden resources, and he can await the future with courage and confidence.

IG 5.9

Morozevich, Alexander
Bacrot, Etienne

Sarajevo 2000 (10)

1.e4 e5 2.♘f3 ♘c6 3.♗c4 ♗c5 4.b4 ♗b4 5.c3 ♗e7 6.♕b3 ♘h6 7.d4 ♘a5 8.♕b5!? [8.♕a4 ♘c4 9.♕c4 (9.♗h6? ♘b6! 10.♕b5 gh6 11.♕e5 0-0-+) 9...♘g4! (9...ed4 10.♗h6 gh6 11.cd4 – 8.♕b5) 10.h3 (10.de5 d6!; 10.♘e5 ♘e5 11.de5 d6! 12.♗f4 0-0 13.0-0 de5 14.♗e5 c6 15.♕e2 ♕a5 16.f4 ♗e6 17.♗d4 f6 18.♔h1 c5∓ Skotorenko-Trapl, cr 1990) 10...♘f6 11.de5 (11.♘e5 0-0=) 11...d5! 12.ed5 (12.ed6 cd6!) 12...♘d5 13.0-0 0-0 14.♕e4 (14.♖d1? ♘e3!; 14.♕e2 c6 15.♖d1 ♕e8!∓) 14...c6 15.♖d1 ♕e8∞] **8...♘c4 9.♗h6** [9.♕c4 – 8.♕a4] **9...♘d6!?** [9...gh6 10.♕c4 d6 (10...ed4 11.cd4±; 10...d5!? 11.ed5 e4 (11...ed4 12.0-0!? (12.♕d4 ♖g8†; 12.♘d4 a6 13.0-0 ♖g8†) 12...♖g8! (12...♘d6 13.♕d4∞ Harding-Turek, cr 1975) 13.♕b5 (13.♕d4?! ♗h3 14.♘e1 ♕d7∓; 13.cd4?! ♗h3 14.♘e1 ♕d7∓) 13...♗d7 14.♕b7 ♕b8∓) 12.♘fd2 (12.♘e5 f6 13.d6 fe5 14.de7 ♕e7 15.d5 ♕g5 16.♘d2 e3 17.fe3 ♕e3 18.♔d1 ♖g8 19.♖e1 ♗g4 20.♔c2 ♗f5 ½-½ Verney-Dabulawicus, cr 1995) 12...f5 13.0-0 a6 (13...♗d6 14.♕b5 ♔f8 15.♘c4 a6∞) 14.♕b3 (14.♕e2 ♕d5 15.♘c4 0-0 16.♘bd2 b5 Harding-Asaturian, cr 1990) 17.♘e3 ♕c6∓) 14...♗d6 15.♘c4 (15.c4 ♕f6! 16.c5 ♗f4) 15...♗f4 (15...♖g8 16.♘e5 ♕g5 17.g3 f4 18.♘d2) 16.♘e5± 11.de5 ♗e6 12.♕b5 ♕d7! (12...♔f8?! 13.♕b7 ♔g7 14.0-0 ♕d7 15.ed6 ♗d6 16.e5 ♖hb8 17.♕e4±) 13.♕b7 0-0 14.♘bd2 (14.♕a6 de5 (14...♖fb8 15.ed6 ♖b6 16.♕e2) 15.♘e5 ♕d6 16.♕d6 (16.♕a5 ♖fd8 17.0-0 ♗f6 18.♘f3 ♕b6†; 16.♘c6 ♗f6†) 16...♗d6 17.♘f3 ♗c4 18.♘bd2 ♗d3 19.♘d4 ♖ae8⇆; 14.ed6 ♕d6 (14...♗d6?! 15.♘bd2 ♖fb8 16.♕a6) 15.♕b2 ♖fd8 16.♘bd2 ♖ab8⇆) 14...de5 15.♘e5 ♕d6= Ernst-Wiedenkeller, Karlskrona ch-SE 1983] **10.♕e5**

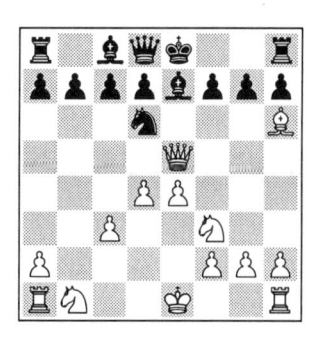

10...♘e4! [Gutman; 10...f6 11.♕h5 g6 (11...♔f8 12.e5!? ♘f7 13.ef6 ♗f6 14.♗e3±) 12.♕h4! f5 (12...♖g8 13.♗c1±) 13.♕h3 fe4 14.♗g7 ef3!? (14...♖g8? 15.♕h7 ♖g7 16.♕g7 ef3 17.0-0+− G.Popov-Nekson, cr 1963) 15.♗h8 fg2 16.♖g1 ♗h4!] **11.♗g7!** [11.♕g7 ♗f6 12.♕g4 d5 13.♕h5 ♖g8∓; 11.0-0 d5! 12.♗g7 (12.♕g7?? ♗f6−+) 12...♖g8 13.♘bd2 (13.♗h6? ♗h3) 13...♘d2 14.♘d2 ♗e6 15.♖fe1 ♕d7 16.♗f6 0-0-0∞; 11.♕e4 gh6 12.0-0 d5 13.♕f4 ♕d6†] **11...♖g8 12.♕e4** [12.♗h6 d5∓] **12...♖g7 13.0-0 d5 14.♕e5 ♔f8∓ 15.♖e1 ♕d6?!** [15....♗h3 16.g3 ♕d7 17.♘bd2 ♖e8∓; 15...♗d6 16.♕e2 ♗h3 17.g3 ♕f6 18.♘bd2 (18.♘e5 ♕f5∓) 18...c6 (18...♗g4? 19.♘e5!) 19.c4 ♗e6∓] **16.♕e2** [16.♘bd2 ♗h3 17.g3 c6∓] **16...♗h3 17.g3 f6!?** [17...♖e8 18.♘bd2 c6 19.♖ab1 ♗c8 20.c4 dc4 21.♕c4 (21.♘c4 ♕d5) 21...♗d8 (21...♗e6 22.♕a4!) 22.♖e8 ♔e8] **18.♘bd2** [18.♕b5?! b6 19.♘bd2 c6] **18...♖g8** [18...c6 19.♖ab1 ♕d7 20.c4 dc4 21.♕c4 (21.♘c4 ♖e8) 21...♖d8] **19.c4 c6 20.♖ab1 ♗f8 21.cd5 cd5? 22.♘f1 ♖e7 23.♕d3** [23.♘e3 ♖ae8] **23...♖e1 24.♘e1** [24.♖e1 ♕d7 25.♘e3 ♖e8 26.♕b3 ♗e6 27.♘h4=] **24...♕d7 25.♕f3?!** [25.♘e3] **25...♗f5! 26.♖b7!** [26.♖b3 ♗e4 27.♕f6 ♗g7 28.♕g5 ♖c8 29.♘d2 ♗f5⇆] **26...♕b7 27.♕f5 ♖e8** [27...♗g7 28.♘d3 ♖d8 (28...♖e8 29.♘c5 ♕f7 30.♘e3±) 29.♘e3 ♕b6 (29...♕b1? 30.♔g2 ♕a2 31.♕e6 ♔h8 32.♘f5±) 30.♘c5 ♕c6=] **28.♘d3** [28.♘e3 ♖e4 29.♘1c2] **28...♖e4! 29.♘f4 ♖d4 30.♘e3 ♗h6** [30...♗g7 31.♘fd5] **31.♕e6!**

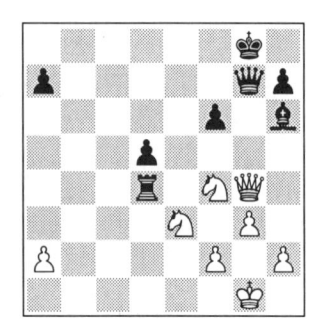

[31.♘fd5 ♗e3 32.♘e3 ♕c6∓
31...♕f7 32.♕c8 ♕f8 [32...♗f8? 33.♘f5 ♖c4 34.♕d8!+−] **33.♕g4 ♕g7?** [33...♔h8 34.♘g6 hg6 35.♕d4 ♗e3 36.fe3=; 33...♗g7 34.♕d7!]

34.♕f3 [34.♘f5! ♕g4 35.♘h6 ♔g7 36.♘g4 ♖a4 (36...♖d2 37.a3! (37.a4 d4! (37...♖a2 38.♘d5) 38.♔f1 (38.f3 a5) 38...♖a2 39.♔e1 a5 40.h3 ♖a4 41.♔d2 ♖a2 42.♔d3 f5 43.♘e5 ♖f2 44.♔d4 a4 45.♘c4 ♖f3=) 37...d4 38.♔f1 a5 39.♔e1 ♖a2 40.♘e6 ♔g6 41.♘d4 ♖a3 42.♘e3±) 37.♘e3 d4! (37...♖a2 38.♘ed5±) 38.♘f5 ♔f7 39.♔g2 ♖a2 40.♘d4 a5±]
34...♖f4!= 35.♕d5 ♔h8 36.♕d8 ♕g8 37.♕g8 ♔g8 38.gf4 ♗f4 39.♘d5 ♗e5 40.f4 ♗d4 41.♔g2 ♔f7 42.f5 ♔e8 43.♔f3 ½-½
Lukacs/Hazai

Study Material

5...♗e7 6.d4 ♘a5 7.♗e2

Short,Nigel
Svidler,Peter

Internet rapid m-2 2000 (2)

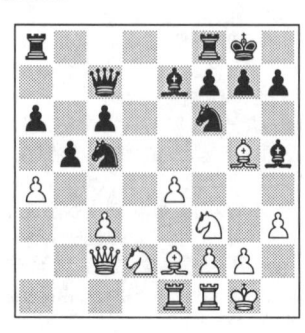

1.e4 e5 2.♘f3 ♘c6 3.♗c4 ♗c5 4.b4 ♗b4 5.c3 ♗e7 6.d4 ♘a5 7.♗e2 d6 8.♕a4 [8.0-0?! ed4 9.♕d4 (9.cd4 ♘f6) 9...♘f6 10.♗a3 0-0 11.c4 c5 12.♕d3 ♗e6 13.♘fd2 ♘d7 14.♘c3 ♘e5 15.♕g3 ♗h4 16.♕e3 ♗c4−+ Zawadzka-Zaiats, Wisla Hugart 1999; 8.de5; 8.♗a3 ♘c6; 8...c6?! 9.♗b4 △ 10.♕a4; 9.♕a4 b5 − 8.♕a4] **8...c6 9.de5** [9.♗a3?! b5 10.♕c2 ♕c7 11.♘bd2 ♘f6 12.♗b4 ♘b7 13.c4 a5 14.♘c3 b4 15.♗b2 ed4 16.♗d4 c5 17.♗b2 a4 18.♖b1 (Alexander-Euwe, Maastricht 1946) 18...0-0! 19.0-0 (19.e5 de5 20.♗e5 ♕d8∓) 19...♘g4∓; 19...♘h5!?] **9...de5 10.♘e5 ♘f6 11.0-0 b5** [11...0-0 12.♖d1 ♕c7 13.♗f4 b5 14.♕c2 ♕b7 (14...♕d6?! 15.♖d6! ♕d6 16.♘g6 ♕d8 17.♘f8 ♕f8 18.a4±) 15.♘d2 ♗e6 16.a4 ♕b6 17.ab5 cb5 18.♖db1 a6 19.♗e3 ♕c7 20.♘d4 ♖fd8∓, c3<, Hesse-Mottas, Pizol 1997] **12.♕c2 0-0** [12...♕c7 13.♘f3 ♗g4 14.♘bd2 ♖d8 15.a4 a6 16.ab5 ab5 17.♗a3± Melts-Jahkind, cr 1991] **13.a4 ♕c7** [13...b4 14.cb4 ♗b4 15.♖d1!∞ (Blatny; 15.♘c6? ♘c6 16.♕c6 ♕d4 17.♕c2 ♗b7∓ Bullockus-Melts, cr 1983) 15...♕c7 16.♗b2 (16.♘d3 ♗d6; 16.f4 ♗e6∞) 16...♗e6∞; 13...a6 14.ab5 cb5∞; 14...ab5? 15.♘c6] **14.♘f3 a6 15.♗g5 ♗g4** [15...♖d8 16.e5 (16.♘bd2 h6 17.♗h4 ♘h5 (△ 18...♘f4) 18.♗e7 ♕e7 19.e5 (19.g3 ♗h3 20.♖fd1 ♘f6=) 19...♘f4⇄) 16...♘d5 17.♗e7 (17.♗d3 ♗g5 18.♗h7 ♔f8 19.♘g5 ♕e5 20.♘f3 ♕h5 21.♗e4 ♘c4⇄) 17...♕e7 18.ab5 ab5 19.♕e4 g6 20.♘d4 ♗b7∞; 15...h6 16.♗h4 ♘h5 (△ 17...♘f4) 16...♗e7 ♕e7 18.♘d4 (18.ab5 ab5 19.♘d4 ♘f4 20.♘c6 ♕g5 21.g3 (21.♘f3 ♗h3∓) 21...♘e2 22.♕e2 ♗g4 23.f3 ♗c6 24.♖a8 ♖a8 25.fg4 ♘e5⇆) 18...♘f4 19.ab5 (19.♗f3 ♗d7∓) 19...ab5 20.♗f3 (20.♘c6? ♕g5 21.♗f3 ♗h3) 20...♗d7∓] **16.♘bd2 ♘b7 17.h3** [17.♖fd1 ♖fd8 18.h3 (18.♗h4 ♘c5) 18...♗h5∞] **17...♗h5 18.♖ae1** [18.e5?! ♗g6 19.♕b2 ♘d5⇄; 18.♖ad1 ♘c5∞] **18...♘c5**

19.♘d4?! [19.ab5 cb5∓] **19...♗g6** [19...♗e2 20.♖e2 ♘a4 (20...♘g4 21.hg4 ♗g5 22.♘2f3 ♗f4 23.e5) 21.c4 ♕d7 22.♘f5⇆] **20.f4?!** [20.ab5 cb5 21.♗f3 ♖ad8∓] **20...♘ce4!** [20...♘fe4? 21.♗e7 ♘d2 (21...♕e7 22.f5) 22.♕d2 ♘e4 23.♕e3 ♕e7 24.f5+−] **21.♘e4 ♗e4 22.♗d3 ♗d3 23.♕d3 ♖fe8 24.♖e5** [24.♕f3 ♖ac8∓] **24...♕d7** [24...h6! 25.♗h4 ♘d5! (25...c5 26.♘f5⇆; 25...g5 26.♗g3⇆) 26.♖fe1 f6 27.♘e6 ♗c5! 28.♔h1 ♖e6! 29.♖e6 ♘f4 30.♖e8 ♖e8 31.♖e8 ♔f7 32.♕e4 ♗e7! 33.♖e7 (33.♖a8 ♕b7 34.♖h8 ♕g6−+) 33...♕e7 34.♕f4 g5∓] **25.♕f3⇆ ♘d5 26.ab5 ab5 27.♗e7** [27.♘c6 ♗c5 28.♔h2 ♕c6 29.♕d5=] **27...♘e7 28.♖fe1 ♘g6 29.♖e8 ♖e8 30.♖e8 ♕e8 31.♘c6 ♘h4 32.♕g4 ♕c6 33.♕h4 f6 34.♕g3** ½-½

Rajlich,Vasik
Sulskis,Giedrius

Budapest 2000 (4)

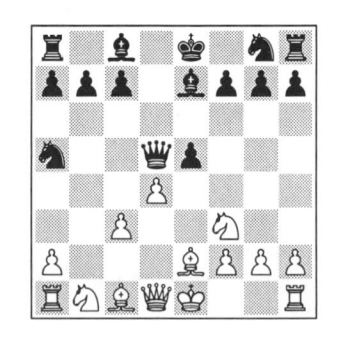

1.e4 e5 2.♘f3 ♘c6 3.♗c4 ♗c5 4.b4 ♗b4 5.c3 ♗e7 6.d4 ♘a5 7.♗e2 d5!? 8.ed5 [8.de5 de4 9.♕a4 ♘c6 10.♕e4 ♗e6 11.0-0 ♘d5= Mestrovic-Vukcevic, cr 1983] **8...♕d5?!** [8...ed4 9.♕a4 (9.♕d4 ♘f6 10.c4 0-0 11.0-0 ♘d7 12.♘c3 ♗f6∞) 9...c6 10.dc6 ♘c6 11.cd4 (11.♘d4 ♗d7) 11...♘f6 12.0-0 0-0=]

9.c4! [9.♘e5 ♕g2 10.♗f3 (10.♕a4 c6 11.♗f3 ♕h3 − 10.♗f3) 10...♕h3 11.♕a4 c6 12.♗a5 f6 13.♕c7 ♔f8!∞; 13...fe5 14.♗c6 ♔f8 15.♗b7 ♗b7 16.♕b7 ♖c8 17.de5 ♖c3 18.♘d2±] **9...♘c4** [9...♗b4 10.♔f1 ♘c4 11.♕a4 b5 12.♕b4+−] **10.♕a4 b5 11.♘c3 ♕f3** [11...♕d7 12.♘b5+−] **12.♗b5 ♕c6** [12...♗b4 13.♕b4 ♕g2 14.♖f1] **13.d5** [13.♘d6! ♔d7 14.♗g4 ♘d6 15.de5+−] **13...♕d7 14.♗g4 ♗b4! 15.♕b4** [15.♔f1 ♕g4]

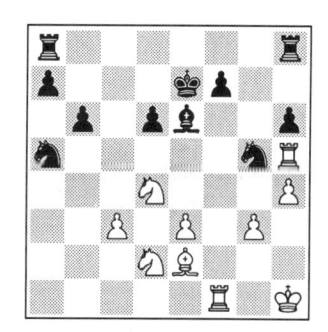

15...♕g4 16.♘c7 ♔d8 17.♘a8 ♕g2 [17...♘e7 18.0-0 ♘d5 19.♕c5 ♗b7 20.♖b1+−] 18.♕c4+− ♕h1 19.♔e2 ♘e7 20.d6 ♗a6 21.de7 ♔e7 22.♕a6 ♕e4 23.♗e3 ♖a8 24.♖c1 ♖d8 25.f3 ♕d5 26.♕a7 ♔e8 27.♕a4 ♔e7 28.♖d1 ♕d1 29.♕d1 ♖d1 30.♔d1 ♔d6 31.♔c2 f5 32.a4 f4 33.♗f2 g5 34.h3 e4 35.fe4 h5 36.♔d3 g4 37.h4 ♔e5 38.♗d4 ♔e6 39.♔e2   **1-0**

34.♖d1 ♗c5 35.♖d8 ♔f7 36.♔d3 b5 37.♖d7 ♔g6 38.cb5 b6 39.e5 fe5 40.♖d5 ♗b5 41.♖e5 ♘d6 42.♖d5 ♘f5 43.g3 ♘e3 44.♖e5 ♘g4 45.♖e2 ♔f5 46.♔c4 h5 47.♖e1 ♘e3 48.♔d3 ♘g4 49.♖h1 ♔f3 50.♖a1 ♘g4 51.♖a7 g6 52.♔c4 ♘h2 53.♖g7 ♘g4 54.♔d5 ♔g3 55.♖g6 ♔f4   **0-1**

Gunnarsson, Jon-Viktor
Sasikiran, Krishnan

Elista ol 1998 (12)

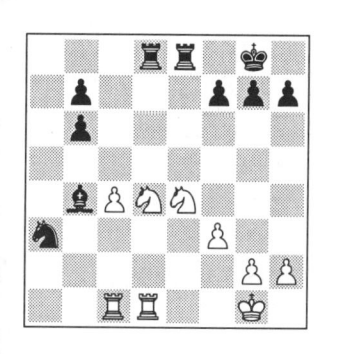

1.e4 e5 2.♘f3 ♘c6 3.♗c4 ♗c5 4.b4 ♗b4 5.c3 ♗e7 6.d4 ♘a5 7.♗e2 ed4 8.♕d4 d5 [8...♘f6?! Kasparov-Anand, Riga 1995 − YB/36] 9.ed5 [9.♕g7? ♗f6 10.♕g3 de4∓] 9...♘f6 10.♕a4 [10.♗b5 c6 11.dc6 bc6=; 10.c4 c6 (10...0-0 11.♘c3 (11.0-0 b5! 12.♘c3 (12.cb5 ♘d5 13.♗b2 ♗f6 14.♕d2 ♘f4!) 12...bc4 13.♗c4 c6!∓) 11...♗b4 12.♖b1 (12.0-0 ♖e8∓) 12...c5! 13.♕d3 ♖e8∞) 11.♘c3 0-0 12.0-0 ♖e8 13.♗b2 ♗f8 14.♖fd1 cd5 (14...♕b6 15.♕b6 ab6=) 15.cd5 ♗g4 16.♗b5 ♗f3 17.gf3 ♖e7 18.♘e4 ♘h5 19.♔h1 a6 20.♗e2 ♖e8 21.♖g1± Winants-Kremer, Amsterdam 1996] **10...c6 11.c4 ♘e4 12.♗d2 ♕d2 13.♘bd2 0-0 14.dc6 ♘c6 15.0-0 ♕c7∓ 16.♖fe1 ♗f5 17.♘f1 ♗c5 18.♘g3 ♗g6 19.a3 ♖ad8 20.♕b5 ♕b6! 21.♕b6 ab6 22.♖ed1 ♗c2! 23.♖dc1** [23.♖d5 ♖d5 24.cd5 ♘e7 25.♗c4 ♖d8∓] **23...♘d4 24.♗d1 ♗d1 25.♖d1 ♘c2 26.♖ac1 ♘a3 27.♘e4 ♗b4 28.♘d4 ♖fe8 29.f3**

29...♖e4! 30.fe4 ♗c5−+ 31.♔f1 ♖d4 32.♖d4 ♗d4 33.♔e2 f6

Short, Nigel
Onischuk, Alexander

Beijing 2000 (4)

1.e4 e5 2.♘f3 ♘c6 3.♗c4 ♗c5 4.b4 ♗b4 5.c3 ♗e7 6.d4 ♘a5 7.♗e2!? [7.♗d3 d6; 7...ed4] **7...ed4** [7...d6] **8.♕d4 d6 9.♕g7 ♗f6 10.♕g3 ♘e7** [10...♗e6 11.♗g5 (11.0-0 ♘d7 12.♖d1 ♕a4) 11...♕e7 12.e5 de5 13.♗f6 ♘f6 14.♕e5 ♗c4!= Rohde] **11.♗g5** [11.0-0 ♖g8 12.♗f4 ♗g6 13.♕e3 ♗g4 14.♘d4 ♗e2 15.♕e2 ♕d7 16.♔h1 ♘c6 17.♗e3 0-0-0 18.f4 ♗d4 19.cd4 d5 20.e5 ♘h4 21.♖g1 ♗f5 22.♕f2 ♖g6 23.g3 (Gunnarsson-Jensen, Kobenhavn 1997) 23...f6!∓] **11...♘g6 12.0-0 ♗e6** [12...♗g5!? 13.♘g5 ♕f6 14.f4 (14.♗b5 ♘c6 15.♘d2 ♗d7) 14...♗d7∞ Δ 15...0-0-0; 14...h6? 15.♘f7! ♔f7 16.♗h5 ♔g7 17.f5 ♕g5 18.♗g6 ♕g3 19.hg3 ♘c4 20.♗h5 ♗d7 21.♗e2 ♗e5 22.♘d2 ♔f6 23.♖f4± Rajlich-Lukacs, Budapest 2000] **13.♘bd2 h6 14.♗f6 ♕f6 15.♘d4 ♘f4** [15...0-0-0? 16.f4±] **16.♕e3** [16.♗b5 c6] **16...♕g5 17.g3 ♘h3 18.♔h1 ♕e3 19.fe3 ♗e7= 20.♖ab1!?** [20.♘e6 fe6 21.e5 (21.♔g2 ♘g5) 21...de5 22.♘f3 e4 23.♘e5 ♖hd8 24.♔g2 ♘g5 25.♘g6 ♔d6 26.h4±] **20...b6 21.e5?!** [21.♘e6 fe6 22.e5! (22.♔g2 ♘g5 23.♖f4 ♖af8 24.♖bf1 ♘c6) 22...de5 23.♘f3±] **21...♗a2!** [21...de5!? (Bologan) 22.♘e6 fe6 23.♘f3!± (23.♔g2 ♘g5 24.h4 ♖ad8 25.♖bd1 ♘f7) 23...e4 24.♘e5 ♖hd8□ 25.♗g4 ♘g5 26.h4 ♘f3 27.♗f3 ef3 28.♖f3 ♖d5 29.♘g6 ♔d6] **22.ed6 cd6 23.♖b5** [23.♘f5! ♔f8! (23...♔d7?! 24.♖bd1 ♗g5 (24...♖e8 25.♘e4±) 25.c4 d5! 26.h4! (26.cd5 ♗d5 27.♘f3 (27.e4 ♗c6) 27...♘e6=) 26...♘e6 27.cd5 ♘d5 28.♘f3+−) 24.♖a1 ♗e6 25.♘d6 ♗g7 26.♘2e4 ♖hd8] **23...♗e6 24.♖h5** [24.♘f5 ♗f5 25.♗f5 ♖af8 26.♗h5 f6!] **24...♘g5 25.h4**

25...♘h7? [25...♗h3!? 26.♖f2 (26.♖e1 ♘e6 27.♔h2 ♘d4 28.ed4 ♗e6∓; 26.hg5?! ♗f1 27.♗f1 (27.♘f1 hg5∓; 27.♘f5 ♔d7 28.♘f1 hg5∓) 27...hg5∓ 28.♖h8 ♖h8∞ Bologan) 26...♘e6 27.♘f5 ♗f5 28.♖hf5 ♖h7] **26.♖h6 ♖ag8** [26...♗h3 27.♖f4 ♖ag8 28.g4+−] **27.♘e6** [27.♗d3 ♗f8 28.♖h8 ♖h8=] **27...fe6 28.♗h5!** [28.♗d3 ♗f8 29.♖hf6 (29.♖h8 ♖h8=) 29...♖g7] **28...♖g7?** [28...♘f8 29.♖f7 ♔d8 30.♖h8 ♖h8 31.♗e2±] **29.♗g6±** [29.g4 ♖f8!=] **29...♘c6 30.♘f3 d5** [30...a5? 31.♔g2 b5 32.♖b1 b4 33.cb4 ab4 (33...♘b4 34.h5) 34.h5 ♗f8 35.♘g5+−] **31.h5?** [31.♘g5? ♖f8!; 31.♔g2!? Δ ♔h3, g4-g5+− Bologan] **31...♔d6 32.♔g2** [32.♘g5? ♖f8! 33.♘f7 ♔e7∓] **32...♘e7 33.e4** [33.♘g5! ♘g5! (33...♘g6 34.♖g6 ♖g6 35.♘f7+−) 34.♖h8 ♘g6 35.h6! (35.hg6 ♖g6∓) 35...♖h7 (35...♖f7 36.♖g8) 36.♖h7 ♘h7 37.♖f7 ♘hf8 (37...♘gf8 38.g4 a5 (38...e5 39.g5 ♔e6 40.g6+−) 39.g5 a4 40.♖h7!+−) 38.♖a7 e5 39.h7 ♔e6 40.♖b7±] **33...de4** [33...♖g8 34.♖h7 ♖gh7 35.♗h7 ♖h7 36.g4 de4 37.♘g5 ♖g7 38.♘e4 ♔e5 39.♘f2±] **34.♗e4** [34.♖d1! ♘d5 (34...♘c5 35.♗e4 ♘g5 36.♖h8 ♘e4 37.♖d3 ♖g3 38.♔f1 ♘d5 39.h6+−; 34...♔c7 35.♘d4) 35.♗e4+−; 34.♘g5?! ♘g5 35.♖h8 ♘g6 36.h6 ♖h7 37.♗h7 ♘h7 38.♖f7 ♘gf8 39.♖a7 ♖f6 40.♖f7 ♘8h7∓] **34...♘g8 35.♖g6** [35.♖h7 ♖hh7 36.♗h7 ♖h7 37.g4±] **35...♖g6 36.♗g6 ♘h6** [36...♘f8 37.♖d1 ♗c5 (37...♔e7 38.♘e5) 38.♖d8] **37.♔h3** [37.♖d1 ♔e7 38.♘e5] **37...♘f8 38.♘h4 ♘d7 39.g4 ♖c8 40.g5** [40.♖c1 ♖c5] **40...♖c3 41.♖f3 ♖f3 42.♘f3 ♘g8 43.h6 ♘e7 44.♗d3 ♘f8 45.h7 ♘h7! 46.♗h7 a5 47.♔g4 a4 48.♘d2 ♔d5 49.♗b1 ♔d4 50.♗a2 ♔c3 51.♘e4 ♔b2 52.♗e6 a3**   **½-½**

Rajlich, Vasik
Nguyen Anh Dung

Budapest 2000 (11)

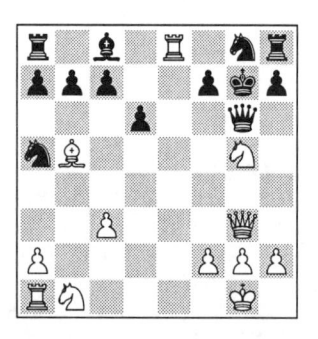

1.e4 e5 2.♘f3 ♘c6 3.♗c4 ♗c5 4.b4 ♗b4 5.c3 ♗e7 6.d4 ♘a5 7.♗e2 ed4 8.♕d4 d6 9.♕g7 ♗f6 10.♕g3 ♕e7! 11.0-0 [11.♗g5 ♗g5!; 11.♕f4 ♘c6 12.0-0 ♗d7 13.♖e1 h5! 14.h4 ♘h6 15.♘g5 ♘g4] 11...♕e4! [11...♔f8 12.♖e1 h5 13.♘g5 h4 14.♕e3 ♘d7 15.f4 h3 16.g3 ♖e8 17.♘d2 ♘h6 18.♗a3 b6 19.♘gf3 c5 20.♗a6 ♘g4∞ Maga-Gonzales, Manila 1996; 11...♗d7?! 12.♘d4!? 0-0-0 (12...♘e4 13.♘d2⩱) 13.♘d2 ♘c6 14.♕e3 h5 15.♖b1± Shirov-Timman, Biel 1995] 12.♖e1 [12.♘d4! ♗h4! (12...♗e5!? 13.♕g5 (13.♘d2 ♕e2 14.♘e2 ♗g3∓) 13...♘e7 14.♗f3 ♕d3 15.♖d1 ♕a6 16.♘a3 ♘ac6) 13.♘d2! (13.♕g7 ♕e5 14.♖e1 ♘c4!) 13...♕d4! 14.cd4 ♗g3 15.fg3 ♗e6∓ Shirov] 12...♔f8 13.♗b5 ♕g6 14.♖e8 ♔g7 15.♗g5 [15.♘g5 ♘h6 (15...♘e7) 16.♖e4 ♗g5 (16...♔f5!? 17.♕f4 d5∓) 17.♕g5 ♗f5 18.♖h4 ♕g5 19.♘g5 ♘g4 20.h3 (Shetty-Ravi, Kasaragod ch-IND 1996) 20...f6! 21.♗f4 (21.hg4 fg5 22.♖h5 ♔g6!) 21...♘e5 22.♗h6 ♔f7∓; 15.♗d3 ♕g3 16.hg3 ♘c6 (16...b6 17.♘d4 ♗d4 18.cd4 ♗b7 19.♖a8 ♗a8 20.♘c3 ♘f6 21.♗b5 ♗e4 22.♗e4 ♘e4 23.d5⩱) 17.♗e4 ♘ge7∓] 15...♗g5 [15...h6 16.♗f6 ♘f6 17.♕g6 (17.♖h8 ♕g3) 17...fg6 18.♖e7 ♔f8 19.♖e1 (19.♖c7 ♘d5–+) 19...♔f7∓] 16.♘g5

16...h6 17.♘f7?! [17.♘e4 ♕g3 18.♘g3 ♘f6] 17...♕g3 18.fg3 ♔f7 19.♗d7 ♗d7 20.♖a8 ♘c4 [20...a6–+] 21.♖a7 ♗c6∓ 22.♘a3 ♘a3 23.♖a3 ♘f6 24.♖e1 ♖g8 25.c4 ♖g4 26.♖c3 ♖d4 27.♖c2 ♘e4 28.g4 ♘f6 29.h4? [29.h3 b6∓] 29...♘c5 [29...♔g6 30.♖e3

♘f6–+] 30.♖f2 ♔g6 31.h5 ♔g5 32.♖e7 ♖g4 33.♖c7 ♔h5 34.♖cf7 ♘e4 35.♖2f4 ♖f4 36.♖f4 ♔g5 37.♖f8 ♘d2 38.♖g8 ♔f5 39.♖h8 ♔g6 40.♖g8 ♔h5 41.♔f2 ♘c4 42.g3 ♗e4 43.♖g7 b6 44.♔e2 d5 45.♔f2 d4 46.♖d7 d3 47.♖d4 d2

0-1

5...♗e7 6.d4 ♘a5 7.♘e5

Sveshnikov, Evgeny
Svidler, Peter

Gausdal 1992

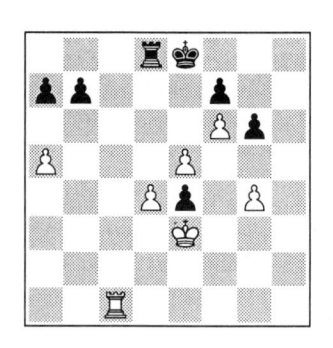

1.e4 e5 2.♘f3 ♘c6 3.♗c4 ♗c5 4.b4 ♗b4 5.c3 ♗e7 6.d4 ♘a5 7.♘e5 ♘c4 8.♘c4 d6!? 9.♘e3 [9.0-0 ♘f6 (9...b5? 10.♘e3 ♘f6 11.♖e1 0-0 12.♘d2 ♗b7 13.♘f5 ♗d7 14.♗a3 ♖ae8 15.♘g3 d5 16.♗e7 ♕e7 17.e5 ♖fe8 18.f4± Sveshnikov-Desbiens, Cappelle la Grande 1995) 10.♗g5 (10.♘bd2 0-0 11.♘e3 (11.♖e1?! – 10.♖e1) 11...d5! – 9.♘e3; 10.♖e1 0-0 11.♘bd2 d5! 12.ed5 ♘d5 13.♕c2 ♗e6 14.♘e3 c5∓ Guerrero-Svidler, Oviedo rapid 1992) 10...0-0 11.♗f6 (11.♖e1 d5!) 11...♗f6 12.♘e3 (12.♘bd2 d5) 12...c5! 13.♘d5 ♗e6∞] 9...♘f6 10.♘d2 0-0 11.0-0 c6!? [11...d5! 12.e5 ♘e8 13.f4 (13.♕f3 c6 14.♘f5 ♗g5) 13...f5 14.♕b3 (14.c4 ♗e6!) 14...c6 15.c4 dc4 16.♕c4 ♔h8 17.d5 cd5 18.♕d5 (18.♘d5?? ♗e6) 18...♘c7=] 12.a4 ♖e8 13.♗b2 ♗f8 [13...d5!? 14.e5 ♘d7 15.♘f5 ♘b6 16.♘e7 ♕e7] 14.♕c2 g6 15.c4 d5 16.e5 ♘h5 17.f4 ♘g7 18.cd5 cd5 19.♕b3 ♘f5 [19...♗e6 20.♗a3±] 20.♖fc1 [20.♘d5?! ♗g7! (20...♗e6 21.♘f6 ♕f6 22.ef6 ♗b3 23.♘b3±) 21.♘e4 (21.g4 ♘d4 22.♗d4 ♗e6) 21...♗e6 22.♗ef6 ♗f6 23.♘f6 ♕f6 24.d5 ♗d5 25.♕d5 ♕b6 26.♖f2 ♖ad8] 20...♘e3 21.♕e3 ♗f5 22.♗a3 ♕b6? [22...♗a3 23.♖a3 ♖c8 24.♖c8 ♗c8 25.a5±; 22...♘h6!?∞] 23.a5± ♕a6 24.♗f8 ♖f8 25.h3 ♖ac8 26.♘b3 h5 27.♘c5 ♕b5 28.g4! hg4 29.hg4 ♗e4? [29...♗g4 30.♖cb1 ♖c5!? (30...♕c6 31.♖b7±) 31.♖b5 ♖b5] 30.♘e4+− de4 31.f5 ♕b4 32.f6 ♖fd8 33.♕h6 ♕f8 34.♕f8 ♔f8 35.♔f2 ♔e8 36.♔e3 ♖c1 37.♖c1

♘f6–+] 30.♖f2 ♔g6 31.h5 ♔g5

37...♖d5 38.♖c8 1-0

Sveshnikov, Evgeny
Budimir, Boris

Ljubljana 1999 (1)

1.e4 e5 2.♘f3 ♘c6 3.♗c4 ♗c5 4.b4 ♗b4 5.c3 ♗e7 6.d4 ♘a5 7.♘e5 ♘c4 8.♘c4 d5 9.ed5 ♕d5 10.♘e3 ♕d8 11.0-0 [11.♕a4 c6 12.d5 ♗d7 13.♕d4 ♗f6 14.♕b4 cd5!? (14...b6 15.0-0 ♘e7=) 15.♕b7 (15.♘d5 ♗c6) 15...♗e6 16.♘c6 ♔f8 17.♗a3 ♗e7 18.0-0 ♖c8; 11.♗a3 ♘f6 12.♕a4 (12.0-0 – 11.0-0) 12...c6 13.0-0 0-0 14.♖e1 ♖e8 15.♘d2 ♗e6 16.♖ab1 ♕c7 17.♗e7 ♖e7 18.c4 b6 (18...♖d7?! 19.♘f3 b6 20.♘bd1 ♖ad8=) 19.♘f3 c5 20.♕a3! ♖ae8 21.dc5 bc5 22.♖ed1 h6 23.♘bc1 (Sveshnikov-Short, Poliot-Solingen 1992) 23...♗g4!=] 11...♘f6 12.♗a3 0-0 13.♗e7 ♕e7 14.c4 [14.♘d2 ♖d8] 14...b6 [14...c5!? 15.d5 ♖e8] 15.♘c3 [15.♕f3 ♖a6 16.♘c3 ♖fe8] 15...♗b7 16.♕c2 ♕d7 [16...♖fe8 17.♖ad1 ♖ad8=] 17.♖fd1 ♖fe8 18.d5 ♖e5 19.♖d4 ♖ae8 20.h3 ♗c8?! [20...a6 21.♖ad1 ♕d6∞] 21.♖ad1 ♖g5 22.♖h4 ♕d6 [22...♖ge5=] 23.♘b5 ♕c5 24.d6 cd6 25.♘d6 ♖d8 26.♘e4 ♖d1 27.♕d1 ♘e4 28.♕e4 h6? [28...♕f8 29.♘d4 (29.♕a4 ♖a5) 29...♖e5] 29.h4!+− ♔g6 30.♖e8 ♔h7 31.♕d8 ♖c6 32.g4 ♗e6 33.♖h8 ♔g6 34.h5 1-0

Sveshnikov, Evgeny
Nikolov, Sacho

Ljubljana 1999 (3)

1.e4 e5 2.♘f3 ♘c6 3.♗c4 ♗c5 4.b4 ♗b4 5.c3 ♗e7 6.d4 ♘a5

7.♘e5 ♘c4 8.♘c4 d5 9.ed5 ♕d5 10.♘e3 ♕d8 11.0-0 ♘f6 12.c4 [12.♕f3 0-0 13.♖d1 c6 14.c4 ♗d7 15.♘c3 ♕a5 16.♗b2 ♗a3! 17.♗a3 ♕a3 18.♖d3 (V.Georgiev-Musat, Varna tt 1994) 18...♖fe8 19.♖ad1 ♕e7 20.d5 cd5 21.♘cd5 ♘d5 22.cd5 ♕e5 23.h3 ♖ac8= Nikitin] **12...0-0 13.♘c3** [13.♗b2 c6 14.♘d2 ♖e8 15.♕c2 ♘g4 16.♘f5 ♗g5 17.♘f3 ♕f6 18.♘g3 ♕h6 19.♗c1 ♗c1 20.♖ac1 ♗e6 Novosak-Shurygin, Frydek Mistek 1996] **13...c5** [13...♖e8 14.♗b2 ♗f8 15.d5 a5! 16.♕f3 ♖a6= Spassky; 13...c6 14.♖b1 (14.d5 ♖e8 15.♕f3 (15.♖b1? ♗d6 16.♕f3 cd5 17.♘ed5 ♘d5 18.cd5 ♕c7= Tronhjem-Van Perlo, cr 1995) 15...♕c7 16.♗b2 ♗d7 17.♖ac1 ♗d6 18.h3 c5∞; 14.♗b2 ♕a5 15.d5 ♗a3 16.♗a3 ♕a3 17.♕b3 ♕a5 18.♖ab1 h6 19.♕b4 ♕b4 20.♖b4 c5 21.♖b2 b6 22.♖d1 ♖d8= Harding-Skotorenko, cr 1988) 14...♖e8 (14...♕c7 15.♕f3 ♖e8 16.h3 ♗d7 17.♘f5 ♗f5 18.♕f5 ♖ad8 19.♗e3 ♗f8 20.♖fd1 b6 Ackermann-De Jong, cr 1994) 15.♗b2 ♕c7 16.♕f3 ♗d7 (16...♘d6!? 17.h3 ♗d7 18.♘e2? ♘e4 19.♖fd1 ♖e6 20.d5 ♘g5 21.♕h5 ♖g6∓ De Jong-Muysenberg, cr 1994) 17.♘e2 ♖ad8 18.♘g3 ♗c8 19.d5 cd5 20.cd5 ♕a5 21.♖fd1 ♕a6 22.♖bc1 ♗a3 23.♗f6 ♕f6= Kasparov-Short, London 1993] **14.d5** [14.♘cd5!?] **14...♘e8 15.♗b2** [15.♘e4?! f5! 16.d6! (16.♘d2 ♗f6 17.♖b1 ♘d6∓) 16...♘d6 17.♗d6 (17.♕d5 ♔h8 18.♘c5 (18.♘c5 ♕d6) 18...♕c7∓; 18...f4) 17...♕d6 18.♘d5 ♗e6∓] **15...♘d6 16.♕d3 f5!?** [16...♖e8 17.♖fe1 ♗f6] **17.f4 ♗f6 18.♘cd1** [18.♖ad1 ♖e8] **18...♖b2** [18...♖e8] **19.♘b2 ♕f6 20.♕c2 ♗d7** [20...♖e8] **21.♖ae1 ♕d4 22.♖f3 ♖ae8 23.♖d1 ♕e4** [23...♕f6 24.♘d3 b6 25.♘e5±] **24.♘d3 b6 25.♕b3 g5!?** [25...♗c8!? 26.♘e5 g5] **26.h3** [26.♘f2 ♕e7 27.fg5 f4∞] **26...h6 27.♕a3?!** [27.♘e5 ♗c8 28.♘f1 gf4 29.♘g6 ♖f6∞] **27...♘c4** [27...g4! 28.♘f2 (28.hg4 fg4 29.♘f2 ♘c4 30.♕c1 ♗e3 31.♘e4 ♕d1 32.♖a3 ♖e4 33.♕d1 ♖d4⇆; 28.♖g3 ♕d4) 28...♘c4 29.♕a7 ♕e7 30.♘c4 gf3 31.♘e5 gb5] **28.♕c4 ♕c4 29.♕a7 ♕a4= 30.♕a4 ♗a4 31.♖d2 ♖e4 32.♘e5 ♖d8 33.g3 ♔g7 34.♔f2 ♗f6 35.♖e3 ♗b4 36.fg5 hg5 37.♘c6 ♗c6 38.♖e6 ♔f7 39.♖c6** ½-½

5...♗a5 6.d4 d6 7.♕b3 ♕d7

Nguyen Anh Dung
Lukacs, Peter
Budapest 1999 (10)

1.e4 e5 2.♘f3 ♘c6 3.♗c4 ♗c5 4.b4 ♗b4 5.c3 ♗a5 6.d4 d6 7.♕b3 ♕d7 8.de5 ♗b6 9.♗b5?! ♕e6!? [9...a6! 10.♗a4 ♗c5! 11.c4 ♘ge7 12.0-0 0-0 13.♘c3 (13.h3 ♕e6) 13...♘g4!? 14.ed6 cd6∓ Losev-V.Ivanov, Ufa 1990; 14...♗d6∓ Ivanov; 9...♘ge7 10.0-0 a6 11.♗a4 de5 12.♘e5 ♕e6 13.♘c6 ♗c6 14.♕c2 0-0 15.♘d2 ♘e5 16.♘h1 ♗d7 17.♗b3 ♕e7 18.♗c4 ♗c4 19.♗c4 ♗b5∓ Tiemann-Augustin, cr 1990] **10.♗a3!?** [10.♕e6 ♗e6 11.♗a3 0-0-0 12.ed6 cd6 13.♘g5 ♗f6 14.♘d2 d5 (14...♖he8!? 15.0-0 d5) 15.0-0 de4 16.♘de4 ♘e4 17.♘e4 ♖d7= Castro Rojas-Fernandes, Bucaramanga 1992; 10.♗c4 ♕e7; 10.♗c6 bc6 11.0-0 (11.♕a4 ♗b7) 11...♗a6!; 10.0-0 de5 11.♕e6 ♗e6 12.♘e5 ♘e7] **10...de5 11.♕e6 ♗e6 12.♘e5 0-0-0! 13.♘c6** [13.♗c6 bc6 14.♘c6 ♖e8 15.f3 (15.0-0 ♗d7) 15...f5⇄] **13...bc6 14.♗c6 ♘f6! 15.♗e7?!** [15.f3 ♗d7 16.♗d7 ♖d7 17.♘d2 ♖d3 (17...♖e8 18.0-0-0!) 18.♗b2 (18.♘c4 ♖c3) 18...♖hd8⇄]

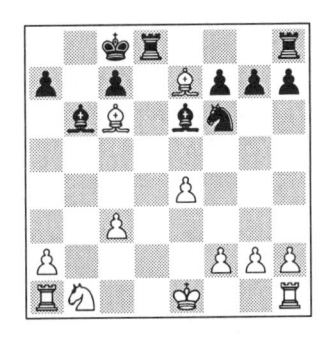

15...♘g4 [15...♘e4!! 16.♗d8 (16.♗e4?! ♖de8 17.♗a3 (17.♗b4 ♗d5) 17...♗d5 18.f3 f5∓) 16...♘f2 17.♖f1 (17.♗h4? ♘h1 18.g4 (18.♘d2 h6∓) 18...g5! 19.♗g5 ♖g8∓) 17...♘d3 18.♗e2 ♖d8 19.♘d2?! ♗g4! 20.♗f3 (20.♘f3? ♗f4∓) 20...♗f4 21.♔e1 ♗e6 22.♗b7 ♔b7 23.♗f4 ♗d5⇌) 21...♗f5 22.♗b7 ♔b7 23.♗e4 ♗e3 24.♗f5 ♗d2 25.♔e1 ♗g2=] **16.♗d8 ♖d8 17.♘d5** [17.♘d2 ♘f2 18.♖f1 ♘g4 19.♘b3 ♗c4 20.♖f5 ♘e3 21.♖f2 ♖d3⇌] **17...♗d5 18.ed5 ♖d5**

19.♘a3 [19.0-0?! ♘f2 (19...♗f2? 20.♖f2 ♖d1 21.♖f1 ♖f1 22.♔f1 ♘e3 23.♔e2 ♘c2 24.♔d1 ♗a1 25.♗c1+−) 20.g3 ♘g4 21.♔h1 ♘e3∓; 19.♗e2 ♖e5 20.♔d2 ♖d5 21.♔e2=; 21.♗c1 ♗f2∓] **19...♗f2** [19...♘d3!? 20.♖c1 ♘f2 21.♖f1 ♖e3 22.♔f2 ♖c3=] **20.♔e2 ♖e5 21.♔f3!** [21.♔d2 ♗e3 22.♔c2 ♖c5 23.♔b3 ♗a3 24.♔a3 ♘e3=] **21...h5 22.♘c4! ♗f5** [22...♖c5 23.h3! ♘f6 24.♔f2 (24.♘d2 ♗h4) 24...♖c4 25.♖he1 ♖c3 (25...♘d5 26.♖e5!) 26.♖e7±] **23.♔e2 ♗h4** [23...♖c5 24.h3 (24.♔d3 ♖d5 25.♔c2 ♖c5=) 24...♘f6 25.♔f2 ♖c4 26.♖he1 − 22...♖c5] **24.h3! ♘f6?** [24...♖f2 25.♔d3 ♘f6 26.♘e5 ♗g3 27.♘f7 ♘d7 28.♘g5 ♘e5±] **25.♖hf1 ♖c5 26.♔d3 ♗g5** [26...♖d5 27.♔c2 ♗g3 28.♘e3±] **27.♖ae1 ♖d5 28.♔c2 ♖c5 29.♖e5!+− ♖c4 30.♖g5 ♘e4 31.♗g7 ♖c3 32.♔b2 ♘c6 33.♖ff7 ♗d6 34.♗f4 a5 35.♖g5** 1-0

Kalashnikov, Konstantin
Lunev, Andrey
St Petersburg 2000 (4)

1.e4 e5 2.♘f3 ♘c6 3.♗c4 ♗c5 4.b4 ♗b4 5.c3 ♗a5 6.d4 d6 7.♕b3 ♕d7 8.de5 ♗b6 9.0-0?! ♘a5 10.♕b4 ♘c4 11.♕c4 de5 12.♘e5 [12.a4 a5 13.♘e5 ♕e6 14.♕b5 ♗d7 15.♘d7 ♕d7 16.♕e5 ♘e7 17.♗a3 f6 18.♕h5 ♘g6 19.♘d5 0-0-0 20.c4 ♕a4 21.♗b2 ♕c2 22.♕f5 ♔b8 23.♗c3 ♖d1−+ Binder-Schmedtmann, cr 1986] **12...♕e6 13.♕a4** [13.♗f4 ♘f6 14.a4 0-0 15.a5 ♕c4 16.♘c4 ♗c5 17.♘bd2 ♗e6= Lorincz-Bottlik, Budapest 1976] **13...c6 14.♘c4** [14.♗f4 ♘f6] **14...♗c5** [14...♗c7 15.♘cd2] **15.♘cd2 ♘e7 16.♗a3 ♗a3 17.♘a3 0-0 18.♘c2 c5∓ 19.♘e3 b6 20.♖fe1 ♗b7 21.c4 ♘g6 22.♘d5 ♕d6 23.♘f1 ♖fe8 24.♖ad1 ♗c6 25.♘a3 ♕e5 26.♖e3 ♘f4 27.♘g3 g6 28.h3** [28.♕c3 ♕c3 29.♖c3 ♖ad8=] **28...♔g7 29.♖f3 ♘e6 30.♘f6** [30.♖fd3 ♖ed8] **30...♖ed8 31.♖d8 ♘d8 32.♕e3 ♘e6** [32...h5?! 33.♘gh5 gh5 34.♖f5 ♕a1 35.♔h2 ♔f8 36.♕g5→] **33.♘g4** [33.♕h6?! ♔h6 34.♘g4 ♔g7 35.♘e6 ♗e8 36.♖d3 ♘d4] **33...♕g5 34.♕c3**

[34.♕g5 ♘g5 35.♖e3 ♖e8 36.e5 ♖d8∓]
34...♘d4

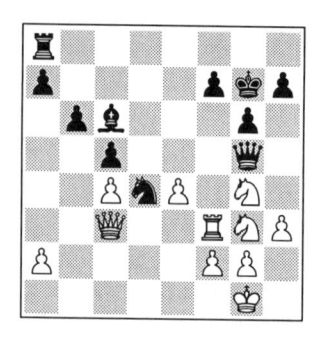

35.♖d3? [35.♘e2! ♖d8 36.♖d3 f6 (36...♗e4? 37.♘d4+−) 37.♘d4 cd4 38.♖d4 ♖d4 39.♕d4 h5 40.♘e3±]
35...h5 36.♘e3 ♕f6 37.h4 ♔g8 38.♘d5 ♗d5 39.ed5 ♕h4∓ 40.♖e3 ♕f6 41.♕d2 ♖d8 42.a4 ♔g7 43.♕d1 ♔f8 44.♘e4 ♕f4 45.♘c3 ♖e8 46.♘e2 ♕e2 47.♕e2 ♖e3 48.fe3 ♕e4−+ 49.♔f2 ♔e7 50.♔e1 ♕b1 51.♔f2 ♕e4 52.♔e1 h4 53.♔f2 ♔d6 54.♕b2 ♔e7 55.♕b5 ♕c2 56.♔f3 ♕d1 57.♔f2 ♕d2 58.♔f3 ♕e1 59.♕c6 ♕f1 60.♔g4 ♕g2 61.♔h4 ♕e4 62.♔g3 ♕e3 63.♔g2 ♕g5 64.♔h1 ♕h4 65.♔g2 ♕g4 66.♔h1 ♕d7 67.♕a8 ♕h3 68.♔g1 ♕g4 69.♔h1 ♕c4 70.♕a7 ♔d6 71.♕b6 ♔d5 72.a5 ♕b4 73.♕a7 ♔c6 74.a6 ♕h4 75.♔g1 ♕g3 76.♔f1 ♕c7 77.♕a8 ♔b6 78.♔e1 f5 79.♔d1 f4 80.♔c2 ♕f7 81.♔d1 f3 82.♔e1 ♕e6 83.♔f2 ♕e2 84.♔g3 ♕a6 85.♕d8 ♔b5 86.♕d3 c4 87.♕b1 ♔c5 88.♕g1 ♔c6 89.♔f4 ♕a3 0-1

Gunnarsson,Jon-Viktor
Thorhallsson,Gylfi

Akureyri ch-ISL 1997 (6)

1.e4 e5 2.♘f3 ♘c6 3.♗c4 ♗c5 4.b4 ♗b4 5.c3 ♗a5 6.d4 d6 7.♕b3 ♕d7 8.de5 ♗b6 9.♘bd2 de5 10.♗a3 ♘a5 [10...♘h6?! Hoeksema-Brenninkmeijer, Groningen 1993 − YB/42-88] **11.♕b4** [11.♕c2?! ♘c4 (11...f6 12.♖d1 ♘e7!? 13.♘b3 ♘c4! 14.♖d7 ♗d7 15.♗e7 ♔e7∞ Rohde) 12.♘c4 f6 13.0-0 ♕e6

14.♕b3 ♗d7 15.♖fd1 0-0-0 16.♖ab1 ♘h6∓ Haynes-Sarosy, cr 1978] **11...c5** [11...♕e7!?] **12.♕b2 ♘c4 13.♘c4 f6** [13...♕e6?! Grosar-Gross, Bukfurdo tt 1995 − YB/42-88; 13...♕d3? 14.♘fe5 ♕e4 15.♔f1!±] **14.♕b3!?** [14.♖d1! Chytilek-Nemec, cr 1998 − YB/52-14] **14...♘h6** [14...♕c6! 15.0-0-0 (15.0-0 ♗e6) 15...♗e6 16.♘d6 ♕d6 17.♖d6 ♗b3 18.ab3 ♖d8∓] **15.♖d1 ♕e6?** [15...♕c6 16.♘d6 ♔e7] **16.♖d6** [16.♕a4 ♗d7 (16...♔e7?! 17.♘b6 ♕b6 18.♕c4 ♗e6 19.♘c5 ♔f7 20.♖d7 ♔g6 21.♘h4 ♔h5 (21...♔g5 22.♖g7 ♔h4 23.g3 ♔h5 24.g4+−) 22.♕e2 ♕g4 23.♗b6 ♖e2 24.♗e3 ♗a6 25.♖g7±) 17.♕d7 ♕d7 18.♘b6 ♕a4 19.♘a4 b6 20.♔e2±] **16...♕e7** [16...♕g4 17.♕a4 ♗d7 18.♖d7±] **17.♕a4**

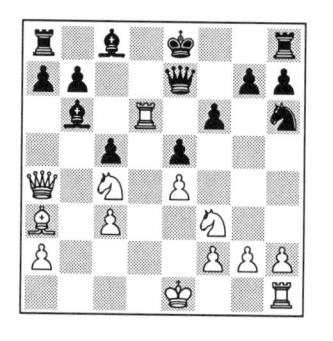

17...♔f7? [17...♗d7 18.♖d7 ♕d7 19.♘b6±] **18.♖b6!+− ab6 19.♕a8 ♗e6 20.♕h8 ♗c4 21.♘d2 ♗a6 22.♕c8 ♕d6 23.♕h3 ♗d3 24.♕h5 ♔f8 25.♕d1 ♕e6 26.♗c1 f5 27.f3 ♕a2 28.♕b3** 1-0

Gunnarsson,Jon-Viktor
Gretarsson,Helgi

Reykjavik 2000 (8)

1.e4 e5 2.♘f3 ♘c6 3.♗c4 ♗c5 4.b4 ♗b4 5.c3 ♗a5 6.d4 d6 7.♕b3 ♕d7 8.de5 ♗b6 9.♘bd2 de5 10.♗a3 ♘a5 11.♕b4 c5 12.♕b2 ♕c7!? 13.♗b5 [13.♗d5 ♘e7 14.c4 ♘ac6] **13...♔f8** [13...♗d7 (Christiansen) 14.♗d7 ♕d7 15.♕b5 ♔e7; 13...♘c6 14.♗c6 bc6 15.0-0 (15.c4 f6 16.0-0) 15...♘e7 16.♖fd1 (16.♘c4 ♘g6 17.♖fd1 0-0) 16...0-0 17.♘b3 ♗g4 18.♕e2 ♘g6] **14.♖d1 ♘e7** [14...♘f6 15.0-0] **15.0-0 f6**

16.♘c4 ♗e6 17.♘ce5 ♖d8? [17...fe5 18.♘g5 ♗c8 (18...♗g4 19.h3) 19.f4 (19.♕e2 ♘g6 20.♕f3 ♗f4 21.g3 h6 22.gf4 hg5 23.fe5 ♔g8) 19...♔g8 20.fe5 ♗g4 21.♗e2 ♗e2 22.♕e2 ♘g6 23.♘f7 ♘e5 24.♘h8 ♔h8−+] **18.♖d8 ♕d8 19.♕e2?** [19.♘d3 ♘c4 20.♘f4 ♗f7 21.♗c4 ♗c4 22.♘d2 ♗f7 23.c4±] **19...fe5 20.♖d1 ♕c8 21.♘g5 h6?** [21...♗g4!? 22.f3 ♗e6; 21...♘ec6 22.♘e6 ♕e6] **22.♕f3! ♔g8**

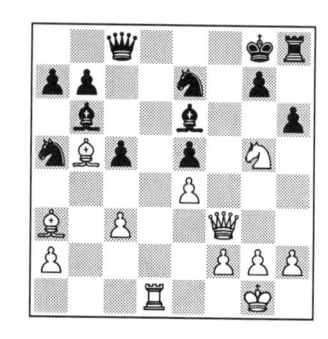

23.♗d7! hg5 24.♗c8 ♘c8 25.♕g3? [25.♗c5!±] **25...♘c4 26.♗c1 g4 27.f4 gf3 28.gf3 ♔f7 29.f4 ♖h3 30.♕g5 ef4 31.♗f4 ♗a5?** [31...♖h6∓] **32.♖f1 ♔g8 33.♕g3?** [33.♕g6! ♗d7 (33...♗f7 34.♕g4) 34.♖d1] **33...♖h6 34.♔h1 ♗b6** [34...♘c3 35.♕o5 ♗f6 36.♕c7±] **35.♖g1 ♗f7** [35...♖h7 36.♗e5 ♘e5 37.♕e5 ♗f7 38.♖f1 ♗e7 39.♕g5+−] **36.♖f1?** [36.♗c7!+−] **36...♘8d6 37.e5?** [37.♗d6 ♖d6 38.♕e7 ♗g6 39.♖f4=] **37...♘e4 38.♕f4 ♘g3 39.♕g3 ♗d5 40.♔g1 ♘d2 41.♖f8 ♔f8 42.♕f4 ♖f6** 0-1

Sveshnikov,Evgeny
Meister,Yakov

Samara ch-RUS 2000 (7)

1.e4 e5 2.♘f3 ♘c6 3.♗c4 ♗c5 4.b4 ♗b4 5.c3 ♗a5 6.d4 d6 7.♕b3 ♕d7 8.de5 ♗b6 [8...de5 − YB/42] **9.♘bd2 ♘h6?! 10.0-0** [10.ed6 ♕d6 11.0-0 0-0 − 10.0-0; 10.h3?! 0-0 (10...de5 11.♗a3 ♘a5 12.♕b4 c5 13.♕b1 f6∞ P.Jurgens/V.Jurgens) 11.ed6 ♕d6 (Bialkowski-Jurgens, Hannover 1997 − YB/46-12) 12.♗a3 ♗c5 13.♗c5 ♕c5 14.0-0= P.Jurgens/V.Jurgens] **10...0-0 11.ed6** [11.♗a3!? ♘a5

12.♕b5! (12.♕b2 ♘c4 13.♘c4 ♕c6 14.♘b6 ab6 15.♘d4?! (15.ed6 ♕a4! 16.d7 ♕a3 17.♕a3 ♖a3 18.♖fd1 (18.dc8♕ ♖c8∓) 18...♗d7 19.♖d7 ♖c3∓) 15...♘e4 (15...♕a4 10.♘c2 ♕o4 17.ed6 cd6 18.♗d6 ♖d8) 16.ed6 (16.♖fe1 ♕g6) 16...c5! 17.♖fe1 ♕g6 18.♘b5 ♗d7! 19.c4 (19.♘c7 ♗c6∓) 19...♘f5∓; 12.♕c2 ♘c4 13.♘c4 ♕c6! 14.♘b6 (14.♘fd2 ♗e6⇄) 14...ab6 15.♗c1 (15.♗b4? ♕a4!∓ Baljon-Kuijf, Groningen 1993) 15...de5 16.♘e5 ♕e6= Kuijf] 12...♘c4 (12...♖e8!? 13.ed6 (13.♕d7 ♗d7 14.ed6 ♘c4 15.♘c4 ♖e4 16.♘b6 cb6 17.♖fe1 ♖ae8 18.♖e4 ♖e4 19.♘d4 ♗f5) 13...cd6 (13...♘c4 14.♕c4 cd6 15.♕d5± – 12...♘c4) 14.♕d5!±; 14.♕d7 ♗d7 15.♗d5 ♖ac8 16.♗d6 (16.c4 ♗c5) 16...♖c3) 13.♘c4 (13.♕d7?! ♗d7 14.♘c4 ♗b5 15.♘fd2 (15.♘b6 ab6) 15...♖fc8 16.ed6 cd6 17.♘d6 ♗f1 18.♗c8 ♖c8 19.♗f1 ♖c3∓) 13...♖e8 (13...♖d8 14.ed6 (14.♖ad1?! de5 15.♘e5 ♕e8∓) 14...cd6 15.♖ad1 (15.♕d5 ♕c7) 15...d5!? (15...♘g4 16.h3 ♘f6 17.♖fe1) 16.♕b3 (16.ed5 ♕d5 17.♗c7 ♕c4 18.♘c4 ♖d1 19.♖d1 ♗g4=) 16...de4 17.♘e4 (17.♘c4? ♕e8 18.♘b6 (18.♖d8 ♕d8 19.♖d1 ♕f6) 18...♗e6∓) 17...♕c7 18.♖d8 (18.♗d6 ♕c6; 18.♘b6 ♗e6) 18...♕d8 19.♖d1 ♕c7 20.♗d6 ♕c6 21.♘eg5 ♗f5=) 14.ed6 cd6 15.♕d5 ♕d8 16.♕d6± 16.♗d6 ♗e6 17.♕d3 ♖c8♔] 11...♕d6 12.♗d5 [12.♗a3 ♗c5 13.♘c5 ♕c5 14.♖ab1 (14.♖ad1 ♖e8; 14.♗d5 ♘e7) 14...♘g4 15.♗c5 ♘ge5=] 12...♕g6 [12...♘a5 13.♕b4 ♕g6 14.♘e5 ♕h5 15.♘df3 c6 16.♗b3 (16.♗a3? ♖e8 17.♗b3 c5 18.♕b5 ♖e5 19.♘e5 ♕e5 20.♖ad1 (20.♗d5 (Alexander-Tylor, Hastings 1935) 20...♘g4! 21.f4 (21.g3 ♗e6) 21...♕e7 22.♖ae1 ♗d7 23.♕b2 ♕h4–+) 20...♘g4! 21.♖de1 (21.♖d2 ♘b3 22.ab3 ♕e4–+; 21.f3?? c4) 21...♘b3 22.♕b3 ♗e6∓) 16...♖e8 (16...♘b3 17.ab3 ♘g4∞) 17.♗h6 (17.♘d3 ♗g4 18.♗f4 ♕c5∓) 17...♘b3 18.ab3 ♕h6∓] 13.♘c4 ♗h3 14.♘g5 [14.♘e1 ♗e6; 14.♘h4 ♕h5] 14...♗d7 15.a4 [15.♘b6 ab6 16.♖d1 ♗a5 17.♕c2 c6 18.♗b3 ♖fd8 19.♗f4 ♘b3 (19...♕f6!? 20.g3 b5∞) 20.♕b3 (20.ab3! ♖a1 21.♖a1 f6 22.♕d2!? (22.♘f3 ♗g4 23.♖e1 b5) 22...fg5 23.♗g5 ♖f8 24.♗h6 ♗e6=) 20...b5 21.♖d6 ♗e6 22.♕d1 (22.♖e6 fe6 23.♘e6 ♕f7!) 22...♖d6 23.♕d6 ♗c4=] 15...♖ab8 [15...♘a5!? 16.♘a5 ♗a5

17.♖d1 ♗g4 18.f3 ♗c8 (18...c6 19.♘c4 ♗b6 20.♔h1) 19.♗e3 ♗b6 20.♗b6 ab6 21.f4 ♗g4 22.♖f1 (22.♖e1 c6 23.♗c4 ♕d6 24.e5 ♕c5 25.♔h1±) 22...c6 (?? ♗e2 23.♖fe1) 23.♗c4 ♔h8 24.♖fe1 (24.♕b6? f6 25.♘e6 ♕e4) 24...♖ae8 25.g3 f6 26.♘e6 ♗e6 27.♗e6±] 16.♖b6 ab6 17.f4 [17.♖d1 ♖bd8=] 17...♕e7 18.♗c4 [18.f5!? ♕f6 (18...♕h5 19.♗f4 ♘d5 20.♕d5 ♗c6 21.♕d1 ♕d1 22.♖fd1±; 18...♕d6 19.♗a3 ♕f6 20.♗e6!) 19.♘c4 (19.♗f4 ♘d5 20.♕d5 ♗c6 21.♕e5 ♕e5 ♗e5 f6 23.♗c7 fg5 24.♗b8 ♖b8 25.e5 ♖f8∓) 19...♘c6 (19...♗c6 20.♗f4) 20.♘e6! (20.h3? ♘a5) 20...♘a5 (20...fe6? 21.fe6 ♕g6 22.e7 ♖f7 (22...♘f7 23.ef8♕ ♖f8 24.♗f7+–) 23.♗h6+–) 21.♕b4 ♖fc8! (21...♘c6?! 22.♕b2!; 21...♘c4? 22.♘f8+–) 22.♗d5 ♘c6 23.♕b2!] 18...♘c6 19.♕c2 [19.f5!? ♕f6 20.♘e6 – 18.f5 ♕f6 19.♗c4 ♘c6 20.♘e6] 19...♖bd8

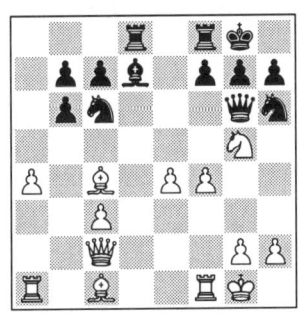

20.♗a3?! [20.f5! ♕f6 (20...♕h5? 21.♗e2+–; 20...♕d6? 21.♗a3) 21.♘e6! fe6 (21...♗e6 22.fe6 ♕g6 23.♗h6+–) 22.fe6 ♕f1 23.♗f1 ♗e6 24.♗h6 gh6 25.♖d1±] 20...♖fe8 21.♖ad1 ♘a5 22.♗d5 ♔h8 [22...♗c6 23.c4±; 22...♗g4 23.♖d3±] 23.♗c1! [23.♕a2 ♗g8] 23...b5?! [23...f6 24.♘e6 (24.f5 ♕h5 25.♘e6 ♗e6 26.♗e6 ♘g4 27.♗f4±) 24...♗e6 25.♗e6±] 24.ab5 ♕b6 [24...♗b5 25.c4 ♗c6 26.♕c3±] 25.♔h1 f6 [25...♗b5? 26.c4 ♘c4 27.e5! ♕g6 28.♘f7 ♗f7 29.♕g6 hg6 30.♗f7 ♖f8 31.e6±] 26.♘f7 ♗f7 27.♗f7 ♖f8 [27...♖e7 28.♗d5 ♗b5 29.c4 ♗c6 30.♗b2 ♖ed7 31.♖d3] 28.♗d5 ♗b5 29.c4± ♗d5!? [29...♗c6 30.♖fe1±] 30.ed5 ♗c4 [30...♘c4 31.♖fe1] 31.♗a3 ♖a8 32.♖fe1 ♗b3 33.♕e4 h6 34.♖c1 ♘c4 35.♗e7 ♕d6 36.♕b1 [36.♕g6! ♗d5 37.♗f6+–] 36...♘c8 37.♗c5+– ♕b5 38.♕g6 ♘d6 39.♖e7 ♖g8

40.♗d4 ♘e8 [40...♗d5 41.♗f6+–] 41.♖ce1 ♕d5 42.♗a1? [42.♕g7!! ♖g7 43.♖e8+–] 42...♗a4!∞ 43.h3 [43.♖7e3 ♗c6 (43...c5 44.♖h3 ♗f8) 44.♖h3 (44.♖d3 ♕c4 45.♗d4 ♕a2) 44...♖f8∞] 43...c5 44.♔h2 ♕d2 45.♖1e3 ♗c6 46.♗c3 ♕d6 [46...♕f2!] 47.♕f5 ♘c7? [47...b5! 48.♖3e6 ♕d5 49.♕g6 b4 50.♗a1 c4 51.♖e8 ♗e8 52.♖e8 c3=] 48.♕f7! ♕d5 49.♖e6! ♕f4 50.♕f4 ♘f4

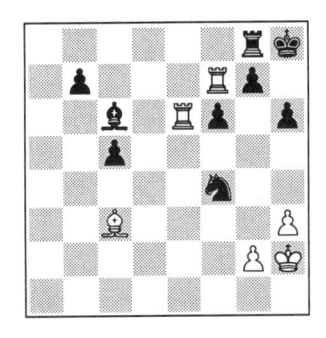

51.♖ef6!+– gf6 52.♗f6 ♖g7 53.♖g7 ♘h5 54.♖b7 ♘f6 55.♖b6 ♗e4 56.♖f6 ♔g7 57.♖e6 ♗d3 58.♖c6 c4 59.♔g3 ♔h7 60.♔h4 ♗e2 61.g4 ♗f1 62.♔h5 ♗h3 63.♖c7 ♔g8 64.♔h6 1-0

Short,Nigel
Hubner,Robert

Dortmund 1997 (2)

1.e4 e5 2.♘f3 ♘c6 3.♗c4 ♗c5 4.b4 ♗b4 5.c3 ♗a5 6.d4 d6 7.♕b3 ♕d7 8.de5 [8.♘bd2!?] 8...♗b6 9.♘bd2 ♘a5 10.♕b4 [10.♕c2!? ♘c4 11.♘c4 d5! Malmstrom-Barkwell, cr 1997 – YB/52-14] 10...♘c4 [10...♘e7 11.ed6 ♘ec6 12.♕a4 0-0 13.♗a3 cd6 14.0-0 ♗c5 15.♖ad1 a6 16.♗c5 dc5 17.♕c2 ♘c4 18.♘c4± Maeder-Zuidema, Amsterdam II 1969] 11.♘c4 [11.♕c4 de5 12.♘e5 ♕e7 (12...♕e6 13.♕a4 (13.♕e6 ♗e6 14.♘ec4 ♘f6) 13...c6 14.♘df3 ♘f6 15.♗a3 (15.0-0 0-0) 15...♗c7 16.♕d4 ♕d6 13.♕b5 c6 14.♘c6 ♗f2 15.♔f2 ♕f6 16.♘f3 ♕c6 (16...bc6 17.♕c5± Naftalin-Poltner, cr 1980) 17.♘d4! ♕b5 18.♘b5±] 11...♗c5 12.♕b3 ♘e7 [12...♕c6 13.♘g5!? (13.♗e3 ♗e6 14.♘d5 0-0 15.0-0 ♕a6 16.♕c2 de5 17.♘e5 ♘e7∓

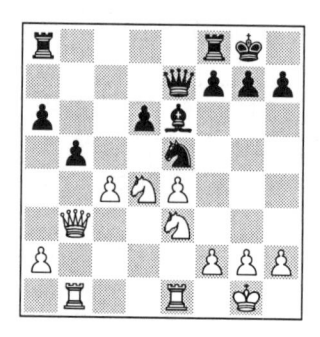

Grosar-COMP Fritz, Bled rapid 1996; 13.ed6 cd6 14.♔f1 ♗e6) 13...♗e6! 14.♘e6 ♕e4 15.♗e3 fe6 16.f3 ♕c6 17.ed6 ♗e3 18.♘e3 cd6 19.♕e6 ♔f8 20.0-0 ♖e8 21.♕c4 ♘f6=] **13.0-0 0-0 14.ed6 cd6 15.♗a3 ♕c7 16.♘d4 ♗a3 17.♘a3 ♘c6 18.♖fe1 ♕e7 19.♖ab1 ♘e5 20.c4 a6 21.♘ac2 ♗e6 22.♘e3 b5**

23.♘d5?! [23.♘e6 fe6 (23...♕e6!?) 24.cb5 ab5= Short] **23...♗d5?** [23...♕a7!∓ (Van der Tak) 24.♖ed1 (24.♘f5 ♗f5 25.ef5 bc4 26.♕g3 ♖ab8∓) 24...bc4 (24...♘c4 25.a4 ♗d5 26.ed5 ♕c5 27.ab5 ab5 (27...♕d5 28.♖bc1!±) 28.♘c6 ♖fe8 29.♕b5 ♕b5 30.♖b5 ♖a2=) 25.♕g3!?; 25.♕b7 ♕b7 26.♖b7 ♗d5 27.ed5 ♖fb8∓] **24.cd5** [± Van der Tak] **24...♕f6 25.♘c6 ♖fe8 26.♖bc1 g6 27.h3 h5 28.♘e5 ♖e5?** [28...♕e5 29.♖c6±] **29.♖c6 ♕e7** [29...♖ae8 30.f3] **30.f3 g5** [30...f5 31.♕b4!] **31.♕b4± ♖d8 32.♖a6 f5 33.♕a5 fe4 34.♖a7 ♖d7 35.♖d7 ♕d7 36.fe4 g4 37.hg4 hg4 38.♕c3?!** [38.♕b6±; 38.♕a3! Van der Tak] **38...♕a7! 39.♕e3 ♕e3** [39...♕a2 40.♖f1! (40.♖c1 ♕a4) 40...♕a8! (Short) 41.♖f6] **40.♖e3 ♔f7 41.♔f2 ♔f6 42.♖e2 ♖e8 43.♔e3 g3?** [43...♔g5 44.♖b2 ♖a8 45.♖b5 ♖a2 46.♖b6 ♖a3 47.♔d4 ♖a4] **44.♔f4 ♖a8**

45.♖b2 ♖a5 46.a3 ♖a3 47.♖b5 ♖a2 48.♖b6 ♖g2 49.♖d6 ♔f7 50.♔f3 ♖g1 51.♖e6 1-0

YB/46-12

5...♗a5 6.d4 ed4

Short,Nigel
Adams,Michael

Sarajevo 2000 (10)

1.e4 e5 2.♘f3 ♘c6 3.♗c4 ♗c5 4.b4 ♗b4 5.c3 ♗a5 6.d4 ed4 7.0-0 ♘ge7 8.♘g5 [8.cd4 d5=] **8...d5** [8...♘e5 9.♗b3 (9.♘f7 ♘f7 10.♗f7 ♔f7 11.♕h5 ♘g6 12.♕d5 ♔f8 13.♕a5 d3 (13...d5?! 14.ed5 ♔f7 15.cd4 ♖e8 16.♘c3±; 16.♘d2?! b6 (16...♘f4 17.♘f3 ♘d5 18.♗g5 ♕d6 19.♘e5 ♔g8 20.♖ae1 b6 21.♕b5 ♗b7∞ Sertic-Stepic, Medulin tt 1997) 17.♕c3 ♗b7∓) 14.♖d1 d6 15.♖d3 ♕e7=; 9.♕h5? g6-+) 9...0-0? (9...f6?! 10.cd4 fg5 11.de5 g6? (11...♘c6 12.♕h5 g6 13.♕g5 ♕g5 14.♗g5±) 12.♗g5 h5 13.♗f6 ♖f8 14.♗g7 ♘c6 15.♗f8 ♔f8 16.♕f3 ♗g7 17.♘c3 ♘e5 18.♕e3 ♕f6 19.♘d5+− Jaros-P.Hubner, Svetla nad Sazava open-2 1999; 9...d5! 10.cd4 (10.ed5 − 8...d5) 10...♘g4∞) 10.cd4 ♘5g6 11.♕h5 h6 12.♘f7 ♖f7 13.♗f7 ♔f7 14.♕a5+− Verkasalo-Tahvanainen, ch-Fl jr 1998; 8...0-0? 9.♕h5 h6 10.♘f7 ♖f7 11.♗f7 ♔f8 (11...♔h7 12.cd4 ♗b6 13.♗b2 ♘d4 14.♘d2 d6 15.♘f3±) 12.f4 dc3 13.f5 ♗b6 14.♔h1 ♗d4 15.f6!+− Sveshnikov-Fuchs, Finkenstein 1994] **9.ed5** [9.♗d5? ♘d5 10.♕h5 g6 11.♕h6 ♗e6−+ Estrin-Kondali, cr 1971] **9...♘e5 10.♗b3** [10.♕d4?! ♘c4? (10...f6!? 11.♗b3 (11.♖e1 ♗b6 12.♕e4 ♗f5 13.♕f4 ♕d7 14.♘e6 ♗e6 15.de6 ♕c6 16.♖e5!?

(16.♘a3 0-0-0) 16...♘g6! (16...fe5 17.♕f7 ♔d8 18.♗g5 ♕e8 19.♕g7⩲) 17.♗b5 ♘f4 18.♗c6 bc6 19.♖e4 (Novosak-Sosna, Czech tt 1995) 19...♘d3!∓; 11.♗b5 c6 12.dc6 bc6 13.♗e2! ♗f5=) 11...♗b6; 10...♘7g6 11.♗f4 ♘c4!? (11...0-0 12.♗e5 ♕g5∓ Benares Ricardo-Persson Christoffer, Guarapuava 1995) 12.♖e1 (12.♕c4 0-0) 12...♔f8 13.♕c4 ♘f4 14.♕f4 ♕d5∓) 11.♕g7! ♖f8 12.♘h7+−] **10...0-0** [10...h6?! 11.cd4!? (11.♕d4 hg5!? (11...♘7g6 12.♕a4 ♗d7 13.♘f7 ♗a4 14.♘d8 ♗b3 15.ab3 ♗c3 16.♘c3 ♔d8 (Verkasalo-Hermlin, Haapajarvi 1999) 17.♖d1! a6 18.d6±) 12.♕e5 f6 13.♕g3! (13.♕e4 ♕d6) 13...♕d7 14.♖e1±) 11...♘5g6 (11...hg5 12.de5±) 12.♘f7! ♔f7 13.d6±; 10...dc3!? 11.♕e2 (11.♕d4 f6 12.♘c3 c5!−+) 11...f6 12.♘e4 (12.♘e6 ♗e6 13.de6 ♕d3∓) 12...♘d5 13.♗a3 c6 (13...♗f5!?) 14.♘d6 ♔d7 15.f4 ♘g6 16.♗d5 ♕b6 17.♔h1 cd5 Bronstein-COMP Heuristic, The Hague 1992] **11.♘h7** [11.cd4?! ♘g4 12.♗a3 (12.♕f3!? ♕d6! 13.♗f4 (13.♕g3 ♕g3 14.hg3 ♗b6) 13...♕f6 14.♘c3 (½-½ Bronstein-Ivanov, Maidstone 1994) 14...♘h2! 15.♕h5 (15.♗h2 ♕g5 16.d6 ♗g4∓; 15.♔h2 ♗c3∓) 15...♗f5∓) 12...♘d5! 13.♗f8 ♕g5 14.♗d5 (14.♗c5 ♘f4!⩱) 14...♕d5 15.♗a3 ♗d7 16.♘d2 ♖e8 (16...♕d4 17.♘f3 ♕d1 18.♖fd1 ♗c6∓) 17.♖b3 ♗b6 18.♖c1 ♖e8 19.♖c3 ♗b5 20.♖e1 ♗d4 21.♘d4 ♕d4∓ Anderssen-Mieses, Breslau m 1867] **11...♘h7 12.♕h5 ♔g8 13.♕e5 ♘f5** [13...dc3 14.♘c3 (14.♗a3 ♘g6 15.♕h5 ♘f4! 16.♕f3 ♕f6 17.♗f8 ♘h3 18.♔h1 ♕f3 19.gf3 ♔f8 20.♘a3 ♗b6∓) 14...♗c3 15.♕c3 ♘d5 16.♗d5 ♕d5 17.♗b2 f6 18.♕c7±] **14.♗d2** [14.cd4 ♖e8 15.♕f4 ♗b4] **14...c5** [14...♖e8 15.♕f4 ♗b6 16.cd4 ♗d4 17.♗c3] **15.dc6 bc6 16.♖e1 ♗c7 17.♕e4 ♕f6** [17...♕d6 18.g3] **18.♗f4** ½-½

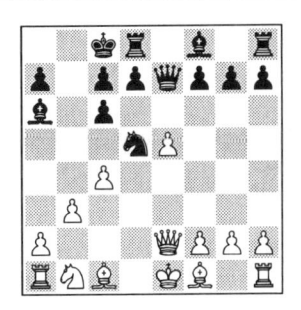

Scotch Opening
Mieses Variation

SO 4.4

INTRODUCTION: Diego Adla, Pablo Glavina
MAIN ANALYSIS: Diego Adla, Pablo Glavina
STUDY MATERIAL: Adla, Glavina

New ideas against 9...0-0-0

1.e4 e5 2.♘f3 ♘c6 3.d4 ed4 4.♘d4 ♘f6 5.♘c6 bc6 6.e5 ♕e7 7.♕e2 ♘d5 8.c4 ♗a6 9.b3 0-0-0

When in 1990, during the Lyon match, Kasparov selected the Scotch Opening to surprise Karpov, the latter's first choice was 9...0-0-0. Although the game was drawn, Black suffered a dangerous attack and did not repeat the line. In the years that followed, some audacious players tried to defend Black's cause, with mixed success. Even strong grandmasters faced severe defeats, since White was quite active in the search for new ideas. Let's have a look at the latest facts.
The game Magem-Narciso, Palencia 1999, seemed to revive Black's chances. After 10.g3 f6 11.♗b2 fe5 12.♗g2 e4 13.0-0 e3 14.f4 ♕b4! White had difficulties completing his development and was left defenceless against the nicely executed combinational attack. However, the improvement 14.♘c3! in the game Thorhallsson-Naes, Reykjavik 2000, opened up a new discussion front, which to date remains unresolved. In our opinion, the position favours White ever so slightly.
Other players focused their attention on subtleties of a different nature. Thus, in the game Motylev-Naes, Ubeda 2000, 10.g3 f6 11.♗g2 fe5 12.0-0 e4 13.♕d2! was born. White's main idea is to avoid the pawn push e4-e3 by delaying the development of the bishop on c1. The game was a complete success for White, and the analysis published so far does not leave Black much hope.
In spite of these not very encouraging antecedents, the Russian GM, in the game Reinaldo-Korneev, Madrid 2000, challenged the young and promising Spanish player to join the theoretical debate. However, Korneev, who is not known for improvising in the opening stage, was surprised himself early on with 10.♗b2 and after 10...f6 11.♕d2!. Here, too, Black faces serious problems and White won after accurate tactical play.
The work done allows us to suggest another interesting option for White: 10.♘d2. In the game Novak-Bubicic, Tucepi 1996, White made a positional pawn sacrifice in order to get a lead in development and a better pawn structure. Besides, the difficulties Black experiences in coordinating his somewhat loose pieces should not be neglected. This possibility, after a different move order, was suggested by Peter Wells in his excellent book *The Scotch Game*.

STATISTICS

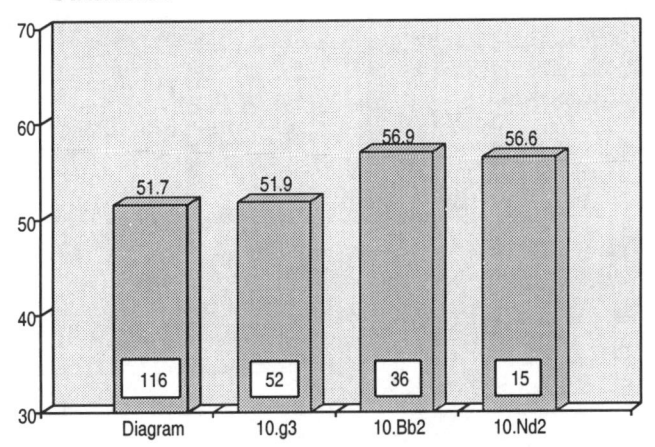

	Diagram	10.g3	10.Bb2	10.Nd2
%	51.7	51.9	56.9	56.6
games	116	52	36	15

Making good use of the opportunity offered by this survey, we will elaborate on the information and research on this move.

This is an important recommendation to the readers: pay special attention to moves 10 through 13, when a significant number of transpositions are available to White. Some of them are pointed out in detail throughout the present survey. Nevertheless, these subtleties can only be well understood after careful study.

Summarizing, Black has a difficult task to rehabilitate 9...0-0-0, but it is also true that White must work hard... albeit only to choose the line that suits him best!!

SO 4.4

Reinaldo,Roi
Korneev,Oleg

Madrid 2000 (6)

1.e4 e5 2.♘f3 ♘c6 3.d4 ed4 4.♘d4 ♘f6 5.♘c6 bc6 6.e5 ♕e7 7.♕e2 ♘d5 8.c4 ♗a6 9.b3 0-0-0 10.♗b2 f6 11.♕d2!? ♘b6 12.♗e2 fe5N [12...♔b8?! 13.ef6 (13.0-0?! fe5 14.♖e1 d6?! 15.c5!? ♗e2 16.cb6 ♗h5?! (16...♗a6 17.♕a5 ♔b7 18.ba7 ♕h4 19.♘d2±) 17.ba7 ♔a7 18.♕a5 ♔b7 19.♖e4? (19.♘d2) 19...c5?? (19...♗f7∞) 20.♕b5 ♔c8 21.♖a4 1-0 Ciganikova-Beil, Praha 1995) 13...gf6 14.0-0↑ d5 15.♗f3 dc4 16.♕a5 ♗b7 17.♘a3 (17.♖c1!? ♗h6 18.♖e1) 17...♕c5 18.♘c4 ♘c4 19.♕c5 ♗c5 20.bc4±]

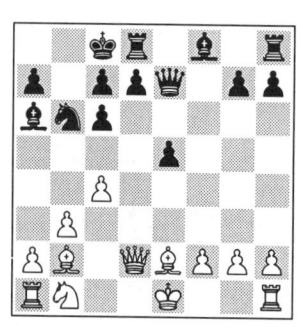

13.a4! [13.c5?! ♗e2 14.cb6 ♗a6 15.ba7 ♔b7∓] 13...♔b8 [13...d5 14.a5! dc4 15.♕e3 ♘d5 16.♕a7 ♗b7 17.♗g4+−] 14.a5 ♘c8 15.♘c3 ♕d6!? [15...♕b4 16.♕c2±; 15...d5!? 16.0-0 ♗b7 (16...d4 17.♘e4≌; 16...dc4 17.♕e3≌ ♕c5? 18.♕g3!±) 17.♘a4 g5 (17...d4 18.c5≌; 17...dc4? 18.♕e3→) 18.c5 a6 19.♖fe1 ♗g7 20.♗d3 ♔a7 (20...e4 21.f3≌) 21.♖ad1 e4!? 22.f3 ♖he8 23.♕c1∞] 16.♗d3 [16.♕c2?! ♕g6! 17.♕g6 hg6∓] 16...♕h6 17.♕e2 ♗c5 18.0-0 ♗d4 19.b4 [19.♘e4?! d5! 20.♘g3 (20.cd5 ♗b2 21.♗a6 ♖a1 22.dc6 ♕c6 23.♖a1 ♘d6!∓) 20...♗b2 21.♕b2 e4!∓] 19...♖hf8? [19...♗b7 20.a6 ♗a8 21.c5! ♖hf8 22.♘a4 ♗b2 23.♘b2±; 19...d5 20.cd5 ♗d3 21.♕d3 ♘e7 (21...cd5!? 22.♕b5 ♔a8 23.♘d5 ♕d6 24.♘c3±) 22.♕c2 cd5 (22...♘d5 23.♘d5 ♖d5; 23...cd5 24.♗d4 ed4 25.♖ac1±) 23.♘d5 ♕c6 24.♘d4 ed4 25.♕d2±] 20.b5 ♗b7 [20...cb5 21.♘b5 ♗b5 22.♗d4 ed4 23.♕b2 ♘d6 24.cb5±] 21.bc6 ♗c6 22.♖ab1 ♔a8 [22...♗c3? 23.♗c1+−] 23.♘d5! [23.♘b5!? ♗b5 24.♗d4 ed4 25.cb5±] 23...♗d5 24.cd5 ♘d6 25.♗d4 ed4 26.♕c2! ♖c8 [26...♕g5 27.♕c7 ♕d5 28.♖fc1 (28.♖b6!+− ♘b7 29.♗c4 ♕e4 30.a6 ♘a5 31.♖b4 ♘c4 32.♖b7) 28...♖c8 (28...♖de8 29.♕d7+−) 29.♕d7 ♖c1 30.♖c1+−] 27.♗a6+− c5 28.♗c8 ♖c8 29.♕a4! ♕g5 [29...♖c7 30.♖b6! (30.♖b2+−) 30...♕f4 (30...ab6 31.ab6 ♔b8 32.♖a1+−) 31.♖fb1 ♕f8 32.♖d6! ♕d6 33.♕b5 ♕f8 34.d6! a6 35.♕a6 ♖a7 36.♕c4+−] 30.♕d7 ♕d5

31.♖b6! [31.♖fe1!? ♕c6 32.♕g7 (32.♖e7 ♕d7 33.♖d7 ♖c6⇄)

32...♘b5 (32...♖c7 33.♕g8 ♖c8 34.♕h7 ♖c7 35.♖e7 ♖e7 36.♕e7+−) 33.♕h7 c4 34.a6!±] 31...ab6 32.ab6 ♕a2□ [32...♕b7 33.♖a1+−] 33.♕d6 ♕a5 [33...♕a4 34.b7! ♔b7 35.♖b1 ♔a8 36.♕d5 ♖c6 (36...♕c6 37.♕a2) 37.♕d8 ♔a7 38.♕b8 ♔a6 39.♕a8X; 33...♔b7 34.♖e1! ♔a6 35.♕d7! ♖a8 36.b7 ♖b8 37.♕d6 ♔a7 38.♕c5 ♔a6 39.♕d6 ♔a7 40.♕d4 ♔a6 41.♖a1+−; 33...c4 34.♖e1! c3 35.♕d7 ♔b8 36.b7 ♖c7 37.♖e8 ♔b7 38.♕b5 ♔a7 39.♕b8 ♔a6 40.♕a8 ♔b6 41.♕a2+−; 33...♔a6 34.♖b1+−; 33...h5 34.♖e1 h4 35.h3+−] 34.b7 ♔b7 35.♖b1 ♔a7 36.♕d7 ♖c7 [36...♕c7 37.♕a4] 37.♕d8! ♕b6 38.♖a1

1-0

Adla/Glavina

SO 4.4

Magem Badals,Jordi
Narciso,Marc

Palencia ch-ES 1999 (4)

1.e4 ♘c6 2.♘f3 e5 3.d4 ed4 4.♘d4 ♘f6 5.♘c6 bc6 6.e5 ♕e7 7.♕e2 ♘d5 8.c4 ♗a6 9.b3 0-0-0 10.g3 f6 [10...g6 11.♗b2 ♗g7 12.♘d2 ♖he8 13.0-0-0 ♘b6 14.f4 d5 15.♕f2 ♔b8 16.c5! (16.♔b1= Vysochin-Grabarczyk, Bydgoszcz 2000) 16...♗f1 17.cb6 ♗a6 18.ba7 ♔b7 19.♘f3±; 19.♗d4!? ♕a3 20.♔b1±; 10...♕e8 11.♗g2 ♗b4 12.♗d2 b 13.0-0 (13.♕e4!?) 13...♗d2 14.♕d2! ♕e5 15.♕a5! ♔b7 (15...♘b4 16.♕b4! (16.♕e5? fe5∓) 16...♕a1 17.♘c3 ♕b2 18.♘a4 ♕c2 19.♕a5 ♗b7 20.♘c5 a6 21.♕b4 ♗a8 22.♘a6 ♗b7 23.♘c5 ♗a8 24.♕a5+−) 16.cd5 ♗f1 17.dc6 dc6 18.♕e5 fe5 19.♔f1 ♖d1 20.♔e2 ♖hd8 21.♗e4 g6 22.a4± Kiselev-Maniocha, Police 1992; 10...♘b6?! 11.♗g2 f6 12.♗b2 fe5 13.0-0 ♖e8 14.a4 ♘d5? (14...g5 15.a5 ♘d5≌) 15.♘c3 ♘f6 16.♗a3 ♕f7 17.♕e3 ♗b7 (17...♔b8 18.♘b5! cb5 19.ab5±) 18.♘b5! ♖a8 19.♕e5± Gormally-Niklasch, Taastrup 1997] 11.♗b2 fe5 12.♗g2 e4 13.0-0 e3

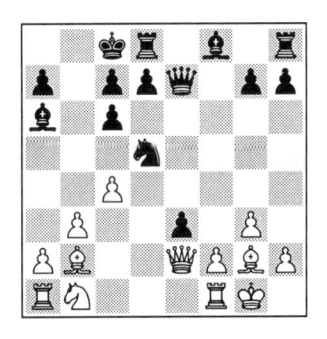

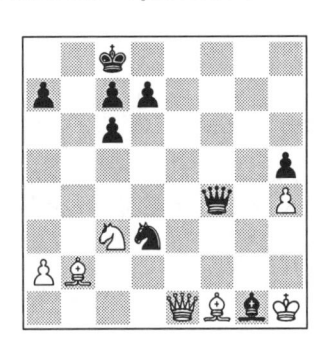

14.f4? [14.♘c3!] **14...♕b4!**
[14...♖e8 15.♘c3] **15.♔h1** [15.♗d4!?
♗c5!? 16.♗g7 ♖hg8 17.♗e5 (17.♗b2
h5) 17...h5∓] **15...h5! 16.h4**
[16.♗d4 h4 17.g4 ♖e8 18.h3 (18.♗a7
h3 19.♗d5 cd5 20.♖f3 dc4–+)
18...♘f4 19.♖f4 ♕d6 20.c5 ♕f4
21.♕a6 ♔d8 22.♗c3 e2 23.♘a3 ♗c5
24.♘c4 e1♕ 25.♗e1 (25.♖e1 ♖e1
26.♗e1 ♕d4–+) 25...♕d4–+]
16...♖e8 17.♖f3 [17.♖d1 ♗c5
18.♖d3 ♘f6∓] **17...♗c5 18.♗g7**
♖hg8 19.♗b2 [19.♗e5 ♖e5 20.fe5
♗d4–+] **19...♖g3! 20.♖g3 ♘f4**
21.♕f3 [21.♕c2 ♕e1 22.♔h2 e2
23.♘c3 ♗g1 24.♔h1 ♕g3 25.♖g1
♕h4 26.♗h3 ♕h3X] **21...e2**
[21...♕e1 22.♔h2 (22.♗f1 e2 23.♘d2
♕a1 24.♗a1 e1♕ 25.♗c3 (25.♖f4
♗d6–+) 25...♗f2 26.♖g5 ♗e3–+)
22...e2 23.♘c3 ♕a1 24.♗e2 ♕b1!
25.♕f4 (25.♘f4 ♗g1 26.♔h1
♗f2–+) 25...♕b2–+] **22.♘c3 e1♕**
23.♖e1 ♖e1 24.♗f1 ♗c4!
25.bc4 ♕c4 26.♖g1 ♘d3!
27.♕g3 [27.♕d3 ♕h4 28.♕h3 ♕h3
29.♗h3 ♗g1 30.♔g2 ♗d4–+] **27...♗g1** [27...♕d4⊡ 28.♗a3 ♗b6
29.♗b2 ♔b7 30.a4 (30.♘e2 ♘f2
31.♔g2 ♕b2–+) 30...♗g1 31.♕g1
♗g1 32.♗d3 ♕d4 33.♔g2 ♗c3
34.♗c3 ♖e3–+] **28.♕e1 ♕f4!**

29.♕e8 [29.♕e2 ♗c5 30.♕d3
♕f2–+] **29...♔b7 30.♕e2 ♗c5**
31.♔g2 ♕h4 [31...♕d4 32.♕d3
♕g1 33.♔h3 ♗d6 34.♕d6 ♕f1–+]
32.♕d3 ♕f2 33.♔h3 ♗d6
34.♗g2 ♕f4 35.♕d6 [35.♗c6!?
dc6 36.♔g2 ♕h2 37.♔f3 ♕b2–+]
35...cd6 36.♘e4 d5 37.♘g3
[37.♘f6 h4 38.♘h5 ♕f5 39.♔h4 ♕f2]
37...♕g4 38.♔h2 ♕h4 39.♗h3
♕f4   **0-1**

Adla/Glavina

Study Material

9...0-0-0

Rajlich,Vasik
Narciso,Marc

Budapest 1999 (3)

1.e4 e5 2.d4 ed4 3.♘f3 ♘c6 4.♘d4
♘f6 5.♘c6 bc6 6.e5 ♕e7 7.♕e2
♘d5 8.c4 ♗a6 9.b3 0-0-0 10.♕e4?!
♘f6! **11.♕f5?** [11.♕d4 c5 12.♕b2 d6∓;
11.♕e2 ♖e8 (11...♘d5; 11...♘g4 12.f4
(12.♗b2 ♘e5 13.♗e5; 13.♕e5 ♕e5
14.♗e5 ♖e8∓) 12...♕e6 13.h3 ♘h6∞)
12.f4 d6 (12...d5? 13.♘c3 ♕d7 14.♗d2±
Blackburne-Zukertort, London m 1881;
14.♕d3!?) 13.♗b2 ♘d7∞]

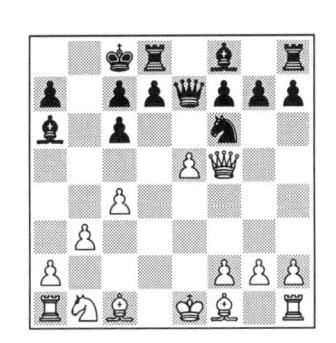

11...♘g4! 12.f4 ♕e6? [12...♕c5!
13.♕g4 ♕d4∓] **13.♕e6 de6 14.♗e2?**
[14.♘c3 ♗c5 15.♘e4 ♗d4 16.♖b1=]
14...♗c5! 15.♘a3 [15.♘c3 ♘e3
16.♘e4 (16.♗e3 ♗e3–+) 16...♘g2

17.♔f1 ♗d4 18.♖b1 ♘e3∓] **15...♗f2**
16.♔f1 ♗d4 17.♖b1? [17.♘c2! ♗a1
18.♘a1 ♘h6∓] **17...♘f2 18.♖g1 ♘e4**
19.♖h1 ♘f2 20.♖g1 ♘d3 21.♗d3
[21.♖h1? ♘c1 22.♖c1 ♗b2–+]
21...♖g1 22.♔e2 ♗h2–+ 23.♔f2
h5 24.♗e3 g5 25.g3 h4 26.gh4
♖h4 27.fg5 ♗e5 28.♘c2 ♖h2
29.♔f3 c5 30.♗c5 ♖d2   **0-1**

Zahn,Nicol
Zude,Arno

Schoneck 1991 (3)

1.e4 e5 2.♘f3 ♘c6 3.d4 ed4 4.♘d4
♘f6 5.♘c6 bc6 6.e5 ♕e7 7.♕e2
♘d5 8.c4 ♗a6 9.b3 0-0-0 10.f4
♘b6 [10...g5!? 11.fg5 (11.♗a3 c5 12.♕e2
♘b6) 11...♗g7∞] **11.♗b2 d5** [11...f6!?
12.ef6 ♕f7∞] **12.ed6** [12.♕f3 dc4?
(12...♗b7   13.♘d2∞)   13.♕d2!±]
12...♕d6 [12...♕e2 13.♗e2 cd6 14.♘d2
d5= 15.c5 ♗e2 16.cb6 ♗h5 17.ba7
♔b7∓] **13.g3 ♕d7 14.♕d2??**
[14.♕h5!? g6 15.♕f3∞] **14...♕f5–+**
15.♕g2 ♗b4 16.♔f2 ♗c5 17.♔f3
♖d3! 18.♗d3 ♕d3 19.♔g4 h5
20.♔h3 ♕f5 21.g4 hg4 22.♔g3
♕d3 23.♔g4 ♗e7 24.h4 f5X   **0-1**

COMP Fritz
COMP Junior

Paris WMCCC-ch 1997 (11)

1.e4 e5 2.♘f3 ♘c6 3.d4 ed4 4.♘d4
♘f6 5.♘c6 bc6 6.e5 ♕e7 7.♕e2
♘d5 8.c4 ♗a6 9.b3 0-0-0
10.♕b2?! ♘b6 **11.♗e2** [11.c5?! ♗f1
12.cb6 ♗g2 13.ba7 ♔b7 14.♖g1 ♗d5∓]
11...♖e8 12.♗f4?! [12.f4!?; 12.c5?
♕e5 (12...♗e2!?) 13.♕e5 ♖e5 14.♗e2
♗e2 15.cb6 ♗a6 16.ba7 ♔b7∓
Olafson-Pedersen, Viby 1992] **12...g5!**
13.♗g3 ♗g7 14.♘d2 [14.♘c3 f5! 15.f4
(15.c5 ♗e2 16.cb6 cb6 17.♘e2 f4–+)
15...gf4 16.♗f4 ♗e5 17.♗e5 ♕e5∓
18.0-0? ♕d4 19.♔h1 ♖e2 20.♕e2
♕c3–+ Ljubojevic-Seirawan, Wijk aan Zee
1986 – YB/19-55] **14...♗e5 15.♗e5**
♕e5 16.♕e5 ♖e5 17.♘f3 ♖e7
18.♔d2 d5 19.♖ae1 dc4 20.bc4 g4
[20...♘c4 21.♗c4 ♘c4∓] **21.♘d4 ♖d8**
22.♗g4 ♔b7 23.♖e7 ♖d4 24.♔e3
♖g4–+ 25.♔f3 ♖g5 26.♖f7 ♗c4

27.Rh7 Bd5 28.Ke2 Bg2 29.Rc1 Re5 30.Kd2 Bd5 31.h4 Rf5 32.Ke1 Ba2 33.h5 Re5 34.Kd2 Bc4 35.h6 Re2 36.Kc3 Rf2 37.Rg7 Rf3 38.Kd2 Rd3 39.Ke1 Rh3 40.Rg6 c5 41.Kf2 a5 42.Rcg1 Bd5 43.R1g3 Rh2 44.Kg1 Rh4 45.R3g4 Rh1 46.Kf2 a4 47.Rg1 Rh3 48.R1g3 Rh2 49.Kg1 Rh5 50.Kf2 Be4 51.Rf6 Nd5 52.Re6 Bf5 53.Re5 Nf6 54.Ke3 Nd7 55.Rf5 Rf5 56.Rh3 a3 57.h7 Re5 58.Kd3 a2 59.Rh1 Rd5 60.Kc2 a1Q 61.Ra1 Rh5 62.Re1 Rh7 63.Re6 c4 64.Kc3 Nb6 65.Kb4 Rh3 66.Rg6 Rb3 0-1

Micic,Snezana
Markovic,Gordana

Kladovo ch-YU-W 1990

1.e4 e5 2.Nf3 Nc6 3.d4 ed4 4.Nd4 Nf6 5.Nc6 bc6 6.e5 Qe7 7.Qe2 Nd5 8.c4 Ba6 9.b3 0-0-0 10.Qb2?! Nb6 11.Be2 Re8 12.Bf4?! g5! 13.Bg3 Bg7 14.Nd2 Be5 15.Be5 Qe5 16.Qe5 Re5 17.Nf3 Re7 18.Kd2 d5 19.Ng5 Rg8 20.Nh3 [20.h4 f6 21.Nh3 Rg2∓; 20.Nh7 Rg2 21.Raf1 (21.Ke1 Nd7!−+) 21...dc4−+] **20...Rg2 21.Bf3 Rg6 22.Rae1 Re1 23.Re1 dc4 24.b4 Nd5 25.a3 Bb5 26.Re5 c3 27.Kc1 Ba4 28.Rf5?** [28.Be4 Rd6∓; 28.Bd5? cd5 29.Rd5 Re6−+] **28...Re6** [29.Rd5□ cd5 30.Bg4−+; 28...Nb4! 29.ab4 Re6−+] 0-1

10.Nd2

Fernandez Garcia,Jose
Estremera Panos,Sergio

Lleida ch-ES 1991 (9)

1.e4 e5 2.Nf3 Nc6 3.d4 ed4 4.Nd4 Nf6 5.Nc6 bc6 6.e5 Qe7 7.Qe2 Nd5 8.c4 Ba6 9.Nd2!? 0-0-0 10.b3 f6 11.Bb2 fe5 12.0-0-0 [12.Qe5 Qe5 13.Be5 Re8 14.Nf3 Bd6 15.cd5 Bb7! 16.dc6 Bc6 17.Ba6 Kd8 18.0-0 Be5 19.Ne5 Re5=] **12...Re8 13.Nf3?!** [≥ 13.g3] **13...e4 14.Ne5 Qg5 15.Qd2**

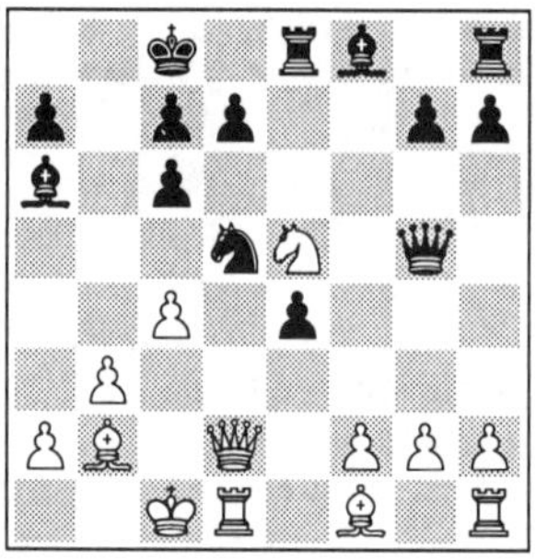

15...Qd2 [15...Re5! 16.cd5 Bf1 17.Be5 Qe5 18.Rhf1 Qa1 19.Kc2 Qa2 20.Kc3 Qa5 21.Kb2 Bb4!?∓; 21...Qa3=] **16.Rd2 Nf6 17.g3** [17.Nf7 Rg8 18.Nh6 gh6 (18...Rh8 19.Nf7=) 19.Bf6 Bb4∓] **17...Bb4 18.Rc2 Bc5** [≥ 18...Re7] **19.Bh3 Bb7 20.Rd1 Re7 21.Re2 Bd6** [21...Rhe8 22.Ng4 Ng4 23.Bg4 Kd8!?∓] **22.Ng4 Ng4 23.Bg4 c5 24.f4 h5?!** [24...Rf8≅] **25.Bf5 h4 26.Rde1 hg3 27.hg3 Rh6 28.Kb1?!** [≥ 28.Kd2±] **28...g6 29.Be4 Be4 30.Re4 Re4 31.Re4 Rh1 32.Bc1 Rg1 33.Re8 Kb7 34.Re3 Bf8 35.Kc2 Bg7?!** [35...Rg2 36.Bd2 Kc6=] **36.Re7 Bd4 37.Rd7 Rg3 38.Bd2 Kc6 39.Rd5 Bf6 40.a3 Be7±** ½-½

Peredy,Ferenc
Kovacs,Laszlo

Hungary tt 1996

1.e4 e5 2.Nf3 Nc6 3.d4 ed4 4.Nd4 Nf6 5.Nc6 bc6 6.e5 Qe7 7.Qe2 Nd5 8.c4 Ba6 9.b3 0-0-0 10.Nd2 Re8 11.Bb2 f6 12.0-0-0 fe5 13.g3 Nf6 [13...Kb8 14.Bg2 g6 15.f4 Bg7 16.fe5 Qb4 17.Ne4 Nb6 18.e6! (18.Nf2!? Radulov-Rukavina, Sofia tt 1972 – YB/26-88) 18...Bb2 19.Qb2 de6 20.Rhf1 Rhf8 21.Qe5 (21.Rf8 Rf8 (21...Qf8 22.Qe5±) 22.Qg7 Re8∞) 21...Qa3 22.Kb1 Nc4 23.bc4 Bc4 24.Rf8 Ba2 25.Kc2 Qb3 26.Kc1 Rf8 27.Nc5±] **14.Bh3** [14.Bg2] **14...Kb8 15.Rhe1 d6 16.Ne4** [16.Bg2 Bb7 17.Qf1!?≅ △ 18.f4] **16...Bb7 17.Bg2 h5 18.Qc2?** [18.f4! ef4 19.Qf1 Ne4 20.Re4 Qd8 21.Re8 Qe8 22.Re1; 22...Qf7?! 23.Qf4≅] **18...Ne4 19.Be4 g5 20.Kb1 g4 21.c5** [21.f4!? gf3 22.Qf2 Bg7 23.Qf3 Ref8 24.Qg2 Qe8∓] **21...Bg7 22.cd6 cd6 23.Ba3 Rh6 24.Qd2** [24.Bc1 Rhh8 25.Ba3 c5 (25...Rh6 26.Bc1=) 26.Bb7 Kb7 27.Qc4∓] **24...Rd8 25.Qb4 Ka8** [25...Qc7!?] **26.Re2 Bf8 27.Bc1 Rh8 28.Qa4** [28.f4 gf3 29.Bf3 Qf6 30.Qc3 d5!? 31.Re5 Bg7 32.Bf4 Qg6∓] **28...c5?** [28...d5 29.Bg2 Bg7∓] **29.Bb7 Qb7** [29...Kb7] **30.Re5 Bg7 31.Red5 Bd4 32.Rf5??** [32.Qc4 Qh7 33.Qc2∞] **32...Qe4** 0-1

Novak,Danijel
Bubicic,Josip

Tucepi tt 1996 (8)

1.e4 e5 2.Nf3 Nc6 3.d4 ed4 4.Nd4 Nf6 5.Nc6 bc6 6.e5 Qe7 7.Qe2 Nd5 8.c4 Ba6 9.b3 0-0-0 10.g3 f6 11.Bb2 Re8 12.Nd2 fe5 13.0-0-0 g6 14.Ne4 Bh6 [14...Bg7 15.Qd2 Nf6 (15...Nb6 16.Qa5 Bb7 17.c5±) 16.Nf6 Bf6 17.Bh3 Rd8 18.Rhe1 Qg7 19.Kb1!± △ 20.Qa5; 19.Qa5 Qh6∞] **15.Kb1 Rhf8?** [15...Kb8 16.Bg2 Nb6∞] **16.Bh3** [16.Qe1!? Nf6 (16...Nb6 17.Qa5 Bb7 18.c5±) 17.Bh3 Kb8 (17...Rd8 18.Nf6 Qf6 19.f4±; 17...Ne4 18.Rd7±) 18.Nf6 Qf6 19.Bd7±] **16...Kb8** [16...Nb6 17.Qe1 Bb7 18.Qa5 Kb8 19.Ba3±] **17.Qe1 Nb6 18.Qa5 Bb7 19.Rhf1!?** [19.Ba3± c5? 20.Nc5+−] **19...d6 20.c5 Nd5** [20...d5!? 21.cb6 cb6 22.Qa4 de4 23.Rd7 Qf6 24.Rh7 Bg7∞] **21.Ba3 Rd8 22.Rfe1 Rf7** [22...Bg7!?]

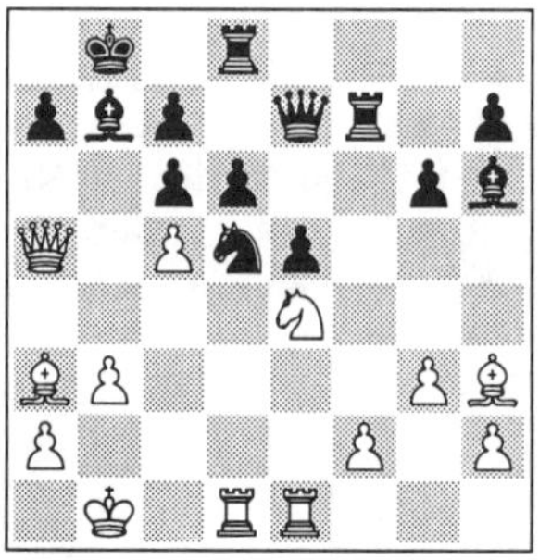

23.Re2!? [23.f4 Bg7 (23...ef4? 24.cd6) 24.Ng5 Rff8 25.Ne6 (25.Bb2∞) 25...ef4 26.Nd8 Qf6 (26...Qd8≅) 27.Kc2 (27.Nb7? Qa1 28.Kc2 Qa2 29.Kc1 Kb7→) 27...Rd8∞] **23...Bf8 24.Rc2 h6 25.Rc4 Rf5** [25...a6 26.Ra4 Bg7

27.♗f1±] **26.♖a4 dc5?** [26...a6 27.♗f1 dc5 28.♗c5±] **27.♕a7 ♔c8 28.♘c5 ♕c5 29.♗c5 ♘c3 30.♔c2 ♘d1 31.♗f8** 1-0

Wieweg,Johnny
Ronneland,Daniel

Stockholm 1992 (2)

1.e4 e5 2.♘f3 ♘c6 3.d4 ed4 4.♘d4 ♘f6 5.♘c6 bc6 6.e5 ♕e7 7.♕e2 ♘d5 8.c4 ♗a6 9.b3 0-0-0 10.♗b2 ♖e8 11.♕d2 ♘f6 12.♗e2 ♘e4 13.♕e3 ♕b4 14.♔f1 ♗c5 15.h4?! [15.♘d2±] **15...f6 16.♖h3 fe5 17.a4 ♕b7 18.♗a3 ♘e6 19.♕e5**

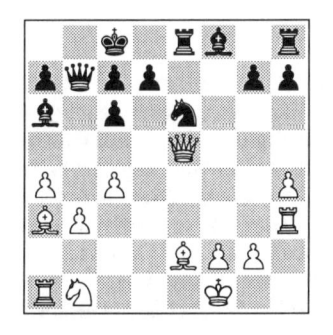

19...♗a3? [19...c5!∓] **20.♘a3 h6 21.♖e3 ♕b4 22.♗h5 ♖ef8 23.♘c2 ♕d2** [23...♗c4 24.bc4 ♕c4 25.♖e2 ♕h4 26.♔g1 ♘f4 27.♗f3±] **24.♖e2 ♕f4 25.g3 ♕f6 26.♗g4± ♖e8 27.♖ae1 ♕e5 28.♖e5 g5 29.h5 ♘g7 30.♘d4 ♗b7 31.♖e7 ♘e6 32.♖e8 ♖e8 33.♘e6 de6 34.♖e6 ♖e6 35.♗e6 ♔d8 36.c5 ♔e7 37.♗g4 ♘f6 38.f4 gf4 39.gf4 ♗a6 40.♔f2 ♗d3 41.♗d1 ♔f5 42.♔e3 ♗b1 43.a5 ♗e4 44.♗g4** 1-0

Grosar,Aljosa
Kourmoulakis,K

Katerini 1993 (1)

1.e4 e5 2.♘f3 ♘c6 3.d4 ed4 4.♘d4 ♘f6 5.♘c6 bc6 6.e5 ♕e7 7.♕e2 ♘d5 8.c4 ♗a6 9.b3 0-0-0 10.♗b2 ♘b6 11.♘d2 d6 12.ed6± ♕e2

[12...♕d7 13.♕f3 cd6 (13...♗d6 14.0-0-0±) 14.♗e2 d5 15.0-0±] **13.♗e2 cd6 14.0-0-0 d5 15.♗g4 ♔b7 16.cd5 cd5 17.♘f3 f6 18.♘d4 ♖e8 19.a3 ♔b8 20.♖he1 ♗c5 21.f4 ♗c8 22.♗h5 ♖e4 23.g3 ♗d7 24.♗f3 ♖e1 25.♖e1 ♖e8? 26.♖e8 ♗e8 27.♘e6+– ♗g1 28.♘g7 ♗d7 29.♗f6 ♗h2 30.♗e5 ♔c8 31.f5 ♔d8 32.f6 ♗e8 33.♘e8 ♔e8 34.♗h5 ♔f8 35.♗d6** 1-0

Hawes,Jonathan
Ballon,Gunther

Jersey 2000 (4)

1.e4 e5 2.♘f3 ♘c6 3.d4 ed4 4.♘d4 ♘f6 5.♘c6 bc6 6.e5 ♕e7 7.♕e2 ♘d5 8.c4 ♗a6 9.b3 0-0-0 10.♗b2 ♖e8 11.♕d2 ♘b6 12.♗e2 f6 13.ef6! [13.c5 ♗e2 14.cb6 ♗a6∓] **13...gf6 14.♘c3± c5 15.0-0 ♗b7 16.♖fe1 ♕f7 17.♖ad1 ♕g6 18.♘d5 ♘d5 19.cd5 ♖g8 20.♗f3 ♗d6 21.g3 h5 22.♖e8 ♖e8 23.♖e1 ♖e1** [23...♗e5!? 24.h4±] **24.♕e1 h4 25.♕e4!± ♕e4 26.♗e4 hg3 27.fg3 ♗e5 28.♗e5 fe5 29.h4 ♔d8 30.g4 ♔e8 31.g5 ♔f7 32.♗f2 ♗a6 33.h5 c4 34.bc4 ♗c4 35.a3 ♗b3 36.h6 ♗d1 37.g6 ♔f8 38.g7 ♔g8 39.d6** 1-0

10.g3

Pavasovic,Dusko
Giorgadze,Giorgi

Lippstadt 1998 (9)

1.e4 e5 2.♘f3 ♘c6 3.d4 ed4 4.♘d4 ♘f6 5.♘c6 bc6 6.e5 ♕e7 7.♕e2 ♘d5 8.c4 ♗a6 9.b3 0-0-0 10.g3 g5!? 11.♗a3?! [11.♗g2 ♗g7 12.♗b2 (12.♘d2? ♕e5 (12...♘b4? Vallejo-Giorgadze, Elgoibar 1997) 13.♕e5 ♗e5–+) 12...h5!? (12...♖he8 13.0-0 ♗e5 14.♕e5 ♕e5 15.♗e5 ♖e5 16.cd5 ♗f1 17.♔f1 cd5 18.♘c3 c6± Arngrimsson-Ong, Espoo 2000; 12...♕b4? 13.♘d2 ♖de8 14.a3 ♕a5 15.0-0 ♘c3 16.♕e3 ♕e5 17.♕a7 ♗b7 18.♘e4 ♕e2 19.♔h1 ♕b2 20.♘c5 ♗d4 21.♕b7 ♔d8 22.♘d7+– Hernandez-Henao, Guara-

puava 1992) 13.0-0 ♔b8 (13...h4!?) 14.♘d2 ♗b6 15.♖fe1 d5?! 16.♘f3 c5 17.♕e3 (17.♕d2!?) g4 18.♘h4 dc4 19.♕a5 ♗c8 20.bc4 ♘c4 21.♕b5 ♗b6 22.♕c6 ♖h6 23.♕e4→) 17...♘h6 18.♕c3 d4 19.♕a5 ♗b7 20.♖a3 ♗f8 21.♖ad1± Voitsekhovsky-Lobzhanidze, Russia 1999; 11.♗b2 ♗g7 12.♕e4 f5!? (12...♘b4) 13.♕f5 ♖hf8 14.♕e4 ♘f6 15.♕e2 ♗g4! 16.♕g4 ♗e5 17.♕e2 ♗b2 18.♕e7 ♖de8 19.♕e8 ♖e8 20.♔d2 ♗a1 21.♗d3= Charbonneau-Khassanov, Montreal 2000] **11...♕a3?** [11...c5 12.♗g2 ♗g7!? 13.♗b2 ♘b6 14.0-0±; 11...♘b4! 12.♗b2 (12.♗b4? ♕b4 13.♘d2 ♗g7∓) 12...♗g7 13.a3? ♘d3 14.♕d3 ♗e5 15.♕e3 ♗b2 16.♕e7 ♖he7 17.♕e8 ♖e8 18.♔d2 ♗a1∓] **12.♘a3 ♗b4 13.♕d2 ♗d2 14.♔d2± ♘e7 15.h4 h6 16.c5?!** [16.♗d3 d5 17.♔c3±; 16.hg5! hg5 17.c5±] **16...♗f1 17.♖af1 d6= 18.ed6 cd6 19.hg5 dc5 20.♔e2 hg5 21.♖h8 ♖h8 22.♖c1 f6 23.♖c5 ♖h1 24.♖c2 ♗d7 25.♘c4 ♖a1 26.♘a5** ½-½

Motylev,Alexander
Naes,Flovin

Ubeda 2000 (1)

1.e4 e5 2.♘f3 ♘c6 3.d4 ed4 4.♘d4 ♘f6 5.♘c6 bc6 6.e5 ♕e7 7.♕e2 ♘d5 8.c4 ♗a6 9.b3 0-0-0 10.g3 f5 11.♗g2 fe5 12.0-0 e4 13.♕d2

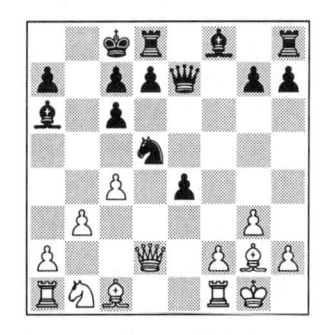

13...e3 [13...♘f6!? 14.♕a5 (14.♗b2) 14...♗b7 (14...♗b7 15.♗f4 d5 16.♖c1 ♘e8 17.cd5 cd5 18.b4 g5 (18...♗d3 19.♘c3 ♕e6 20.♘e4!±) 19.b5!±) 15.♗f4 d5 16.cd5 ♘d5 17.♗a7 ♘f4 18.gf4 ♖d8 19.♘d2!±] **14.♕a5!+– ♔b7 15.cd5 ♗f1 16.♗e3 ♗a6 17.♗f1 c5 18.♗a6 ♗a8 19.♘c3 ♕f6 20.♗g5 ♕g5 21.♕c7** 1-0

137

Dworakowska, Joanna
Dabrowska, Krystyna

Brzeg Dolny 2000 (7)

1.e4 e5 **2.**♘f3 ♘c6 **3.**d4 ed4 **4.**♘d4 ♘f6 **5.**♘c6 bc6 **6.**e5 ♕e7 **7.**♕e2 ♘d5 **8.**c4 ♗a6 **9.**b3 0-0-0 **10.**g3 f6 **11.**♗g2 fe5 **12.**0-0 ♖e8 **13.**♕d2 ♘b6 **14.**♕a5 ♔b7 [14...♗b7 15.♕a7∓] **15.**♗a3 ♕f6 **16.**♗f8 ♖hf8 **17.**♘c3 d6?? [17...d5 18.cd5 ♗f1 19.dc6 ♔a8 20.♖f1±; 17...♕f7 18.♖ad1 h5? 19.♘e4 d6 20.♖d6+−] **18.**♗c6 ♔c6 **19.**♕a6 e4 **20.**♘d5 ♕e5 **21.**♖ad1 ♖f7 **22.**a4 ♔d7 **23.**♘c7 e3 **24.**♘e8   1-0

Hernandez, Gilberto
Garcia, Gildardo

Guarapuava 1991 (5)

1.e4 e5 **2.**♘f3 ♘c6 **3.**d4 ed4 **4.**♘d4 ♘f6 **5.**♘c6 bc6 **6.**e5 ♕e7 **7.**♕e2 ♘d5 **8.**c4 ♗a6 **9.**b3 0-0-0 **10.**g3 f6 **11.**♗g2 fe5 **12.**0-0 ♖e8 **13.**♕d2 ♘f6 **14.**♕a5 ♗b7 **15.**♗a3 ♕e6 **16.**♕a7 ♕g4 **17.**♗f8 ♖hf8 **18.**♘a3 h5 **19.**♘c2 h4 **20.**a4 h3 **21.**♗h1 ♘e4 **22.**a5 c5 [22...♘c3 23.♖fe1!+−] **23.**♘e3 ♕g6 **24.**a6 ♗c6 **25.**♘d5+− ♗d5 **26.**cd5 d6 **27.**♕a8 ♔d7 **28.**♕c6 ♔e7 **29.**a7 ♖a8 **30.**♕c7 ♔f6 **31.**♖fe1 ♖f7 **32.**♕b6 ♘f2 **33.**♕d6 ♔g5 **34.**♖e5 ♔h6 **35.**♖e6 ♖f6 **36.**♖f6 gf6 **37.**♕f4 ♔g7 **38.**♕f2 ♕d3 **39.**♗f3 ♕b3 **40.**d6 ♕c3 **41.**♕f1 ♕d4 **42.**♔h1   1-0

Hernandez, Yudania
Herrera, Irisberto

Matanzas 1993 (7)

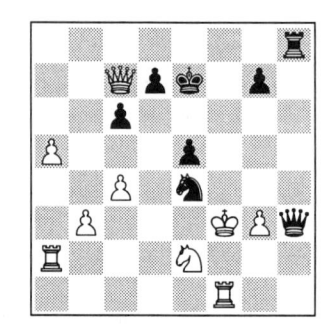

1.e4 e5 **2.**♘f3 ♘c6 **3.**d4 ed4 **4.**♘d4 ♘f6 **5.**♘c6 bc6 **6.**e5 ♕e7 **7.**♕e2 ♘d5 **8.**c4 ♗a6 **9.**b3 0-0-0 **10.**♗b2 ♖e8 **11.**g3 f6 **12.**♗g2 [12.♕d2 ♘b6 13.a4 (13.♗g2?! ♗c4! 14.bc4 ♘c4 15.♕e2 ♘b2 16.♕b2 (16.0-0? ♕e5 17.♕a6 ♔b8 △ 18...♕b5−+) 16...♕e5 17.♕e5 ♖e5 18.♔d2! (18.♔f1? ♗b4∓; 18.♔d1?! ♗c5 19.f4□ ♖e3 20.♘d2 ♖he8∓) 18...♗b4 19.♔d3 ♖he8 20.♘c3 (Khasangatin-Zyla, Koszalin 1998) 20...♖a5∓) 13...♕b4 (13...♔b8? 14.a5 ♘c8 15.♗h3!± Morozevich-Xie Jun, Pamplona 1998/99 (4) − YB/50-106) 14.♕b4 ♗b4 15.♔d1! (15.♘d2 fe5 16.a5 ♘a8 17.♗h3 ♗b8 18.0-0-0 d6∓ De la Riva-Xie Jun, Pamplona 1998/99 (6) − YB/50-106) 15...fe5 16.a5 ♘a8 17.♗g2 ♖hf8 18.♖f1 ♔b8 (18...d5?! 19.♘c3! ♗c5 (19...♗c3 20.♘c3 dc4 21.b4!±) 20.♖a2±, ♘a8<) 19.♘c3 ♗c3 20.♘c3 c5 21.♔e2 ♗b7 22.♗b7 ♔b7 23.♘e4 d6 24.♖fd1± Farkas-Carnic, Palic 1999] **12...**fe5 **13.**0-0 [13.♘d2 g6 14.0-0-0 ♗g7 (14...♗h6!? 15.♔b1 ♖hf8 16.♘e4 ♔b8?! 17.♕e1! ♘f6 18.♘f6 ♖f6 19.f4 ♖f7 20.♕a5 ♗b7 21.♗e5± Thorhallsson-Sigfusson, Island ch 1991) 15.♘e4 (△ ♕d2-a5±) 15...♘b6 16.♕d2 △ 17.♕a5±] **13...**h5 **14.**♕d2 [14.♘d2? h4 15.♖fe1 hg3 16.hg3 ♕g5 17.♘f3 ♕h5∓] **14...**♘f6 **15.**♕a5 ♗b7 **16.**♗a3 [16.♕a7? ♕c5 17.♕c5 ♗c5 △ 18...h4∓] **16...**♕e6 **17.**♕a7 [17.♗f8 ♖hf8! 18.♕a7 ♕g4! 19.♘a3! (△ ♘c2-e3) 19...h4 20.♘c2 h3 21.♗h1 ♘c4 22.a4! (22.f3?? ♘g3! 23.fg4 ♘e2X) 22...♘c3 23.♖fe1! (23.♖ae1? ♕e2 24.♖e2 ♕e2 25.♘b4 (△ 26.♘a6) 25...d5 26.cd5 cd5 27.♖c1!?→ (27.♘d5? ♕a6!∓; 27.♗d5?! ♗d5 28.♘d5 ♕c2□∞ Kasparov-Karpov, Lyon Wch m-14 1990) 27...♕d2 (27...♖d8? 28.♗d5 ♖d5 29.♘d5 ♖f7 30.♘b6+−) 28.♕c5 (♗e7!±) 23...♕e2 24.♔f1 ♘d4 25.♘d4 ♕d4 26.♕d4 ed4 27.♖e8 ♖e8 28.♖e1 ♖f8 29.f4! g5 30.♔f2! gf4 31.g4 f3 (31...c5!?) 32.c5!± Azmaiparashvili] **17...**h4 **18.**♗f8 ♖ef8 **19.**♘c3 [19.a4! hg3 20.a5! ♖h2 21.a6+−] **19...**♖h6 **20.**a4 hg3 **21.**a5! ♔d8 **22.**♕b7 ♖fh8 **23.**fg3 [23.hg3 ♖h1 24.♗h1 ♖h1 25.♔h1 ♕h3 26.♔g1 ♘g4 27.♕b8 ♔e7 28.♕h8 ♕h8 29.♔g2 ♕h2 30.♔f3 ♕h5 31.♔g2 ♕h2 32.♔f3 ♕h5=] **23...**♖h2 **24.**♖a2? [24.♕b8 ♔e7 25.♕b4 d6 (25...♔d8 26.c5±) 26.c5±] **24...**♕g4 **25.**♘e2 ♘e4 **26.**♕b8? [26.♕b4 c5 27.♕b8 ♔e7 28.♕c7 ♖g2 29.♔g2 ♕h3 30.♔f3 ♕f1 31.♔e4 ♕b1 32.♔d5 ♕a2 33.♕d6 ♔f7 34.♕d7 ♔g8 35.♕e8 ♔h7 36.♕h5=] **26...**♔e7 **27.**♕c7 [27.♕b4 c5 28.♕e1 ♖g2! 29.♔g2 ♕h3 30.♔f3 ♖f8 31.♔e4 ♖f1∓] **27...**♖g2 **28.**♔g2 ♕h3 **29.**♔f3

29...♘g5? [29...♕f1 30.♔e4 ♕b1 31.♔f3 ♖f8! (31...♔b3 32.♔g2 ♕a2 33.♕e5 ♔f7 34.♕f5 ♔g8 35.♕e5! ♕d2 36.a6 ♔h7 37.♕e4 ♔h6 38.♕h4 ♔g6 39.♕h8 ♕e2=) 32.♘f4 ♕a2 33.♕e5 ♔f7 34.♔g4 ♕b3 35.♕d4 ♔g8 36.a6 ♕c2 37.♕d7 ♕c4 38.♔h3 ♖a8 39.♘e6 ♕f1 40.♔g4 ♕e2 41.♔h3 (41.♔h4 ♕e4 42.♔h3 ♕f5 43.♔h2 ♕f2 44.♔h3 ♕f7∓; 41.♔f4 ♕c4 42.♔e3 ♕c3 43.♔f4 ♕f6 44.♔e4 ♕f7∓) 41...♕h5 42.♔g2 ♕d5 43.♕d5 cd5 44.♘c7 ♖a7 45.♘d5 ♖a6−+] **30.**♔e3 ♕f1 **31.**♕e5± ♘e6 **32.**♖a1 ♕h3 **33.**a6 ♖h5 **34.**♕e4 d5 **35.**cd5 cd5 **36.**♕b4 ♔f6 **37.**♔d2 ♕g2 **38.**♖g1 ♕f3 [≥ 38...♕f2] **39.**♕c3 ♕c3 **40.**♔c3 d4 **41.**♔d4 ♘d4 **42.**♔d4 ♖a5 **43.**b4 ♖a6 **44.**b5 ♖a2 **45.**♖b1 ♔e6 **46.**b6 ♖d2 **47.**♔e4 ♖d8 **48.**b7 ♖b8 **49.**♔f4 ♔f6 **50.**♖b6 ♔e7 **51.**♔g5 ♔f7 **52.**g4 g6 **53.**♖f6 ♔e8 **54.**♖e6 ♔f7 **55.**♖b6   1-0

N!C SURVEY

Survey KP 13.3-16

INTRODUCTION: Igor Glek, Vladimir Gurevich
MAIN ANALYSIS: Igor Glek, Vladimir Gurevich
STUDY MATERIAL: Glek, V.Gurevich, Dautov, Shneider

King's Pawn Opening
Two Knights Defence

KP 13.3-16

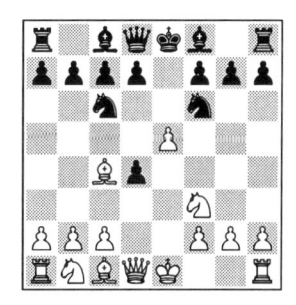

The Scotch Gambit

1.e4 e5 2.♘f3 ♘c6 3.d4 ed4 4.♗c4 ♘f6 5.e5

It is getting increasingly difficult lately to gain an advantage in the open games with the Ruy Lopez – one of the most widely used openings. The recent Brain Games World Championship was no exception to this rule – Kasparov failed to breach Kramnik's 'Berlin Wall'. That is why White is constantly on the lookout for new ways and fresh ideas in less popular lines.
The present article is devoted to one of these possibilities for White to play differently. After 1.e4 e5 2.♘f3 ♘c6 3.d4 ed4 4.♗c4 White, in contrast to the Scotch (4.♘d4), is proceeding with his development, intending to recapture on d4 at a more convenient time. In some lines White is also ready to sacrifice a pawn for the sake of obtaining the initiative.

The Two Knights Defence
Historically this opening line is called the Scotch Gambit. Our survey of it is divided into two parts. In this first instalment we will deal with 4...♘f6 5.e5, which transposes to one of the main lines of the Two Knights Defence. There are three continuations here: 5...d5, 5...♘e4 and 5...♘g4.

Although 5...d5 is regarded as the main line by several opening guides, Black has to work hard to equalise. Characteristic in this respect is the featured game Vladimir Gurevich-Kostiuk, Ukrainian Team Championship, Alushta 2000, in which White realised the standard plan of occupying c5 (♘b3, ♕c3, ♗c5) using a pawn sacrifice to reach this blockade on the dark squares.
5...♘e4 is called the Lvov Variation in an extensive article by Adrian Mikhalchishin in Yearbook 32. As shown in the game Tzermiadianos-Gligoric, Panormo Zonal 1998, White can fight for an advantage here too.
In our opinion 5...♘g4 creates the greatest difficulties for White – see the line 6.♕e2 ♕e7 7.♗f4 d6 8.ed6 cd6.

KP 13.14

Gurevich,Vladimir
Kostiuk,Tatiana

Alushta tt 2000

1.e4 e5 2.♘f3 ♘c6 3.♗c4 ♘f6 4.d4 ed4 5.e5 d5 6.♗b5 ♘e4 7.♘d4 ♗d7 8.♗c6 bc6 9.0-0 ♗c5 10.f3 ♘g5 11.f4 ♘e4 12.♗e3 0-0 13.♘d2 ♘d2

STATISTICS

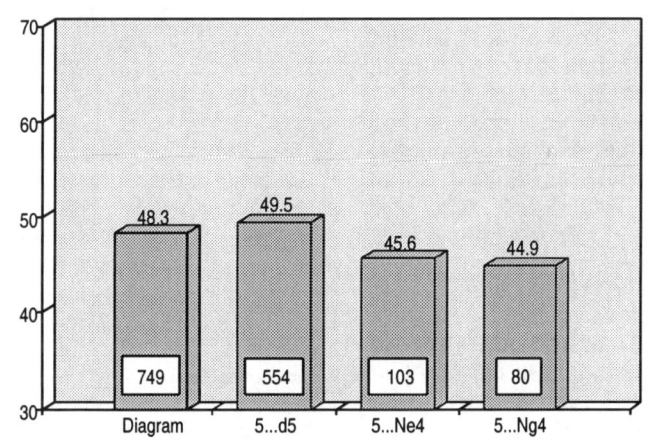

Diagram	5...d5	5...Ne4	5...Ng4
48.3	49.5	45.6	44.9
749	554	103	80

139

14.♕d2 ♗b6 [14...♕e7 15.♘b3! ♗b6 16.♖ae1 g6 (16...f6 17.e6!; 16...♗f5 17.♕c3 ♕d7 18.♗c5±) 17.♔h1 a5 18.♗b6 cb6 19.♘d4 ♘h8 (19...c5 20.f5!±) 20.f5 gf5 21.♘f5 ♕e6 22.♘h6± V.Gurevich-Kurass, Soviet Union 1981] **15.♘b3 f6 16.♗c5 fe5** [16...♖e8 17.♕c3 fe5 18.fe5 ♗g5 19.♖ae1 ♗f5 20.♖e3±] **17.fe5 ♕e7 18.♕c3 ♗f1** [18...♕g5 19.♔h1 ♖f1 20.♖f1 ♗f5 21.♕f3! ♗c5 22.♘c5 ♗g6 23.♘e6!? (23.e6±) 23...♕e7 24.♘d4 ♗e4? (24...♖e8) 25.♘c6!+– V.Gurevich-Agapov, Soviet Union 1981] **19.♖f1 ♖f8** [19...♖e8 20.a4! a5 21.♕d4±] **20.♖f8 ♕f8 21.♕e3** [21.a4 ♕f4] **21...♗g4** [21...♕f5 22.♕f2 ♔f7 23.a4 ♔e8 24.a5 ♗c5 25.♘c5± ♕e5? 26.♕f8; 21...♗f5 22.♕f2 ♕f7 23.a4 (23.h3!±) 23...♕h5 24.a5 (24.h3 ♕d1 25.♔h2 ♕c2; 24.♕f1 ♕g5; 24...♕g4!? 25.h3 ♕e4) 24...♕d1 25.♕f1 ♗c5 26.♘c5 ♕d4 27.♔h1 ♕c5 28.♕f5 ♕a5 29.h3≖]

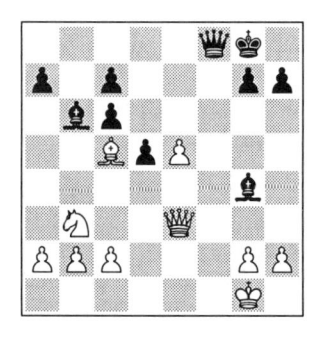

22.a4! ♗d1 23.a5 ♗c5 24.♘c5 ♗c2 25.♕f2!± ♕f2 26.♔f2 ♔f7 27.♔e3 ♗f5 28.b4 ♔e7 29.♘b3 ♗c8 30.♘d4 ♗d7 31.♔f4 ♗e8 32.♘f5 ♔f7 33.h4 ♗d7 34.♘d4 ♔e7 35.♔g5 ♗e8 36.♘f5 ♔f8 37.♘d4 ♔e7 38.♘f5 ♔f8 39.e6 h6 40.♔f4 ♗g6 41.♘d4 ♗e8 42.g4 ♔e7 43.♔e5 ♔f8 44.g5?! [44.h5! ♔g8 45.♘f5 ♔f8 (45...a6 46.♘d4 ♔f8 47.♘b3) 46.a6 ♔g8 (46...g6 47.hg6 ♗g6 48.♔f6 ♗e8 49.♘g7 d4 50.e7 ♔g8 51.♘e8 d3 52.♔g6 d2 53.♘f6 ♔h8 54.e8♕X) 47.♘e7 ♔f8 48.♘c8+–] **44...hg5 45.hg5 ♔e7 46.♘f5 ♔f8 47.♘h4 ♗h5 48.♘g2 ♗f3 49.♘e3 ♗e4 50.♘f1 ♗c2 51.♘g3 ♗d3 52.♘h5 ♗e2 53.♘f4 ♗g4**

54.♔d4 ♔e7 55.♔c5 ♗f5 56.a6! d4 57.♔d4 ♗e6 58.♔c5? [58.♘e6! ♔e6 59.♔c5 ♔d7 60.g6+–] **58...♗c8 59.♔c6 ♗a6 60.♔c7T**
1-0
Glek/V.Gurevich

Study Material

5...d5 6.♗b5 ♘d7

Tseitlin,Mikhail
Yuneev,Alexey
Soviet Union 1980

1.e4 e5 2.♘f3 ♘c6 3.♗c4 ♘f6 4.d4 ed4 5.e5 d5 6.♗b5 ♘d7 7.0-0 [7.♗c6 bc6 8.♘d4 ♘b8 △ 9...c5] **7...♗e7 8.♗c6** [8.♖e1 0-0 9.♗c6 bc6 10.♘d4 ♘b8 (△ 11...c5) 11.♕f3 (11.♗f4 c5! 12.♘b3 ♘c6∓ 13.c4? dc4 14.♕f3 ♗d7 15.♘3d2 ♘d4 16.♕c3 ♗f5–+ R.Moor-Nemet, Baden 1997; 11.c3? c5 12.♘b3 c4 13.♘d4 c5 14.♘f3 ♘c6 15 h3 cb3 16.ab3 ♗g4 17.♘bd2 f6∓ F.Erwich-Van den Doel, Haarlem 1999; 11.♕h5 c5∞; 11.♘c3 c5∞) 11...c5 12.♘f5 ♗f5 13.♕f5 ♕d7 14.♕d7 ♘d7 15.c4 c6 16.cd5 cd5 17.♘c3 ♘b6= Rogers-Short, Tilburg rapid 1992] **8...bc6 9.♘d4** [9.e6?! fe6 10.♘d4 ♘f6 11.♘c6 (11.♗f4?! c5! 12.♘c6 ♕d7 13.♘e5 ♕a4 14.♗g3 ♗d6 15.♘c3 ♕a6∓ Abella-Fernandez, La Coruna 1998) 11...♕d6 12.♘e7 ♕e7 13.♖e1 0-0∞] **9...♘b8** [9...♘e5?! 10.♗f4∞] **10.c3** [10.f4!?; 10.♘b3!?] **10...0-0** [10...c5 11.♘db5!? c6 (11...d4 12.♘d5!) 12.♘d6! ♗d6 13.ed6 0-0 (13...♕d6 14.♖e1 ♗e6 15.♘e4! ♕e7 16.♗g5 f6 (16...♕f8 17.c4! d4 18.♕b3±) 17.♘c5! ♕c5 18.♖e6 ♕d7 19.♕g4 fg5 20.b4 ♕b6 (20...♕b5 21.a4 ♕b6 22.♖ae1+–) 21.♖ae1+– Maciejewski-Sydor, Gdynia ch-PL 1973) 14.♗f4 (d6>) 14...♗e6 15.♕d2 ♘d7 16.♖fe1 ♘b6 17.b3 ♘c8 18.♘a4 ♘d6 19.♘c5 ♗f5 20.f3± Barczay-Smejkal, Raach zt 1969] **11.♕f3** [11.♘b3 f6 12.ef6 ♗f6 13.♗e3 ♗c3 14.bc3 ♕d7 15.♘c5 ♘e5=

Doghri-Bazharani, Moscow ol 1994] **11...♕d7** [11...♖e8] **12.h3** [12.♖e1 ♕g4=] **12...♖d8 13.♖e1** [13.♖d1 c5 (13...♘a6 14.♕g3 ♖e8 15.♗h6 ♗f8 16.♗e3±) 14.♘b3 c6 15.♕g3 ♕e6 16.♗g5±] **13...♘a6** [13...c5 14.e6± Gufeld] **14.e6! fe6 15.♘e6 ♖e8**

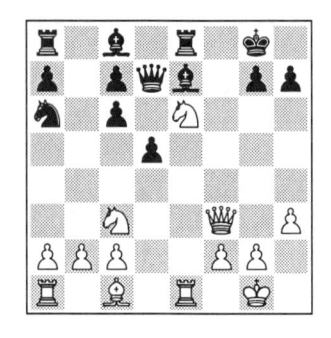

16.♘g7?! [16.♘d4 ♗f6 17.♖e8 ♕e8 18.♗e3 ♖b8∞ 19.♘b3 ♕g6 20.♗a7 ♖b7 21.♗d4 ad4 22.♘d4 ♗b2 23.a3±; 23.♘ce2±] **16...♖f8?** [16...♔g7!] **17.♕h5 ♗g7 18.♗g5 ♗d6 19.♘h6 ♔h8 20.♗f8 ♗f8 21.♖e8 ♗b7 22.♖a8 ♗a8 23.♖e1 ♗b7 24.♖e8 ♔g8 25.♘e2 ♕f7 26.♕g5 ♗g7 27.♕d8 ♕d6 28.♕g5 ♔f7 29.♖d8 ♕e7 30.♕f5 ♔g8 31.♖d7 ♗c8 32.♕g4 ♗g7 33.♖e7 ♗g4 34.hg4**
1-0

Gurevich,Vladimir
Gajsin,Evgeny
Koszalin II 1999 (10)

1.e4 e5 2.♘f3 ♘c6 3.♗c4 ♘f6 4.d4 ed4 5.e5 d5 6.♗b5 ♘d7 7.0-0 ♗e7 8.♗c6 bc6 9.♘d4 ♘b8 [Lukacs] **10.♕f3 ♕d7?!** [10...0-0 11.♖d1 (11.♕g3 ♗h4∞; 11.♘f5 ♖e8 12.♗e3 ♕d7!∞) 11...c5 (11...♕d7 12.♗e3 c5 13.♘b3±) 12.♘f5 ♗f5 13.♕f5 ♘c6∓ 14.♘c3!? (14.♗e3 d4 15.♗f4 ♖b8∞) 14...♘d4 15.♕g4 (15.♕d3 c6 16.♘e2) 15...c6 (15...f5 16.♕g3) 16.♗h6 ♘e6 17.♘e2∞] **11.e6 fe6 12.♖e1 ♕d6 13.♗f4** [13.♕g4 0-0 14.♘e6 ♗f6∓; 13.♘c3!±] **13...♕b4 14.♕c3** [14.♕h5 g6 (14...♔f8 15.♕e5 ♗f6 16.♘e6 ♔g8 17.♕e3 ♗b2 18.♘c7±) 15.♕e2 0-0 (15...♕b2? 16.♘e6+–) 16.c3±; 14.c3 ♕b2 15.♘d2 0-0∓] **14...0-0 15.♗c7 ♕b7 16.♕g3 ♗f6 17.♗e5 c5**

18.♘f3 ♘d7 19.♗f6 ♘f6 20.b3 ♘e4 21.♕e5 ♖f5 22.♕b2 ♕b4 23.c3 ♕a5 24.b4 ♕b6 25.♘bd2 ♗b7 26.♖e3 ♖af8 27.♖ae1 e5 28.♘e4 de4 29.♕b3 ♔h8 30.♖e4 ♗e4 31.♖e4 cb4 32.♖b4 ♕g6 33.h3 ♕d6 34.♕c2 ♖f4 35.♖f4 ♖f4 36.♕e2 ♕d5 37.♕a6 ♕c5 38.♕b7 ♖f8 39.c4 ♕c4 40.♕a7 ♕c1 41.♔h2 e4 42.♘d4 ♕f4 43.♔h1 ♕f2 44.♕e7 e3 45.a4 ♕f1 46.♔h2 ♕f4 47.♔g1 ♖c8 48.♕g7 ♔g7 49.♘e6 ♔g8 50.♘f4 ♖c1 51.♔h2
0-1

5...d5 6.♗b5 ♘e4

Rogers,Ian
Wahls,Matthias

Groningen 1990 (8)

1.e4 e5 2.♘f3 ♘c6 3.d4 ed4 4.♗c4 ♘f6 5.e5 d5 6.♗b5 ♘e4 7.♘d4 ♗c5 8.0-0 [8.♘c6? ♗f2 9.♔f1 ♕h4 10.♕d5 (10.♘d4 c6 11.♘f3 ♘g3 12.♔f2 ♘e4! 13.♔e2 ♕f2 14.♔d3 ♗f5!→) 10...♗c5 11.♘d4 c6 12.♘c6 (12.♗e3 0-0∓) 12...bc6 13.♕c6 ♔f8 14.♗e3 ♗d4 15.♗d4 ♕f4 16.♗e1 ♕c1 17.♔e2 ♕h1 18.♕e4 ♗a6 19.♔f2 ♖c8∓] **8...0-0** [8...♗d4 9.♕d4 0-0 10.♗c6 bc6 11.f3 ♘g5 12.♗g5 ♕g5 13.♘c3∓] **9.♗c6 bc6 10.♘c6!** [10.f3 f6!∓; 10.♗e3 ♕e8∓] **10...♕h4!?** [10...♕d7 11.♘d4 ♕e7! (11...♗a6 12.♖e1 ♕e7 13.♗f4± ♘f2? 14.♔f2 ♕h4 15.♗f3±) 12.♗f4 f6! 13.♗e3 (13.e6 ♗e6 14.♘e6 ♕e6 15.♗c7 ♖ac8 16.♗g3 f5↑) 13...fe5 14.♘c6 ♕d6 15.♗c5 ♕c5 16.♕d5 ♕d5 17.♘e7 ♔h8 18.♘d5 ♗b7 19.♘bc3± Rogers-Wong Chee Chung, Singapore 1998] **11.♗e3!** ♗e3?! [11...♗a6 12.g3□ ♕h3 13.♗c5! (13.♖e1 ♗e3 14.♖e3 ♘f2! 15.♔f2 ♕h2∓) 13...♗f1 14.♕f1 ♕f1 15.♗f1 ♘c5 16.♘e7 ♔h8 17.♘d5±] **12.fe3 ♕g5!?** [12...♗e6 13.c4!±; 12...♕h6 13.♘d7 ♔h8 14.♘d5 ♗b7! (14...♖d8 15.♕d4!± ♖d5 16.♕e4) 15.♘f4 ♖ad8 16.♕e2 ♖fe8 17.♘d3±] **13.♖f4 ♗b7** [13...♗e6 14.c4!±; 13...♔h3 14.♕f3 ♗d7 15.h4! ♕h6 16.♘e7 ♔h8 17.♘d5±] **14.♕d5** ♖ad8□ [14...♘f6 15.ef6!±; 14...♘d6 15.ed6!±] **15.♕e4 ♖d1 16.♔f2** [16.♖f1?? ♗c6-+] **16...♘c6** [16...♖e8

17.h4!±] **17.♕c6 ♕e5 18.♕c3** [RR 18.♕f3 ♖c1 19.♖d4+−] **18...♕b5?** [18...♗e6 19.b3 ♖fd8 20.h3± ♕a6? 21.♕c4 ♕g6 22.♕c7+−] **19.♘a3!** [19...♕f1 20.♔g3+−]
1-0
YB/20-71

Gurevich,Vladimir
Perovic

Pernik 1987

1.e4 e5 2.♘f3 ♘c6 3.d4 ed4 4.♗c4 ♘f6 5.e5 d5 6.♗b5 ♘e4 7.♘d4 ♗c5 8.♗e3 ♗d4 [8...0-0?! 9.♘c6 bc6 10.♗c5 ♘c5 11.♗c6 ♗a6 12.♘c3!] (12.♕d5? ♕g5!→) 12...d4 (12...♕g5 13.♕d4!±; 12...♖b8 13.♕d5 ♕d5 14.♗d5 ♖b2 15.0-0-0±) 13.♗a8 dc3 14.♕d8 ♖d8 15.b4 ♘e6 16.♗c6±] **9.♗d4 0-0** [9...♕g5 10.0-0 (10.f3 ♕h4 11.g3 ♘g3 12.♗c6 bc6 13.♗f2 ♕h4 14.c3 ♕b2-+) 10...♗h3 11.♕f3 ♗d7 (11...♘g4 12.♕e3 ♕e3 13.♗e3±) 12.♘c6± ♗c6 13.♕a3 ♕e7 14.♕e7 (14.♕e3 ♗b5) 14...♗e7 15.f3 ♘g5 16.♘c3±] **10.♗c6 bc6 11.♕d2 ♕g5** [11...c5 12.♘e4 cd4 13.♘c5 f6 14.e6 ♗e6 15.♕d4±] **12.♘e4 de4**

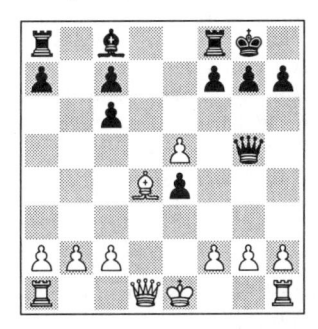

13.♕d2! ♕g2 [13...♕d2 14.♔d2±] **14.0-0-0↑ ♕g6** [14...♗f5 15.♖hg1 ♕h2 16.♕g5! (16.♖g7 ♔g7 17.♕g5 ♗g6 18.♕f6 ♔g8 19.e6 ♕h6 20.♔b1 fe6 21.♕h8 ♔f7 22.♕f6 ♔g8=; 16.♖h1 ♕g2 17.♖dg1 e3 18.♕e3 ♕e4 19.♕e4 (19.♕c3) 19...♗e4 20.e6 f) 16...♗g6 17.♖h1 h6 (17...h6 18.♖h2 hg5 19.♖dh1 f6 20.e6+−) 18.♕g4] **15.♖hg1 ♕e6 16.♖g3 ♖b8 17.b3! ♖b5 18.c4 ♖b8 19.♗c5** [19.♗a7] **19...♖e8 20.h4 g6 21.♕h6 ♗a6 22.♖g5 ♖bd8?** [22...♗c4 23.♖h5 gh5 24.♖g1 ♕g6 25.♖g6 fg6 26.bc4+−] **23.♖d8 ♖d8 24.♖h5!**
1-0

Sabani,Aim
Dautov,Rustem

Kusadasi 1990 (8)

1.e4 e5 2.♘f3 ♘c6 3.d4 ed4 4.♗c4 ♘f6 **5.e5 d5 6.♗b5** ♘e4 7.♘d4 ♗c5 8.♗e3! ♗d4?! [8...♗d7 9.♗c6 bc6 10.♘d2 ♕h4 − YB/10] **9.♕d4 0-0 10.♗c6 bc6 11.♘c3!** [11.f3? − YB/3] **11...♕g5 12.0-0-0** [12.♗g5?!] ♕g5 13.f4 ♕g2 (13...♕h4 14.g3 ♕h5 15.0-0 ♗h3 16.♖f2± Sveshnikov-Balashov, Elista ch-RUS 1997) 14.0-0-0 (14.♖g1 ♕c2 15.e6 g6 Glek) 14...♗f5! Glek] **12...♘e6 13.♕a4! ♗d7 14.♕a5± ♕h4?!** [14...f6 15.ef6 ♕f6 (15...♖f6 16.♖he1±/±) 16.♘e4! ♕g6 17.♘c5 ♘c5 18.♗c5 ♖f7 19.g3 ♗g4 20.♖d2±, a7<, c7<] **15.f4** [15.g3!? ♕h4 16.b3 ♕g4 17.f4±] **15...f5 16.ef6?!** [16.g3!? ♕e7 17.♘a4 ♖fb8 18.♗c5 ♕f7 19.♕c3 ♖b5 20.b3±] **16...♕f6 17.g3** [17.♘e4? de4 18.♖d2 ♘f4∓ △ 19...♘d5; 17.♖hf1? d4 18.♘e4 ♕g6∓] **17...♗e8** [17...d4? 18.♘e4 ♕g6 19.♘c5 ♘c5 20.♕c5 de3 21.♖d7±, e3<] **18.♗c5** [18.♖he1!? (Glek) 18...♗g6; 18...♗h5 19.♖d2] **18...♘c5 19.♕c5 ♗g6?** [19...♘h5! 20.♖de1 ♕d6 21.♕d4 ♖fe8=] **20.♖he1 ♕d6 21.♕d4 ♖fe8=**] **20.♖he1 ♕d6 21.♕d4** [21.♕d6 cd6 22.♖e7 ♖f7 23.♖de1 ♗f8=; 21.♘a4 ♖ae8 △ 22...♗h5] **21...a5** [21...♖ae8? 22.♖e8 ♖e8 23.♘a4 △ ♘c5; 24.♖e1 ♕e1 25.♘d1 △ 26.♕f2⩲] **22.a3?!** [22.♖e5! ♖ae8 (22...♖fe8 23.♖de1 ♖e5 24.♖e5 ♕b4 25.♖d5!+−) 23.♖de1 ♖e5 24.♖e5 ♕b4 25.♕b4 ab4 26.♘a4 ♖a8 27.b3 ♔f8 28.♗b2 ♖a5 29.c3 bc3 30.♘c3 ♖a8 31.♘e2±] **22...♖ae8**

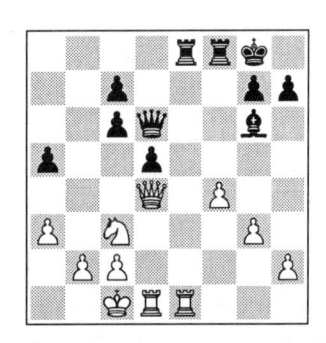

23.♖e5? [23.♔d2! ♖b8 (23...♘h5) 24.♖e8 ♖e8 25.♖e1 ♖d8 26.♘a4±] 24.♘a4 ♗h5 25.♖b1± △ 26.♖e5; △ b4, ♘c5; 23.♔b1 ♖b8! 24.♗c1 ♖be8; 23.h3

♗h5 24.♖e8 ♖e8 25.g4 ♗f7 26.♕d2 ♖d8 27.♘e2 c5 28.♕a5 d4♎; 23.♘a4 ♗h5 Glek] **23...♖e5 24.fe5 ♕e6∓** [24...♕e7!∓, e5<] **25.b3! ♖f3! 26.♔b2 ♕f5 27.♖d2 ♕g5** [△ 28...♕e3] **28.♖e2 ♖f1 29.♕d2** [29.♖e3 ♕f5 30.♖e2 ♗h5 31.♖d2 ♖e1? (31...h6 △ 32...♖e1∓) 32.♘d5!] **29...♕d2 30.♖d2 ♔f7 31.♖e2** [31.♘a4!? ♔e6 32.♘c5 ♔e5 33.♘b7 a4 34.ba4 ♔e4 35.♖e2! ♔d4 36.a5 c5∞] **31...♗h5! 32.e6 ♔e7 33.♖e5 ♗g6 34.b4?** [34.♖e2 (△ ♘a4-c5) 34...♗h5 35.♖e5=] **34...ab4 35.ab4 ♖f6** [35...♖f2?! 36.♘e2 ♖h2 37.♖e3! △ 38.♘d4↑] **36.♘e2 ♔d6 37.♖e3 ♖e6∓ 38.♖e6 ♔e6 39.c4?** [39.♘d4!? ♔d6 40.♘b3 ♔e5 41.♔c3 ♔e4 42.♘d4 ♔e8 43.♘e6 ♔e3!∓] **39...dc4−+ 40.♔c3 ♗d3 41.♘f4 ♔e5 42.♘h5 g5 43.h3 ♗g6 44.g4 ♗h5 45.gh5 ♔f4 46.♔c4 ♔g3 47.♔d4 ♔h3** 0-1

Dautov
YB/17-66

Dzindzichashvili,Roman
Garcia,Gildardo

New York 1988 (2)

1.e4 e5 2.♘f3 ♘c6 3.d4 ed4 4.♗c4 ♘f6 5.e5 d5 6.♗b5 ♘e4 7.♘d4 ♗c5 8.♗e3 ♗d7 9.♗c6 bc6 10.♘d2 ♕e7 11.♘e4 de4 12.e6! fe6 13.♘c6 ♗b4 [13...♗c6 14.♕h5 g6 15.♕c5±] **14.♘b4 ♕b4 15.♕d2 ♕b2** [15...♕d2 16.♔d2 ♗c6 17.♖hd1 0-0-0 18.♔c3 a6 19.♖d4 ♖hf8 20.♖ad1 ♖d4 21.♖d4 ♖f5 22.b3 h5 23.h4 g6 24.a4 ♗d5 25.♖d2 ♗c6 26.♔b4 ♗b7 27.c4 ♗c6 28.♔c3 ♖f8 29.b4 ♖f5 30.♔b3 ♖f7 31.b5 ab5 32.ab5 ♗b7 33.c5 ♗d5 34.♔b4 c6 35.b6 ♗b7 36.♖d1 ♖f8 37.♖g1 e5 38.g4 ♖g8 39.♔h6 ♖h8 40.♗g7 ♖e8 41.gh5 gh5 42.♖g5 ♖e7 43.♗e5 ♖h7 44.♖g1 ♖f7 45.♖a1 ♔c8 46.♖a8 ♔b7 47.♖e8 ♔a6 48.♗d6 1-0 Polzin-Zude, Germany Bundesliga 2000] **16.0-0 ♕b5 17.♖fd1 a5 18.♖ab1 ♕a4 19.♗c5 0-0-0 20.♗e7 ♖de8 21.♕e2 ♕c6 22.♕e3 ♕a8 23.♕c5 ♗c6 24.♖b3 e3 25.fe3 ♗g2 26.♖c3 ♗c6 27.♕e5 ♖e7 28.♖c6 ♗c6 29.♕a5 ♖d7 30.♕a6 ♗b7 31.♕e6 ♖d8 32.♖d7 ♖d7 33.♕g8 ♖d8 34.♕h7** ♗d5 **35.a4** ♔b7 **36.♕d3** ♖d6 **37.♕b5** ♔c8 **38.a5** ♖g6 **39.♔f1** ♗g2 **40.♔f2** ♔d8 **41.♕d3** 1-0

Tzermiadianos,Andreas
Cela,Altin

Athens 1994

1.e4 e5 2.♘f3 ♘c6 3.♗c4 ♘f6 4.d4 ed4 5.e5 d5 6.♗b5 ♘e4 7.♘d4 ♗c5 8.♗e3 ♗d7 9.♗c6 bc6 10.♘d2 ♘d2 [10...♕e7 11.♘e4 de4 12.e6! fe6! (12...♗e6? 13.♘e6 ♗e3 14.♘g7 ♔f8 15.♘f5!+−) 13.♘c6! (△ 14.♕h5, ♗c5<) 13...♗b4 14.♕b4 ♕b4 15.♕d2 ♕d2 16.♔d2± △ 17.♔c3; 10...♕h4 11.♘e4 (11.♘f3!? ♗e3!? 12.♘h4 ♗d2 13.♔f1 ♗a5 14.♕e2 g5 15.♘f3 ♗b6 16.c3 ♘f2 17.♘d4 ♘h1 18.♗g1 0-0-0 19.b4 ♖de8 20.♔h1 ♗b7± Kotronias) 11...♕e4 12.0-0 ♗b6! (12...0-0) 13.♖e1 ♕g6! 14.♘b3 0-0 15.a4 a5 16.♗c5 ♖fe8 17.♖e3!?± ; 17.♖e2? ♗g4!∓] **11.♕d2 ♕e7** [11...0-0 12.♘b3 ♗b6 13.0-0 f6 14.f4 fe5 15.fe5 ♖f1 16.♖f1 ♕g5 17.♖e1± ½-½ Sveshnikov-Potapov, St Petersburg ch-RUS 1998] **12.♘b3 ♗b6 13.♕c3 0-0 14.0-0 ♖fe8!N** [14...♖ae8 15.♗c5! ♗c5 16.♘c5±; 14...f6] **15.f4 ♕e6** [15...f6 16.♗c5 fe5 17.fe5 ♕h4!? (17...♕g5 18.♖ae1±) 18.♘d2! d4 19.♕a3± △ 20.♘f3] **16.♖ae1 ♕g6 17.♖f3 ♗f5 18.♖g3 ♕h6 19.♗g5! ♗d7 20.♔h1 ♖e7 21.♗c5 ♖e6 22.♕f3 ♖ae8 23.♖f1 g6 24.♖g3! ♕g7 25.♕c3** [△ 26.♘d4] ±

Okhotnik,Vladimir
Sikula,Vasily

Czestochowa 1998

1.e4 e5 2.♘f3 ♘c6 3.d4 ed4 4.♗c4 ♘f6 5.e5 d5 6.♗b5 ♘e4 7.♘d4 ♗d7 8.♗c6 bc6 9.♘b3!? ♗b4!? [9...♗e7!? 10.0-0 0-0 11.♗e3 f5 12.f3! f4 13.♗d4 ♘g5 14.♘c3 ♘e6 15.♘a4± Okhotnik; 9...a5!? Okhotnik] **10.c3** [10.♘1d2? ♕g5!∓ Okhotnik] **10...♗e7 11.0-0 0-0** [11...a5!? (Okhotnik) 12.f3 (12.a4 ♕b8∞) 12...a4 13.fe4 ab3 14.♕b3 (14.ed5? ♖a2−+) 14...♗c5 15.♔h1 ♗e6♎] **12.♗e3 f6 13.f3 ♘g5 14.f4...** [14...♘f7!? 15.♗d4 fe5 16.fe5 ♘g5 17.♘1d2± Okhotnik]

Sveshnikov,Evgeny
Fercec,Nenad

Nova Gorica 1996 (9)

1.e4 e5 2.♘f3 ♘c6 3.♗c4 ♘f6 4.d4 ed4 5.e5 d5 6.♗b5 ♘e4 7.♘d4 ♗d7 8.♗c6 bc6 9.0-0 ♗e7 [9...♕h4 10.♗e3 ♗e7 11.♘d2 ♘d2 12.♕d2 c5!? (12...0-0 13.♘b3±) 13.♘f3 ♕e4□ 14.♖fe1 ♗h3□ 15.♗f4 ♕g6 16.♗g5! 0-0-0!? (16...♗g5 17.♘g5 ♗e6 18.f4±; 16...h6 17.♗h3±) 17.gh3 h6 18.♕a5 ♗g5 (18...hg5? 19.♘g5 hg5 20.♕a7 ♕c6!. 21.♖e3± Sveshnikov-Zaitsev, Podolsk tt 1992; 9...c5 10.♘b3 c6 11.c4! d4 (11...dc4 12.♘3d2 ♘d2 13.♘d2±) 12.f3 ♘g5 13.f4 ♘e4 14.f5↑] **10.f3 ♘g5 11.f4 ♘e4 12.f5 c5** [12...0-0 13.♘c3 ♗c5 14.♘e4 de4 15.f6 ♗e6 16.c3 ♖e8 17.fg7 ♕h4 18.♖f4 ♕g5 19.♕e4± Widera-Blasiak, Pyskovice 1991; 12...♗c5 13.♘c3 ♕e7 14.♘e4 de4 15.e6! fe6 16.fe6 ♗e6 17.♗e3 0-0-0 18.c3→] **13.♘e2** [13.♘b3 ♗b5 14.♖f3 ♕d7 15.♘c3 ♗c6 16.♘a5±] **13...♗b5** [13...♗c6 14.♘bc3 ♘c3 15.bc3 ♗g5 16.♗f4 0-0 17.f6 ♗e8 18.h4 ♗h6 19.♘d3 ♗c1 20.♕c1 ♖e6 21.♕g5± Istrati-Susterman, Eforie Nord 1998] **14.♘a3 ♗c6 15.c4 d4 16.♘f4 ♗g5 17.♘d3 ♖b8 18.♕e2 h6 19.♗f4 ♖b6 20.♖ae1 ♗a8 21.♕g4 h5 22.♕h3 ♖h4 23.♘e2 ♕g5 24.♗g5 ♖g5 25.♘c2 ♖a6 26.f6 gf6 27.♘c5 d3 28.♖d1 0-0 29.♖d3 ♖a2 30.♖d8 ♖d8 31.e6** 1-0

Gurevich,Vladimir
Polovodin,Igor

Soviet Union 1987

1.e4 e5 2.♘f3 ♘c6 3.♗c4 ♘f6 4.d4 ed4 5.e5 d5 6.♗b5 ♘e4 7.♘d4 ♗d7 [7...♗c5 8.♗e3 ♗d4!? (8...♗d7) 9.♗d4 0-0 10.♗c6 bc6 11.♘d2! ♕g5 12.♘e4 de4 13.♕d2 ♕d2 (13...♕g2!? 14.0-0-0±→) 14.♔d2±] **8.♗c6 bc6 9.0-0 ♗c5 10.f3 ♘g5 11.f4 ♘e4** [11...♗g4 12.♕g4 ♘d4 13.♔h1 ♘e4 14.♘c3!±; 11...♘e6 12.c3 f5 13.♗e3 0-0 14.♘d2 ♗d4 15.cd4 ♕b8 16.♘c2 a5 17.♘f3 g6 18.♖ac1 ♗b4 19.♖f2 a4 20.♕d1 ♔h8 21.♘e1 ♕e7 22.♘d3± Sveshnikov-Baumegger, Mariehamn 1997] **12.♗e3 ♗b6 13.♘d2 ♘d2 14.♕d2 c5 15.♘f3!?** [15.♘b3?!] **15...♗f5**

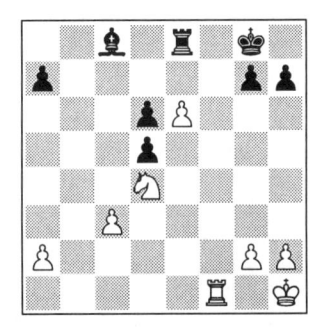

[15...d4 16.♗f2 ♗c6 17.♗h4 ♕d5 18.f5±]
16.c3 0-0 17.b4 [17.♖ad1!? c6 18.b4]
17...♕e7 [17...d4!? 18.cd4 cb4 19.♕b4
♕d5±] **18.bc5 ♗c5 19.♖ae1± ♖ad8
20.♗c5 ♕c5 21.♔h1 f6 22.♘d4 fe5
23.fe5** [23.♖e5!? ♗c8 24.♖fe1 △ 25.f5±]
**23...♗c8 24.e6 ♖f1 25.♖f1 ♖e8
26.♕g5 ♕e7** [26...♕c3? 27.♕f4+−;
26...g6 27.♕e5!±] **27.♕e5! ♕d6**□
[27...♘e6? 28.♖e1 ♔f7 29.♕h5+−]
28.♕d6 cd6

29.♖e1 g5! [29...g6 30.g4 △ 31.g5+−]
30.♔g1 ♔g7 31.♖e3 ♗f6?! [≥
31...a5; 31...♖e7? 32.♘c6 ♖e6 33.♖e6
♗e6 34.♗a7 ♗d7 35.♔f2 ♗f6 36.♗e3
♗e5 37.g3+−] **32.♖f3 ♔g6 33.♖f7 a5
34.♖a7?** [34.♖d7!+−] **34...♗e6
35.♖a5 ♗f6± 36.♖a6 ♗f7! 37.♖d6
♗e5 38.♖d7 ♗g6 39.♘f3 ♗e6
40.♖b7 ♖a8≅ 41.♖b2 ♔d6 42.♔f2
♖a3 43.♘g5** [43...♖c3=] ½-½

Tzermiadianos,Andreas
Nikac,Predrag

Novi Sad 1999

**1.e4 e5 2.♘f3 ♘c6 3.♗c4 ♘f6 4.d4
ed4 5.e5 d5 6.♗b5 ♘e4 7.♘d4
♗d7** [7...♗c5 8.♗e3 ♗d7 9.♘c6 bc6
10.♘d2 ♕e7 (10...♕h4 11.♘e4
(11.♘4f3!? ♗e3!? 12.♘h4 ♗d2 13.♔f1
♗a5 14.♕e2 g5 15.♘f3 ♗b6 16.c3 ♘f2
17.♘d4 ♔h1 18.♔g1 0-0-0 19.b4 ♖de8
20.♔h1 ♗b7± Kotronias) 11...♕e4 12.0-0
♗b6! (12...0-0) 13.♖e1 ♕g6! 14.♘b3 0-0
15.a4 a5 16.♘c5 ♖fe8 17.♗e3!?±;
17.♖e2? ♗g4!∓; 10...♘d2 11.♕d2 ♕e7
12.♘b3 ♗b6 13.♘c3 0-0 14.0-0 ♖fe8!N
(14...♖ae8 15.♘c5! ♗c5 16.♘c5±; 14...f5)
15.f4 f6 (15...♕e6 16.♖ae1 ♕g6 17.♖f3
♗f5 18.♖g3 ♕h6 19.♖g5! ♗d7 20.♔h1
♖e7 21.♘c5 ♖e6 22.♕f3 ♖ae8 23.♖f1 g6
24.♖g3! ♕g7 25.♕c3± △ 26.♘d4])

16.♗c5 fe5 17.fe5 ♕h4!? (17...♕g5
18.♖ae1±) 18.♗d2! d4 19.♕a3± △
20.♘f3) 11.♘e4 de4 12.e6! fe6!
(12...♗e6? 13.♘e6 ♗e3 14.♘g7 ♔f8
15.♘f5!+−) 13.♘c6! (△ 14.♕h5, ♗c5<)
13...♗b4 14.♗b4 ♕b4 15.♕d2 ♕d2
16.♗d2± △ 17.♗c3] **8.♗c6 bc6 9.0-0
♗c5 10.f3 ♘g5 11.f4 ♘e4 12.♗e3
0-0 13.♘d2 ♗d2** [13...♕e7 14.♘e4
de4 15.♕e1 ♗b6 16.♘b3 c5 17.♕f2 c4
18.♘c5±] **14.♕d2 f6 15.♘b3**
[15.♖fe1!? fe5 16.fe5 ♗b6 (16...♕e7)
17.e6] **15...♗b6 16.♕c3!** [16.♗c5;
16.♘c5] **16...fe5** [16...♕e7 17.♘c5 fe5
18.fe5 ♖ae8 (18...♖fe8 19.♖ae1±)
19.♔h1 ♖f1 20.♖f1± ♘e5? 21.♕e5 ♖e5
22.♖f8X] **17.fe5 ♕g5** [17...♕e7
18.♗c5±] **18.♘c5! ♗c5 19.♗c5
♖f5**□ **20.♖ae1 h5?!** [20...♖e8] **21.♖f5
♕f5 22.e6! ♗e6 23.♗d4 ♖f8
24.♕c6 ♗d7 25.♕c7 ♖f7 26.♕a7...**
±

5...♘e4

Gurevich,Vladimir
Romanishin,Oleg

Kherson 1989 (9)

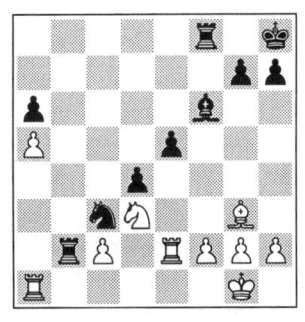

**1.e4 e5 2.♘f3 ♘c6 3.♗c4 ♘f6 4.d4
ed4 5.e5 ♘e4 6.♗d5 ♗c5 7.0-0
♗e7 8.♕e2 0-0 9.♖d1 ♖e8** [9...d6
10.♗c6 bc6 11.♘d4 ♗d7 12.♗f4±;
9...♘e6 10.c3! dc3 (10...d3?! 11.♖d3 d6
12.♘a3!± Sax-Gligoric, Teesside 1972)
11.♘c3 d6 12.♘e4≅] **10.♗f4** [10.♘d4?!
♘d4 11.♖d4 d6∓; 10.♗c6 dc6 11.♘d4
♗d7=] **10...♘e6 11.♗g3 ♕h8?!**
[11...d6! 12.ed6 ♗d6 13.♗d6 cd6 14.♗e6
♗e6 15.♘d4 ♗d4 16.♖d4 ♗a2!=]
12.♘bd2 [12.♘a3?! ♗b4 13.♗c4 a6!
14.♘d4 b5∓] **12...f5 13.ef6 ♗f6
14.♖e1 ♕g6** [14...♘h5 15.♗e6 de6
16.♗c7±; 14...d3 15.cd3 ♗b2 16.♖ab1
♗c3 17.♕e4≅] **15.♕c4 ♕h5 16.a4!±**
[16.♗b3? b5! 17.♕b5 ♖b8−+] **16...a6**
[16...♗a5 17.♕b5 a6 18.♕a5 c6 19.♕b4
♕d5 20.♖e6 c5 21.♖f6!±] **17.a5 ♗e7**
[17...♘cd8 18.♗e6 ♘e6 19.♘c7 ♖b8
20.♕b4±] **18.♗e6 de6 19.♕c7**
[19.♘d4!? ♕d5 20.c3±] **19...♘c6
20.♕b6 ♕d5** [20...dd8 21.♗c7±]
21.♕b3 ♗d7?! [21...♕b5 22.♘c4±]
22.♘c4? [22.♕b7 ♖ad8 (22...e5

23.♘e5!+−) 23.♕b3+−] **22...♖ad8
23.♘fd2 ♗c8** [23...e5 24.♘e5!+−]
**24.♘b6 ♕b3 25.♘b3 ♗b4 26.♖e3
♗d5** [26...d3?! 27.cd3 d3 (27...♖d3
28.♘c5±) 28.♗c7±] **27.♗c4** [27.♘c5!?]
27...♗d7 28.♗d6?! [28.♖d2⊥]
28...♖c6 29.♘c5 [29.♖e6 ♗b4 30.♖e3
d3 31.cd3 d3≅] **29...e5 30.♘db7?**
[30.♘de4±] **30...♗b7 31.♘b7 ♖b8
32.♘c5 ♖b2 33.♘d3?** [33.♗e5 ♘c3
34.♖ee1 ♗e5 (34...♘c2? 35.♗f6 gf6
36.♘e6) 35.♖e5 ♖c2 36.f3 h6∓]
33...♘c3!∓

34.♖e5 [34.♖d2 ♗g5−+; 34.♖ee1 ♖c2
35.♗e5 ♗e5 36.♖e5 ♖d2−+; 34.♘b2
♘e2 35.♔f1 ♘g3 36.hg3 e4+−]
34...♗e5 35.♘b2 ♘e2 36.♔h1?
[36.♔f1 ♘g3 37.hg3 d3 38.♖a2 dc2
39.♘d3 ♖c8 40.♘c1 ♖c5 41.♔e2 ♗c7
42.♔d3 ♗a5 43.♖c2 ♖c2 44.♔c2 ♗b6∓]
36...♗g3 37.hg3 d3! [38.♖a2 dc2
39.♘d3 ♖f2!−+] 0-1

Shneider/V. Gurevich
YB/32-191

Tzermiadianos,Andreas
Gligoric,Svetozar

Panormo zt 1998 (5)

**1.e4 e5 2.♘f3 ♘c6 3.♗c4 ♘f6 4.d4
ed4 5.e5 ♘e4 6.♕e2 ♗c5 7.0-0
♘e6 8.♗e6!?** [8.♖d1] **8...de6 9.♖d1
♗e7 10.♗e3 ♗d7** [10...0-0] **11.♗d4
♘d4 12.♘d4 0-0 13.♘c3 c5** [13...a6
14.♖d3 ♕e8 15.♖ad1±] **14.♘db5 a6
15.♘d6 ♕c7** [15...♕b6 16.b3±]
16.♘ce4 ♘c6 17.♘c5 [17.♖d3! ♗e4
18.♕e4 ♗d6 19.ed6 (19.♖d6 ♖ad8
20.♖ad1 ♖d6 21.♖d6 ♖d8=) 19...♕d7±]
**17...♖ad8 18.♘ce4 ♗e4 19.♕e4
♗d6 20.ed6 ♖d6 21.♖d6 ♕d6
22.♕b7 ♖b8 23.♕f3 ♖b2 24.♖d1
♕b8 25.c4 h6 26.g3 ♕e5 27.♖d8
♔h7 28.♕f7 ♖a2 29.♕g8±** ½-½

5...♘g4

Sveshnikov,Evgeny
Rodriguez,Ruben

Manila 1982 (7)

1.e4 e5 2.♘f3 ♘c6 3.♗c4 ♘f6 4.d4 ed4 5.e5 ♘g4 6.♕e2 ♕e7 7.♗f4 f6 8.ef6 ♕e2 9.♗e2 ♘f6 10.♘bd2 d6 [10...♗c5 11.♖he1 d5 12.♔f1 ♔d8 13.♗d3 (Sveshnikov-Ehlvest, Helsinki 1992) 13...♗b6±; 10...d5 11.♗b5±; 10...♘h5!? 11.♗g3 d5 12.♗d5 ♘g3 13.hg3 ♗g4 14.♔f1 0-0-0 15.♗c6 bc6 16.♘e5 Hmadi-Lima, Novi Sad ol 1990] 11.♖he1 ♗f5 12.♔f1 ♔d7 13.♘b3 [13.♗b3 ♘h5 14.♗g5 h6 15.♘h4 hg5 16.♘f5 g6 17.♗e6 ♔d8∞ Stavrev-Dimov, Sofia 1992] 13...♘e4 14.♘bd4 ♘d4 15.♘d4 d5 16.♖e4!? ♘e4? [16...dc4 17.♗e2 ♘d5±; 16...de4 17.♗e6 ♔d8 18.♖d1∞] 17.♗d5 ♗d6 18.♗e3! ♘f6 19.♗b7± ♖ab8 20.♗c6 ♔c8 21.♘b3 ♖b4 22.c3 ♖h4 23.h3 a6 24.♖e1 ♖h5 25.♗d4 ♖f8 26.c4 ♖d8 27.♖e6 ♗f5 28.c5 ♗f8 29.♘f3 ♖d4 30.♘d4 ♗c5 31.♗a6+− ♖c1 32.♔e2 ♔d7 33.♖c6 ♖b1 34.♖c2 ♗d6 35.♗c6 ♔c8 36.b3 ♗b4 37.♔f3 ♖d1 38.♖c4 ♖e1 39.♔e2 ♖b1 40.♘c2 ♗a5 41.♖a4 ♖c1 42.♘d4 **1-0**

YB/32-197

Sveshnikov,Evgeny
Agdestein,Simen

Biel izt 1993 (5)

1.e4 e5 2.♘f3 ♘c6 3.♗c4 ♘f6 4.d4 ed4 5.e5 ♘g4 6.♕e2 ♕e7 7.♗f4 f6 8.ef6 gf6!? 9.0-0 [9.♘bd2] 9...♕e2 10.♗e2 ♘ge5 11.♘bd2 [11.♖e1] 11...d5 [11...♗c5 12.♘b3 ♗b6 13.♖ad1 ♘f3 14.♗f3 0-0 15.♗c6±] 12.♘b3 ♗d7 [12...♗g4!? 13.♘fd4 (13.♖fe1 ♗f3 14.♗f3 0-0-0∞) 13...♗e2 14.♘e2 0-0-0 15.♘g3±, f5<] 13.♘fd4 ♘d4 14.♗h5! ♗g6 15.♘d4 0-0-0 16.♗g3± c5 17.♘e2! ♗f5 18.c3 ♗h6 19.b4!± b6 20.a4?! [20.bc5 bc5 21.f4±] 20...♗d3 21.a5 ♔b7! 22.ab6 ab6 23.bc5 bc5 24.♖fd1 ♗c2 25.♗f3! ♗d1 26.♖d1 ♖he8 27.c4 f5 28.♖b1 ♔c8 [28...♔a6= 29.♖a1 (29.♗c7?! ♖d7

(29...♘h4 30.♖b6 ♔a7 31.♗d8±) 30.♖a1 ♔b7 31.♗a5 ♘h4 32.♗h5∞) 29...♔b6 30.♖b1 ♔a6=] **29.♖b8 ♔d7 30.♖b7 ♔e6 31.cd5 ♔f6 32.♗c7 ♖a8 33.g3 ♖a2 34.♔f1 ♖d2! 35.♗a5 ♖d3 36.♔g2 ♗d2 37.♗b6 ♘e5 38.♗h5 ♖c8 39.♘f4?** [39.f4! ♘g6□ 40.♖d7 △ 41.♗d8±] **39...♗f4 40.gf4 ♘g6 41.♗g6 hg6?** [41...♔g6∓] **42.♖d7! g5 43.♗d8 ♖d8 44.fg5 ♔g5 45.♖d8 c4= 46.d6 c3 47.d7 c2 48.♖c8 ♖d7 49.♖c2 ♖d4 50.♖c3 ♖a4 51.h3 ♖b4 52.♔g3 ♖a4 53.♖c8 ♖a3 54.♔g2 ♖a7 55.♖g8 ♔f4 56.♖g3 ♖h7 57.♖f3 ♔e4 58.♖a3 ♗g7 59.♔h2 ♔f4 60.h4 ♖h7 61.♔h3 ♖h8 62.♖a7 ♖h6** ½-½

YB/32-197

Sveshnikov,Evgeny
Ehlvest,Jaan

Helsinki 1992 (4)

1.e4 e5 2.♘f3 ♘c6 3.♗c4 ♘f6 4.d4 ed4 5.e5 ♘g4 6.♕e2 ♕e7 [6...♗b4!?] 7.♗f4 f6 8.ef6 ♘f6 [8...gf6!?∞] 9.♘bd2! [9.♗c7?! d6 10.♗b5 ♕e2 11.♗e2 ♗g4!?⇄; 11...♔d7 12.♗a5 a6 13.♗c6 bc6=] **9...♕e2** [9...d6 10.♘b3 ♗g4 11.♕e7 ♗e7 12.♘fd4 ♘d4 13.♘d4 d5 14.♗d3 c6 15.h3 ♗d7 16.♘f5 ♗f5 17.♗f5 0-0 18.♗e3± Sveshnikov-Berkovich, Moscow 1983] **10.♔e2 ♗c5** [10...d6; 10...d5 11.♗b5±] **11.♖he1 d5 12.♔f1 ♔d8** [12...♘e7 13.♗d3 ♗b6 14.♘b3±] **13.♗d3! ♘b4** [≥ 13...♗b6±] **14.♘b3± ♗b6 15.♘bd4 ♘d3 16.cd3 ♗d7?!** [≥ 16...c6] **17.♘g5!± ♔c8!** [17...♗d4?! 18.♘f7 ♔c8 19.♖ac1!±↑ c6 20.♘h8] **18.♖ac1 ♖e8□ 19.♘ge6?** [19.♘de6! ♗c6 (19...♗e6 20.♘e6 ♗e7 21.♘c7 ♖c7 22.♗c7 ♗c7 23.♖e7+−) 20.♘g7±] **19...c6□ 20.h3 ♘h5! 21.♗h2 ♗e6□ 22.♘e6 ♗d7= 23.♘c5 ♗c5 24.♖e8** [24...♖e8 25.♖c5 g5=] ½-½

Sveshnikov,Evgeny
Kuzmin,Gennady

Tashkent 1980

1.e4 e5 2.♘f3 ♘c6 3.♗c4 ♘f6 4.d4 ed4 5.e5 ♘g4 6.♕e2 ♕e7 7.♗f4 d6

8.ed6 ♕e2 9.♗e2 ♗d6 [9...♘b4?! 10.dc7! (10.♗a3 d3! 11.cd3 ♗d6 12.♗d6 cd6=) 10...♘c2 11.♗d2 ♘a1 12.♗b5±] **10.♗d6 cd6 11.♘a3!** [11.♘bd2 ♗e6 12.♘b3 ♗b3 13.ab3 ♘ge5 14.0-0-0 ♘f3 15.♗f3 0-0-0 16.♗c6 bc6 17.♘d4 ♖he8= Dam-Kolev, Groningen 1990] **11...♗f5?!** [11...0-0!?; 11...a6 12.♘c4 ♗e7 13.♘b5 ♖b8 14.♖d1 ♘ge5 15.♘d4 ♗e6 16.0-0±; 11...♘ge5 12.♗b5 ♘f3!? 13.♗f3 ♔e7 14.0-0-0 ♗e6 15.♘d4 ♖ac8 16.♖he1 ♘d4 17.♖d4 b6= Manic-Nestorovic, Beograd 1991] **12.♘b5 0-0-0 13.♘fd4 ♘d4 14.♘d4± ♗d7 15.♗g4 ♗g4 16.f3 ♗d7 17.♔f2 ♖he8 18.♖hd1 ♖e5 19.♖d2 ♖de8 20.♖ad1 ♔c7 21.♘e2 ♗c6 22.b3 ♖8e6 23.c4 a5 24.h3 ♖f6 25.♘c3 g5 26.a3 h5 27.b4?** [27.♖d4] **27...g4 28.♘d5** [28.b5? ♗f3!] **28...♗d5 29.♖d5 ab4 30.ab4 gf3 31.gf3 ♖fe6 32.♖1d4 ♖g6 33.f4 ♖d5 34.♖d5 h4 35.♖g5 ♖e6 36.♔f3 ♖e1 37.♖f5** [37.♖g7!±] **37...♖g1 38.♖f7 ♔c6 39.b5 ♔b6 40.f5 ♖g3 41.♔f4 ♖h3 42.♖d7** [42.f6!? ♖c3!] **42...♖h1 43.♖d6 ♔c5 44.♖d7 ♔c4 45.♖b7 h3 46.♔g3 h2 47.♖f7 ♗b5 48.♔g2 ♖g1 49.♔h2 ♖g8 50.♔h3 ♔c5 51.♖e7 ♖g5? 52.♖e5 ♔d6 53.♔h4!+− ♖g1 54.♖e2 ♔d7 55.♔h5 ♖g8 56.♔h6** **1-0**

YB/32-196

Tzermiadianos,Andreas
Lirindzakis,Timotheos

Greece ch 1997

1.e4 e5 2.♘f3 ♘c6 3.♗c4 ♘f6 4.d4 ed4 5.e5 ♘g4 6.♕e2 ♕e7 7.♗f4 d6 8.ed6 cd6 9.♘bd2 ♗f5 10.♘b3 ♕e2 [10...d3 11.cd3 ♕e2 12.♔e2 ♘ge5 ½-½ Polzin-Marciano, Austria tt 1999] **11.♗e2!?** [11.♔e2] **11...d3!** [11...♗c2? 12.♘bd4 ♗e4 13.♘b5 0-0-0 14.♘g5!+−] **12.cd3!?** [12.♗d3 ♗d3 13.cd3 ♘ge5 (13...♘b4 14.♔e2±] 14.♔e2 ♘f3 15.♔f3 ♗e7=] **12...♘ge5 13.♔d2 ♗e7 14.♘bd4** [14.♘fd4 ♗d7 15.♘b5 0-0-0 16.♖hc1 ♔b8 17.d4 ♗e6!] **14...♘f3!** [14...♘d4 15.♘d4 ♗d7 16.♗e3! d5! 17.a3! ♗d6 18.f4 ♘g6 19.g3 ♗e7 20.♗f3±] **15.♘f3 0-0 16.♖hc1 d5 17.♗e3 ♖fc8...** =

INTRODUCTION: Lars Bo Hansen
MAIN ANALYSIS: Lars Bo Hansen
STUDY MATERIAL: L.B.Hansen, Eingorn

Keres Defence
An Early Bishop Check

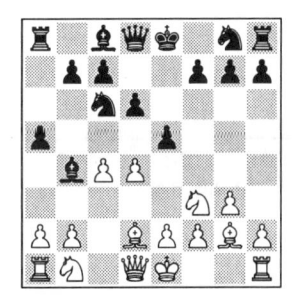

VO 22.14-15

Solid and Reliable

1.d4 e6 2.c4 ♗b4 3.♗d2 a5 4.♘f3 d6 5.g3 ♘c6 6.♗g2 e5

The Keres Defence 1.d4 e6 2.c4 ♗b4 has long had the reputation of being a reliable opening for Black. It is an excellent choice for the black player who wishes to play solidly while maintaining prospects of playing for a win without allowing fast simplifications.
One caveat, though: you have to be ready to play the French Defence as Black after 2.e4. Another important aspect is that you have to be aware of the several transpositions to known lines of the Nimzo-Indian or Bogo-Indian.

A Matter of Choice
This survey focuses on one of the main continuations of the Keres, the position arising after 3.♗d2 a5 4.♘f3 d6 5.g3 ♘c6 6.♗g2 e5. Now White is at a crossroads: he can either allow exchanges in the centre with 7.0-0 or close the centre with 7.d5. This choice is largely a matter of taste.
After 7.0-0 ed4 8.♘d4 ♘d4 9.♗b4 ab4 10.♕d4 I believe that 10...♘f6 is stronger than 10...♕f6. The games in the study section indicate that it is not easy to achieve anything real for White.
7.d5 was played in the featured game L.B.Hansen-Gulko, Esbjerg 2000. The usual continuation is 7...♗d2 8.♕d2 ♘b8 9.♘c3 ♘h6! (more flexible than the Bogo-Indian-like 9...♘f6), when an interesting positional debate arises: White has more space but risks ending up with a bad bishop on g2. Both sides have chances.
Gulko added another interesting idea to the black arsenal of Keres Defence ideas. Instead of 7...♗d2 he simply withdrew his knight with 7...♘b8, maintaining the tension. Neither I myself in the featured game, nor Golod a week later (Golod-Gulko, Politiken Cup, Copenhagen 2000) managed to question this approach, which once again emphasizes the wealth of ideas in the Keres Defence.

STATISTICS

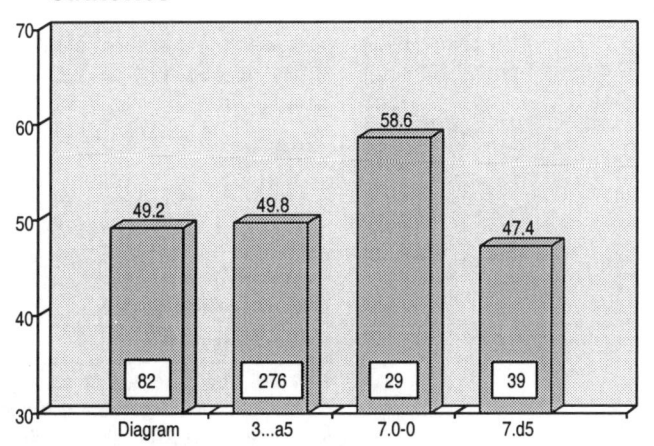

	Diagram	3...a5	7.0-0	7.d5
%	49.2	49.8	58.6	47.4
games	82	276	29	39

VO 22.15

Hansen,Lars Bo
Gulko,Boris

Esbjerg 2000 (7)

1.d4 e6 2.c4 ♗b4 3.♗d2 a5 4.♘f3 d6 5.g3 ♘c6 6.♗g2 e5 7.d5 ♘b8!?

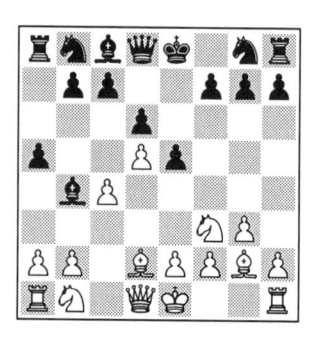

8.♘c3 [8.e4 ♘f6 9.♕c2 0-0 10.0-0 c6 11.dc6 ½-½ Golod-Gulko, Kobenhavn 2000] 8...♘f6 9.♕c2 0-0 10.0-0 ♘bd7 11.b3 [△ 12.a3; 11.♘e1!?; 11.a3? ♗c3 12.♗c3 a4∓] 11...c6! 12.dc6 bc6 13.♘e1 ♗b7 14.♘d3 ♕c7! 15.♖fd1 [15.♘b4 ab4 16.♘e4 c5⇄] 15...h6 16.♘a4 ♗d2 17.♕d2 [d6<] 17...♖fd8 18.♖ac1 ♘f8 19.♘c3 [19.♕e3!?] 19...♘e6 20.♘e1 [△ ♘c2-e3] 20...♖ac8 21.♘a4 ♖b8 22.♘c2 ♗c8 23.♕e1 ♘d7! 24.♖d2 ♘ec5 25.♘c5 ♘c5 [△ 26...a4] 26.♖dd1 ♗f5 [26...a4 27.b4 ♘e6 28.♕c3∞] 27.♘e3 ♗e4 28.♗e4 ♘e4 29.♔g2 g6 30.f3 ♘c5 31.♕d2 ♕b6?! [31...h5! △ ♕b6, a4] 32.♔g4 h5 [33.♘f6 ♔g7 34.♕g5 ♘e6 35.♘h5 ♔h7 36.♘f6 ♔g7 37.♘h5 (37.♕h4?? ♖h8–+) 37...♔h7=] ½-½

L.B.Hansen

Study Material

7.0-0

Magerramov,Elmar
Eingorn,Viacheslav

Uzhgorod 1988

1.d4 e6 2.c4 ♗b4 3.♗d2 a5 4.♘f3 d6 5.g3 ♘c6 6.♗g2 e5 7.0-0 ed4 8.♘d4 ♘d4 9.♗b4 ab4 10.♕d4 ♘f6!? [10...♕f6!? – YB/37-112] 11.c5 dc5 12.♕c5 ♕e7 13.♖c1 ♕c5 14.♖c5 c6 15.♖c4 b3 16.a3 [16.♘c6 0-0!; 16.♘c3!?= △ 16...♗e6 17.♖b4; RR 16.a4 ♗e6 17.♖b4 0-0-0 18.♘c3 ♔c7 19.a5 ♖a8 20.e4 ♘d7 21.f4 f6= Antonsen-L.B.Hansen, Naestved 1991] 16...♗e6 17.♖d4 [17.♖b4 0-0] 17...♖d8 18.♖d8 ♔d8∓ [b2<] 19.♘c3 ♔c7 20.♖d1 ♘d7 21.f4 ♘b6 22.♖d3 ♖e8 23.♔f2 f6 24.♗f3 ♗f7 25.♖d4 ♘c4 26.♘d1 b5 27.♗g4 ♖e7?! [27...♘d6∓] 28.♗f5 g6? [28...♘d6 29.♘e3!□∓]

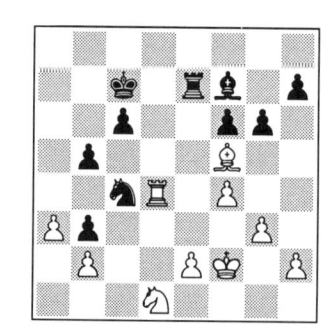

29.♖e4! ♖e4 [29...♘e5 30.fe5 gf5 31.♖h4] 30.♗e4 ♘b6 31.♘c3 ♘c4 32.♘d1 ♘b6 ½-½

Eingorn
YB/11-71

Bany,Jerzy
Keitlinghaus,Ludger

Dortmund II 1991 (5)

1.d4 e6 2.c4 ♗b4 3.♗d2 a5 4.g3 d6 5.♘f3 ♘c6 6.♗g2 e5 7.0-0 ed4 8.♘d4 ♘d4 9.♗b4 ab4 10.♕d4 ♘f6 11.c5 dc5 12.♕c5 ♕e7 13.♖c1 ♕c5 14.♖c5 c6 15.♖c6 bc6 16.♗c6 ♔e7 17.♗a8 ♖d8 18.f3 ♗a6 19.♗c6 ♗e2 20.♔f2 ♗c4 21.♔e1 ♖d6 22.♗e4 ♘e4 23.fe4 ♖d3 24.♘d2 ♖e3 25.♔d1 ♗d3 26.♖c1 ♖e2 27.♖c7 ♔e8 28.♖c8 ♔e7 29.♖c7 ♔e8 30.♖c8 ♔e7 ½-½

Naumkin,Igor
Keitlinghaus,Ludger

Berlin 1991

1.d4 e6 2.c4 ♗b4 3.♗d2 a5 4.♘f3 d6 5.g3 ♘c6 6.♗g2 e5 7.0-0 [7.d5] 7...ed4 8.♘d4 ♘d4 9.♗b4 ab4 10.♕d4 ♘f6 11.♘d2 0-0 12.♘b3 c5□ 13.♕d3 ♕e7 14.♖fd1 ♖a6 15.a3!↑ ba3 16.♖a3 ♖b6 [RR 16...♖a3 17.ba3 ♖d8 (17...♘e8±) 18.♘c5!± Hansen] 17.♖d2 g6?! [17...♕e5!⇄] 18.♘c1± ♗f5 19.♕c3 ♘e4 20.♗e4 ♗e4 21.♘d3 ♗d3 [21...g5 22.♘e1 △ ♘g2-e3] 22.♕d3 ♖e8 23.♕c2 ♕f6 24.♖f3 ♕g7? [24...♕e7±] 25.♖b3!± ♖b3 26.♕b3 ♖e4?! [26...♕f6 27.♕b7 h5±] 27.♖d6 [27.♕b7! ♖c4 28.♖d6+– ♕e5? 29.♕b8 ♔g7 30.♖g6] 27...♖d4 28.♖d5 [28.♖d4 ♕d4±] 28...♕f6! 29.♖c5 ♖d2 30.♖c8 ♔g7 31.♖b4 ♕b2!□ 32.♕f8 ♔f6 33.♕h8 ♔g5 [33...♔e6!?] 34.♖c5! f5 [34...♔h6 35.♕f8+; 34...♔g4? 35.♔g2!+–] 35.♕b2 ♖b2 36.e3±

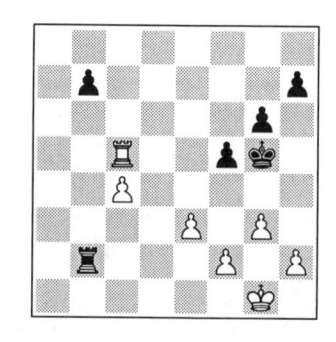

36...h5 [36...♖c2!? (△ 37...b5) 37.h4 ♔h6±] 37.h4 ♔f6 [37...♔h6!?] 38.♔g2 ♖c2 39.♔f3 ♔e6 [39...b5? 40.♖c6+–] 40.♖c7 ♔f6 [40...♔d6 41.♕g7+–] 41.e4 ♔e6 [41...fe4 42.♔e4 ♖f2 43.♖b7±] 42.♔e3 fe4 43.♔e4 ♖e2

[RR 43...♖f2 44.♖b7± Hansen] 44.♔f3 ♖c2 45.♔e3 ♔f6 46.f3 ♖c3 47.♔e4 ♔e6 48.♔f4 ♔f6 [48...♔d6 49.♖b7 ♖c4 50.♔g5+−] **49.g4** [Δ 50.g5+−, g6<] **49...hg4 50.fg4 g5?!** [50...♖c1 51.g5 (51.h5!?) 51...♔e6±] **51.hg5 ♔g6 52.♔e5!** [52...♔g5 53.♔d4! ♖b3 54.♖c5 ♔g4 55.♖b5+−] 1-0

YB/25-83

Pelletier, Yannick
Legki, Nikolay

France 1994

1.d4 e6 2.c4 ♗b4 3.♗d2 a5 4.g3 d6 5.♗g2 ♘c6 6.♘f3 e5 7.0-0 ♘d4 8.♘d4 ed4 9.♗b4 ab4 10.♕d4 ♘f6 11.♖d1 ♕e7 12.♕d2 0-0 13.♕b4 ♕e2 14.♘c3 ♕h5 15.♘b5 [15.♘d5 ♘d5 16.♖d5 (16.cd5? ♖a2!) 16...♕h6 (16...♕g6 17.♖e1 ♖b8 18.♖d3 ♗d7 19.♖de3 b5= Hulak-King, Palma de Mallorca 1989) 17.a4 b6 18.♕d2 ♕d2 19.♖d2 ♖a7 20.♗c6 ♗b7= Pinter-Legki, France 1994] **15...♖a2! 16.♘c7 ♕e2! 17.♗f1 ♕b2 18.♕b2 ♖b2 19.f3 ♘d7 20.f4 g5! 21.♖d6 gf4 22.gf4 ♔h8 23.♖a3 ♘c5 24.♗g2 ♘b3 25.♖d5 f6 26.♖d3 ♘c1 27.♗f3 ♖g8 28.♖f2 ♖b1 29.h4 ♘d3 30.♗f1 ♖b2**
0-1

7.d5

Portisch, Lajos
Kortchnoi, Viktor

Skelleftea 1989 (3)

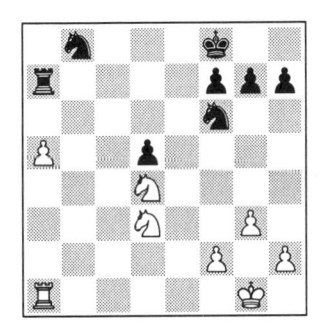

1.d4 e6 2.c4 ♗b4 3.♗d2 a5 4.♘f3 d6 5.g3 ♘c6 6.♗g2 e5 7.d5 ♘ce7!? 8.♗b4!? [8.0-0] 8...ab4 9.♘bd2 ♘f6 10.0-0 0-0 11.♘e1 c6! 12.dc6 bc6 13.♘d3 ♖b8 14.c5! ♗a6 15.cd6 ♕d6 16.♘b3 ♖fd8 [16...♘d3!?] 17.♘dc5! ♕d1 18.♖fd1 ♖d1 19.♖d1 ♗e2 20.♖e1 ♗c4 21.♖e5 ♔f8 22.♖e1 ♖a8 23.♖a1 ♘ed5 24.a3± ba3 25.♘d2 ♘b6 26.ba3 ♗d5 27.a4 ♖a5 28.♗d5 cd5 [28...♖c5!?] 29.♘db3 ♖a7 30.a5 ♘bd7 31.♘d3± ♘b8 32.♘d4

32...♘fd7 33.♖a3 g6 34.♘b4 ♘e5 35.a6+− ♘c4 36.♖a2 ♘b6 37.♘b5 ♖a8 38.a7 ♘8d7 39.♘c7 1-0

M/89-7-33

Parker, Jonathan
Arkell, Keith

Hastings 1993

1.d4 e6 2.c4 ♗b4 3.♗d2 a5 4.♘f3 d6 5.g3 ♘c6 6.♗g2 e5 7.d5 ♗d2 8.♘bd2!? [8.♘fd2 – YB/37-111] 8...♘ce7 9.0-0 f5!? [9...♘f6] 10.e4 ♘f6 11.♘e1 ♘g6 12.♘d3 0-0 13.♕c2 b6 14.b3 f4⇄ 15.♘f3 ♘d7 16.a3 h5 17.h4 ♘c5 18.b4 ♘d3 19.♕d3 ♕e7 20.♕c3 ♗g4 21.♘g5 ♕f6 22.♗f3 ♘h8! 23.♔g2 ♘f7 24.♘e6?! ♗e6 25.de6 ♘d8 26.c5 ab4 27.ab4 ♖a1 28.♖a1 bc5 29.bc5 ♘e6 30.cd6 cd6 31.♗h5 fg3 32.fg3 ♕f2 33.♔h3 ♘d4∓/∓ 34.♕e1 ♕f6 35.♕e3 ♔h7 36.♖b1 ♖a8 37.♕d3 ♖f8 38.♕e3 ♕e6 39.♗g4 ♕a2 40.♖h1 ♖f2 41.♕g5 ♕a8 42.♖c1 ♕e4 43.♕h5 ♔g8 44.♖c8 ♖f8 45.♖f8 ♔f8 46.♕h8 ♔f7 47.♗h5 g6 48.♕h7 ½-½

7.d5 ♗d2 8.♕d2 ♘b8

Tukmakov, Vladimir
Eingorn, Viacheslav

Minsk ch-SU 1987 (3)

1.d4 e6 2.c4 ♗b4 3.♗d2 a5 4.♘f3 d6 5.g3 ♘c6 6.♗g2 e5 7.d5 ♗d2 8.♕d2 ♘b8 9.♘c3 ♘h6 10.0-0 0-0 11.♘g5!? ♘a6 12.f4 ♘c5 13.fe5 de5 14.♘ge4 ♘e4 15.♘e4 ♖a6!

16.♖ad1 ♖g6 17.♕a5 b6 18.♕a3 ♗g4⇄ 19.♗f3 f5 20.♘f2 ♗f3 21.ef3 f4 22.g4 ♘f5 23.♖de1 ♘e3 24.♖e3 fe3 25.♕e3 c6 26.dc6 ♖c6 27.b3∞ ½-½

Dokhoian, Yury
Moskalenko, Viktor

Blagoveschensk 1988

1.d4 e6 2.c4 ♗b4 3.♗d2 a5 4.g3 d6 5.♘f3 ♘c6 6.♗g2 e5 7.d5 ♘b8 8.0-0 ♗d2 9.♕d2 ♘h6 10.♘c3 0-0 11.♘e1 f5 12.f4 ♘d7 13.♘d3 e4 14.♘f2 ♘f6 15.h3 c6 16.♖ad1 ♕b6 17.e3 cd5 18.♘d5 ♘d5 19.♕d5 ♘f7 20.♕d4 ♕d4 21.♖d4 ♗e6 22.g4 g6 23.gf5 gf5 24.♖a1 ♖fc8 25.♗f1 ♖c5 26.♘d1 ♖ac8 27.b3 c5 28.♘b2 dc4 29.♘c4 ♔f8 30.a4 ♔e7 31.♔f2 ♗c4 32.♗c4 ♘d6 33.♗e2 ♖g8 34.♖ad1 ♖g6 35.♖d5 ♖d5 36.♖d5 b6 37.♖d1 ♖g8 38.♖c1 ♖c8 39.♖c8 ♘c8 40.♗c4 ♘d6 41.♗g8 h6 42.♗d5 b5 43.ab5 ♘b5 44.♗b7 ♘d7 45.♔e1 ♔c7 46.♗d5 ♔d6 47.♗f7 ♔c5 48.♗e6 ♘d6 49.♔d2 ♔b4 50.♔c2 ♔c5 51.♔c3 ♘b5 52.♔b2 ♘d6 53.♔a3 ♔b5 54.♔d7 ♔b6 55.♔a4 ♔c7 56.♗e6 ♔b6 57.h4 ♔a6 58.b4 ab4 59.♔b4 ♔b6 60.♗d5 ♘e8 61.♔c4 ♘c7 62.♔d4 ♘d5 63.♔d5 ♔b5 64.h5 ♔b4 65.♔e5 ♔c3 66.♔f5 ♔d3 67.♔g6 ♔e3 68.f5 ♔d4 69.f6 e3 70.f7 e2 71.f8♕ e1♕ 72.♕h6

72...♔c3 73.♕g7 ♔b3 74.♕f7 ♔a3 75.♕f3 ♔a4 76.h6 ♕e6 77.♔g5 ♕e5 78.♕f5 ♕e7 79.♕f6 ♕c5 80.♔h4 ♕c4 81.♔g3 ♕d3 82.♕f3 ♕h7 83.♕c6 ♕a3 84.♕a6 ♔b2 85.♕f6 ♔a3 86.♕d6 ♔b2 87.♔f4 ♕f7 88.♔g5 ♕g8 89.♔f5 ♕h7

90.♔e5 ♔b3 91.♕e6 ♔a3 92.♕f6 ♔a2 93.♕g7 ♕d3 94.♕g2 ♔a1 95.♕g1 ♔a2 96.♕f2 ♔b3 97.♕b6 ♔a2 98.♕a5 ♔b2 99.♕b4 ♔c1 100.♕f4 1-0

Pinter, Jozsef
Eingorn, Viacheslav

Dortmund 1988 (3)

1.d4 e6 2.c4 ♗b4 3.♗d2 a5 4.♘f3 d6 5.g3 ♘c6 6.♗g2 e5 7.d5 ♗d2 8.♕d2 ♘b8 9.♘c3 ♘h6 10.0-0 ♘a6 11.♘e1 0-0 12.f4 ef4 13.gf4 f5 14.♘d3 ♗d7 15.♖ae1 ♕f6 16.e3 b6 17.b3 ♔h8 18.♘e2 ♘c5 19.♘c5 bc5 20.a4 ♖fb8 21.♘c1 ♖e8 22.♖e2 ♘g8 23.♘a2 ½-½

Kotronias, Vasilios
Moskalenko, Viktor

Lvov 1988 (4)

1.d4 e6 2.c4 ♗b4 3.♗d2 a5 4.♘f3 d6 5.g3 ♘c6 6.♗g2 e5 7.d5 ♘b8 8.0-0 ♗d2 9.♕d2 ♘h6 10.c5!? 0-0 11.♘c3 ♘a6 12.cd6 cd6 13.♖fc1 ♗d7 14.♘e4 ♕e7 15.b3 [15.♕a5?? ♘c5 16.♕b4 ♖a4–+] 15...f5 16.♕g5 ♕g5 17.♘eg5 ♖fc8 18.♘d2∓ b5 19.♘h3 ♘c5 20.♖c2 ♘f7 21.♘f7 [21.♘gf3!?] 21...♔f7 22.♖ac1 ♔e7 23.f4 ♘a6 24.♖c8 ♖c8 25.♖c8 ♗c8 26.fe5 de5 27.a4 ba4 28.ba4 ♘c5 29.♘c4 ♗b7 30.♗f5 ♗d5 31.♘e5 ♔d6 32.♘f3 ♘a4∓ 33.♗h7 ♘c3 34.e4 ♘e4 35.♘d4 ♔c5 36.♘c2 a4 37.♔f1 ♘f6 38.♗g6 ♗b3 39.♔e1 ♗c2 40.♗c2 a3 41.♗b3 ♗b4 42.♗e6 ♔c3 43.♔d1 ♗b2 44.♔d2 ♘e4 0-1

Kharitonov, Andrey
Eingorn, Viacheslav

Moscow ch-SU 1988 (11)

1.d4 e6 2.c4 ♗b4 3.♗d2 a5 4.♘f3 d6 5.g3 ♘c6 6.♗g2 e5 7.d5 ♗d2 8.♕d2 ♘b8 9.0-0 ♘h6 10.♘c3 0-0 11.e4 ♘a6 12.♘e1 ♗d7 13.♘d3 ♕b8!? 14.♘e2 b6 15.♔h1 ♘c5 16.♘c3 f5 17.f4 ♘d3 18.♕d3 ♕e8⇄ ½-½

Gual, Antonio
Illescas, Miguel

Alicante 1989

1.d4 e6 2.c4 ♗b4 3.♗d2 a5 4.♘f3 d6 5.g3 ♘c6 6.♗g2 e5 7.d5 ♗d2 8.♕d2 ♘b8 9.♘c3 ♘a6 10.e4 ♘h6 11.0-0 0-0 12.♘h4 ♘c5 13.♖ae1 ♗d7 14.b3 ♕e7 15.♕c2 ♔h8 16.h3 ♕f6 17.♔h1? g5! 18.♘f3

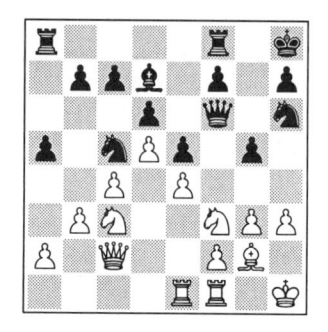

18...♗h3!∓ 19.♕d2 ♖g8 20.♔h2 ♗g4 21.♕e3 ♗d7 22.♕e2 ♘g4 23.♔g1 ♕h6 24.♖d1 f5 25.ef5 ♗f5 26.♖fe1 ♖af8 0-1

Douven, Rudy
Gelfand, Boris

Amsterdam OHRA II 1989 (1)

1.d4 e6 2.c4 ♗b4 3.♗d2 a5 4.♘f3 d6 5.g3 ♘c6 6.♗g2 e5 7.d5 ♗d2 8.♕d2 ♘b8 9.c5!? ♘f6! 10.cd6 cd6 11.0-0 ♘a6 12.♘a3 ♘c5 13.♖fc1 b6 14.♘c4 0-0 15.♘h4 ♘fe4 16.♕c2 f5 17.♘e3 ♘f2! 18.♘hf5! [18.♔f2 f4] 18...♘g4! 19.♖f1 ♗f5 20.♘f5 g6 21.h3 ♖f5 22.hg4 [22.♖f5?? ♕e3–+] 22...♖f1 23.♖f1 ♕d7∓ 24.e4 [24.e3!?] 24...♕g4 25.♕f2 ♕d7 26.♕f6 [26.♗h3!? ♕e7] 26...♖e8 27.♗h3! ♕e7 28.♗e6 ♘e6 29.de6 ♕e6 [29...♕f6 30.♖f6 ♖e7] 30.♕e6 ♖e6 31.♖c1! ♔f7 32.♖c7 ♖e7 33.♖c6 ♔e6 34.♖b6 ♖c7 35.♔f2 g5 36.g4 ♖f7 37.♔e3 ♖f4 38.♖b7 ♖g4 39.♖h7 ♖g2 40.♖a7 ♖b2 41.♖a5 g4 42.♖a7 ♔f6 43.♖a6 ♔g5 44.a4 [44.♖d6] 44...g3 45.♔f3 g2 46.♖a8 g1♘!–+ 47.♔e3 ♖b3 0-1

Lalic, Bogdan
King, Daniel

Haifa Ech-tt 1989 (8)

1.d4 e6 2.c4 ♗b4 3.♗d2 a5 4.♘f3 d6 5.g3 ♘c6 6.♗g2 e5 7.0-0 ♗d2 8.♕d2 ♘f6 9.♘c3 0-0 10.d5 ♘b8 11.♘e1 ♘a6 12.♘d3 ♘d7 13.♘a4!? b6 14.a3 ♘ac5 15.♘ac5 ♘c5 16.♘c5 dc5 [16...bc5 17.b4±] 17.b4

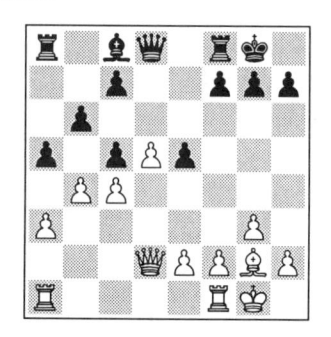

17...♕d6 [17...ab4 18.ab4 ♖a1 19.♖a1 cb4 20.♕b4±] 18.bc5 bc5 19.♖fb1 ♗d7 20.e4 a4 21.♖b7 h6 22.♖ab1 ♔h7 23.♕e1 ♖a6 24.♕f1 f5 [24...♖b6 25.♖1b6 cb6 26.♕b1±; 26.♗h3±] 25.ef5 ♗f5 26.♖1b2 ♕e7 27.♕e1 e4 28.♕e3± ♖af6 29.♖7b5 ♕e5 30.♖e2 ♕a1 31.♖e1 ♕a2 32.♖c5 ♗g6 33.♖f1 ♕c2 34.♖c7 1-0

Tozer, Richard
Ward, Christopher

London 1990 (1)

1.d4 e6 2.c4 ♗b4 3.♗d2 a5 4.g3 d6 5.♘f3 ♘c6 6.♗g2 e5 7.d5 ♗d2 8.♕d2 ♘b8 9.0-0 ♘f6 10.♘c3 ♘a6 11.e4 ♘c5 12.♘e1 0-0 13.b3 c6 14.♘d3 ♘d3 15.♕d3 cd5 16.cd5 ♘d7 17.♕e3 ♘c5 18.f4 ♕e7 19.♖f2 ♗d7 20.♗f1 ef4 21.gf4 f6 22.♖e1 ♖ae8 23.♖fe2 b5 24.♕g3 b4 25.♘b1 ♕f7 26.f5 ♗b5 27.♖e3 ♗f1 28.♔f1 ♕c7 29.♘d2 ♕d7 30.♘f3 ♕c5 31.♕g1 ♘e5 32.♘e5 fe5 33.♔g2 ♖c8 34.♔h1 ♖f7 35.♕g4 ♖cc7 36.♖g3 ♕f2 37.♘eg1 ♖f6 38.♕h4 ♔h8 39.♖g7 ♕f3 40.♖7g2 ♕f8 41.h3 ♖c3 42.♔h2 ♕f4 43.♕f4 ef4 44.♖f2 f3 45.♖e1 ♖g8

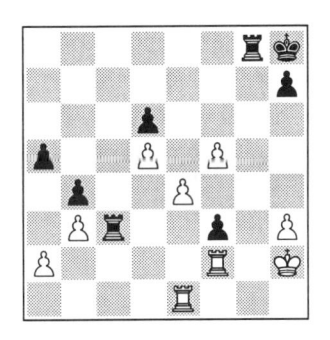

46.e5 de5 47.♖e5 ♖g5 48.d6 ♖d3 49.h4 ♖g4 50.f6 ♔g8 51.♖a5 ♖h4 52.♔g3 ♖h6 53.♖f3 ♖f3 54.♔f3 ♖f6 55.♔e3 ♖d6 56.♖b5 ♖a6 ½-½

Tozer,Richard
Ward,Christopher

Guildford 1991

1.d4 e6 2.c4 ♗b4 3.♗d2 a5 4.♘f3 d6 5.g3 ♘c6 6.♗g2 e5 7.d5 ♗d2 8.♕d2 ♘b8 9.0-0 ♘f6 10.♘c3 ♘a6 11.♘e1 ♘c5 12.♘d3 ♘d3 13.♕d3 h5 14.c5 h4 15.♘b5 ♔f8 16.♖ac1 ♘e8 17.f4 hg3 18.hg3 ♕e7 19.♖c4 ♗d7 20.♘c3 dc5 21.♖e4 ♗f5 22.fe5 ♗e4 23.♕e4 ♖h5 24.♖f5 ♖f5 25.♕f5 ♖d8 26.e4 g6 27.♕f4 g5 28.♕f2 ♕e5 29.♕c5 ♔g7 30.♕a5 ♕g3 31.♘e2 ♕e3 32.♔f1 ♖d6 33.♔e1 ♖f6 34.♕b5 ♘d6 0-1

Gausel,Einar
Arnason,Throstur

Gausdal 1991 (3)

1.d4 e6 2.c4 ♗b4 3.♗d2 a5 4.♘f3 d6 5.g3 ♘c6 6.♗g2 e5 7.d5 ♗d2 8.♕d2 ♘b8 9.♘c3 ♘d7 10.0-0 ♘h6 11.e4 0-0 12.♘a4 b6 13.a3 ♗a6 14.♖fc1 ♗c4 15.♖c4 b5 16.♖c6 ba4 17.♖ac1 ♖a7 18.♗h3 f6 19.♗e6 ♔h8 20.♕c2 ♘c5 21.♖c5 dc5 22.♕a4 ♕e7 23.♕b5 ♘f7 24.♗f7 ♕f7 25.♖c5 g6 26.b3 ♔g7 27.♖c6 ♕e7 28.a4 ♕e8 29.♕c5 ♕b8 30.♘d2 ♖f7 31.♕c3 ♕f8 32.♘c5 ♔g8 33.♖b5 ♖a6 34.♘c4 c6 35.♖a5 ♖a5 36.♕a5 cd5 37.ed5 ♖b7 38.♘d2 ♕b4 39.♕a6 ♖c7 40.♕f6

♖c1 41.♘f1 ♕b3 42.♕e6 ♔f8 43.♕e5 ♕c4 44.♕h8 ♔f7 45.♕h7 ♔f6 46.♕h8 ♔f7 47.♕h7 ♔f6 48.♕h3 ♕d5 49.♕g4 ♕c4 50.♕c4 ♖c4 51.♘e3 ♖a4 52.♔g2 ♖a2 53.h4 ♔e5 54.♔f3 ♔e6 55.♔g2 ♔f5 50.g4 ♔e5 57.♔g3 ♖a3 58.f3 ♖a4 59.♘e3 ♖d4 60.♘g2 ♖a4 61.♘e1 ♖a3 62.♘g2 ½-½

Bonsch,Uwe
Balashov,Yury

Dortmund 1992 (7)

1.d4 e6 2.c4 ♗b4 3.♗d2 a5 4.♘f3 d6 5.g3 ♘c6 6.♗g2 e5 7.d5 ♗d2 8.♕d2 ♘b8 9.e4 ♘d7 10.0-0 ♘h6 11.♘c3 0-0 12.♘g5 ♘c5 13.f4 f6 14.♘f3 c6 15.fe5 de5 16.h3 ♘f7 17.♕e3 ♕b6 18.♖fc1 ♗d7 19.♖ab1 ♕a7 20.♔h2 ♘d6 21.♘d2 f5 22.♖f1 fe4 23.♖f8 ♔f8 24.♖f1 ♔g8 25.g4 h6 26.b3 ½-½

Van Wely,Loek
Romero Holmes,Alfonso

Wijk aan Zee 1992 (8)

1.d4 e6 2.c4 ♗b4 3.♗d2 a5 4.g3 d6 5.♘f3 ♘c6 6.♗g2 e5 7.d5 ♗d2 8.♕d2 ♘b8 9.0-0 ♘h6 [≥ 9...♘f6] 10.♘c3 0-0 11.a3!? a4 12.c5! ♘d7 13.cd6 cd6 14.♘b5 ♘c5 15.♕b4 b6 16.♘d2 f5 [≥ 16...♗a6 17.♘h3] 17.♘c4 ♘f7 18.f4! ef4 19.♖f4 ♗a6 20.♖af1? [20.♖f5 ♕d7 21.♘d4 ♘b3 22.♘b6!+−] 20...♕d7 21.♘bd6?! [21.♘d4 ♗c4 22.♕c4 ♘e5 △ 23...g6=] 21...♘d6 22.♘b6 ♕c7 23.♘a8 ♖a8 24.♖c1 ♖c8 25.e4 ♕a7? [25...♕e7 26.♕d4 (26.♖c5 ♕a7) 26...♘ce4 27.♖c8 ♗c8 28.♕a4 ♕e5∓] 26.♕d4 g5 27.♖f2 ♘b5 28.♕e3 ♘e4 29.♖c8 ♗c8 30.♕a7 ♘a7 31.♗e4 fe4 32.♖c2 ♗f5 33.d6? [33.♖c4 ♘b5 34.♔f2 ♔f7 35.♖a4+−] 33...♘b5 34.♖c5 ♗d7!= 35.♖e5 ♔f8 36.♖e7 ♗c6 37.♔f2 ♗e8 38.♖e4 ♘d6 39.♖e5 ♔f7 40.♔f3 h6 41.♖c5 ½-½

M/92-2-30 YB/25-83

Vokac,Marek
Ward,Christopher

Barcelona tt 1993

1.d4 e6 2.c4 ♗b4 3.♗d2 a5 4.♘f3 d6 5.g3 ♘c6 6.♗g2 e5 7.d5 ♗d2 8.♕d2 ♘b8 9.0-0 ♘h6 10.♘c3 ♘a6 11.♘e1 ♘c5 12.♘d3 b6 13.f4 ef4 14.gf4 f5 15.♘f2 0-0 16.b3 ♗d7 17.♖ab1 ♕h4 18.a3 a4 19.b4 ♘b3 20.♕d3 ♕f4 21.e3 ♕h4 22.♘b5 ♘f7 23.♘c7 ♘e5 24.♕e2 ♖ac8 25.♘e6 ♖f6

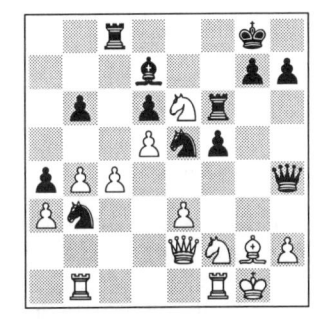

26.c5 dc5 27.bc5 bc5 28.♖bd1 c4 29.♘h3 c3 30.♖f4 ♕h6 31.♕c2 ♕h5 32.♘f2 ♗b5 33.♖b4 ♕e2 34.♕e2 ♗e2 35.♖e1 c2 36.♘h3 ♗a6 37.♗f1 ♘f3 38.♔f2 ♘e1 39.♗a6 c1♕ 40.♗c8 ♘d3 0-1

Petursson,Margeir
Sher,Miron

Arhus 1993 (7)

1.d4 e6 2.c4 ♗b4 3.♗d2 a5 4.♘f3 d6 5.g3 ♘c6 6.♗g2 e5 7.d5 ♗d2 8.♕d2 ♘b8 9.♘c3 ♘a6 10.0-0 ♘h6 11.♕g5 ♕g5 12.♘g5 f6 13.♘ge4 ♔e7 14.b3 ♗d7 15.♖fc1 ♘f7 16.♘d2 ♖ab8 17.♖ab1 ♖hc8 18.e4 c5 19.♗f1 ♘c7 20.♔g2 ♖a8 21.♗e2 ♖cb8 22.h4 g6 23.h5 g5 24.♘f1 ♘h6 25.♘e3 f5 26.ef5 ♘f5 27.♗d3 ♘e3 28.fe3 h6 29.♖f1 ♖f8 30.♗g6 ♖f1 31.♖f1 ♖f8 32.♖f8 ♔f8 33.♘e4 ♗e7 34.a4 g4 35.♘f2 ♘e8 36.♗c2 ♘f6 37.♗g6 ♔f8 38.♔h2 ♘g8 39.♘e4 ♔e7 40.♘f2 ♘f6 41.♔g2 ♘e8 42.♗c2 b6 43.♘d3 ½-½

Slav Defence
Alapin Variation

SL 5.6

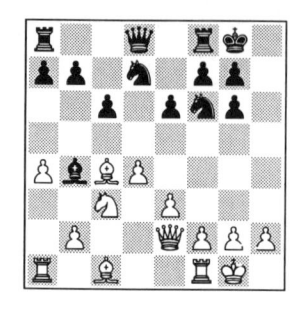

INTRODUCTION: Paul van der Sterren
MAIN ANALYSIS: Loek van Wely
STUDY MATERIAL: Van der Sterren, Hergott

A Recent Discovery

1.d4 d5 2.c4 c6 3.♘f3 ♘f6 4.♘c3 dc4 5.a4 ♗f5 6.e3 e6 7.♗c4 ♗b4 8.0-0 0-0 9.♕e2 ♗g6 10.♘e5 ♘bd7 11.♘g6 hg6

In Yearbook 56 I discussed a main line of the 6.e3-Slav Accepted: 8...0-0 9.♕e2 ♘bd7 10.e4 ♗g6 11.♗d3 ♗h5 12.e5 ♘d5, a variation that has stood up remarkably well to many decades of intensive testing.

A lesser-known and very interesting alternative for Black (which is why it is also important for White to know something about it) is 8...0-0 9.♕e2 ♗g6. This stops White from playing the much-desired 10.e4. Unlike the better-known twin variation 8...♘bd7 9.♕e2 ♗g6, where 10.e4 is actually a main line based on the fact that after 10...♗c3 11.bc3 ♘e4 12.♗a3 Black's king is stuck in the centre, this pawn sacrifice yields nothing, now that Black has already castled.

Now White can only hope for an advantage by accepting the challenge which is 10.♘e5, gaining the 'advantage' of the two bishops after 10...♘bd7 11.♘g6 hg6.

This line was long thought to be just bad for Black because of 12.♖d1 ♕e7 13.e4 e5 14.d5, especially after it became clear that 14...♘b6 is strongly met by 15.♗b3. However, the recent discovery of 12...♕a5, a much more versatile move than 12...♕e7, caused the discussion to be reopened.

Several games have shown that White's simplest reply, 13.♗d2, offers him nothing at all. The next move to be tested was 13.♕c2. This is undoubtedly a solid move, but it does not seem to refute Black's set-up.

White's most recent attempts have been considerably sharper, viz. 13.e4 and 13.♘a2. Both moves offer a pawn sacrifice in an attempt to obtain the initiative. Although these two moves are undoubtedly interesting, the results so far have been no better than mixed.

In the main game of this survey, Loek van Wely tries a new and even sharper move, 12.♘a2 (instead of 12.♖d1) with the idea 12...♗d6 13.e4 e5 14.f4. This does indeed look very dangerous for Black, but as Van Wely observes, it is not at all clear 'whether White has anything after 12...♗e7, which takes the sting out of this plan'.

STATISTICS

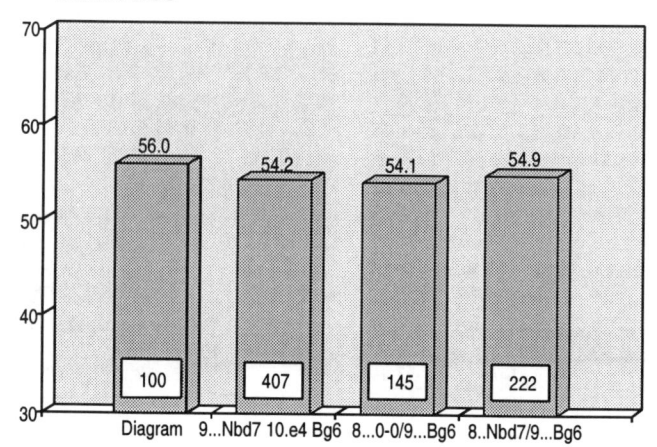

Diagram	9...Nbd7 10.e4 Bg6	8...0-0/9...Bg6	8..Nbd7/9...Bg6
56.0	54.2	54.1	54.9
100	407	145	222

SL 5.6

Van Wely,Loek
Almasi,Zoltan

Polanica Zdroj 2000 (9)

1.d4 d5 2.c4 c6 3.♘c3 ♘f6 4.♘f3 dc4 5.a4 ♗f5 6.e3 e6 7.♗c4 ♗b4 8.0-0 0-0 9.♕e2 ♗g6 10.♘e5 ♘bd7 11.♘g6 hg6 12.♘a2 ♗d6 [12...♗e7] 13.e4 e5 14.f4 ed4 15.e5 ♗c5 16.♔h1 [16.♕d3 ♘d5 Kasimdzhanov-Van Wely, Dordrecht blitz 2000] 16...♘d5 17.b4 ♗e7 [17...♘b4 18.♘b4 ♗b4 19.e6+–→] 18.a5! [18.♗d5 cd5 19.♖d1] 18...♖e8 [18...b6!? 19.b5 ba5 20.bc6 ♘7b6 21.♗d3 △ 22.f5; 21.♗a6] 19.♗d2 [19.♕e4 ♘f8 20.♕d4 ♘b4 21.♕b2] 19...♘f8 20.♕e4 ♕d7 [20...♘e6 21.g4 ♘f8] 21.♕d4 ♖ed8 22.♕b2 b5 23.♗e2 ♖ac8 24.♖ad1 a6 25.♗f3 ♕a7 26.♕b3 ♖c7

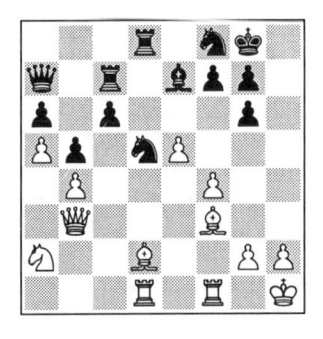

27.♗e4? [27.♗c1 ♘e6 (27...♖cd7 28.♗g4) 28.♗e4 ♖cd7 29.f5] 27...♘d4! [27...♘e6 28.♗c1 ♘d4 29.♕h3 c5 (29...♘b4 30.♘b4 ♗b4 31.f5 gf5 32.♖f5 g6 33.♗g5!+–) 30.♖d4! cd4 31.f5+–] 28.♕f3 [28.♗c2] 28...♖cd7? [28...♕b2 29.♗b1; 29.f5 ♕a2 30.fg6 f6; 30...fg6] 29.♗c2 ♕b2 30.♗b1 ♗b4 31.♘b4 ♘b4 32.♗c3 ♕b3 [≥ 32...♕a3] 33.♖d7 ♖d7 34.f5 gf5 [34...♘d5 35.e6 ♖e7 36.fg6 f6=] 35.♗f5 ♖e7 36.e6? [36.♖b1] 36...♘a2 [36...♘d5? 37.ef7 ♖f7 38.♗h7+–] 37.♗c2 [37.ef7!? ♕f7 (37...♖f7? 38.♗c2!) 38.♗d2] 37...♕e6 38.♗d2 [38.♗b2 ♕e2] 38...♕e2 39.♗b3 ♕f3 [39...♕d2 40.♗f7 ♔h8 41.♗a2 ♘h7 42.♕h3

♖e8 43.♗b1 ♕h6 44.♕d7 ♖f8] 40.gf3 ♖d7 41.♖f2 [41.♖d1 c5 42.♗a2 c4∓] 41...♘c3 42.♗c3 ♖d3 43.♖c2 b4 44.♗f7 ♔f7 45.♗b4 ♖f3? [45...♖b3!? 46.♗d6 ♖b5 47.♖c6 ♖a5 48.♖c7 ♔g8 49.♖c8 ♖f5 50.f4±] 46.♖c6 ♘g6 [46...♖f6 47.♖c7 ♔g6 (47...♔g8 48.♖c8) 48.♗c3, g7<, a6<] 47.♖a6 ♘f4 48.♔g1 g5 [△ 49...g4=] 49.♖a8 ♖b3 [49...g4? 50.♖f8 ♔g7 51.a6] 50.♗d6 [50.♗c5 ♖b1 51.♔f2 ♘d3] 50...♖d3 51.♗c7 ♖c3 52.♗b6 ♘d5 53.♗d8 ♔g6 54.♖b8 [54.a6 ♖c1 55.♔f2 ♖c2 56.♔f3 ♖h2 57.a7 ♖a2 58.♔e4 ♘c3 59.♔d3 ♘b5 △ 60...♘a7] 54...♖c1 55.♔f2 ♖c2 56.♔f3 ♖h2

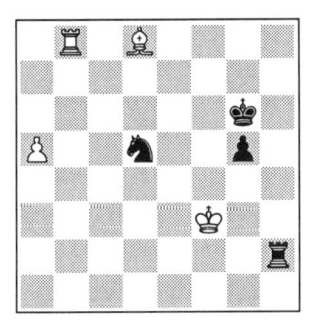

57.♖b5 [57.a6 ♖a2 58.♖b5 ♖a6 59.♖d5] 57...♖h3 58.♔f2 ♖d3 59.a6 ♘b4 60.♗c7 ♘a6 61.♖b6 ♔f5 62.♖a6 ♖d5 63.♗b6 ♖b5 64.♗e3 ♔g4 65.♔g2 ♖b2 66.♗f2 ♖b5 67.♖a4 ♔h5 68.♗e3 ♖e5 69.♔f3 ♖f5 70.♔e4 ♖b5 71.♖a1 ♔g6 72.♗d4 ♖b4 73.♖a8 ♖b5 74.♖d8 ♔h5 75.♔f3 ♖b3 76.♗e3 ♖b5 77.♖h8 ♔g6 78.♔e4 ♖b4 79.♔e5 ♖b5 80.♔e6 ♖a5 81.♗d4 ♖a6 82.♔e5 ♖a5 83.♔e4 ♖b5 84.♗e5 ♖b4 85.♔d5 ♔f5 86.♖f8 ♔g4 87.♖f1 ♖b5 88.♔e6 ♖b6 89.♔f7 ♖b5 90.♔f6 ♖b6 91.♔g7 ♖b5 92.♗f6 ♔h3 93.♖f3 ♔h2 94.♖a3 g4 95.♗h4 ♖h5 96.♗g3 ♔g2 97.♗d6 ♖d5 98.♖a2 ♔f3 99.♗b8 ♖b5 100.♖a3 ♔g2 101.♗a7 g3 102.♔f6 ♔h2 103.♗e3 g2 104.♖a8 ♖b1 105.♖h8 ♔g3 106.♖g8 ♔f3 107.♗c5 ♖c1

½-½

Van Wely

Study Material

12.♖d1 ♕e7

Lilienthal,Andor
Yanofsky,Daniel

Saltsjobaden izt 1948 (10)

1.d4 d5 2.c4 c6 3.♘f3 ♘f6 4.♘c3 dc4 5.a4 ♗f5 6.e3 e6 7.♗c4 ♗b4 8.0-0 0-0 9.♕e2 ♗g6 10.♘e5 ♘bd7 11.♘g6 hg6 12.♖d1 ♕e7 13.e4 e5 14.d5 ♖ad8 15.♗g5 ♖fe8 16.a5±/± ♘c5 17.f3 ♘cd7 18.♔h1 ♘b8 19.a6 b6?! [19...ba6 20.dc6 ♗c3 21.bc3 ♘c6±/±] 20.dc6 ♗c3 21.bc3 ♘c6 22.♗b5 ♖c8

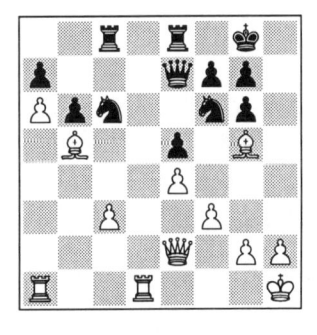

23.♖d5 ♘d5!? [23...♕e6 24.♖ad1±] 24.♗e7 ♘c3 25.♕b2 ♘b5 26.♕b5 ♖e7 27.♖c1 ♖ec7 28.h3 f6 29.♕d5 ♔h7 30.♕d6+– ♔h8 31.f4 ef4 32.e5 fe5 33.♕g6 ♘e7 34.♕h5 ♔g8 35.♖c7 ♖c7 36.♕e5 ♖c1 37.♔h2 ♘c6 38.♕f4 ♖c5 39.♕d6 ♔h7 40.h4 ♘b4 41.♕d7 ♘c6 42.♔h3 ♖c3 43.g3 b5 44.h5 b4 45.♕e8 ♖c1 46.♕e4 ♔g8 47.♕e6 ♔h8 48.g4 ♖c3 49.♔h4 ♖c5 50.g5 ♘e5 51.♕e8 ♔h7 52.g6 ♘g6 53.hg6

1-0

Ftacnik,Lubomir
Velikov,Petar

Dubai ol 1986 (7)

1.d4 d5 2.♘f3 c6 3.c4 ♘f6 4.♘c3 dc4 5.a4 ♗f5 6.e3 e6 7.♗c4 ♗b4 8.0-0 0-0 9.♕e2 ♗g6 10.♘e5 ♘bd7 11.♘g6 hg6 12.♖d1 ♕e7 13.e4 e5

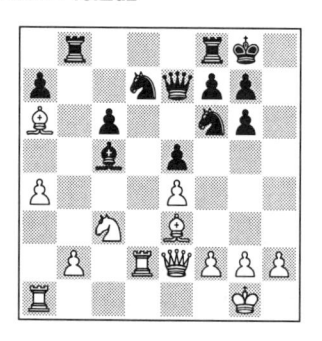

14.d5 ♘b6! 15.dc6 bc6 16.♗a6 ♖ab8! 17.♗g5 [17.a5? ♘bd7 △ 18...♗c5; 17.♗e3? ♘c3 18.bc3 ♘e4 19.♗b6 ♖b6∓] 17...♗c5 18.♗e3 ♘bd7= 19.♖d2

19...♖b4 20.♗c5 [20.♖ad1? ♗e3 21.♕e3 ♘c5] 20...♘c5 21.♗c4 ♖fb8 [21...a5!?] 22.a5 ♘b3 23.♗b3 ♖b3 24.g3 ♕b4 25.♕e3 ♕e7 26.♕e2 ♕b4 27.♕e3 ♕e7 28.♕e2   ½-½

Kolev,Atanas
Kirov,Nino

Sofia tt 1991 (5)

1.d4 d5 2.c4 c6 3.♘f3 ♘f6 4.♘c3 dc4 5.a4 ♗f5 6.e3 e6 7.♗c4 ♗b4 8.0-0 0-0 9.♕e2 ♗g6 10.♘e5 ♘bd7 11.♘g6 hg6 12.♖d1 ♕e7 13.e4 e5 14.d5 ♘b6 15.♗b3! cd5 16.ed5 e4!? [16...♖fd8 17.♗g5±/±] 17.♗g5 ♘bd7 18.♗f4 [18.♖d4! ♘c3 19.bc3 ♘c5 20.♗c2 ♕e5 21.♕d2± Kolev] 18...♘h5? [18...♖d6! 19.♗d6 ♕d6 20.♘e4 ♘e4 21.♕e4± Kolev] 19.d6 ♕d8 20.♗e3? [20.♘d5!± Kolev] 20...♘c3 21.bc3 ♔h7∞ 22.♔h1 f5 23.g4 ♘hf6 24.gf5 gf5 25.♕f1 ♘g4 26.♕h3 ♔g6 27.♖g1 ♘e5

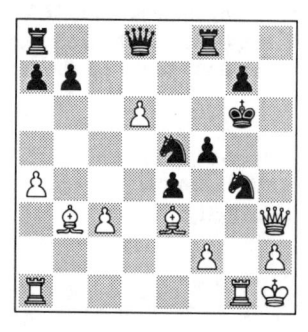

28.♖g4 fg4 29.♖g1 ♕d7 [29...♕g5!□∞ Kolev] 30.♗d1 ♖ad8 31.♗g4 ♘g4 32.♖g4 ♔f7 33.♗d4 g5 34.♕h7 ♔e6 35.♕e4 ♔f7 36.♕h7 ♔e6 37.♕g6 ♔d5 38.♕e4   1-0

Ravi,Lanka
Joshi,Sajjandas

Calcutta 1994

1.d4 d5 2.c4 c6 3.♘f3 ♘f6 4.♘c3 dc4 5.a4 ♗f5 6.e3 e6 7.♗c4 ♗b4 8.0-0 0-0 9.♕e2 ♗g6 10.♘e5 ♘bd7 11.♘g6 hg6 12.♖d1 ♕e7 13.e4 e5 14.d5 ♘b6 15.♗b3 cd5 [15...a5 16.♗e3 ♘c5?? 17.d6+− Kasparov-Kir. Georgiev, Munchen blitz 1994] 16.ed5 ♖fd8 17.♗g5 ♘c8 18.d6! ♗d6 19.♘d5 ♕f8 20.♘f6 gf6 21.♗f6+− ♗e7 22.♗e5 ♘d6 23.♕g4 ♕h6 24.♖d3 ♘f5 25.♖h3 ♗h4 26.g3 ♖ac8 27.gh4 ♖c1 28.♖c1 ♕c1 29.♔g2 ♕c6 30.♕f3 ♕c5 31.♕c3 ♕e7 32.♗f6 ♕e4 33.♕f3 ♕e3 34.fe3 ♖d2 35.♔g3 ♕d3 36.♗c3 ♕d6 37.♕f4   1-0

12.♖d1 ♕a5 13.♗d2

Lerner,Konstantin
Milov,Leonid

Berlin 1993 (4)

1.c4 c6 2.d4 d5 3.♘f3 ♘f6 4.♘c3 dc4 5.a4 ♗f5 6.e3 e6 7.♗c4 ♗b4 8.0-0 0-0 9.♕e2 ♗g6 10.♘e5 ♘bd7 11.♘g6 hg6 12.♖d1 ♕a5 13.♗d2 [13.h3 ♖ad8 14.♗d2 e5 15.♗e1 ed4 16.♖d4 ♘b6 17.♗b3 ♖d4 18.ed4 ♖e8= 19.♕d3 ♘bd5 20.♗d2 ♕b6?? 21.a5! ♕c7 22.♘d5 ♘d5 23.♗b4 ♘b4 24.♕g6+− Kasparov-Kramnik, Paris rapid 1994] 13...♖ad8 14.♗e1 e5 15.d5 cd5 16.♗d5 [16.♘d5 ♗e1 17.♕e1 ♕e1 18.♖e1 ♘c5=] 16...♘c5 17.♗c4 ♖d7 18.f3 ♗a6! 19.♗e4 ♕c5 20.♕e2 ♖d1 21.♖d1 ♗c3 22.♗c3 ♘e4 23.fe4 ♕c6= 24.♕b5 ♕e4 25.♕e5 ♕e5 26.♗e5 ♖c8 27.♗c3 f6 28.♖d4 ♖c7 29.h4 ♔f7 30.♔f2 ♘c5 31.♔f3 ♘d7 32.♖b4 ♔e6 33.a5 b6 34.ab6 ab6 35.♗d4±/= ♖c6 36.♖b5 ♖d6 37.♔e4 ♖c6 38.g4 ♖d6 39.♖b3 ♖c6 40.♖a3 ♖c7 41.♖a8 ♘c5 42.♔f3 ♘d7 43.♖a6 ♖c4 44.♖a7 ♔d6 45.♖a8 ♔e6 46.♔g3 ♔e7 47.g5 ♖b4 48.♖c8 ♖b5 49.♖c6 ♔f7   ½-½

Stangl,Markus
Milov,Leonid

Berlin 1993 (5)

1.♘f3 d5 2.d4 ♘f6 3.c4 c6 4.♘c3 dc4 5.a4 ♗f5 6.e3 e6 7.♗c4 ♗b4 8.0-0 0-0 9.♕e2 ♗g6 10.♘e5 ♘bd7 11.♘g6 hg6 12.♖d1 ♕a5 13.♗d2 ♖ac8!? 14.♗e1 [14.♘a2 ♗d2 15.♕d2 ♕d2 16.♖d2 c5 17.♗b5 ♘b8 18.dc5 ♘e4 19.♖c2 ♘c5= Kopionkin-Milov, Zalakaros 1993; 14.♗b3 e5 15.♗e1 ♖cd8 16.♕c2 ed4 17.♖d4 (17.ed4) 17...♘e5 18.♖ad1 c5 19.♖d8 ½-½ Razuvaev-Milov, Pardubice 1993] 14...♘b6 15.♗b3 c5 16.♕b5 a6 17.♕a5 ♗a5 18.♔f1 cd4 19.♖d4 e5! 20.♖d3 ♘c4 21.♖b1=/∓ ♖fd8 22.♔e2 ♖d3 23.♔d3 d4 24.♔e2 ♔f8 25.♗a2 ♘e5 26.b4 ♗d8 27.♖b3 ♗e7 28.♗b1 ♖c4 29.♘a2 ♘d5 30.f3 ef3 31.gf3 f5 32.a5 ♗h4 33.♗d2 ♗f6 34.f4 ♘f7 35.♗d3 ♖c7 36.b5 ab5 37.♖b5 ♘e7 38.♗b4 ♔e8 39.♗c5 ♘c8 40.♘b4 ♘fd6 41.♘d5 ♖c6 42.♘f6 gf6 43.♗d6 ♖d6 44.♖b1 ♖c5 45.a6   ½-½

Sakaev,Konstantin
Milov,Leonid

Biel 1994 (3)

1.d4 d5 2.c4 c6 3.♘f3 ♘f6 4.♘c3 dc4 5.a4 ♗f5 6.e3 e6 7.♗c4 ♗b4 8.0-0 0-0 9.♕e2 ♗g6 10.♘e5 ♘bd7 11.♘g6 hg6 12.♖d1 ♕a5 13.♗d2 ♖ad8 14.♗e1 ♘b6 15.♗b3 c5 16.dc5 ♘bd7 17.c6 bc6 18.e4 [18.♖d4!? ♘c5 19.♗c2 ♖d4 20.ed4 ♘cd7 21.♕c4 c5 22.dc5 ♖c8 23.c6 ♘e5 24.♕b5 ♘c6= Gabriel-Milov, Bad Worishofen 1997] 18...♘c5 19.♗c2 e5= 20.♕c4 ♘e6 21.♖d8 ♖d8 22.♗b3 ♕c5! [22...♖d7? 23.♕c6 ♘d4 24.♕c8 ♖d8 25.♕c4 ♘b3 26.♕b3 ♘e4 27.♘e4 ♗e1 28.♘g5+−] 23.♕c5 ♘c5 24.♗c2 ♘e6 [24...a5] 25.♔f1 ♘d4 26.♖c1 ♖b8 27.♗d3 ♘d7 28.f3 ♘c5 29.♗c4 ♘f8 30.♗g3 f6 31.♗f2 ♘db3 32.♗b3 ♘b3 33.♖d1 ♖b7

34.♖d8 ♔e7 35.♖g8 ♔e6 36.♖e8 ♗e7 [36...♔d7 37.♖g8=] 37.♔e1 a5 [37...♘c1!] 38.♘e2 ♖b4 39.♔d1 ♖a4 40.♔c2 ♘d4 41.♗d4 ed4 42.♘f4 ♕f7 40.♖o8 g5 41.♘d3 c5 45.♔b3 ♖a1 46.♔c4

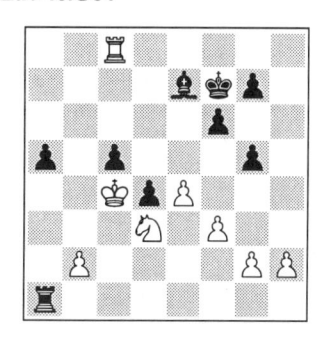

46...♖d1 47.g3 ♖d2 48.h4 gh4 49.gh4 a4 50.h5 ♖h2 51.♖c7 ♖h5 52.♘f4 ♖e5 53.♖a7 g5 54.♘d3 ♖e6 55.♘c5 ♖c6 56.♔d4 ♖c5 57.♖e7 ♔e7 58.♔c5 ♔e6 59.♔b4 ♔e5 60.♔a4 ♔f4 61.b4 ♔f3 62.b5 g4 63.e5! fe5   ½-½

Karpov,Anatoly
Kramnik,Vladimir

Monaco blind 1995 (2)

1.d4 d5 2.c4 c6 3.♘f3 ♘f6 4.♘c3 dc4 5.a4 ♗f5 6.e3 e6 7.♗c4 ♗b4 8.0-0 0-0 9.♕e2 ♗g6 10.♘e5 ♘bd7 11.♘g6 hg6 12.♖d1 ♕a5 13.♗d2 e5!? 14.d5 ♖ad8!? 15.dc6 bc6 16.♗e1 e4 17.♗b3?! ♕e5! 18.♗c2 ♗d6 19.g3 ♘c5 20.♔g2 ♕f5 21.♖d2 ♗e5 22.♖ad1 ♖b8!∓ 23.♗b1 ♗c3 24.bc3 ♘a4 25.♖a2

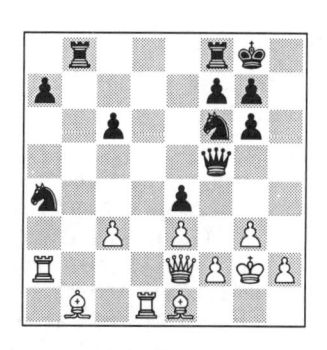

25...♘b2! 26.♖d2 ♘c4 27.♖d1 ♘e5 28.h3 ♘f3 29.♖a4 ♘g5 30.g4 ♕e5 31.♕c2 ♖fe8 32.♖a7 ♘f3 33.♕a2 ♕h2 34.♔f1 ♕h3 35.♔e2 ♘e5 36.♗c2 ♕g4 37.♔d2 ♖ed8 38.♔c1 ♖d1 39.♗d1 ♕g1 40.♗d2 ♘d3 41.♔c2 ♖b2   0-1

Stone,Raymond
Hergott,Deen

Den Bosch 1999 (7)

1.d4 d5 2.c4 c6 3.♘f3 ♘f6 4.♘c3 dc4 5.a4 ♗f5 6.e3 e6 7.♗c4 ♗b4 8.0-0 0-0 9.♕e2 ♗g6 10.♘e5 ♘bd7 11.♘g6 hg6 12.♖d1 ♕a5 13.♗d2 e5 14.d5 ♖ad8 [△ 15...♘b6] 15.dc6 bc6 16.♗e1 e4 17.♖d4!? [17.♗b3 ♕e5! △ 18...♗d6 Karpov-Kramnik, Monaco rapid 1995] 17...♘b6 [17...♘e5 18.♖ad1 (18.♗a6? c5 19.♖d8 ♖d8= Norris-Campbell, Largs ch-SCO 1998) 18...♘d4 19.ed4] 18.♗b3 [½-½ Norris-Shaw, Largs ch-SCO 1998] 18...♘d4 19.ed4 ♖e8 20.♖c1 ♕f5 21.♗d2 ♕d7 [22.♗e3 ♘bd5 23.♗d5]   ½-½
                                                Hergott

Tella,Jussi
Hillarp Persson,Tiger

Stockholm 2000 (6)

1.d4 d5 2.c4 c6 3.♘f3 ♘f6 4.♘c3 dc4 5.a4 ♗f5 6.e3 e6 7.♗c4 ♗b4 8.0-0 0-0 9.♕e2 ♗g6 10.♘e5 ♘bd7 11.♘g6 hg6 12.♖d1 ♕a5 13.♗d2 e5 14.d5 ♖ad8 15.♗e1 e4 16.dc6 bc6 17.♖d4 ♘e5 18.♖ad1 c5! 19.♖d6 ♖d6 20.♖d6 ♖d8 21.♖a6?! [21.♖d8 ♕d8∓] 21...♕c7 22.♘b5 ♕b8 23.♗b4

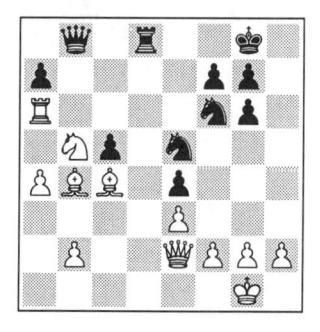

23...♘fg4 24.g3 cb4 25.♘d4 ♕b7∓ 26.♗b3 ♘f3 27.♘f3 ef3 28.♕b5 ♖c8 29.♖d6 ♖c1 30.♖d1 ♖d1 31.♗d1 ♕b5 32.ab5 ♘e5 33.h3 ♔f8 34.g4 ♔e7 35.♔h2 ♘d3 36.b3 ♘f2 37.♗f3 ♘d3 38.♗d5 f6 39.♔g3 ♔d6 40.♗f7 g5 41.♗g6 ♘e5 42.♗e8 ♔c7 43.♔f2 ♔d8 44.b6 a6 45.b7 ♔c7 46.e4 ♔b7 47.♔e3 ♔c7 48.♔d4 ♔d6 49.♗a4 ♘f3 50.♔c4 a5 51.♔b5 ♘d2 52.♔a5 ♔c5   0-1

Kamsky,Gata
Kramnik,Vladimir

Monaco rapid 1995 (3)

1.d4 d5 2.c4 c6 3.♘c3 ♘f6 4.♘f3 dc4 5.a4 ♗f5 6.e3 e6 7.♗c4 ♗b4 8.0-0 0-0 9.♕e2 ♗g6 10.♘e5 ♘bd7 11.♘g6 hg6 12.♖d1 ♕a5 13.♗d2 ♖ad8 14.♗e1 ♘b6 15.♗b3 e5 16.de5 ♕e5 17.g3 [17.♕c2!? ♖d1 (17...g5?? 18.♗f7!+– Lugovoi-V.Ivanov, Smolensk tt 2000) 18.♖d1 ♘g4 19.♕g6 ♕h2 20.♔f1∞ Lugovoi-Skatchkov, St Petersburg 1999] 17...a5 18.♔g2 ♘bd7 [18...g5!?] 19.♕c4 ♕e7 20.h3 g5 21.♖ac1 ♘e5 22.♕e2 g4 23.hg4 ♘eg4 24.♖d8 ♖d8 25.♖d1 ♖d1 26.♕d1± g6 27.♕d4 ♔g7 28.♗d2 b5?? 29.ab5 ♗c5 [29...cb5 30.♘d5 ♕b7 31.♗b4 ab4 32.e4+–] 30.♕d3 cb5 31.♕b5 ♕d6 32.♗e1 ♗b4 33.♕b7 ♘e5 34.♘b5 ♕d3 35.♗b4 ab4 36.♘d4 ♕d2 37.♘e6 ♔h6 38.♕b8 fe6 39.♕h8 ♘h7 40.♕e5 ♘g5 41.♕h8 ♘h7 42.♗e6   1-0

Burmakin,Vladimir
Skatchkov,Pavel

St Petersburg Chigorin-mem 1999 (9)

1.d4 d5 2.c4 c6 3.♘f3 ♘f6 4.♘c3 dc4 5.a4 ♗f5 6.e3 e6 7.♗c4 ♗b4 8.0-0 0-0 9.♕e2 ♗g6 10.♘e5 ♘bd7 11.♘g6 hg6 12.♖d1 ♕a5 13.♗d2 ♖ad8 14.♗b3 ♘b6 15.♖a2!? ♗d2 16.♕d2 ♕d2 17.♖d2 a5 18.♖c2±/= ♘fd5 19.♖d1 ♖a8 20.♘c3 ♘d7 21.e4 ♘b4 22.♖cd2 ♖fc8 23.♗c4 ♘f6 24.f3 ♖ab8 25.♗f1 ♖c7 26.♔f2 ♖d8 27.♔e1 ♖cd7 28.♔e2 ♔f8 29.♘b1 ♘e8 30.♘a3 ♘d6 31.♔e3 ♖c8 32.♘c2 ♘c2 33.♖c2 e5 34.♖cd2 ed4 35.♖d4 ♔e7 36.f4 ♖d4 37.♖d4 ♘d6 38.g4 ♖h8 39.e5 ♘e8 40.h3 ♘c7 41.♗g2 ♖a8 42.f5 g5 43.♔d3 ♘a6 44.♔c4 ♖b8 45.h4 gh4 46.g5 b5 47.♔c3 ba4 48.♖a4 ♖b5 49.f6 gf6 50.ef6 ♔d6 51.♖d4 ♔c7 52.g6 fg6 53.♗h3 ♘c5 54.f7 ♖b8 55.♖h4 ♖f8 56.♔d4 ♘b3 57.♔c3 ♘c5 58.♔d4 ♘b3 59.♔c3 ♘c5 60.♔d4 ♘b3 ½-½

Beliavsky,Alexander
Gelfand,Boris

Lvov 2000 (3)

1.d4 d5 2.c4 c6 3.♘f3 ♘f6 4.♘c3 dc4 5.a4 ♗f5 6.e3 e6 7.♗c4 ♗b4 8.0-0 0-0 9.♕e2 ♗g6 10.♘e5 ♘bd7 11.♘g6 hg6 12.♖d1 ♕a5 13.♗d2 ♖ad8 14.♗e1 c5 15.d5 [15.♗b3 cd4 16.ed4 ♘b6= Tisdall-Gausel, Gjovik 1991] 15...ed5 16.♗d5 ♘d5 17.♘d5 ♗e1 18.♖e1 ♘f6= 19.♕b5 ½-½

12.♖d1 ♕a5 13.♕c2

Golod,Vitali
Willemze,Jeroen

Vlissingen 1998 (3)

1.d4 d5 2.c4 c6 3.♘f3 ♘f6 4.♘c3 dc4 5.a4 ♗f5 6.e3 e6 7.♗c4 ♗b4 8.0-0 0-0 9.♕e2 ♗g6 10.♘e5 ♘bd7 11.♘g6 hg6 12.♖d1 ♕a5 13.♕c2 c5?! 14.♘a2 cd4 15.♘b4 ♕b4 16.♗d2?! [16.♖d4 ♕e1 17.♗f1±] 16...♕d6 17.♗c3 ♘g4! 18.g3 ♘de5 19.♗e2 d3 20.♗g4 dc2 21.♖d6 ♘g4 22.♖c1= ♖ac8 23.♖d7 ♖fd8 24.♖d8 ♖d8 25.♖c2 ♖c8 26.♖d2 ♘f6 27.♗e5 g5 28.♔g2 a6 29.♖d4 ♖c2?! 30.♗f6 gf6 31.♖b4± ♖c7 32.h4 gh4 33.gh4 ♔g7 34.♔g3 ♔g6 35.b3 ♖d7 36.e4 ♖d3 37.♔g4 b5 38.ab5 a5 39.♖a4 ♖b3 40.♖a5 ♖b4 41.♔f3 f5 42.ef5 ♔f5 43.♔e3 e5 44.♔d3 ♖h4 45.♔c3 ♖h8 46.♔c4 ♔f4 47.♖a3 f5 48.b6 e4 49.b7 ♖b8 50.♖b3 ♔e5 51.♔c5 f4 52.♖b4 ♔f5 53.♔c6 e3 54.f3 ♔g5 55.♖b1 ♔h4 56.♖g1 ♔h3 57.♔c7 ♖b7 58.♔b7 ♔h2 59.♖g8 e2 60.♖e8 ♔g3 61.♖e2 ♔f3 62.♖a2 ♔e3 63.♔c6 f3 64.♔d5 f2 65.♖a1 ♔e2 66.♔e4 f1♕ 67.♖a2 ♔e1 68.♖a1 ½-½

Khuzman,Alexander
Anand,Viswanathan

Haifa rapid 2000 (6)

1.d4 d5 2.♘f3 ♘f6 3.c4 c6 4.♘c3 dc4 5.a4 ♗f5 6.e3 e6 7.♗c4 ♗b4 8.0-0 0-0 9.♕e2 ♗g6 10.♘e5 ♘bd7 11.♘g6 hg6 12.♖d1 ♕a5 13.♕c2 ♖ad8 14.♘a2 ♗d6 15.h3 c5 16.♗d2 [16.dc5 ♕c5□] 16...♕c7 17.dc5 ♗c5 18.♖ac1 ♗e7 19.♕b1 ♕b8 20.♗e2=/± ♘c5 21.♖c4 ♖c8 22.♗e1 ♘cd7 23.♖cd4 ♘e5 24.b4 ♘d5 25.♕b3 g5 26.♘c3 ♘c3 27.♗c3 ♗f6 28.♗b2 ♖fd8 29.♖d8 ½-½

Van Wely,Loek
Gelfand,Boris

Biel 2000 (3)

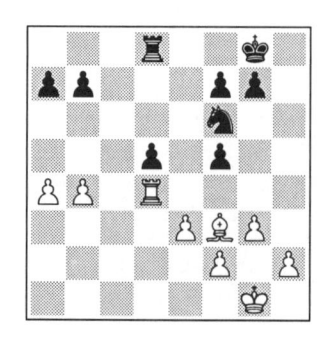

1.d4 d5 2.c4 c6 3.♘c3 ♘f6 4.♘f3 dc4 5.a4 ♗f5 6.e3 e6 7.♗c4 ♗b4 8.0-0 0-0 9.♕e2 ♗g6 10.♘e5 ♘bd7 11.♘g6 hg6 12.♖d1 ♕a5 13.♕c2 ♖ad8 14.♘a2 [14.h3 ♘b6 15.♗e2 c5 16.♘a2 cd4 17.ed4 ♗d6= Kolev-Sakaev, Durgas II 1994] 14...♗d6 15.b4 ♕h5 16.g3± e5 17.♗e2 ♕f5 18.♕f5 gf5 19.♗b2 ed4 20.♗d4 ♗e5 21.♘c3 ♗d4 22.♖d4 ♘b6 23.♖ad1 ♖d4 24.♖d4 ♘bd5 25.♘d5 cd5 26.♗f3 ♖d8

27.h3 ♔f8 28.g4 ♔e7 [28...fg4 29.hg4 g5 30.e4±] 29.gf5 ♔d6 30.♔g2 ♔e5 31.♗g4 ♖c8 32.f4 ♔d6 33.♗f3 ♖c2 34.♔g3 ♖c3⇄ 35.♔f2 ♔c6 36.h4 ♖c2 37.♔e1 ♖b2 38.h5 ♖b1 39.♔d2 ♖b2 40.♔e1 ♖b1 41.♔d2 ½-½

12.♖d1 ♕a5 13.♘a2

Gomez Esteban,Juan
Georgiev,Vladimir

Elgoibar 1998 (6)

1.d4 d5 2.c4 c6 3.♘f3 ♘f6 4.♘c3 dc4 5.a4 ♗f5 6.e3 e6 7.♗c4 ♗b4 8.0-0 0-0 9.♕e2 ♗g6 10.♘e5 ♘bd7 11.♘g6 hg6 12.♖d1 ♕a5 13.♘a2 ♕a4 14.e4 ♕a5 [14...b5 ½-½ Nogueiras-Hergott, Quebec 1998] 15.e5 [15.♘b4 ♕b4 16.♗d2 ♕e7 17.♗g5 e5 18.f4 ed4 19.e5 ♕c5∓ Etchegaray-Ferguson, Benasque 1997] 15...♘d5 16.h4!? ♖fe8 17.♖d3 ♘7b6 18.♗b3 ♕b5 19.♗c2 ♗f8 20.h5 gh5 21.♕h5 g6 22.♖g3 ♗g7

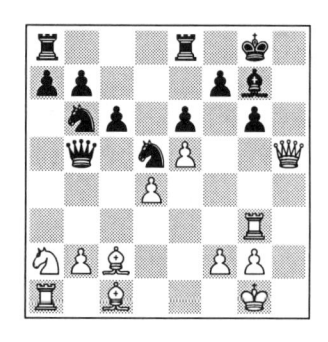

23.♕h4 ♕e2 24.♗d3 ♕e1 25.♔h2 ♖e7? 26.♗h6+− ♕f2 [26...♕a1 27.♗g7 ♔g7 28.♖h3+−] 27.♗g7 ♔g7 28.♖g6 fg6 29.♕f2 ♖f7 30.♕g3 ♘f4 31.♖f1 ♘bd5 32.♘c3 ♖h8 33.♔g1 ♘d3 34.♖f7 ♔f7 35.♕d3 ♘e7 36.♘e4 ♘f5 37.♘g5 1-0

Bauer,Christian
Almasi,Zoltan

Batumi Ech-tt 1999 (1)

1.d4 d5 2.c4 c6 3.♘f3 ♘f6 4.♘c3 dc4 5.a4 ♗f5 6.e3 e6 7.♗c4 ♗b4 8.0-0 0-0 9.♕e2 ♗g6 10.♘e5 ♘bd7 11.♘g6 hg6 12.♖d1 ♕a5 13.♘a2 ♕a4 14.b3? ♕a5 15.♘b4? ♕a1 16.♘a2 ♕b1 17.♗a3 ♕f5 18.♗f8 ♖f8∓/−+ 19.♘c3 ♖d8 20.♕a2 e5 21.♗d3 ♕g5 22.♕a3 ♗f8 23.h3 ♕h4 24.♕a5 ♘d5 25.♘a4 ♖e8 26.e4 ♘f4 27.♗f1 e5 28.de5 ♕h5 29.♖d8?? [29.♕d2] 29...♘h3 0-1

Sasikiran,Krishnan
Fominikh,Alexander

Kelamabakkam 2000 (12)

1.d4 d5 2.c4 c6 3.♘c3 ♘f6 4.♘f3 dc4 5.a4 ♗f5 6.e3 e6 7.♗c4 ♗b4 8.0-0 0-0 9.♕e2 ♗g6 10.♘e5 ♘bd7 11.♘g6 hg6 12.♖d1 ♕a5 13.♘a2 ♗d6?! [13...♗e7!? 14.b4 ♕c7 15.e4 e5 – 13.e4, Shabalov-Kirov, Cappelle la Grande 1995] **14.e4 e5 15.de5!** [15.f4!?] **15...♕e5 16.f4 ♗c5 17.♔f1 ♕h5** [17...♕e7 18.e5 (18.b4!±) 18...♘d5 19.b4? (19.♗d5 cd5 20.♖d5±) 19...♗b4 20.♗d5 cd5 21.♖b4 ♕b4 22.♖d5 ♗b6= Comas Fabrego-Kirov, Zaragoza 1995] **18.♕h5 gh5 19.e5 ♘b6 20.♗b3 ♘g4 21.a5! ♘d5 22.♗d5 cd5 23.♖d5 ♖ac8 24.♗e2 ♘h2 25.♗d2± ♘g4 26.♖c1 b6 27.b4 ♗f2 28.a6 ♖cd8 29.♘c3 ♖d5 30.♘d5 b5**

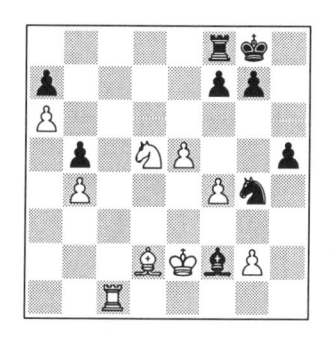

31.♘e7 ♔h7 32.♖c8 ♖c8 33.♘c8 g5 34.fg5 ♗g1 35.♗f4 ♔g8 36.e6 fe6 37.♗b8 1-0

12.♖d1 ♕a5 13.e4

Shabalov,Alexander
Kirov,Nino

Cappelle la Grande 1995 (2)

1.d4 d5 2.c4 c6 3.♘f3 ♘f6 4.♘c3 dc4 5.a4 ♗f5 6.e3 e6 7.♗c4 ♗b4 8.0-0 0-0 9.♕e2 ♗g6 10.♘e5 ♘bd7 11.♘g6 hg6 12.♖d1 ♕a5 13.e4 e5 **14.♘a2 ♗e7** [14...♗d6?! – 13.♘a2, Sasikiran-Fominikh, Kelamabakkam 2000] **15.b4** [15.de5 ♘e5 16.♗b3 ♖ad8 17.♗f4 ♘h5 18.♗e3 ♘f6 19.f3 ♗c5= Vaganian-Kobalia, Frankfurt rapid 1999] **15...♕c7**

16.♗b2 ed4 17.♖d4!? ♘e5 18.♗b3 g5 19.♖c1 ♖ad8 20.h3 ♖d4 21.♗d4 ♖d8 22.♗a1 ♗d6= 23.♖d1 ♕e7 24.♕e3 g4 25.♕g5 ♖e8 26.hg4 ♘eg4 27.f3

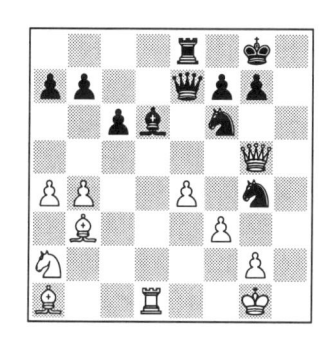

27...♗h2 28.♔f1 ♗e5 29.fg4 ♗a1 30.♖a1 ♕e4 31.♖d1?? ** [31.♕d2 ♘g4 32.♖e1 ♘h2 33.♔f2 ♕g4=] **31...♘g4 32.♔g1 ♕e1 0-1

Browne,Walter
Silman,Jeremy

San Francisco 1999 (5)

1.d4 d5 2.c4 c6 3.♘f3 ♘f6 4.♘c3 dc4 5.a4 ♗f5 6.e3 e6 7.♗c4 ♗b4 8.0-0 0-0 9.♕e2 ♗g6 10.♘e5 ♘bd7 11.♘g6 hg6 12.♖d1 ♕a5 13.e4 e5 **14.d5 ♘b6 15.dc6 bc6 16.♘a2** [16.♗d3 ♖fd8 17.♗e3 ♗c5 18.♗d2 ♗b4 19.♗e3 ♗c5 20.♗d2 ♗b4 ½-½ Bacrot-Z.Almasi, Szeged m-1 2000] **16...♘c4 17.♕c4 ♖ab8 18.♘b4 ♕b4 19.♕b4 ♖b4 20.f3 c5 21.♗e3 ♖b2 22.♗c5 ♖c8 23.♗a7 ♖cc2 24.♔h1 ♖g2 25.♗g1 ♘h5 26.a5 ♘g3 27.hg3 ♖g3 28.♗c5 ♖h3 29.♔g1 ♖g3 30.♔f1 ♖f3 31.♔e1 ♖h3 32.♗g1 ♖g3 33.♗f2 ♖h3 34.♗g1 ♖g3 35.♗f2** ½-½

Richardson,John
Kinsman,Andrew

Edinburgh 1996 (7)

1.d4 d5 2.c4 c6 3.♘f3 ♘f6 4.♘c3 dc4 5.a4 ♗f5 6.e3 e6 7.♗c4 ♗b4 8.0-0 0-0 9.♕e2 ♗g6 10.♘e5 ♘bd7 11.♘g6 hg6 12.♖d1 ♕a5 13.e4 ♗c3 14.bc3 ♕c3 15.♖a3 ♕b4

16.♖h3 ♘b6 17.♗a2 ♕a4 18.♗b3 ♕b5 19.♕f3 a5

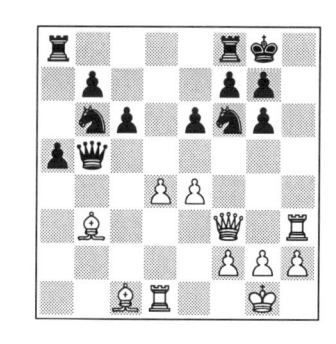

20.e5 ♘fd5 21.♕g4 a4 22.♗c2 a3 23.♗a3?? ** [23.♖a3 ♖a3 24.♗a3 ♖a8∓; 23.♕h4 f5 24.ef6 ♖f6] **23...♖a3 24.♖a3 ♕b2–+ 25.♖h3 ♕c2 26.♖f1 ♕d2 27.g3 ♘c4 28.♕h4 f5 29.ef6 ♘f6 30.♖b1 b5 31.♖a1 ♕h6 32.♕h6 gh6 33.♖h6 ♔g7 34.♖h4 g5 35.♖h3 ♔g6 36.♖a6 ♖c8 37.g4 ♘g4 38.♖g3 ♘f6 39.f3 ♔f5 40.♖a7 ♘h5 41.♖g4 e5 42.h4 gh4 43.♖h4 ♘f6 44.de5 ♘e5 45.♔f2 ♖d8 46.♖a5 ♖d2 47.♔e3 ♖c2 0-1

Lesiege,Alexandre
Spraggett,Kevin

Brantford ch-CA 1999 (4)

1.d4 d5 2.c4 c6 3.♘f3 ♘f6 4.♘c3 dc4 5.a4 ♗f5 6.e3 e6 7.♗c4 ♗b4 8.0-0 0-0 9.♕e2 ♗g6 10.♘e5 ♘bd7 11.♘g6 hg6 12.♖d1 ♕a5 13.e4 ♗c3 14.bc3 ♕c3 15.♖a3 ♕a5 16.e5 ♘h7!? 17.h4 ♖fd8 18.h5 ♘df8 19.h6 ♖d7 20.hg7 ♔g7 21.♖h3 ♕a4 22.♗a3

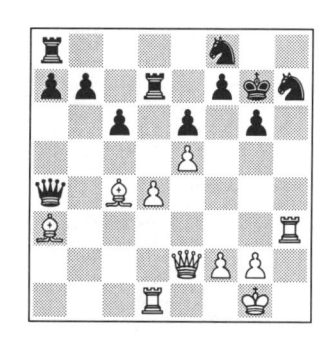

22...♘g5 23.♖g3 ♘e4 24.♖h3 ♘g5 25.♖g3 ½-½

N!C SURVEY

INTRODUCTION: Adrian Mikhalchishin
MAIN ANALYSIS: Adrian Mikhalchishin
STUDY MATERIAL: Leon Pliester, Mikhalchishin

Slav Defence
Meran Variation

SL 8.6

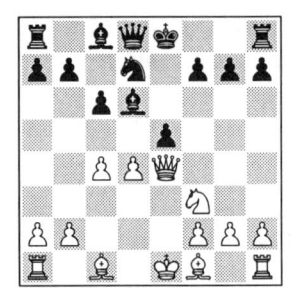

A queen sacrifice in the anti-Meran

1.d4 d5 2.c4 e6 3.♘f3 ♘f6 4.♘c3 c6 5.e3 ♘bd7 6.♕c2 ♗d6 7.e4 de4 8.♘e4 ♘e4 9.♕e4 e5

The history of this my invention is very interesting. In 1971, as a young master, I was looking for an antidote to the Meran and in a book by Ludek Pachman, then the most fashionable theoretician, I found an interesting comment, that in the position after 10.de5 Black can obtain a good game in two ways:
A) 10...♘e5 11.♘e5 ♕a5 12.♗d2 ♕e5;
B) 10...0-0 11.♗d3 f5! 12.ef6

♖e8 13.f7 ♔f7 14.♘g5 ♔f8 15.♘e6 ♖e6 16.♕e6 ♘e5, and White loses his queen.

This conclusion seemed dubious to me, I began analysing, and I found a refutation of both lines! I had to wait a long time – four years. The first victim was Evgeny Sveshnikov – in a first league Soviet Championship in the first variation (10...♘e5) I played 11.c5! f5 12.♕e2 ♕a5 13.♗d2 ♕c5 14.♗c3 and he lost a piece (however, with my help he saved the game!).
In the second variation (10...0-0) I

devised a queen sacrifice and in 1980 I defeated British IM Glenn Flear with it. It is interesting that novelties literally hang in the air! – five days after our game, Dorfman caught Sveshnikov with this same sacrifice.

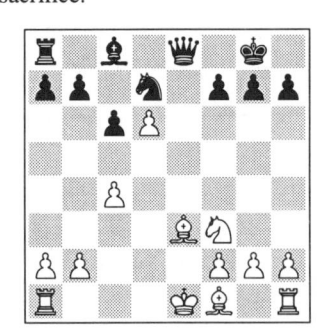

Pavasovic had prepared the novelty 13...b5!? for the featured game, but it would appear that this should not change the evaluation of the variation.

SL 8.6

Mikhalchishin, Adrian
Pavasovic, Dusko

Nova Gorica 2000

1.d4 d5 2.c4 c6 3.♘c3 e6 4.e3 ♘f6 5.♘f3 ♘bd7 6.♕c2 ♗d6 7.e4 de4
This variation was very popular in the beginning of the eighties until

STATISTICS

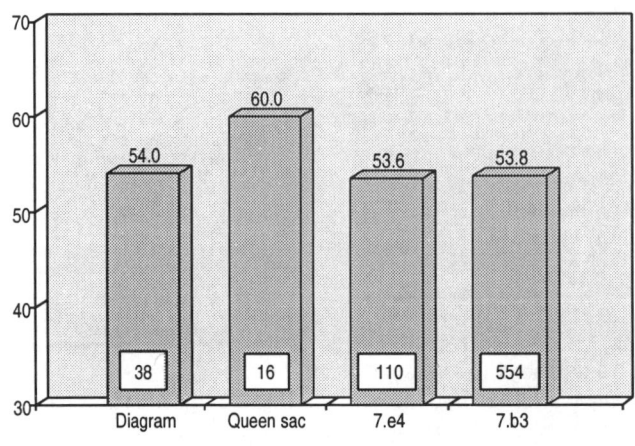

Diagram	Queen sac	7.e4	7.b3
54.0	60.0	53.6	53.8
38	16	110	554

G. Kasparov, in his first World Championship match against A. Karpov, introduced the powerful novelty 7...e5!.
8.♘e4 ♘e4 9.♕e4 e5
There are other interesting possibilities, such as 9...c5, 9...0-0 or 9...♗b4.
10.de5 0-0 11.ed6! ♖e8 12.♕e8 ♕e8 13.♗e3 b5!?

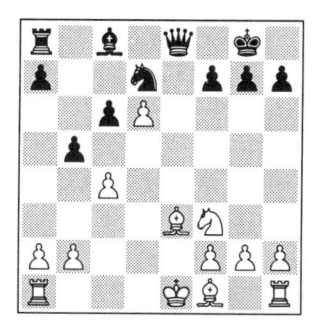

White has rook, bishop and a strong passed pawn on d6 for the queen – quite sufficient compensation, although some players, e.g. Sveshnikov, stubbornly believe that Black must have a better plan. There is another interesting story to this novelty. Many players had found it in their home analysis (Yusupov, Dorfman) but it was first played in Mikhalchishin-Flear, Mexico 1980, which went 13...♘e5 14.0-0-0 ♘f3 15.gf3 ♗d7 16.♗d3 ♕e5 17.♖hg1 g6 18.f4 ♕f6 19.f5!, with a huge advantage. Just five days later in another part of the world, in Tbilisi 1980, Black tried 13...♘f6 14.0-0-0 ♗e6 15.♗d3 ♖d8 16.b3 ♗g4 17.♗f4 ♗f3 18.gf3 ♘h5 19.♖he1 ♕e1 20.♖e1 ♘f4 21.♖d1 in Dorfman-Sveshnikov. White won, but Sveshnikov came up with some new ideas and believed that Black should be OK. For a long time nobody played this variation as Black, but finally, after 20 (!) years, I got a chance.
14.0-0-0!
This looks dangerous, but is in fact much better than 14.cb5? ♗b7! and in an open position the queen will be very strong.
14...♘f6

After 14...♘b6 15.c5 ♘d5 16.♗d2! ♗f5 17.♖e1 ♕d7 18.♘d4 White has a huge advantage.
15.♗d4!?
This move was very difficult to decide upon. I considered 15.c5 ♗e6 16.♔b1 ♘d5 17.♗d2 ♗f5 18.♔a1 ♕e4, threatening 19...♕a4. An interesting option would be 15.♖e1 but this square really belongs to the other rook.
15...♗e6 16.♗f6
16.c5 is probably simpler.
16...gf6 17.c5!?
A pawn sacrifice, but the most important pawn on d6 must be fully protected.
17...b4?!
A big surprise. The most principled reply was to accept the pawn sacrifice, of course: 17...♗a2 18.♗d3 ♗d5 (18...♕e6 19.♖he1 ♕b3 20.d7 loses) 19.♖he1 ♕d8 20.♗e4! and the pawn will decide.
18.♔b1
18.♗d3 ♗a2 19.♖he1 ♕d8 20.d7 ♗e6 21.♘d4 ♗d7 22.♗e4 ♕c7 is inferior.
18...♕d8
Black intends to attack the pawns on c5 and a2, the most vital points in White's position.
19.♘d4 ♗d5 20.♖c1!
A simple but very strong prophylactic move – White temporarily puts his development on hold in favour of over-protection.
20...♕a5
Even after the stronger 20...♕d7 21.♗d3 ♖e8 22.♖he1, followed by 23.♘f5, Black would have a lot of problems.
21.♘b3 ♕d8
After 21...♗b3 22.ab3 White transfers his bishop to f3 and wins easily.
22.♗c4 ♗e4 23.♔a1 ♕d7 24.f3 ♗f5 25.♘d4 ♖e8
After 25...♗e6 26.♘e6 fe6 27.♖he1 ♖e8 28.♖e6 ♖e6 29.♖e1 ♔f7 30.♖e6 ♕e6 31.♗e6 the pawn ending is easily won.
26.♖he1 ♖e5 27.♖e5 fe5 28.♘f5 ♕f5 29.♖d1 ♕d7
Now White is ready for a powerful strike.

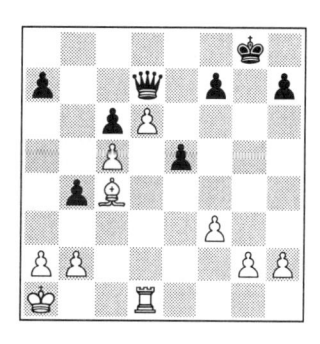

30.♗b5!
Black resigned.

Adrian Mikhalchishin

Study Material

10.♗d3

Polugaevsky,Lev
Taimanov,Mark
Leningrad ch-SU 1956 (3)

1.d4 ♘f6 2.c4 e6 3.♘f3 d5 4.e3 ♘bd7 5.♘c3 c6 6.♕c2 ♗d6 7.e4 de4 8.♘e4 ♘e4 9.♕e4 e5 10.♗d3 f5 11.♕e2 [11.♕f5?? ♘f6 12.♕g5 e4–+ Kachar-Grischuk, Moscow 1998] **11...e4 12.♘g5 ♗b4 13.♔f1 ♘f6 14.c5 h6 15.♘h3 g5 16.♗c4 ♕e7 17.a3 ♗a5 18.b4 ♗c7 19.♗b2 ♘d5 20.♕h5 ♕f7 21.♕f7 ♔f7 22.♘g1 ♗e6 23.♖c1 ♖hd8 24.h4 g4 25.g3 ♘f6 26.♘e2 ♗c4 27.♖c4 ♘d5 28.♗c1 h5 29.♔g2 ♔e6 30.♗g5 ♖f8 31.♖b1 a6 32.a4**

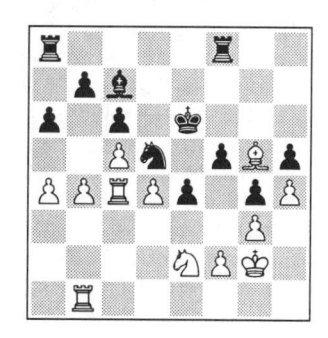

32...f4!∓ 33.gf4 ♗f4 34.♗f4 ♘f4 35.♘f4 ♖f4 36.♖c2 ♖g8 37.b5 ab5 38.ab5 g3 39.fg3 ♖f3 40.bc6 bc6 41.♔h2 ♖gg3 42.♖g2 ♖g2 43.♔g2 ♔d5 44.♖b8 ♔d4 45.♖e8 ♖f5 46.♔g3 ♔e3 47.♖a8 ♖c5 48.♖a3 ♔d4 49.♔f4 ♖c1 50.♖a4 ♔d5 51.♖a8 ♖g1 52.♖d8 ♔c4 53.♔e4 ♖g4 54.♔e5 ♖h4 55.♖d1 c5 56.♖c1 ♔b5 57.♔d5   0-1

10.de5 ♘e5

Mikhalchishin,Adrian
Sveshnikov,Evgeny

Ashkhabad 1978 (7)

1.d4 d5 2.c4 e6 3.♘f3 ♘f6 4.♘c3 c6 5.e3 ♘bd7 6.♕c2 ♗d6 7.e4 de4 8.♘e4 ♘e4 9.♕e4 e5 10.de5 ♘e5 11.c5! f5? [11...♗c7 12.♘e5 ♕e7 13.f4 f6 14.♗e3 fe5 15.f5±] 12.♕e2! ♕a5 13.♗d2 ♕c5 14.♗c3+− ♗e6 15.♘e5 0-0-0

16.♕e3 [16.f4!] 16...♕e3 17.fe3 ♖he8 18.♘f3! ♗c5 19.♗d4 ♗d4 20.♘d4 f4 21.0-0-0! [21.♘e6 ♖e6 22.♗e2 ♖e3 23.♖d1 ♖de8 24.♖d2+−] 21...♗a2 22.ef4 ♖e4 23.♘e2?! [23.♘f3] 23...♖c4 24.♘c3 ♖d1 25.♔d1 ♗b3 26.♔e1 ♖f4 27.♗d3 h6 28.♖f1 ♖d4 29.♔e2 ♔c7 30.♔e3 ♖d8 31.♘e2 a5 32.♖a1 ♔b6 33.g4 ♖e8 34.♔d2 ♖f8 35.♔e3 ♖e8 36.♗e4 a4 37.♘c3 ♖a8 38.♔d4 ♔c7 39.♔e3? [39.♔f3! △ 40.♗d1±] 39...♔d6 40.♖a3 ♖a6 41.♗d3 ♖a5 42.♘e4 ♔c7! 43.♖a1 ♖e5 44.♖c1 b5 45.♔f4 ♖d5 46.♗c2 ♗c2 47.♖c2 ♔b6 48.♔e3 b4

49.♖d2? [49.♖f2! △ 50.♖f8±] 49...♔b5 50.♖d4 a3! 51.ba3 ♖d4 52.♔d4 ba3 53.♔c3 a2 54.♔b2 ♔c4 55.♘d6 ♔d5 56.♘f5 ♔e5 57.♘g7 ♔f4 58.h3 ♔g3 59.♘f5 ♔h3 60.♘h6 ♔h4 61.♔a2 ♔g5   ½-½

Mikhalchishin

10.de5 ♕e7

Speelman,Jonathan
Kuligowski,Adam

Maribor 1980

1.d4 d5 2.c4 c6 3.♘f3 ♘f6 4.♘c3 e6 5.e3 ♘bd7 6.♕c2 ♗d6 7.e4 de4 8.♘e4 ♘e4 9.♕e4 e5 10.de5 ♕e7?! 11.♗f4 ♗b4 12.♗d2 ♗d2 13.♘d2 ♕e5 14.0-0-0± ♕e4 15.♘e4 0-0 16.f4!

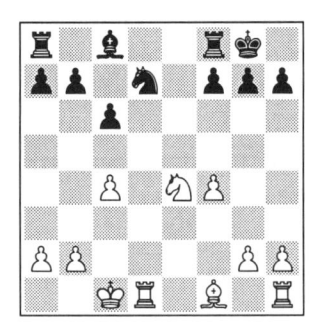

16...♘b6? [16...♘f6 17.♘f6 gf6± Kovacevic] 17.♗e2 a5 18.b3 ♘d7 19.♖he1 ♖b8 20.♗f3 h6 21.g3 ♘f6 22.♘f6 gf6 23.g4!± a4 [23...f5 24.gf5 ♗f5 25.♖e5+− Kovacevic] 24.f5 ab3 25.ab3 ♖a8 26.♔b2 ♖a5 27.♖d6+− ♔g7 28.♔c3 ♖a2 29.h4 ♖f2 30.♗d1 h5 31.♖g1 hg4 32.♖g4   1-0

Garcia Padron,Jose
Bellon Lopez,Juan

Las Palmas 1981 (6)

1.d4 d5 2.c4 c6 3.♘f3 ♘f6 4.♘c3 e6 5.e3 ♘bd7 6.♕c2 ♗d6 7.e4 de4 8.♘e4 ♘e4 9.♕e4 e5 10.de5 ♕e7 11.♗f4 ♗b4 12.♗d2 ♗d2 13.♘d2 ♘e5 14.f4 ♘g6 15.♕e7 ♔e7 16.g3 ♖d8 17.0-0-0 ♔f8 18.♗g2 ♖d4 19.b3 ♗g4 20.♘f3 ♗f3 21.♗f3 ♖ad8 22.♖d4 ♖d4 23.♔c2 ♘e7 24.♔c3 ♖d8 25.b4 ♘f5 26.♖e1 ♖e8 27.♖e8 ♔e8 28.c5

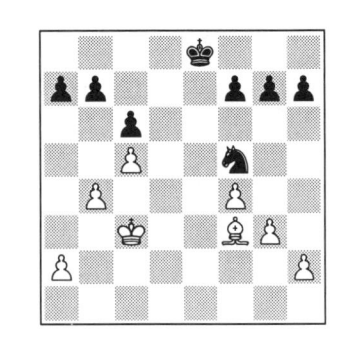

28...♔d8 29.♗e4 ♘e3 30.h3 h5 31.♔d4 ♘f1 32.g4 ♘g3 33.♗f3 f6 34.gh5 ♘f5 35.♔d3 ♔c7 36.♗g4 ♘e7 37.♗e6 b6 38.♔c4 b5 39.♔d4 ♔b7 40.a3 a5 41.♔e4 ab4 42.ab4 ♔c7 43.♔f3 ♔d8 44.g4 ♔e8 45.h6 gh6 46.♔h5 ♔f8 47.♔h6 ♔e8 48.f5 ♔d8 49.h4   1-0

Mikhalchishin,Adrian
Beliavsky,Alexander

Frunze ch-SU 1981 (13)

1.d4 d5 2.c4 c6 3.♘c3 ♘f6 4.e3 e6 5.♘f3 ♘bd7 6.♕c2 ♗d6 7.e4 de4 8.♘e4 ♘e4 9.♕e4 e5 10.de5 ♕e7 11.♗f4 ♗b4 12.♗d2 ♗d2 13.♘d2 [13.♔d2?! ♘c5 14.♕h4 g5 15.♕h6 ♗f5 16.♖e1 ♕d8 17.♕d6 ♕a5 18.♗e3 ♘e4∓ Seirawan-Bellon, Las Palmas 1981] 13...♕e5 14.0-0-0 0-0 15.♗d3 [15.f4!?] 15...g6 16.♕h4 ♕f6! 17.♕f6 ♘f6 18.♘e4 ♘e4 19.♗e4 ♗g4 20.f3 ♗e6=

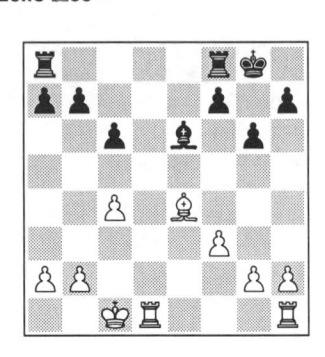

21.b3 f5 22.♗c2 c5 23.f4 ♖ad8 24.♖d8 ♖d8 25.♖d1 ♖d1 26.♗d1 ♔f7 27.♗f3 b6 28.g3 ♔e7 29.♔d2 ♔d6 30.♔e3 ½-½

27.♔c3 ♔f7 28.♖e5 ♖d7 29.a4 ♔f6 30.♖e8 ♖g7 31.g3 ♔f7 32.♖a8 a6 33.♔b4 1-0

11.ed6 ♖e8 12.♕e8 ♕e8 13.♗e3 ♘e5 14.0-0-0 ♘f3 15.gf3 ♗d7 [≥ 15...♗f5] 16.♗d3 [16.h4!?] 16...♕e5 17.♖hg1 g6 18.f4

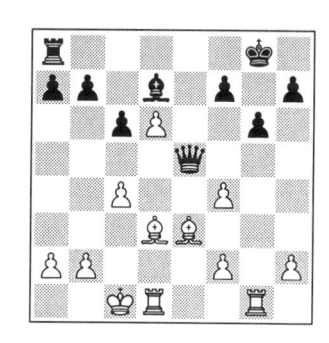

Gurevich,Mikhail
Novikov,Igor

Soviet Union 1982

1.c4 e6 2.♘c3 d5 3.d4 c6 4.e3 ♘f6 5.♘f3 ♘bd7 6.♕c2 ♗d6 7.e4 de4 8.♘e4 ♘e4 9.♕e4 e5 10.de5 ♕e7 11.♗f4 ♗b4 12.♗d2 ♗d2 13.♘d2 ♕e5 14.0-0-0 0-0 15.♗d3 g6 16.♗c2! ♖e8 17.f4! ♕e4 18.♘e4 ♔g7 19.♘d6 ♖e7□ 20.♖he1 ♔f8 21.g4! ♘f6 22.g5

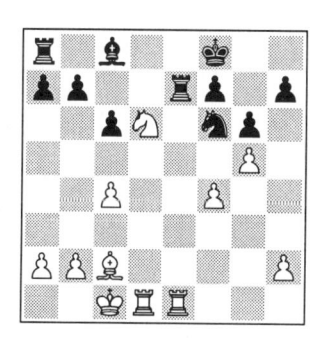

10.de5 0-0

Littlewood,Paul
Sveshnikov,Evgeny

Soviet Union 1982

1.d4 d5 2.c4 e6 3.♘c3 c6 4.e3 ♘f6 5.♘f3 ♘bd7 6.♕c2 ♗d6 7.e4 de4 8.♘e4 ♘e4 9.♕e4 e5 10.de5 0-0 11.♗d2 ♘e5 12.0-0-0 ♘f3 13.♕f3 ♕h4 14.h3 ♗e5 15.♗d3 f5 16.♔c2 ♕f6 17.♗c1 a5 18.♖he1 a4 19.g4 ♗c7 20.g5 ♕f7 21.♕e3 f4 22.♕e7 ♗h3 23.♕f7 ♖f7 24.g6 hg6 25.♗g6 ♖f6 26.♖g1 ♖g6 27.♖g6 ♗f5 0-1

Meyer,Peter
Sehner,Norbert

Wuppertal 1986

1.d4 d5 2.c4 e6 3.♘c3 c6 4.e3 ♘f6 5.♘f3 ♘bd7 6.♕c2 ♗d6 7.e4 de4 8.♘e4 ♘e4 9.♕e4 e5 10.de5 0-0 11.♗d3 f5 12.♕e2 ♘e5 13.♘e5 ♗e5 14.0-0 ♕f6 15.♖b1 ♗d7 16.b4 ♖ae8 17.♕f3 c5 18.b5 ♕d6 19.h3 b6 20.a4 f4 21.♗b2 ♗d4 22.♖bd1 ♕f6 23.♗d4 cd4 24.♗e4 ♗e6 25.♗d5 ♔h8 26.♕d3 ♗d5 27.cd5 ♖e5 28.♕d4 f3 29.g3 ♕f5 30.♕g4 ♖d5 31.♕f5 ♖ff5 32.♖d5 ♖d5 33.♖e1 ♔g8 34.♖e3 ♖d1 35.♔h2 ♖a1 36.♖f3 ½-½

10.de5 0-0 11.ed6

Mikhalchishin,Adrian
Flear,Glenn

Mexico tt 1980

1.♘f3 d5 2.d4 ♘f6 3.c4 e6 4.♘c3 c6 5.e3 ♘bd7 6.♕c2 ♗d6 7.e4 de4 8.♘e4 ♘e4 9.♕e4 e5 10.de5 0-0

18...♕f6 [18...♕h5 19.f5! ♗f5 20.♖g5 ♕d1 21.♔d1 ♗d3 22.♖e5 ♗c4 23.♗g5+−] 19.f5 b6 20.♗c2 ♕h4 21.♔b1 c5 [21...♕c4 22.fg6 hg6 23.♖g6!+−] 22.♗g5 ♕f2 23.fg6 hg6 24.♖df1 ♕d4 25.♗e7 a5 26.h4 ♗g4 27.♗f6 ♗c4 28.h5?! [28.d7 ♗d7 29.h5+−] 28...gh5 [28...♗e2 29.♖f2 ♗h5 30.♖d2 ♕f4 31.♗g5±] 29.d7 ♕f1 [29...♕d5 30.♖d1+−] 30.♖f1 ♗d7 31.♗d1 ♗g4? 32.♗g4 hg4 33.♖h1 1-0

Mikhalchishin

Gorelov,Sergey
Vaiser,Anatoly

Sverdlovsk 1984

1.d4 d5 2.c4 c6 3.♘c3 ♘f6 4.e3 e6 5.♘f3 ♘bd7 6.♕c2 ♗d6 7.e4 de4 8.♘e4 ♘e4 9.♕e4 e5 10.de5 0-0 11.ed6 ♖e8 12.♕e8 ♕e8 13.♗e3 ♕e6 14.0-0-0 b5 15.♗d3 ♘f8 16.♖he1 ♗d7 17.h3 ♕e8 18.♗f4 ♘e6 19.♘g5 h6 20.♘e6 ♗e6 21.♗f5 ♖d8 22.♖d4 c5 23.♖de4 bc4 24.♗e6 fe6 25.♖e6 ♕a4 26.♗e5 c3 27.♗c3 ♕f4 28.♗d2 ♕c4 29.♗c3 ♕f4 30.♗d2 ♕c4 31.♗c3 ½-½

Binham,Timothy
Karason,Askell

cr ol-10 1985

1.d4 ♘f6 2.♘f3 e6 3.c4 d5 4.♘c3 c6 5.e3 ♘bd7 6.♕c2 ♗d6 7.e4 de4 8.♘e4 ♘e4 9.♕e4 e5 10.de5 ♕e7 11.♗f4 ♗b4 12.♗d2 ♗d2 13.♘d2 ♕e5 14.0-0-0 ♕e4 15.♘e4 0-0 16.f4 ♘f6 17.♘f6 gf6 18.♗d3 f5 19.♖he1 ♗e6 20.♖e5 ♖ad8 21.b3 ♖d4 22.♗f5 ♖f4 23.♗e6 fe6 24.♖e6 ♔f2 25.♖d2 ♖d2 26.♔d2 ♖d8

22...♘e8 [22...♘h5 23.f5±; 22...♘g4 23.♖e7 ♔e7 24.c5± Gurevich] 23.♖e7 ♔e7 24.♖e1 ♗e6 25.♘b7± ♘g7 26.♗e4 ♖c8 27.♗a5 ♔d6 28.b4 c5 29.♖d1 ♔c7 30.bc5 ♘h5 31.♖f1 ♗d7 32.c6 ♔c7 33.f5!+− gf5 34.♗f5 ♔b6 35.♗e6 fe6 36.♗b3 ♖c7 37.♔d2 ♖g7 38.♘d4 ♖g5 39.♖b1 ♔a6 40.c7 ♖c5 41.♘e6 ♖c4 42.♖b8 ♘g7 43.c8♕ 1-0

Dorfman,Iosif
Sveshnikov,Evgeny

Tbilisi 1980

1.d4 d5 2.c4 e6 3.♘f3 ♘f6 4.♘c3 c6 5.e3 ♘bd7 6.♕c2 ♗d6 7.e4 de4

8.♘e4 ♘e4 9.♕e4 e5 10.de5 0-0 11.ed6 ♖e8 12.♕e8 ♕e8 13.♗e3 ♘f6 14.0-0-0 ♗e6 15.♗d3 ♖d8 16.b3! ♗g4 17.♗f4 [17.♖he1 ♗f3 18.gf3 ♕e5∓ Dorfman] **17...♗f3 18.gf3**

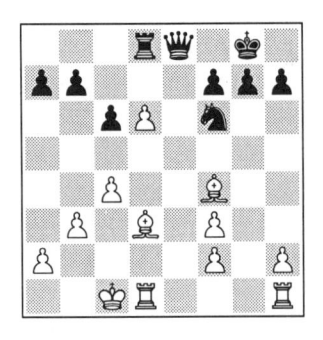

18...♘h5?! [18...c5 △ 19...♕c6 Dorfman] **19.♖he1 ♕e1 20.♖e1 ♘f4 21.♖d1± c5 22.a3 g6 23.♗e4 b6 24.b4 f5?** [24...♘f8] **25.♗c6± ♘e2? 26.♔b2 ♘d4 27.♖d4 cd4 28.c5+– bc5 29.bc5 ♖b8 30.♔c2 ♔f7 31.♗d5 ♔e8 32.c6 ♖b5 33.c7 ♖c5 34.♔d3 ♔d7 35.♗b7** 1-0

Naumkin,Igor
Sveshnikov,Evgeny

Moscow 1983

1.d4 d5 2.c4 e6 3.♘c3 c6 4.e3 ♘f6 5.♘f3 ♘bd7 6.♕c2 ♗d6 7.e4 de4 8.♘e4 ♘e4 9.♕e4 e5 10.de5 0-0 11.ed6 ♖e8 12.♕e8 ♕e8 13.♗e3 ♘f6 14.0-0-0 ♗e6 15.♗d3 b5 16.♘e5 bc4 17.♘c4 ♖d8 18.♖he1 c5 19.♖d2 ♕c6 20.♘e5 ♕b6 21.♖ed1 ♖d6 22.♗h7 ♔h7 23.♖d6 ♕a5 24.a3 ♗b3 25.♖g1 ♘e4 26.♖d7 f6 27.♘f3 ♘c3 28.♖d2 ♘e4 29.♖d7 ♕b5 30.♖d8 ♕c4 31.♔b1 ♗c2 32.♔a1 ♘c3 0-1

Ivkov,Borislav
Panchenko,Alexander G

Sochi 1983 (9)

1.d4 ♘f6 2.c4 e6 3.♘c3 d5 4.♘f3 c6 5.e3 ♘bd7 6.♕c2 ♗d6 7.e4 de4 8.♘e4 ♘e4 9.♕e4 e5 10.de5 0-0 11.ed6 ♖e8 12.♕e8 ♕e8 13.♗e3 ♘f6 [13...♘b6!? 14.♗d3 ♗e6 15.0-0-0!] ♖d8 (15...♘c4? 16.d7 ♕d8 17.♗g5 f6 18.♖he1+–) 16.♖he1 h6∞] **14.0-0-0 ♗e6** [14...♗f5] **15.♗d3 b5!?** [15...♖d8] **16.c5! ♗a2 17.♗g5?!** [17.♖he1! ♗b3 (17...♗e6 18.♘d4!±) 18.♗g5 ♕d8 19.♘d4!±] **17...♘d7 18.♖he1 ♗e6 19.♘d4 ♘c5 20.♗f5 ♕d7** [20...a5 21.d7+–] **21.b4! ♗f5!?** [21...♕d6 22.♘e6 ♘b3 23.♔c2 ♕b4 24.♘d8!? (24.♖e4 ♕a3!∓) 24...♘d4!∓] **22.bc5 ♗e6 23.f4 h6 24.f5?** [24.♗h4!? g5!□ 25.fg5 ♗d5! 26.♖e7? (≥ 26.gh6!±) 26...♕g4 27.d7 ♔f8!∓] **24...♗f5 25.♖e7 hg5 26.♖de1 ♕c8 27.♖c7 ♕a6 28.♘f5 ♕a3 29.♔d2 ♕b4 30.♔e2 ♕g4** 0-1

YB/1-260

Abdulla,Al-Rakib
Neelotpal,Das

Dhaka 1999 (1)

1.d4 d5 2.c4 c6 3.♘f3 ♘f6 4.♘c3 e6 5.e3 ♘bd7 6.♕c2 ♗d6 7.e4 de4 8.♘e4 ♘e4 9.♕e4 e5 10.de5 0-0 11.ed6 ♖e8 12.♕e8 ♕e8 13.♗e3 ♘f6 14.0-0-0 ♗f5 15.♗d3 ♗d3 16.♖d3 c5 17.♖hd1 ♘d7 18.b3 h6 19.♗f4 ♕e6 20.♖e3 ♕f6 21.♗e5 ♘e5 22.♖e5 ♔h7 23.d7 ♕f4 24.♔b2 ♕f6 25.♖c1 ♕f4 26.♔b2 ♕f6 27.a4 ♖d8 28.♔c1 ♕f4 29.♔b1 ♕g4 30.♖ed5 ♕g2 31.♘e5 ♕f2 32.♘d3 ♕h2 33.♘c5 ♕c7 34.♘e4 b6 35.♘c3 a6 36.a5 ba5 37.c5 f5 38.♘a4 f4 39.♘b6 f3 40.♖f1 ♖f8 41.♖f3 ♖f3 42.d8♕ ♕g3 43.♖d2 ♖b3 44.♖b2 ♖c3 45.♕d4 ♖e3 46.♘c4 ♕g1 47.♔c2 ♕g6 48.♔d2 ♖h3 49.♘e3 a4 50.♖b6 ♕e8 51.♖d6 ♖h2 52.♔c3 ♖h3 53.♕d3 g6 54.♖d7 ♔g8 55.♖d8 1-0

Andruet,Gilles
Bryson,Douglas

Luzern ol 1982

1.d4 ♘f6 2.c4 e6 3.♘f3 d5 4.♘c3 c6 5.e3 ♘bd7 6.♕c2 ♗d6 7.e4 de4 8.♘e4 ♘e4 9.♕e4 e5 10.de5 0-0 11.ed6 ♖e8 12.♕e8 ♕e8 13.♗e3

♘f6 14.0-0-0 ♗f5 15.♗d3 ♗d3 16.♖d3 ♕e6 17.b3 ♘d7 [17...a5!] 18.♖hd1 ♕g6 19.g3 ♖e8 20.♗d4 ♕d6

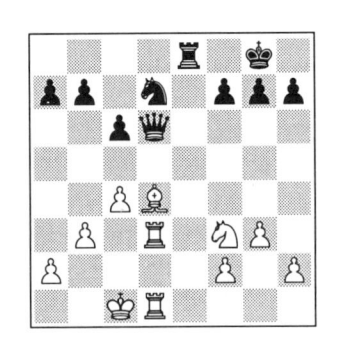

21.♗e5 [21.♗g7 ♕g6 22.♗c3⩱] **21...♕h6 22.♗f4 ♕h5 23.♖d8 ♕f3∓ 24.♗e3 h6 25.♖b7 a5 26.♖a7 ♖e3 27.♖a8 ♔h7 28.fe3 ♕e3 29.♔c2 ♕e4 30.♖d3 ♕e2 31.♖d2 ♕e4** ½-½

Shneider,Alexander
Chekhov,Valery

Telavi 1982 (16)

1.d4 ♘f6 2.♘f3 e6 3.c4 d5 4.♘c3 c6 5.e3 ♘bd7 6.♕c2 ♗d6 7.e4 de4 8.♘e4 ♘e4 9.♕e4 e5 10.de5 0-0 11.ed6 ♖e8 12.♕e8 ♕e8 13.♗e3 ♘f6 14.0-0-0 ♗f5! 15.♗d3 ♗d3 16.♖d3 ♕e6 17.b3 a5! 18.♖hd1 a4 19.d7! ♖d8 20.♗g5! ♘d7 21.♖d7 ♘d7 22.♖e1 ♕g4 23.♖e8 ♘f8 24.♗e7 h6 25.♖f8 ♔h7 26.♗c5 f6

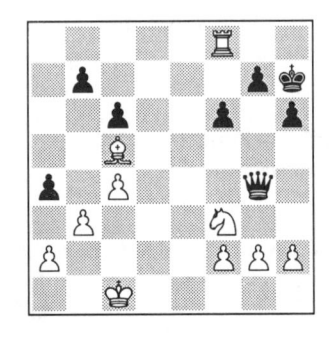

27.♗e3? [27.♔d2 ♕g2 28.♔e2 ♕g6∞ Chekhov] **27...♕g2 28.♘d4 ♕h2 29.♖f7 ♕e5 30.♖b7 h5∓ 31.♔d2?! h4 32.♘f3 ♕b2 33.♔d3 ♕b1 34.♔c3 h3 35.♘h2 ♕g1 36.♗f4**

♕a1!–+ 37.♔d3 a3 38.♖e7 ♕a2 39.♖e1 ♕b3 40.♔d4 ♕b2　　0-1

Johansen, Arild
Urban, Jaromir
cr EU/M 1987

1.d4 d5 2.c4 e6 3.♘c3 c6 4.e3 ♘f6 5.♘f3 ♘bd7 6.♕c2 ♗d6 7.e4 de4 8.♘e4 ♘e4 9.♕e4 e5 10.de5 0-0 11.ed6 ♖e8 12.♕e8 ♕e8 13.♗e3 ♘f6 14.0-0-0 ♗f5 15.♗d3 ♗d3 16.♖d3 ♕e6 17.b3 a5 18.♖hd1 a4 19.d7 ♖d8 20.♗g5 ♖d7 21.♖d7 ♘d7 22.♖e1 ♕g4 23.♖e8 ♘f8 24.♗e7 h6 25.♖f8 ♔h7 26.♗c5 f6 27.♔d2 ♕g2 28.♔e2 ♕g6 29.♖b8 ♕e4 30.♗e3 ab3 31.ab3 f5 32.♖f8 g5 33.♘d2 ♕e5 34.♔f1?? [34.♔d1!∞] 34...♕d6!–+ 35.♖f7 ♔g6 36.♖b7 f4　　0-1

Tikkanen, Kari
Redsven, R
cr Suomi Cup-3 1987

1.d4 ♘f6 2.c4 e6 3.♘f3 d5 4.♘c3 ♘bd7 5.e3 c6 6.♕c2 ♗d6 7.e4 de4 8.♘e4 ♘e4 9.♕e4 e5 10.de5 0-0 11.ed6 ♖e8 12.♕e8 ♕e8 13.♗e3 ♘f6 14.0-0-0 ♗f5 15.♗d3 ♗d3 16.♖d3 ♕e6 17.b3 a5 18.♖hd1 h6 19.♗b6 ♘d7 20.♖e3 ♕f5 21.♗d4 a4 22.b4 c5 23.bc5 ♘c5 24.♗c5 ♕c5 25.♖d4 ♖d8 26.d7 ♕c6 27.♖e7 f6

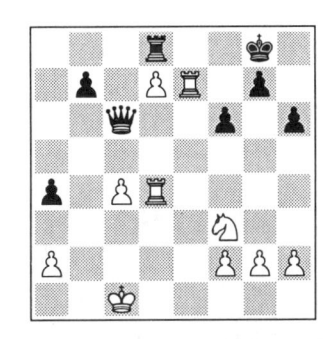

28.♘h4 ♕c5 29.♘f5 ♔f8 30.♖de4 ♕a3 31.♔d2 ♕a2 32.♔e3 ♕b3 33.♔f4 g5 34.♔g4 ♕d1 35.f3 ♖d7 36.♖e8 ♔f7 37.♔h5 ♕h1 38.♘h6 ♔g7 39.♘f5 ♔f7 40.♘d6 ♔g7 41.♖4e7 ♖e7 42.♖e7 ♔f8 43.♖f7 ♔g8 44.♔g6 ♕b1 45.♔h6 ♕b6 46.c5 ♕c5 47.♖g7　　½-½

Burger
Donnelly
cr ol-10 1989

1.d4 d5 2.c4 c6 3.♘f3 ♘f6 4.♘c3 e6 5.e3 ♘bd7 6.♕c2 ♗d6 7.e4 ♘e4 8.♘e4 de4 9.♕e4 e5 10.de5 0-0 11.ed6 ♖e8 12.♕e8 ♕e8 13.♗e3 ♘f6 14.0-0-0 ♗f5 15.♗d3 ♗d3 16.♖d3 ♕e6 17.b3 a5 18.♖hd1 a4 19.d7 ♖d8 20.♗g5 ♖d7 21.♖d7 ♘d7 22.♖e1 ♕f5? [22...♕g4!] 23.♖e8 ♘f8 24.♗e7 h6 25.♖f8 ♔h7 26.♖d8

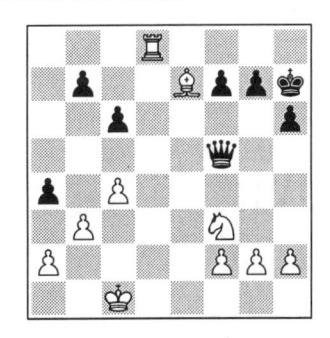

26...ab3 27.ab3 b5 28.♖d4 ♕e6 29.♘h4 c5 30.♖d5 bc4 31.bc4 ♕g4 32.♖c5 ♕g2 33.♘d2 ♕h2 34.♗g3 ♕h1 35.♔c2　　1-0

INTRODUCTION: Leon Pliester
MAIN ANALYSIS: Leon Pliester
STUDY MATERIAL: Pliester, Langeweg

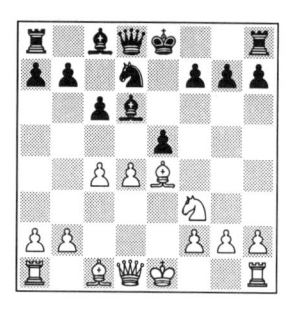

Slav Defence
Meran Variation

SL 8.8

The value of the bishop pair

1.d4 d5 2.c4 c6 3.♘c3 ♘f6 4.♘f3 e6 5.e3 ♘bd7 6.♗d3 ♗d6 7.e4 de4 8.♘e4 ♘e4 9.♗e4 e5

Although we mainly deal with openings in the NIC Yearbooks, it goes without saying that for a proper understanding of the problems of this variation it is good to reflect on a few general positional characteristics. Everyone knows the old adage that, in open positions, two bishops are stronger than any other combination of minor pieces. In our sample game Bareev-Anand, Dortmund 2000, the white player boasts this advantage, as well as some spatial superiority. Yet Anand scored half a point without too much trouble. It might be an option to postpone 17.♘f5 or leave it out altogether. Black, after all, still finds it hard to activate his queen's bishop.

Despite the seemingly peaceful position, careless black players can slip up badly, as former World Champion Max Euwe found out to his cost against Tartakower (Budapest 1921) in his early years.

A well-known trick in this line arises if Black is unwise enough to castle instead of taking on d4 – the starting-position of this survey. White will then swap on e5 and go on to win a pawn with ♗h7 and ♕h5. That this motif hasn't disappeared after the capture on d4 is something both Böhnisch and Gronn found out. Their opponents couldn't afford to rest on their laurels, though, as the win is by no means in the bag yet in view of the opposite-coloured bishops, and the player who throws caution to the wind might well end up biting the dust.

A third tactical turn is demonstrated by Langeweg, who tricked Marovic out of a pawn with 16.♘c6.

No Simplificatons

But white players shouldn't take it for granted that they will be handed a pawn on a plate, which is why some of them will try to prevent simplifications with 10.0-0 ed4 11.♗g5, as in the rapid game Gelfand-Ljubojevic, Monaco 1999. After a missed chance, however, the white player went too far, sidestepping repetition of moves and ending up getting beaten.

However this may be, the realisation that the bishop pair is not of crucial significance in this type of position may be encouraging news for the black player, but since White has several strings to his bow, Black can't afford to relax.

STATISTICS

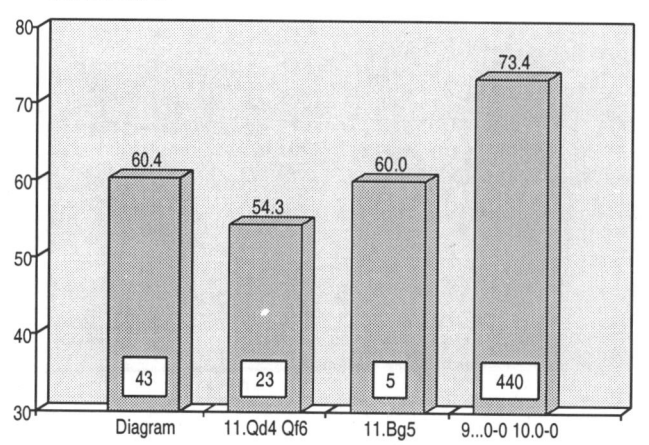

Diagram	11.Qd4 Qf6	11.Bg5	9...0-0 10.0-0
60.4	54.3	60.0	73.4
43	23	5	440

SL 8.8

Bareev,Evgeny
Anand,Viswanathan

Dortmund 2000 (4)

1.d4 d5 2.c4 c6 3.♘f3 ♘f6 4.♘c3 e6 5.e3 ♘bd7 6.♗d3 ♗d6 7.e4 de4 8.♘e4 ♘e4 9.♗e4 e5 10.0-0 ed4 11.♕d4 ♕f6 12.♖d1 ♗e7 13.♗e3 ♕d4 14.♘d4 ♘f6 15.♗c2 0-0 16.h3 [16.♘f5 ♗f5 17.♗f5 ♖fe8 18.♗d4 g6 19.♗d3 ♘d7] **16...♖e8** [16...♗c5?? 17.♘c6 ♗e3 18.♘e7+−] **17.♘f5** [17.a3!?±] **17...♗f5 18.♗f5 ♗f8 19.♗c2** [19.♖d2 ♗b4 20.♖d3 ♖e5] **19...a6**

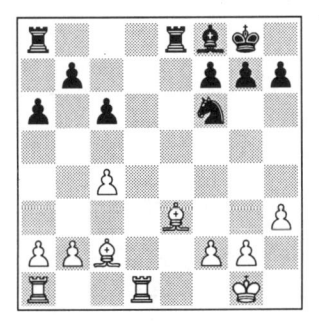

20.♖ac1!? [20.♖d2 ♗b4 21.♖d3 b5 22.♗b3 ♖e5 23.♖ad1 ♖ae8=; 20.g4 g6 21.g5 ♘e4 22.♖d4 ♗c5 23.♖ad1 ♘e6 24.♖d7 ♗c5 25.♗c1 ♘d4=; 20.♔f1 b5 21.♖ac1 bc4 22.♗a4 ♖ab8 23.♗c6 ♖ec8 24.♖c4 ♖b2±] **20...♖ad8 21.♖d8 ♖d8 22.g4 g6 23.♔g2 ♘e8 24.f4 ♗e7 25.♔f3 ♘g7 26.f5 ♘e8 27.♖e1** [27.g5 gf5 28.♗f5 ♘g7 29.♘e4 ♘e6 30.c5 f6=] **27...♖d7 28.♖e2** [28.g5! ♘g7! (28...gf5 29.♗f5 ♖d8 30.♗b6 ♗b4 31.♖e6! ♖a8 32.♖h6+−) 29.f6 ♗b4 30.♖e2 ♘e6±] **28...g5 29.b3** [29.♗g5 ♗g5 30.♖e8 ♗g7 31.♖e2 h6 △ 32...♖d2=] **29...f6 30.c5 a5 31.♖d2** [31.♗e4 ♘c7 32.♖c2±] **31...♖d2 32.♗d2 ♗c5 33.♗a5 ♘d6 34.a4** [34.♗c3 ♗f7 35.b4 ♗g1 36.a4 ♗h2 37.♗b3 ♔e7 38.♗d4 h5 39.♗c5 h4 40.♗e6 ♘e5=] **34...♗d4 35.♗c7 ♗c5 36.♗a5 ♗d4 37.♗e1 ♔f8 38.♔e2 ♔e7 39.♔d3 ♗g1 40.b4 h6 41.♗b3 ♗a7 42.♗e6 ♗g1 43.h4 ♗a7 44.h5 ♗g1 45.♗c3 ♗f2 46.♗b2**
♗g1 47.♗a3 ♗f2 48.♗c4 ♗e1 49.b5 cb5 50.♗b5 ♗f2 51.♗b4 b6 52.♗c6 ♗g1 53.♔e2 ♗d4 54.♔d3 ♗g1 55.♗d5 ♗f2 56.♔e2 ♗g1 57.♔d3 ♗f2 58.♗f3 ♗g1 59.♗e2 ♗f2 60.♗a3 ♗g1 61.♗b4 ♗f2 ½-½
Pliester

Study Material

10.0-0 ed4 11.♕d4 ♕f6

Dobosz,Henryk
Marszalek,Rafal

Jachranka 1987

1.d4 d5 2.c4 c6 3.♘f3 ♘f6 4.e3 e6 5.♗d3 ♘bd7 6.♘bd2 ♗d6 7.e4 de4 8.♘e4 ♘e4 9.♗e4 e5 10.0-0 ed4 11.♕d4 ♕f6 12.♗g5 ♕d4 13.♘d4 0-0 14.♘f5 ♗c5 15.♖ad1 ♘b6 16.b3 ♗f5 17.♗f5 h6 18.♗f4 a5 19.h4 ♖fe8 20.♖fe1 g6 21.♗h3 h5 22.♖e8 ♖e8 23.♔f1 a4 24.♗c7 ab3 25.ab3 ♘a8 26.♗d8 f5 27.g3 ♔f7 28.♗g2 ♗e7 29.♗a5 ♔e6 30.♗f3 ♖c8 31.♗d2 ♘c7 32.♔e2 ♘a6

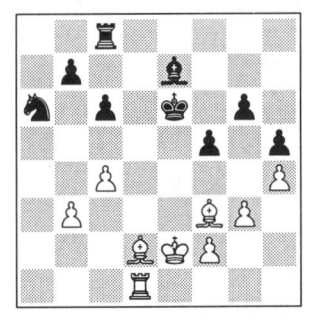

33.♔d3 ♘c5 34.♔c2 ♖a8 35.♖e1 ♔d7 36.♗b4 ♘e6 37.♖d1 [37.♗e7 ♔e7 38.♗d5 cd5 39.cd5 ♖a6=] 37...♖e8 38.♗e7 ♖a2 39.♔c3 ♖f2 40.♗d5? [40.♗c6 bc6 41.♗d6=] 40...cd5 41.cd5 ♖f3 42.♔c4 ♖g3 43.♗f6 ♖g4 44.♔b5 ♘c7 45.♔b6 ♔d7 46.♖d3 ♖b4 [46...♘d5! 47.♖d5 ♔e6−+] 47.♔a7 ♖b5 48.♖g3 ♘d5 49.♖g6 ♖b3−+ 50.♗g5 f4 51.♖g8 f3 52.♖f8 ♖e6 53.♔b8 b5 54.♔b7 ♖c3 55.♗d2 ♖d3 56.♗c1 b4 57.♔a6 ♖d1 58.♗h6 b3 59.♗g7 ♖d3 60.♔b5 ♘e7? [60...♘c3!−+] 61.♔c4 ♖e3 62.♖f6 ♔d7 63.♖f7 ♔c6 64.♖f6 ♔c7 65.♖f7 ♔d7 66.♔c5 ♔d8 67.♖f8 ♔c7 68.♖f7 ♔d7 69.♔c4 ♔d6 70.♖f6 ♔c7 71.♖f7 ♔c6 72.♖f6 ♔b7 73.♖f7 ♔a6 74.♖f6 ♔b7 75.♖f7 ½-½

Langeweg,Kick
Marovic,Drazen

Amsterdam IBM 1973 (3)

1.♘f3 ♘f6 2.c4 c6 3.♘c3 d5 4.e3 e6 5.d4 ♘bd7 6.♗d3 ♗d6 7.e4!? de4 8.♘e4 ♘e4 9.♗e4 e5!? [9...0-0 10.0-0 ♘f6 11.♗c2 h6 12.♕e2 b6 13.♗d2 ♗b7 14.♗c3±] **10.0-0 ed4** [10...0-0 11.de5 ♘e5 12.♘e5 ♗e5 13.♗h7] **11.♕d4 ♕f6 12.♗g5** [12.♕d1! ♘e5 13.♖e1 ♗g4 14.♗g5 ♕e6 15.♕c2 f6 16.♘d4 ♕f7 17.♗d2±] **12...♕d4 13.♘d4 ♗e5** [13...♘c5 14.♗f3 ♘e6=] **14.♖ad1 f6 15.♗c1 ♘c5?** [15...0-0 16.♘c6 bc6 17.♗c6 ♘b6 18.c5±; 15...♗d4 16.♖d4±]

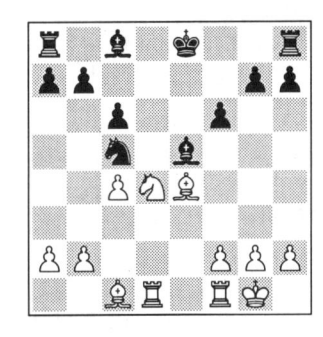

16.♘c6! ♗e6 [16...♘e4 17.♖d8 ♔f7 18.♘e5+−; 16...♗g4 17.f3] **17.♘e5 ♘e4 18.♖fe1! ♘f2 19.♖d6 fe5** [19...♗e7 20.♖e6+−] **20.♖e6 ♔f7 21.♖6e5 ♘d3 22.♖f1 ♔g6** [22...♔g8 23.♖e7+−] **23.♖e6** 1-0
Langeweg

Szapiel,Henryk
Tarnowski,Alfred

Szczawno Zdroj 1950

1.d4 d5 2.c4 c6 3.♘f3 ♘f6 4.♘c3 e6 5.e3 ♘bd7 6.♗d3 ♗d6 7.e4 de4 8.♘e4 ♘e4 9.♗e4 e5 10.0-0 ed4 11.♕d4 ♕f6 12.♗g5 ♕d4 13.♘d4

Nc5 14.Bf5 0-0 15.b4 Be5 16.Rad1 Bd4 17.Rd4 Bf5 18.bc5 f6 19.Be3 Rad8 20.Rfd1 Rd4 21.Rd4 Re8 22.Kf1 Kf7 23.Ke2 Re5 24.Rd8 Re4 25.Rb8 Re7 26.Rd8 g5 27.Kd2 ½-½

Ghitescu,Theodor
Van Geet,Dick

Beverwijk 1967 (3)

1.d4 Nf6 2.c4 c6 3.Nf3 d5 4.e3 e6 5.Nc3 Nbd7 6.Bd3 Bd6 7.e4 de4 8.Ne4 Ne4 9.Be4 e5 10.0-0 ed4 11.Qd4 Qf6 12.Bg5 Qd4 13.Nd4 Nc5 14.Bf5 0-0 15.Rad1 Re8 16.Be3 Bf8 17.Bc8 Rac8 18.Nb3 Na4 19.Rd2 Rcd8 20.Rfd1 Be7 21.Rd8 Rd8 22.Rd8 Bd8 ½-½

Akopian,Vladimir
Anand,Viswanathan

Dortmund 2000 (2)

1.d4 d5 2.c4 c6 3.Nc3 Nf6 4.e3 e6 5.Nf3 Nbd7 6.Bd3 Bd6 7.e4 de4 8.Ne4 Ne4 9.Be4 e5 10.0-0 ed4 11.Qd4 Qf6 12.Bg5 Qd4 13.Nd4 Nc5 14.Bf5 0-0 15.Rad1 Re8 16.Be3 ½-½

Tartakower,Savielly
Euwe,Max

Budapest 1921

1.d4 d5 2.c4 c6 3.Nc3 Nf6 4.e3 e6 5.Bd3 Nbd7 6.Nf3 Bd6 7.e4 de4 8.Ne4 Ne4 9.Be4 e5 10.0-0 ed4 11.Qd4 Qf6 12.Bg5 Qd4 13.Nd4 Nc5 14.Bf5 0-0 15.Bc8 Rac8?? [15...Rfc8 16.Nf5 Bf8=] 16.Nf5!+− Ne4 17.Be7! 1-0

Mohring,Gunther
Bohnisch,Manfred

Freiberg ch-DD 1970 (13)

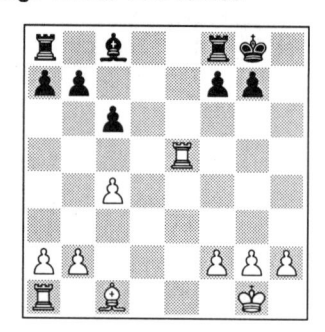

1.d4 Nf6 2.c4 e6 3.Nc3 d5 4.Nf3 c6 5.e3 Nbd7 6.Bd3 Bd6 7.e4 de4 8.Ne4 Ne4 9.Be4 e5 10.0-0 ed4 11.Qd4 Qf6 12.Qd1 Ne5 13.Re1 0-0? [13...Nf3 14.Qf3 0-0 15.Qf6 gf6±]

14.Ne5 Be5 15.Bh7 Kh7 16.Qh5 Kg8 17.Qe5 Qe5 18.Re5

18...Be6 19.b3 Rfd8 20.Re1 a5 21.Bg5 Rd3 22.Kf1 a4 23.Ke2 Bf5 24.Rad1 Re8 25.Be3 Rc3 26.Rc1 Rd3 27.Rb1?! [27.Red1 Rd1 28.Kd1±] 27...Rc3 28.Rb2? [28.Rbc1] 28...ab3 29.ab3 Rc2 30.Rc2 Bc2 31.Kd2 Bb3 32.Kc3 Ba4 33.c5 f5 34.Rb1 Bb5 35.Rd1 Kf7 36.Rd4 Re4 37.Re4 fe4 38.Kd4 Bd3 39.Ke5 g6 40.g3 Bc2 41.h4 ½-½

O'Kelly de Galway,Alberic
Yanofsky,Daniel

Barcelona 1946

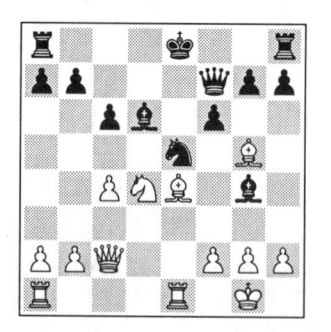

1.d4 d5 2.Nf3 Nf6 3.c4 c6 4.e3 e6 5.Nc3 Nbd7 6.Bd3 Bd6 7.e4 de4 8.Ne4 Ne4 9.Be4 e5 10.0-0 ed4 11.Qd4 Qf6 12.Qd1 Ne5 13.Re1 Bg4 14.Bg5 Qe6 15.Qc2 f6 16.Nd4 Qf7

17.Nc6!? [17.Nc5!? Bc7 18.Nc6!] 17...bc6 [17...fg5 18.Ne5 Be5 19.Bf5+−] 18.Bc6 Be7 19.Ba8 fg5 [19...Ra8 20.Qe4] 20.Bd5 Qf6 21.c5 Bb8 22.b4 Rd8 23.Bb3 [23.Qb3⩲/±] 23...Bf5 24.Qc4 Bd3 25.Qg4 Kf8 26.Qh5?? [26.Qe6=] 26...g4 27.Rad1 Bg6 0-1

Ornstein,Axel
Velikov,Petar

Pamporovo 1981 (2)

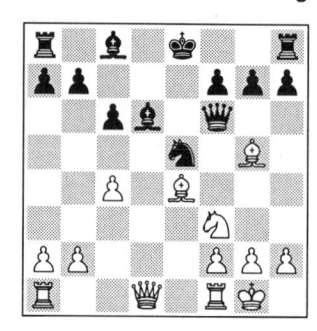

1.d4 d5 2.c4 c6 3.Nc3 Nf6 4.e3 e6 5.Nf3 Nbd7 6.Bd3 Bd6 7.e4 de4 8.Ne4 Ne4 9.Be4 e5 10.0-0 ed4 11.Qd4 Qf6 12.Qd1 Ne5 13.Bg5

13...Nf3 14.Bf3 Bh2 15.Kh2 Qg5 16.Qd6 Qh6 17.Qh6 gh6 18.Rfe1 Kf8 19.Kg3 Be6 20.b3 Bg8 21.Kf4 Rg5 22.Re5 Rd8 23.Rae1 Rd2 24.R1e2 Re2 25.Re2 Rf5 26.a4 Rf5 27.Ke3 Ke7 28.Kd4 Kd6 29.Re4 Rg5 30.Rh4 Bf5 31.c5 Kc7 32.Rh6 a5 33.Rh5 Rh5 34.Bh5 Be6 35.Kc3 Bd5 36.g3 b6 37.b4 f6 38.Bd1 Bg2 39.cb6 Kb6 40.ba5 Ka5 41.Kc4 ½-½

Berger,Johann
Janowsky,Dawid

Munchen DSB-12 1900 (1)

1.d4 d5 2.e3 e6 3.Nf3 Bd6 4.c4 c6 5.Bd3 Nd7 6.Nc3 Ngf6 7.e4 de4 8.Ne4 Ne4 9.Be4 e5 10.0-0 ed4 11.Qd4 Qf6 12.Be3 Qd4 13.Bd4 Nc5 14.Bc2 Ne6 15.Bc3 0-0 16.Rad1 Rd8 17.Rfe1 b6 18.Ng5 h6 19.Ne4 Bf8 20.Ba4 Bb7 21.Be5 c5 22.Nd6 Bd6 23.Bd4 Nd4 24.Be7 Rdc8 25.b4 Ne6 26.Rd7 Bc6 27.Rc6 Rc6 28.b5 Rcc8 29.Rb7 Rcb8 30.Rb8 Rb8 31.Rd1 Nd4 32.Kf1 f6 33.Bd6 Ra8 34.a4 Kf7 35.a5 Ne6 36.Ra1 Rd8 37.Bg3 Rd4 38.Ra4 Nf4 39.Bf4 Rf4 40.Ke2 Ke6 41.Ke3 Rd4 42.ab6 ab6 43.g3 g5 44.Ra6 Rd6 45.Ra7 Kf5 46.Rb7 Kg4 47.Rc7 Kf5 48.Rb7 h5 49.h3 Ke6 50.g4 h4 51.f3 f5 52.gf5 Kf5 53.Rf7 Kg6

54.♖b7 ♔f6 55.♖b8 ♖e6 56.♔d3 ♔f5 57.♖f8 ♔e5 58.♔e3 ♔d6 59.♔d3 ♔e7 60.♖f5 ♖d6 61.♔e3 ♖d4 62.♖g5 ♖c4 63.♖g6 ♖c1 64.♖b6 ♖h1 65.♖c6 ♖h3 66.♖c5 ♖h1 67.♖h5 h3 68.♔f4 ♖b1 69.♔g3 ♖b3 70.♖f5 ♔e6 71.♖f8 ♖b5 72.♔h3 ♖f5 73.♖e8 ♔f7 74.♖e3 ♖g5 75.♔h4 ♖g1 76.♖e4 ♔f6 77.♖f4 ♔e6 ½-½

Bandza, Algirdas
Gronn, Atle

Stockholm 1990 (7)

1.d4 d5 2.c4 e6 3.♘c3 c6 4.e3 ♘f6 5.♗d3 ♘bd7 6.♘f3 ♗d6 7.e4 de4 8.♘e4 ♘e4 9.♗e4 e5 10.0-0 ed4 11.♕d4 ♕f6 12.♕d1 ♘e5 13.♖e1 0-0 14.♘e5 ♗e5 15.♗h7 ♔h7 16.♕h5 ♔g8 17.♕e5 ♕e5 18.♖e5 ♗e6 19.c5 ♖fd8 20.♖e1 ♖d5 21.♗e3 ♖ad8

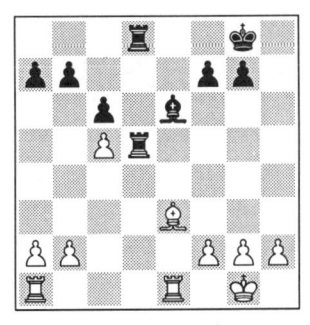

22.f3 ♖d3 23.♔f2 ♔h7 24.h4 b6 25.♖ec1 b5 26.h5 a5 27.♖e1 a4 28.a3 ♖b3 29.♖e2 ♗c4 30.♖c2 ♖d5 31.♖h1 ♖bd3 32.♖cc1 f6 33.♖h4 ♖e5 34.♖e1 ♗f7 35.♗c1 ♖c5 36.h6 ♖c2 37.♔g3 g5 38.♖hh1 ♖d7 0-1

Danner, Georg
Engedal, Kim Nikolai

Budapest 1993 (3)

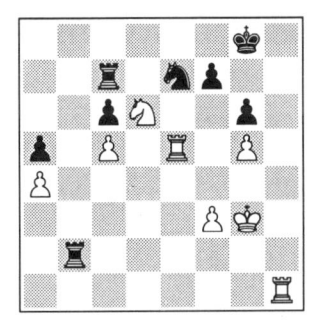

1.d4 d5 2.c4 e6 3.♘f3 c6 4.e3 ♘f6 5.♘c3 ♘bd7 6.♗d3 ♗d6 7.e4 de4 8.♘e4 ♘e4 9.♗e4 e5 10.0-0 ed4 11.♕d4 ♕f6 12.♗e3 ♕d4 13.♗d4 0-0 14.♖ad1 ♗e7 15.♖fe1 ♗f6 16.♗f5 ♗d4 17.♘d4 ♘f6 18.f3 g6 19.♗c8 ♖fc8 20.♘b3 ♖c7 21.♔f2 ♔g7 22.g4 h6 23.h4 ♖h8 24.♘c5 ♖hc8 25.g5 ♘g8 26.♘e4 ♘e7 27.♘d6 ♖f8 28.♘e5 hg5 29.hg5 b6 30.b4 ♖h8 31.c5 bc5 32.bc5 ♖b8 33.a4 a5 34.♖de1 ♖b2 35.♔g3 ♔f8 36.♖h1 ♔g8

37.♘e8 ♖cb7 38.♘f6 ♔g7 39.♖e7 1-0

Milov, Vadim
Godena, Michele

Saint Vincent 2000 (4)

1.d4 d5 2.c4 e6 3.♘c3 c6 4.e3 ♘f6 5.♘f3 ♘bd7 6.♗d3 ♗d6 7.e4 de4 8.♘e4 ♘e4 9.♗e4 e5 10.0-0 ed4 11.♕d4 ♕f6 12.♖d1 ♗c7 13.♗g5 ♕d4 14.♘d4 h6 15.♗h4 g5 16.♗g3 ♗g3 17.hg3 ♘c5 18.♗f5 ♘e6 19.♖e1 ♔e7 20.♗c2 ♗f6 21.♘f5 b6 22.♖ad1 ♗a6 23.♘d6 c5 24.♖e3 [24.♖d5!] 24...♘d4 25.♖a3 ♘c2 26.♖a6 ♖hd8 27.♖d5 ♘b4 [27...♔e6∓ Milov] 28.♘e4 ♔e7 29.♖d8 ♔d8 30.♖a3 ♔e7 31.g4 ♔e6 32.♖e3 ♘a2?? [32...♔d7 33.a3 ♘c6 34.♖h3±] 33.♘c5?? [33.♘c3+−] 33...♔f6 34.♘d7 ♔g7 35.♖a3 ♘c1 36.♘b6 ♖b8 37.♘d5 ♖b2 38.♖a7± ♘d3 39.f3 ♖b1 40.♔h2 ♖c1 41.♘e3 ♘f4 42.♘f5 ♔g6 43.♖a6 ♘e6 44.♖c6 h5 45.♘e7 ♔f6 46.♘d5 ♔g6 47.gh5 ♔h5 48.♘c7 g4 [48...♘c7?? 49.g4 ♔h4 50.♖h6] 49.♘e6 fe6 50.f4 ♔h4 51.g3 ♔h5 52.♖c8 ♖c2 53.♔g1 ♔g6 54.♖c5 ♔f6 55.♔f1 ♖c3 56.♔f2 ♖f3 57.♔g2 ♖c3 58.♖g5 ♖c2 59.♔g1 ♖c4 60.♖g4 ♖c2 61.♖g5 ♖a2 62.♔f1 ♖b2 63.♖e5 ♖a2 64.♖e2 ♖a5 65.♔g2 ♔f5 66.♔h3 ♔f6 67.♔g4 ♖a3 68.♖e4 ♖b3 69.♔h4 ♖b1 70.g4 ♖h1 71.♔g3 ♖g1 72.♔f3 ♖f1 73.♔g2 ♖a1 74.♖e5 ♖a3 75.♔f2 ♖b3 76.g5 ♔f7 77.♖e3 ♖b1 78.♔f3 ♖a1 79.♔g4 ♖a4 80.♖e5 ♖b4 81.♖a5 ♖c4 82.♖a7 ♔f8 83.♔f3 ♖b4 84.g6 ♖b5 85.♖f7 ♔g8 86.♖e7 ♖b6 87.♔g4 1-0

10.0-0 ed4 11.♕d4 ♘f6

Donner, Johannes
Donoso Velasco, Pedro

Haifa ol 1976 (9)

1.d4 d5 2.c4 c6 3.♘c3 ♘f6 4.e3 e6 5.♘f3 ♘bd7 6.♗d3 ♗d6 7.e4 de4 8.♘e4 ♘e4 9.♗e4 e5 10.0-0 ed4 11.♕d4 ♘f6 12.♗g5 ♗e7 13.♕e3 ♘e4 14.♕e4 ♗e6 15.♖ad1 ♕c7 16.♕h4 ♖d8 17.b3 h6 18.♖d8 ♗d8 19.♗d8 ♕d8 20.♕e4 0-0 21.h3 ♕d6 22.♖e1 ♖d8 23.♕e3 c5 24.♖e2 ♕d1 25.♔h2 b6 26.♖d2 ♖d2 27.♘d2 ♕c2 28.a4 ♔h7 29.♘e4 ♗f5 30.♘d6 ♕d3 31.♕e7 ♗g6 32.f4 ♕d4 33.♔g3 ♕d3 34.♔h2 ♕d4 35.♔g3 ♕d3 ½-½

Dimitriadis, Georgios
Bras, Emanouel

Korinthos 1998 (9)

1.d4 d5 2.c4 c6 3.♘c3 ♘f6 4.e3 e6 5.♘f3 ♘bd7 6.♗d3 ♗d6 7.e4 de4 8.♘e4 ♘e4 9.♗e4 e5 10.0-0 ed4 11.♕d4 ♘f6 12.♗c2 0-0 13.♖d1 ♗e7 14.♕h4 ♕a5 15.♖e1 ♗e6 16.♖e5 ♕b4 17.a3 ♕b6 18.b4 ♖fe8 19.c5 ♕d8 20.♘g5 ♗c5 21.♗h7 ♘h7 22.♕h7 ♔f8 23.♗b2 ♗f2 24.♔h1 ♕d2 25.♖e6 ♖e6 26.♕g7 ♔e7 27.♕f7 ♔d6 28.♕e6 ♔c7 29.♕e5 ♔d7 30.♘e4 1-0

10.0-0 ed4 11.♗g5

Milov, Vadim
Bisguier, Arthur

New York 1997 (3)

1.d4 d5 2.c4 e6 3.♘c3 c6 4.e3 ♘f6 5.♘f3 ♘bd7 6.♗d3 ♗d6 7.e4 de4 8.♘e4 ♘e4 9.♗e4 e5 10.0-0 ed4

11.♗g5 ♕c7 12.♕d4 0-0 13.♖ad1 ♗c5 14.♕d2 a5 15.a3 a4 16.♖fe1 f5 17.♗c2 ♕a5 18.♗e7 ♕d2 19.♖d2 ♗e7 20.♖e7 ♘c5 21.♖e5 b6 22.♘d4 ♖d8 23.♖ee2 ♗a6 24.♘c6 ♗c4 25.♘d8 ♗e2 26.♗f5 ♗c4 27.♘c6 ♖e8 28.f3 g6 29.♗c2 ♔g7 30.♔f2 ♗e6 31.♘d4 ♖e7 32.♘e2 b5 33.♘c3 ♖b7 34.♖d4 ♘e6 35.♖d6 ♘c5 36.♔e3 ♖e7 37.♗e4 ♘e4 38.fe4 ♖b7 39.g3 ♖f7 40.♖d2 g5 41.♔d4 ♖d7 42.♘d5 h5 43.♔e5 ♖f7 44.♖d6 h4 45.gh4 gh4 46.e5 ♗d5 47.♖d5 ♖f2 48.e6 ♖h2 49.e7 ♖e2 50.♔d7 ♔f7 51.♖f5 ♔g6 52.♖f8   1-0

Barczay,Laszlo
Paoli,Enrico

Reggio Emilia 1970

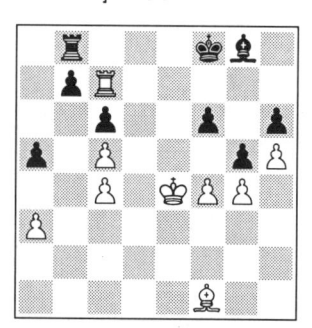

1.d4 d5 2.c4 c6 3.♘f3 ♘f6 4.♘c3 e6 5.e3 ♘bd7 6.♗d3 ♗d6 7.e4 de4 8.♘e4 ♘e4 9.♗e4 e5 10.0-0 ed4 11.♗g5 f6 12.♘d4 ♘e5 13.♗f4 0-0 14.♕b3 ♕b6 15.♖ad1 ♕b3 16.♘b3 ♘f3 17.♗f3 ♗f4 18.♘c5 ♗c7 19.♖fe1 a5 20.♖e2 ♖b6 21.b4 ♗c5 22.bc5 ♗f5 23.g4 ♗g6 24.♖d7 ♖f7 25.♖ee7 ♖b8 26.♔f1 ♖e7 27.♖e7 ♗f7 28.♗e2 g5 29.♔c7 ♔f8 30.a3 h6 [30...♗g6] 31.h3 a5 32.f3 ♗g8 33.♔f2 ♗f7 34.♗f1 ♗g8 35.♔g3 ♗f7 36.h4 ♗g8 [36...gh4 37.♔h4 ♖e8=] 37.h5 ♗f7 38.♔f2 ♗g8 39.f4 ♗f7 [39...gf4 40.♔f3 ♖e8 41.♖b7 ♖e5=] 40.♔f3 ♗g8 [40...♖d8 41.♖b7 ♖d4=] 41.♔e4

41...♗e6? [41...♖e8 42.♔f5 gf4=] 42.♖h7!+− ♖e8 43.♔f3 ♗f7 44.♖h6 ♔g7 45.fg5 fg5 46.♖d6 ♗e6 47.♗d3 ♔f8 48.♗g6 ♖e7 49.h6 ♗d7 50.♖f6 ♔g8 51.h7   1-0

Forintos,Gyozo
Van Geet,Dick

Hamburg Ech-tt 1965

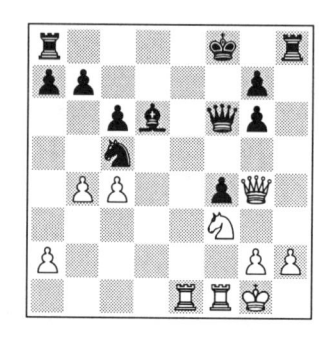

1.d4 ♘f6 2.♘f3 d5 3.c4 c6 4.♘c3 e6 5.e3 ♘bd7 6.♗d3 ♗d6 7.e4 de4 8.♘e4 ♘e4 9.♗e4 e5 10.0-0 ed4 11.♗g5 f6 12.♘d4 ♘c5 13.♕h5? [13.♖e1] 13...♔f8 14.♗g6 fg5 15.♖ae1 ♗g4! 16.♕g4 hg6 17.f4 gf4 18.b4 ♕f6 19.♘f3

19...♕d3? [19...♕f5!−+] 20.♖e6 ♕d8 21.♖g6 ♗e5? [21...♕e7 22.♖e6 ♗c5!∞] 22.♕f5 ♗f6 23.♖d1 ♕b6 24.c5 ♕b4 25.♖f6!+− gf6 26.♕f6 ♔g8 27.♕g6 ♔f8 28.♕f6 ♔g8 29.♕g6 ♔f8 30.♕f5 ♔g7 31.♖d3 ♕b1 32.♔f2 ♕c2 33.♘d2 ♖ad8 34.♖d7 ♖d7 35.♕c2 ♖hd8 36.♘f3 ♖d1 37.♕b2 ♔h7 38.♕b7 ♔g8 39.♕c6 ♖a1 40.♕g6 ♔f8 41.♕f6   1-0

Taimanov,Mark
Tarnowski,Alfred

Szczawno Zdroj 1950

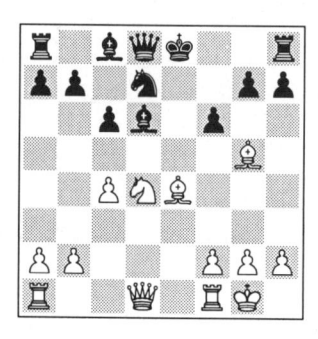

1.d4 d5 2.♘f3 ♘f6 3.c4 c6 4.♘c3 e6 5.e3 ♘bd7 6.♗d3 ♗d6 7.e4 de4 8.♘e4 ♘e4 9.♗e4 e5 10.0-0 ed4 11.♗g5 f6 12.♘d4

12...♘e5 [12...fg5 13.♕h5 ♔e7 14.♘f5 ♔e6 15.♘g7 ♔f6 16.♘f5 ♗e5 17.h4±] 13.♗h4 0-0 14.♘f5 ♗c5 15.♕b3 ♗e6 16.♖ad1 ♕c8 17.♕c2 g6 18.♘d6?? [18.♘e3∞] 18...♕c7 19.♗g3 ♕d6 20.c5 ♗e7 21.f4 f5!−+ 22.♖d6 ♗d6 23.cd6 ♕d6 24.♖d1 ♕b4   0-1

Gelfand,Boris
Ljubojevic,Ljubomir

Monaco rapid 1999 (11)

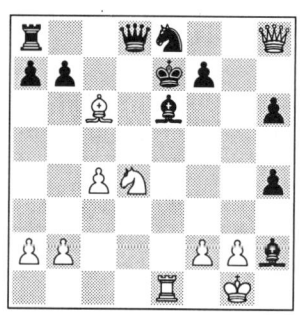

1.d4 ♘f6 2.c4 e6 3.♘c3 d5 4.♘f3 c6 5.e3 ♘bd7 6.♗d3 ♗d6 7.e4 de4 8.♘e4 ♘e4 9.♗e4 e5 10.0-0 ed4 11.♗g5 ♘f6 [11...f6 12.♘h4 c5 13.♕c2⩲] 12.♕d4 h6 13.♗h4 g5 14.♖fe1 gh4 [14...♗e6] 15.♗c6 ♔f8 16.♖e8 ♘e8 17.♕h8 ♔e7 18.♖e1 ♗e6 19.♘d4 ♗h2 [19...♕c8 20.♘e6 fe6 21.♗b7+−]

20.♔h2? [20.♔h1! ♕c8 21.♘e6 fe6 22.♗b7+−] 20...♕c7 21.♔g1 bc6 22.♘f5 ♔d8 23.♖d1 ♗d7 24.d6 ♔e7 25.♕e5 ♔f8 26.♕h8 ♔e7= 27.c5!? ♗e6 28.♕h6? [28.♕e5 f6 29.♘f5 ♔f7 30.♘h6=] 28...♖f6 29.♕h4 ♖g8−+ 30.♖e1 ♕d8 31.♕a4 ♔f8 32.♕h4 ♖g6 33.f4 ♕a5 34.♖e5 ♕d2 35.♖g5 ♖g5 36.♕g5 ♕e1 37.♔h2 ♘g4 38.♔h3 ♕h1 39.♔g3 ♕e1 40.♔h3 f6 41.♕h4 ♘f2 [41...♘e3!] 42.♔h2 ♕h1 43.♔g3 ♕h4 44.♔h4 ♘d3 45.g4 ♘b2 46.♔h5 ♘d3 47.♔g6 ♘g4 48.♔f6 ♘c5 49.f5 ♗f3 50.♘c8 a5 51.♔e5 ♘b7 52.♔b6 ♔e7 53.♘c8 ♔d7 54.f6 ♘b5 55.♔b6 ♔c7 56.♘a8 ♔b8 57.♘b6 ♗f7 58.a3 ♔c7 59.♘a8 ♔d8 60.♘b6 c5 61.♘a4 ♔d7 62.♘c3 ♘d6 63.a4 ♔c6 64.♘e2 ♘c4 65.♔e4 ♘d6 66.♘c3 ♔e6 67.♔d3 ♘d6 68.♘b5 ♘b5 69.ab5 ♔f6 70.♔e4 ♔e6   0-1

Slav Defence
Meran Variation
SL 9.5

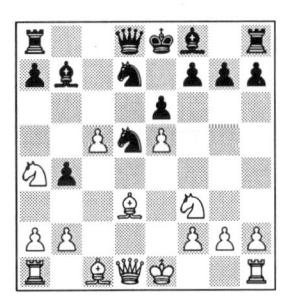

Un Secret de Polichinelle

1.d4 d5 2.c4 c6 3.♘f3 ♘f6
4.♘c3 e6 5.e3 ♘bd7 6.♗d3 dc4
7.♗c4 b5 8.♗d3 ♗b7 9.e4 b4
10.♘a4 c5 11.e5 ♘d5 12.dc5

No matter how hard you work on your opening repertoire, there comes a point when you must be ready to fight against your own weapons. Let me tell you what happened to me in the Biel Master Open this year.
In the fourth round, playing white against Alexander Galkin, I got the chance to test a prepared novelty (17.a3) in a not too fashionable line of the Meran. Although I was aware that Black had nothing to fear if he played the best moves, I could count on a certain surprise effect. Unfortunately for me, the 1999 Junior World Champion managed to find the right path, equalized without difficulty and later outplayed me.
Preparing for my next game against Kidambi Sundararajan, I noticed that he was another fan of that line with white. I decided to check the variations once more, just in case. And rightly so! Unaware of my previous encounter, the young Indian quickly played 17.a3. Again Black easily equalized and finally won the endgame. As the innocuous move 17.a3 seems to be a *secret de Polichinelle*, the time has certainly come to take a closer look at the whole variation.
I shall refrain from examining the lines 12.dc5 ♘c5 13.♘c5 ♗c5 and 12...♗c5 13.♘c5 ♘c5, as there would be more than enough material to make two separate surveys. Moreover, they can both arise after 12.♘c5 as well. Rather, I will concentrate on 12.dc5 ♘c5 13.♗b5 ♘d7 14.♗g5 and on other replies by Black on move 12, such as 12...♖c8 or 12...♕a5.
The point of 12...♖c8 is to meet a bishop check on b5 with ...♗c6. Although games featuring this move are very scarce, this idea seems reasonable to me. Looking at the game Nedobora-Ruiz, Zaragoza 1994, we can assume that after 13.0-0 taking on c5 with the bishop is sounder.
The answer 12...♕a5, depriving White of a check on b5, was long regarded as the best move. After 13.0-0, 13...♗c5 is the favourite choice, as 13...♘c5 14.♘c5 ♗c5 15.♘g5 proved quite unpleasant for Black in Hansen-Müller, Hamburg 1991. After 13...♗c5, paths diverge. Jozsef Pinter played 14.♘c5 ♘c5 15.♗c2 a couple of times, but as a result of his loss against Chernin (Hungary 1992) he seems to have given it up. In my

STATISTICS

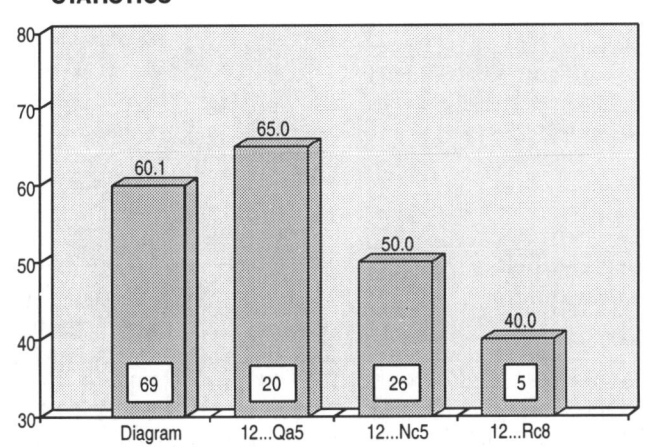

	Diagram	12...Qa5	12...Nc5	12...Rc8
%	60.1	65.0	50.0	40.0
games	69	20	26	5

opinion, though, White could be doing well here. 14.a3 is more common, when both 14...♗e7 and 14...ba3 lead to typical Meran positions with chances for both sides. It is quite understandable that people have long mistrusted the continuation 12...♘c5. After 13.♗b5 ♘d7 14.♗g5 Black must allow his king to walk out by playing 14...♕a5 15.♗d7 ♔d7, as 14...♗e7 15.♘c5 is not very pleasant. But in the position after 15...♔d7 the black king is in fact well sheltered thanks to the strong outpost on d5. After 16.0-0 Black always used to swap the ♗b7 for the ♘a4 until Vladimir Kramnik understood that the bishop might be the stronger piece.

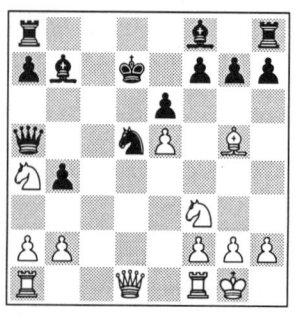

Even if things are not completely clear after 16...♗c6, there can be no doubt that Kramnik's move 16...♗e7, first played against Yusupov in Horgen 1995, is better. As the two main games show, 17.a3 is no improvement over 17.b3, which was Yusupov's choice.

So as the verdict 'Black is OK' remains unchanged, White should look for other weapons by deviating on move 12 or 13.

SL 9.5

Pelletier, Yannick
Galkin, Alexander

Biel II 2000 (4)

1.d4 d5 2.c4 c6 3.♘c3 ♘f6 4.e3 ♘f6 5.♘f3 ♘bd7 6.♗d3 dc4 7.♗c4 b5 8.♗d3 ♗b7 9.e4 b4 10.♘a4 c5 11.e5 ♘d5 12.dc5 ♘c5 13.♗b5 ♘d7 14.♗g5 ♕a5 15.♗d7 ♔d7 16.0-0 ♗e7! 17.a3N [17.b3 Kramnik-Yusupov, Horgen 1995]

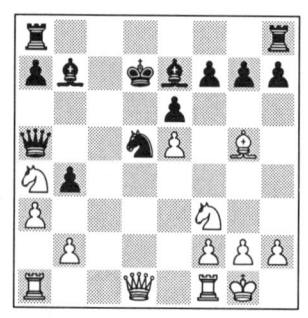

17...♖hc8! [c4<; 17...♖hd8 18.ab4 ♕b4 19.♕d3 h6 20.♗d2↑; 17...h6 18.♗d2] 18.ab4 [18.♗d2 ♔e8 19.ab4 ♘b4] 18...♕b4 19.♗d2 [19.♗e7 ♔e7 20.♕d3 ♕c4!? (20...h6; 20...♕g4 21.♕h7? ♖h8; 20...♘f4 21.♕h7 ♗f3 22.gf3 g5≅) 21.♕h7? (21.♕a3 ♔e8!?) 21...♖h8 22.♕b1 ♕g4 23.♕c2 ♘f4−+] 19...♕c4 20.♘c3 ♔e8 21.♖a4 ♕d3 [21...♘c3 22.♗c3 ♗f3 23.♖c4 ♗d1 24.♖c8 ♖c8 25.♖d1=] 22.♖g4 [22.♖d4 ♘c3 23.♗c3 ♗d1 24.♖fd1 ♗f3 25.gf3∓; 22.♘e4 ♕c2] 22...♘c3 [22...♔f8? 23.♗h6; 22...♖d8?! 23.♘d5 ♗d5 24.♖g7 ♗f3 25.♖g8 ♔d7 26.♖d8 ♖d8 27.♕f3] 23.bc3!? [23.♗c3 ♕d1 24.♖d1 ♗f3 25.gf3 g6∓] 23...♗f3 24.♕f3 ♕f3 [24...♕d2? 25.♖g7+−] 25.gf3 g6 26.♖a4 ♗c5

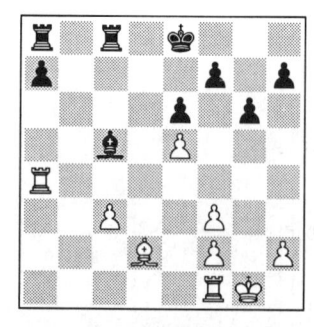

27.c4? [27.♖b1 ♖ab8 28.♖b8 ♖b8 29.♗e3=] 27...♖ab8! 28.♗e3 ♖b3 29.♖e1 [29.♗c5!? ♖c5 30.♖a7 ♖f3 31.♖b1 ♔f8∓] 29...♖b4! 30.♖c1 a5 31.♗b6 ♖c3! 32.♖c3 ♗c3 33.c5 ♔d7 34.♖f4 ♔c6 35.♖f7 ♖a8 36.♗a5 [36.♖c7 ♔b5 37.♗a5 ♔a5 38.♖h7 (38.f4 ♖h8) 38...♔e5 39.c6 ♔b6 40.♖e7 ♖h8 41.♖e6 ♔h2 42.♔g2 g5−+] 36...♖a5 37.♖h7 ♗e5 38.♖h6 ♖a7 39.♖g6 [39.f4 ♗f4 40.♖g6 ♔d5] 39...♔g7 40.♖g4 ♔c5 41.♔g2 ♔d5 42.h4 ♖g4 43.fg4 ♔e4 44.f3 ♔e3 45.g5 ♔f4 46.♔f2 ♗h8 47.♔e2 ♔g3 0-1

Pelletier

SL 9.5

Sundararajan, Kidambi
Pelletier, Yannick

Biel II 2000 (5)

1.d4 d5 2.c4 c6 3.♘c3 ♘f6 4.e3 e6 5.♘f3 ♘bd7 6.♗d3 dc4 7.♗c4 b5 8.♗d3 ♗b7 9.e4 b4 10.♘a4 c5 11.e5 ♘d5 12.dc5 ♘c5 13.♗b5 ♘d7 14.♗g5 ♕a5 15.♗d7 ♔d7 16.0-0 ♗e7 17.a3 ♖hc8! 18.♗e7 ♔e7 19.♘g5

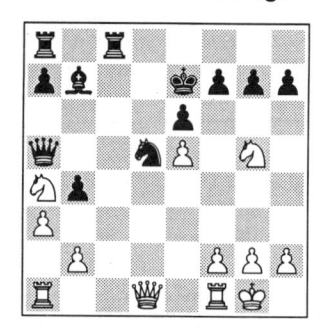

19...♘f4! [Galkin] 20.♕d6 [20.♕g4 ♖c4∓; 20.ab4 ♕e5; 20.♕d2 ♖c4 21.♕d6 ♔e8 22.♘h7 ♘g6 23.b3 ♖h4 24.♘c5 ♕b5↑] 20...♔e8 21.♘h7 ♘g6 22.ab4 ♕e5 23.♕e5 ♘e5 24.♘c5 [24.♘g5 ♖c4↑] 24...♘d3 [24...♖c5? 25.bc5 f6 26.♖fe1±] 25.♘g5 ♘c6 [25...♖cb8?! 26.♘a6 ♖b7 27.♖fc1] 26.♘ge4 ♔e7 27.♖a4 ♖cb8 [27...♖ab8 28.♖fa1] 28.♘c3 ♖b4 29.♘d5 ed5 30.♖a6 ♔d6 31.♘d3 ♖b6 [31...♖b3?! 32.♘e5! ♔e5 33.♖c6 ♖b2 34.♖e1 ♔f4 35.♖c7; 31...♖c4?! 32.b3 ♖c3 33.♘b4] 32.♖b6?! [32.♖fa1 ♖e8 33.♔f1=] 32...ab6 33.♖e1 ♘d4 34.♔f1 ♖c8 35.♖c1 [35.♖d1!? ♖c2 36.♔e1 △ 37.♖d2]

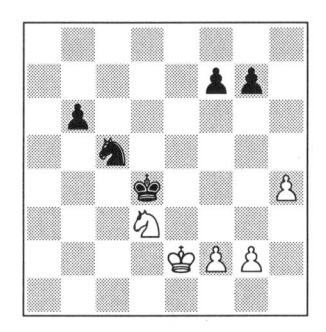

35...♖c4 36.♔e1 ♘b3 37.♖c3?! [≥ 37.♖d1] 37...♖c3 38.bc3 d4 39.cd4 ♔d5! 40.h4 [40.♘e5 f6 41.♘d7 b5 42.♘f8 b4∓] 40...♔d4 41.♔e2 ♘c5

42.♘c5? [42.♘b4 b5∓] 42...bc5! [42...♔c5? 43.g4 ♔d4 44.h5 f6 (44...♔e5? 45.g5 ♔f5 46.f4! f6 47.g6+−) 45.f4 ♔e4 46.g5 fg5 47.fg5 ♔f5=] 43.♔d2 f5? [43...f6! 44.♔c2 f5 45.h5 c4 46.♔d2 c3 47.♔c2 ♔c4 48.g3 (48.f3 f4) 48...♔d4−+] 44.h5 c4 45.♔c2 c3 46.♔c1? [46.g3! ♔e4 (46...♔c4 47.f3 ♔d4 48.g4 fg4 49.fg4 ♔e4 50.g5 ♔f5 51.h6=) 47.♔c3 ♔f3 48.♔d4 ♔f2 49.♔e5 ♔g3 50.♔f5 ♔h4 51.♔g6=] 46...♔d3−+ 47.♔d1 c2 48.♔c1 ♔c3 49.g3 [49.f4 ♔d3 50.g3 ♔c3; 49.f3 f4] 49...♔d3 50.f3 ♔e3 51.g4 fg4 52.fg4 ♔f4 53.♔c2 ♔g4 54.h6 gh6 55.♔d2 ♔f3 56.♔e1 ♔g2 0-1
Pelletier

Study Material

12...♕a5

Hansen,Curt
Muller,Karsten

Hamburg 1991 (12)

1.c4 e6 2.♘c3 d5 3.d4 c6 4.e3 ♘f6 5.♘f3 ♘bd7 6.♗d3 dc4 7.♗c4 b5 8.♗d3 ♗b7 9.e4 b4 10.♘a4 c5 11.e5 ♘d5 12.dc5 ♕a5 13.0-0 ♗c5 14.♘c5 ♗c5 15.♘g5 [15.♕e2 ♕b6 16.♘g5 h6 17.♘e4 ♗d4 18.♘d6 ♔e7 19.a3 a5 20.ab4 ab4 21.♖a8 ♖a8 22.♕h5± Hamann-Kristensen, Tastrup 1994] 15...♗e7 16.♕g4 ♗g5 17.♗g5 ♗a6 18.♗a6 ♕a6 19.♖fc1? [19.♗d2!±] 19...♕d3 20.a3 0-0 21.ab4 ♕g6 22.h3 h6 23.♗d2 ♕g4 24.hg4 ♖fb8 25.♖c4 ♖b7 26.♖e1 ♖ab8 27.♖ee4 ♘b6 28.♖c6 ♘d5 29.♖cc4 ♘b6 30.♖c5 ♘d5 31.♖cc4 ♘b6 ½-½

Cvitan,Ognjen
Bryson,Douglas

Debrecen Ech-tt 1992 (1)

1.♘f3 d5 2.c4 e6 3.d4 ♘f6 4.♘c3 c6 5.e3 ♘bd7 6.♗d3 dc4 7.♗c4 b5 8.♗d3 ♗b7 9.e4 b4 10.♘a4 c5 11.e5 ♘d5 12.dc5 ♕a5 13.0-0 ♗c5 14.a3 ♗e7 15.♗d2 0-0 16.♖e1 ♕d8 17.h4 ♗h4 18.ab4 ♗e7 19.♘c5 ♘c5 20.bc5 ♕d7 21.♘g5 ♗g5 22.♗g5 ♗c6 23.♕g4 g6 24.♖a3 ♖fb8 25.♕h4 ♕e8 26.♗e4 ♖b4 27.♖h3 h5 28.♕g3 ♕f8 29.♖h5 ♕g7 30.♖h4 ♖e4 31.♖he4 ♖b8 32.♗f6 1-0

Hansen,Curt
Gurevich,Mikhail

Tastrup 1992 (8)

1.d4 d5 2.c4 c6 3.♘c3 ♘f6 4.e3 e6 5.♘f3 ♘bd7 6.♗d3 dc4 7.♗c4 b5 8.♗d3 ♗b7 9.e4 b4 10.♘a4 c5 11.e5 ♘d5 12.dc5 ♕a5 13.0-0 ♗c5 14.a3 [14.♖e1 ♘5b6 15.♘b6 ♕b6 16.♕e2 ♖c8 17.a3 ♗f3 18.gf3= Rukavina-Kortchnoi, Leningrad izt 1973] 14...♗e7 15.♗d2 0-0 16.♗e4! [16.♖e1 ♖fd8 (16...♕d8 17.ab4 ♘b4 18.♗e4 ♗e4 19.♖e4 ♘d5= Radev-Szabo, Albena 1970) 17.♕b3 ♖ab8 18.♗e4 ♗c6 19.ab4 ♗b4= Uhlmann-Larsen, Monte Carlo 1968] 16...f5?! [16...♖fd8 17.ab4 ♗b4 18.♗g5 ♖e8 19.♘c3 Shneider-A.Maximenko, Kherson 1989 − YB/17-143] 17.ab4! ♕c7 [17...♗b4 18.♘c3! ♕c5 19.♘d5!±] 18.♖c1 ♕b8 19.♗b1 ♘e5 20.♘e5 ♕e5 21.♖e1↑ ♕d4 22.♘c5! ♗c5 23.bc5 ♖ac8 24.♖e6 ♖c5 25.♖c5 ♕c5 26.♖e5 ♕d4 27.♕e1 ♕b2 28.♗f5± ♘f6 29.♗c3 ♕b6 30.♖e7 ♗d5 [30...♕c6 31.♕e6!] 31.h3 ♕c6 32.♕e3! ♖f7

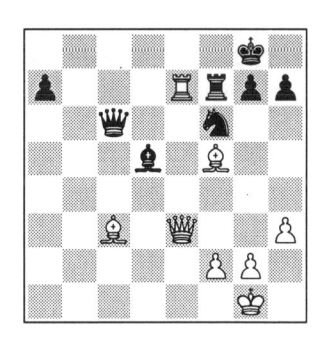

33.♗f6! ♕f6 34.♖e5 ♗a2 [34...♕d6? 35.♖d5! ♕d5 36.♕e8 ♖f8 37.♗e6+−] 35.♕e2 g6 [35...♗b3 36.♖e8 (36.♖b5) 36...♖f8 37.♗h7 ♔h7 38.♖f8 ♕f8 39.♕d3] 36.♗g6! hg6 37.♖e8 ♔g7 38.♕a2+− ♕d4 39.♕c2 ♕a1 40.♔h2 ♕f6 41.♖e2 ♖e7 42.♖d2 ♕e5 43.g3 a5 44.h4 ♖c7 45.♕a2 ♖f7 46.♕c4 ♖c7 47.♕g4 ♖e7 48.♔g2 ♖c7 49.♕d4! ♕d4 50.♖d4 ♖a7 51.♖a4 ♔h6 52.g4 ♔g7 53.♔g3 ♖a8 54.f3 ♖f6 55.♔f4 ♖a7 56.g5 ♔g7 57.♔g4 ♖b7?! 58.♖a5 ♖b4 59.♔g3 ♖b1 60.♖a7 ♔g8 61.♖a6 ♔g7 62.♖a7 ♔g8 63.♔g4 ♖b4 64.f4 ♖b1 65.h5! ♖g1 66.♔f3 gh5 67.♔e4 h4 68.♔f5 ♖f1 69.♖a3! ♔g7 70.♖h3 1-0

Nasman,P
Bericat,Angel

cr E-mail 1997

1.d4 ♘f6 2.♘f3 d5 3.c4 e6 4.♘c3 c6 5.e3 ♘bd7 6.♗d3 dc4 7.♗c4 b5 8.♗d3 ♗b7 9.e4 b4 10.♘a4 c5 11.e5 ♘d5 12.dc5 ♕a5 13.0-0 ♗c5 14.a3 ♗e7 15.♗d2 0-0 16.♗e4 ♖fb8 17.♖e1 ♘f8 18.ab4 ♘b4 19.♘c3 ♕d8 20.♗e3 ½-½

Sundararajan,Kidambi
Neelotpal,Das

Calcutta 1999 (6)

1.d4 d5 2.c4 c6 3.♘c3 ♘f6 4.e3 e6 5.♘f3 ♘bd7 6.♗d3 dc4 7.♗c4 b5 8.♗d3 ♗b7 9.e4 b4 10.♘a4 c5

11.e5 ♘d5 12.dc5 ♕a5 13.0-0 ♗c5 14.a3 ♗e7 15.♗d2 h6 16.♖e1 0-0 17.ab4 ♗b4 18.♘c3 ♕b6 19.♕e2 ♘c5 20.♘a4 ♘a4 21.♖a4 a5 22.♗b4 ♘b4 23.♗c4 ♖ac8 24.b3 ♗c6 25.♖aa1 ♗f3 26.gf3 ♖fd8 27.♖ad1 ♖d4 28.♖d4 ♕d4 29.♕d1 ♕f4 30.♕e4 ♕e4 31.fe4 g5 32.♖a1 ♖c5 33.f3 ♘c6 34.♔f2 ♘e5 35.♖a4 ♔g7 36.♔e3 ♘c6 37.f4 ♔f6 38.fg5 hg5 39.♖a2 ♔e7 40.h3 ♖e5 41.♔f3 ♘d4 42.♔e3 ♘f5 43.♔f3 ♘h4 44.♔e3 ♘f5 45.♔f3 ♘d6 46.♗d3 ♖c5 47.♔e3 e5 48.♖b2 f6 49.b4 ab4 50.♖b4 ♖c8 51.♖a4 ♖h8 52.♗f1 ♖h4 53.♖a7 ♔f8 54.♗g2 ♘b5 55.♖a8 ♔g7 56.♖b8 ♘d4 57.♔f2 ♘e6 58.♗b7 ♔g6 59.♔g3 ♘f4 60.♗f1 ♘h5 61.♔f2 ♘f4 62.♔g2 ♖e4 63.♔g1 ♖d4 64.♗g2 ♘f5 65.♗f1 ♖d2 66.♖b3 ♘e2 67.♔h1 ♘d4 68.♖e3 ♗f5 69.♗g2 ♔e6 0-1

Delchev, Alexander
Ninov, Nikolay

Sofia ch-BG pff m-3 1995

1.d4 d5 2.c4 c6 3.♘f3 ♘f6 4.♘c3 e6 5.e3 ♘bd7 6.♗d3 dc4 7.♗c4 b5 8.♗d3 ♗b7 9.e4 b4 10.♘a4 c5 11.e5 ♘d5 12.dc5 ♕a5 13.0-0 ♗c5 14.a3 ba3 15.♘c5 ♘c5 [15...♕c5 16.♖a3 h6 17.♕e2 ♕b6 18.♗b5 ♗c6 19.♘d4 ♗b5 20.♘b5 ♔f8 (20...0-0? 21.♗h6) 21.♖f3± Gen.Timoschenko-Smagin, Moscow 1989 – YB/17-143] 16.♖a3 ♕b6 17.♗g5 ♘d3 18.♕d3 ♘e7 19.♗e3 ♕c6 20.f3 ♕d5! 21.♕d5 ♗d5 22.♖a7 ♖a7 23.♗a7 ♗c6 24.♖a1 ♘e5 25.♗d4 ♘d7 26.♖a7 e5 27.♖a5 ♗c6 28.♗c5 f6 29.♘e4 ♘c5 30.♘c5 ♔e7... =

Pinter, Jozsef
Smagin, Sergey

Paris ch-city 1990

1.d4 ♘f6 2.c4 e6 3.♘f3 d5 4.♘c3 c6 5.e3 ♘bd7 6.♗d3 dc4 7.♗c4 b5 8.♗d3 ♗b7 9.e4 b4 10.♘a4 c5 11.e5 ♘d5 12.dc5 ♕a5 13.0-0 ♗c5 14.♘c5 ♘c5 15.♗c2 ♖d8 16.♘d4 ♘e7 17.♗e3 ♘d7 18.f4 ♘b6 19.♘b3 ♕b5 20.♕g4 0-0 21.♖f2 ♖fe8 22.♖e1 ♘g6 23.h4 ♘e7 24.h5 ♘c4 25.♗a7 h6 26.♗c5 ♗f5 27.♗f5 ef5 28.♕f5 ♘a5 29.♘a5 ♕a5 30.e6 ♖e6 31.♖e6 ♗c8 32.♕e5 ♗e6 33.f5 ♖d1 34.♔h2 ♕d8 35.♕g3 ♗d5 36.fe6 ♕h5 37.♔g1 ♖c5 38.ef7 ♔f8 39.♕f4 b3 40.ab3 ♖c8 41.♕b4 ♕e7 42.♕e7 ♔e7 43.f8♕ ♖f8 44.♖f8 ♔f8 45.♔f2 ♔e7 46.♔e3 ♔e6 47.♔e4 h5 48.b4   1-0

Pinter, Jozsef
Chernin, Alexander

Hungary 1992

1.d4 d5 2.c4 c6 3.♘c3 ♘f6 4.e3 e6 5.♘f3 ♘bd7 6.♗d3 dc4 7.♗c4 b5 8.♗d3 ♗b7 9.e4 b4 10.♘a4 c5 11.e5 ♘d5 12.dc5 ♕a5 13.0-0 ♗c5 14.♘c5 ♘c5 15.♗c2 ♖d8 [15...0-0-0!?; 15...♗a6 16.♖e1 Aseev-Dokhoian, Klaipeda 1988 – YB/17-144] 16.♘d4 ♘e7 17.♗e3 0-0 18.♕h5 ♘g6 19.f4! ♘d7 [19...♘e4 20.♘e4 ♘e4 21.♘c6+–] 20.♕h3 ♖fe8 21.♘b3 ♕c7 22.♖ac1 ♕b8 23.♘a5 ♗b6 24.♕g3?! [24.♗c5!↑ Pelletier] 24...♕a8! 25.♘b7 ♕b7 26.♕f2 ♘d5 27.♗d2 ♖c8∞ 28.♗e4 a5 29.g3 [29.h4!?; 29.g4!?] 29...♘ge7 30.♖c5 ♖c5 31.♕c5 ♕a6 32.♖e1 ♖c8 33.♕f2 h5! 34.h3 a4 35.a3 ba3 36.ba3 ♕c4 37.♔h2 ♕b3 38.♗c1 ♗f5 39.g4 hg4 40.hg4 ♘h6 41.♕g2 ♕c3 42.♖f1 ♘e3 43.♗e3 ♕e3 44.g5!□ ♘g4 45.♕g4 ♕e4

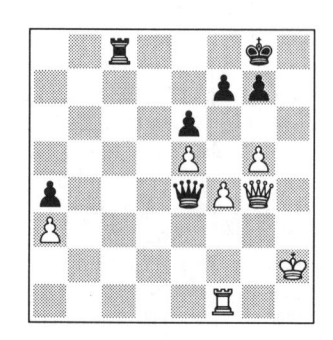

46.♕f3? [46.g6! ♖c2 47.♔g1 ♕g6 48.♕g6 fg6 49.♖b1! ♗c4 50.♖b8 ♔h7 51.♖b6 ♖f4 52.♖e6 ♗f3 53.♖a6 ♖a3 54.e6∓] 46...♕f5–+ 47.♖f2 g6

48.♖d2 ♔g7 49.♔g3 ♖h8 50.♕g2 ♖b8 51.♕h2 ♕b1 52.♖f2 ♖h8 53.♕g2 ♖h1 54.♕f3 ♕g1 55.♕g2 ♕c1 56.♕f3 ♖e1 57.♔h4 ♖e3   0-1

Thorbergsson, Freysteinn
Kristinsson, Jon

Reykjavik ch-ISL 1969 (3)

1.d4 ♘f6 2.c4 e6 3.♘f3 d5 4.♘c3 c6 5.e3 ♘bd7 6.♗d3 dc4 7.♗c4 b5 8.♗d3 ♗b7 9.e4 b4 10.♘a4 c5 11.e5 ♘d5 12.dc5 ♕a5 13.0-0 ♗c5 14.♘c5 ♘c5 15.♗c2 ♖d8 16.♘d4 ♘e7 17.♗e3 ♘d7 18.f4 ♗b6 19.♘b3 ♕b5 20.♕g4 g6 21.♗c5 ♖d7 22.♖fd1 ♗d5 23.♗d3 ♕a4 24.♕e2 ♗c6 25.♘d4 ♘bd5 26.g3 0-0 27.♖ac1 ♖c8 28.♗a6 ♖b8 29.♗e7 ♘e7 30.b3 ♕a5 31.♘c6 ♖d1 32.♕d1 ♕b6 33.♕d4 ♗c6 34.♕b6 ♖b6 35.♗f1 ♔f8 36.♖d1 ♔e7 37.♗g2 ♘d8 38.♔f2 ♗a6 39.♖d2 ♖b6 40.♔e3 ♗b7 41.♗b7 ♗b7 42.♖d6 ♖c7 43.♖a6 ♔f8 44.♔d3 h5 45.♖a4 ♖c3 46.♔e4 ♖c2 47.h4 ♖c3 48.♖b4 ♖g3 49.♖a4 ♖h3 50.♖a7 ♖h4 51.♔f3 ♖g4 52.♖c7 g5 53.fg5 ♖g5 54.b4 ♖e5 55.a4 ♖c1 56.b5 ♖b1 57.♖c5 ♖b3 58.♔f2 ♔e7 59.♖h5 f5 60.♖h7 ♔d6 61.♖b7 ♔c5   ½-½

12...♘c5

Balashov, Yury
Mariotti, Sergio

Leningrad 1977

1.d4 ♘f6 2.♘f3 d5 3.c4 c6 4.♘c3 e6 5.e3 ♘bd7 6.♗d3 dc4 7.♗c4 b5 8.♗d3 ♗b7 9.e4 b4 10.♘a4 c5 11.e5 ♘d5 12.dc5 ♘c5 13.♗b5 ♘d7 14.♗g5 ♕a5 15.♗d7 ♔d7 16.0-0 ♗c6 17.b3 ♗a4 18.ba4 h6 19.♗e3 ♗e7 20.♘d4 ♖hc8 21.♕h5! g6 22.♕f3± ♕e8 23.♘b5! ♕a4 24.♘d6 ♗d6 25.ed6 ♕d7 26.♗h6 ♕d6 27.♖fe1 ♖c3 28.♕e4 ♖ac8 29.♖ad1 ♔d7 30.♕d4 ♖8c5 31.♗f4 ♕f8 32.♕b4 ♕a8 33.♕a4 ♔e7 34.♗g5 f6

35.♕e4! ♘c7 36.♗f6 ♔f6 37.♕h4 g5 38.♕h6 ♔f5 39.♖d4 1-0
YB/17-143

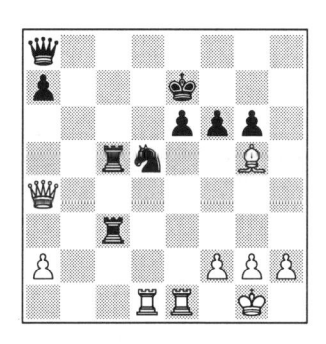

Cvitan,Ognjen
Kharlov,Andrey

Bern 1992 (4)

1.♘f3 d5 2.c4 e6 3.d4 c6 4.e3 ♘f6 5.♘c3 ♘bd7 6.♗d3 dc4 7.♗c4 b5 8.♗d3 ♗b7 9.e4 b4 10.♘a4 c5 11.e5 ♘d5 12.dc5 ♘c5 13.♗b5 ♘d7 14.♗g5 ♕a5 15.♗d7 ♔d7 16.0-0 h6 17.♗d2 ♘c6 18.b3 ♗a4 19.ba4 ♗c5 20.a3 ♖hc8 21.♖b1 ♖ab8 22.♘e1 ♔e8 23.♕g4 ♕a4 24.ab4 ♗f8 25.♘f3 ♕b5 26.♖a1 ♖c4 27.♕g3 ♕b6 28.h3 ♖bc8 29.♖fd1 a6 30.♘h2 ♖c3 31.♗c3 ♖c3 32.♘f3 ♖8c4 33.♖a2 ♗b4 34.♖d6 ♗d6 35.ed6 ♖d4 36.♕g7 ♖d1 37.♔h2 ♖f3 38.d7 ♔d7 39.gf3 ♔e7 40.♕h6 ♕b1 41.♕g5 ♔d7 42.♖d2 ♖d2 43.♕d2 ♔e8 44.♕d4 ♕f5 45.♕h8 ♔e7 46.♕h4 ♔e8
½-½

Cvitan,Ognjen
Shabalov,Alexander

Biel 1992 (7)

1.♘f3 d5 2.c4 c6 3.e3 ♘f6 4.♘c3 e6 5.d4 ♘bd7 6.♗d3 dc4 7.♗c4 b5 8.♗d3 ♗b7 9.e4 b4 10.♘a4 c5 11.e5 ♘d5 12.dc5 ♘c5 13.♗b5 ♘d7 14.♗g5 ♕a5 15.♗d7 ♔d7 16.0-0 ♘c6 17.b3 h6 18.♗e3 ♗a4 19.ba4 ♗e7 20.♘d4 ♖hc8 21.♕h5 g6 22.♕f3 ♔e8 23.♗b5 ♕a4 24.♘d6 ♗d6 25.ed6 ♕d7 26.♗h6 ♕d6 27.♖ad1 ♖c3 28.♕e4 ♔d7 29.♗d2 ♖ac8 30.♗c3 bc3 31.♖d4 c2 32.♖c1 ♕a3 33.♖d5 ed5 34.♕d5 ♔e8 35.♕e5 ♔f8 36.♕h8 ♔e7 37.♕e5 ♔f8 38.♕h8
½-½

Schroll,Gerhard
Barbero,Gerardo

Austria tt 1993

1.c4 c6 2.d4 d5 3.♘f3 ♘f6 4.♘c3 e6 5.e3 ♘bd7 6.♗d3 dc4 7.♗c4 b5 8.♗d3 ♗b7 9.e4 b4 10.♘a4 c5 11.e5 ♘d5 12.dc5 ♘c5 13.♗b5 ♘d7 14.♗g5 ♕a5 15.♗d7 ♔d7 16.0-0 ♗a6 17.♖e1 ♗b5 18.b3 ♗a4 19.ba4 h6 20.♗e3 ♗e7 21.♘d4 ♖hc8 22.♕h5 g6 23.♕f3 ♗e8 24.♗h6 ♕a4 25.♕h3 ♖c3 26.g3 ♗c5 27.♘e6 fe6 28.♕e6 ♗e7 29.♕f6 ♔d7 30.♗e3 ♖e3 31.fe3 ♕c6 32.♖ad1 ♔c7 33.e6 ♘f5 34.♕e5 ♔b6 35.♖d4 ♖e8 36.♖b1 ♘d4 37.ed4 ♗d6 38.♕e3 ♕d5   0-1

Yusupov,Artur
Kramnik,Vladimir

Horgen 1995 (5)

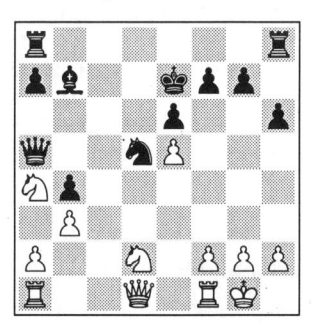

1.d4 d5 2.c4 c6 3.♘c3 ♘f6 4.e3 e6 5.♘f3 ♘bd7 6.♗d3 dc4 7.♗c4 b5 8.♗d3 ♗b7 9.e4 b4 10.♘a4 c5 11.e5 ♘d5 12.dc5 ♘c5 13.♗b5 ♘d7 14.♗g5 ♕a5 15.♗d7 ♔d7 16.0-0 ♗e7! 17.b3 h6 18.♗e7 [18.♗d2 ♖hc8⇄] 18...♔e7 19.♘d2?! [19.♘b2 ♕c7 20.♘c4 ♘c3 21.♕d2 ♗f3 22.gf3∓; 19.♕d4!? ♖hd8 20.♕e4!? ♖ab8 21.♕h7 ♖h8=]

19...♘f4! 20.♘c4 ♕d5 21.♕d5 [21.f3 ♖hd8∓] 21...♗d5 22.♘e3∓ ♖hc8?! [22...♖hd8!? 23.♗b2 ♖ac8⇄; 23...a5; 23...♘e2 24.♔h1 ♘c3⇄] 23.♖fe1 ♗e4 [23...♗c6 24.♘b2 ♗b5 25.♘ec4=] 24.f3 ♗g6 [24...♗c2] 25.♘c4! ♘d3 26.♖ed1 ♖d8= [26...f6!=; 26...♖c4 27.bc4 ♘e5⇄] 27.a3! ba3 [28.♖a3 ♖ab8 (28...a6? 29.♘ab6 ♖a7 30.♖da1+; 28 f6!=) 29.♘ab? ♘b2=; 29...♖d7; 27...♖ab8 28.ab4 ♖b4 29.♘ab2 ♘b2 30.♖a7 ♔e8 31.♖d8 ♔d8 32.♘b2 ♖b3 (32...♖b5 33.♘c4) 33.♘c4 ♔e8 34.♘d6 ♔f8= 35.♖a8 ♔e7 36.♖e8 ♔d7 37.♖g8 ♔e7=]
½-½

Yusupov

Sundararajan,Kidambi
Chandanani,Girish

Calcutta 2000 (9)

1.d4 d5 2.c4 c6 3.♘c3 ♘f6 4.e3 e6 5.♘f3 ♘bd7 6.♗d3 dc4 7.♗c4 b5 8.♗d3 ♗b7 9.e4 b4 10.♘a4 c5 11.e5 ♘d5 12.dc5 ♘c5 13.♗b5 ♘d7 14.♗g5 ♕a5 15.♗d7 ♔d7 16.0-0 h6 17.♗d2 ♗c6 18.b3 ♗b5 19.♖e1 ♗a4 20.ba4 ♗c5 21.a3 ♖ab8 [21...♕b6? 22.a5! ♗b7 23.ab4 ♗e7 24.♘d4?! (24.♕a4+−) 24...♖hc8 25.♕a4 ♔d8 26.♖ac1 (≥ 26.b5) 26...♕d7? (26...♗b4 27.♖b1 ♖ab8 28.ed1 ♕d7 29.♗b4! ♗b4 30.♘e6 fe6 31.♕d7 ♔d7 32.♗b4±) 27.♘c6 ♔e8 28.b5 ♔f8 29.♖ed1+− Pelletier-Bacrot, Lausanne rapid 1999; 21...♖hb8 22.♖e4!? ♔e7 23.ab4 ♗b4 24.♘d4!?↑] 22.♖e4 ♖hc8 23.♖g4 g5 24.h4 gh4 25.♖b1 ♕b6 26.a5 ♕a5 27.ab4 ♕b6 28.♕e2 ♖g8 29.♖g8 ♖g8 30.♘h4 a5 31.b5 a4 32.♗h6 ♘h8 33.♗g5 a3 34.♖a1 ♖a8 35.♕h5 ♗f2 36.♔h2 ♗h4 37.♕f7 ♗c8 38.♗h4 a2 39.♕e8 ♗b7 40.♕d7 ♘c7 41.♕d2 ♕b5 42.♖a2 ♕e5
½-½

Pelletier,Yannick
Ravi,Lanka

Ubeda 1998 (2)

1.d4 d5 2.c4 c6 3.♘f3 ♘f6 4.♘c3 e6 5.e3 ♘bd7 6.♗d3 dc4 7.♗c4 b5 8.♗d3 ♗b7 9.e4 b4 10.♘a4 c5 11.e5 ♘d5 12.dc5 ♘c5 13.♗b5 ♘d7 14.♗g5 ♕a5 15.♗d7 ♔d7 16.0-0 ♘c6 17.b3 ♗a4 18.ba4 ♗c5 19.♗d2 [△ 20.♘g5] 19...h6 20.a3 ♖hb8! 21.♕c2!? [21.♕b1 ♕d8 22.ab4 ♗b4 23.♕e4 (23.♕h7 ♕f8) 23...♗d2

24.♘d2 ♖b4⇄; 21.♕e2 ♕d8; 21.♘e1 ♕b6 (21...♕c7?! 22.♘d3) 22.ab4 (22.a5 ♕b5) 22...♗b4] **21...b3□**

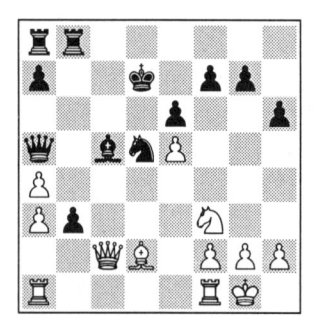

22.♕h7 [22.♕b3 ♖b3 23.♗a5 ♖a3∓] **22...♕a4** [22...♕d8 23.♕g7 ♕g8 (23...♕f8 24.♕h7 b2 25.♖ab1 ♗a3 26.♗h6 ♕g8 27.♕d3±) 24.♕h6 b2 25.♖ab1 ♖b3 (25...♗a3 26.♕h4!?↑) 26.♘g5±] **23.♕g7 ♖f8!** [23...♖g8 24.♕f7 ♗e7 25.♗b4±; 23...♗e7 24.♗h6 b2 25.♖ab1!? (25.♗g5 ♔e8 26.♕g8 ♗f8 27.♗h6 ♔e7 28.♗g5 ♔e8 29.♗h6 ♔e7=) 25...♕a3 (25...♘c3 26.♕g5!) 26.♘g5 ♖f8 27.♘e4†] **24.♕h7** [24.♗h6!? b2 (24...♕e4!?) 25.♖ad1∞ ♕a3? 26.♕g4!] **24...b2** [24...♕g4 25.♗h6 ♖g8 26.♕f7 ♗e7 (26...♔c6 27.g3 ♖af8 28.♗f8 ♖f8 29.♘d4!+−) 27.♘g5 ♖g5 28.♗g5 ♕g5∓] **25.♖ad1** [25.♖ab1 ♕a3 26.♗h6 ♘c3 27.♗f8 ♖f8 28.♕d3 ♔c6⇆] **25...♕a3** [25...♕g4 26.♗h6!] ♖g8 27.♕f7 ♔c6 28.g3†; 25...♔c6!?] **26.♗h6 ♕b3!** [26...a5?! 27.♗f8 ♖f8 28.♕c2! ♖c8 29.♘g5! ♗e3 (29...♔e7 30.♖d3!) 30.♖d5! ed5 31.♕f5 ♕c7 32.fe3 ♕e3 33.♔h1+−] **27.♗f8 ♖f8**

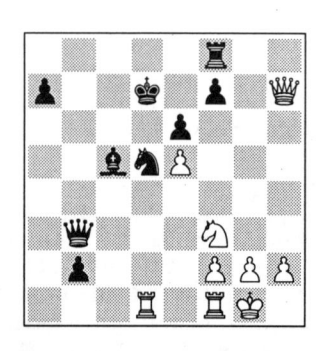

28.♘d2 [28.♕d3 ♗f2 (28...♕d3!? 29.♖d3 ♖b8 30.♖b1 a5⇄) 29.♔f2 b1♕ 30.♕b1 ♕e3 31.♔g3 ♖g8 32.♔h3 ♖h8=; 28.♖d2 ♗b4□ 29.♖d3 (29.♖d5!?

ed5 (29...♕d5 30.♕c2±) 30.e6 ♔e7 31.♘g5 ♗d2 32.♘f7 ♔e6 33.♕g6 ♔e7 34.♘g5 △ 35.♕e6=) 29...♗c3 30.♘g5 ♔c6†; 30...♔e7? 31.♖f3!+−; 30...a5 31.♖f3; 30...b1♕ 31.♖d5 ♕d5 32.♖b1→; 28.♘d4?! ♗d4!? 29.♖d4 a5⇌ 30.♕d3? ♕d3 31.♖d3 ♖b8 32.♖b1 ♖c8 33.♔f1 ♖c1 34.♖d1 ♖d1 35.♖d1 a4−+; 28.♘g5 ♔c6!?⇄] **28...♕b4!** [28...♕a2? 29.♘e4 ♗e7 30.♘c3] **29.♘e4** [29.♕c2? ♖c8! 30.♘c4 (30.♘b3 ♗d4) 30...♗e7†] **29...♗e7 30.♖fe1?** [30.♘f6 ♗f6 31.ef6 a5!; 30.♖d3? b1♕ 31.♖d5 (31.♘f6 ♔c8) 31...♔c6−+; 30.♖d2 (△ 31.♖b1) 30...b1♕ (30...♖h8!∓) 31.♘f6 ♔c8 32.♕b1 ♕d2 33.♘d5 ed5 34.♖c1 ♔d8 (34...♔d7 35.♕f5) 35.♕b8 ♔d7 36.♖c7 ♔e6 37.♖e7 ♔e7 38.♕d6 ♔e8=] **30...♖b8??↑** [30...a5−+] **31.♘f6 ♗f6 32.ef6+−** ♔d6 [32...♔c6 33.♕f7!; 32...♖f8 33.♖e2!; 32...♕f8 33.♖e2] **33.♕f7! ♕e1 34.♖e1 b1♕ 35.♕e6 ♔c5 36.f7 ♕b6?!** [36...♕b2 37.♕e8] **37.♕b6** [37.♖c1+−] 1-0

12...♖c8

Piket, Jeroen
Kaidanov, Gregory

Ca'n Picafort 1991

1.d4 d5 2.♘f3 ♘f6 3.c4 e6 4.♘c3 c6 5.e3 ♘bd7 6.♗d3 dc4 7.♗c4 b5 8.♗d3 ♗b7 9.e4 b4 10.♘a4 c5 11.e5 ♘d5 12.dc5 ♖c8 13.0-0 ♘c5 14.♗b5 ♘d7 [14...♗c6] 15.♗g5 ♗e7 16.♗e7 ♕e7 17.♕d4 0-0!□ 18.♗a7 ♗c6 19.♗c6 ♖c6 20.♕d4 ♖fc8 [⇆c, e5<, ♘a4<] 21.b3 ♘c3 22.♖fe1 [22.♘c3 bc3⇄] **22...h6 23.♘b2** [23.h3 ♘a4 24.ba4 ♖a8=] **23...♘b6 24.h3 ♖d8 25.♕g4** [25...♖c7≌ Kaidanov] ½-½

Halasz, Tamas
Videki, Sandor

Hungary tt-2 1993

1.d4 d5 2.c4 c6 3.♘c3 ♘f6 4.e3 e6 5.♘f3 ♘bd7 6.♗d3 dc4 7.♗c4 b5 8.♗d3 ♗b7 9.e4 b4 10.♘a4 c5 11.e5 ♘d5 12.dc5 ♖c8 13.0-0 ♘c5 14.♘c5 [14.♘g5 ♗e7 15.♕g4?? ♖c1

0-1 Timoshenko-Kaidanov, Wien 1989]
14...♘c5 15.♗b5 ½-½

Nedobora, Mikhail
Ruiz, Julio

Zaragoza 1994 (5)

1.c4 c6 2.d4 d5 3.♘c3 e6 4.e3 ♘f6 5.♘f3 ♘bd7 6.♗d3 dc4 7.♗c4 b5 8.♗d3 ♗b7 9.e4 b4 10.♘a4 c5 11.e5 ♘d5 12.dc5 ♖c8 13.0-0 ♘c5 14.♘c5 ♗c5 15.♘g5 ♗e7 16.♘h7 ♗c6 17.♕g4 g6 18.♘g5 ♗g5 19.♗g5 ♕c7 20.♖fe1 ♕d7 21.♗e4 a6 22.♗d5 ♗d5 23.♕b4 ♕b7 24.♕a4 ♕c6 25.♕a3 ♕b7 26.♖ac1 ♖b8 27.♕d6 1-0

Dur, Werner
Videki, Sandor

Austria tt 1998

1.d4 d5 2.c4 c6 3.♘c3 ♘f6 4.e3 e6 5.♘f3 ♘bd7 6.♗d3 dc4 7.♗c4 b5 8.♗d3 ♗b7 9.e4 b4 10.♘a4 c5 11.e5 ♘d5 12.dc5 ♖c8 13.♗g5 ♕a5 14.0-0 ♗a6?! [14...♘c5; 14...♗c5] 15.♗a6 ♕a6 16.a3!↑ ba3 17.♖a3 ♕b7 18.♗e3 ♘e3 19.♖e3 ♘c5 20.♘c5 ♗c5 21.♖b3 ♕e7 22.♖c3 0-0 23.♕c2 ♖c7 24.♖c1 ♖fc8 25.♘d4 ♗b6 26.♘c6 ♕e8 27.♕e4 g6 28.g4 ♖a8 29.♖d1 ♖ac8 30.♖d6 h6 31.h4 ♔g7 32.h5 g5 33.♕f3 ♖d7 34.♕f6 ♔h7 35.♖d7 ♕d7 36.♘e7 ♖f8 37.♖f3 ♕d1 38.♔g2 ♗d8 39.b4 ♕d4 40.♔h3 ♕e4

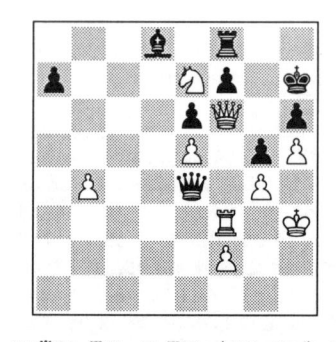

41.♕f7 ♖f7 42.♖f7 ♔h8 43.♘g6 ♔g8 44.♖f8 ♔g7 45.♖d8 ♕f3 46.♔h2 ♕f2 47.♔h3 ♕f3 48.♔h2 ♕g4 49.♖d7 ♔g8 0-1

INTRODUCTION: John van der Wiel
MAIN ANALYSIS: John van der Wiel
STUDY MATERIAL: Van der Wiel, Adianto, Vyzhmanavin

Queen's Gambit Accepted Central Variation

QG 3.5

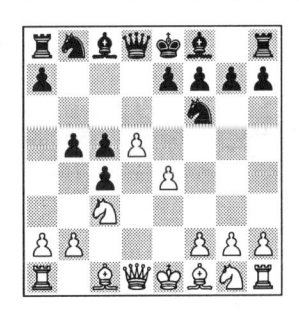

QGA Acceptable Now?

1.d4 d5 2.c4 dc4 3.e4 c5 4.d5 ♘f6 5.♘c3 b5

Linares 1993 saw a fashion hype of 5...b5. A survey by Shirov soon followed (Yearbook 28), but not long after that it transpired that in the crucial line with 6.♗f4 ♕a5 both 7.a4 ♘e4 8.♘e2 and Shirov's 7.♗d2 were quite promising for White. Then the variation lay dormant again.
Only recently has people's appreciation for 6...♗a6!, originally discovered by that Peruvian natural talent Granda Zuniga (my guess: over the board), been on the rise again, and with Ponomariov successfully applying it, it will continue to do so. Even Khalifman's preparation couldn't break it, although some questions remain (12.♖b8!?; 16.♗f4): see our featured game.
Your special attention please for A) Sakaev's 8.e6, an attempt to improve upon 8.♕a4, which leads to an equal-ish ending, and B) Bacrot's 7.♕f3, which may be White's soundest idea.

Required Reading
As long as 6...♗a6 is doing relatively well, other sixth moves by White should not be forgotten – Yearbook 28 is required reading here! However, 6.e5 b4 7.ef6 bc3 8.bc3 never gave White anything special (8...♘d7, 8...♕a5 and 8...ef6 all being fully playable), and still doesn't. More scope for discoveries is offered by 6.♘b5, 6.e5 b4 7.♘b5!? and 6.f3, but I don't expect any of these possibilities to stab the 5...b5-system to death.

QG 3.5

**Khalifman, Alexander
Ponomariov, Ruslan**

Neum tt 2000 (6)

1.d4 d5 2.c4 dc4 3.e4 c5 4.d5 ♘f6 5.♘c3 b5 6.♗f4 ♗a6 [6...♕a5] **7.e5 b4 8.ef6** [8.e6!? ♕a5] **8...bc3 9.bc3 gf6 10.♖b1** [10.♗c4 ♗c4 11.♕a4 ♘d7 12.♕c4 ♘b6; 10.♘f3!?] **10...♗g7 11.♕g4**

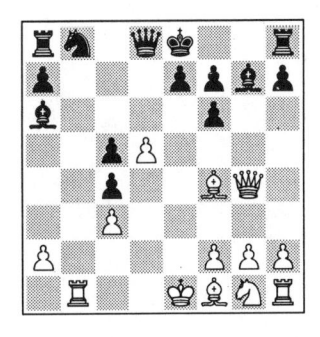

STATISTICS

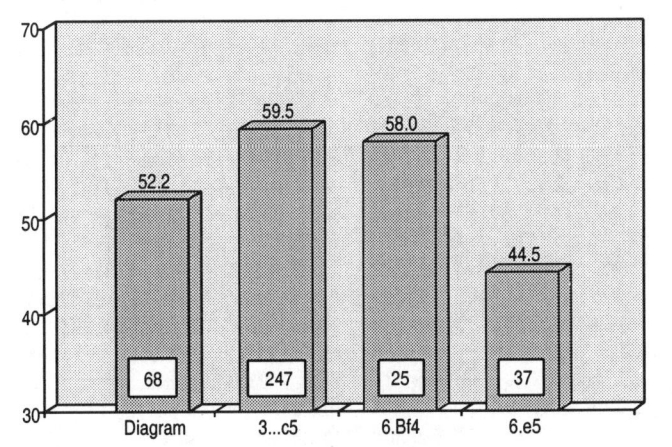

(bar chart)
- Diagram: 52.2 (68)
- 3...c5: 59.5 (247)
- 6.Bf4: 58.0 (25)
- 6.e5: 44.5 (37)

173

11...♛d5! [11...♚f8; 11...♜g8]
12.♗e2 [12.♘b8 ♜b8 13.♗b8 0-0∞
14.♗f4; 12.♛g7?! ♛e4 13.♗e2
(13.♚d2 ♛f4) 13...♛b1 14.♗d1 ♜f8
15.♗h6 ♘d7∓] 12...♛e4 13.♜b8□
[13.♜d1?! 0-0] 13...♜b8 14.♗b8
♛b1 15.♗d1 0-0 [△ ♜d8, f5, c3<,
♗d1<] 16.♗c7?! [16.♗f4!? ♜d8
(16...f5!? 17.♛e2! ♜d8 (17...♗c3
18.♗d2=/∓) 18.♗d2=/∓) 17.♗h6
♜d1 18.♛d1±] 16...♜c8 17.♛f4?!
[17.♗f4!; 17.♛g3?! e5] 17...♛b7
[17...e5 18.♛d2!] 18.♗a5 ♛b5
19.♗c7 ♛b2! [△ 20...e5]

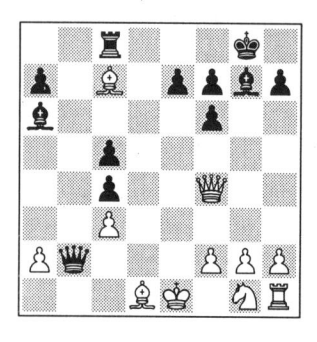

20.♘e2 [20.♗a5 ♛a3!] 20...e5
21.♗e5 fe5 22.♛g4 ♜f8! 23.0-0
[23.♘g3 ♛c3 △ 24...f5; 23.♛f5 ♗c8]
23...f5 24.♛g5 f4∓/−+ 25.♛e7
♗b7 26.♛c5 ♛a2 27.♘c1 ♛a6
28.♗e2 ♜c8 29.♛e7 ♛c6
30.♗f3 e4 31.♗g4 ♜e8 32.♛h4
♛f6 33.♛f6 ♗f6 34.♘e2 f3
35.♘d4 ♗d4 36.cd4 ♜e7
37.♜c1 ♗d5 38.h3 ♜g7 39.♚f1
♜b7 40.gf3 ef3 41.♚e1 a5
42.♚d2 a4 43.♜a1 ♜b2 44.♚e3
♜e2 45.♚f4 c3 46.♗d7 ♜f2
47.♗a4 ♜g2 48.♗b5 f2 49.♜c1
c2 50.♗f1 ♜g1 [51.♚e3 ♜f1
52.♜f1 ♗c4] **0-1**
Van der Wiel

Study Material

6.♗f4 ♗a6

Adianto,Utut
Granda Zuniga,Julio
Amsterdam Donner-mem 1996 (3)

**1.d4 d5 2.c4 dc4 3.e4 c5 4.d5 ♘f6
5.♘c3 b5 6.♗f4 ♗a6! 7.e5** [7.a4 b4
8.♘b5 ♗b5 9.ab5 ♘e4 10.♗c4 ♘d6
11.♛a4!? ♛d7] **7...b4 8.ef6 bc3
9.bc3** [9.♛a4 ♛d7! 10.♛d7 ♘d7 11.fe7
♗e7 12.bc3 ♘b6∓] **9...♛a5! 10.♛f3
♘d7 11.fe7 ♗e7 12.d6 ♗d8
13.♛e4 ♚f8**

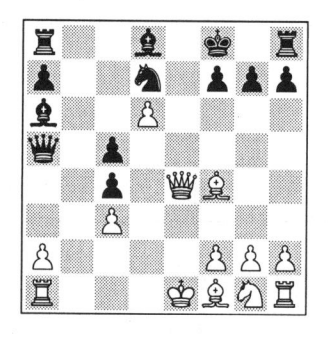

14.♜c1?! [14.♛a8 ♛c3 15.♚e2 ♛d3
16.♚e1 ♛c3] **14...♜b8 15.♗e2**
[15.♗c4? ♗f6] **15...♗f6 16.♚f1 ♜e8
17.♛c2 ♘e5 18.♗e5 ♜e5 19.♘f3
♜e6!?** [19...♜d5 20.♘d2 ♜d6 21.♘c4
♗c4 22.♗c4] **20.♘d2 g6! 21.♘e4**
[21.♘c4? ♜e2!; 21.♗c4 ♜d6∓]
21...♗e5?! [21...♗d8] **22.h4 h5?**
[22...♚g7 23.h5 ♗f4 24.♜d1 f5! 25.♘d2
♜d8 26.g3 ♗h6∓] **23.♜h3 ♚g7 24.♛f3
f5?** [≥ 24...f6] **25.♘g5 ♜d6 26.♜e3
♗f6 27.♜d1 ♗g5 28.♜d6** [28.hg5
♛c7!=] **28...♜e3 29.fe3 ♗c8?!**
[29...♜d8!? 30.♛d2 ♜d6 31.♛d6 ♛b6
32.♛e7 ♚h6 33.♚f2±] **30.♛d2 ♛c7
31.♛d5 ♜e8 32.♗c4 ♛e7 33.♛c5
♛h4?** [33...♛e3!? 34.♛e3 ♜e3 35.♜c6!
♜e8 36.♜c7 ♚f6 37.♜a7±] **34.♛c6
♛g3 35.♛e8 ♛d6 36.♛c8 f4
37.♛g8 ♚h6 38.♛h8** **1-0**
Adianto

Sakaev,Konstantin
Ibragimov,Ildar
Moscow ch-RUS 1999 (4)

**1.d4 d5 2.c4 dc4 3.e4 c5 4.d5 ♘f6
5.♘c3 b5 6.♗f4 ♗a6 7.e5 b4**

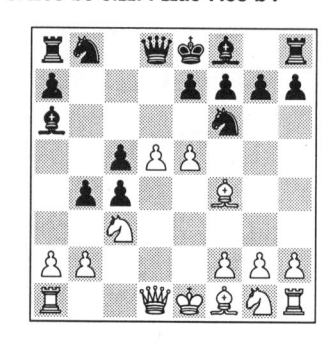

8.e6!?N fe6 [8...♛a5 9.♛a4 (9.ef7 ♚f7
10.♘a4 ♘bd7 (10...c3 11.bc3 (11.♘f3? c2
12.♛c2 b3∓; 11.b3?! ♗f1 12.♚f1 ♛b5
13.♗e2 ♛b7∓; 11.♗a6 ♘a6 12.b3 ♜d8
13.♘f3 ♜d5 14.♛e2∞) 11...bc3 12.♛c2
♘d5 13.♘f3 ♘f4 14.♛f5 ♚g8 15.♛f4
♛b4 16.♗e5→ Sakaev) 11.♘f3 (11.♜c1?
♗b5 12.b3 (12.♗c4 ♛a4 (12...♗a4
13.♛e2∞) 13.♛a4 ♗a4 14.b3 ♘b6
15.ba4 ♘c4 16.♜c4 ♘d5 17.♜c5 e6!
18.♜c4 ♗e7∓ Van der Wiel) 12...c3
(12...♗a4 13.ba4 c3 (13...♘b6 14.♗c4
(14.♘f3!? Van der Wiel) 14...♘c4 15.♜c4
♜d8 16.♘f3∞ Sakaev) 14.♘f3 ♘b6
15.♘g5 (15.♗e5 ♚g8 16.♗b5 (16.♘c6!?
♛a4 17.♛e2) 16...♘bd5∞) 15...♚g8
16.♛e2 e5□ 17.de6! (17.♗e5 ♜e8
18.♗e6 ♛a4!∞) 17...♗e7 18.g3± Sakaev)
13.♘f3 ♗f1 14.♚f1 ♛b5 15.♚g1 ♛b7
(15...c4 16.♛e2 ♛d5 17.♜d1 ♛c6 18.♘g5
♚g8 19.♜d6!+−) 16.♛e2 ♛d5 17.♜d1
♛f5 (17...♛c6 18.♘g5 ♚e8□ 19.♗e6
♜c8 20.h4→) 18.♗c4 ♚e8 19.♘g5→
Sakaev) 11...♗b5 12.b3 ♗a4 13.ba4 b3
14.♘d2 b2 15.♜b1 c3 (15...♘b6
16.♛c2∞) 16.♘c4 ♛b4 (16...c2 17.♘a5
cd1♛ 18.♚d1 ♘d5 (18...♘b6! 19.♜b2
♘fd5 20.♗e5 e6= (Sakaev) 21.♘c6!? Van
der Wiel; 21.♗e2!? △ 22.♗h5 Van der
Wiel) 19.♗c4 e6 (19...♘b6 20.♗e5 ♜d8
21.♗e2 e6 22.♗b2! ♘a4 (22...♘c4!? Van
der Wiel) 23.♜hc1 ♗d6 (23...♜b2 24.♜b2
♘b6 25.♘c6±) 24.♗b7 ♜d7 25.♘d6 ♜d6
26.♗e5 ♜b6 27.♗b3±) 20.♗d5 ed5
21.♜b2 ♘b6 22.♘c6↑ Sakaev) 17.a3 ♛b7
18.♘a5! ♛b6 19.♘c6± Sakaev) 9...♛a4
10.♘a4 c3∞] **9.♛a4 ♛d7?** [9...♚f7!?
10.de6 ♚g8 (10...♚e6? 11.♗b8) 11.♗b5

(11.♗b8 bc3) 11...♕e8! 12.♘c4 ♗b7; 9...♘bd7 10.de6 bc3 11.ed7 ♕d7 12.♕a6 cb2 13.♖b1± Van der Wiel; 9...♘f3 10.de6 bc3 11.0-0-0 (11.bc3 ♕b6 12.ed7 ♘d7 13.♘f3±) 11...cb2 12.♗b1+− Sakaev] **10.de6 ♕a4 11.♘a4± ♗b5** [11...♘e4 12.f3 ♗b5 13.fe4 ♗a4 14.♗c4] **12.♘c5 ♘c6** [12...♘d5! 13.♗g3 ♘a6±] **13.♖c1 ♘d5 14.♗c4! ♗c4 15.♖c4 ♗f4 16.♖f4 g5 17.♖c4 ♗g7 18.♘f3 ♘e5?** [≥ 18...♗b2 Sakaev] **19.♘e5 ♗e5 20.♘d3 ♗d6 21.h4 gh4 22.♖ch4 a5 23.♖h7 ♖g8 24.g3 0-0-0 25.♔e2 ♔b7 26.♖7h4 ♖g6 27.♖e4 ♖g5 28.g4 ♖d5 29.♖d1 ♖b6 30.b3 ♖c8 31.♖d2 ♔b5 32.♖b2 ♖d2 33.♔d2 ♗c5 34.♘d3 ♗d6 35.f4 a4 36.g5 a3 37.f5 ♗f8 38.f6**
1-0
M/00-1-74

Van Wely,Loek
Ponomariov,Ruslan

Biel 2000 (7)

1.d4 d5 2.c4 dc4 3.e4 c5 4.d5 ♘f6 5.♘c3 b5 6.♗f4 ♗a6 7.e5 b4 8.♕a4 ♕d7 9.e6 ♕a4 10.♘a4 ♘d5 11.ef7 ♔f7 12.♘c5 ♗b5 13.♗g3 e6 14.♘e4 ♘d7 15.♘f3 ♗e7

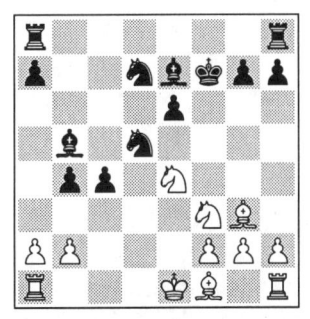

16.♘fg5 ♗g5 17.♘g5 ♔e7 18.♘e4 a6 19.♗d6 ♔f7 20.a4 ba3 21.♖a3 ♘5f6 22.♘g5 ♔g6 23.♘e6 ♖he8 24.♖e3 ♘g4 25.♘c7 ♘e3 26.fe3 ♖e3 27.♔f2 ♖ae8 28.♘e8 ♖e8 29.♗e2 ♘b6 30.♗d1 ♘d5 31.♗c2 ♔f7 32.♖d1 ♘e3 33.♖d2 ♗c6 34.♗c5 ♘g4 35.♔g3 ♘f6 36.♗d4 h6 37.h3 ♗e4 38.♗f6 ♔f6 39.♖f2 ♔g5 40.h4 ♔h5 41.♖e2 ♗c6 42.♖d2 ♖e6 43.♗f5 ♖f6 44.♗c2 g5 45.hg5 hg5 46.♖d4 ♗b5 47.♖d8 ♔h6 48.♖h8 ♔g7 49.♖h5 ♖f1 50.♖g5 ♔f6 51.♖h5 ♗e6 52.♗e4
♔d6 53.♖d5 ♔c7 54.♔g4 [54.♖d2] **54...♖f2 55.♖d1 ♖b2 56.♔f4 ♗c6 57.♖c1 ♖b4 58.♔e5 a5 59.g4 a4 60.g5 ♖b5 61.♔d4 ♖e4 62.♔e4 ♖g5 63.♖c4 ♔b6 64.♔d3 ♗b5 65.♖c8 ♔b4**
½-½

Hoang Thanh Trang
Varga,Zoltan

Budapest 2000 (8)

1.d4 d5 2.c4 dc4 3.e4 c5 4.d5 ♘f6 5.♘c3 b5 6.♗f4 ♗a6 7.e5 b4 8.♕a4 ♕d7 9.e6 ♕a4 10.♘a4 ♘d5 11.ef7 ♔f7 12.♘c5 ♗b5 13.♗g3 e6 14.♘e4 ♘d7 15.♘f3 h6 16.♖c1 ♖c8 17.♘ed2 ♘5b6 18.b3 ♗e7 19.bc4 ♗c6 20.♗e2 ♗f6 21.0-0 ♘a4 22.♖fe1 ♘c3 23.♗d6 ♗a2 24.♖c2 ♘c3 25.♗b4 ♗e2 ♖c7 37.♖ea5 ♖dd7 38.c5 ♗f6 39.h4 g6 40.♔g3 h5 41.f3 ♖d5 42.♖c2 ♗f5 43.♔f2 ♗f6 44.♔e3 ♗f5 45.♖c4 ♔f6 46.g4 hg4 47.fg4 ♔e7 48.♔e4 ♔f6 49.♔e3 ♔e7
½-½

Karpov,Anatoly
Adianto,Utut

Jakarta m rapid blind 1997 (2)

1.d4 d5 2.c4 dc4 3.e4 c5 4.d5 ♘f6 5.♘c3 b5 6.♗f4 ♗a6 7.f3 e6 [7...♘bd7!? 8.a4 (8.e5?! ♘h5; 8.b3 ♕a5) 8...b4 9.♘b5 ♗b5 10.ab5∞] **8.de6 ♕d1 9.♔d1** [9.♖d1 fe6 10.a4 ba4!] **9...b4 10.ef7 ♔f7 11.♘a4 ♘c6** [11...♗e7!? 12.♖c1 c3⟳] **12.b3 ♖d8 13.♔e1 ♘d7** [13...♘d4 14.♖c1 cb3 15.♗a6 ba2 16.♗c4+−] **14.♖d1 ♗e7 15.♗c7± ♘d4 16.♗d8 ♖d8 17.♗c4 ♗c4 18.bc4 ♗e5 19.♘b2 ♖d6 20.♘e2 ♗h4 21.g3 ♘ef3 22.♔f2 ♗f6 23.♘d3 ♖a6 24.♘d4 ♗d4 25.♖d2 ♗g5 26.♖b2 ♖a3 27.♘c5 ♖c3 28.♖d1 ♖c4 29.♘d3 ♔e6 30.e5?** [30.♘b4+−] **30...a5 31.♖e2?? ♘e2**
0-1

Rogozenko,Dorian
Lesiege,Alexandre

Istanbul ol 2000 (11)

1.d4 d5 2.c4 dc4 3.e4 c5 4.d5 ♘f6 5.♘c3 b5 6.♗f4 ♗a6 7.f3 b4 8.♘a4 e6 9.de6 ♕d1 10.♖d1 fe6 11.♘h3 ♘c6 12.♗d6 ♘d7 13.♗f8 ♖f8 14.♖d7 ♔d7 15.♘c5 ♔c7 16.♘a6 ♔b6 17.♗c4 ♘e5 18.♗e2 ♖ac8 19.♘f2 ♔a5 20.a3 ba3 21.ba3 ♖td8 22.♘b4 ♖c3 23.0-0 ♖d2 24.f4 ♖e2 25.fe5 ♔a4 26.♘bd3 g5 27.h4 h6
½-½

Bacrot,Etienne
Granda Zuniga,Julio

Pamplona 1997 (5)

1.d4 d5 2.c4 dc4 3.e4 c5 4.d5 ♘f6 5.♘c3 b5 6.♗f4 ♗a6 7.♕f3 b4 8.♘d1 g6 9.♘e3 ♗g7 10.♗c4 ♗c4 11.♘c4 ♘bd7 12.♕e2 ♘b6 13.♗e5 ♘c4 14.♕c4 0-0 15.♘f3 ♘d7 16.♗g7 ♔g7 17.0-0 ♕c7

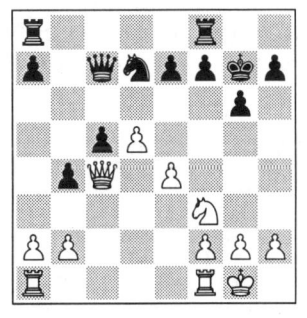

18.♖fe1 [18.♖ac1!?±] **18...♘b6 19.♕e2 ♖fe8 20.♖ed1 ♖ad8 21.♖ac1 e6 22.♕b5 ed5 23.ed5 ♖c8 24.d6 ♕c6 25.♕c6 ♖c6 26.♘d4 ♖cc8 27.♘b5 ♖e2 28.g3** [28.♘a7!?] **28...♖b2 29.♘a7 ♖a8 30.d7 ♖d8 31.♖c5 ♖d7 32.♖d7 ♘d7 33.♖b5**
½-½

6.♗f4 ♕a5

Azmaiparashvili,Zurab
Granda Zuniga,Julio

Groningen 1993 (7)

1.d4 d5 2.c4 dc4 3.e4 c5 4.d5 ♘f6 5.♘c3 b5 6.♗f4 ♕a5 7.a4 ♘e4 8.♗e2 ♘d6 9.ab5 ♕b6 10.♘g3 [10.♗d6 ed6 (10...♕d6 11.g3; 11.♘e4!?) 11.♘g3] **10...♘d7 11.♗d6 ♕d6 12.♘ge4 ♕e5 13.♗e2 g6 14.0-0 ♗g7 15.d6 ♘b6 16.de7 ♔e7**

17.♗f3 ♗e6 18.♘d2 ♖ad8 19.♖a7 ♔f8 20.♕c2 20...♕f4 21.♖d1 ♗e5 22.g3 ♕f5 23.♕f5 gf5 24.♖a6 ♖b8 25.♖e1 ♗d4 26.♖a7 ♘c8 27.♖a5 ♔g7 28.♗c6 ♖d8 29.♘f3 ♘e7 30.♘a4 [≥ 30.♖a7] 30...♖d6 31.♘e5 ♔f6 32.♘f3 ♘c6 33.bc6 ♖c6 34.♖e2 ♖b3 35.♘d2 ♖d3 36.♔f1 ♖c7 37.♖a6 ♔g7 38.♘b6 ♖c6 39.♖e6 ♖e6 40.♘dc4 ♖b3 41.♔g2 ♖b4 0-1

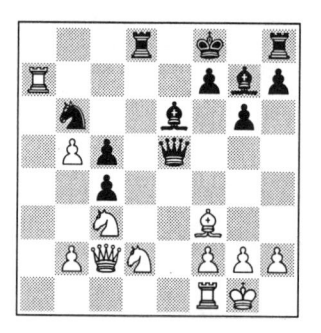

Vyzhmanavin,Alexey
Azmaiparashvili,Zurab

Burgas 1994 (4)

1.d4 d5 2.c4 dc4 3.e4 c5 4.d5 ♘f6 5.♘c3 b5 6.♗f4 ♕a5 7.f3!? ♘h5□ [7...b4 8.♕a4] 8.♗d2 [8.♗e3!? e5 9.a4 b4 10.♘b1 ♗a6 11.♕c2 c3! (11...♘d7 12.♗c4 b3 13.♕d2±) 12.bc3 ♗f1 13.♔f1 ♘a6∞] 8...♘d7 9.f4 g6

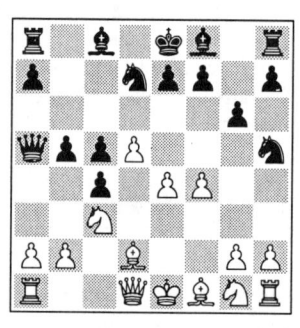

10.♗e2 [10.e5! ♗h6 11.♘ce2 △ 12.g4] 10...♗g7 [10...b4!? 11.♗h5 gh5 12.♕h5? ♘f6 △ 13...bc3] 11.e5 b4 12.♕a4! [12.♘e4 ♗b7 13.♗c4 ♘b6] 12...♕a4 [12...♕b6 13.♘e4 ♗a6 14.e6; 12...♕d8 13.♘e4 0-0 14.g4 ♘f4 15.♗f4 ♘b6∞] 13.♘a4 ♗a6 14.g4 ♘f4 15.♗f4 ♗b5 16.b3 ♖a4 [16...♘e5 17.0-0-0 (17.♗e5 ♗e5 18.0-0-0± ♖a4 19.ba4 c3 20.♘f3 ♗d6 21.♔c2±) 17...♘d3 18.♗d3 cd3≌] 17.ba4 ♘e5 18.0-0-0 c3 19.♗b5 ♔f8 20.h3 ♖d8 21.♖h2 g5!□ 22.♗g3 [22.♗g5 c4 23.♔c2 ♘d3] 22...c4 [22...h5? 23.♖e2!] 23.♗e5 ♗e5 24.♖e2 ♗f4 25.♔c2 h5 26.♗c4 hg4 27.hg4 ♖h4 28.♖g2 ♖d6! [△ ♖dh6, ♖h2] 29.♘e2 [29.♘f3 ♖h3 30.♘d4 ♖dh6 31.♘f5 ♖h2 32.♖g1 ♖6h3 △ 33...♗c7∞] 29...♗e3 30.♘d4 ♖f6 31.♗e2 [31.♘f5 ♖f5 32.gf5 ♖c4] 31...♖f2 32.♖f2 ♗f2 33.♘b3 ♗d4 [33...♖h2 34.♘f3 (34.♔c2 ♗c5 35.♗d3 △ 36.♗f5±) 34...♖g2] 34.♖d4+− ♖h2 35.♖e4 f5?! 36.gf5 ♔f7 [36...g4 37.f6 △ 38.d6] 37.a3 a5 38.ab4 ab4 39.a5 g4 40.a6 ♖h1 41.♖b4 1-0
Vyzhmanavin

Van Wely,Loek
Azmaiparashvili,Zurab

Istanbul ol 2000 (7)

1.d4 d5 2.c4 dc4 3.e4 c5 4.d5 ♘f6 5.♘c3 b5 6.♗f4 ♕a5 7.♗d2 b4 [7...e5!?] 8.e5 ♘g4 [8...bc3 9.♗c3 ♕a6 10.ef6 ef6 11.b3 ♗e7 12.♗c4 ♕d6 13.♘e2 0-0 14.0-0 f5 15.♕d3 (15.♖e1 Shirov-Kramnik − YB/28-116) 15...g6 16.♗d2 ♗f6 17.♗f4 ♗e5 18.♗e5 ♕e5 19.♘c3± Lempert-Bukhman, St Petersburg 1993] 9.e6 ♘f6 10.♗c4 fe6 [10...bc3 11.♗c3 ♕c7 12.♕a4+−] 11.de6 ♗b7 [11...bc3 12.♗c3 ♕c7 13.♕a4 ♘c6 14.♘f3 ♗b7 15.♖d1±] 12.♘d5! ♘c6

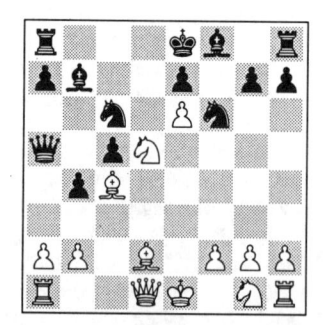

13.♗b4! ♕d8 [13...cb4 14.♘f6 ef6 15.♕d7X] 14.♗c5 ♘d5 15.♕d5 ♕d5 16.♗d5 0-0-0 17.♗e4 ♘e5 18.♗b7 ♔b7 19.♘e2 ♖d5 20.b4 g5 21.♘f3 ♗d3 22.♖hd1?! [22.♖ad1!+−] 22...♗g7 23.♖ab1 ♖hd8 24.♖d3 ♖d3 25.♗e7 ♖8d5 26.♗g5 ♔c7 27.♖e3 ♔d6 28.a4 ♖a3 29.♗a7 ♖a4 30.♗e3 ♗f6 31.b5 ♖a2 32.♔f1 ♖a5 33.b6 ♖ab5 34.♖c1 ♔e6 35.g4 ♖b4 36.♖c8 ♖d8 37.♖c7 ♖d7 38.♖c6 ♖d6 39.♖c1 ♖d5 40.h4 ♗d8 41.♘d4 ♖dd4 42.♗d4 ♖d4 43.b7 ♖b4 44.♖c8 ♖b7 45.♖d8 h5 46.g5 ♖b4 47.♖f8 ♖h4 48.f3 ♔e5 49.♖f5 ♖a4 50.♔g2 ♖a1 51.♖f6 ♖a2 52.♔g3 ♖a1 53.♖h6 ♔f7 54.f4 ♖h1 55.♔g2 ♖h4 56.♔f3 ♔g7 57.♔e4 ♖h1 58.♔f5 ♖h4 59.♖a6 ♖g4 60.♖a7 ♔f8 61.♖h7 ♖h4 62.g6 ♔g8 63.♔e5 ♖g4 64.f5 h4 65.♔f6 ♖a4 66.♔g5 1-0

6.e5

Soffer,Ram
Greenfeld,Alon

Rishon-le-Zion 1992 (4)

1.d4 d5 2.c4 dc4 3.e4 c5 4.d5 ♘f6 5.♘c3 b5 6.e5 b4 7.ef6 bc3 8.bc3 ♘d7 9.♗c4 ♘b6 10.♗e3 ef6 11.♘e2 ♗d6 12.♗d3

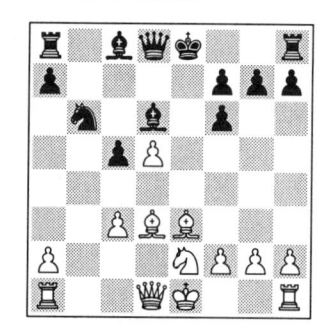

12...c4 13.♗c4 0-0 14.♗d3 ♕c7 15.♗b6 ab6 16.h3 f5 17.0-0 ♖a5 18.c4 ♗e5 19.♖b1 ♖a2 20.♕b3 ♖d2 21.♖fd1 ♖d1 22.♖d1 f4 23.♗c2 ♗a6 24.♕d3 g6 25.♗b3 ♖c8 26.d6 ♕d7 27.♘c3 ♖d8 28.♘e4 ♔g7 29.♕d5 f6 30.c5 ♗b7 31.♕d3 ♕c6 32.♗d5 ♕d5 33.♕d5 ♗d5 34.♖d5 bc5 35.d7 ♔f7 36.♘c5 ♔e7 37.♖d1 ♗d6 38.♘b7 ♖d7 39.♘d6 ♖d6 40.♖e1 ♔f7 41.♖a1 g5 42.♔f1 ♖b6 43.♖a2 ♔g6 44.♖a3 ♔h5 45.♔e2 ♔h4 46.♔f1 ♖b1 47.♔e2 h5 48.♔f3 ♖b2 49.♖a6 g4 50.♔f4 ♖f2 51.♔e3 g3 52.hg4 hg4 53.♖a4 f5 54.♖a1 ♔g2 0-1

Ilincic,Zlatko
Hillarp Persson,Tiger
Batumi Ech-tt 1999 (4)

1.d4 d5 2.c4 dc4 3.e4 c5 4.d5 ♘f6 5.♘c3 b5 6.e5 b4 7.ef6 bc3 8.bc3 ♘d7 9.♕a4 ef6 10.♗f4 ♕b6

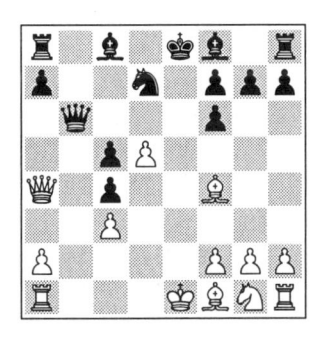

11.♗c4 [11.0-0-0 ♗d6 12.♖e1 ♔d8 13.♗d6 ♕d6 14.♘h3 ♘b6 15.♕a5 ♖e8 16.♖e8 ♔e8 17.g3 ♕d5 18.♗g2 ♕g2 19.♖e1 ♗e6 20.♕c5 ♕h3 21.♕c6 ♔f8 22.♖d1 g6 23.a4 ♕f5 24.g4 ♕e5 0-1 Duong Thanh Nha-Lesiege, Montreal 1999] 11...♗d6 12.♘e2 ♗f4 13.♘f4 ♕d6 14.0-0 0-0 15.♗d3 g6 16.♖ad1 ♘b6 17.♕e4 ♗f5 18.♕f3 ♗d3 19.♖d3 ♖fe8 20.g3 ♖e5 21.h4 ♖ae8 22.h5 f5 23.hg6 hg6 24.♔g2 ♘c4 25.♖dd1 ♖e4 26.♔g1 ♔g7 27.♕h1 ♖h8 28.♕g2 g5 29.♘d3 ♕d5 30.♘b2 ♕e6 31.♘c4 ♕c4 32.♕f3 ♕e6 33.♖d2 g4 34.♕g2 ♕h3 35.f3 ♖e3 36.♖c2 ♕e5 0-1

Vidarte Morales,Arturo
Semkov,Semko
Sitges 1993

1.d4 d5 2.c4 dc4 3.e4 c5 4.d5 ♘f6 5.♘c3 b5 6.e5 b4 7.ef6 bc3 8.bc3 ♕a5 9.♗d2 [9.♕d2 gf6 10.♗c4 ♘d7 11.♘f3 ♘b6 12.♗e2 c4 13.0-0 ♗b7 14.♖d1 ♖d8 15.♕f4 ♘d5 16.♕c4 ♘c3 17.♖d8 ♔d8 18.♗f1 f3 19.♗d2 ♕c7 20.♕d3 ♕d5 21.♖c1 ♕b6 22.♖b1 ♕c7 23.♖b5 ♔e8 24.♖d5 ♕d5 25.♕d5 1-0 Bacrot-Peric, Bastia rapid 1997] 9...♘d7 10.♗c4 ♘b6 11.♗e2 c4 12.♗f3 ♘d5 13.♘e2 gf6 14.0-0 ♗g7 15.♘f4 ♗e6 16.♗d5 ♗d5 17.♘h5 ♗f8 18.♖e1 0-0-0 19.♕g4 e6

20.♘f6 ♗e7 21.♘d5 ♕d5 22.g3 h5 23.♕e2 h4 24.♗f4 hg3 25.♗g3 ♖dg8

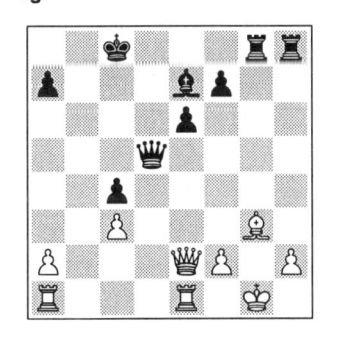

26.♕e4 ♖h5 27.♖ab1 ♕e4 28.♖e4 ♗d6 29.♖c4 ♔d8 30.♖b7 e5 31.♖f7 1-0

Gurevich,Mikhail
Vladimirov,Evgeny
1992

1.d4 d5 2.c4 dc4 3.e4 c5 4.d5 ♘f6 5.♘c3 b5 6.e5 b4 7.ef6 bc3 8.bc3 ef6 9.♗c4 ♗d6 10.♕e2 ♕e7 11.♕e7 [11.♘f3] 11...♔e7 12.♘f3 ♘d7 13.0-0 ♘b6 14.♖e1 ♔f8 15.♗b5 ♗b7 16.♗a3 g6 17.♖ad1 ♔g7 18.♗c6 ♗c6 19.dc6 ♘c4 20.♖e4 ♘a3 21.♖d6 ♖hd8 22.♖d8 ♖d8 23.g3 ♖c8 24.♖a4 ♘b5 25.c4 ♘d4 26.♘d4 cd4 27.♔f1 ♖c6 28.♗e2 a6 29.♔d3 f5 30.♔d4 ♗d6 31.♔c3 ♖c6 32.♔d4 ♗d6 33.♔c3 ♖c6 34.♖a5 f4 35.♔d4 fg3 36.fg3 ♔f8 37.♖e5 ♖d6 38.♔c3 ♖d1 39.c5 ♖c1 40.♔d3 f6 41.♖e6 ♔f7 42.♖c6 h5 43.a4 g5 44.♔d4 ♖d1 45.♔c4 ♖c1 46.♔b4 ♖b1 47.♔a5 ♖b2 48.h4 g4 49.♖b6 ♖c2 50.c6 f5 51.♔a6 f4 52.♔b7 ♗e7 53.a5 fg3 54.a6 g2 55.♖b1 ♖b2 56.♖b2 g1♕ 57.a7 ♕d4 58.♖b6 g3 59.a8♕ g2 60.♕a3 ♔e8 61.c7 ♕b6 62.♔b6 g1♕ 63.♔b7 ♕b1 64.♔a7 ♔d7 65.♕a5 ♔c8 66.♕a6 ½-½

Neverov,Valery
Voloshin,Leonid
Koszalin II 1999 (9)

1.d4 d5 2.c4 dc4 3.e4 c5 4.d5 ♘f6 5.♘c3 b5 6.e5 b4 7.ef6 bc3 8.bc3 ef6 9.♗c4 ♗d6 10.♕e2 ♕e7 11.♘f3 ♘d7 12.0-0 ♕e2 13.♗e2 ♘b6 14.♖d1 ♗b7 15.c4 ♗a6 16.♘d2 0-0-0 17.a4 ♔c7 18.♗f1 ♖he8 19.a5 ♘d7 20.♗a3 ♖b8 21.♖ac1 f5 22.♗d3 g6 23.g3 ♗e5 24.♖c2 ♗f6

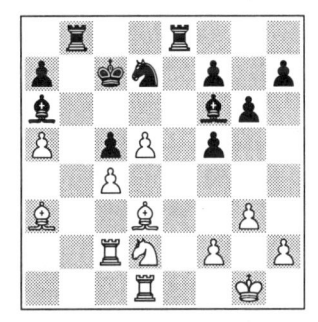

25.♗f1 ♔d6 26.♔g2 ♘e5 27.h3 h5 28.♗c1 ♖b4 29.f4 ♘d7 30.♘f3 ♖e4 31.♘g5 ♗g5 32.fg5 ♘e5 33.♗f4 ♖f4 34.gf4 ♘c4 35.♖e1 ♘a3 36.♖f2 ♗f1 37.♔f1 c4 38.♖e3 ♘b5 39.♖e8 c3 40.♖d8 ♔c7 41.♖e8 ♘d4 42.♖a2 c2 43.♖e1 ♔d6 44.♖c1 ♔d5 45.♔f2 ♔e4 46.♖a3 ♖b1 0-1

Ramos,Ernesto
Oblitas,Carlomagno
Sao Paulo zt 2000 (6)

1.d4 d5 2.c4 dc4 3.e4 c5 4.d5 ♘f6 5.♘c3 b5 6.e5 b4 7.ef6 bc3 8.bc3 ef6 9.♗c4 ♗d6 10.♕e2 ♔f8 11.♘f3 ♗g4 12.♕e4 f5 13.♕d3 ♘d7 14.0-0?!

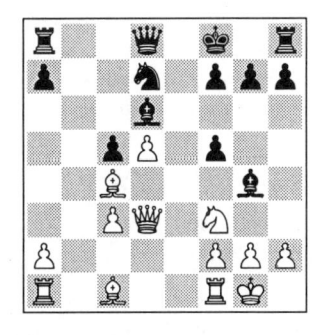

14...♗f3 15.gf3 ♘e5 16.♕e2 ♕h4 17.f4 ♘g6 18.♕f3 ♗f4 19.♗f4 ♗f4 20.h3 ♗d6 21.♗d3 g6 22.♔h1 ♖b8 23.♖ab1 ♔g7 24.♖g1 ♖b1 25.♖b1

♖b8 26.♖b8 ♗b8 27.♕e3 ♗d6 28.♔g2 ♕f6 29.♗c2 ♕h4 30.♗d3 h5 31.♗b5 ♕f6 32.♗e2 f4 33.♕d3 ♗e5 34.c4 ♗d6 35.♗f3 ♕b2 36.♕e2 ♕e2 37.♗e2 f5 38.♗d1 ♔f6 39.h4 ♗e7 40.♗a4 g5 41.hg5 ♔g5 42.♗d1 h4 43.♔h3 f3 44.♗f3 ♔f4 45.d6 ♗d6 46.♗c6 ♗e7 47.a4 a5 48.♔g2 ♗e5 49.f3 ♔d4 50.♗b5 ♔d3 51.♗a6 ♔e3 52.♗b7 ♗g5 53.♗c6   ½-½

Arkell, Keith
Duncan, Christopher

Hastings II 1998 (5)

1.d4 d5 2.c4 dc4 3.e4 c5 4.d5 ♘f6 5.♘c3 b5 6.e5 b4 7.ef6 bc3 8.♗c4 ♕a5 [8...cb2 9.♗b2 ef6 10.♘f3 (10.d6!? ♕a5∞) 10...♕a5?! (10...♗d6∞) 11.♘d2 ♕b6 12.♕e2 ♗e7 13.♘e4 (13.0-0-0!→) 13...0-0 14.0-0 ♗a6 15.♖ab1⩲ Ben Dahan-Sadan, Herzliya 1993] 9.♘e2 cb2 10.♗d2 ♕b6 [10...ba1♕ 11.♕a1, g7<] 11.♖b1 ♗f5 12.♕a4 ♗d7 [12...♘d7 13.0-0⩲] 13.♕a3 ef6 14.♖b2 ♕c7 15.♗f4 ♗d6

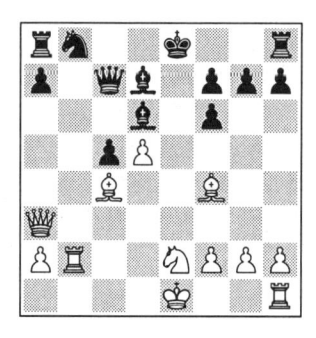

16.♕g3 ♗f4 17.♕g7 ♖f8 18.♘f4 ♕f4 19.0-0 ♕d6 20.♖e1 ♔d8 21.♖be2 a5 22.♖e7 ♕e7 23.♖e7 ♔e7 24.d6 ♔d6 25.♕f8 ♔c7   1-0

Skembris, Spyridon
Aleksic, Nenad

Cutro 2000 (7)

1.d4 d5 2.c4 dc4 3.e4 c5 4.d5 ♘f6 5.♘c3 b5 6.e5 b4 7.♘b5 a6 8.♕a4

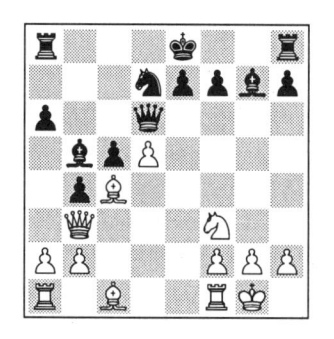

♗d7 9.♗c4 ♕b6 [9...ab5?! 10.♕a8 bc4 11.ef6 △ 12.♗f4±; 9...♗b5?! 10.♗b5 ab5 11.♕a8 ♘d5 12.♕b7!±] 10.ef6 ♗b5 11.fg7 [11.♕b3!?] 11...♗g7 12.♕b3 ♘d7 13.♘f3 ♕d6 14.0-0

14...♘e5?! [14...♘b6⇄] 15.♘e5 ♗e5 16.g3 h5 17.a3 h4 18.♗b5 ab5 19.♗g5 hg3 20.fg3 f6 21.♗f4 ♗f4 22.♖f4 c4 23.♕e3 ba3 24.ba3 ♕e5 25.♕e5 fe5 26.♖e4 ♔d7 27.♖e5 ♔d6 28.♖e6 ♔d5 29.♖e7 c3 30.♖c7 b4 31.♖d1 ♔e6 32.ab4 ♖a2 33.h4 ♖d2 34.♖e1   1-0

6.♘b5

Kortchnoi, Viktor
Lindinger, Markus

Hamburg 1997 (1)

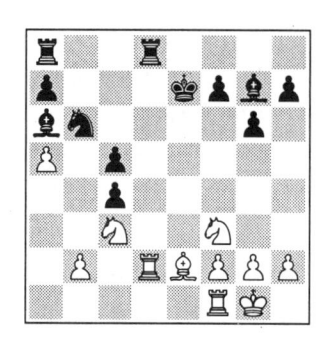

1.d4 d5 2.c4 dc4 3.e4 c5 4.d5 ♘f6 5.♘c3 b5 6.♘b5 ♕a5 7.♘c3 ♘e4 8.♗d2 [8.♕a4 ♕a4 9.♘a4 e6 10.♗c4 ♘d6 11.♗e2 ed5 12.♘c5 ♘d7 13.♘b3 (13.♘d7 ♗d7 14.♘f3) 13...♘e4! 14.♘f3 ♗b4 15.♘bd2 0-0= Stromer-Antonoff, Paris 1989; 8.♕f3 ♕d6 9.♗f4 ♗d7 10.♕e2 ♗f5! 11.♕e4 ♘d4 12.d6 ♘b6 13.de7 ♗e7 14.♗d6 ♗e6 15.♗e7 ♔e7 16.♘f3 ♖ad8∓ Hellborg-Hillarp Persson, Stockholm 1998] 8...♘d2 9.♕d2 ♗a6 10.♘f3 ♘d7 11.♗e2 g6 12.0-0 ♗g7 13.d6 ed6 [13...e6? 14.♘d5!±] 14.♕d6 ♕b6 15.♖ad1 ♕d6 16.♖d6 ♘b6 17.a4 ♔e7 18.♖d2 ♖hd8= 19.a5

19...♗c3 20.bc3 ♖d2 [20...♘a4!? 21.♖c1 ♖ab8] 21.♘d2 ♘a4 22.♖c1 ♘b2 23.♖e1 ♔f8 24.♖b1 ♘d3 25.g3 ♖d8 26.♘f1 ♔e7 27.♘e3 f5 28.f4 ♔e6 29.♗f3 h6 30.h4 ♖d7 31.♖b8 ♖c1 32.h5 gh5 33.♖h8 ♖d2 34.♖h6 ♔f7 35.♗h5 ♗g7 36.♘f5   1-0

6.f3

Kouatly, Bachar
Tersarkissof, Jean-Jacques

France 1994

1.d4 d5 2.c4 dc4 3.e4 c5 4.d5 ♘f6 5.♘c3 b5 6.f3 e6?! [6...♗a6?! 7.a4; 6...a6!?; 6...♕a5!?] 7.♘b5 ed5 8.e5

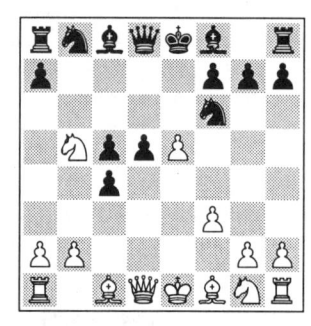

8...♗e6? [8...a6 9.♘c3±; 8...♕a5 9.♘c3 (9.♕f2!?) 9...♘d4 10.♗d2!↑] 9.ef6 ♘c6 10.♗f4 ♕a5 11.♘c3 0-0-0 12.♕a4 ♕a4 13.♘a4 g5 14.♗g5 ♗d6 15.♖c1 ♖he8 16.♔f2 ♗d7 17.♘c3 ♗e6 18.b3 d4 19.♘e4 cb3 20.ab3 ♗c7 21.♘c5 d3 22.♗d3 ♗b6 23.♗e4 ♗d5 24.♗e3 ♗e4 25.♘e4 ♖d2 26.♘e2 ♔b8 27.♗b6   1-0

INTRODUCTION: Genna Sosonko
MAIN ANALYSIS: Boris Gelfand
STUDY MATERIAL: Sosonko, Tisdall, Tukmakov

Catalan Opening
Open Variation

CA 5.12

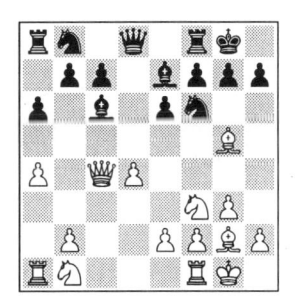

A Defence against 10.♗g5

1.d4 ♘f6 2.c4 e6 3.g3 d5 4.♘f3 ♗e7 5.♗g2 0-0 6.0-0 dc4 7.♕c2 a6 8.a4 ♗d7 9.♕c4 ♗c6 10.♗g5

The continuation 8.a4 in the Open Catalan has ousted the immediate recapture 8.♕c4, with the line 8...♗d7 9.♕c4 ♗c6 10.♗g5 being all the rage. Apart from the reasonable 10...♘bd7, there are two replies to choose from: 10...♗d5 and 10...a5. The former has the virtue of chasing White's queen back into passivity but the downside is that White regains the time lost by chasing Black's bishop. This line was tested in the game Bareev-Anand in the final of the first FIDE World Cup in Shenyang, two days after the main game of this survey was played. Black got an excellent position.

In the featured game Anand opted for 10...a5, which the statistics regard as better for White. The Armenian grandmaster Smbat Lputian has a particularly good feel for the position; his subtle games are definitely worth studying.

As a rule the game goes like this: White voluntarily gives up his bishop on f6, creating a strong pawn centre. White treats several lines of the Queen's Indian in exactly the same way. In both the Catalan and the Queen's Indian, White sometimes has troubles developing this dark-squared bishops, and after the exchange on f6 the pressure on the centre exerted by the knight on c3 only grows. This phenomenon can also be observed in the featured game, where White's trump cards are simply better. Mistakes on move 27 and 30 really tip the scales, but as so often it all ends in a draw. But this has very little to do with the opening itself.

CA 5.12

Gelfand, Boris
Anand, Viswanathan

Shenyang pff 2000 (2)

1.d4 ♘f6 2.c4 e6 3.g3 d5 4.♘f3 ♗e7 5.♗g2 0-0 6.0-0 dc4 7.♕c2 a6 8.a4 ♗d7 9.♕c4 ♗c6 10.♗g5 a5 [10...♗d5 11.♕c2 ♗e4 12.♕c1 h6! 13.♗f6 ♗f6 14.♘c3 ♗f3 15.♗f3 c6 16.e3 a5 17.h4 ♘a6 18.h5 ♕e7 19.♖d1 ♖fd8 20.♕c2 ♘b4 21.♕b3 ♖ac8 22.♖ac1 c5 Bareev-Anand, Shenyang fin-1 2000] **11.♘c3 ♘a6 12.♗f6 ♗f6 13.e4 ♘b4 14.♖fd1 g6 15.♖ac1 ♖e8** [15...♖c8 16.♘e1 ♗g7 17.♘c2 ♘c2 18.♖c2 ♕e7 19.b3 ♖fd8 20.♖cd2 ♗e8±] **16.d5** [16.♘e1!?±] **16...ed5 17.ed5 ♗d7 18.♘d4**

STATISTICS

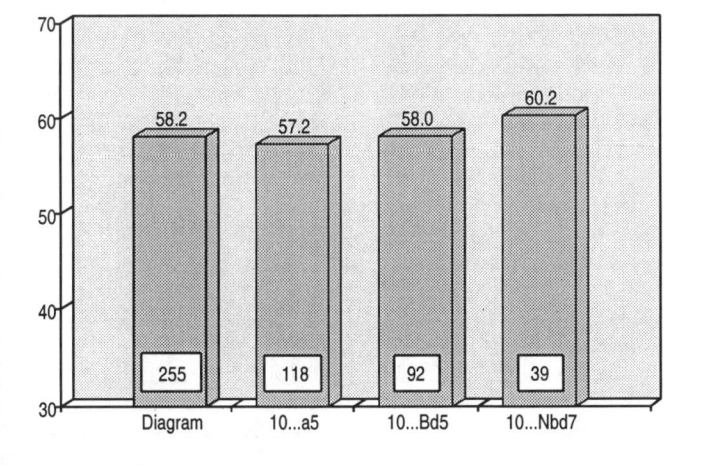

	58.2	57.2	58.0	60.2
	255	118	92	39
	Diagram	10...a5	10...Bd5	10...Nbd7

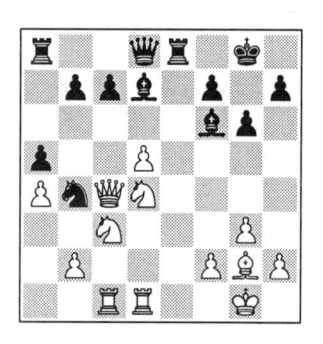

18...♖c8? [18...♗e5! 19.♘cb5 ♖c8 20.♘c6 bc6 21.dc6 ♗e6!? (21...♖e7!?) 22.♖d8 ♖cd8 23.♕e2 ♗b3⇆; 18...♕b8 (△ 19...♕a7 Shipov) 19.♘db5 (19.♗e4 ♗g7!? (19...♗e5 20.♘c5 ♗g4 21.♖e1 ♘c8 22.♘b7!) 20.♕c7 (20.♘c5 ♗g4 21.♖d2) 20...♕c7 21.♖c7 ♗g4 22.♖d2 ♖ad8⇆ Shipov; 19.♘b3 ♗g5 (19...♗a4 20.♘a4 b5 21.♕c7 ba4 22.♘d4±) 20.♖a1 ♗f5 21.♘d4 ♗g4 22.♘f3 ♗f3 23.♗f3±) 19...c6 (19...♗b5 20.♕b5 ♖e7=) 20.dc6 ♗c6 21.♘d6 ♖e7; 21...♖e6 22.♘ce4 ♗e4 23.♘e4 ♗b2 24.♖b1 ♗g7 25.♖d7→] **19.♘e4! ♗e5** [19...♗a4 20.b3 (20.♘e6 ♕e7 (20...fe6 21.de6 ♕e7 22.♖d7 ♗d7 23.ed7 ♔h8 24.♘f6 ♗f6 25.♕e2!) ♕d8 26.♕b5 c6 27.de8♕ ♕e8 28.♕a5± Shipov) 21.b3 fe6 (21...♗b2 22.♘c7 ♗c1 23.d6! Shipov) 22.♘f6 ♕f6 23.ba4 ed5 24.♗d5 ♘d5 25.♕d5 ♔h8 26.♕b7 ♖f8±/=) 20...♗d4 (20...♗d7 21.♘e6 (21.♘c6 bc6 22.dc6 ♗c6 23.♖d8 ♗d8 24.♖d1⇄) 21...fe6 (21...♕e7 22.♘c7) 22.de6 ♗e6 23.♖d8 ♗d8 24.♕d4) 21.♕d4 ♕e4 22.♗e4 ♗b3 23.♖d2 ♕d6 24.♕a7! b6 (24...c5 25.♕b7 ♖e8 26.♖e2! (26.♗f3 c4 27.♕b5 ♖a8) 26...♗f8 27.♕a7±; 24...♖e8 25.♗f3 ♗a2 (25...c6 26.♕b7±) 26.♖a2 ♗a2 27.♕a5 ♕a6 (27...♗b3 28.♕b5) 28.♕c7±) 25.♕b7 ♖e8 26.♕c7 ♕c7 27.♖c7 ♖e4 28.d6 ♗e6 29.d7 ♗d7 30.♖dd7] **20.♘c5 b6 21.♘c6!** [21.♘de6 ♕e7 22.♘d7 ♕d7 23.♗h3 ♕e7] **21...♗c6 22.dc6 bc5!** [22...♕e7 23.♖d7 ♕f8 24.♘e4 ♗a2 25.♖cd1; 22...♘f6 23.♘d7 (23.♘e4 ♕e6) 23...♕e6 24.♕e6 (24.♘e5 ♕e5 25.♗h3 ♖cd8 26.♖d7±) 24.♖e6 25.♘h3! (25.♘e5 ♖e5 26.♖d7 ♘a6 (26...♔f8 27.♗h3)

27.♘d5 ♘c5 28.♗f7 ♔f8) 25...f5 26.♗f1±] **23.♖d8 ♖cd8 24.♖e1!** [24.♗h3?! ♗b2 25.♖b1 ♖d2⇄] **24...♗d4 25.♖e8 ♖e8 26.♕b5** [26.♗f3 ♖e1 (26...♖e6!?) 27.♔g2 ♖b1⇄] **26...♗g7** [26...♖e1 27.♗f1 ♖e6 (27...♖b1 28.♕a5 (28.♕b8 ♔g7 29.♕c7 ♖b2) 28...♖b2 29.♕c7 ♔g7 30.♗b5 ♖f2 31.♔h1 ♘d5 32.♕d8 ♘e3 33.c7 ♖c2 34.h4 ♘g4 35.♕f8 ♔f8 36.c8♕ ♔g7 37.♕g4+−) 28.♕a5 ♘c6 (28...♖c6 29.♔g2) 29.♕a8 ♔g7 30.♔g2+−]

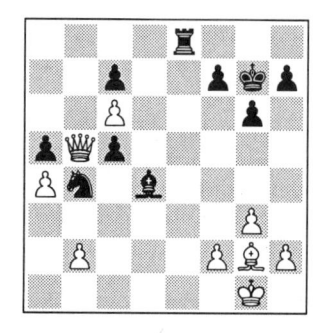

27.♕a5?! [27.♗f3 ♖e6 28.♔g2 c4 29.♕a5 ♘d3; 27.♗f1! ♖e5!! (27...c4 28.♕a5 ♘d3 29.♗d5 ♖e5 30.♕a6!; 27...♘c2 28.♗d5 ♖e5 29.♗c4; 29.♕a5!? ♖d5 30.♕c7) 28.f4 (28.♕a5 ♘d3 29.♗f3 ♖f5; 28.♗f3 ♖f5 29.♔g2 c4 30.♕c4 ♗b6 31.g4) 28...♖e3 29.♕a5 ♘c2 (29...♖b3 30.♕c7 ♖b2 31.♗e4; 29...♘d3 30.b3 c4 31.bc4 ♖e1 32.♕e1 ♘e1 33.♔e1) 30.♗d5 ♖e1 31.♕e1 (31.♔g2 ♖e2 32.♔h3 ♗g1⇄) 31...♘e1 32.♔e1 ♗b2] **27...♖e2 28.♕c7 ♖f2 29.♔h1** [29.h4 ♘d3 30.♕d8 ♖d1 31.♔h2 ♖d1 32.♗d5 ♖d2=] **29...♘d3 30.♕d8?** [30.♗d5! ♘e5 (30...♖e1 31.♕f7 ♖f7 32.♗f7 ♗e5 33.a5+−) 31.h4!! (31.a5 ♘g4 32.♕f7 ♖f7 33.♗f7 ♘f2 34.♔g2 ♘e4 35.c7 (35.a6 c4 36.♗c4 ♘d6) 35...♘d6 36.a6 c4 37.♗e6 ♔f6 38.c8♕ ♘c8 39.♗c8 ♔e5 40.♗f3 ♗d6 41.♗f4 ♔c7 42.♗e6 h6 43.♗c4 ♗b2 44.♗f7 g5 45.♔g4 ♔b6 46.♗c4 ♗d4 47.♔h5 ♔g1 48.h3 ♗e3 49.g4 ♗f2 50.♔h6 ♔h4=; 31.♔c8 h5! (31...f5 32.♔g8! (32.♕b7 ♔h6 33.c7 ♖f1 34.♔g2 ♖g1 35.♔h3 g5 36.♗g3 g4 37.♔g4 ♘d3!! 38.♕f3 fg4⇄; 32.c7 ♖f1 33.♔g2 ♖f2

34.♕e7+−) 32.c7 (32.♕a6 ♘g4 33.♗g2 ♖b2 34.h3 ♖b1 35.♗f1 ♘e5⇄; 32.h3 ♖f1 33.♔h2 ♖f2 34.♗g2 ♖b2) 32...♘g4 33.♕g4 ♖f1 (33...hg4 34.h4) 34.♔g2 ♖f2= 35.♔h3? hg4 36.♔g4 f5 37.♔h3 g5 38.g4 ♗e5−+) 31...♘g4 (31...h5 32.a5 ♘g4 (32...♖b2 33.a6 ♖b1 34.♔b2 35.♔h3+−; 32...♖f1 33.♔g2 ♖b2 34.♔h3 ♖e2 35.♕e7+−) 33.♕f7 ♔f7 34.♗f7 ♘f2 35.♔g2 (35.♔h2 ♘e4) 35...♘e4 36.c7 ♘d6 37.a6 c4 38.♗e6 (38.♗c4 ♗f6 39.♔f3 ♗e7) 38...♔f6 39.c8♕ ♘c8 40.♗c8+− ♔e5 41.♗d7 ♘e4 42.♗e8 f5 43.♗f3+−) 32.♗g2 h5 33.♕f4!! ♖f4 34.gf4 ♘f2 35.♔h2 ♘e3 36.a5! (36.♔g3 ♘d3 37.♔f3 ♗f4 38.♗f1 c4 39.♗d3 cd3 40.a5 g5=) 36...♗f4 37.♔g1 ♘d3 38.a6+−; 30.♔e4 ♘e5 31.h3 (Shipov; 31.♕c8 f5; 31...h5 32.c7 ♘g4) 31...♖f1 32.♔h2 ♖f2 33.♗g2 ♖b2 (33...♔f3 34.♔h1 ♘e1 35.♕f4! ♖g2 36.♕f1+−) 34.g4 ♘d3 35.♕g3 (35.♕d6? ♘e1!) 35...♖b1 36.♗h1 (36.♕d3 ♗e5 37.♕g3 ♗g3 38.♔g3 ♖b8 39.a5 ♖c8! 40.a6 ♖c7) 36...♖b2= Shipov]

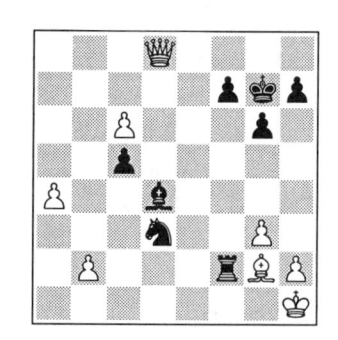

30...♖c2! [30...♖b2 31.c7 ♘f2 (31...♖b1 32.♗f1 ♖f1 33.♔g2 ♖g1 34.♔f3 (34.♔h3 ♘f2 35.♔h4 ♖g2 36.♕d4 cd4 37.c8♕ h6) 34...♘e5 35.♔e4 ♘c6 36.a5 ♖a1 37.♕d6+−) 32.♔g1 ♘g4 33.♕d4 cd4 34.c8♕ ♖b1 35.♗f1 ♘e3 36.♕a6 ♔f8 37.♗e7 (37...♖f1 38.♕f1 ♘f1) 38.♔f2 ♖f1 39.♕f1 ♘f1 40.a6] **31.♗f1** [31.♗f3 ♖c1 32.♔g2 ♖c2 33.♔h3 ♘f2 34.♔h4 ♘d3! (34...♗f6 35.♕f6 ♔f6 36.c7 g5 37.♔h5) 35.♔h3=; 35.h3 ♖c4] **31...♘f2 32.♔g2 ♘g4** [32...♘d3? 33.♔h3 ♘f2 (33...♘e5 34.c7 ♘f3 35.c8♕ ♘g1 36.♔h4 ♖h2

37.♗h3 ♗f6 38.♕f6 ♔f6 39.♕h8) 34.♔h4 ♗f6 35.♕f6 ♔f6 36.c7+−] **33.♔f3** [33.♗e2 ♘e5! (33...♖e2 34.♔f3 ♖h2 35.c7 ♘f6 36.♕d4 cd4 37.c8♕ ♖b2⇄) 34.c7 ♖e2 35.♔f1 (35.♔h3 ♘f3 36.c8♕ ♘g1 37.♔h4 ♖e4 38.♕g4 ♖g4 39.♔g4 ♗e5!! 40.a5 h5 41.♔h4 ♗f6 42.♕f6 ♔f6 43.a6 ♘f3 44.♔h3 ♘g5 45.♔g2 ♘e6−+) 35...♖f2 36.♔e1 ♘d3 37.♔d1 ♘b2=] **33...♘e5** [33...f5 34.♕e7 ♔h6 35.♕h4 ♔g7=] **34.♔e4 ♘c6 35.♕c7 ♗b4 36.g4?!** [36.b3 ♖f2 37.♗c4 ♔f8 38.♕d8 ♔g7 39.♕e7 ♔h6=] **36...♖f2 37.♗b5 g5 38.a5** [38...♖f4 39.♕f4 gf4 40.a6=] ½-½
Gelfand

Study Material

Kasparov, Garry
Karpov, Anatoly

Moscow Wch-m 1984 (22)

1.d4 ♘f6 2.c4 e6 3.g3 d5 4.♗g2 ♗e7 5.♘f3 0-0 6.0-0 dc4 7.♕c2 a6 8.a4 [8.♕c4 b5 9.♕c2 ♗b7 10.♗d2 ♗e4 11.♕c1 ♗b7!?] **8...♗d7 9.♕c4 ♗c6 10.♗g5!? a5 11.♘c3 ♘a6 12.♖ac1** [12.♗f6!? △ 13.e4] **12...♕d6!? 13.♘e5! ♗g2 14.♔g2 c6** [14...♕b4!?] **15.♗f6± gf6** [15...♗f6? 16.♘e4 ♕e7 17.♘f6] **16.♘f3 ♖fd8 17.♖fd1** [17.e4!? △ ♖cd1, ♖fe1, d5] **17...♕b4 18.♕a2** [18.♕d3 ♕b2 19.♖b1 ♕a3 20.♖b7? ♘c5!] **18...♗d7 19.e3** [19.e4!?] **19...♖ad8 20.♖c2** ½-½
Tisdall
M/84-4-65 YB/2-288

Tukmakov, Vladimir
Georgiev, Kiril

Szirak 1985 (1)

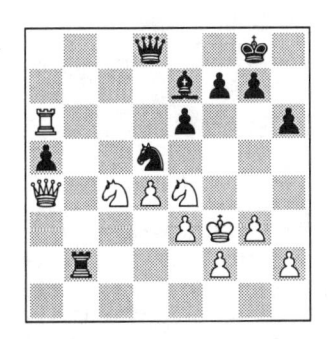

1.d4 ♘f6 2.c4 e6 3.♘f3 d5 4.g3 ♗e7 5.♗g2 0-0 6.0-0 dc4 7.♕c2 a6 8.a4 ♗d7 9.♕c4 ♗c6 10.♗g5

a5 [10...♕d5!? 11.♕d3 c5∞] **11.♘c3** [11.♗f6!? ♗f6 12.♘c3 ♖a6? (12...♘f3 13.♗f3 c6±) 13.e3! (13.e4 ♖b6 14.♕e2 ♗d4 15.♖fd1 ♗b4) 13...♖b6 14.♕e2 ♖b4 (≥ 14...♘f3 15.♗f3 c6) 15.♖fd1 g6 16.♕c2 ♗g7 17.♖ac1 ♘a6 18.b3± ♗d5?! 19.♘d2±] **11...♘a6 12.♖fd1!?** [12.♖ac1] **12...♕d6 13.e3 h6 14.♗f6 ♗f6 15.♘d2!?** [15.♘e1!?] **15...♗g2 16.♔g2 ♕b4 17.♕e2! c6** [17...♕b2?! 18.♘ce4 (△ 19.♖fb1) 18...♕b6 19.♘f6 gf6 20.♘e4⩲; 20.♕f3!?⩲] **18.♘c4 ♘c7 19.♘e4 ♘d5 20.♖a3** [20.♕c2 ♘e7 21.♕b3 ♕c7 △ ♗e7-b4] **20...♕e7 21.♖b3 ♖fb8** [21...♕c7 22.♕h5!? ♗e7 23.♕e5! ♕e5 24.de5 ♗b4 25.♘ed6± △ 26.e4] **22.♖c1 b5?!** [22...♕c7!? 23.♘c5±] **23.♘cd6! ba4 24.♖b8** [24.♖a3?! ♕d7! 25.♖a4 (25.♘c4 ♗e7 △ 26...c5) 25...c5!] **24...♖b8 25.♖c6 ♕d7 26.♖a6!** [26.♖c1 ♗e7] **26...♕c7!?** [26...♗e7!? 27.♘c5 ♕d8!? (27...♕c7 28.♘b5 ♕c8? (28...♕d8! 29.♘a4 ♗b4 30.♖a7 ♘c6 31.♖c7 ♖b5 32.♖c6 ♘d5 33.♕f3 ♕f3 34.♔f3 ♖b4 35.♖c8 ♔h7 36.♖c7±) 29.♘a7) 28.♘c4 ♗c5 29.dc5 ♘b4 30.♖a5 ♕d5 (30...♘d3 31.♖a4±) 31.e4±] **27.♕c4!?** ♕d8 [27...♗b2 28.♖a8 ♔h7 29.♘f6 (29.♕d3 g6 30.♘e8 ♕b7!∞; 29.♕c7 ♗c7 30.♖a5 ♗d5 31.♔f3 ♗e7 32.♖a4 (32.♘f7!?) 32...♗d6 33.♘d6 ♘c3 34.♖a1±) 29...gf6 30.♕d3 f5 31.♕f5 ♕c2!∞] **28.♕a4 ♖b2 29.♔f3!?** [29.♘c4!?] ♗b4 30.♕a5 ♗c4 31.♕d8 ♗d8 32.♖a8±] **29...♗e7 30.♘c4**

30...♕c8? [30...♖b4 31.♕a5 ♖c4 (31...♕a5 32.♖a5 ♖a4 33.♖a7±) 32.♕d8 ♗d8 33.♖a8±; 30...♘b6 31.♘b6 ♖b6 32.♖a5±] **31.♖a5?? ** [31.♖c6! ♕b7 32.♖b2 f5 (32...♘b4 33.♘e6!?) 33.♘c5+−] **31...♖b8!** [△ 32...♕b7]

32.♘c5?! [32.♖b5 ♖a8 33.♕b3±] **32...♗c5! 33.♖c5** [33.dc5 ♘c3⩱] **33...♕b7 34.♘d6 ♕b1 35.♕c2** [35.♔g2 ♘e3!] **35...♕h1 36.♘e2 ♕h2 37.♖c8 ♖c8 38.♕c8 ♔h7 39.♕c2 f5 40.e4!? ♕h5 41.♔f1** ½-½
Tukmakov
YB/4-318

Khalifman, Alexander
Tunik, Gennady

Moscow 1989 (8)

1.d4 ♘f6 2.c4 e6 3.g3 d5 4.♗g2 ♗e7 5.♘f3 0-0 6.0-0 dc4 7.♕c2 a6 8.a4 ♗d7 9.♕c4 ♗c6 10.♗g5 a5 11.♘c3 ♘a6 12.♖fd1 ♘b4 13.e3 ♗d5 14.♕e2 ♘e4 15.♗e7 ♕e7 16.♘e5 ♘c3 17.bc3 ♗g2 18.♔g2 ♘c6 19.♘f3! ♖fd8 20.♕b5 ♖a6 21.♖ab1 ♖b6 22.♕c4 ♕d6 23.♖b6 cb6 24.♖b1± ♘e7 25.♕b3 ♗c8 26.♘e5 ♕d5 27.♔g1 ♕b3 28.♖b3 ♖d6 29.♔f1 f6 30.♘f3 ♖c6 31.♘d2 ♔f7 32.♔e2 ♔e7 33.♔d3 ♗d7 34.e4 ♔c7 35.♘c4 ♖d6 36.♘e3 ♗c8 37.f4 ♖d6 38.♖b1 ♖d8 39.♘c4 h5 40.♘a3 ♖h8 41.♘b5 ♔d7 42.e5 fe5 43.fe5 ♖f8 44.♗e2 g5 45.♖f1 ♖f1 46.♔f1 ♗e7 47.♗e2 ♗f5 48.♗f3 ♘h6 49.c4 ♘g4 50.h4 gh4 51.gh4 ♘h2 52.♔f4 ♘f1 53.♔g5 ♘g3 54.♔f6 ♘e2 55.d5 ♘f4 56.♘c3 b5 57.de6 ♘e6 58.cb5 ♘f4 59.♔f7 ♘d3 60.e6 ♔d6 61.♘e4 1-0

Lputian, Smbat
Georgiev, Kiril

Biel izt 1993 (12)

1.d4 ♘f6 2.c4 e6 3.♘f3 d5 4.g3 ♗e7 5.♗g2 0-0 6.0-0 dc4 7.♕c2 a6 8.a4 ♗d7 9.♕c4 ♗c6 10.♗g5 a5 11.♘c3 ♘fd7?! [11...♘bd7; 11...♘a6] **12.♗e7 ♕e7 13.e4 ♘a6 14.♖fd1 ♖fd8 15.b3 ♘b6 16.♕e2 ♗e8± 17.♕b2!?** [△ 17...c5 18.d5] **17...♖ac8 18.♘e5 f6** [18...c5 19.d5 ed5 20.♘d5±] **19.♘c4 ♘c4 20.bc4 ♕b4 21.♖ab1! ♕c4** [21...♕b2 22.♖b2 ♘b4 23.♗h3] **22.♗f1 ♕b4 23.♕c1 ♕e7 24.♖b7 ♘b4 25.d5± ♖b8**

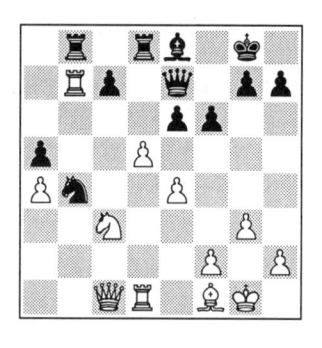

26.d6!+− ♕f8 27.dc7 ♖d1 28.♕d1 ♖c8 29.♕d8 1-0

Beliavsky,Alexander
Shneider,Alexander

Tivat tt 1995 (8)

1.d4 ♘f6 2.c4 e6 3.g3 d5 4.♘f3 ♗e7 5.♗g2 0-0 6.0-0 dc4 7.♕c2 a6 8.a4 ♗d7 9.♕c4 ♗c6 10.♗g5 a5 11.♘c3 ♘a6 12.♘f6 ♗f6 13.e4 ♘b4 14.♖fd1 b6 15.♘e1 g6 16.e5 ♗g2 17.♘g2 ♗g7 18.♘e3 ♕e7 19.♖ac1 ♖fd8 20.♘e4 ♗d7 21.g4 h6 22.f4 ♕h4 23.♕e2 ♕d7 24.♕f3± ♘d5 25.♘c4 ♕h4 26.♖d2 ♖ad8 27.♖f1 g5!?⇄ 28.fg5 hg5 29.♖fd1 ♘f4 30.b3

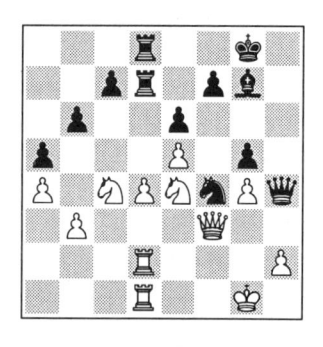

Kurajica,Bojan
Zelic,Zdravko

Tucepi tt 1996 (9)

1.d4 ♘f6 2.♘f3 e6 3.g3 d5 4.c4 ♗e7 5.♗g2 0-0 6.0-0 dc4 7.♕c2 a6 8.a4 ♗d7 9.♕c4 ♗c6 10.♗g5 a5

30...♖d4 31.♖d4 ♖d4 32.♘f2 ♖d1 33.♕d1 ♘h3 34.♘h3 ♕h3 35.♕d8 ♗f8 36.♕g5 ♔h7 ½-½

11.♘c3 ♘a6 12.♗f6 ♗f6 13.e4 ♘b4 14.♖ad1 b6 15.♖fe1 ♗b7 16.♕b3 c6 17.h4 h6 18.♖d2 ♕c7 19.♘h2 ♖fd8 20.♖ed1 ♗e7 21.♘g4 ♗f8 22.♘e3 ♗d7 23.f4± ♖ad8 24.♔h2 ♗d6 25.♘e2 ♗f8 26.♘c4 ♗a6 27.♘c3 ♗c4 28.♕c4 ♗d6 29.♕f1 ♗e7 30.e5 ♗f8 31.h5 ♗e7 32.♗e4 f5 33.♗g2 ♖f8 34.♖e1 ♕d8 35.♕c4 ♔f7 36.♖ed1 ♖c7 37.g4! fg4 38.♕e2 g3 39.♔g3 ♔g8 40.♕g4 ♕d7 41.♗h3+− ♖e8 42.♕e6 ♕e6 43.♗e6 ♔f8 44.♔g4 ♖d8 45.♗b3 ♖d7 46.♔f5 ♗c7 47.♔e4 ♗b8 48.♖g2 ♖ed8 49.♖g6 ♗a7 50.♗e6 ♖c7 51.f5 1-0

Mikhalevski,Victor
Rozentalis,Eduardas

Beer Sheva 1997

1.d4 ♘f6 2.c4 e6 3.g3 d5 4.♗g2 ♗e7 5.♘f3 0-0 6.0-0 dc4 7.♕c2 a6 8.a4 ♗d7 9.♕c4 ♗c6 10.♗g5 a5 11.♘c3 ♘a6 12.♖ac1 ♘b4 13.♖fd1 ♖c8 14.♗f6 ♗f6 15.e4 b6 16.d5! ed5 17.ed5 ♗b7 18.♘d4 ♗a6 19.♘cb5 ♗d4 20.♖d4 ♕f6 21.♖cd1 g6 22.b3 ♖fe8 23.♗h3 c6 24.♖f4 cb5

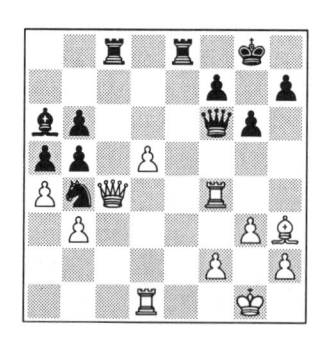

25.♕b4! ♕c3! 26.♕c3 ♖c3 27.♗f1 ♖b3 28.♖f6 ♗b7 29.♗b5 ♖d8 30.♖b6 ♖d5□ 31.♖e1 ♖d7 32.♖g6 hg6 33.♗d7 ♗f3 34.h3 ♖b4 35.♗b5 ♖d4 36.♖a1 f5 37.♔h2 ♖d2 38.♔g1 ♗g7 39.♗f1 f4 40.gf4 ♖d4 41.♔h2 ♖f4 42.♔g3 g5 43.♖c1 ♔f6 44.h4 ♗b7 45.hg5 ♔g5 46.♖c5 ♖f5 47.f4 ♔f6 48.♖c7 ♗e4 49.♗b5 ♖d5 50.♖c6 ♔g7 51.♖a6 ♖d2 52.♗f1 ♖d1 53.♗e2

♖d2 54.♔f2 ♖a2 55.♔e3 ♖a4 56.♗b5 ♖b4 57.♗a5 ♔f6 58.♖a6 ♔e7 59.♗f1 ♗f5 60.♗g2 ♔f7 ½-½

Akesson,Ralf
Stefansson,Hannes

Reykjavik 1997 (7)

1.d4 ♘f6 2.c4 e6 3.g3 d5 4.♗g2 ♗e7 5.♘f3 0-0 6.0-0 dc4 7.♕c2 a6 8.a4 ♗d7 9.♕c4 ♗c6 10.♗g5 a5 11.♘c3 ♘a6 12.♗f6 ♗f6 13.e4 ♘b4 14.♖fd1 g6 15.♕e2 ♗g7 16.h4 ♕e7 17.♕d2?! [17.e5 ♖ad8 18.♘e4 b6 19.b3 ♖d7 20.♖ac1 ♗d5 21.♕e3 ♖fd8 ½-½ Poluliakhov-Lobzhanidze, Krasnodar 1997] 17...♖ad8 18.♖ac1 f5!∓ 19.ef5 gf5 20.♕e2 ♗f3 21.♕f3 ♗d4 22.♕b7 f4

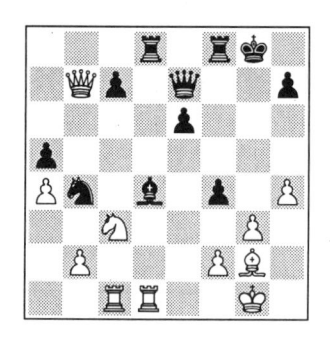

23.♖d4!⇄ ♖d4 24.♘e2 ♖d7 25.♘f4 e5 26.♘h3 ♘d3 27.♖c4 ♕f7 28.♖c2 ♘e1 29.♘g5 ♕f6 30.♗d5 ♔h8 31.♖e2 ♘d3 32.♕b5 ♕d6 33.♗e6 ♖e7 34.♖d2 e4 35.♕c4 ♕b4 36.♘e4 ♕c4 37.♗c4 ♘e1 38.♖e2 ♘f3 39.♔g2 ♘d4 40.♖e3 ♘c2 41.♖e2 ♘d4 ½-½

Lputian,Smbat
Sadler,Matthew

Luzern Wch-tt 1997 (9)

1.♘f3 d5 2.g3 ♘f6 3.♗g2 e6 4.0-0 ♗e7 5.c4 0-0 6.d4 dc4 7.♕c2 a6 8.a4 ♗d7 9.♕c4 ♗c6 10.♗g5 a5 11.♘c3 ♘a6 12.♗f6 ♗f6 13.e4 ♘b4 14.♖fd1 ♖a6?! 15.♖ac1 [15.h4 ♖b6 16.♖d2 ♘a6 17.♕e2 ♘b4 18.♕d1± Lputian] 15...♖b6 16.h4 h6 17.♕e2 ♖e8 18.♖d2 ♕d7?! [≥ 18...g6] 19.♕d1 ♕d8 20.♘h2 ♗e7 21.♘g4

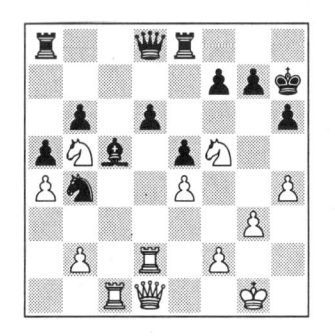

♖f8 22.♘e5 ♗e8 23.♗f1 ♖d6 24.♘c4 ♖a6 25.♘e3± ♖a8 26.d5 e5 27.♘f5 ♗c5 28.♗b5 ♔h7 29.♗e8 ♖e8 30.♘b5 b6 31.d6+– cd6

Lputian,Smbat
Asrian,Karen

Armenia ch 1998

1.d4 d5 2.c4 e6 3.♘f3 ♘f6 4.g3 ♗e7 5.♗g2 0-0 6.0-0 dc4 7.♕c2 a6 8.a4 ♗d7 9.♕c4 ♗c6 10.♗g5 a5 11.♘c3 ♘a6 12.♗f6 ♗f6 13.e4 ♘b4 14.♖fd1 b6 15.h4 ♗b7 16.♖d2 ♕c8 17.♕e2 c5? [17...c6] 18.dc5 ♕c5 19.e5 ♗e7 20.♘d4! ♗g2 21.♔g2 ♘d5 22.♖c1 ♖ad8

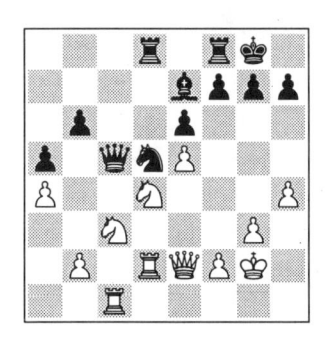

23.♘a2!± ♘f4 24.gf4 ♕d5 25.♔g3 ♕a2 26.♘c6 ♖de8 27.♕d1 f6 28.b4 ♕a3 29.♖d3 ♕a2 30.♖d7+– fe5 31.♘e7 ♔h8 32.♘c6 ef4 33.♔g2 f3 34.♔g3 e5 35.♕d5 ♕b2 36.♕d2 ♕d2 37.♖d2 ab4 38.♘b4 h5 39.♖c4 ♖e6 40.♖c6 ♖e7 41.♖b6 e4 42.♘c2 ♖a8 43.♖d4 1-0

Beliavsky,Alexander
Rozentalis,Eduardas

Batumi Ech-tt 1999 (7)

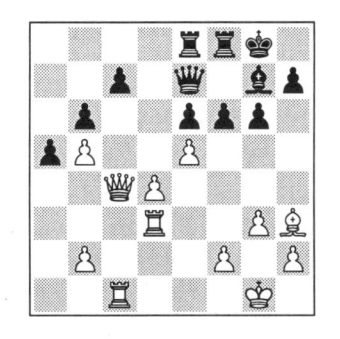

1.d4 ♘f6 2.c4 e6 3.g3 d5 4.♗g2 ♗e7 5.♘f3 0-0 6.0-0 dc4 7.♕c2 a6 8.a4 ♗d7 9.♕c4 ♗c6 10.♗g5 a5 11.♘c3 ♘a6 12.♗f6 ♗f6 13.e4 ♘b4 14.♖fd1 b6 15.♘e1 g6 16.♘b5 ♗g7 17.♖ac1 ♖c8 18.♘d3 ♘d3 19.♖d3 ♗b5 20.ab5 ♕e7 21.e5!± f6?! 22.♗h3 ♖ce8

23.d5! fe5 24.de6+– ♔h8 25.♖d7 ♕f6 26.♕e2 e4 27.♖cc7 ♖g8 28.b3 ♕e5 29.♕e3 ♖c8 30.♖c8 ♖c8 31.♕b6 1-0

Kozul,Zdenko
Gazarek,Danko

Ljubljana 1999 (8)

1.d4 d5 2.c4 e6 3.♘f3 ♘f6 4.g3 ♗e7 5.♗g2 0-0 6.0-0 dc4 7.♕c2 a6 8.a4 ♗d7 9.♕c4 ♗c6 10.♗g5 a5 11.♘c3 ♘a6 12.♗f6 ♗f6 13.e4 ♘b4 14.♖fd1 b6 15.♕e2 ♗b7 16.♖ac1 c6 17.h4 ♖c8 18.e5 ♗a6 19.♕e1 ♗e7 20.♗f1 ♗f1 21.♕f1± ♕d7 22.b3 ♕b7 23.♕e2 ♖fd8 24.♕e4 ♗d5 25.♘g5 ♗g5 26.hg5 ♕e7 27.♕g4 ♘c3 28.♖c3 ♕b4 29.♖cd3 ♖d5 30.♔g2 ♖cd8 31.♕h4 ♕e7 32.♖c3 c5 33.♖h1 h6 34.dc5 bc5 35.gh6 ♕h4 36.♖h4 ♖e5 37.♖g4 g6 38.♖gc4 ♖c8 39.g4 g5 40.f4 gf4 41.♖f4 ♖c7 42.♔g3 ♔h7 43.♖f6 ♖d5 44.♔h4 ♔g8 45.g5 ♖d1 46.♖ff3 ♔h7 47.♔h5 ♖h1 48.♖h3 ♖d1 49.♖cd3 ♖g1 50.♖df3 ♔g8 51.♖fg3 ♖g3 52.♖g3 ♖d7 53.♖f3 ♔h8 54.♔g4 ♔g8 55.♔f4 ♖d5 56.♖e3 ♖f5 57.♔g4 ♖d5 58.♔h5 ♖d7 59.♖e5 ♖d5 60.♖e3 ♔h7 61.♖g3 ♔g8 62.♔g4 ♖d4 63.♔h5 ♖d5 64.♖f3 ♔d7 65.♖f6 ♔h8 66.♔g4 ♔g8 67.g6 fg6 68.♖g6 ♔h7 69.♔h5 ♖d5 70.♖q5 e5 71.♖g7 ♔h8 72.♔g5 ♖d3 73.♖b7 e4 74.♖b6 ♖c3 75.♔f5 c4 1-0

Nielsen,Peter Heine
Lobzhanidze,Davit

Bergen 2000 (5)

1.c4 e6 2.♘f3 d5 3.d4 ♘f6 4.g3 ♗e7 5.♗g2 0-0 6.0-0 dc4 7.♕c2 a6 8.a4 ♗d7 9.♕c4 ♗c6 10.♗g5 a5 11.♘c3 ♘a6 12.♗f6 ♗f6 13.e4 ♘b4 14.♖fd1 g6 15.h4 h6 16.♖ac1 ♖c8 17.♘h2 ♗g7 18.♘b5 ♗b5 19.♕b5 b6 20.h5 c6 21.♕e2 g5 22.e5± ♕e7 23.♘g4 c5 24.dc5 ♖c5 25.♖c5 ♕c5 26.♖d7 ♘c6 27.♖c7 ♘d4 28.♕c4 ♕c4 29.♖c4 ♘b3 30.♖c6 ♖b8 31.♗f1 ♘d4 32.♖c3 ♗f8?! [32...♖d8] 33.♖c7 ♘f3 34.♔g2 ♘e5 35.♘e5 ♗d6 36.♖f7 ♗e5 37.♖e7± ♗b2 38.♖e6 ♗g7 39.♗c4 ♔f8 40.♖c6 ♖b7 41.♔h3 ♖e7 42.♖b6 ♖e4 43.♗b3 ♖e2 44.f3 ♖e3 45.♗d5 ♖e5 46.♗c4 ♖f5 47.♖b8 ♔e7 48.♖b7 ♔f8 49.♔g4 ♖f6 50.♗b3 ♖d6 51.♖f7 1-0

Karpov,Anatoly
Milos,Gilberto

Denpasar 2000 (3)

1.d4 ♘f6 2.c4 e6 3.g3 d5 4.♗g2 ♗e7 5.♘f3 0-0 6.0-0 dc4 7.♕c2 a6 8.a4 ♗d7 9.♕c4 ♗c6 10.♗g5 a5 11.♘c3 ♘a6 12.♗f6 ♗f6 13.e4 ♘b4 14.♖fd1 b6 15.♖d2 ♗b7 16.♕e2!? ♗a6 17.♕e3 c6 18.h4 ♕c7 19.♖c1 ♖ad8 20.e5 ♗e7 21.♘g5 ♖d7 22.♗e4 g6 23.b3 [23.♘f3!± Milos] 23...♕d8 24.♖cd1 ♘d5= 25.♘d5 cd5 26.♗d3 ♗d3 27.♖d3 ♖c7 28.♖c1 b5 29.ab5 g5 30.hg5 ♖c1 31.♕c1 ♕b6 32.♕c6 ♖b8 33.♖f3 ♕b5 34.♕c7 ♖f8 35.♔g2 a4 36.ba4 ♕a4 37.♖f4 ♕b4 38.♕a7 ♔g7 39.♕a1 ♕e7 40.♕c1 ♖a8 41.♖h4 ♖d8 42.♕f4 ♔g8 43.♖h1 ♕f8 44.♕h4 ♕g7

45.♕h6 ♖b8 46.♖a1 ♕f8 47.♕h4 ♖a8 48.♖h1 ♕g7   ½-½

Lputian,Smbat
Polgar,Judit

Wijk aan Zee 2000 (6)

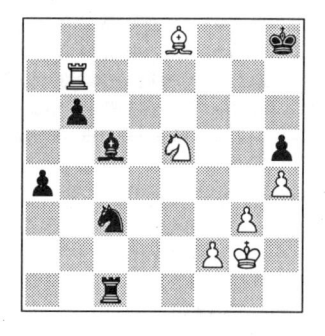

1.d4 ♘f6 2.♘f3 e6 3.g3 d5 4.c4 ♗e7 5.♗g2 0-0 6.0-0 dc4 7.♕c2 a6 8.a4 ♗d7 9.♕c4 ♗c6 10.♗g5 a5 11.♗f6 ♗f6 12.♘c3 ♘a6 13.e4 ♘b4 14.♖fd1 g6 15.h4 ♖c8 16.♖d2 ♗g7 17.♖ad1 ♕e7 18.♘g5 h6 19.♘f3 b6 20.d5 ♗d7 21.♘d4 ed5 22.ed5 ♗g4 23.♘c6! ♘c6 24.♕g4 ♘e5 25.♕e2 h5 26.♘b5 ♕b4 27.♖d4 ♕c5 28.♖e4 ♖ce8 29.♕e3 ♕e3 30.♖e3 ♘c4 31.♖e8 ♖e8 32.♘c7 ♖c8 33.d6 ♖d8 34.♘b5 ♘b2 35.♖c1 ♘a4 36.♖c7 ♗f8 37.♗d5 ♗d6 38.♖f7 ♔h8 39.♗e4 ♗e5 40.♗g6 ♖d5 41.♘a7 ♖c5 42.♖b7 ♗d4 43.♗e8 ♖c1 44.♔g2 ♘c3 45.♘c6 ♗c5 46.♘e5 a4

47.g4! ♖e1 48.♘g6 ♔g8 49.♗f7 ♔g7 50.gh5 ♘e4 51.♗e8 ♔h6 52.♘e7 ♔h7 53.♗g6 ♔g7 54.♘d5 ♔f8 55.h6 ♘d6 56.♖b8 ♘e8 57.♘f6 ♗d4 58.♘e8 ♔e7 59.♘g7 ♔f6 60.h7   1-0

Anastasian,Ashot
Timoschenko,Gennady

Istanbul ol 2000 (3)

1.♘f3 ♘f6 2.c4 e6 3.g3 d5 4.♗g2 ♗e7 5.0-0 0-0 6.d4 dc4 7.♕c2 a6 8.a4 ♗d7 9.♕c4 ♗c6 10.♗g5 a5 11.♘c3 ♘a6 12.♗f6 ♗f6 13.e4 ♘b4 14.♖ad1 b6 15.d5 ed5 16.ed5 ♗b7 17.♘d4 ♗d4 18.♖d4 ♕d7 19.♖fd1 ♖ae8 20.h4 ♖e5 21.♘b5 ♘a6 22.d6 ♗g2 23.♔g2 c6 24.♘c3 ♘b4 25.♖e4 ♖e4 26.♕e4 ♖e8 27.♕d4 ♘c2 28.♕d2 ♘b4 29.♔g1 h6 30.♕d4 c5 31.♕f4 ♖e6 32.♘b5 ♘c6 33.♖d5 ♖f6 34.♕d2 ♘b4 35.♖e5 ♘c6 36.♖d5 ♘b4 37.♖h5 ♘c6 38.♕e3 ♘d4 39.♖d5 ♖e6 40.♕d3 ♕c6 41.♕c4 ♘f3 42.♔g2 ♘e5 43.♕e4 f5 44.♖e5 fe4 45.♖e6 e3 46.♔g1 ef2 47.♔f2 ♕d5 48.♖e3 ♕f5 49.♔g2 ♕c2 50.♔h3 h5 51.♘c3 ♕c1 52.♖e2 ♕h1 53.♖h2 ♕f1 54.♖g2 ♕d3 55.♘b5 ♔f7 56.♔h2 ♔e6 57.♖f2 ♕d1 58.b3 ♕b3 59.♖e2 ♔f6 60.♔g2 ♕d3 61.♔f2 c4 62.♖e3 ♕d2 63.♖e2 ♕d3 64.♖e3 ♕d2 65.♖e2 ♕d1 66.♖e3 ♕a4 67.♘c3 ♕d7 68.♖e2 ♕f5 69.♔g2 ♕d3 70.♖e3 ♕d2 71.♔f3 ♔f5 72.♘e4 ♕d5   0-1

Stefanova,Antoaneta
Anastasian,Ashot

Istanbul ol 2000 (6)

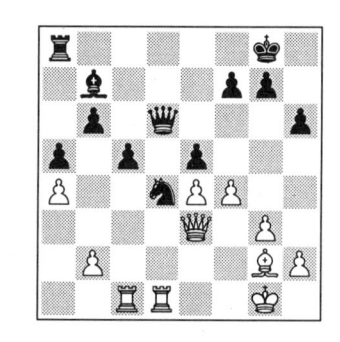

1.d4 ♘f6 2.♘f3 e6 3.g3 d5 4.♗g2 ♗e7 5.c4 0-0 6.0-0 dc4 7.♕c2 a6 8.a4 ♗d7 9.♕c4 ♗c6 10.♗g5 a5 11.♘c3 ♘a6 12.♖fe1 ♘b4 13.♖ac1 ♘d7 14.♗e7 ♕e7 15.♘e5 ♘e5 16.de5 ♖fd8 17.♕b3 ♗d5 18.♕a3 c6 19.♗f1 c5 20.♘b5 b6 21.e4 ♗b7 22.♘d6 ♘c6 23.f4 ♘d4 24.♕e3 h6 25.♖ed1 ♖d6 26.ed6 ♕d6 27.♗g2 e5

28.♖f1 ♖e8 29.f5 ♕f6 30.h4 ♖d8 31.♔h2 ♖d6 32.♖f2 ♘c6 33.♗f1 ♖d4 34.♗g2 ♖a4 35.♔h3 ♖d4 36.g4 ♕d8 37.♖c3 ♘b4 38.g5 ♘d3 39.gh6 ♘f2 40.♕f2 ♖d3 41.♔h2 ♖d2 42.♕g3 ♕f6 43.♔h3 ♖d4 44.♖b3 ♗e4   0-1

INTRODUCTION: Damian Konca
MAIN ANALYSIS: Damian Konca
STUDY MATERIAL: Konca, Olthof, Timman, Kortchnoi

Grünfeld Indian Defence
Fianchetto Variation

GI 2.8-9

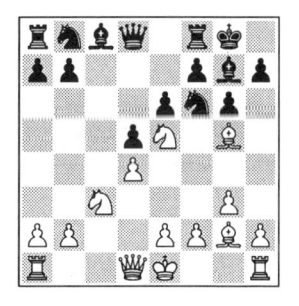

The Birth of a Variation

1.d4 ♘f6 2.c4 g6 3.g3 ♗g7 4.♗g2 c6 5.♘f3 d5 6.cd5 cd5 7.♘c3 0-0 8.♘e5 e6 9.♗g5

There are good reasons why the Slav scheme c6-d5 against the Fianchetto Variation has always enjoyed a reputation of being solid, safe and sound. It is difficult for White to achieve anything tangible after the exchange on d5, which tends to produce straightforward symmetrical positions. But this doesn't mean that there are no ways for White to try.

An Early Sortie
One option is the sortie ♗g5, which can be applied in two different lines. After 7.♘c3 0-0 8.♘e5 e6 White can delay castling (by far the most common move in this position) and play 9.♗g5. Now 9...♕b6 10.♕d2 ♘fd7 is the obvious reply, chasing the intruder from e5, but 10...♘bd7 is a viable alternative (Vaganian-Nunn, Reykjavik 1990) and so is 10...♘c6. The position after 11.♘c6 bc6 12.0-0 ♘d7 can also arise from a different move order, viz. 7.0-0 0-0 8.♘e5 e6 9.♘c3 ♘c6 (again, 9...♘fd7 is the main line. This was of course extensively played and analysed at the highest levels in the 1980s) 10.♗g5 (10.♗f4 is extremely drawish but White can also continue to fight for an opening advantage with 10.♘c6 or 10.f4) 10...♕b6 11.♘c6 (11.♘a4!? seems promising, Jurek-Lanzani, Germany 1991) 11...bc6 12.♕d2 ♘d7.

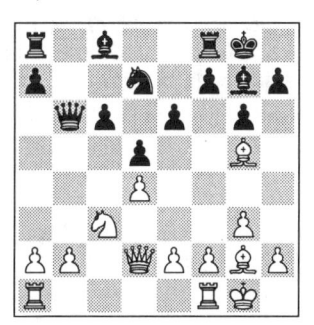

I reached this position in the semi-final of the 21st World Correspondence Championship against Arne Dahl from Denmark who played 13.♖fd1. At the time only three games with this move were available to me. Two players tried 13...♗a6 against Milan Drasko, but they failed to equalise. Ivanchuk deviated with 13...♖b8, followed by 14...f6, but this plan didn't work well either, and he lost as well.

An Antidote for 13.♖fd1
Analysing these games back in 1996, when the game started, I soon realised that Black's counter-play should come from the pawn levers c6-c5 and a7-a5-a4. That's

STATISTICS

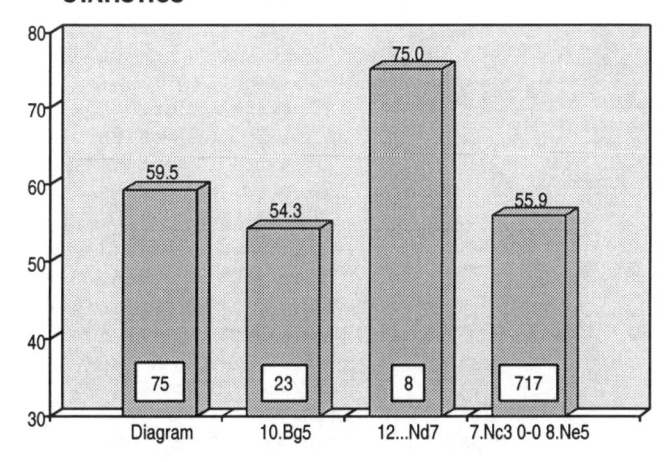

	Diagram	10.Bg5	12...Nd7	7.Nc3 0-0 8.Ne5
%	59.5	54.3	75.0	55.9
games	75	23	8	717

how my novelty was born. 13...a5 allows Black to deploy his forces favourably: queen to b4, bishop to a6 or d7 and king's rook to c8. After that Black can push the a and c-pawns.

The remarkable recent game Vaganian-Naer, Groningen 1999, shows the perils involved in opening up the centre prematurely.

Conclusion

I believe my plan infuses Black's position with new life after the early sortie ♗g5.

GI 2.8

Dahl, Arne
Konca, Damian

cr Wch-21 sf 1998

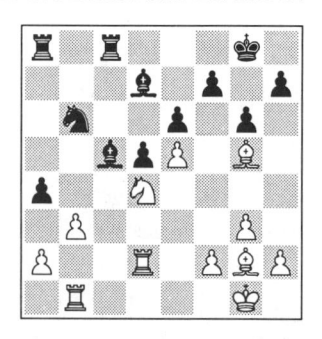

1.♘f3 ♘f6 2.c4 g6 3.g3 c6 4.d4 ♗g7 5.♗g2 0-0 6.0-0 d5 7.cd5 cd5 8.♘e5 ♘c6 9.♘c3 e6 10.♗g5 ♕b6 [10...h6] 11.♘c6 [11.♘a4!?] 11...bc6 12.♕d2 ♘d7 13.♖fd1 a5!N= 14.e4 ♕b4 15.♖ac1 ♕b6 16.b3 ♗d7 [16...♗a6!?] 17.e5 ♖fc8 [△ 18...c5] 18.♘e2 ♕d2 [18...♕a3!?] 19.♖d2 ♗f8 20.♖b1 [20.♘e3 ♗a3 21.♖cc2 (21.♖b1 a4 22.♖c2 ab3 23.ab3 ♗e7 24.♘f4 ♖cb8=) 21...♖c7 22.♘f4 (22.♘c3 ♖ac8 23.♘b1 ♗e7 24.♖d1 c5 25.dc5 ♗c5 26.♗c5 ♖c5 27.♖c5 ♖c5=) 22...♗c8 23.♘d3 ♘d7 24.♗f1 ♗a6=] 20...c5 21.dc5 ♗c5 22.♘d4 a4

23.b4?! [23.♗f1! ab3 24.ab3 (24.♘b3 ♗b4∓) 24...♖ab8 25.♗a6 ♘c4 (25...♖c7 26.♖c1 ♘a8 27.♖b1=) 26.♖dd1 ♖c7 27.bc4 ♖b1 28.♖b1 ♗d4 29.♖b8 ♔g7 30.♗f6 ♔h6 31.cd5 ed5 32.e6 ♗f6 33.ed7 (33.ef7 ♗g7 34.f8♕ ♗f8 35.♖f8 ♗h3∓) 33...♖d7∓] 23...♗f8 24.♖d3 ♘c4 25.♗f6 a3! 26.b5 ♗c5 27.♗f1 ♖a4 28.♘c6 [28.♘f3 ♖b8 29.♘d2 ♖b5 30.♖c1 ♖b7 31.♖b3 ♖b3 32.ab3 (32.♘b3 ♗f8∓) 32...♘d2! 33.ba4 ♗d4 34.♖c2 (34.♗b5 ♗b2 35.♖c7 a2 36.♖d7 a1♕ 37.♔g2 ♗a3 38.♖d8 ♗f8 39.♗e7 h5–+) 34...♘f1 35.♖a2 (35.♔f1 ♗b2–+) 35...♘d2 36.♖a3 (36.♖d2 ♗b2–+) 36...♘e4 37.♖a2 ♔f8! 38.a5 ♔e8 39.a6 ♗a7–+] 28...♗c6 29.bc6 ♖aa8 30.♖b7 [30.♖c3 ♗d4 31.♖c2 ♘c6 32.♖d1 ♗b2 33.♗c4 ♖c4 34.♖c4 dc4∓] 30...♖c6 31.♖d7 [31.♖d1 ♘b2 32.♖b1 ♗f8∓] 31...♖b8 32.♖d1 [32.♖f3 ♘d2 33.♖d3 (33.♖f4 ♗f8–+) 33...♘e4 34.♖f3 ♗f8–+; 32.♖b3 ♖b3 33.♖d8 ♗f8 34.♗e7 (34.♗c4 ♖b7!–+) 34...♖b1 35.♗f8 h6 36.♗e7 ♔h7 37.♗f6 g5 38.g4 ♘e5!–+] 32...♗f8 33.♖c1 ♕b6 34.♖c6 ♘d7 35.♖c7 ♘f6 36.ef6 ♖b2 37.♔g2 h5 38.h4 ♗d6 **0-1**

Konca

Study Material

9...♕b6 10.♕d2 ♘c6 11.♘c6 bc6 12.0-0 ♘d7 13.♖fd1

Kharitonov, Andrey
Ivanchuk, Vasily

Frunze 1988

1.♘f3 ♘f6 2.g3 g6 3.♗g2 ♗g7 4.c4 c6 5.d4 d5 6.cd5 cd5 7.♘c3 0-0 8.♘e5 e6 9.♗g5 ♕b6 10.♕d2 ♘c6 11.♘c6 bc6 12.0-0 ♘d7 13.♖fd1 ♖b8 14.b3 f6 [14...e5 15.de5 ♘e5 16.♗e3 △ 17.♘d4±; 14...c5 15.dc5 ♘c5 16.♗e3±] 15.♗h6 ♗h6 16.♕h6 c5 17.♘a4 ♕d6? [17...♕b4; 17...♕a5] 18.dc5 [18.e4!± Kharitonov] 18...♘c5 19.♘c5 ♕c5 20.♖ac1 ♕d6 [≥ 20...♕b6±] 21.♕d2 f5 22.♕d4 ♖f7 23.e3 ♗a6 24.♖c5 ♖c8 25.♖dc1 ♖fc7 26.♖c7 ♖c7 27.♖c7 ♕c7 28.h4 ♗e2! 29.♕b2 ♗d3 30.♕f6± ♕c6 31.♔h2 a6 32.♗f3 ♗e4 33.♗e4 fe4? [33...de4± 34.♕e7 ♕d5!] 34.♕e7!+– h5 35.♔g2 ♕c8 36.b4 ♕c6 37.a3 ♕c8 38.a4 ♕c6 39.♕f6 ♔h7 40.♕f7 ♔h6 41.♕g8 ♕c3 42.b5 ♕f6 43.♔g1 [43.ba6 ♕f3 44.♔g1 ♕d1 45.♔h2+–] 43...ab5 44.ab5 d4 45.ed4 ♕d4 46.♕e6 ♕d1 47.♔h2 ♕f3 [47...♕e2 48.♕f6!] 48.♕b6 **1-0**

Drasko, Milan
Schnitzspan, Lothar

Berlin 1990

1.d4 ♘f6 2.c4 g6 3.♘f3 ♗g7 4.g3 0-0 5.♗g2 c6 6.♘c3 d5 7.cd5 cd5 8.♘e5 e6 9.♗g5 ♕b6 10.♕d2 ♘c6 11.♘c6 bc6 12.0-0 ♘d7 13.♖fd1 ♗a6 14.♖ac1 ♖fc8 15.♗e7 ♗f8 16.♗f8 ♔f8 17.b3 ♖ab8 18.h4 ♔g8 19.h5!± ♕b4 20.e4 ♕f8 21.♗f3 ♕e7 22.♔g2 g5 23.h6 g4 24.♗e2 ♗e2 25.♕e2 ♕g5 26.♘a4 de4 27.♕e4 ♘f6 28.♕e3 ♕h5 29.♘c5 ♖d8 30.♘d3 ♖b5 31.♘e5 ♘d7 32.♖h1 ♕f5 33.♘c6 ♖e8 34.♖h4 ♔f8 35.♕e2 ♖c8 36.♖g4 ♕d5 37.♕e4 ♘b8

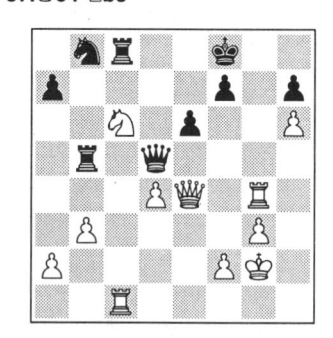

38.♖g8 **1-0**

Drasko, Milan
Stankovic, Bozidar

Becici 1993 (4)

1.d4 ♘f6 2.c4 g6 3.♘f3 ♗g7 4.g3 0-0 5.♗g2 c6 6.♘c3 d5 7.cd5 cd5 8.♘e5 e6 9.♗g5 ♕b6 10.♕d2 ♘c6 11.♘c6 bc6 12.0-0 ♘d7 13.♖fd1 ♗a6 14.♖ac1 ♕b7 15.b3 ♘b6 16.♗h6 ♗h6 17.♕h6 ♗b5 18.h4 ♕e7 19.e4 ♗a6 20.♕e3 ♖fd8

21.f4!± ♕f8 22.♗f3 ♖ac8 23.h5 ♗b7 24.e5 ♗a6 25.hg6 hg6 26.g4 c5 27.♔f2 cd4 28.♕d4 ♕c5 29.♕c5 ♖c5 30.♘e4 ♖c1 31.♘f6 ♔g7 32.♖c1 ♖c8 33.♖c8 ♘c8 34.♔e3 ♔f8 35.♘d7 ♔e7 36.♘c5 ♗b5 37.a4 ♗c6 38.♔d4 ♔d8 39.b4 ♔c7 40.♗e2 ♗e8 41.a5 ♘e7 42.b5 ♘c8 43.♘a6 ♗b7 44.♔c5 ♗d7 45.♗f3 ♗e8 46.f5 gf5 47.gf5 ♘e7 48.f6 ♘g6 49.♔d6 ♗b5 50.♘c5 ♔c8 51.♗h5 ♘h8 52.♔e7 d4 53.♗f7 ♘f7 54.♔f7 d3 55.♘d3 ♗d3 56.♔e6 [56...♔d8 57.♔f7 ♗c4 58.♔f8 (58.e6?? a6) 58...♗d7 59.f7+− △ ♔g7, f8♕] **1-0**

Vaganian,Rafael
Naer,Evgeny

Groningen 1999 (11)

1.d4 ♘f6 2.c4 g6 3.g3 c6 4.♗g2 d5 5.cd5 cd5 6.♘f3 ♗g7 7.♘e5 0-0 8.♘c3 e6 9.♗g5 ♕b6 10.♕d2 ♘c6 11.♘c6 bc6 12.0-0 ♘d7 13.♖fd1 c5?! 14.dc5 ♕c5 15.♖ac1 ♕b6 16.b3 [16.♘d5? ♘c3 (16...ed5? 17.♘d5 △ ♘e7xc8, ♕d7+−) 17.♕c3 ed5 18.♗h6 ♘f6 19.♗f8 ♔f8∓; 16.e4!?] 16...♗a6 [16...♗b7] 17.♗e3 ♕d8 18.♘d5!? ed5 19.♕d5 ♘e5 [19...♕b6? 20.♕a5+−; 19...♘f6 20.♕c5 ♕b6 21.♕b6 ab6 22.♗a8 ♖a8∞] 20.♕a8 [20.♕c5] 20...♕a8 21.♗a8 ♖a8 22.♔f1!? [22.♖c2 ♘g4 23.♗c5±] 22...♘g4 23.a4?! [23.♖d7] 23...♘e3 [23...♘h2!? 24.♔e1 ♘g4] 24.fe3

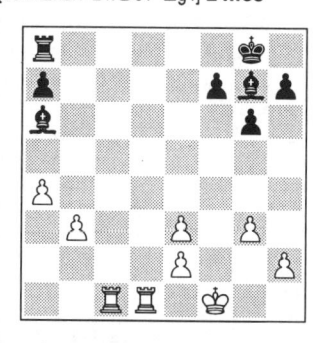

24...♗f8 25.♔f2 ♖b8 26.♖c7 ♖b3 27.♖d8 ♖b6 28.e4 ♖e6 [28...♖b4 △ 29...♗b7] 29.♔e3 h6 [≤ 29...f5] 30.♔f4 ♔g7 31.e5 ♗e7 32.♖dd7 ♗f8 33.e4 [33.e3] 33...g5 34.♔f3 [34.♔f5 ♗e8!] 34...♖e5 35.♖c6 ♖a5 36.♖cc7 g4!?

[36...♖e5=] **37.♔f2** [37.♔f4 38.♔g4 ♗e2 39.♔h3 ♗f1=] **37...♗c5 38.♔g2 ♗b6** [38...♗c4 39.♖d8 ♗g7 40.♖dc8 ♗d3 41.♖c5 ♖a4 42.♖8c7 ♖a2 43.♔g1 ♖e2 △ 44...♖e1=] **39.♗f7 ♔e8** ½-½

9...♕b6 10.♕d2 ♘c6

Cvitan,Ognjen
Ernst,Thomas

Debrecen Ech tt 1992 (4)

1.d4 ♘f6 2.♘f3 g6 3.c4 ♗g7 4.g3 c6 5.♗g2 d5 6.cd5 cd5 7.♘e5 0-0 8.♘c3 e6 9.♗g5 ♕b6 10.♕d2 ♘c6 11.♘c6 bc6 12.0-0 ♘d7 13.♗e3 ♗a6 [13...♕b4? 14.♘d5 ♕d2 15.♘e7 ♔h8 16.♗d2 ♗d4 17.♘c6+− Yrjola-Tsevremes, Katerini 1992] **14.♖ac1 ♖ac8** [14...♖fc8 15.♖c2 (15.♖fd1 ♖ab8 16.b3 ♗f8 17.♗f4 ♖b7 18.e4↑ Obukhov-Voitsekhovsky, Kuibyshev 1990) 15...♕b6 16.♖fc1 ♘b6 17.b3 ♗b7 18.♖b1 a5 △ 19...♗a6 Dizdar-Benko, New York 1989; 14...♖fe8 15.b3 ♕b4 16.♖fd1 ♗f8 17.♗h6 ♗e7 18.e4 ♖ac8 19.h4± Vaganian-Epishin, Reggio Emilia II 1991] **15.♖fd1 ♖fe8 16.♖c2 ♕b4 17.♗h6 ♗h8 18.e4 ♘b6 19.b3 ♖ed8** [19...c5? 20.dc5 ♖c5 21.♘d5 ♕d2 22.♖dd2 ♖c2 23.♘e7+− Ernst] **20.h4 de4 21.♘e4 ♕d4 22.♘c5 ♗e2 23.♕d4 ♖d1 24.♕e4 ♖d4 25.♖d2 ♖e4 26.♘e4 ♗g4 27.♘d6 ♖b8 28.♗c6 ♗c3 29.♖d3 ♗g7 30.♗g7 ♔g7 31.f3 ♗f5 32.♘f5 gf5 33.a4 ♖c8 34.♗b5 ♗f6 35.f4 ♖c1 36.♔f2 ♔e7 37.♔e2 ♗d5 38.♔d2 ♖g1 39.♗c6 ♔d6** [39...♖g2! 40.♔c1 ♔d6∓] **40.♗d5 ed5 41.b4** [≥ 41.♔c3= Cvitan] **41...♖a1 42.a5 ♖a2 43.♔c1! ♖a4 44.♖e3 f6 45.♖e8 ♖b4 46.♖f8 ♔e6 47.♖e8 ♔f7 48.♖d8 ♔e6** ½-½

Schwartzman,Gabriel
Horvath,Jozsef

Odorheiu Secuiesc 1993 (7)

1.c4 g6 2.♘c3 ♗g7 3.g3 ♘f6 4.♗g2 0-0 5.d4 c6 6.♘f3 d5 7.cd5 cd5 8.♘e5 e6 9.♗g5 ♕b6 10.♕d2 ♘c6 11.♘c6 bc6 12.♖c1 [12.0-0;

12.♘a4!? ♕b5 13.♘c5 ♖b8 14.b3 (Izsak-Georges, Zug 1995) 14...a5; 14...♘d7 15.♖c1] **12...♘d7 13.♗e3 a5 14.b3 ♕b4 15.♘a4 ♗a6 16.♘c5 ♘c5 17.♖c5 ♗b7 18.♖c2 ♖a6 19.0-0 ♕d2 20.♖d2 ♖b6 21.♗f4 ♖a8 22.♗d6 a4 23.♗c5 ♖b5 24.b4 a3 25.♖b1 ♗f8 26.♗f8 ♔f8 27.♖d3 ♖a4 28.♖db3 ♖b6 29.e3 ♗a6 30.♗f1 ♖f1 31.♔f1 ♔e7 32.♔e2 ♔d6 33.♔d2 h5 34.h4 e5 35.♔c3 e4 36.♔d2 f5 37.♔d1 ♖b5 38.♔c2 ♖b8 39.♔d2 ♖b5 40.♔d1 ♖b8 41.♔d2** ½-½

9...♕b6 10.♕d2 ♘fd7

Averbakh,Yury
Gufeld,Eduard

Moscow 1966

1.d4 ♘f6 2.♘f3 g6 3.g3 d5 4.♗g2 ♗g7 5.c4 c6 6.cd5 cd5 7.♘e5 0-0 8.♘c3 e6 9.♗g5 ♕b6 10.♕d2 ♘fd7 11.♘f3 ♘c6 12.♖d1 ♕b4 13.0-0 [13.a3 ♕b3 14.♖c1 a5 15.0-0 a4 16.♖fe1 f5 17.e3 Lobron-Zuse, Germany Bundesliga 1988] **13...♕b6 14.b3 ♘d7 15.♗h6!? ♘d4 16.♘d4** [16.♘d5? ♕d2 17.♘e7 ♔h8 18.♗d2 ♘e2 19.♔h1 ♖ae8 20.♗b4 ♗f6 21.♖fe1 ♘c3 22.♖d2 ♘b5∓] **16...♗h6 17.♕h6 ♕c3 18.e4 de4 19.♗e4 ♘d5 20.♖d3! ♕c5 21.♘f3** [21.♖c1 ♕a3 (21...♕a5 22.♘f5 gf5 23.♗d5 ed5 24.♕g5 ♔h8 25.♕f6=) 22.♘f5 ef5 23.♗d5; 21.♖fd1!?⩲] **21...♖fd8?** [21...♘f6 22.♖g5→] **22.♕g5?** [22.♗d5! ed5? 23.♕g5+−] **22...♘f6 23.♖f3 ♕e7 24.♖f4?!** [24.♕h4 h5 25.♘e6 ♗e6 26.♖f3 △ 27.♖g6] **24...♗b5 25.♖e1 ♖d7 26.a4 ♗a6** [26...♗d3!?]

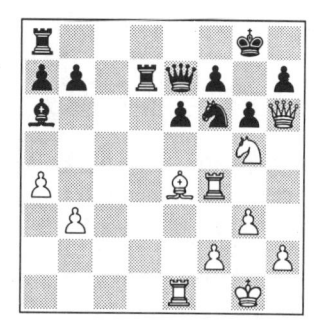

27.♘h7 [27.♖f6 ♕f6 28.♕h7 ♔f8 29.♘e6 ♕e6 30.♕h8 ♔e7 31.♕a1 (31.♕a8 f5∓) 31...♖ad8! 32.♗f3∞] 27...♘h7 28.♖h4 f5! [28...f6!? 29.♗g6∞] 29.♕g6 ♔h8 [29...♕g7? 30.♕e6 ♔f8 (30...♖f7 31.♗d5) 31.♖f4! (31.♗f5?! ♘f6 32.♗g6 ♗d3 33.♖f4 (33.♗d3 ♖e8 34.♕e8 ♘e8 35.♗b5 ♗f6 36.♗d7 ♕d7∞)) 33...♗g6 34.♖f6 ♗f7 35.♕d7 ♕f6 36.♕b7±] 31...♖f7 (31...♘f6 32.♗f5+−] 32.♕d6 ♔g8 33.♗d5 ♘g5 34.♖f5 ♖f8 35.h4+−] **30.♗f5 ♕h4 31.gh4 ♖g7 32.♖e6 ♖g6 33.♖g6 ♖g8** [time?; 34.♖g8 ♔g8 35.♗c8 ♗f8 36.b4; 33...♖f8 34.♗e6 ♗d3∓] **0-1**

Karpov,Anatoly
Timman,Jan

Bugojno 1986 (10)

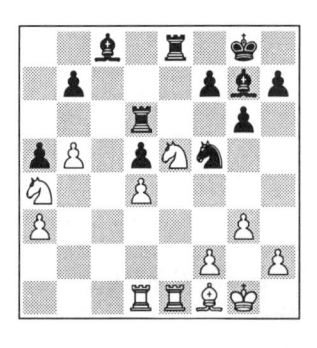

1.♘f3 ♘f6 2.c4 g6 3.g3 ♗g7 4.♗g2 0-0 5.d4 c6 6.♘c3 d5 7.cd5 cd5 8.♘e5 e6 9.♗g5 ♕b6 10.♕d2 ♘fd7 11.♘f3 ♘c6 12.♖d1 ♘f6 13.0-0 ♗d7 [13...♘e4 14.♘e4 de4 15.♘e5 ♘d4 16.♕d4 ♕d4 17.♖d4 ♗e5 18.♖e4 ♗b2 19.♖b4±] **14.♗f6!?** [14.h3 ♖fc8! 15.♘e5 ♗e8] **14...♗f6 15.e4! ♕a5 16.♖fe1 ♖ad8** [△ 17...de4] **17.♕f4** [17.e5 ♗g7∓▢] **17...♗g7 18.ed5 ed5 19.♘e5 ♗e6 20.a3 ♕b6 21.b4 a5 22.b5 ♘e7 23.♗f1** [△ 24.♘a4; 23.♘a4 ♕b5 (23...♕d6) 24.♘c5⇆] **23...♕d6 24.♘a4 ♗c8! 25.♕c1 ♖fe8 26.♕c5 ♘f5 27.♕d6 ♖d6**

28.f4? [28.♘g6 ♖e1 29.♖e1 ♗e6 (29...hg6 30.♖e8 ♔h7 31.♖c8 ♗d4 32.♘c5 (32.♖c7 ♖f6) 32...♗c5 33.♖c5 Karpov) 30.♘f4 ♗d4] **28...g5! 29.♗h3**▢ [29.fg5? ♘d4−+] **29...gf4 30.gf4 ♘h4** [30...♔f8!? 31.♘c5 ♖e7 32.♘ed7!?∞] **31.♗c8 ♖c8 32.♖c1 ♖e8 33.♔f2 ♖f6 34.♘d3 ♖e1?** [34...♖fe6 35.♘e5 (35.♖e6 ♗d4) 35...♘f5 △ 36...♖h6∓] **35.♖c8 ♗f8 36.♔e1 ♔g7 37.♖b8 ♗f3 38.♔d1!** [38.♔f2 ♘d4 39.♖b7 ♗e6 △ 40...♘f4] **38...♘d4** [38...♘h2 39.♖b7 h5 40.b6 h4 41.♖b8! (41.♖d7? ♘g4 42.b7 h3 43.b8♕ h2−+) 41...♘g4 42.♖f8 h3 43.b7 h2 44.b8♕ h1♕ 45.♔c2+−] **39.♖b7 ♗a3 40.b6 ♖g6** [40...♗d6 41.♘c3 ♘c6 42.♘d5 ♖h6⇄>] **41.♘e5!** [41.♖d7 ♖g1 42.♔d2 ♖g2 43.♔c3 (43.♔e1 ♘c2=; 43.♔e3 ♘f5=) 43...♘b5 44.♔b3 ♘d4! 45.♔a3 ♘b5=] **41...♖f6** [41...♖g1?!] **42.♖d7 ♘c6 43.b7** [43.♖d5 ♘b8 44.♘d3! ♗d6 (44...♖d6 45.♖g5 ♔f8 46.♔c2) 45.♖a5 ♗f4 46.♘f4 ♖f4 47.♔c2 (47.b7 ♖b4 48.♘c5 ♘c6=) 47...♖f2 48.♔c3 ♖h2 49.♖a8 ♖h3 50.♔c4 ♖h4 51.♔d5 ♘d7 52.b7 ♖b4 53.♔c6 ♔f6!▢ 54.♘c3 ♘e5 55.♔c7 ♖c4 56.♔d6 ♖c3 57.b8♕ ♖d3=] **43...♘b8 44.♖d8 ♖f4! 45.♘c3** [45.♖b8? ♗d6 46.♖e8 ♖e4] **45...♗e7= 46.♖b8 ♗d6 47.♖e8 ♖b4 48.♘f3 ♖b7 49.♖d8 ♗b4 50.♘d5 a4 51.♘b4 ♖b4 52.♖a8 ♔g6 53.♔e2 f6 54.♖a5 h5 55.♔e3 h4 56.♘d4** [56.♘d2!?=] **56...♖c4?? ** [56...♖b2 57.♘e2 ♖b3 58.♔e4 ♖b4 59.♔f3 f5=] **57.♔d3 ♖b4 58.♔c3+− ♖b1 59.♖a4 ♖f1 60.♔c4 ♔g5 61.♖a3 ♖f2 62.♔d5 ♔g4 63.h3 ♔f4 64.♔e6 ♖d2 65.♘f5 ♔g5 66.♖f3 ♖a2 67.♘e7 ♖a6 68.♔f7 ♖a5 69.♖f6 ♖a3 70.♖f5** **1-0**

Timman
M/86-5-72 YB/5-355

Nikolic,Predrag
Nunn,John

Brussels SWIFT 1988 (2)

1.d4 ♘f6 2.♘f3 g6 3.c4 ♗g7 4.g3 0-0 5.♗g2 c6 6.♘c3 d5 7.cd5 cd5 8.♘e5 e6 9.♗g5 ♕b6 10.♕d2 ♘fd7 11.♗e3 ♘e5 12.de5 ♕a5?! [12...♕a6 13.♗h6 ♗h6 14.♕h6 d4 15.♘e4 ♕a5 16.b4 ♕e5 17.f4 ♕g7 18.♕g7 ♔g7 19.b5⇆ Savchenko-Dzhandzhgava, Simferopol 1988; 12...♕b4 13.f4 ♘c6 14.♗f2 ♗d7 15.e4 ♗h6 16.ed5 ♘e5 17.♕d4 ♘c4 18.a3 ♕b3 19.♘e4 ♗g7 20.♘c5 ♗d4 21.♘b3 ♗b2 22.♖a2 ♗c3∓ Loffler-Beckemeyer, Kecskemet 1991] **13.f4 ♘c6 14.0-0 ♖d8 15.♗f2 ♗d7 16.a3 ♕a6 17.b4** [17.e4±] **17...♘e7 18.♖fd1± ♗a4 19.♖db1 ♗b5 20.a4 ♗c4 21.♘d1 b5 22.♘b2 ♘c6 23.♘c4 dc4 24.♕c3 ♗f8 25.♗e4 ♖ab8 26.♔g2** ½-½
M/88-5-17

Nikolic,Predrag
Kortchnoi,Viktor

Amsterdam OHRA 1988 (2)

1.d4 ♘f6 2.c4 g6 3.g3 c6 4.♗g2 d5 5.♘f3 ♗g7 6.cd5 cd5 7.♘c3 0-0 8.♘e5 e6 9.♗g5 ♕b6 [≤ 9...h6 10.♗f4 △ 11.♕d2] **10.♕d2 ♘fd7 11.♗e3 ♘c6 12.♘c6** [12.f4 ♘de5 13.fe5 f6 14.ef6 (14.0-0 fe5 15.♖f8 ♗f8) 14...♗f6] **12...bc6 13.h4?!** [13.0-0 a5 14.b3 ♗a6=] **13...a5** [13...♖b8 14.♖b1 (14.b3?! c5 15.dc5 ♕b4) 14...c5 15.♘a4 (15.dc5 ♕b4) 15...♕b5 16.♘c5 (16.b3? ♕a4) 16...♘c5 17.dc5 d4∓] **14.h5 ♗a6 15.♖d1?** [15.hg6 hg6 16.♖h4! (16.♗h6? ♗d4∓) 16...♖fb8 17.♖b1 ♗f6 18.♗f4 ♕d8 19.♔f1∞] **15...♖fb8 16.hg6 hg6 17.b3 ♕b4 18.♔f1 c5 19.♖h4 c4 **[19...♖c8! 20.♘c1 c4 21.♖b1 ♖ab8 22.♗f3 ♕a3∓] **20.♗h6 ♗h8 21.bc4** [21.♖b1 a4 22.♘a4? ♕a4] **21...♕c4 22.♗f3 ♖c8 23.♖c1 ♕b4 24.♔g2 ♖c4 25.a3** [25.♗e3 ♗f6 △ 26...♖ac8∓; 25.♖ch1 ♗d4−+; 25.e3 ♖ac8 26.♗e2 ♖c3 27.♖c3 ♕c3 28.♕c3 ♖c3 29.♗a6 ♖a3∓] **25...♕a3 26.♖ch1** [26.♗d5 ed5 27.♘d5 ♗b7−+] **26...♕c3! 27.♕c3** [27.♗f8 ♗d4!−+] **27...♖c3 28.♗d2 ♗d4! 29.♖d4 ♖c4−+ 30.♖d3 ♗b7 31.g4 a4 32.♖a3 ♗c6 33.♔g3 ♖b8 34.g5 ♖b3 35.♖aa1 ♘e5 36.♖h6 ♘f3 37.ef3 d4** **0-1**
Kortchnoi
M/88-7-53

Karpov,Anatoly
Timman,Jan

Kuala Lumpur m 1990 (2)

1.d4 ♘f6 2.c4 g6 3.♘f3 ♗g7 4.g3 c6 5.♗g2 d5 6.cd5 cd5 7.♘c3 0-0 8.♘e5 e6 9.♗g5 ♕b6 10.♕d2 ♘fd7 11.♗e3 ♘c6 12.♘c6 bc6 13.♖c1 ♕b4 14.0-0 ♖b8 15.b3 c5 16.♖fd1 [16.dc5? d4] **16...cd4 17.♗d4 ♗d4 18.♕d4 ♕d4 19.♖d4 ♘b6**

[RR 19...♘e5 20.f4 ♘c6 21.♖d2 ♗b7 22.♔f2 ♔g7 23.♗f3 ♗a8 24.♘a4 ♖fc8 25.♖dc2 ♘e7 26.♘c5± Dzhandzhgava-Odeev, Yurmala jr 1989] **20.♖dd1** [20.e4? e5] **20...♗b7 21.e4 de4 22.♘e4 ♔g7 23.♖c5!** [RR 23.h4 23...♖fd8 24.♖d8 ♖d8 25.♖c7 ♖d1 26.♔h2 ♖d7 27.♖d7 ♘d7 28.♘d6 ♗a6 29.b4 ♔f8 30.b5 ♔e7 31.♘f7 ♗b5 32.♘g5 ½-½ Vaganian-Epishin, Ter Apel 1992] **23...♖fd8 24.♖d8 ♖d8 25.♘c3 ♔g2 26.♔g2 ♖c8** [26...♖d2 27.♖a5 (27.♖c7 ♖c2 28.a4 a5 29.♘b5 ♖c7 30.♘c7 ♘f6 31.♘a6 ♘d5 32.♘c5 ♘b4= Kholmov) 27...♖c2 28.♘e4±] **27.♖c8 ♘c8**

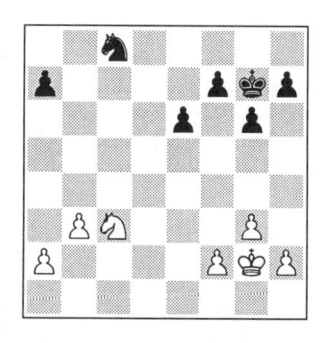

28.f4?! [28.♔f3 f5 29.♔e3 e5 30.♘b5! (30.♔d3 ♘d6!=) 30...♔f6 31.♔d3 ♔g5 32.f3 h5 33.♔c4 h4 34.♔d5 hg3 35.hg3 e4 36.fe4 f4 37.gf4 ♔f4=, g6>] **28...f5 29.♘a4 ♔f6 30.♘c5 ♘b6** [△ 31...e5] **31.♘d3 ♘d7 32.♘b4** [32.♔f3 e5 33.fe5 ♘e5 34.♘c6 ♘e5=] **32...e5 33.♘c6 a6 34.fe5 ♘e5 35.♘d4** [35.♘e5?! ♔e5 36.♔f3 ♔d4!] **35...♔e7 36.♔f1** [36.h3 △ ♔f2-e3=] **36...♔d6 37.♔e2 ♔d5** [37...♔c5 38.♘c2 g5 △ 39...f4∓] **38.♘c2 ♔e4** [38...a5 39.a3 (39.b4? a4; 39.a4 ♘c6) 39...♔e4 40.h3∓] **39.a4 ♘f3 40.b4** [40.h4 f4 41.♔f2=] **40...♘d4** [40...♘h2 41.b5 ab5 42.ab5 ♔d5 43.♘d4=; 43.♔e3 △ 44.♔f4=] **41.♘d4 ♔d4 42.b5** ½-½
Timman M/90-4-62

Nikolic,Predrag
Gelfand,Boris

Linares 1997 (6)

1.d4 ♘f6 2.c4 g6 3.♘f3 ♗g7 4.g3 c6 5.♗g2 d5 6.cd5 cd5 7.♘e5 0-0 8.♘c3 e6 9.♗g5 ♕b6 10.♕d2 ♘fd7 **11.♗e3 ♘c6 12.♘c6 bc6 13.♖c1 a5 14.0-0 ♗a6 15.♖fd1 ♖fc8 16.f3?!** [16.♖c2 ♕b4 17.♗h6 ½-½ Shirov-Ulibin, Tunja Wch-jr 1989; 16.b3 ♕b4 17.♘a4 ♗b5 18.♘c3 ½-½ Kharitonov-Karasev, Moscow 1992] **16...♕b4 17.♗f2 a4 18.e4 ♘b6 19.♕c2 ♖d8** [19...♘c4!?] **20.f4 ♘c4 21.♘a4 ♗b5 22.♘c3 ♕b2 23.♘b5 ♕b5 24.♗f1 ♖a4**

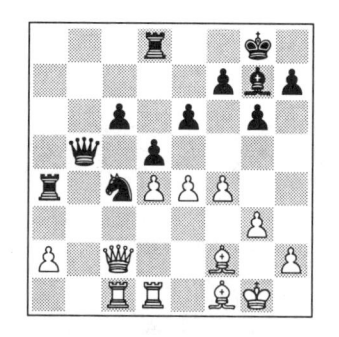

25.♖d3? [25.♕b3∓] **25...♕a5–+ 26.a3 de4 27.♖b3 ♘d2 28.♖c3 ♘f1 29.♖f1 ♗d4 30.♗d4 ♖ad4 31.♖c6 ♕a3 32.♖c8 ♖c8 33.♕c8 ♔g7 34.♕c7 ♖d5 35.♕b6 ♕c5 36.♕c5 ♖c5 37.♖e1 f5** 0-1

9...♕b6 10.♕d2 ♘bd7

Vaganian,Rafael
Nunn,John

Reykjavik tt 1990

1.♘f3 g6 2.d4 ♘f6 3.c4 ♗g7 4.g3 c6 5.♗g2 0-0 6.♘c3 d5 7.cd5 cd5 8.♘e5 e6 9.♗g5 ♕b6 10.♕d2 ♘bd7 11.♗f4 [11.♗e3 ♘e8! 12.f4 ♘d6 13.b3 f6 14.♘d3 f5 15.♘e5 ♘f6= Nikolic-Nunn, Amsterdam 1988] **11...♘e8** [11...♘e5 (½-½ Psakhis-Smirin, Tel Aviv 1999) 12.♗e5 ♗d7 13.0-0] **12.♖c1 ♘e5 13.de5 ♗d7** [13...f6 14.ef6 ♗f6 15.0-0 ♗d7 (Yrjola-Krnic, Helsinki 1990) 16.e4!± Krnic] **14.♗e3 ♕a5 15.f4 ♗c6 16.0-0 ♖d8 17.♕d4** [17.♘b1 ♕d2 18.♘d2± Vaganian] **17...f6** [17...a6? 18.♕b6 ♕b6 19.♗b6 ♖c8 20.♗c5+–] **18.ef6 ♘f6 19.♕a7 ♕a7 20.♗a7 d4 21.♘d1 ♘d5** [21...♖g2 22.♔g2 ♘d5 23.♖f3!±] **22.♖f2** [△ 23.e4] **22...♖a8 23.♗c5 ♖fc8 24.e4 de3 25.♘e3 ♖a2 26.♗h3 ♖e8 27.♘c4± ♘c7 28.♘d6 ♖ea8 29.♗b6 ♘d5 30.♗e6 ♔f8 31.♗c5 b6 32.♗a3 ♖8a3 33.ba3 ♗d4 34.♖c6 ♗f2 35.♔g2 ♗d4 36.♔h3 ♘e7 37.♗a2 ♘c6 38.a4 ♔e7 39.♘e4 h6 40.♔g4 ♘b4 41.♗c4 ♘c2 42.♔f3 ♗b2 43.♘f2 ♘d4 44.♔e4 ♘f5 45.♘d3 ♗a3 46.♘e5 ♘d6 47.♔d5 g5 48.fg5 hg5 49.♗d3 ♗c1 50.♔c6 ♗e3 51.♘d7 ♘f7 52.♗c4 ♘d6 53.♗f1 ♘f7 54.♘b6 ♘e5 55.♔b5 ♘d6 56.a5 ♗g1 57.♗g2 ♘d7 58.♘c4 ♔c7 59.h3 ♗f2 60.g4 ♘c5 61.♗b6 ♘e6 62.♘d5 ♔d6 63.♔c4 ♗g1 64.♘c3 ♘c5 65.♘b5 ♔e5 66.♘c7 ♔d6 67.♘e8 ♔e5 68.♔b5 ♘e6 69.♔c6 ♘d4 70.♔c7 ♘e6 71.♔b7 ♘f4 72.♗f1 ♘e6 73.a6 ♔f4 74.a7 ♗a7 75.♔a7 ♔g3 76.♔b6 ♘f4 77.♘f6 ♔f2 78.♗c4 ♘h3 79.♔c5 ♔f3 80.♔d6 ♘f2 81.♗e6 ♔f4 82.♔e7 ♗d3 83.♘h5 ♔e5 84.♗c8 ♘f2 85.♔f7 ♔e4 86.♔g6 ♔e5 87.♔g5 ♗d5 88.♘f4 ♔d4 89.♔f5 ♘g4 90.♔g4 ♔e5 91.♔f3 ♔d4 92.♘e2 ♔e5 93.♔e3 ♔d5...** +–

7.0-0 0-0 8.♘e5 e6 9.♘c3 ♘c6 10.♗g5 ♕b6

Jurek,Josef
Lanzani,Mario

Germany 1991 (1)

1.♘f3 ♘f6 2.c4 c6 3.g3 d5 4.♗g2 g6 5.cd5 cd5 6.d4 ♗g7 7.♘e5 0-0 8.♘c3 ♘c6 9.0-0 e6 10.♗g5 ♕b6 11.♘a4!? ♕c7?! [11...♕b5 12.♘c6 bc6 13.♖c1 ♘d7±] **12.♖c1 h6 13.♘c6 bc6 14.♗f4 ♕b7 15.♕d2 ♔h7 16.♘c5 ♕e7 17.♗e5 ♘d7 18.♗g7 ♔g7 19.e4!?** [19.♘b3±] **19...♖b8 20.♖c3 ♘b6** [20...♘c5 21.♖c5±] **21.b3 de4 22.♗e4 ♘d5 23.♗d5! cd5 24.♕f4 ♗b7 25.♖fc1 ♖bc8** [25...♖fc8] **26.h4 f6??** [27.♘b7 e5 (27...♕b7 28.♖c7) 28.de5 fe5 (28...♖c2 29.♖c3 fe5 30.♕c1+–) 29.♕f8 ♖f8 30.♖c7+–; 26...♖c6 27.♘b7 ♖c3 28.♖c3 ♕b7 29.♖c7 ♕b6±] 1-0

NIC SURVEY

INTRODUCTION: Kick Langeweg
MAIN ANALYSIS: Mikhail Golubev
STUDY MATERIAL: Langeweg, Speelman, Van Wely, Krasenkow

King's Indian Defence
Classical Variation: Bayonet Attack

KI 4.6-9

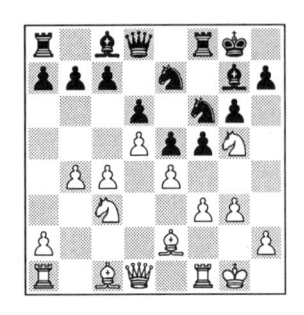

Van Wely's First Love

1.d4 ♘f6 2.c4 g6 3.♘c3 ♗g7
4.e4 d6 5.♘f3 0-0 6.♗e2 e5
7.0-0 ♘c6 8.d5 ♘e7 9.b4 ♘h5
10.g3 f5 11.♘g5 ♘f6 12.f3

In Yearbook 20 and 24 the Bayonet Attack (9.b4) with 10.g3 was examined. To a large extent, the revival of 9.b4 ♘h5 10.g3 at the time can be contributed to Van Wely, the big champion of this line. However, the introduction of the new move 10.♖e1 in 1995 by Ivan Sokolov pushed the continuation 10.g3 almost completely into the background. But *on revient toujours à son premier amour*, causing Van Wely eventually to return to his original love.

In this survey the position after 10.g3 f5 11.♘g5 ♘f6 12.f3 will be under discussion. For some five years the enormous popularity of 10.♖e1 brought the development of 10.g3 to a standstill, so there was no direct reason for an update. The majority of games in the Study Material link in with Yearbook 24 and cover the period up to 1995.

12...c6 is a common continuation, but the evidence provided by the Study Material shows that the chances are predominantly on White's side. Other replies are 12...♔h8 and 12...a5. Here, too, White's chances are to be preferred.

Condemned Too Early

At the moment 12...f4 is the main line. Initially, this continuation was being condemned by Van Wely, but his verdict didn't stand up to scrutiny. After 13.♔g2 Black turns out to have several possibilities to create reasonable counterplay. In Van Wely-Ye Jiangchuan, Biel Interzonal 1993, and Lutz-Beckhuis, German Bundesliga 1993, White had sufficient compensation for the sacrificed pawn after 13...h6 14.♘e6 ♗e6 15.de6 – usually it will be lost – but probably no more. Van Wely tried something new in his recent game against Fedorov, Batumi 1999.

The speculative knight sac 18.♘d5 didn't worry Black unduly. 13...a5 is another way to an unclear position, as is 13...♘e8.

The Latest Try

Probably not entirely satisfied with how things were going after 13.♔g2, Van Wely has started to experiment with 13.b5 in his games against Golubev, Romanian Team Championship 2000, and Degraeve, Mondariz Zonal 2000.

The critical position arises after 13...fg3 14.hg3 h6 15.♘e6 ♗e6 16.de6 ♕c8 17.♘d5 ♕e6 18.♘c7 ♕h3 19.♖f2. White avoids an immediate draw by perpetual check

STATISTICS

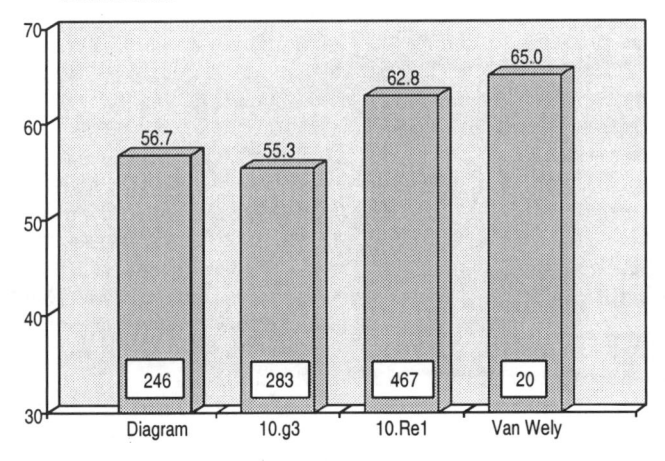

	Diagram	10.g3	10.Re1	Van Wely
	56.7	55.3	62.8	65.0
	246	283	467	20

(19.♘a8 ♕g3) and sends out strong signals that he intends to continue the battle. The extensive notes by Golubev to the main game give a lot of insight into the chances for both sides. There is little doubt that the position after 19.♖f2 will serve as a starting point for further investigations.

KI 4.9

**Van Wely,Loek
Golubev,Mikhail**

Romania tt 2000 (4)

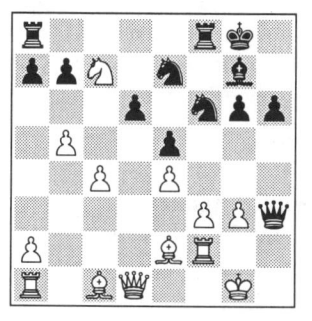

1.d4 ♘f6 2.c4 g6 3.♘c3 ♗g7 4.e4 d6 5.♘f3 0-0 6.♗e2 e5 7.0-0 ♘c6 8.d5 ♘e7 9.b4 ♘h5 10.g3 f5 11.♘g5 ♘f6 12.f3 f4 [12...a5] 13.b5 [13.c5; 13.♔g2 c6!?⇄ Van Wely-Fedorov, Batumi Ech-tt 1999; 13.g4!? h5!? 14.gh5!?; 14.h3 ♘h7] 13...fg3 [13...♘e8 14.♘e6 ♗e6 15.de6 ♕c8 16.♘d5 ♕e6 17.♘e7 ♕e7 18.♕d5] 14.hg3 h6 [14...♘h5 15.♔h2!?; 15.♕e1 h6!? 16.♘e6 ♗e6 17.de6 ♕c8 18.♘d5 ♕e6 19.♘c7 ♕h3 Itkis; 15.♔g2 ♘f4! Taimanov-Gufeld, Moscow ch-SU 1961 – YB/24-139] 15.♘e6 ♗e6 16.de6 ♕c8 17.♘d5 ♕e6 18.♘c7 ♕h3 19.♖f2 [19.♘a8 ♕g3=]

19...♖ac8 [19...♖ad8!? (Mir. Pavlov) 20.♖g2 (20.g4 ♘g4 21.fg4 ♖f2 22.♔f2 ♖f8→) 20...♕d7 (20...♘h5) 21.♘d5 ♘ed5 22.cd5 ♕c7∞] **20.♖h2!** [20.♗f1?! ♕g3 21.♖g2 ♕h3; 20.♕d6?! ♘e4 (20...♕g3! 21.♖g2 ♕e1) 21.♕e6 ♕e6 22.♘e6 ♘f2 23.♘f8 ♘h3 24.♔g2 ♖f8 25.♗a3≌; 25.♔h3 e4∓] **20...♕g3** [20...♕d7!? (Mir. Pavlov) 21.♘d5 ♘ed5 22.cd5

♘h5 23.♔g2!] **21.♖g2 ♕h3N** [21...♕h4!?∞ 22.♘e6 (22.♖h2 ♕g3 23.♖g2=) 22...♖f7∞ 23.♘g7 (23.♗b2 ♘h5 24.♘g7? (24.♕g4!?) 24...♘g3!!∓ Hamilton-Marcinkiewicz, cr 1991) 23...♔g7 24.♕d6 (24.♖h2 ♕g3) 24...♕e1 25.♗f1 ♕c3!∞ 26.♕d1] **22.♕d6 ♖f7** [22...♖c7? 23.♕c7 ♘h5 24.♕e7 (24.♕d7 ♘g3 25.♕d3; 24.♕c5 ♘g3 25.♕e3 ♖f4) 24...♘g3 25.♗b2! (25.♖h2 ♘e2 26.♖e2 ♖f3 27.♖g2 ♖g3 28.♕d8 ♔h7 29.♕d2 ♗f8 30.♖g3 ♕g3 31.♔f1+–) 25...♕h1 26.♔f2 ♘e4 27.♔e3 ♕g2 28.fe4 ♕h3 29.♔d2 ♗f6 30.♕c5!+–] **23.c5!**

23...♗f8? [23...♘e4?! 24.fe4 ♕c3 25.♗b2 (25.♔h2 ♕a1 26.♗c4 ♕c1 27.♗f7 ♔h8 28.♕e7 (28.♘e6 ♗f6 29.♖f2 ♕e1!) 28...♕f4= 29.♔g1? ♗f8–+) 25...♕b2 26.♖d1!± (26.♗f1?! ♕a2? (26...♕d4 27.♔h2! (27.♕d4 ♖f1 28.♗f1 ed4 29.♗c4 ♔h7) 27...♖f1 28.♗f1 ♕e4 (28...♖c7 29.♕c7±) 29.♕e7 ♕f4 30.♔g1 ♕e3 (30...♕d4 31.♖f2 ♖f8 32.♕g7+–; 30...♖f8 31.♕g7+–) 31.♖f2 (31.♔h1 ♕h3=) 31...♖f8 32.♕h4 (32.♗c4 ♔h8 33.♗f7 ♕g3 34.♔f1 ♕h3) 32...e4!⇆ (32...♕c5 33.♕c4) 33.♘e6 (33.♗c4 ♔h7 34.♘e6 ♗f3) 33...g5 34.♕h2 ♗e5 35.♕g2 ♖f3–+) 27.♗f7 (27.♘d5) 27...♖f7 28.♘e6; 28.♕g4) 26...♕c3 (26...♕b4? 27.♗g4 ♕e4 28.♗c8 (28.♗e6) 28...♘c8 29.♕e6 ♗e7 30.♖f2 ♘f5 31.♕g6+–; 26...♕c2?) 27.♗g4 ♕e3 28.♔h1 ♕e4 29.♗c8 (29.♗e6!?) 29...♘c8 30.♕d8!? (30.♕e6 ♘e7) 30...♖f8 31.♕d5 ♕d5 32.♖d5±; 23...♘f5! 24.ef5 ♖fc7 25.♖g6!? (25.♗c4 ♔h8 26.♗e6 ♗f8!

♔h8 26.♖g6 ♘h7!?; 25.♗g5 hg5 26.♗c4 ♔h8 27.♖h2 ♕h2 28.♔h2 ♖d7 29.♕e6 ♖e8–+) 25...♔h7!?; 25...♕f5 26.♗d3!] **24.♘e6+– ♘e4** [24...♘f5 25.♕e5! (25.♖q6 ♔h8 26.♕e5 ♘h4 27.♖g3 ♖g7! 28.♗g5!□+– Van Wely) 25...♘h4 26.♖g3+–; 24...♕h4 25.♗b2] **25.♕e5!** [25.fe4? ♕c3] **25...♘c3 26.♗c4! ♕h4 27.♕c3** 1-0

Golubev

Study Material

12...a5

**Hjartarson,Johann
Yurtaev,Leonid**

Manila ol 1992 (7)

1.c4 ♘f6 2.♘c3 g6 3.e4 d6 4.d4 ♗g7 5.♘f3 0-0 6.♗e2 e5 7.0-0 ♘c6 8.d5 ♘e7 9.b4 ♘h5 10.g3 f5 11.♘g5 ♘f6 12.f3 a5 13.ba5 ♖a5 14.♕b3 b6 15.♗d2 ♖e8 16.♗d3!? ♗d7 [16...h6 17.♘e6 ♗e6 18.de6 ♘c6 19.♘b5 fe4 20.fe4 ♖a8 21.c5±] **17.a4 f4** [17...♖a8 18.♘e6 ♗e6 19.de6 ♘c6 20.c5 ♘d4 21.e7 ♘b3 22.ed8♕ ♖ed8 23.♗c4+–] **18.♘b5 ♗h6** [18...♖a8 19.a5±!□ h6 20.ab6! (20.♘e6) 20...♖a1 21.♖a1 hg5 22.♘c7 ♖f8 23.♖a8 ♘c8 (23...♕a8 24.♘a8 ♖a8 25.b7 ♖b8 26.c5+–) 24.c5!+–] **19.gf4 ef4 20.♗a5 ba5 21.♘e6 ♗e6 22.de6 ♗g7 23.c5 d5 24.♖ad1 ♕b8 25.♕c2 ♘c6 26.ed5 ♘b4 27.♕b3 ♘fd5 28.♗e4 ♘f6** [28...♘e3 29.e7 ♔h8 30.♕f7 ♘d1 (30...♘f1 31.♕e8 ♕e8 32.♖d8) 31.♖d1+–] **29.e7 ♔h8 30.♕e6 ♘g8 31.♖d7 ♗f6 32.♖fd1 ♖e7 33.♖e7 ♗e7 34.♕e5 ♗f6 35.♕c7 ♕f8 36.♖d7 ♗e7 37.c6 ♕f6 38.♖d1 ♕b2 39.♕d7 ♗c5 40.♔h1 ♘f6 41.♕f7** 1-0

**Van Wely,Loek
Pugachev,Alexey**

Leeuwarden 1994 (7)

1.d4 ♘f6 2.c4 g6 3.♘c3 ♗g7 4.e4 d6 5.♘f3 0-0 6.♗e2 e5 7.0-0 ♘c6

8.d5 ♘e7 9.b4 ♘h5 10.g3 f5 11.♘g5 ♘f6 12.f3 a5 13.ba5 ♖a5 14.a4 [14.♕b3 b6 15.♘e6 ♗e6 16.de6 ♔h8 17.♗d3 ♘fg8 18.♘d5 ♘c8 19.♗d2 ♖a7∞ King-Grivas, Gausdal 1993] 14...♘e8 15.♗d2 ♖a8 16.♕b3 ♔h8 17.a5 f4 18.♘e6 ♗e6 19.de6 c6 20.♘a4 [20.♕b7 ♘c7] 20...♘c7 21.♘b6 ♘e6 [21...♖a7] 22.♘a8 ♕a8 23.♖fb1 ♗c5 24.♕b6 ♕c8 25.♔g2 ♕d7 26.♗e1 ♖f7 27.♗f2 ♗c8 28.♕b4 ♘e6 29.a6 [29.g4!?] 29...ba6 30.♖a6 [30.g4!?] 30...h5!⇄ 31.♕b8 ♘g5 32.♖a8 ♖f8 33.♖b7 ♘h3 34.♔g1 fg3 35.hg3 h4 36.♕c7 [36.gh4 ♘f3 37.♗f3 ♕f3] 36...♘e6 37.♕d7 hg3 38.♗g3 [38.♗e3 ♕h2 39.♔f1 g2 40.♔e1 g1♕ 41.♗g1 ♕g1 42.♔d2 (42.♗f1 ♖f3–+) 42...♗h6 43.♔c3 ♕c1 44.♔b4 ♗d2 45.♔b3 ♘c5] 38...♕g3 39.♔f1 ♕h3 40.♔g1 ♘e7 41.♖bb8 ♘g8 42.♖f8 ♗f8 43.♖e8 ♕g3 44.♔f1 ♘f4 45.♕g4 ♕h2 46.♗d1 ♗e7 47.c5 ♗h4 0-1

Ehrenfeucht,Wojciech
Atalik,Suat

Cappelle la Grande 1996 (1)

1.♘f3 ♘f6 2.c4 g6 3.♘c3 ♗g7 4.e4 d6 5.♗e2 0-0 6.0-0 e5 7.d4 ♘c6 8.d5 ♘e7 9.b4 ♘h5 10.g3 f5 11.♘g5 ♘f6 12.f3 a5 13.ba5 ♖a5 14.♕b3

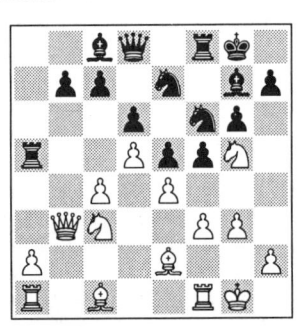

14...♗h8!? 15.♗e3 f4 16.♗f2 fg3 17.hg3 ♘h5 18.♘e6 ♗e6 19.de6 ♘c6 20.♘b5 [20.♕b7 ♘d4!] 20...♕e7 21.♖fd1 b6 22.♔h2 ♘d4! 23.♘d4 ed4 24.♗d4 ♗d4 25.♖d4 ♖g5 26.♖g1 [26.g4 ♖g4 27.fg4 ♕h4 28.♔g1 ♖f2 29.♕h3 ♕h3 30.♔f2 ♕g3 31.♔f1 ♘f4 32.♖d2 ♘h3 33.♗d1 ♕c3–+] 26...♖g3!–+ 27.♖g3 ♕h4 28.♔g1

♕g3 29.♔f1 ♘f4 30.♕b2 ♕g2 31.♔e1 ♖a8 32.e7 ♖e8 33.c5 ♕g1 34.♔d2 ♕e2 35.cd6 cd6 36.♖d6 ♘f4 37.♕f6 ♕f2 38.♔c1 ♖c8 39.♖c6 ♘d3 40.♔d1 ♕e1 41.♔c2 ♗b4 42.♔b2 ♕e2 43.♔b3 ♘c6 44.♕c6 ♕f3 45.♔b2 ♖c6 46.e8♕ ♔g7 47.♕c6 ♕f6 48.♕c3 ♕c3 0-1

Cordes,Steffen
Matthiesen,Martin

Arhus 1997 (3)

1.e4 g6 2.d4 ♗g7 3.c4 d6 4.♘c3 ♘f6 5.♘f3 0-0 6.♗e2 e5 7.0-0 ♘c6 8.d5 ♘e7 9.b4 ♘h5 10.g3 f5 11.♘g5 ♘f6 12.f3 a5 13.ba5 ♖a5 14.♕b3 c5 15.♗d2 ♘e8 16.♘e6 ♗e6 17.de6 ♖a7 18.♘d5 ♘c6 19.♗c3 ♘c7 20.e7 ♘e7 21.♘e7 ♕e7 22.♖fd1 ♘e6 23.♖d5 fe4 24.fe4 ♘d4 25.♗d4 ed4 26.♗f1 d3 27.♖d1 ♗d4 28.♔h1 ♖f1 0-1

Dyson,Peter
Mac Intyre,Paul

Kona US open 1998 (7)

1.d4 ♘f6 2.♘f3 g6 3.c4 ♗g7 4.♘c3 0-0 5.e4 d6 6.♗e2 e5 7.0-0 ♘c6 8.d5 ♘e7 9.b4 ♘h5 10.g3 f5 11.♘g5 ♘f6 12.f3 a5 13.ba5 ♖a5 14.♕b3 c5 15.♗d2 ♖a7 16.a4 h6 17.♘e6 ♗e6 18.de6 ♘c6 19.♘b5 ♖a8 20.ef5 gf5 21.♕b1 ♘e8 22.g4 fg4 23.fg4 ♖f1 24.♕f1 ♕e7 25.♕f5 e4 26.♗f1 ♘d8 27.♕e4 ♕e6 28.♕e6 ♘e6 29.♗f3 ♘d4 30.♗d5 ♔h8 31.♖e1 ♘f6 32.♗b7 ♖a4 33.♘d6 ♗f8 34.♘f7 ♔g7 35.♘h6 ♔g6 36.g5 ♗h6 37.gh6 ♖c4 38.♖e7 ♘f5 39.♖e6 ♔f7 40.♖c6 ♖c2 41.♗g5 ♘h7 42.♖c7 ♔g6 43.♗e4 ♖c3 44.♗d2 1-0

12...♔h8

Ehrenfeucht,Wojciech
Syrtlanov,Vil

Koszalin 1997 (2)

1.♘f3 ♘f6 2.c4 g6 3.♘c3 ♗g7 4.e4 d6 5.♗e2 0-0 6.0-0 e5 7.d4 ♘c6

8.d5 ♘e7 9.b4 ♘h5 10.g3 f5 11.♘g5 ♘f6 12.f3 ♔h8 13.c5 h6 14.♘e6 ♗e6 15.de6 d5 16.ed5 ♘ed5 17.♘d5 ♘d5 18.♕b3 f4 19.♖d1 c6 20.♗c4 fg3 21.hg3 e4 22.fe4 ♕f6 23.ed5 ♕f2 24.♔h1 ♖f8 25.♗e2 ♕e2 26.♗h6 ♖h5 27.♔g1 ♖h6 28.e7 0-1

Van Wely,Loek
Popovic,Petar

Stary Smokovec 1992 (8)

1.d4 ♘f6 2.c4 g6 3.♘c3 ♗g7 4.e4 d6 5.♘f3 0-0 6.♗e2 e5 7.0-0 ♘c6 8.d5 ♘e7 9.b4 ♘h5 10.g3 f5 11.♘g5 ♘f6 12.f3 ♔h8 13.♔g2 ♘e8 [13...♘eg8 14.c5 ♕e7 15.♕b3± Van Wely-Wahls, Tastrup 1992] 14.ba5 ♖a5 15.a4 h6 16.♘e6 ♗e6 17.de6 ♘c6 18.♗d2 fe4 [18...♖a8 19.♕b1 b6 20.ef5 gf5 21.♗d3 ♘d4 22.♗e3± Van Wely] 19.fe4 ♖a8 20.♖b1 b6 21.♗e3 ♘d4 [21...♘e8 22.♘d5 ♖e6 23.♘f6 ♗f6 24.♖f6□ 25.♗h6] 22.♗d4 ed4 23.♕d4 ♕e7 24.e5 de5 25.♕e5 ♖fe8 26.♗f3 ♖ad8 [26...♖a5!?] 27.♖bd1 ♖d1 28.♖d1 ♘g8 29.♕e1 ♕e6 30.♕e6 ♖e6 31.♘b5 c6 [31...c5 32.♖d8 ♖f6 33.♘c7±; 31...♖e7 32.♖d8 ♔h7 33.c5 ♗e5 (33...bc5 34.a5) 34.♘a7! Van Wely] 32.♘c7 ♖e3 [32...♖e7 33.♘a8!; 32...♖f6 33.♘a8 c5 34.♖d7; 34.♖d8] 33.♗c6 ♘e7 34.♗f3 ♗f8 35.♖d6 ♗f5 36.♖b6 ♗c5 37.♖g6 ♘d4 38.♗d5 ♔h7 39.♖f6 ♖e2 40.♔h3 1-0

Vera,Reynaldo
Hernandez,Gilberto

Linares 1993 (9)

1.d4 ♘f6 2.c4 g6 3.♘c3 ♗g7 4.e4 d6 5.♗e2 0-0 6.♘f3 e5 7.0-0 ♘c6 8.d5 ♘e7 9.b4 ♘h5 10.g3 f5 11.♘g5 ♘f6 12.f3 ♔h8 13.♔g2 ♘eg8 14.c5 ♕e7 15.cd6 cd6 16.♕b3 fe4 17.fe4 ♘g4 18.♗d2 ♕d7 19.♘e6 ♖f1 20.♖f1 ♗h6 21.♗h6 ♘8h6 22.♖f3 ♘f6 23.a4 ♘f7 24.♖f1 ♖g8 25.a5 ♘d8 26.♗c4 ♖e8 27.♘c7 ♖f8 28.♘e6 ♖e8 29.♘c7 ♖f8 30.♘e6 ½-½

Speelman,Jonathan
Polgar,Judit

Hastings 1992 (3)

1.d4 ♘f6 2.♘f3 g6 3.c4 ♗g7 4.♘c3 0-0 5.e4 d6 6.♗e2 c5 7.0-0 ♘c6 8.d5 ♘e7 9.b4 ♘h5 10.g3 f5 11.♘g5 ♘f6 12.f3 ♔h8 [12...c6 13.♔g2 Speelman-Akopian, Debrecen Ech tt 1992] **13.♗e3!?** ♘e8 [13...♘eg8 14.♕d2 ♘e7 15.c5 h6 16.♘e6 ♗e6 17.de6 ♕e6 18.♘b5 ♘e8 19.cd6 cd6 20.♖ac1 fe4 21.fe4 ♖f1 22.♗f1♔> Bukic-Nemet, Yugoslavia 1981; 13...f4 14.♗f2 ♘h6 (14...h6) 15.♘e6 ♗e6 16.de6 fg3 17.hg3 ♕c8 18.♘d5 ♕e6 19.♘c7 (19.♔g2!?) 19...♕h3 20.♕d6 ♗e3!= 21.♗e3 ♕g3=; 13...♘fg8 14.♘e6!? (14.♕d2? f4 15.gf4 ef4 16.♗f4 h6 17.♘e6 ♗e6 18.de6 ♖f4 19.♕f4 ♗c3∓/-+; 14.c5 f4 15.♗f2 ♘d5? 16.♘d5 ♕g5 17.♘c7) 14...♘e6 15.de6 ♖f6 16.c5 ♖e6 17.♕b3] **14.♕d2☐ f4!?** [14...h6 15.♘e6 ♗e6 16.de6 ♕c8 17.♗h6 ♕e6±] **15.gf4 ef4 16.♗f4 h6** [16...♖f4?? 17.♕f4 ♗c3 18.♘f7+-; 16...♗c3? 17.♕c3] **17.♘e6 ♗e6 18.de6 ♖f4!?** [18...g5 19.♗g3 ♘g6±] **19.♕f4 ♗c3 20.♕h6 ♔g8 21.♖ad1 ♕c8** [21...♗g7 22.♕h3!? Δ f4-f5; 22.♕f4 ♘f6 (22...♘c6 23.♕f7 ♔h7 24.f4 ♕f6 (24...♕h4 25.♖d3 ♘f6 26.♔g2 ♖f8 27.♕c7 ♕h6 28.e7 ♖e8 29.♕b7 ♘e7 30.♖h3 ♘h5 31.♕d7+-) 25.♖d3 ♕f7 26.ef7 ♘f6 27.♖h3 ♗h6 28.e5! ♕e4 (28...♘d4 29.ef6 ♘e2 30.♔g2 ♖f8 (30...♘d4 31.♖e1 ♖f8 32.♖e8 ♖f7 33.♖e7) 31.♖ff3 ♖f7 32.♖h6 ♔h6 33.♖h3X) 29.♗f3 ♘d2 30.♗c6 ♘f1 31.♔f1 bc6 32.e6) 23.e5] **22.♕h3!** [Δ f4-f5] **22...c5!** [22...♘g7 23.f4 Δ 24.f5+-] **23.f4**

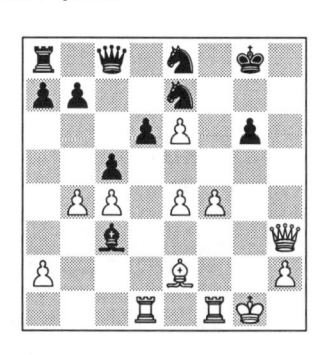

(26...♕f8 27.c5 ♕g7 28.cd6 ♘g6 29.♔h1) 27.c5 (27.♖f6!?) ♔f6 28.♕h4 ♔e5 29.♕g3= (29.♕g5!? ♔e4 30.♕e7 ♕d8) 29...♔f6 30.♕h4 ♔e5 31.♕g5!? (31.♕g3=) 31...♔e4 32.♕e7 d3!? (32...♕d8 33.♕d8 ♖d8) 33.♕h4 ♔e3 34.♕f2 ♔d2 35.♗f1 ♔c3 36.♕f6 ♔c4 37.♕f3∞) 27...♕h8 28.♕g3 (28.♕h8 ♖h8 29.cd6 ♘g6; 28.♕f3!? ♕h4 29.cd6 ♘g6 30.e7) 28...♕h6 29.cd6 ♘g6 30.e5 ♘e4 31.♕f3 ♕e3 (31...♕g5 32.♔h1) ♕e3 33.e7! ♕f3 34.♗f3 ♕d2 35.♖g1 ♘f3 36.♖g6 ♔g6 37.d7+-] 32.♕e3 de3 33.♖f7 ♔h6 (33...♔g8 34.♖f5) 34.e7 ♖g8 35.♔f1 ♘e5 36.♖f8 ♘d2 37.♔e1 ♖g1 38.♗f1+-] 24...♘g7 25.f5 ♘f6 26.fg6 ♕h8 (26...♘g6!?) 27.♕g2 ♕h4 28.bc5 dc5 (28...♘e5 29.cd6 ♖h8 30.de7 ♗h2 31.e8♕+-; 28...♗c5! 29.♖f6 ♕f6 30.♖f1 ♕e6 31.♖f7 ♔g8) 29.♖d4 cd4 30.e5] **24.f5 ♕c5** [24...♘g7? 25.f6 ♕e6 26.f7+-] **25.♔h1 ♕e5 26.fg6! ♕h8** [26...♘g6 27.♖g1 ♘g7 28.♖g6 ♕e4 29.♖g2+-] **27.♕h7! ♕h7 28.gh7 ♔h7 29.♖f7 ♔h6?!** [29...♘g7+-] **30.♖e7 a5 31.♖g1! ♘f6** [31...a4 32.♖g8 (32.e5!?) ♔e5 33.♗d3 ♘g7 34.♖g6 ♔h5 35.♖eg7 ♔g7 36.♖g7 b3 37.ab3 (37.♗b1) 37...a3 38.♗b1 a2 39.♗a2 ♖a2 40.♖b7+-) 32...b3 33.ab3 a3 34.♖ee8 ♖e8 35.♖e8 a2 36.♖a8 a1♕ 37.♖a1 ♗a1 38.e7+-] **32.♖eg7!** 1-0

Speelman
M/93-2-67

Shapiro,Daniel
Barash,Dmitry

Philadelphia 1998 (9)

1.d4 ♘f6 2.c4 g6 3.♘c3 ♗g7 4.e4 0-0 5.♘f3 d6 6.♗e2 e5 7.0-0 ♘c6 8.d5 ♘e7 9.b4 ♘h5 10.g3 f5 11.♘g5 ♘f6 12.f3 ♔h8 13.♗e3 ♘eg8 14.♕d2 ♕e7 15.c5 ♘e8 16.cd6 cd6 17.♖ac1 h6 18.♘e6 ♗e6 19.de6 ♕e6 20.♘b5 h5 21.♗c4 ♕e7 22.ef5 gf5 23.♖fd1 ♖d8 24.♗a7 ♗h6 25.f4 ♘gf6 26.♕e2 ♖d7 27.♖e1 h4 28.♖cd1 hg3 29.fe5 gh2 30.♔h1 ♕e5 31.♕d3 ♕f4 32.♗d4 ♗h7 33.♗e6 ♘e4 34.♗d7 ♘g3 35.♔g2 h1♕ 36.♖h1 ♖g8 37.♖h3 ♘e4 38.♔h1 ♘8f6 39.♖f1 1-0

Novikov,Mikhail
Gladishev,Oleg

St Petersburg 2000 (3)

1.d4 ♘f6 2.♘f3 g6 3.c4 ♗g7 4.♘c3 0-0 5.e4 d6 6.♗e2 e5 7.0-0 ♘c6 8.d5 ♘e7 9.b4 ♘h5 10.g3 f5 11.♘g5 ♘f6 12.f3 ♔h8 13.♗e3 f4 14.♗f2 fg3 15.hg3 ♘h5 16.♕d2 ♘g8 17.♔g2 ♕e7 18.♖h1 h6 19.♘h3 ♕f7 20.♗e3 g5

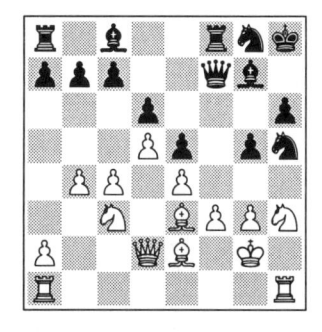

21.♘g5 ♕g6 22.♖h5 ♕h5 23.f4 ♕e8 24.f5 ♘f6 25.♖h1 ♔g8 26.♘h3 ♘e4 27.♘e4 ♗f5 28.♘ef2 ♕g6 29.♘g1 ♗e4 30.♘e4 ♕e4 31.♘f3 ♘f6 32.♕d3 ♕d3 33.♗d3 e4 34.♗e4 ♖e8 35.♖h4 ♖f7 36.♘d4 ♗d4 37.♗d4 ♖fe7 38.♗g6 ♖e2 39.♔f3 1-0

12...c6

Arencibia,Walter
De la Paz,Frank

Cuba ch 1998

1.d4 ♘f6 2.c4 g6 3.♘c3 ♗g7 4.e4 d6 5.♘f3 0-0 6.♗e2 e5 7.0-0 ♘c6 8.d5 ♘e7 9.b4 ♘h5 10.g3 f5 11.♘g5 ♘f6 12.f3 c6 13.♔g2 h6 14.♘e6 ♗e6 15.de6 ♕c7 [15...d5 16.cd5 cd5 17.♘d5 ♘fd5 18.ed5 ♕d5 19.♕d5 ♘d5 20.♗c4 ♘e7 21.♗b2± Istratescu-Safranska, Cappelle la Grande 1993] **16.b5 ♖fd8 17.bc6 bc6 18.♖b1 ♕c8 19.♗e3 ♕e6 20.♖b7 a6** [20...♖d7 21.♕b3♔] **21.♕b3 ♔h8 22.♖d1 g5 23.♗b6 ♖f8** [23...♖dc8!] 24.♕a3 ♘e8 25.♗f2♔ Arencibia] **24.♗c7 ♘e8 25.c5 d5** [25...♕b3

193

26.ab3 dc5 27.♗b6 ♘g8 28.♗c5 ♖f6 29.♗c4±] 26.ed5 cd5 27.♘d5 ♘d5 28.♕d5 ♘c7 29.♖c7 ♕d5 30.♖d5 ♖fd8 31.♗c4 ♗d5 32.♗d5 ♖d8 33.♗e6 f4 [33...e4 34.♗f5 e3 35.♔f1+−] 34.c6 e4 35.♖g7 ♕d2 36.♔f1 ♔g7 37.c7 fg3 38.hg3   1-0

12...c6 13.b5

Van Wely,Loek
Wagner,Anselm

Munchen 1992

1.d4 ♘f6 2.c4 g6 3.♘c3 ♗g7 4.e4 d6 5.♘f3 0-0 6.♗e2 e5 7.0-0 ♘c6 8.d5 ♘e7 9.b4 ♘h5 10.g3 f5 11.♘g5 ♘f6 12.f3 c6 13.b5 ♘h8 14.♗e3 h6 15.♘e6 ♗e6 16.de6 d5 17.cd5 cd5 18.♘d5 ♘ed5 19.ed5 ♘d5 20.♗c5 ♖e8 21.♕b3 ♖c8 22.♖ac1 ♗f8 23.♗a7 ♖c1 24.♖c1 b6 25.♖c6 e4 26.fe4 fe4 27.♗c4 ♕a8 28.♗d5 ♕a7 29.♗e4 ♗g7 30.♕c4 ♕a5 31.♗g6 ♕e1 32.♔g2 ♖f8 33.♖c8 ♕f2 34.♔h3 ♕f6 35.♖f8 ♗f8 36.♗d3 ♕e5 37.♕e4 ♕e4 38.♗e4 ♔g7 39.a4 ♗h4 40.♔g4 ♔f6 41.♔h5 ♗d2 42.♗d5 ♗e3 43.h4 ♗f2 44.g4 ♗e3 45.g5 hg5 46.hg5   1-0

Ree,Hans
Schmidt,Wlodzimierz

Lippstadt 1992

1.d4 ♘f6 2.c4 g6 3.♘c3 ♗g7 4.e4 d6 5.♗e2 0-0 6.♘f3 e5 7.0-0 ♘c6 8.d5 ♘e7 9.b4 ♘h5 10.g3 f5 11.♘g5 ♘f6 12.f3 c6 13.b5 h6 14.♘e6 ♗e6 15.de6 c5!? 16.♘d5 ♘e8 17.♗e3 ♘c7 18.♕d2 ♘e6 19.♗h6 f4 20.♗g7 ♔g7 21.gf4 ♘d5 22.ed5 ♘f4 23.♗d3 ♘d3!? 24.♕d3 ♖f4∓ [c4<, f3<] 25.♔h1 ♕f6 26.♖ae1 ♖h8 27.♖e4 ♖hh4 28.♕e2 ♕f5 29.♖e1 ♖h3 30.♖f4 ♕f4 31.♖f1 ♖h4−+ 32.♖f2 ♕c4 33.♕d2 ♕d4 34.♕c2 ♕d5 35.♖g2 ♕e6 36.♕d2 ♖d4 37.♕a5 ♕f7 38.♖g3 b6 39.♕a6 e4 40.♕a3 ♖d1 41.♔g2 ♖d2   0-1

Baumbach,Friedrich
Bohak,Janko

cr Silli-mem 1992

1.d4 ♘f6 2.c4 g6 3.♘c3 ♗g7 4.e4 d6 5.♘f3 0-0 6.♗e2 e5 7.0-0 ♘c6 8.d5 ♘e7 9.b4 ♘h5 10.g3 f5 11.♘g5 ♘f6 12.f3 c6 13.b5 h6 14.♘e6 ♗e6 15.de6 ♕c7 [15...d5? 16.cd5 cd5 17.♘d5 ♘fd5 18.ed5 ♕b6 (18...♕d5 19.♕d5 ♘d5 20.♗c4 ♘e7 21.♗a3 ♗f6 22.♖fd1+−) 19.♔h1 ♖fd8 20.♕b3 ♖d5 21.♗c4 ♖dd8 22.♗e3± C.Hansen-Hebden, Silkeborg 1983] 16.bc6 bc6 17.♗a3 ♖fd8 18.♕a4 ♕c8 19.♖ab1 ♔h8 20.♖fd1 ♕e6 21.♖b7≌ a5 22.♕b3 h5 23.♕b6 ♘e8 24.♖a7 ♘h6 25.♔g2 fe4 26.fe4 h4 27.gh4! ♖ab8 28.♖b7

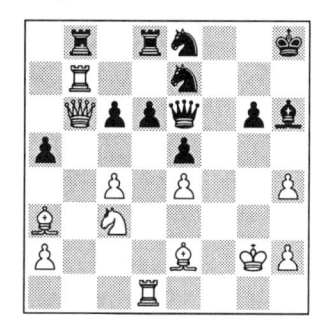

28...♗e3? 29.♖e7!   1-0

Blanco Fernandez,Alvaro
Leyva,Ricardo

Matanzas 1994 (9)

1.d4 ♘f6 2.c4 g6 3.♘c3 ♗g7 4.e4 d6 5.♗e2 0-0 6.♘f3 e5 7.0-0 ♘c6 8.d5 ♘e7 9.b4 ♘h5 10.g3 f5 11.♘g5 ♘f6 12.f3 c6 13.b5 h6 14.♘e6 ♗e6 15.de6 ♕c7 16.♕b3!? ♖fd8 17.♗a3 ♕c8 18.♖fd1 ♕e6 [18...c5 19.♘d5; 18...♘e8 19.c5] 19.♗d6 ♘e8 [19...♖d6 20.♖d6 ♕d6 21.c5] 20.♗c5 b6 21.♗f2 ♖d4 22.♗d3 g5 23.ef5 ♘f5 24.c5 ♕b3 25.ab3 e4 26.fe4 ♘e7 27.cb6 cb5 28.♖a7   1-0

Van Wely,Loek
Kupreichik,Viktor

Germany Bundesliga B 1994

1.d4 ♘f6 2.c4 g6 3.♘c3 ♗g7 4.e4 0-0 5.♘f3 d6 6.♗e2 e5 7.0-0 ♘c6 8.d5 ♘e7 9.b4 ♘h5 10.g3 f5 11.♘g5 ♘f6 12.f3 c6 13.b5 h6 14.♘e6 ♗e6 15.de6 ♘e8 16.bc6 bc6 17.♗a3 ♖f6 18.♖b1 ♖e6 19.♕a4 h5 20.♖fd1 ♗h6 21.♖d3 ♕c8 22.c5 fe4 23.fe4 d5 24.ed5 cd5 25.♘d5 ♘d5 26.♖d5 ♗e3 27.♔h1 ♘f6 28.♖d6 ♖d6 29.cd6 ♗b6 30.♗b5 ♕c3 31.♖f1 ♔g7 32.d7 ♕g4 33.♕b3 ♗f2 [33...♕d2 34.♕f7 ♔h8 (34...♔h6 35.♗f8 ♖f8 36.♕f8 ♗g5 37.h4) 35.♕e8 ♗h7 36.♖f7 ♔h6 37.♗f8 ♗g5 38.h4] 34.♔g2 ♕d2 35.♗b4 ♕d4 36.♕c4 ♕c4 37.♗c4 ♖d8 38.♗e1 ♘e4 39.♗f7 ♗h6 40.♗b4 a5 41.♗a3 ♗c7 42.h4 ♘d6 43.♗d6 ♗d6 44.♗d3 ♔g8 45.♗g6 e4 46.♗h5 e3 47.♖f3 ♖d7 48.♖e3 ♗c5 49.♖e2 ♗d3 50.♗f3 ♗f7 51.♗f3 ♖d4 52.♗e4 ♖d1 53.g5 ♗g7 54.♖c2 ♗e7 55.♔f3 ♖g1 56.♔f4 ♗d6 57.♔f5 ♖f1 58.♔e6 ♗f4 59.♖b2 ♗e3 60.♖b7 ♔g8 61.♗f5 ♖c1 62.♖b3 ♗f2 63.h5 ♖c6 64.♔d7 ♖b6 65.♖f3 ♗c5 66.h6 ♗b4 67.g6 ♖b7 68.♔c6 ♖e7 69.♔d5   1-0

Schmidt,Wlodzimierz
Bobras,Piotr

Koszalin 1999 (10)

1.♘f3 ♘f6 2.c4 g6 3.♘c3 ♗g7 4.e4 d6 5.d4 0-0 6.♗e2 e5 7.0-0 ♘c6 8.d5 ♘e7 9.b4 ♘h5 10.g3 f5 11.♘g5 ♘f6 12.f3 c6 13.b5 h6 14.♘e6 ♗e6 15.de6 c5 16.♘d5 ♘e8 17.ef5 gf5 18.f4 e4 19.♖b1 ♗d4 20.♔h1 ♘g7 21.g4 ♘e6 22.gf5 ♘f5 23.♗g4 ♘eg7 24.♖e1 ♕h4 25.♖b3 h5 26.♗f5 ♘f5 27.♖e4 ♖ae8 28.♖e8 ♖e8 29.♗d2 ♕f2 30.♖f3 ♖e1   0-1

Schmidt,Wlodzimierz
Antoniewski,Rafal

Suwalki tt 1999 (1)

1.♘f3 ♘f6 2.c4 g6 3.♘c3 ♗g7 4.d4 d6 5.e4 0-0 6.♗e2 e5 7.0-0 ♘c6 8.d5 ♘e7 9.b4 ♘h5 10.g3 f5 11.♘g5 ♘f6 12.f3 c6 13.b5 h6 14.♘e6 ♗e6 15.de6 c5 16.♘d5 ♘e8 17.ef5 gf5 18.♖b1 ♘c7

19.♘c7 ♕c7 20.g4 ♖f6 21.gf5 ♘f5 22.♕d5 ♘e7 23.♕e4 ♖e6 24.♗d3 ♖g6 25.♔h1 ♖f8 26.♗e3 ♘f5 27.♖g1 ♖g1 28.♖g1 ♖f7 29.♗d2 ♔f8 30.♕g4 ♘d4 31.♗e4 ♘e2 32.♖g2 ♘f4 33.♗f4 ef4 34.♗d5 ♖f6 35.♖e2 h5 36.♕h5 ♕d7 37.♕h7 1-0

12...c6 13.♗e3

Van Wely,Loek
Von Alvensleben,Wolfram

Dortmund 1992 (1)

1.d4 ♘f6 2.c4 g6 3.♘c3 ♗g7 4.e4 0-0 5.♘f3 d6 6.♗e2 e5 7.0-0 ♘c6 8.d5 ♘e7 9.b4 ♘h5 10.g3 f5 11.♘g5 ♘f6 12.f3 c6 13.♗e3 ♘e8 14.c5 cd5 15.♘d5 ♘c6 16.♗c4 ♔h8

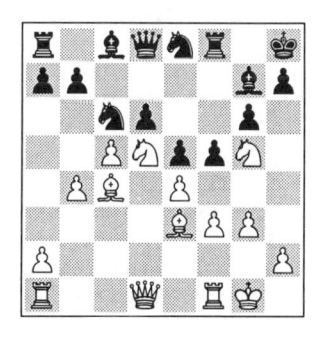

17.h4!? h6 18.♔g2! f4 19.gf4 ef4 20.♘f4 ♘e5 [20...hg5 21.♘g6 ♔h7 22.♘f8 ♗f8 23.♕d5; 23.hg5; 20...♗a1 21.♘g6 ♔g7 22.♘f8 ♔f8 (22...hg5 23.♕d5) 23.♕d5+−] 21.♖h1! ♘f6 22.♗b3 ♘h5 23.♘h5 gh5 24.♕d6 ♕d6 25.cd6 hg5 26.hg5 ♔h7 27.♖af1 ♗d7 28.f4 ♘g4 29.♗d2 ♖ae8 30.♖h5! ♔g6 31.f5 1-0

Hansen,Curt
Sogaard,Soren

Arhus 1993

1.c4 ♘f6 2.♘c3 g6 3.e4 d6 4.d4 ♗g7 5.♘f3 0-0 6.♗e2 e5 7.0-0 ♘c6 8.d5 ♘e7 9.b4 ♘h5 10.g3 f5 11.♘g5 ♘f6 12.f3 c6 13.♗e3 f4 14.♗f2 h6 15.♘e6 ♗e6 16.de6 fg3 17.hg3 ♘e8 18.♕b3 ♖f6 19.♖ad1

♘c7 20.c5 d5 21.ed5 cd5 22.♘d5 ♘cd5 23.♗c4 ♕e8 24.♗d5 ♘d5 25.♕d5 ♕e6 26.♕b7 ♖af8 27.♖d7 ♖8f7 28.♖f7 ♖f7 29.♕e4+− ♕a2 30.♖d1 ♕b3 31.♖d3 ♕b1 32.♔g2 ♔h7 33.c6 ♕a2 34.♖d6 ♗f6 35.c7 1-0

Shariyazdanov,Andrey
Pugachev,Alexey

Briansk tt 1995 (6)

1.d4 ♘f6 2.c4 g6 3.♘c3 ♗g7 4.e4 d6 5.♗e2 0-0 6.♘f3 e5 7.0-0 ♘c6 8.d5 ♘e7 9.b4 ♘h5 10.g3 f5 11.♘g5 ♘f6 12.f3 c6 13.♗e3 h6 14.♘e6 ♗e6 15.de6 ♘e8 16.♕b3 ♘c7 17.♖ad1 f4 18.♗f2 fg3 19.hg3 ♔h7 20.c5 d5 21.ed5 cd5 22.♘d5 ♘ed5 23.♗c4 ♘e6 24.♗d5 ♘d4 25.♗d4 ed4 26.♔g2 ♕c7 27.♗e4 ♖ae8 [27...a5 28.♕c2 ab4 29.♗g6 Miles-Shirov, Biel 1992] 28.♕d3 ♖e6 29.♖c1 ♕e7 30.♖h1 ♔h8 31.b5 g5 32.c6 bc6 33.bc6 g4 34.c7 ♖c8 35.♗f5 ♖e2 36.♔f1 ♖e3 37.♗c8! ♖d3 38.♗g4 ♖d1 39.♔g2! 1-0

Rat,Dan Ovidiu
Gladishev,Oleg

Budapest 2000 (6)

1.d4 g6 2.c4 ♗g7 3.♘c3 ♘f6 4.e4 d6 5.♘f3 0-0 6.♗e2 e5 7.0-0 ♘c6 8.d5 ♘e7 9.b4 ♘h5 10.g3 f5 11.♘g5 ♘f6 12.f3 c6 13.♗e3 f4 14.♗f2 ♘h5 15.g4 ♗f6 16.gh5 ½-½

12...f4 13.♔g2

Miles,Anthony
Wojtkiewicz,Aleksander

Komotini 1992

1.d4 ♘f6 2.♘f3 g6 3.c4 ♗g7 4.♘c3 0-0 5.e4 d6 6.♗e2 e5 7.0-0 ♘c6 8.d5 ♘e7 9.b4 ♘h5 10.g3 f5 11.♘g5 ♘f6 12.f3 f4 13.♔g2 a5 14.b5 b6 15.♖b1 ♘e8 16.♘e6 ♗e6 17.de6 ♗h6 18.♘d5 ♗g7 19.c5!? bc5 20.♗c4 ♔h8 21.♘c3 ♘c8 22.♗d5 ♖a7 23.g4 ♗g5 24.♖b2 ♗h4 25.♔h1

♘b6 26.♘a4 ♕e7 27.♘b6 cb6 28.♖d2 c4 [28...♖d8 29.♕b3] 29.♗b2 ♖d8 30.♖g1 ♗g5 31.♗c4 ♖aa8 [31...♘e6 32.♖d6] 32.♗d5 ♖a7 33.♗c4 ♗f6? 34.g5! ♗g5 35.♖g5! ♕g5 36.♖d6 ♖e8 37.♖d5 ♖ae7 [37...♖e6 38.♖d8 ♖e8 39.♖e8 ♘e8 40.♕d5 ♔g7 41.♕g8 ♔h6 42.♕e8 ♖c7 43.♗e6 (43.♕f8 ♔h5 (43...♖g7 44.♕d6 ♕h4 45.♗e5) 44.♗e6 ♔h4! (44...♖c2 45.♗g4 ♔h4 46.♗e5 ♖c1 (46...h5 47.♗f6 hg4 48.♕h6) 47.♔g2 ♖c2 48.♔f1+−) 45.♗g4 h5 46.♕d6 ♖c2 47.♗e5 hg4 48.♗f6 (48.♗f4 ♕c5 49.♕f6 ♔h3 50.♕h8 ♕h5 51.♕a1 gf3) 48...♔h3!−+ 49.♕d1 (49.♔g1 ♕c5 50.♕c5 ♖c5) 49...♕h2 50.♔g1 ♖g2 51.♔h1 ♕f6 52.♕f1 gf3) 43...♖e7 44.♕f8 ♔h5 45.♗g4 ♔h4 46.♗c3] 38.♗e5 ♕h4 39.♖d7 ♔g8 40.♗d6 ♕f6 41.♗e7 1-0

Van Wely,Loek
Kaminski,Marcin

Dortmund 1992 (5)

1.d4 ♘f6 2.c4 g6 3.♘c3 ♗g7 4.e4 d6 5.♘f3 0-0 6.♗e2 e5 7.0-0 ♘c6 8.d5 ♘e7 9.b4 ♘h5 10.g3 f5 11.♘g5 ♘f6 12.f3 f4 13.♔g2 a5 14.ba5 ♖a5 15.a4 ♘e8 16.♘h3 ♔h8 17.♗a3 g5 18.♘g5 ♘d5 19.cd5 ♕g5 20.g4 h5 21.h3 ♔g8 22.♘b5 ♕h4 23.♕e1 ♕e1 24.♖fe1 ♖a4 25.♘c7 ♖a3? [25...♘c7 26.♗d6 ♖a1 27.♖a1 ♘e8 (27...♖f7 28.♖c1) 28.♗f8 ♗f8] 26.♖a3 ♘c7 27.♖c1 ♘a6 28.♗a6 ba6 29.♖c6 hg4 30.hg4 ♗d7 [30...♖d8 31.♖ac3 ♗b7 32.♖c7 ♖b8 (32...♗a8 33.♘c8) 33.♖b3] 31.♖ca6 ♖b8 32.♖a2 ♗f8 33.♖a7 ♗b5 34.♔h3 ♖e8 35.♖b2 ♗f1 36.♔h2 ♗e7 37.♖a8 ♔g7 38.♔g1 ♗d3 39.♖a3 ♗c4 40.♖b4 ♗e2 41.♔f2 ♗d1 42.♖b1 ♗c2 43.♖c1 ♗e4 44.fe4 ♗b7 45.♖c8 ♗e7 46.♔f3 ♔f7 47.g5 ♗g5 48.♔g4 ♗e7 49.♔f5 ♗f8 50.♖ca8 ♔g8 51.♖3a7 ♖b1 52.♔f6 1-0

Van Wely,Loek
Ye Jiangchuan

Biel izt 1993 (13)

1.d4 ♘f6 2.c4 g6 3.♘c3 ♗g7 4.e4 d6 5.♘f3 0-0 6.♗e2 e5 7.0-0 ♘c6

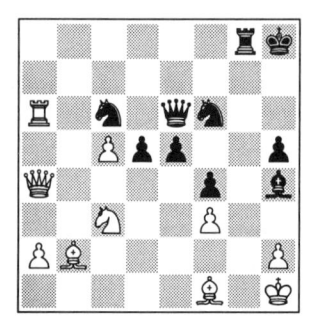

8.d5 ♘e7 9.b4 ♘h5 10.g3 f5 11.♘g5 ♘f6 12.f3 f4 13.♔g2 h6 14.♘e6 ♗e6 15.de6 c6 16.b5 ♕c7 17.bc6 bc6 18.♗a3 ♖fd8 19.♕a4 ♕c8 20.♖ab1 ♔h8 21.♖fd1 ♕e6 22.♕a6 h5 23.♖b7 g5 24.♖a7 ♖ab8 25.♕a5 [25.♖b1!? Van Wely] 25...♘e8 26.♖b1 ♖bc8 27.gf4 [27.♖bb7 ♕g6] 27...gf4 28.♔h1 ♗f6 29.♖g1 ♗h4 30.c5 d5 31.ed5 [31.♕a6! d4 32.♘d5!] ♘d5 33.ed5 ♕d5 34.♕d3→ Van Wely] 31...cd5 32.♖a6 ♘c6 33.♕a4 ♘f6 34.♗b2 ♖g8 35.♖g8 ♖g8 36.♗f1 [36.♕c6 ♕h3]

36...♘g4! 37.♘d1 [37.fg4 ♕g4−+] 37...♕g6 [△ 38...♘f2−+] 38.fg4 ♕g4 39.♗e5 ♘e5 40.♖h6 ♗g7 41.h3 ♕f3 42.♗g2 ♕g3 43.♕a6 ♕e1 44.♗f1 ♕e4 45.♗g2 f3 [46.♗f1 f2 47.♗g2 ♕g2 48.♔g2 ♔f7] 0-1

Lutz, Christopher
Beckhuis, Gernod

Germany Bundesliga 1993

1.d4 ♘f6 2.♘f3 g6 3.c4 ♗g7 4.♘c3 0-0 5.e4 d6 6.♗e2 e5 7.0-0 ♘c6 8.d5 ♘e7 9.b4 ♘h5 10.g3 f5 11.♘g5 ♘f6 12.f3 f4 13.♔g2 h6 14.♘e6 ♗e6 15.de6 c6 16.b5 ♕c7 17.♗a3 ♖fd8 18.bc6 bc6 19.♖b1 ♕c8 20.♕a4 ♕e6 21.♖b7 h5 22.♖d1 g5 23.♕b4 c5 [23...♘c8 24.♖g7 ♔g7 25.♕b7; 23...♘e8!?] 24.♕b5 g4 25.♘d5! ♘ed5 26.cd5 ♕c8 [26...♘e8 27.♕a6] 27.♕c6 gf3 28.♗f3 ♘g4 29.♖g1!? ♖f8 30.♗c1 ♕c6 31.dc6 ♖ac8 32.h3 ♘e3 [32...♘f6] 33.♔f2 ♖f7 34.gf4 ef4 35.♗b2 ♖cc7 36.♖c7 ♖c7 37.♗g7 ♖g7 38.♗g7 1-0

Vlaskov, A
Mamedov, Emil

Kirov ch-RUS sf 1993

1.d4 ♘f6 2.c4 g6 3.♘c3 ♗g7 4.e4 d6 5.♗e2 0-0 6.♘f3 e5 7.0-0 ♘c6 8.d5 ♘e7 9.b4 ♘h5 10.g3 f5 11.♘g5 ♘f6 12.f3 f4 13.♔g2 ♔h8 [13...♘e8 14.♘e6 ♗e6 15.de6 c6 16.b5 c5! 17.♘d5 ♘c7 18.♘c7 ♕c7 19.♕d3 ♖ad8 20.♖d1 g5 21.♖b1 (21.g4) 21...♕c8 22.♕a3 ♕e6 23.♕a7 g4!↑ Banikas-Vouldis, Komotini 1993] 14.c5 h6 15.cd6 ♕d6 16.♘b5 ♕b6 17.a4 ♘fd5 18.ed5 hg5 19.a5 ♕f6 20.♘c7 ♖b8 21.g4 ♖d8 22.b5 e4 23.♖a4 ♕e5 24.♕c2 ♘d5 25.♘d5 ♕d5 26.♖d1 ♕g8 27.♖d8 ♕d8 28.♖e4 ♗d7 29.♗b2 ♖c8 30.♗g7 ♔g7 31.♕b2 ♔h6 32.♕d4 ♖c2 33.♕d6 ♕c8 34.h4 gh4 35.♕f4 1-0

Lowy, Vitezslav
Gik, Evgeny

Netanya 1993

1.d4 ♘f6 2.c4 g6 3.♘c3 ♗g7 4.e4 d6 5.♘f3 0-0 6.♗e2 e5 7.0-0 ♘c6 8.d5 ♘e7 9.b4 ♘h5 10.g3 f5 11.♘g5 ♘f6 12.f3 f4 13.♔g2 fg3 14.hg3 ♘h5 15.♕e1 a5 16.b5 c5 17.♖b1 h6 18.♘e6 ♗e6 19.de6 ♖f6 20.f4 ef4 21.g4 ♘g3 22.♖f4 ♖f4 23.♕g3 ♖f6 24.g5 ♖e6 25.♗g4 ♖e5 26.gh6 ♗f6 27.♗f4 ♔h7 28.♖f1 ♕g8 29.♕d3 ♖d8 30.♗e5 ♗e5 31.♘d5 ♘d5 32.ed5 ♖e8 33.♗e6 ♖e6 34.de6 ♕e6 35.♕f3 ♔h6 36.♕h3 ♕h3 37.♔h3 ♔g7 38.♔g4 ♗f6 39.♖h1 b6 40.♔f3 g5 41.♔e4 ♔g6 42.♔d5 ♗e5 43.♔c6 ♔f5 44.♔b6 ♔e4 45.♔c6 ♔d4 46.♖d1 ♔c4 47.♖d5 1-0

Van Wely, Loek
Cvitan, Ognjen

Moscow ol 1994 (10)

1.d4 ♘f6 2.c4 g6 3.♘c3 ♗g7 4.e4 d6 5.♘f3 0-0 6.♗e2 e5 7.0-0 ♘c6 8.d5 ♘e7 9.b4 ♘h5 10.g3 f5 11.♘g5 ♘f6 12.f3 f4?! 13.♔g2 ♘h5!? [13...fg3?!] 14.c5? [14.g4 ♗f6 15.♘e6 (15.♘h3? ♗g7 16.♘f2 (16.g5 ♕d7!) 16...h5 17.h3?! (17.♔h1!? (△ 18.♖g1) 17...♗h4↑) 17...♗h4 △ g5, ♘g6, ♗g3↑) 15...♗e6 16.de6 ♘g7 17.c5 dc5 18.bc5 ♘c6 19.♗c4 ♕c8 20.♕b3+−] 14...fg3 15.hg3 ♘f4! 16.gf4 ef4 17.♕e1 [17.e5 ♗e5 △ 18...♘f5→] 17...♘f5 [17...♘d5? 18.♕h4 h6 19.♗c4!+−; 17...♘c3 18.♕h4! h5 19.♗f4 ♗b4 (19...♗a1 20.♖a1+−; 19...♘d5 20.♗c4 ♕a1 21.♗d5 ♔g7 22.♖a1 ♕f6 23.♗e3 ♕a1 24.♕f2) 20.cd6 cd6⇄ 20...♗d6!?] 18.♗f4 ♗c3 19.♕c3 ♘h4 20.♔f2□ [20.♔g3 ♖f4 21.♗f4 ♘g2 22.♔g3 ♕g5 23.♔f2 ♕h4 24.♔g1 (24.♔g2 ♗h3−+) 24...♘f4−+] 20...♖f4 21.♘e6 [21.♖g1 h6 22.♘e6 ♗e6 23.de6 △ e7, ♗c4] 21...♗e6 22.de6 ♕e7 23.cd6 cd6 24.♖ac1 ♖af8 25.♔e1 [25.♕c7 ♕f6 26.e7 ♖f3−+] 25...b5!? [25...♖4f6 (△ ♘g2-f4) 26.♕c7] 26.♕b3! ♖4f6 27.♖c6 [27.♖c3 a6 28.♖c6; 27.♖c7!?] 27...♔g7 28.♔d2 h5 29.♕d5 ♖e6 [29...♘f3=] 30.♕b5 ♖e5?! [30...♘g2] 31.♕c4 ♕g5?! [31...d5 32.♕c5 (32.♕c3!?; 32.♕d4 de4 33.♖c5 ♖d8−+) 32...de4 33.♕e7 ♖e7 34.fe4 ♖f1 35.♗f1 ♖e4 36.♖c7 ♔f6 (36...♔h6 37.♔c3) 37.♖a7 (37.♔c3 ♖e7) 37...♖b4 38.a4=] 32.♕c3 ♘g2 33.♕d4 ♘f4 34.♗c4 d5 35.♖g1 ♕e7□ [35...dc4 36.♖g5 ♘e2 37.♔c4 ♘d4 38.♖gg6 ♔h7 39.♗d4+−] 36.ed5 ♔h6 37.♔b3 a5 [37...♖e3 38.♗a4] 38.d6 ♕f6 39.♖c5! a4 40.♔a4 [40.♔a3!?] 40...♖a8 41.♔b3 ♘e6 42.♕e5 ♕f3 43.♔b2 ♕f2 44.♗e2 1-0

Van Wely
M/95-1-40

Kekelidze, Mikhail
Steinbacher, Matthias

Germany Bundesliga 1995

1.♘f3 ♘f6 2.c4 g6 3.♘c3 ♗g7 4.e4 d6 5.d4 0-0 6.♗e2 e5 7.0-0 ♘c6 8.d5 ♘e7 9.b4 ♘h5 10.g3 f5 11.♘g5 ♘f6 12.f3 f4 13.♔g2 ♘e8 14.c5 a5 15.♕b3 ab4 16.♘b5 ♔h8 17.cd6 ♘d6 18.♘d6 ♕d6 19.♖d1 ♕f6 20.h4 h6 21.♘h3 c5 22.♗b2 ♗h3 23.♔h3 fg3 24.♕e3 b6 25.♔g2 ♔h7 26.♖h1 h5 27.♗b5 ♗h6 28.♕e2 ♘c8 29.a3 ba3 30.♗a3 ♘d6 31.♗d3 ♖f7 32.♗b2 ♖a1 33.♗a1 b5 34.♗c3 b4 35.♗e1 c4 36.♗b1 b3 37.♗f1 ♖c7 38.♗g3 ♗f4 39.♗e1 c3 40.♗d3 c2 0-1

Van Wely,Loek
Zapata,Alonso

Matanzas 1995 (4)

1.d4 ♘f6 2.c4 g6 3.♘c3 ♗g7 4.e4 d6 5.♘f3 0-0 6.♗e2 c5 7.0-0 ♘c6 8.d5 ♘e7 9.b4 ♘h5 10.g3 f5 11.♘g5 ♘f6 12.f3 f4 13.♔g2 ♘h5 14.g4 ♗f6 15.♘e6 ♗e6 16.de6 ♘g7 17.c5 ♔h8 18.cd6 cd6 19.♘b5 ♖c8 20.♗c4 ♖e8 21.♗d5 ♖e7 [21...♕e7! 22.♗b2 ♘b6 23.a4 a6 24.♘c3 ♘e6 25.a5∓ Van Wely] 22.♕b3 ♕e8 23.a4 a6 24.♘c3 ♘e6 25.♗e6 ♖e6 26.♘d5≅ ♗d8 27.♗b2 ♘b6 [27...g5 28.h4‡] 28.♗f4 ♖f6 29.♘e2 ♖c8 30.♖fc1 ♖c1 31.♗c1 ♕e6 32.♕e6 ♖e6 33.a5 ♘d7 34.♗e3 ♔g7 [34...♘b8 35.♖c1 ♘c6 36.b5 ab5 (36...♘a5 37.♖c8 ♖e8 38.♗b6) 37.a6−+] 35.♖c1 ♔f7 36.♖c8 ♖e8 37.♘c3 ♖f8 38.♘d5 ♔e6 39.♗h6 ♖h8 40.♔f1 ♗f6 41.♖c7 ♖b8 42.♖d7 ♔d7 43.♘f6 ♔e6 44.♘h7 ♖c8 [44...♖h8 45.♘f8 ♔f7 46.g5 ♖h6 47.gh6 ♔f8 48.♗e2+−] 45.♗d2 ♖c2 46.♔e2 ♖a2 47.♘g5 ♔f6 48.♘h3 ♔e6 49.♘f2 ♖c2 50.h4 ♖c8 51.h5 gh5 52.gh5 ♖h8 53.h6 ♔f6 54.f4 1-0

Van Wely,Loek
Fedorov,Alexey

Batumi Ech-tt 1999 (5)

1.d4 ♘f6 2.c4 g6 3.♘c3 ♗g7 4.e4 d6 5.♘f3 0-0 6.♗e2 e5 7.0-0 ♘c6 8.d5 ♘e7 9.b4 ♘h5 10.g3 f5 11.♘g5 ♘f6 12.f3 c6 13.♔g2 c6 14.♕b3 [14.b5 c5!? 15.♕d3 ♘e8 16.♘e6 ♗e6 17.de6 ♘c7 (17...♕c8) 18.♖d1 ♘c8∞ Finegold-Michelakis, Groningen 1993] 14...h6 15.♘e6 ♗e6 16.de6 ♕c8 17.♖d1 ♖d8 [17...♕e6 18.♖d6]

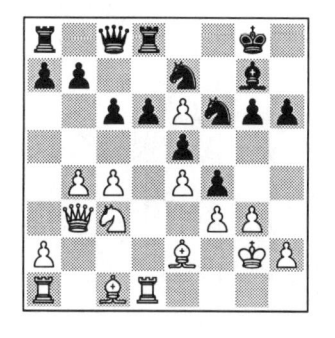

18.♘d5!? [18.b5] 18...cd5 19.cd5 g5 20.♗d2 ♖f8 [20...h5!?] 21.g4 h5 22.h3 ♘g6 23.♖dc1 ♕b8 24.♗e1 hg4 25.hg4 ♘e8 26.a4 ♗f6 27.a5 ♗d8 28.♕a4 ♘f6 29.♖a3 ♗g7 30.♗f2 ♖h8 31.♖ac3 ♗e7 32.♖c7 ♖h6 33.♕a1 ♕h8 34.♖h1 ♘g4 35.fg4 f3 36.♗f3 ♘f4 37.♔g1 ♖h1? [37...♘e2 38.♔g2 ♘f4=] 38.♗h1 ♕h3 39.♕d1 [39.♗e7 ♔g6 40.♕d1 ♖c8 41.♗f3 (41.♖f7 ♖c1) 41...♖c3] 39...♖h8 40.♖e7 ♔g6 41.♗f3 ♕h2 42.♔f1 ♖c8 43.♖f7 ♕h3 44.♔g1 ♖c3 45.♖f4 gf4 46.♗g2+− ♕h8 47.♗e1 ♖c7 48.♗f1 a6 49.b5 ab5 50.♕b1 b4 51.♕b4 ♕h7 52.♗g2 ♕f8 53.♕a3 ♕b8 54.♔f1 ♕c7 55.♕c3 ♕d8 56.♗f2 ♔g5 57.♗f3 ♖h3 58.♔g2 ♕h8? 59.♔g1? [59.♕c7 ♖f3 (59...♖h1 60.♕e7 ♔g6 61.♕f7 ♔g5 62.♕f5 ♔h6 63.♔h1) 60.♔f3 ♕h1 61.♔e2 ♕e4 62.♔d2 ♕d5 63.♔c1 ♕e6 64.♕g7 ♕g6 65.♗h4 Fedorov] 59...♕d8 60.♔f1 ♕e8 61.♕b3 ♕c8 62.♔g2 ♖h8 63.♕b1 ♕c7 64.♕e1 ♕c2 65.e7 ♔f6 66.e8♕ ♖e8 67.♕h1 ♔g7 68.♕h4 ♖h8 69.♕e7 ♔g8 70.♕d8 ♔g7 71.♕b6 ♕c1 72.♗g1 ♕d2 73.♕f2 ♕a5 74.♕c2 ♔g6 75.♕d1 b5 76.♗f2 b4 77.g5 ♕a2 78.♗g4 b3 79.♗f5 ♔g7 80.♕f1 ♖h5 81.♕b5 ♖h2 82.♔h2 ♕f2 83.♔h1 ♕e1 84.♔g2 ♕d2 85.♔f1 ♕d1 86.♔f2 ♕d2 87.♔f1 ½-½
Krasenkow
M/00-1-41

12...f4 13.b5

Miles,Anthony
Wojtkiewicz,Aleksander

Katerini 1992

1.d4 ♘f6 2.♘f3 g6 3.c4 ♗g7 4.♘c3 0-0 5.e4 d6 6.♗e2 e5 7.0-0 ♘c6 8.d5 ♘e7 9.b4 ♘h5 10.g3 f5 11.♘g5 ♘f6 12.f3 f4 13.b5 ♘e8 14.♘e6 ♗e6 15.de6 ♕c8 16.♘d5 ♕e6 17.♘e7 ♕e7 18.♕d5 ♔h8 19.♕b7 ♘f6 20.♗d2 fg3 21.hg3 ♘h5 22.♔g2 ♗f6 23.♖h1 ♗g5 24.♗a5 ♗e3 25.♕c7 ♕g5 26.♗e1 ♗b6 27.♗d7 ♕e3 28.♗d1 ♗d4 29.♖b1 ♕d3 30.♖c1

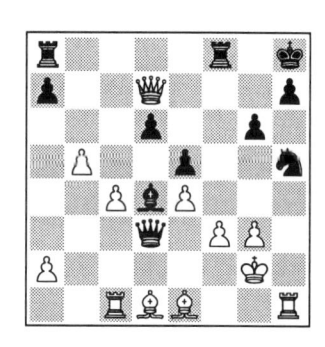

30...♗b2 31.♖c2 ♕d1 32.♖b2 ♕f3 33.♔g1 ♘f6 34.♕h3 ♕e3 35.♔h2 ♕e4 36.♗f2 ♘g4 37.♔g1 h5 38.♕g2 ♕c4 39.♕c6 ♕f7 40.♕d6 ♖ad8 0-1

Van Wely,Loek
Degraeve,Jean-Marc

Mondariz zt 2000 (6)

1.d4 ♘f6 2.c4 g6 3.♘c3 ♗g7 4.e4 d6 5.♘f3 0-0 6.♗e2 e5 7.0-0 ♘c6 8.d5 ♘e7 9.b4 ♘h5 10.g3 f5 11.♘g5 ♘f6 12.f3 f4 13.b5 fg3 14.hg3 h6 15.♘e6 ♗e6 16.de6 ♕c8 17.♘d5 ♕e6 18.♘c7 ♕h3 19.♖f2 [19.♘a8 ♕g3=]

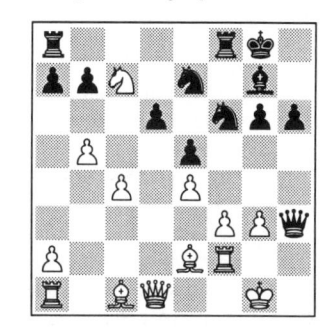

19...♘e4!? [19...♖ad8; 19...♖ac8 20.♕d6 ♕g3 21.♖g2 (21.♔f1 ♕f2 22.♔f2 ♘e4) 21...♕e1 22.♗f1 ♘h5→] 20.♖h2 [20.fe4!? ♖f2 21.♔f2 ♖f8 22.♔e3 ♕g3 23.♔d2∞] 20...♕d7 21.♘a8 ♕g3 22.♗h6 ♗h6 23.♖h6 ♔g7 24.♖h2 ♘ef5 25.♔f2 [25.♕d5± Van Wely] 25...♖a8≅ 26.♗d3 ♕c7 27.♗f5 ♘f5 28.♕d3 [28.♕d5= Van Wely] 28...♖c8 29.f4 ♕c5 30.♔f3 e4! 31.♕e4 ♕a3 32.♔g2 ♕b2 33.♔f3 ♕c3 34.♔g2 ♕b2 35.♔f3 ♕h2 36.♕b7 ♔h6 37.♕c8 ♕g3 38.♔e2 [38.♔e4 ♕e3 39.♔d5 ♘e7] 38...♕e3 39.♔d1 [39.♔f1 ♕f4 40.♔g2 ♘e3] 39...♕d4 40.♔c2 ♕a1 0-1

INTRODUCTION: Yochanan Afek
MAIN ANALYSIS: Yochanan Afek
STUDY MATERIAL: Afek

King's Indian Defence
Fianchetto Variation

KI 67.2

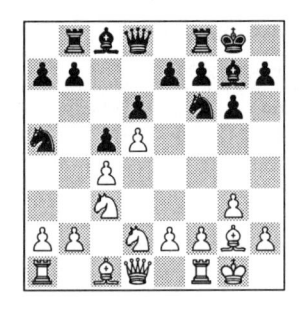

Saving a Whole Tempo

1.d4 ♘f6 2.c4 g6 3.g3 ♗g7 4.♗g2 0-0 5.♘f3 d6 6.♘c3 c5 7.0-0 ♘c6 8.d5 ♘a5 9.♘d2 ♖b8

In the fianchetto King's Indian (which might also arise via transposition from the Symmetrical English) all the relevant sources almost unanimously and rather mechanically tend to consider 9...a6 as the exclusive main line in the Yugoslav Variation. Games and analyses omitting or postponing this move are rare enough, although in my humble opinion it is here that one of the most dynamic and promising strategies for Black can be found. Of course 9...a6 is aimed at supporting the standard plan of pushing b5, yet the very same plan seems to be realised even swifter by an early 9...♖b8, followed by ...e6, ...ed5 and ...b5. This approach has the following advantages:

A) The obvious saving of a whole tempo.

B) Leaving the a6 square vacant for possible occupation by ♗c8.

C) Avoiding the usual complex lines loaded with heavy theory in which the awkward knight on a5 is frequently pushed back to the even funnier square b7.

Besides all this, the flexible option of playing ...a6 (or even, sometimes, ...a5) when needed, still remains open. This standard plan is clearly demonstrated in the games Kaspi-Afek and Hawelko-Moingt, although in the latter case Black went wrong in the middle game, ruining a perfectly playable position.

White's Options
White tried various ways to meet Black's initiative on the queenside:

A) Stopping Black's ...b4 by playing b4 himself first (Greenfeld-Afek and Birnboim-Afek). This prophylactic concept seems to be demolished by Black's exceptionally harmonious piece play.

B) An early 10.a3 instead of the usual 10.♕c2, intending 11.b4; but the energetic 10...e6! in Filippov-Ryskin, Kolontaevo 1994, looks far more adequate than the passive 10...♘e8 in the earlier efforts.

C) Finally, 11.de6?!, the move played in the main game, also fails to stop the pawn storm.

The Panno Variation
Remarkably, the above strategy may also be used in the Panno Variation: 1.d4 ♘f6 2.c4 g6 3.g3 ♗g7 4.♗g2 0-0 5.♘f3 d6 6.♘c3

STATISTICS

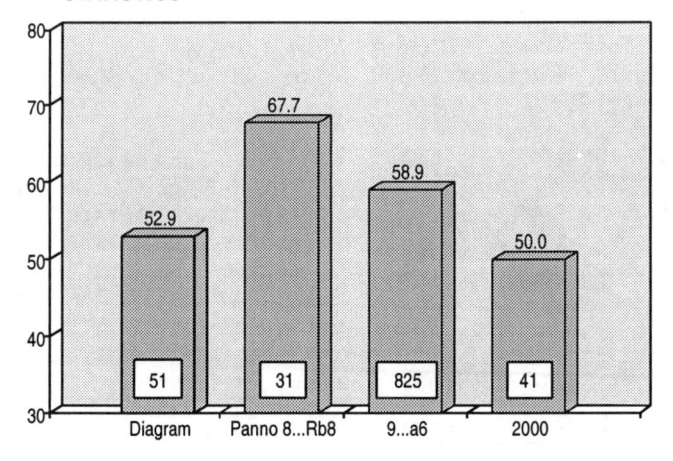

	Diagram	Panno 8...Rb8	9...a6	2000
%	52.9	67.7	58.9	50.0
N	51	31	825	41

198

♘c6 7.0-0 and now 7...♖b8!? 8.d5 ♘a5. There are significant recent developments to be reported here. White may seek a transposition to the main line of the Yugoslav Variation with 9.♘d2, but then 9...♘d7 10.♕c2 ♘e5 11.b3 c6 12.♗b2 b5! is critical. See for example the game Timman-Nijboer, Breda 1997, where White blundered and lost shortly.

An attempt to improve was introduced last year in Andersson-David in the German Bundesliga: 9.b3 c5 10.dc6 ♘c6 11.♗b2!, with a small edge. This seems to put a dent into people's enthusiasm for the line, but Fritz comes up with a refreshing opinion of his own: 9.b3!? ♘d5! 10.♘d5 ♖a1 (10...c6 11.♘e7 ♕e7 12.♗f4 ♖d8 13.♖c1 b6 14.b4 ♘b7 15.♗g5±) 11.♗d2 ♘b3! (11...♘c4!?) 12.♕b3 ♗g7 13.♕e3 e6 14.♕a7 ♗d7, with equality.

Conclusion

At the moment Black's accelerated Yugoslav/Panno strategy seems sound and solid. The author would welcome readers' comments to this idea, as the material available is rather limited.

Epilogue

The above conclusion might also explain the absence of defeats of mine in this line. Frankly speaking, I lost innumerable games in the last 35 years, but I fail to recall even a single defeat in the Yugoslav Variation, at least not in a 'normal' game, and if at all, then certainly not due to the opening. So why don't you give it a try?

KI 67.2

Kiseleva,Natalia
Afek,Yochanan

Wijk aan Zee III 2000 (5)

1.d4 ♘f6 2.c4 g6 3.♘f3 ♗g7 4.g3 0-0 5.♗g2 d6 6.0-0 c5 7.♘c3 ♘c6 8.d5 [8.dc5 dc5 9.♗e3 ♕a5 (9...♗e6 10.♕a4 ♘d4 11.♖ad1 ♗d7 12.♕a3 ♘c2 13.♕c5 b6 14.♕g5 h6 15.♕h4 ♘e3 16.fe3 ♘g4 17.♘d5 g5 18.♘g5 e6 19.♘b6!! ab6 20.♕g4 ♖a2 21.♘f3±) 10.♕b3!? Nunn] 8...♘a5 9.♘d2 ♖b8 10.♖b1 e6 11.de6 ♗e6 12.♘d5 [12.b3 ♘c6 (12...b6!? 13.♗b2 d5!) 13.♗b2 ♘d4 14.♕c1 ♕a5∞ Dizdarevic-Liu Wenzhe, Beograd 1988] 12...♘d5 [12...b5!? 13.♘f6 ♕f6 14.♘e4 ♕e7; 14...♕f5=] 13.cd5 ♗f5 [13...♗d7] 14.e4 ♗d7 15.♘f3 ♖e8 16.♖e1 ♘c4 17.b3 ♘e5 18.♘e5 ♗e5 19.♗b2 ♗b2 20.♖b2 b5 21.♖c2 ♖c8 22.f4 ♕b6 23.h3 c4 24.♔h2 c3 [24...f6!?] 25.e5 de5 26.fe5 ♗f5 27.♖c1 b4 28.e6? [△ 29.g4]

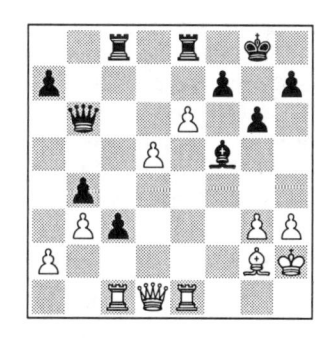

28...♕d6∓ [28...fe6! 29.g4 ♕d6 30.♔h1 ♗b1!–+] 29.ef7 ♔f7 30.♖f1 ♖e3 31.♖f3 ♖f3 32.♗f3 ♕e5 33.♔g2 ♖d8 34.a4 ♗e4–+ 35.♕e2 ♗f3 36.♕f3 ♔g7 37.♖d1 c2 38.♖c1 ♖c8 [△ 39...♖c3] 39.d6 ♕d6 40.♕b7 0-1
Afek

Study Material

b5(-b4)

Kaspi,Alex
Afek,Yochanan

Tel Aviv 1996

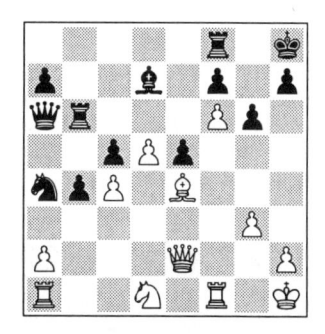

1.c4 c5 2.♘c3 ♘c6 3.g3 g6 4.♗g2 ♗g7 5.♘f3 ♘f6 6.0-0 0-0 7.d4 d6 8.d5 ♘a5 9.♘d2 ♖b8 10.♕c2 e6 11.b3 [11.a3 ed5 12.cd5 c4! 13.♖b1 ♖e8∓ Roizen-Afek, Israel 1996] 11...ed5 12.cd5 b5 13.♗b2 b4 14.♘d1 ♗a6 15.♘c4 ♘c4 16.bc4 ♗d7 17.♗g7 ♔g7 18.e4 ♘b6 19.♘e3 ♗c8!= 20.f4 ♕f6!? [20...f6] 21.♔h1 ♗d7 22.e5!? [22.♖ae1 ♕d4!] 22...de5 23.f5 ♕d6 24.♗e4 ♘a4! 25.f6?! ♔h8 26.♘d1 ♕a6! 27.♕e2 ♖b6∓ [f6<]

28.♗c2 ♖e8 29.♗a4 ♕a4 30.♘b2 ♕a6 31.♕f2 [31.♕f3 e4 32.♕f4 ♗h3 33.♖f2 e3–+] 31...♗h3 32.♖fe1 ♖f6 33.♕c5 ♕a3! 0-1

Hawelko,Marek
Moingt,Jean-Claude

Paris 1990 (9)

1.♘f3 ♘f6 2.c4 g6 3.g3 ♗g7 4.♗g2 0-0 5.d4 d6 6.0-0 c5 [6...♘c6 7.♘c3 ♖b8 8.h3 a6 9.♗e3 b5 10.♘d2 ♗d7 11.d5 ♘e5 12.cb5 ab5 13.♖c1 ♕c8 14.♔h2 c5= Loginov-Afek, Ajka open 1992] 7.♘c3 ♘c6 8.d5 ♘a5 9.♘d2 ♖b8 10.♖b1 e6 11.b3 ed5 12.cd5 b5 13.♕c2 b4 14.♘d1 ♖e8 15.e4 ♗a6 16.♘c4 ♘c4 17.bc4 ♘d7 18.♗b2 ♗b2 19.♖b2 ♘e5 [19...♘b6!? 20.♘e3 ♗c8 △ ♗d7, ♘a4] 20.♘e3 ♕f6! 21.♖fb1 [△ 22.a3; 21.♗b3 ♘f3 22.♗f3 ♕f3 23.♘f5 ♕e4 24.♕e4 ♖e4 25.♘d6 ♖e2∓] 21...♖bd8 22.a3 ba3 23.♖a2 ♘f3 24.♔h1?! [24.♗f3 ♕f3 25.♖a3 ♗c8 26.♖a7 ♖e4 27.♕d1±] 24...♗c8 25.♖a3 ♖e5? [25...♘d4; 25...a6=] 26.♖a7± ♖h5 27.♘f1 ♘g4 28.♕b2 ♘d4 29.f4+– g5 30.♘e3 ♗f3 31.♗f3 ♘f3 32.♘g4 ♕b2 33.♖b2 ♔g7 34.♖bb7 gf4 35.♖f7 ♔h8 36.♖f4 ♘d2 37.♖ff7? [37.♘f6 ♖h6 38.g4 ♘c4 39.g5] 37...♘e4 38.♖ae7

♘g5 39.♖f5 ♖b8 40.♘f6? ♖b1 41.♔g2 ♖b2 42.♔f1 ♖hh2!= 43.♖e8 ♔g7 44.♖g8 ♔f7 45.♘g4 ♔g8 46.♖g5 ♔f7 47.♘h2 ♖h2 48.♖f5 ♔e7 49.♖f4 ♖c2 ½-½

Stean,Michael
Tringov,Georgy

Malta ol 1980

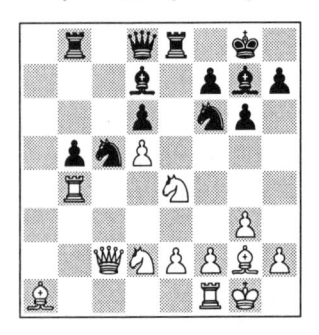

1.c4 ♘f6 2.♘c3 c5 3.g3 g6 4.♗g2 ♗g7 5.♘f3 0-0 6.d4 d6 7.0-0 ♘c6 8.d5 ♘a5 9.♘d2 ♖b8 10.♕c2 e6 11.b3 ed5 12.cd5 b5 13.♗b2 ♖e8 [13...b4 14.♘d1 ♗a6=] 14.a3 ♗d7 15.b4 ♘b7 16.♖ab1 a5! 17.♗a1 cb4 18.ab4 ab4 19.♖b4 ♘c5 [△ 20...♘a6] 20.♘ce4? [20.♖c1=]

20...♘fe4? [20...♘d5! 21.♘d6 (21.♗g7 ♘b4 22.♕b2 ♘e4 23.♘e4 ♖e4 24.♗e4 ♕e7 25.♗h6 f5∓) 21...♘b4 22.♕c5 ♘a6 23.♕d5 ♖e7 24.♗g7 ♔g7 25.♖a1 ♘c7∓] 21.♗e4 ♕a5 22.♖bb1 ♘a4 [22...♘e4! 23.♘e4 ♗f5 24.f3 ♕a7 25.♔g2 ♖a1 26.♖a1 ♕d4∓] 23.♘b3 ♕b6 24.♗g7 ♔g7 25.♘f3 ♖bc8 26.♕d2 ♘c3 27.♖b2∓ ♔g8 28.h4 ♖c4 29.♔g2 ♗f5 30.e3 ♗e4 31.♗e4 ♘e4 32.♕d3 ♘c5 33.♘c5 ♕c5 34.♖a1 ♖e5 35.♖d2 ♖c3 36.♕d4 ♕d4 37.♖d4 ♖c5 38.♖a6 ♖ed5 39.♖d6 ♖d4 40.ed4 ♖c4 41.♔f3 ♔f8 ½-½

Balogh,Tomas
Istratescu,Andrei

Krynica zt 1998 (1)

1.d4 ♘f6 2.♘f3 g6 3.g3 ♗g7 4.♗g2 0-0 5.c4 d6 6.♘c3 ♘c6 7.d5 ♘a5 8.♘d2 c5 9.0-0 ♖b8 10.♕c2 e6 11.♖b1 ed5 12.cd5 ♖e8 13.e4 ♗d7

14.b3 b5 15.♗b2 b4 16.♘d1 ♗b5 17.♘c4 ♘c4 18.bc4 ♗d7 19.f3 a5 20.♘f2 a4 21.♘d3 ♕a5 22.e5 de5 23.♗e5 ♖bc8 24.g4 a3 25.♖be1 ♗a4 26.♕c1 ♕a6 27.♘f2 ♖e5 28.♖e5 ♘d7 29.♖e4 ♗b2 30.♕f4 b3 31.ab3 ♗b3 32.♖e7 ♕f6 33.♕e3 ♗c4 34.♖d7 ♗f1 35.♗f1 a2 36.g5 ♕f5 0-1

10.a3

Najdorf,Miguel
Behrensen,Jorge

Mar del Plata 1957 (5)

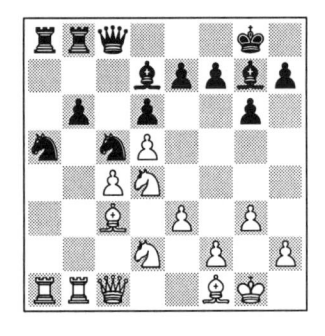

1.c4 ♘f6 2.g3 c5 3.♗g2 g6 4.♘f3 ♘c6 5.0-0 ♗g7 6.d4 0-0 7.♘c3 d6 8.d5 ♘a5 9.♘d2 ♖b8 10.a3 ♘e8 [10...e6!] 11.♕c2 b6 12.b4 ♘b7 13.♗b2 cb4 14.ab4 a5 15.♘b5 ♗d7 16.♘d4 ab4 17.♕b3 ♗a5 18.♕b4 ♘c7 19.♗c3 ♘a6 20.♕a3 ♘c5 21.e3 ♖a8 22.♖fb1 ♕c7 23.♗f1 ♖fb8 24.♕c1 ♕c8

25.♕c2 ♕e8 26.♘b5 ♖c8 27.♗g7 ♔g7 28.♘d4 ♖ab8 29.♖b4 ♕g8 30.h4 h5 31.♘2f3 ♕d8 32.♘g5 b5 33.♘de6 ♗e6 34.de6 f5 35.♕b2 ♕c7 36.cb5 ♕b6 37.♖b1 ♖f8 38.♕d4 ♖f6 39.♗g2 ♘ab7 40.♖a1 ♘d8 41.♗d5 ♔g7 42.♕c4 ♖f8 43.♕a2 1-0

Dely,Peter
Bredewout,Henk

Hamburg Ech-tt 1965

1.♘f3 ♘f6 2.c4 g6 3.g3 ♗g7 4.♗g2 0-0 5.0-0 d6 6.d4 ♘c6 7.d5 ♘a5

8.♘fd2 c5 9.♘c3 ♖b8 10.a3 ♕c7 11.♕c2 a6 12.♖b1 b5 13.cb5 ab5 14.b4 cb4 15.ab4 ♗f5 16.e4 ♘d5 17.ef5 ♘c3 18.♘e4 ♘c6 19.♘c3 ♘d4 20.♕e4 ♕c3 ½-½

Shteinberg,Mikhail
Dvoretsky,Mark

Minsk 1965

1.c4 g6 2.♘c3 ♗g7 3.g3 ♘f6 4.♗g2 0-0 5.♘f3 d6 6.0-0 c5 7.d4 ♘c6 8.d5 ♘a5 9.♘d2 ♖b8 10.a3 ♕c7 11.b3 a6 12.♗b2 b5 13.♕c2 bc4 14.bc4 ♗d7 15.♖ab1 ♖b8 16.♗a1 ♖fb8 17.♖b6 ♖b6 18.h3 ♕b8 19.♔h2 ♘b3 20.♘b3 ♖b3 21.♖b1 ♖b1 22.♘b1 ♘g4 23.hg4 ♗a1 24.g5 ♕b2 25.♕b2 ♗b2 26.♗e4 ♗a4 27.♔g2 a5 28.♔f1 ♗b3 29.♘d3 ♗a2 30.♔e1 ♗b1 31.♗b1 ♗a3 32.e3 a4 33.♔e2 ♗b4 34.f4 a3 35.g4 ♗c3 36.♔f3 ♔f8 37.♔e2 ♗b2 38.♔d1 ♔e8 39.♔c2 ♔d7 40.e4 ♔c7 41.♗b3 ♗c1 42.f5 ♔d7 43.♗d3 ♔e8 44.♗c2 ♔f8 45.♔a2 ♔g7 46.♗a4 ♗g5 47.fg6 fg6 48.♔a3 ♔f6 49.♗d1 ♔e5 50.♔b3 ♔e4 51.♔c2 ♔e3 52.♔c3 ♗f6 53.♔c2 ♗d4 54.♔b3 ♗d3 55.♗f3 ♔d2 56.♔a2 ♔e3 57.♗d1 h5 58.gh5 g5 0-1

Kurajica,Bojan
Palos,Osman

Tuzla 1981 (13)

1.d4 ♘f6 2.♘f3 g6 3.g3 ♗g7 4.♗g2 0-0 5.0-0 d6 6.c4 ♘c6 7.d5 ♘a5 8.♘fd2 c5 9.♘c3 ♖b8 10.a3 ♘e8 [10...e6!] 11.♕c2 b6 12.b4 ♘b7 13.♗b2 ♗d7 14.b5 ♘c7 15.♘ce4 e5 16.de6 fe6 17.♗g7 ♔g7 18.f4 ♕e7 19.♘f3 ♔g8 20.♖ad1 ♖bd8 21.♘f2 ♘a5 22.e4 ♗c8 23.a4 a6 24.♖fe1 ab5 25.ab5 ♗b7 26.♘g4 ♕g7 27.♘e3 ♕e7 28.♘d2 ♕g7 29.♘b1 d5 30.ed5 ed5 31.♘d5 ♗d5 32.♗d5 ♘d5 33.cd5 ♕d7 34.♘c3 ♘b7 35.d6 ♘d6 36.♘e4 ♕f5 37.♖d6 ♖d6 38.♕c4 ♖d5 39.♘c3 ♖d8 40.♖d1 ♕c2 41.♖d5

Ξd5 42.♕d5 ♔g7 43.♕e5 ♔h6
44.♘e4   1-0

Filippov,Valery
Ryskin,Alexander

Kolontaevo tt 1994

1.♘f3 ♘f6 2.c4 g6 3.d4 ♗g7
4.♘c3 0-0 5.g3 d6 6.♗g2 ♘c6
7.d5 ♘a5 8.♘d2 c5 9.0-0 Ξb8
10.a3 e6 11.b4 ♘d5 12.cd5 ♗c3
13.Ξb1 ♗d2 14.♕d2 cb4 15.ab4
♘c4 16.♕d4 b5 17.de6 fe6
18.♕a7

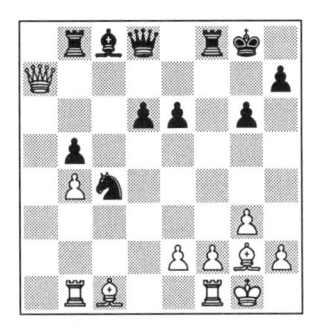

18...♗b7! 19.♗b2 [19.e4=] 19...♕b6
[19...♘b2] 20.♕b6 ♘b6 21.Ξa1=
♗g2 22.♔g2 Ξa8 23.♗d4 ♘c4
24.f4 Ξfc8 25.Ξfc1 ♔f7 26.♗f2
♔e7 27.e4 ♘d7 28.♔f3 Ξf8
29.♔e2 e5 30.fe5 ♘e5 31.♗d4 ♘c4
32.Ξf1 Ξa1 33.Ξa1 ♔e6 34.Ξa7
Ξf7 35.Ξa8 ♘e5 36.♗e5 ♔e5
37.♔e3 Ξc7 38.Ξe8 ♔f6 39.Ξb8
Ξc3 40.♔d4 Ξc4 41.♔d5 Ξb4
42.Ξb6 ♔e7 43.Ξb7 ♔f6 44.Ξh7
Ξb2 45.♔d6 Ξd2 46.♔c5 b4   ½-½

10.♕c2 e6 11.Ξb1 ed5
12.cd5 b5 13.b4

Greenfeld,Alon
Afek,Yochanan

Israel tt 1985

1.d4 ♘f6 2.♘f3 g6 3.g3 ♗g7 4.♗g2
0-0 5.0-0 d6 6.c4 c5 7.♘c3 ♘c6
8.d5 ♘a5 9.♘d2 Ξb8 10.♕c2 e6
11.Ξb1 ed5 12.cd5 b5 13.b4?! cb4
14.Ξb4 ♕c7! 15.♕d3 a6 [15...♘g4!]
16.♗b2 ♘g4∓

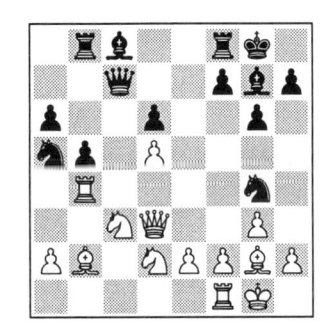

17.♘ce4? f5!∓ 18.Ξc1 [18.♘g5 ♘f2!
19.Ξf2 (19.♔f2 ♕c5) 19...♗b2 20.Ξb2
♕c1–+] 18...♕a7! 19.♗g7 fe4
20.♗d4 ed3 21.♗a7 Ξb7 22.♗d4
de2 23.♗f3 Ξc7!–+ 24.Ξbb1 Ξc1
25.Ξc1 ♘c4 26.♗g4 ♗g4 27.♘c4
Ξc8! 28.f3 Ξc4 29.Ξe1 Ξd4 30.fg4
Ξd1 31.♔f2 Ξe1 32.♔e1 ♔f7
33.g5 ♔e7 34.♔e2 ♔d7 35.♔d3
♔c7   0-1

Birnboim,Nathan
Afek,Yochanan

Ramat Hasharon 1986

1.d4 ♘f6 2.c4 g6 3.♘c3 ♗g7 4.♘f3
0-0 5.g3 d6 6.♗g2 ♘c6 7.0-0 Ξb8
8.d5 ♘a5 9.♘d2 c5 10.♕c2 e6
11.Ξb1 ed5 12.cd5 b5 13.b4?! cb4
14.Ξb4 ♕c7! 15.♕d3 ♘g4!∓

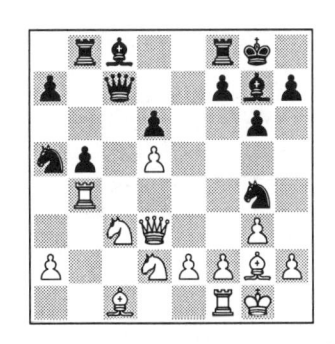

16.♘b5?! ♕c5 17.Ξg4 [17.♗a3 ♘e5
18.♕b1 Ξb5! 19.Ξb5 ♕a3∓] 17...♗g4
18.a4 ♗d7!∓ 19.♗a3 ♗b5 20.ab5
♕b6 21.♘e4 Ξfd8 22.Ξc1 ♕b5
23.♗d6 ♕d3 24.ed3 Ξbc8 25.Ξc7
♘b3 26.♗f4 Ξc7 27.♗c7 Ξd7
28.d6 a5 29.♘g5 a4 30.♗d5 [30.♗c6
a3!] 30...♘c5 31.♗b6 ♘e6!–+
32.♘e4 [32.♘e6 Ξd6] 32...♔f8

33.♗a5 a3 34.♗b4 ♗b2 35.♔f1
♔g7 36.♔e1 ♘d4 37.♔d2 Ξa7
38.♘c3 ♘f5 39.g4 ♘d6 40.♗d6
♗c3 41.♔c3 a2 42.♗a2 Ξa2
43.♔g3 ♔f6 44.d4 ♔e6 45.♔c4
Ξc2 46.♔d3 Ξc1 47.♔e4 Ξe1
48.♔f3 f6 49.♗f4 ♔d5 50.♗e3 Ξg1
51.h3 Ξd1 52.♗h6 [52.♔g2 ♔e4]
52...Ξd4 53.♔g3 Ξa4 54.♗g7 ♔e6
55.♗h6 Ξa3 56.f3 g5 57.♗f8 Ξb3
58.♗g7? ♔f7   0-1

10.♕c2 e6 11.b3 b5 12.de6

Tischer,Gunter
Bastian,Herbert

Germany Bundesliga 1985

1.d4 ♘f6 2.c4 g6 3.♘f3 ♗g7 4.g3
0-0 5.♗g2 d6 6.♘c3 ♘c6 7.d5 ♘a5
8.♘d2 c5 9.0-0 Ξb8 10.♕c2 e6
11.b3 b5 12.de6 bc4 13.ef7 Ξf7
14.bc4 ♗f5 15.e4 ♗e6 16.Ξb1 ♘c4
17.h3 ♘d7 18.♘d5 Ξb1 19.♗b1
♗d5 20.ed5 ♘db6 21.♘c3 ♕e8
22.e4 h6 23.h4 ♕e5 24.♗h2 ♔h8
25.Ξd1 ♕h5 26.f4 g5 27.fg5 ♗e5
28.♔h3 ♕g6 29.♕e2 h5 30.♗f1
♗d4 31.Ξf7 ♕f7 32.♘f6 ♗f6 33.gf6
♘e5 34.♗g5 c4 35.♗e4 ♘bd7
36.♗f5 ♘f6 37.♗f6 ♕f6 38.♕h5
♔g7 39.♕h7 ♔f8 40.g4 ♘f7 41.g5
♕c3 42.♔g4 ♘e5 43.♔h5 ♕f3
44.♔h6 ♘f7 45.♔g6 ♘e5 46.♔h6
♘f7 47.♔g6 ♘e5   ½-½

Dizdarevic,Emir
Liu Wenzhe

Beograd 1988

1.♘f3 ♘f6 2.c4 g6 3.g3 ♗g7
4.♗g2 0-0 5.0-0 c5 6.d4 d6 7.♘c3
♘c6 8.d5 ♘a5 9.♘d2 Ξb8 10.♕c2
e6 11.de6 ♗e6 12.b3 ♘c6 [12...b6!?
13.♗b2 d5!] 13.♗b2 ♘d4 14.♕c1
♕a5 15.Ξe1 ♗f5 16.e4 ♗d7
17.♘e2 ♘g4 18.♗d4 cd4 19.♘f3
♗e5 20.♕b1 b5 21.cb5 ♘f3
22.♗f3 ♗b5 23.♗e2 f5 24.♗b5
♕b5 25.♕d1 ♕b4 26.Ξc1 fe4

27.♖e4 d5 28.♖e2 ♖f7 29.♖cc2 a5 30.♖cd2 ♖c7 31.♗d4 ♖bc8 32.♗g7 ♖c1 33.♖e8 ♔g7 34.♖c8 ♖d1 35.♖d1 a4 36.ba4 ♕a4 37.♖d5 ♕a2 38.♖c7 ♔h6 39.♖cd7 ♕e2 40.h3 ♕e1 41.♔g2 ♕e4 42.♔h2 ♕c2 43.♖f7 ♕a2 44.♖dd7 ♔g5 45.h4 ♔h5 46.♖h7 ♔g4 47.♖df7 g5 48.♖hg7 ♔h5 49.♖g5 ♔h6 50.♖gf5 ♕e2 1-0

10.♖b1 ♗d7

Dizdarevic,Emir
Mohr,Georg

Pula tt 1995 (2)

1.♘f3 g6 2.d4 ♘f6 3.c4 ♗g7 4.g3 0-0 5.♗g2 c5 6.0-0 d6 7.♘c3 ♘c6 8.d5 ♘a5 9.♘d2 ♖b8 10.♖b1 ♗d7 11.b3 b5 12.cb5 ♗b5 13.♘b5 ♖b5 14.♗b2 c4 15.♗f6 ♗f6 16.b4 c3 17.♘e4 ♕c7 18.♕d3 ♖fb8 19.♘f6 ef6 20.a3 ♕c4 21.♕c2 ♘b7 22.♖b3 ♖c8 23.♖c1 a5 24.e4 ♖b6 25.♗f1 ♕d4 26.b5 ♘c5 27.♖c3 ♖e8 28.♖c4 ♕e5 29.a4 ♕e7 30.♗e2 ♕a7 31.h4 h5 32.♕c3 ♔g7 33.♔h2 ♖b7 34.♕d4 ♖be7 35.♖1c3 ♕b7 36.♖e3 ♘d7 37.♔g1 ♘c5 38.♕c3 ♕b6 39.♕d4 ♕b8 40.♖cc3 ♕d8 41.♖c4 ♕b8 42.♔h2 ♕b6 43.♖ec3 ♕a7 44.f3 ♕b6 45.♖c2 ♕a7 46.♗f1 ♕b6 47.♔g2 ♖c7 48.♔h2 ♖ce7 49.♗h3 ♕a7 50.♖4c3 ♕b6 51.♗g2 ♕a7 52.♗e2 ♖c7 53.♖ce3 ♕b6 54.♗h3 ♘d7 55.♕a1 ♘c5 56.f4 ♖ce7 57.♗g2 ♘d7 58.♗h3 ♘c5 59.e5 fe5 60.fe5 de5 61.♖e5 ♖e5 62.♖e5 ♕f6 63.♖e1 ♖e2 64.♗g2 ♖b2 65.♖f1 ♕d4 66.♖b1 ♘a4 67.d6 ♔f8 68.♖b2 ♘b2 69.♕a5 ♕d6 70.b6 ♘c4 71.♕a8 ♔g7 72.b7 ♘e5 73.♕a1 ♔h7 74.♔h1 ♘d7 75.♕b1 ♕g3 76.♕e4 ♕d6 77.♔g1 ♘b8 78.♔h1 ♘d7 79.♔g1 ♘b8 80.♔h1 ♘d7 81.♔g1 ♔g7 82.♔h1 ♘f6 83.♕c4 ♘g4 84.♕c3 ♔h7 85.♔g1 ♕b6 86.♔h1 ♕b1 0-1

Panno Variation

Timman,Jan
Nijboer,Friso

Breda pff 1997 (2)

1.d4 ♘f6 2.c4 g6 3.♘f3 ♗g7 4.g3 0-0 5.♗g2 d6 6.0-0 ♘c6 7.♘c3 ♖b8 8.d5 ♘a5 9.♘d2 ♘d7!? [9...c6?! 10.b4!] 10.♕c2 ♘e5 11.b3 c6 12.♗b2 b5 13.dc6 bc4 14.♘c4 [14.♘d5 ♘ac6 (14...cb3? 15.c7 bc2 16.cb8♕+–) 15.♘c4 e6 (15...♗b7 16.♘e5 ♗e5 17.♗e5 ♘e5 18.♖fd1 ♗d5 19.♗d5 ♕a5 20.♖ac1 ♕a6 21.h3 ½-½ Rogozenko-Nijboer, Germany Bundesliga 1996/97) 16.♘e5 ♘e5 17.♘c3 d5 18.♖fd1 ♗b7 19.♖ac1 ♖c8 20.♕d2 Lputian-Nijboer, Erevan ol 1996] 14...♘ac4 15.bc4 ♗f5 16.♕c1 ♖b4 [16...♘c4 17.♘d5!] 17.c7 ♕d7 18.♘d5?? ♖b2 0-1

Kharitonov,Andrey
Mainka,Romuald

Koszalin 1998 (3)

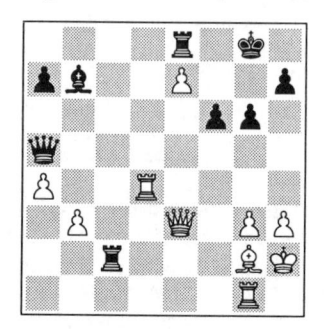

1.d4 ♘f6 2.♘f3 g6 3.g3 ♗g7 4.♗g2 0-0 5.c4 d6 6.0-0 ♘c6 7.♘c3 ♖b8 8.d5 ♘a5 9.♘d2 ♘d7 10.♕c2 ♘e5 11.b3 c6 12.♗b2 b5 13.cb5 cb5 14.h3 ♗f5?! 15.e4 ♗d7 16.f4 ♕b6 17.♔h2 ♖fc8 18.fe5 b4 19.♘f3 bc3 20.♗c3± ♘b7 21.♕d2 ♘c5 22.♗d4 ♕b4 23.♕e3 ♗b5 24.♖fd1 ♘d7 25.a3 ♕a5 26.e6 fe6 27.de6 ♗d4 28.♖d4 ♘f6 29.e5 de5 30.♘e5 ♖c2 31.a4 ♗a6 32.♘d7 ♗b7 33.♖g1 ♖bc8 34.♘f6 ef6 35.e7 ♖e8 36.♖d8 ♖d8 37.e8♕ ♖e8 38.♕e8 ♔g7 39.♕e7 ♔h6 40.♕b7 ♕e5 41.♕a7 1-0

Baburin,Alexander
McShane,Luke

Kobenhavn 2000 (5)

1.d4 ♘f6 2.c4 g6 3.♘f3 ♗g7 4.g3 0-0 5.♗g2 d6 6.0-0 ♘c6 7.♘c3 ♖b8 8.d5 ♘a5 9.♘d2 ♘d7 10.♕c2 ♘e5 11.b3 c6 12.♗b2 b5 13.cb5 cb5 14.h3 b4 15.♘ce4 e6 16.de6?! [16.f4 ed5 17.♘f2] 16...f5! 17.f4 fe4 18.♘e4!? [18.fe5 ♖f1 19.♖f1 d5!] 18...d5 19.♘c5 ♘ec6 20.♗g7 ♔g7 21.♖ad1 d4 22.f5 gf5 23.♖f5 ♖f5 24.♕f5 ♕f6 25.♕e4 d3 [25...♖b5 26.♖f1!] 26.♖d3 ♖b5∞ ½-½

Andersson,Ulf
David,Alberto

Germany Bundesliga 1999 (4)

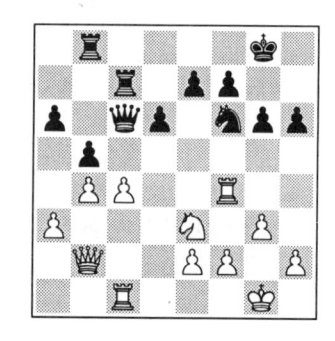

1.♘f3 ♘f6 2.c4 g6 3.g3 ♗g7 4.♗g2 0-0 5.0-0 ♘c6 6.♘c3 d6 7.d4 ♖b8 8.d5 ♘a5 9.b3 c5 10.dc6 ♘c6 11.♗b2! ♕a5 12.♕c1 h6 13.♖d1 ♗e6 14.♘e1 ♘e5 15.♘d5 ♘d5 16.♗d5 ♗d5 17.♖d5 ♕c7 18.♖d1 a6 19.♖b1 ♘d7 20.♗g7 ♔g7 21.♕b2 ♘f6 22.♖bc1 ♖fc8 23.♘g2 ♕a5 24.♘e3 ♔g8 25.b4 ♕b6 26.a3 ♖c7 27.♖d4 ♕c6 28.♖f4 b5

29.♖f6 ef6 30.♘d5 bc4 31.♘c7 ♕c7 32.♕f6 ♖c8 33.♖c3 a5 34.h4 ab4 35.ab4 h5 36.g4 hg4 37.h5 gh5 38.♕g5 ♔f8 39.♕h5 ♕a7 40.♕h6 ♔e7 41.♕g5 ♔f8 42.♕f6 ♕a1 43.♔g2 ♔g8 44.♕g5 ♔f8 45.♕h6 ♔e7 46.♕h4 ♔e8 47.♖e3 ♔f8 48.♕e7 1-0

Queen's Pawn Opening
Barry Attack

QP 3.6

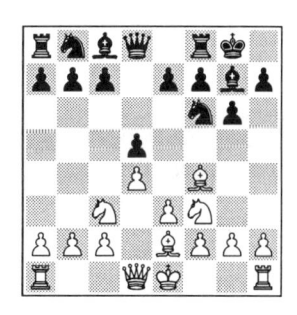

INTRODUCTION: Jan van de Mortel
MAIN ANALYSIS: Jan van de Mortel
STUDY MATERIAL: Van de Mortel

Annoying the KID

1.d4 ♘f6 2.♘f3 g6 3.♘c3 d5 4.♗f4 ♗g7 5.e3 0-0 6.♗e2

How to Defend Against the Barry Attack?

Past
Over the past decades one of the most popular openings against 1.d4 has been the King's Indian Defence. As a result, numerous Anti-KID systems have seen the light, one of them being the Barry Attack. As early as 1924 you could see José Raul Capablanca opting for 1.d4 ♘f6 2.♘f3 g6 3.♘c3 d5 4.♗f4 ♗g7 5.e3 0-0 6.h3 in his game against Frederick Yates.
The word 'attack' only became associated with this line when, in the early '80s of the twentieth century, Bangladeshi grandmaster Niaz Murshed came up with a more aggressive approach involving h4. In Yearbook 25 (1992) Ian Rogers wrote a survey in which Murshed's approach was revealed. The Barry Attack was revived.
In 1987 British grandmaster Mark Hebden had the unpleasant task of defending against the Barry Attack. He did not succeed and soon thereafter Hebden decided to take up this Anti-KID-system as White. Over the years many good players facing him got the short end of the stick. An exception to the rule was Hebden's countryman Danny Gormally, who on two separate occasions managed to neutralise the Barry Attack, and in their most recent game even went on to win.

Present
Currently, the crucial line goes as follows: 1.d4 ♘f6 2.♘f3 g6 3.♘c3 d5 4.♗f4 ♗g7 5.e3 0-0 6.♗e2 c5! 7.♘e5. One of the main dangers of the Barry Attack is that it's dressed in sheep's clothing. To meet White's aggressive intentions accordingly, Black is advised to look for central counterplay as soon as possible. Other sixth moves for Black are not quite bulletproof, as can be seen in Games 1-9 of the Study Material.
After 6...c5! White has two options, 7.dc5 and the more popular 7.♘e5, as played by Barry's new frontrunner Mark Hebden. Especially the latter is a peril to the adventurous KID, as play often peters out to a sleep-provoking position in which White nurtures a slight plus.

Future
So can Danny Gormally be crowned as the saviour of all KIDs? I'm afraid not. As the analysis of the main game shows,

STATISTICS

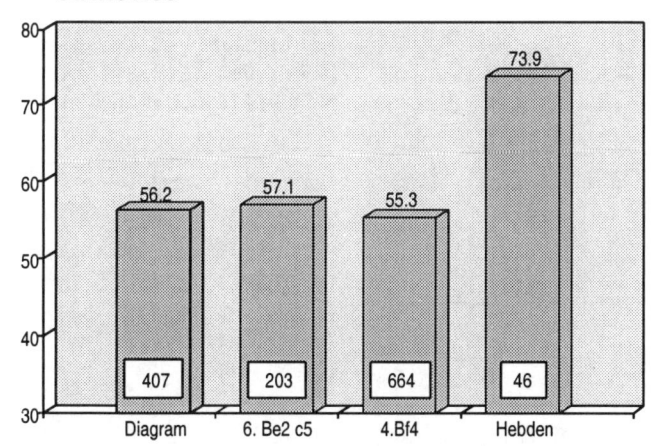

Diagram	6. Be2 c5	4.Bf4	Hebden
56.2	57.1	55.3	73.9
407	203	664	46

there is still room for White to improve. On the other hand, if Black is well prepared and waits patiently for what is coming, he has no real reason to worry.

However, to most KIDs, especially outside Great Britain, the Barry Attack will remain unknown. If you catch your opponent off-guard, this surprise weapon may well cause a lot of annoyance, which would automatically lead to mistakes. After all, KIDs are not known for their patience!

QP 3.6

Hebden,Mark
Gormally,Daniel

London 2000 (8)

1.d4 ♘f6 2.♘f3 g6 3.♘c3 d5 4.♗f4 ♗g7 5.e3 0-0 6.♗e2 c5! 7.♘e5 ♘c6 8.0-0 cd4 9.ed4 ♕b6 10.♘c6 [10.♘a4? ♕d4 11.♘c6 ♕f4 12.♘e7 ♔h8 13.♘c3□ d4 14.♘cd5 ♘d5 15.♘d5 ♕d6∓] 10...♕c6 [10...bc6] 11.♖e1?! [11.♗b5 ♕b6 12.a4± Summerscale] 11...♗f5 12.♗b5 ♕b6 13.a4 ♕d8 14.♘a2? [14.a5 ♘e4?! (14...♖c8 15.a6 b6 16.f3±) 15.♘e4 ♗e4 (15...de4 16.c3±) 16.a6 b6 17.c3 ♖c8 18.♕e2±] 14...♘e4 15.c3 ♘d6 16.♘b4 ♘b5! 17.ab5 ♕d7 18.♕b3 e6 19.♕a4 ♖fc8 20.h3 h5 21.♕a5 ♖c4 22.b6 a6

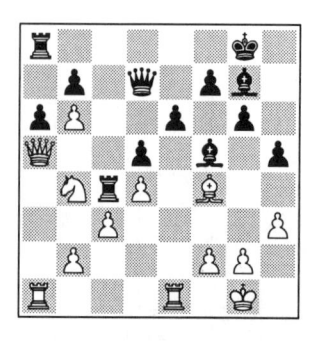

23.♕a4? [23.♖e3=] 23...♕d8! 24.♗c7?! [24.♕a5 ♕h4 25.♗c7 ♗f8∓; 25...♕g5!? 26.♖e3 ♗e4?? 27.♖e4+−] 24...♕g5→ 25.♖e3

♗e4 26.g3 [26.♖g3 ♕d2] 26...♕f5 27.♕d7! [27.h4 ♗h6] 27...♖h6 28.♖ae1 ♗e3 29.♖e3 a5! [29...♕h3?! 30.f3 a5□ (30...♗f5?? 31.♘d5! ed5 32.♖e8 ♖e8 33.♕e8 ♔g7 34.♗e5+−) 31.♘a6! ♗f5 32.♘b8⩲] 30.♘a6 e5!−+ 31.♕f5 gf5 32.♖e4 [32.♘c5 ed4 33.cd4 ♖c1 34.♔h2 ♖h1X] 32...fe4 33.♘c5 ed4 34.cd4 ♖c8 35.b3 ♖d1 36.♘b7 ♖d1 37.♔g2 ♖c7! 38.bc7 ♖c1 39.♘a5 ♖c7 40.♗f1 ♖c2 41.♔e1 ♔f8 42.b4 ♔e7 43.♘b3 h4 44.gh4 ♖c3 45.♘d4 ♖h3 46.f3 ♖h2 47.b5 ♔d6 48.fe4 de4 49.♘f5 ♔e6 0-1

Van de Mortel

Study Material

6...c6 7.h3

Blatny,Pavel
Carlhammar,Magnus

Gausdal 1992 (1)

1.d4 ♘f6 2.♘f3 g6 3.♘c3 d5 4.♗f4 ♗g7 5.e3 0-0 6.♗e2 c6 7.h3 [7.h4!? b5 8.♘e5 b4 9.♘a4 ♘fd7 10.h5 ♘e5 11.♗e5 f6 12.♗b8 (12.♗g3?! e5⇄) 12...♖b8 13.hg6 hg6 14.♗d3 ♕e8 (14...f5 15.f4±) 15.♕f3 e5 16.♕g3± Summerscale] 7...♘bd7 8.g4!? a5 9.♘e5 a4 10.♔f1 ♕a5 11.a3 ♘e5 12.♗e5 ♘e4 13.♗g7 ♘c3 14.bc3 ♔g7 15.♕e1 ♖e8 16.f4 f6 17.h4 ♗e6 18.h5 ♗f7 19.♖b1 b5 20.♕h4 gh5

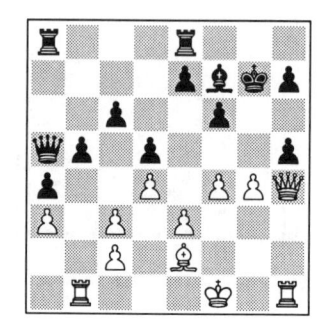

21.g5? [21.♖b4 ♖g8 22.g5±] 21...♕c3 22.♗d3 f5! 23.♗f5 ♕e3 24.♖h3 ♕d4 25.c3 ♕c5−+ 26.♖e1 e6 27.♗g4 ♕d6 28.♗h5 ♗h5 29.♕h5 ♕f4 30.♔g2 ♕f5 31.♕h6 ♔g8 32.g6 ♖e7 33.♖g3 ♖f8 34.♖g1 ♕f2?? [34...hg6 35.♖g6 ♕g6 36.♕g6 ♖g7] 35.♔h1+−T 1-0

Hebden,Mark
Van den Doel,Erik

Escaldes zt 1998 (5)

1.d4 ♘f6 2.♘f3 g6 3.♘c3 d5 4.♗f4 ♗g7 5.e3 0-0 6.♗e2 c6 7.h3 ♕b6 8.♖b1 c5 9.♘b5 ♘c6 10.dc5 ♕c5 11.♗e5 ♗f5 12.♘fd4 ♗e4 13.0-0 ♖fc8 14.♘c3 ♘b4 15.a3 ♘c6 16.♘b3 ♕b6 17.♗f6 ef6 18.♘d5 ♕d8 19.♘c3 ♕d1 20.♗d1 ♗f5 21.♘b5 ♖d8 22.♘5d4 ♘d4 23.♘d4 ♗e4 24.♗f3 f5 25.♗e4 fe4 26.c3 ♖d5 27.♖fd1 ♖ad8 28.♔f1 h5 29.♔e2 ♖c8 30.♖d2 f5 31.♖bd1 ♔f7 32.♔e1 ♗e5 33.♘e2 ♖d2 34.♖d2 ♗e6 35.♘d4 ♔e7 36.h4 a6 37.g3 ♖c7 38.♔d1 ♖c8 39.♔c2 ♖c7 40.a4 b6 41.b4 ♖c8 42.♔b3 ♖c7 43.b5 ab5 44.ab5 ♗d4 45.♖d4 ♖a7 46.♖a4 ♖d7 47.♔c2 ♖d5 48.c4 ♖d6 49.♖a1 ♖d8 50.♖a6 ♖d6 51.♔c3 ♔d7 52.♔b4 ♔c8 53.c5 bc5 54.♔c5 ♖d2 55.♖g6 ♖f2 56.♖g5 ♖f3 57.♔c6 1-0

Ftacnik,Lubomir
Heinemann,Thies

Hamburg 1998 (3)

1.d4 ♘f6 2.♘f3 g6 3.♘c3 d5 4.♗f4 ♗g7 5.e3 0-0 6.♗e2 c6 7.h3 ♘bd7 8.0-0 ♖e8 9.a4 a5 10.♗h2 ♘b6 11.♗d3 ♗f5 12.♗f5 gf5 13.♘e5 ♘bd7 14.g4 fg4 15.hg4 ♘e4 16.♘e4 de4 17.♘c4 e5! 18.de5 ♗e5 19.f4 ef3 20.♕f3 ♗h2 21.♔h2 ♕c7 [21...♕h4!? 22.♔g2 ♘e5 23.♘e5 ♖e5 24.♕f7 ♔h8±] 22.♔g2 ♘e5 23.♕f4 ♖e7?! [23...♖e6] 24.♕g5 ♘g6 25.♖ad1 ♖e6 26.♖d4 ♖ae8 27.♖fd1 ♕e7 28.♕e7 ♖8e7 29.♖d8 ♖e8? [29...♔g7 30.♘d6 ♔f6 31.e4±] 30.♘a5+− ♔g7 31.♘b7 ♖e3 32.♖e8 ♖e8 33.a5 ♖e2 34.♔f1 ♖c2

35.a6 ♖b2 36.♖a1 ♘e5 37.a7 ♖b7 38.a8♕ ♖b4 39.♕a5 ♗f4 40.♔e2 ♖e4 41.♔d1 ♖d4 42.♔c2 c5 43.♖a4 ♘c6 44.♕c3 ♔g6 45.♕c5
1-0

6...b6 7.♘e5 ♗b7 8.h4

Stefanova,Antoaneta
Del Mundo,Anton

Las Vegas 1997 (5)

1.d4 ♘f6 2.♘f3 g6 3.♘c3 d5 4.♗f4 ♗g7 5.e3 0-0 6.♗e2 b6 7.♘e5 ♗b7 8.h4 h6 9.h5 g5

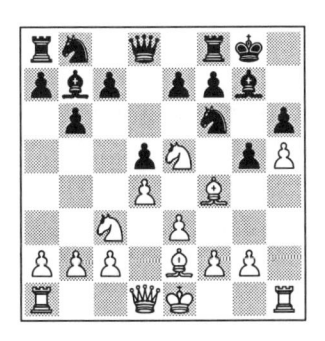

10.♗g5! hg5 11.h6 ♗h6 [11...♗h8? 12.h7 ♘h7 (12...♗g7 13.♗d3 ♗a6 14.♕f3 ♗d3 15.cd3 ♘d6 16.♕f5 ♖d8 17.♕g5 ♗f8 18.♔e2 a6 19.♖h6 ♘bd7 20.♖ah1 ♕e6 21.♖1h4+– Hebden-Birnboim, Rishon le Zion 1992) 13.♗a6! ♗c8 (13...♗a6 14.♕h5+–) 14.♗c8 ♕c8 (14...♘e5 15.♕h5 ♖e8 16.♗e6! fe6 17.♕g6+–) 15.♕h5 ♗f5 16.g4 ♕c2 17.e4+–] 12.♖h6 ♗g7 13.♖h3 ♖h8□ 14.♖g3 ♗h1 15.♗f1 ♕h8 [15...♗h7 16.♕f3 f6 17.♗d3±] 16.♖g5 ♔f8 17.♕e2 ♗a6 18.♘d3 ♕h4 19.♖d5!± ♘d5 20.♘d5 ♗c8 21.0-0 ♘a6 22.♘e5 ♗b7 23.♕f3 ♕h5 24.g4 ♕h7 25.♗a6 ♖h3 26.♘d7 ♔g7 27.♕f4 ♖a6 28.♘e7 ♖h6 29.♘f5 ♔g8 30.♘h6 1-0

Hebden,Mark
O'Rourke,Ray

Kilkenny 1998 (5)

1.d4 ♘f6 2.♘f3 g6 3.♘c3 d5 4.♗f4 ♗g7 5.e3 0-0 6.♗e2 b6 7.♘e5 ♗b7 8.h4 c5 9.h5 ♘c6 10.hg6 fg6 11.♗g4 ♘e5 12.de5 ♘g4 13.♕g4 ♖f5 14.♕h3 h5 15.g4 ♖f4 16.ef4 d4 17.0-0-0 ♗h1 18.♕h1 ♕e8 19.♘e4 ♖d8 20.gh5 gh5 21.♘g3 d3 22.♘h5 ♕a4 23.♖d3 ♖d3 24.♕g1 1-0

Barsov,Alexey
Mirzoeva,Elmira

Abu Dhabi 2000 (4)

1.d4 ♘f6 2.♘f3 g6 3.♘c3 d5 4.♗f4 ♗g7 5.e3 0-0 6.♗e2 b6 7.♘e5 ♗b7 8.h4 ♘fd7 9.h5 ♘c6? [9...♘e5 10.de5 e6 11.hg6 fg6 12.♗d3→]

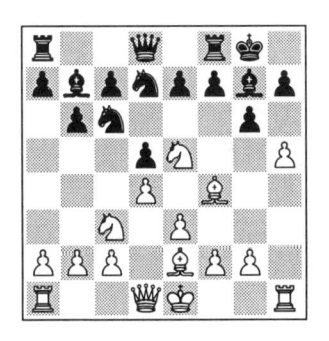

10.♗a6! ♘de5 11.♗b7 ♖b8 12.h6 ♗h8 13.de5 ♖b7 14.♕d5 ♕d5 15.♘d5± ♖d8?! 16.0-0-0 ♔f8? 17.♘b4!+– ♖d1 18.♖d1 1-0

6...♗g4 7.♘e5 ♗e2 8.♕e2

Hebden,Mark
Krakops,Maris

Cappelle la Grande 1995 (8)

1.d4 ♘f6 2.♘f3 g6 3.♘c3 d5 4.♗f4 ♗g7 5.e3 0-0 6.♗e2 ♗g4 7.♘e5 ♗e2 8.♕e2 c6 9.h4 ♕a5 10.0-0-0 ♘bd7 11.h5 ♘e5 12.de5 ♘e4 [12...♘h5 13.♖h5! gh5 14.♕h5→] 13.hg6 hg6 14.♕g4!→ ♘c3 [14...♘f2 15.♕h4 ♘h1 16.♖h1 ♖d8 (16...f5 17.e6) 17.♕h7 ♔f8 18.♗h6+–] 15.bc3 ♕a3 16.♔d2 e6 17.♖h3 c5 18.♕h4 ♖fc8 19.♖dh1 ♔f8 20.♕g5 ♕e8 21.♖h7 d4 22.♖g7 ♕c3 23.♔e2 1-0

Vescovi,Giovanni
Jakobsen,Ole

Kobenhavn 1995 (5)

1.d4 ♘f6 2.♘f3 g6 3.♘c3 d5 4.♗f4 ♗g7 5.e3 0-0 6.♗e2 ♗g4 7.♘e5 ♗e2 8.♕e2 c6 9.0-0-0 ♘h5 10.g4 ♘f4 11.ef4 e6 12.♘a4 ♘d7 13.h4 ♘e5 14.fe5 ♕a5 15.b3 c5 16.dc5 b5 17.♘b2 ♕a2 18.♘d3 ♖fc8 19.f4 ♗f8 20.♔d2 ♕a5 21.b4 ♕c7 22.h5 a5 23.hg6 fg6 24.f5 ab4 25.fg6 ♗c5 26.♖h7 ♗e7 27.♕e3 ♕c2 28.♔e1 ♕c3 29.♖d2 ♖c4 30.♖h8 1-0

Malaniuk,Vladimir
Neverov,Valery

Kstovo 1997 (9)

1.d4 ♘f6 2.♘f3 g6 3.♘c3 d5 4.♗f4 ♗g7 5.e3 0-0 6.♗e2 ♗g4 7.♘e5 ♗e2 8.♕e2 ♘bd7 9.0-0-0 c5 10.h4 e6 11.g4 [11.h5!?] 11...♖c8 12.f3 cd4 13.ed4 ♖c3!⇄ 14.bc3 ♕a5 15.♔d2 ♖c8 16.♕d3 ♘b6 17.♖b1 ♘e8 18.♖b5 ♕a2 19.♖bb1 ♕a3 20.♖a1 ♕e7 21.g5 a6 22.♘g4 ♘c4 23.♔e2 ♘a3 24.♗d2 ♘b5 25.♖hb1 ♘ed6 26.♗e1 e5 27.de5 h5 28.gh6 ♗e5 29.♔f1 ♘c3 30.♖a2 f5 31.♗c3 ♖c3 32.♕d5 ♔h7 33.♖e1 ♕h4 34.♗f2 ♕c4 35.♕c4 ♖c4 36.♘d1 ♗h6 37.♘e3 ♖h4 38.♔g2 ♘c4 39.♔g3 ♘e3 40.♖e3 ♖c4 41.♖e7 ♘c3 42.♖a1 ♔g5 43.♖b7 ♗e2 44.♔f2 ♖c2 45.♖a6 ♘f4 46.♔e3 ♖e2 47.♔d4 ♗h4 48.♖f7 ½-½

6...c5 7.♘e5

Antoshin,Vladimir
Balashov,Yury

Moscow 1967

1.d4 ♘f6 2.♘f3 g6 3.♘c3 d5 4.♗f4 ♗g7 5.e3 0-0 6.♗e2 c5 7.♘e5 cd4 8.ed4 ♘c6 9.0-0 ♕b6 10.♘c6 bc6 11.♘a4 ♕a5 12.c3 ♘d7 13.b4 ♕d8 14.♗g5 f6 15.♗h4± ♘b6 16.♘c5

205

g5 17.♗g3 e5 18.a4 ♕e7 19.de5 fe5 20.♖e1 ♘d7 21.♘d7 ♗d7 22.c4 ♕e6 23.♖c1 d4 24.c5 ♔h8 25.♗c4 ♕f5 26.♗d3 ♕f7

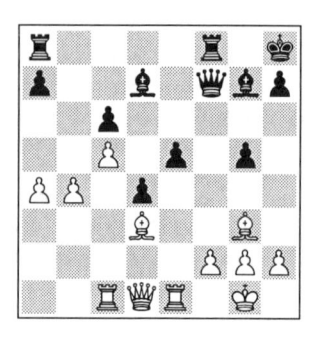

27.♖e5! ♗e5 28.♗e5 ♔g8 29.♕d2 h6 30.♗d4± ♗f5 31.♗c4 ♗e6 32.♗f1 ♖fe8 33.♗b2 ♔h7 34.b5 cb5 35.ab5 ♗f5 36.c6 ♖ac8 37.♕c3 ♖e7 38.♖a1 ♕d5 39.♖e1 ♕f7 40.♖e7 ♕e7 41.♗d3 ♗g6 42.♗g6 ♔g6 43.♕d3 ♔h5 44.h3 ♕e1 45.♔h2 ♕f2 46.♗d4 ♖d8 47.♗f2 ♖d3 48.♗a7   1-0

Pira,Davoud
Hebden,Mark

Sevilla 1987

1.d4 ♘f6 2.♘f3 g6 3.♘c3 d5 4.♗f4 ♗g7 5.e3 0-0 6.♗e2 c5 7.♘e5 b6 8.h4 ♗a6 9.♗f3 ♗b7 10.h5 ♘bd7 11.hg6 fg6 12.♗g4 ♘g4 13.♕g4 ♖f5 14.♕h3 ♘f8 15.g4 ♖f4 16.ef4 cd4 17.♘e2 g5 18.♕h5 ♕d6 19.♕f7 ♔h8 20.0-0-0 ♗e5 21.fe5 ♕e5 22.♘d4 ♕g7 23.♕g7 ♔g7 24.♖de1 ♖e8 25.♖h5 ♔g6 26.♘f3 h6 27.♘e5 ♔g7 28.♖eh1 d4 29.♖1h2 ♖c8 30.f4 gf4 31.♖f5 ♔g6 32.♘g6 ♔g6 33.♖f4 e5 34.♖f5 ♖c5 35.fh5 ♗e4 36.♖h6 ♔g5 37.♖h8 ♔g4 38.♖f8 ♗f3 39.♔d2 e4 40.♖d8 ♖c4 41.b3 ♖c7 42.♖d4 ♔g3 43.♖h8 ♔f2 44.♖e8 ♖g7 45.♖de4 ♗e4 46.♖e4 ♖d7 47.♔c3 ♗f3 48.♖e8 ♖c7 49.♔b2 ♗f4 50.c4 ♗f5 51.♔c3 b5 52.♖e2 ♔f4 53.♖d4 bc4 54.bc4 ♖d7 55.♔c5 ♗f3 56.♖e6 ♖c7 57.♔d5 ♖f4 58.c5 ♗f5 59.♖e2 ♖d7 60.♔c6 ♖h7 61.♔d6   1-0

Hebden,Mark
Fernandez Garcia,Jose

Linares zt 1995 (3)

1.d4 ♘f6 2.♘f3 g6 3.♘c3 d5 4.♗f4 ♗g7 5.e3 0-0 6.♗e2 c5 7.♘e5 ♘c6 8.0-0 ♗f5 9.♕d2 cd4 10.ed4 ♘d7 11.♘d5 ♘de5 12.de5 ♗c2 13.♗f3 ♗f5 14.♕e3 ♗e6 15.♖fd1 ♗d5 16.♖d5 ♕b6 17.♕b6 ab6 18.♖b5 ♖a4 19.♗g3 h5 20.h4 ♖a6 21.♖d1 ♖a2 22.♖b6 ♘e5 23.♗d5 ♖d8 24.♔f1 ♖a5 25.♗e5 ♖ad5 26.♖d5 ♖d5 27.♗g7 ♔g7 28.♖b7 ♖d2 29.g3 ♔f6 30.♖b3 e5 31.♖b7 ♗e6 32.b4 ♖b2 33.b5 f5 34.♖b6 ♔d5 35.♖g6 ♖b5 36.♖g5 ♔e4 37.♔g2 f4 38.gf4 ♔f4 39.♖h5 ♔g4 40.♖h8 e4 41.♔f1 ♖b2 42.h5 ♔g5 43.h6 ♔g6 44.h7 ♔g7 45.♖e8 ♔h7 46.♖e4 ♔g6 47.♖e5 ♔f6 48.♖a5 ♖c2 49.♔g2 ♖c3 50.f3 ♖b3 51.♔g3 ♖b4 52.♖a8 ♖c4 53.♖f8 ♔g7 54.♖e8 ♔f7 55.♖h8 ♔g7 56.♖b8 ♔f6 57.♖b3 ♗f5 58.♖b5 ♔f6 59.♖b8 ♖a4 60.♖f8 ♔g7 61.♖e8 ♔f7 62.♖c8 ♔f6 63.f4 ♖a1 64.♖f8 ♔g7 65.♖d8   ½-½

Hebden,Mark
Nunn,John

Hastings 1996 (8)

1.d4 ♘f6 2.♘f3 g6 3.♘c3 d5 4.♗f4 ♗g7 5.e3 0-0 6.♗e2 c5 7.♘e5 ♘c6 8.0-0 cd4 9.ed4 ♕b6 10.♘c6 bc6 11.♘a4 ♕a5 12.c3 ♘d7 13.b4 ♕d8 14.♕d2 e5 15.♗h6 ♗h6 16.♕h6 ♖e8 17.♖fe1 ♖b8 18.de5 ♘e5 19.♕d2 a5 20.♗f1 ab4 21.cb4 ♕f6 22.♖e5 ♘e5 23.♖e1 ♔g7 24.♘c5 ♗f5 25.a3

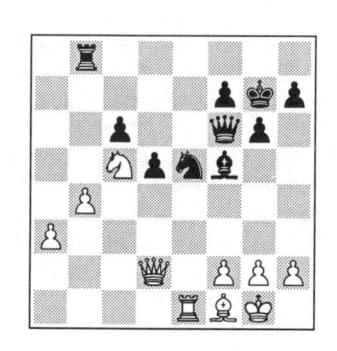

25...d4? [25...♖d8] 26.f4! ♘d7 27.♘d7 ♗d7 28.♖e5 c5 29.♖c5 ♗f5 30.♖d5 d3 31.♗d3 ♕a1 32.♗f1 ♕a3 33.♕d4 f6 34.♖d6 [34.b5!] 34...♕b4 35.♕f6 ♔h6 36.h3 ♕f4?? 37.♖d4 ♕e3 38.♔h2   1-0

Hebden,Mark
Zeziulkin,Yury

Cappelle la Grande 1998 (8)

1.d4 ♘f6 2.♘f3 g6 3.♘c3 d5 4.♗f4 ♗g7 5.e3 0-0 6.♗e2 c5 7.♘e5 ♕b6 8.0-0 cd4 9.ed4 ♘c6 10.♘c6 bc6 11.♘a4 ♕a5 12.c3 ♗a6 13.♗a6 ♕a6 14.♖e1 ♖fe8 15.♘c5 ♕c8 16.♗e5 ♘d7 17.♗g7 ♘c5 18.♗h6 ♘d7 19.♕f3 ♖b8 20.♖e2 e6 21.♖ae1 ♘d8 22.♕g3 ♗b7 23.♕b8 24.♗f4 ♕d8 25.h5 ♕f6 26.hg6 hg6 27.♗h6 ♕f5 28.♕d6 ♘f6 29.f3 ♔h7 30.♗c1 ♔g7 31.♕c6 ♖b6 32.♕c7 ♖h8 33.♕a7 ♖c6 34.♖e5 ♕c2 35.♕b7 ♖cc8 36.♖e6 ♖ce8 37.♖6e5 ♘e4 38.fe4 ♖h1 39.♔h1 ♕f2

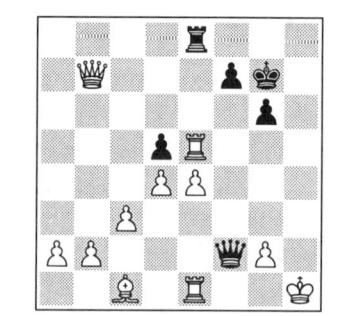

40.♗h6 ♔h6 41.ed5 ♖h8 42.♖e8 ♖h7 43.♕c7 ♔g7 44.♕h2 ♖h2 45.♔h2 ♕b2 46.♖1e3 ♕a2 47.♖8e5 ♕a6 48.♖f3 ♕b6 49.♖e1 ♕d8 50.♔g1 ♕h4 51.♖e5 ♕d8 52.♖e4 ♕c7 53.♖e5 ♔g8 54.♖e2 ♕d6 55.♖e1 ♔g7 56.♔h1 ♕d8 57.♖e4 ♕d6 58.♖f1 ♕g3 59.♖ef4 f5 60.♖4f3 ♕d6 61.c4 ♕b4 62.c5 ♕d4 63.d6 g5 64.♖f5 ♕h4 65.♔g1 ♕d4 66.♖5f2 g4 67.g3 ♕e3 68.♔g2 ♕e4 69.♔h2 ♕h7 70.♔g1 ♕d3 71.♖f7 ♔g6 72.♖7f6 ♔g7 73.♖f7 ♔g8 74.♔h2 ♕d2   1-0

Norris,Alan
Naylor,John

Hampstead II 1999 (1)

1.d4 ♘f6 2.♘f3 g6 3.♘c3 d5 4.♗f4 ♗g7 5.e3 0-0 6.♗e2 c5 7.♘e5 ♘c6 8.0-0 ♗f5 9.♕d2 ♘d7 10.♘d7 [10.♘d5? ♘de5 11.de5 e6 12.e4 ♗e4 13.♘c3 ♕d2 14.♗d2 ♗c2∓] 10...♕d7 11.dc5 e5 12.♗g3 d4↑ 13.♘b5 de3 14.♕e3 ♘b4 15.♖ad1 ♘c2 16.♕b3 ♕c6 17.♘d6 ♘d4 18.♖d4 ed4 19.♘f5 gf5 20.♗d6 ♖fe8 21.♗b5 ♕e4 22.♗d3 ♕c6 23.♗b5 ♕e4 24.♗d3 ♕c6   ½-½

Vaulin,Alexander
Grabarska,Barbara

Polanica Zdroj 1999 (2)

1.♘f3 ♘f6 2.d4 g6 3.♘c3 d5 4.♗f4 ♗g7 5.e3 0-0 6.♗e2 c5 7.♘e5 ♘c6 8.♕d2 ♗f5 9.0-0 ♘d7 10.♘f3 ♗e4?! [10...♘f6!? 11.dc5? ♘e4 12.♘e4 de4 13.♕d8 ♖ad8 14.♘d4 (14.♘h4 ♗c8−+) 14...♘d4 15.ed4 ♗d4∓] 11.♖ad1 cd4 12.♘e4 de4 13.♘d4 ♘d4 14.ed4 ♕b6 15.c3± e5 16.♗e3 ed4 17.cd4 ♕d6 18.♕c2 ♖fe8 19.♗b5 a6 20.♗d7 ♕d7 21.d5 ♖ec8 22.♕b3 b5 23.♖c1 ♕d6 24.♖fd1 ♖d8 25.g3 ♗e5 26.♖c2 ♔g7 27.♖dd2 f5 28.♗c6 ♕b8 29.♖e6 f4 30.gf4 ♗f4 31.♖e7 ♔h8 32.d6 ♗e3 33.♕e3 ♖d6 34.♖d7 ♖d2 35.♕d2 ♕e5 36.♕h6   1-0

Hebden,Mark
Lalic,Bogdan

Port Erin 1999 (3)

1.d4 ♘f6 2.♘f3 g6 3.♘c3 d5 4.♗f4 ♗g7 5.e3 0-0 6.♗e2 c5 7.♘e5 ♘c6 8.0-0 cd4 9.ed4 ♕b6 10.♘c6 bc6 [10...♕c6] 11.♘a4 ♕a5 12.c3 ♘d7 13.b4 ♕d8 14.♕d2 e5 15.♗h6 ♗h6 16.♕h6 ♕f6! 17.♕e3 ed4 18.cd4 a5= 19.b5 ♗b7 20.♖ac1 ♖fe8 21.♕d2 ♕e7 22.♖fe1 ♕b4 23.♘c3 a4 24.♖ed1 a3 25.h4 ♕d6 26.h5 ♘f6 27.h6 ♔h8 28.bc6 ♗c6 29.♖e1 ♘g8 30.♗b5 ♖e1 31.♖e1 ♗b5 32.♘b5 ♕f8 33.♘c7 ♖d8   ½-½

Hebden,Mark
Akesson,Ralf

Port Erin 2000 (7)

1.d4 ♘f6 2.♘f3 g6 3.♘c3 d5 4.♗f4 ♗g7 5.e3 0-0 6.♗e2 c5 7.♘e5 ♘c6 8.0-0 cd4 9.ed4 ♘d7 10.♘f3 ♘b6 11.h3 f6 12.a4 a5 13.♗b5 ♗f5 14.♖e1 ♘b4 15.♖c1 ♖c8 16.♕e2 g5 17.♗h2 ♘c4 18.g4 ♗g6 19.♘d1 ♘d6 20.♗d6 ♕d6 21.♘e3 e6 22.c3 ♘c6 23.♗d3 ♘e7 24.♖cd1 ♖ce8 25.♘g2 ♗d3 26.♖d3 ♘c6 27.♘e3 h6 28.♖dd1 f5 29.♘h2 ♘e7 30.♕b5 fg4 31.hg4 ♘g6 32.♘g2 ♖e7 33.♕d3 ♖f6 34.♖e2 ♖ef7 35.♖de1 ♗f8 36.♘f1 ♘f4 37.♘f4 ♕f4 38.♕g3 ♕g3 39.♘g3 ♖f4 40.♔g2 ♖g4 41.♖e6 ♖gf4 42.♖1e2 ♖7f6 43.♖6e5 ♖d6 44.♘f5 ♖f6 45.♘e3 ♗d6 46.♖d5 g4 47.♘c4   1-0

Hebden,Mark
Gormally,Daniel

Millfield ch-GB 2000 (6)

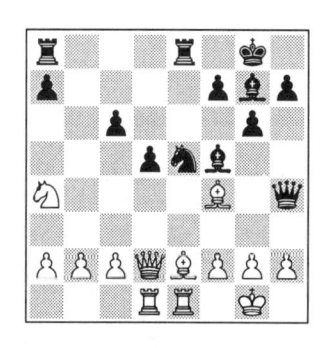

1.d4 ♘f6 2.♘f3 g6 3.♘c3 d5 4.♗f4 ♗g7 5.e3 0-0 6.♗e2 c5 7.♘e5 ♘c6 8.0-0 ♗f5 9.♘a4 cd4 10.♘c6 bc6 11.ed4 ♘d7! 12.♖e1 e5 13.de5 ♘e5 14.♕d2 ♖e8 15.♖ad1 ♕h4∞

16.b3 ♕f6 17.h3 ♘d7 18.♗g5 ♕d6 19.♗f4 ♘e5 20.c4 d4 21.♗d3 ♗d3 22.♕d3 ♕a3 23.♗e5 ♗e5 24.♖e2 ♖e7 25.♕f3 ♖ae8 26.g3 ♕d6 27.♔g2 ♗g7 28.c5 ♕d7 29.♖e7 ♖e7 30.♘b2 ♖e6 31.♘c4 ♖f6 32.♕e4 ♖e6 33.♕f3 ♖f6 34.♕e4 ♖e6   ½-½

NIC SURVEY

INTRODUCTION: Jeroen Bosch
MAIN ANALYSIS: Christopher Ward
STUDY MATERIAL: Bosch, Smirin, Speelman

Queen's Pawn Opening
Trompowsky Variation

QP 8.6

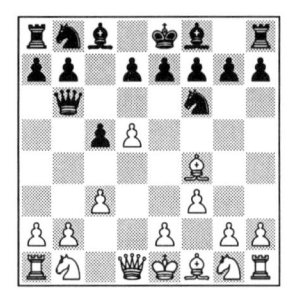

Developments in the Trompowsky

1.d4 ♘f6 2.♗g5 ♘e4 3.♗f4 c5 4.f3 ♕a5 5.c3 ♘f6 6.d5 ♕b6

Where else than in the British Championship can we expect new developments in the Trompowsky? After all, playing the Tromp is what being British (and a chess player) is all about, or so it seems. It should not surprise us, then, that Julian Hodgson – the Trompowsky's main protagonist – once again won the championship, while runner-up Chris Ward has indulged in a few outings with the Tromp recently as well. Considering that 2.♗g5 started off as an off-beat attempt to take your opponent into unknown territory, theory on the bishop move takes on shocking proportions. (Reread Sosonko's column 'The bishop move' in Yearbook 55, where the same opinion is expressed).

Black's main answer to 2.♗g5 has always been 2...♘e4, when after 3.♗f4 (3.♗h4 and 3.h4 are less popular these days) 3...c5 4.f3 ♕a5 check is disturbing White's harmonious development. (Please note that the late Bagirov made a rather convincing case for 4...♘f6 in Yearbook 48.) After 5.c3 ♘f6 White faces a choice. The line 6.♘d2 cd4 7.♘b3 ♕b6 8.♕d4 ♘c6 9.♕b6 ab6 10.♘d4 e5 was dealt a small blow in Miles-Hebden, Millfield 2000. After 11.♘c6 dc6 12.♗e5 ♗e6 13.a3 Hebden improved on a previous Hodgson-Hebden encounter with 13...b5!, obtaining good play for the pawn.

We will concentrate, therefore, on 6.d5 ♕b6(!) – again disturbing White's natural development. Note that 7.♕d2 is now bad because of the tactical 7...♘d5!, as pointed out by Rogers in Yearbook 42 (the last time that 4...♕a5 was dealt with in the Yearbook series). White may continue with 7.b3, although this weakens the dark squares somewhat. A logical continuation, therefore, is 7...e6 8.e4 ed5 9.ed5 ♗d6! 10.♗g5 ♗e7 11.c4. The latest news here is Turner-Nunn, Paignton 2000. Nunn's clever 11...♕c7 threatens the annoying ♕e5, once again disturbing White's development – a recurring theme in this line.

In our main game, Ward-Gormally, Ward preferred 7.♗c1, even though it means 'undeveloping the only developed piece'. Knowing Ward's preference for the Sämisch versus the King's Indian it is clear why he plays in this way. Just take a look at Agdestein-Djurhuus, Asker 2000, if you're wondering what I'm talking about! If Black wants to prevent 'a

STATISTICS

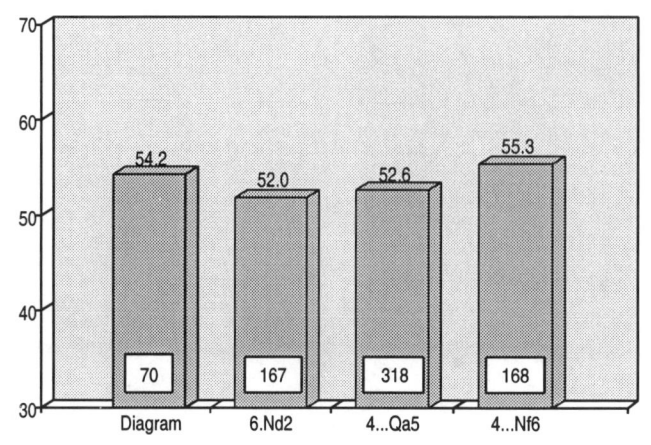

Diagram	6.Nd2	4...Qa5	4...Nf6
54.2	52.0	52.6	55.3
70	167	318	168

Sämisch' he will have to act quickly. Hence, 7...e6 8.c4 ed5 9.cd5 c4!? Since Ward-Gormally, Copenhagen 2000, seems to favour White, Black should perhaps start to investigate the unclear complications in Ward-Mikhalevski. It wouldn't hurt the Trompowsky fan either to analyze this game – but perhaps that is not why you play 2.♗g5?

QP 8.6

Ward,Christopher
Gormally,Daniel

Millfield ch-GB 2000 (8)

1.d4 ♘f6 2.♗g5 ♘e4 3.♗f4 c5 4.f3 ♕a5 5.c3 ♘f6 6.d5 ♕b6 7.♗c1 [7.b3] 7...e6 8.c4 ed5 9.cd5

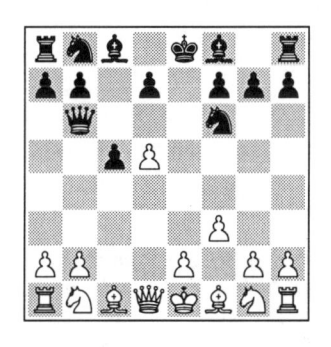

9...c4 10.e3 ♗c5 [10...♕a5 Ward-V.Mikhalevski, Kobenhavn 2000] 11.♔f2 0-0 12.♗c4 d6 13.♘e2 ♘bd7 14.♘bc3 ♕c7 [△ 15...♗e3; 14...♘e5 15.♘a4 ♕b4 16.b3 ♘c4 17.bc4 ♕c4 18.♘c5 ♕c5 19.♘f4 g5 20.♘d3±/± Hodgson-Wells, Kobenhavn 1996] 15.♘d4 ♗b4?! [15...a6] 16.♗e2 a6 17.e4 ♗c3 18.bc3 ♘c5 [18...♕c3] 19.♖e1 ♗d7 20.♗f1 ♗a4 21.♕d2 ♖fe8 22.♘f5!? [22.♔g1] 22...♘ce4 [22...♖e4 23.♕g5+–; 22...g6 23.♘h6 ♔g7 24.♕d4±] 23.fe4 ♘e4 24.♖e4 ♖e4 25.♗d3 ♕b6 26.♔f3 ♖e5 27.♕g5 g6 28.♗f4! [28.♕f6?! ♖d1 29.♔g3 gf5 30.♗h6 f4 31.♔h3 ♖h5–+] 28...♖f5 29.♗f5 ♖e8 30.♗d3 [30.♗e4!?; 30.♕f6!?] 30...♕b5 [30...♕c5! 31.♖c1! f6

32.♕g3 ♕d5 33.♔f2 ♕a2 34.♔g1+–] 31.♗e3 ♕a5 32.♗b5 ♕b5 33.♖e1 f6 34.♕f4 ♖e5 35.g4 ♕d5 36.♔g3 ♕e6 37.♕f2 ♖e4 38.h3 ♕e5 39.♔g2 ♕c3 40.♗d2 ♕e5 41.♖e4 ♕e4 42.♕f3

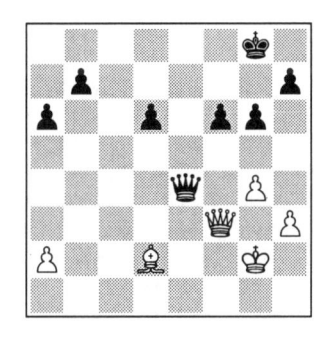

42...♕e6 [42...d5 43.♕e4 de4 44.♔g3; 42...♕f3 43.♔f3 ♔f7 44.♕e4 ♔e6 45.♔d4 d5 46.♗f4 f5 47.g5 b6 48.♗c7 b5 49.♔c5+–] 43.a3 d5 44.♗c3 ♔f7 45.♔f2 ♕d6 46.g5! f5 47.♗d4 ♕h2 48.♔f1 ♕d6 49.♗f2! ♕c6 50.♕e3 ♕b5 51.♔g2 ♕a4 52.♕b6 [52.♕e5? ♕e4] 52...♕c6 53.♕d4 [△ 54.♕h8] 53...♔e6 54.♕f6 ♔d7 55.♕g7 ♔c8 56.♕h8 ♔c7 57.♕h7 ♔c8 58.♕g8 ♔d7 59.♕f7 ♔c8 60.♕f8 ♔d7 61.♕g7 ♔c8 62.♕f6 ♕e8 63.♔g1 ♔d7 64.♕b6 ♕e4 65.♕b7 ♔e8 66.♕a6 1-0

Ward

Study Material

7.b3

Adams,Michael
Tkachiev,Vladislav

Wijk aan Zee m rapid 1995 (1)

1.d4 ♘f6 2.♗g5 ♘e4 3.♗f4 c5 4.f3 ♕a5 5.c3 ♘f6 6.d5 ♕b6 7.b3 [7.♕d2? ♘d5 – YB/42] 7...d6 8.e4 g6

[8...e5 9.de6 (9.♗e3) 9...♗e6 10.♘a3 ♘c6 11.♗c4 ♗c4 12.♘c4 ♗e7 13.♘h3 (13.♘e2 ♘e5) 13...0-0 14.♗e3 ♕a5 15.♕d2 ♘e5⇄ Legky-Anka, Metz 1994] 9.♗d3 ♗g7 10.♘e2 0-0 11.♘d2 ♘bd7 12.♘c4 ♕c7 13.a4 b6 14.0-0 a6 15.♕d2 ♖e8 16.♘g3± ♗b7 17.b4

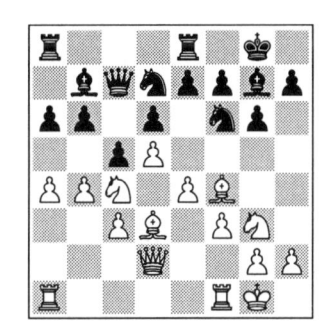

17...♘e5!? 18.♘e5 de5 19.♗e3 cb4 20.cb4 e6 21.♖ac1 ♕d8 22.♕f2 ed5 23.♗b6 ♕d6 24.♗c5 ♕d7 25.ed5 ♗d5 26.a5 h5 27.♕e2 h4 28.♘e4 ♘h5 29.♖fd1 ♘f4 30.♕f1 ♕e6 31.♗c4 ♖ed8 32.♗d5 ♖d5 33.g3 hg3 34.hg3 ♘h5 35.♖d5 ♕d5 36.♖d1 ♕a2 37.♖d2 ♕a4 38.♔g2 ♗h6 39.♖d6 ♕a2 40.♔f2 [40.♔h3!?] 40...♕e3 41.♕e1 ♗d4 42.♔h3 ♗f2 43.♘f2 ♕c4 44.♘e4 ♖b8∓ 45.♖b6 ♖b6 46.ab6 ♕e6 47.♔g2 ♕b6 48.♕c3 ♘f6 [48...♕e6] 49.♕e5 ♘e4 50.♕e4= ♕b5 51.g4 ♔g7 52.♕d4 ♔g8 53.♔g3 ½-½

Schmidt,Bodo
Kuraszkiewicz,Michael

Germany Bundesliga 1999 (5)

1.d4 ♘f6 2.♗g5 ♘e4 3.♗f4 c5 4.f3 ♕a5 5.c3 ♘f6 6.d5 ♕b6 7.b3 g6 8.♘h3 [8.e4 ♗g7 9.♗c4 ♕a5 (9...d6 10.♘e2 ♘h5 11.♗e3 ♕a5 12.a4 a6 13.♘a3 0-0 14.0-0± Hennig-Kruse, Germany Bundesliga 1993) 10.♘e2 b5 11.♗d3 e6 12.de6 de6 13.a4 c4 14.b4 ♕b6 15.♗c2± Nalbandian-Mirumian, Erevan ch-ARM 1994] 8...d6 9.♘f2 ♗g7 10.♕d2 a5 11.♘a3 a4 12.♘c4 ♕d8 13.♖b1 b5∓ 14.♘b2 ab3 15.ab3 ♖a2 16.e4 0-0 17.♗b5

♘h5 18.♗h6 ♗h6 19.♕h6 ♕a5 20.♗a4 ♕c3 21.♕d2 ♕f6 22.♘fd1 ♗a6 23.♘c3 ♖a3 24.♖c1 ♕h4 25.♔d1 f5 [25...♘g3? 26.♕e1+−] 26.g3 ♕f6 27.♔c2 fe4 28.fe4 ♘e5 29.♖hd1 ♘f3 30.♖e1 c4 31.♖e3 cb3 32.♗b3 ♖f8 33.♘b1 ♖a1 34.♘c3 ♖c1 35.♔c1 ♘d7 36.♗c4 ♗c4 37.♘c4 ♕g7 38.♘a5 ♘hf6 39.♘c6 ♘g4 40.♖e2 ♘ge5 41.♔c2 ♘f3 42.♕e3 ♘de5 43.♘b5 ♘c4
½-½

Karlsson, Lars
Hansen, Sune Berg

Hilleroth 1995 (7)

1.d4 ♘f6 2.♗g5 ♘e4 3.♗f4 c5 4.f3 ♕a5 5.c3 ♘f6 6.d5 ♕b6 7.b3 g6 8.c4 [8.e4 ♗g7 9.♘e2 0-0 10.♘g3 d6 11.♗e2 h5 12.♕d2 e6 13.♘a3 h4 14.♘c4 ♕d8 15.♗d6∞ Kolev-Roder, Andorra 1993] 8...♗g7 9.♘c3 0-0 10.♖c1 [10.e4 e6 11.♕d2 ed5 12.ed5 ♖e8 13.♘ge2 d6 14.g4 ♘bd7 15.♗g2 ♘e5 16.0-0± Legky-V.Gurevich, Le Touquet 1993] 10...d6 11.e4 e6 12.g4 ed5 13.ed5 ♖e8 14.♔f2 ♘bd7 15.h3 ♘e5 16.♕d2 h5 17.♔g2 ♗d7 18.♗h6 ♗h6 19.♕h6 ♕d8 20.♗e2 [20.g5? ♘h7 21.f4 ♗h3−+; 20.f4 ♘eg4 21.hg4 ♘g4 22.♕g5 ♕e3≅] 20...g5!? 21.h4 [21.♕g5 ♘g6≅ 22.gh5? ♘h5] 21...gh4 22.gh5 ♘h5! 23.♕h5 ♕g6 [△ 24...♘f4] 24.♕h6 ♕f6 25.♔f1 ♖e5 26.♗d3 ♗f5! 27.♗f5 ♕f5 28.♖h2 ♕d3 29.♔g2

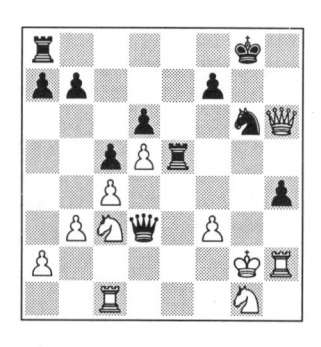

29...♖h5! 30.♕h5 ♘f4 31.♔h1 ♘h5−+ 32.♘e4 ♘g3 33.♘g3 hg3 34.♖h3 g2 35.♔h2 ♕d2 36.♖a1 ♔g7 37.♖g3 ♘f6 38.♘h3 g1♖ 0-1

Sokolov, Ivan
Smirin, Ilya

Wijk aan Zee 1993 (11)

1.d4 ♘f6 2.♗g5 ♘e4 3.♗f4 c5 4.f3 ♕a5 5.c3 ♘f6 6.d5 ♕b6 7.b3 e6 8.e4 [8.de6? ♕e6 9.c4 d5 10.♘c3 d4! 11.♘b5 ♘a6∓ Alexandrov-Akopian, Oakham 1992] 8...ed5 9.ed5 ♗d6 10.♘h3 [10.♗g5 ♗e7 11.c4 0-0; 10.♕e2? ♔d8] 10...0-0 11.♕d2 [11.c4 ♘h5 12.♗d6 ♕d6 13.♘c3 ♕e5 14.♘e2 d6 15.g4 ♘f6 16.♖c1 h5 17.g5 ♘h3 18.gf6 ♕f6!−+ Medancic-Tukmakov, Zadar 1997] 11...♖e8 12.♗e2 c4! 13.♗d6 [13.bc4? ♗c5 △ 14...d6] 13...♕d6 14.bc4 b5 [14...b6 15.a4! ♗a6 16.♘a3 ♘d5? 17.♘b5 ♗b5 18.ab5] 15.cb5 a6! 16.c4 ab5 17.cb5? [17.♘c3 bc4 18.0-0 ♘c6; 18...♖a3!?] 17...♕e5 18.♘c3 ♘d5 19.♕d5 [19.♖c1? ♘c3 20.♖c3 ♖a2!] 19...♕c3 20.♔f2

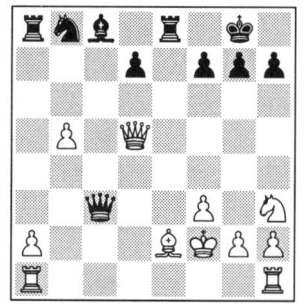

20...♗b7!! [20...♕e3? 21.♔g3 ♖e6 22.♗d3 △ 23.♘he1+−; 20...♖a4 21.♖he1] 21.♕c4 [21.♕b7 ♕c5 22.♔g3 ♖a7! 23.♕a7 ♕a7∓; 21.♕d3 ♕c5 22.♔f1 d6†] 21...♕e3 22.♔g3 h5?! [22...♖e4? 23.♕c1! (23.♕d3? ♕e2−+; 23.♕c7 h5 24.♕d8□ ♖e8 25.♕h4∞; 23.♕b3 ♕b3 24.ab3 ♖e2 25.♖a8 ♗a8 26.♖a1 ♗d5 27.♘f4 ♖d2 28.♘d5 ♖d5 29.♖c1 ♔f8=) 23...♕e2 (23...♕c1 24.♖hc1 ♖e2 25.♖c7+−) 24.fe4 ♕e4 25.♘f4! g5 26.a4! gf4 27.♕f4+−; 22...d5! 23.♕c7 (23.♕f4 ♕f4 24.♘f4 g5 25.♘h5 ♖e2; 23.♕d3 ♕e2 (23...♕e5 24.♔f2 ♘d7†) 24.♖he1 ♕e1 25.♖e1 ♖e1) 23...h5! 24.♕b7 ♖a4 25.♘g1 ♕e5 26.♔f2 ♕a1−+] 23.♕f4!? [23.♗d3? d5; 23.♖he1 ♖e4−+] 23...♕f4□ [23...♕e2 24.♖he1 ♕e1 25.♖e1 ♖e1 26.♕c7 ♗d5 27.♗f4] 24.♘f4 g5 25.♘h5 ♖e2 26.♖hc1 [26.♖he1 ♖e6!?] 26...f5! [26...♖aa2? 27.♖a2 ♖a2 28.♖c7 ♖a7 29.b6+−; 26...♔h7 27.♖c7 ♔g6 28.♖b7 ♔h5 29.a4±; 26...♖e6 27.♖c7] 27.♖c7 f4 28.♔h3 g4! 29.♔h4 [29.fg4 ♗g2; 29.♔g4 ♖g2 30.♔f4 (30.♔h3 ♗f3) 30...♖a4] 29...gf3 30.♖b7 [30.♘f4?! ♖e4 (30...♖ea2? 31.♖a2 ♖a2 32.♖b7? (32.♘g3! ♗f3 33.♖b8 ♔f7 34.♖b8± ♔h2? 35.♔g3) 32...f2 33.♖b8 ♔h7−+) 31.♖b7 (31.♔g3?! f2 32.♖b7? ♖e1−+) 31...♖f4 32.♔g3 ♖f8 33.gf3 ♖a3] 30...fg2 31.♘f4 ♖f2! 32.♘g2□ [32.♔g3? ♖f1−+] 32...♖g2 33.♖c1! [33.a4? ♔f7 △ 34...♘c6 35.bc6 ♖h8X] 33...♖h2 [34.♔g3 ♖ha2 35.♖c8 ♔f7 36.♖cb8]
½-½

Smirin

M/93-3-40

Rey, Guillermo
Reizniece, Dana

San Francisco 2000 (7)

1.d4 ♘f6 2.♗g5 ♘e4 3.♗f4 c5 4.f3 ♕a5 5.c3 ♘f6 6.d5 ♕b6 7.b3 e6 8.e4 ed5 [8...d6 9.c4 ♗e7 10.♘c3 0-0 11.♗d3 ♘bd7 12.♘ge2 ♘e5 13.♗c2 ♗d7 14.0-0 a6 15.a4± Vigus-Suetin, Hastings 1995] 9.ed5 ♗d6 10.♗g5 0-0 11.♗f6 ♖e8 12.♘e2 gf6 13.♘d2 ♕c7 [13...♕f8 14.♘c4 ♕d8 15.a4 d6 16.♕d3 ♗h6 17.♔f2 f5 18.f4 Rey-Russell, San Francisco 1999] 14.♘e4 ♗e5 15.♕d2 f5 16.♕g5 ♔h8 17.♕f5 ♗f6 18.♕h5 ♕e7 19.0-0-0 f5 20.♘g5 ♖f8 21.f4 ♗f6 22.♖d3 b5 23.♖h3± ♗g5 24.♕g5 ♕f7 25.♕h6 ♕e7 26.♘g3 ♘d7 27.♗d3 ♘f6 28.♘f5 ♗f5 29.♗f5 ♘d5 30.♗h7 ♕g7 31.♗e4 1-0

Orr, Mark
Nunn, John

Bunratty 1998 (4)

1.d4 ♘f6 2.♗g5 ♘e4 3.♗f4 c5 4.f3 ♕a5 5.c3 ♘f6 6.d5 ♕b6 7.b3 e6 8.e4 ed5 [8...d6 9.♘d6 (9.♗e3?! ed5 10.ed5 0-0 11.♘a3 ♖e8 12.♔f2 ♗f8 13.♗e3 d6∓ Drozdov-Alexandrov, Moscow 1995) 9...♕d6 10.de6 ♕d1 11.♔d1 fe6 Raber-Suetin, Lenk 1998] 9.ed5 ♗d6 10.♗g5 ♗e7 11.c4 0-0 12.♘c3 ♖e8 13.♗e2 [13.♘ge2 d6 14.♕d2 ♘bd7 15.♗e3 ♘e5 16.♘g3 ♗d7 17.♗e2 h6 18.0-0 ♗f8± Orr-Mannion, Scotland tt

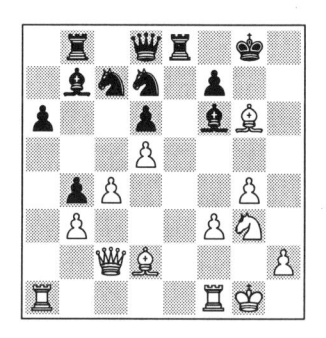

1998] **13...d6 14.♕c2 ♘a6 15.a3 ♕d8** [△ 16...♘d5] **16.♗d2 ♘c7 17.♗d3 b5 18.♘ge2 a6 19.0-0 ♖b8 20.g4 g6 21.♘g3 b4 22.ab4 cb4 23.♘ce2 ♗b7 24.♘f4 ♘d7 25.♘g6 hg6 26.♗g6 ♗f6**

27.♗e4? [27.♗f7! ♔f7 28.♕h7 ♗g7 29.♘f5 ♕f6 30.♘h6 ♗e7 31.♖ae1 ♘e5 (31...♕d8 32.♗g5+−) 32.g5 ♕f8 33.♖e5 ♔d8 (33...de5 34.♗b4) 34.♖f5+− Orr] **27...♖a1 28.♖a1 ♕f6 29.♖f1 ♘c5 30.♗h7 ♔f8 31.♗b4 ♕d4 32.♔h1 ♘d5 33.cd5 ♕b4 34.♕c1 ♖e5 35.♕h6 ♔e7 36.♗f5 ♗d5 37.♕g5 f6 38.♕g7 ♗f7 39.♕h5 ♖f5 40.gf5 ♘d7 41.♘g3 ♕h4 42.♖e1 ♘e5 43.♘e4** 0-1

Hodgson,Julian
Gormally,Daniel

London 2000 (6)

1.d4 ♘f6 2.♗g5 ♘e4 3.♗f4 c5 4.f3 ♕a5 5.c3 ♘f6 6.d5 ♕b6 7.b3 e6 8.e4 ed5 9.ed5 ♗d6 10.♗g5 ♗e7 11.d6?! ♕d6 12.♕d6 ♗d6 13.♗f6 gf6 14.♘c4⩲ ♗e7 15.♘e2 d6 16.♘a3 a6 17.♗d5 ♗d7 18.♘c4 ♖b8 19.♘g3 b5 20.♘e3 ♗b6 21.0-0-0 ♗e6 22.♖he1 ♗d7 23.♗e4 f5 24.♘gf5 ♗f8 25.g4 h5 26.g5 ♔c7 27.h4 ♖d8 28.f4 d5 29.♗f3 b4! 30.♘g3 [30.cb4 d4 31.bc5 ♗c5∓] **30...♗d6 31.♘e2 bc3 32.f5 ♗c8 33.♘c3 ♗g3!? 34.♘cd5 ♘d5 35.♖d5 ♔b8 36.♖e4 ♗f5 37.♖c4 ♗e6 38.b4** [38.♖c5 ♗h4] **38...♗d7 39.bc5 ♗c6 40.♖b4 ♔a7 41.♖b6 ♖c8 42.♖b4=** [42.♖d4 ♗d5 (42...♖hd8) 43.♖d5 ♖c5 44.♖c5 ♔b6] **42...♗f3 43.♖a6 ♔b8 44.♖b6 ♔a8 45.♖a6 ♔b8 46.♖b6 ♔a8** ½-½

Gormally,Daniel
Hebden,Mark

Paignton 2000 (3)

1.d4 ♘f6 2.♗g5 ♘e4 3.♗f4 c5 4.f3 ♕a5 5.c3 ♘f6 6.d5 ♕b6 7.b3 e6 8.e4 ed5 9.ed5 ♗d6 10.♗g5 ♗e7 11.c4 d6?! [11...0-0 12.♘c3 ♖e8 13.♘ge2 d6 14.♕d2 a6 15.♗e3 ♕a5 (15...♘bd7 16.♘g3 ♗b4 17.♗e2 b5 18.0-0 bc4 19.bc4 ♘e5 20.a3 ♕a5 21.♕c2 ♗f8 22.♗d2 Hodgson-Shaked, Las Vegas 1998) 16.♘g3 b5 17.♗e2 ♘bd7 18.0-0 ♖b8 19.♕c2 ♘e5 20.♗d2= Hodgson-Hebden, Blackpool 1998] **12.♘c3 0-0 13.♗d3 ♕d8 14.♗d2** [14.♘ge2? ♘d5] **14...♘bd7 15.♘ge2 ♘e5 16.♗c2±**

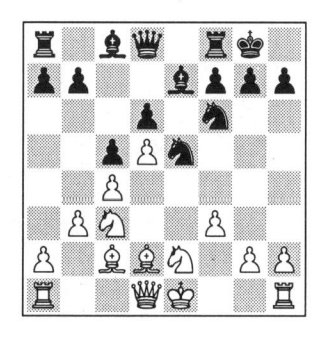

16...♘h5 17.0-0 f5 18.f4 ♘g4 19.h3 ♘h6 20.♗d3 ♗f6 21.♕c2 ♔h8 22.g3 ♗d7 23.♔h2 g5?! 24.fg5 ♗g5 25.♘f4 ♘f4 26.♗f4 ♗f4 27.♖f4± ♕g5 28.♖af1 ♖f7 29.♘e2 ♖e8 30.♖4f3 ♖g7 31.♕c1 ♕c1 32.♘c1 ♖ge7 33.♖3f2 ♗g7 34.♘e2 ♗f7 35.♘f4 ♘e5? **[35...♗g5] **36.♗f5! ♗f5 37.♘h5 ♔h6 38.♖f5 ♘g6 39.♘f6 ♖e2? [39...♖h8] **40.♔g1** [40...♖h8 41.♘g4 ♔g7 42.♖f7 ♔g8 43.♘h6X] 1-0

Turner,Matthew
Nunn,John

Paignton 2000 (8)

1.d4 ♘f6 2.♗g5 ♘e4 3.♗f4 c5 4.f3 ♕a5 5.c3 ♘f6 6.d5 ♕b6 7.b3 e6 8.e4 ed5 9.ed5 ♗d6 10.♗g5 ♗e7 11.c4 ♕c7!? [△ 12...♘e5] **12.♕e2 0-0 13.♘c3 d6 14.0-0 a6 15.♕c2 ♘bd7 16.♖e1 ♖d8 17.♗d3 b5!?** [17...♘e5] **18.cb5 ab5 19.♘b5 ♕a5**

20.♗d2! [20.♘c3 ♘d5 21.♗h7 ♔h8 22.♗d2 ♗b4] **20...♕a2 21.♕a2 ♖a2 22.♘d6 ♖d2! 23.♔d2 ♗a5 24.♔d1 ♗e1 25.♔e1 ♘d5** ½-½

7.♗c1

Orr,Mark
McShane,Luke

Kilkenny 1997 (6)

1.d4 ♘f6 2.♗g5 ♘e4 3.♗f4 c5 4.f3 ♕a5 5.c3 ♘f6 6.d5 ♕b6 7.♗c1 e6 8.c4 ♕a5?! [8...ed5 9.cd5 c4 10.e3 ♗c5 11.♔f2 Hodgson-Wells, København 1996] **9.♗d2 ♕c7 10.♘c3 ♗d6 11.e4 a6 12.♗d3 ed5 13.ed5 0-0 14.♘ge2 ♖e8 15.a4 ♗h2 16.♕c2 g6 17.0-0-0 ♗d6?** [17...♗e5] **18.g4 b5 19.g5 b4** [19...bc4 20.♗c4 ♘h5 21.♘e4+−] **20.gf6 bc3 21.♗c3 ♗e5 22.♗g6** [22.♕d2 ♗c3 23.♘c3+−] **22...hg6** [22...fg6 23.f7 ♔f7 24.♕h7 ♔f6 25.♖g1 ♖g8 26.♘f4+−] **23.♕d2 ♗c3 24.♖h8!** 1-0

Speelman,Jonathan
Kazhgaleev,Murtas

Luzern Wch-tt 1997 (6)

1.d4 ♘f6 2.♗g5! ♘e4 3.♗f4 c5 4.f3 ♕a5 5.c3 ♘f6 6.d5 ♕b6 7.♗c1 e6 8.c4 ♕b4 [8...ed5 9.cd5 c4 10.e3 ♗c5 11.♔f2! 0-0 12.♗c4∞] **9.♗c3?** [9.♗d2 ♕c4 (9...♕b2 10.♘c3⩲>) 10.e4⩲] **9...♕c4 10.e4 ♕b4 11.♗d2** [11.a3 ♕b6 (11...♕a5) 12.♗c4; 11.d6 ♘c6!? 12.♗d2 c4 13.f4 ♗d6 (13...e5!) 14.e5 ♘e5 15.fe5 ♗e5 16.♘f3] **11...♕b6 12.♗c4 ed5 13.♘d5 ♘d5 14.♗d5** [14.ed5 ♗e7 15.♕e2 ♕b2 (15...♔d8 16.0-0-0 ♗f6) 16.♖c1⩱<; 16.d6? ♕a1 17.♔f2 ♕d4−+] **14...♘c6 15.f4?!** [15.♘e2 c4!?] **15...♘b4 16.♘f3?!** [16.♗c4 ♗f5 17.ed5 ♗f5] **16...♘d5 17.ed5 ♗e7 18.♕e2 ♕d6! 19.0-0** [19.♗c3 0-0 20.♖d1 ♗f6 21.♗e5] **19...0-0 20.♗c3 ♗f6 21.♗e5 ♕e7!?** [21...♕e5 22.fe5 ♕h6] **22.d6 ♕e6 23.♕e4?! ♗e5 24.fe5 f5 25.♕e3 b6 26.♘g5 ♕g6 27.b4! ♗a6 28.♖f2 f4! 29.♖f4?!** [29.♕b3 c4 (29...♔h8 30.♘f3)] **30.♕a4**

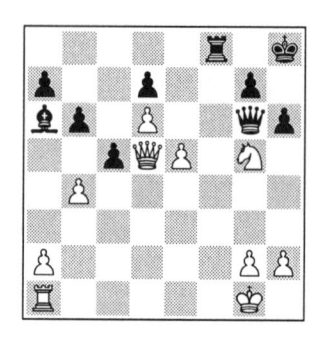

♕g5 31.♕a6 ♕e5 (31...♖ac8) 32.♕c4 ♔h8 33.♖d1∓] **29...♖f4 30.♕f4 ♖f8 31.♕d2?!** [31.♕e3 h6 32.♘f3 (32.♘e4 (COMP Fritz) 32...♕b7 33.♖e1 (33.♘g3 cb4)) 33...cb4) 32...♕b7 33.♖f1 ♗f3 34.♖f3 ♕b1 35.♔f2 ♕a2 36.♔g3∓/−+] **31...h6 32.♕d5 ♔h8**

33.♘f3 [33.e6 ♕f6!? (33...hg5 34.e7 ♖e8) 34.♘f7 ♖f7 35.ef7 ♕a1 36.♔f2 ♕f1 (36...♕f6 37.♕f3) 37.♔g3 ♗b7! (37...♔h7? 38.♕f3 ♕e1 39.♔h3 ♕e6 40.g4+−) 38.♕f3 (38.♕b7 ♕f7−+) 38...♕e1 39.♕f2 (39.♔h3 ♕e6 40.g4 ♗f3 41.f8♕ ♔h7 42.♕f3 ♕d6) 39...♕e5 40.♔h3 ♕h5 41.♔g3 ♕g5 42.♔h3 ♗g2!−+] **33...♗e2?!** [33...♗b5! 34.e6 ♗c6 (34...de6 35.♕b7⇄) 35.e7 ♖f3 36.♕c6! dc6 37.d7 ♖e3 38.d8♕ ♔h7 39.♖f1 (39.bc5 ♖e2) 39...♖e2 40.♖f2 ♕b1 41.♖f1 ♕e4−+] **34.♘h4 ♕g4 35.g3 c4** [35...cb4] **36.♖e1 ♗d3** [36...♔h7] **37.♘g2 ♕g5 38.♘e3 b5? 39.♕b5! ♖e8 40.♕d7 ♖e5 41.♕a7 ♕d8?!** [41...♔h7!] **42.♕c7 ♕f8 43.d7 ♖e3 44.♖c1 ♖e8** [44...♕b4 45.d8♕ ♔h7 46.♕a5; 46.♕f6 (COMP Fritz) 46...♖e1 47.♔g2 ♕d2 48.♔h3 ♗f1 49.♕f1] **45.de8♕ ♕e8 46.♕c5 ♕a4?** [46...c3! 47.♕f2 (47.♕d4 ♕e2 48.♕f2 ♕b2!; 47.b5 c2 48.b6 ♕e2 49.♕f2 ♕d1 50.♕e1 ♕f3) 47...c2 48.♖c2 (48.a3) 48...♗c2 49.♕c2 ♕e1 50.♔g2 ♕b4±] **47.b5 ♕a2** [47...♕a5 48.a4] **48.b6 ♕b2** [48...♕d2 49.♕f8 ♔h7 50.♕f4 ♕b2 51.♕e3] **49.♖e1!** [49.♕e3? ♗e4! 50.♗f1] **49...♔h7 50.g4!** ♗g6 **51.h3** [51.h4 ♕d2 (51...♕c3 52.♕e3) 52.♕e3 ♕d7] **51...♕b3** [51...c3 52.♕d4! ♗f7 53.♖e7 ♕b3 (53...♕b1 54.♗f2 c2 55.♖f7 c1♕ 56.♕g7X) 54.♖f7!? (54.♕e4 ♗g6 55.♕e5 ♗f7 56.♕f5 ♗g6 57.♕f6) 54...♕f7 55.♕c3] **52.♖e3 ♕b1**

53.♔f2! ♗d3 [53...♗e4 54.♖e4! ♕e4 55.♕f5 ♕f5 56.gf5; 53...♕h1 54.♕c4 ♕h2 55.♔e1 ♕g1 56.♔d2 ♕f2 57.♕e2 ♕f6 58.♖e6 ♕d4 59.♔e1 ♕g1 60.♕f1 ♕g3 61.♔d2! (61.♕f2 ♕c3? 62.♕d2! (62.♔f1 ♕c4 63.♖e2 ♗d3) 62...♕g3) 61...♕b3 62.♖g6!+−] **54.♖e7! ♕h1 55.♕e5!** [55.♕d4?? ♕h2 56.♔e1 ♕h1 57.♔d2 ♕g2 58.♔c3? (58.♔e1=) 58...♕c2 59.♔b4 ♕b3 60.♔c5 ♕a3 61.♔c6 ♕e7−+] **55...♕f1 56.♔e3 ♕g1** [56...♕h3 57.♔d4 ♕g4 58.♔c3 ♕g2 59.♖g7+−] **57.♔d2 ♕f2 58.♔c3 ♕c2 59.♔b4 ♕b3 60.♔c5 ♕a3 61.♔c6** 1-0
Speelman
M/97-8-30

Davies, Nigel
Rajlich, Vasik

Toronto 1998 (6)

1.d4 ♘f6 2.♗g5 ♘e4 3.♗f4 c5 4.f3 ♕a5 5.c3 ♘f6 6.d5 ♕b6 7.♗c1 e6 8.c4 ed5 9.cd5 c4 10.e3 ♗c5 11.♔f2 0-0 12.♗c4 ♖e8 13.♕b3! ♘a6 [13...♕d6 14.♘c3 a6 15.♘ge2 Schenk-Meduna, Pardubice 2000] **14.♘e2 ♕b3 15.♗b3 ♘b4 16.♖d1 d6 17.a3 ♘a6 18.♘bc3 ♗d7 19.♗a4 ♖e5 20.♗d7 ♘d7 21.b4 ♗b6 22.♘a4 ♘c7 23.♘b6 ♘b6 24.e4 ♘c4 25.♗f4 ♖ee8 26.♖ac1 b5 27.♗d6!+− ♘d6 28.♖c7 a5 29.♘d4 ab4 30.ab4 ♖a2 31.♔g3 f5 32.♖d7 f4 33.♔f4 ♘c4 34.g4 ♖g2 35.♘e6 g6 36.♖a1 h6 37.♖aa7 g5 38.♔f5 ♘e3 39.♔g6** 1-0

Ward, Christopher
Mikhalevski, Victor

Kobenhavn 2000 (11)

1.d4 ♘f6 2.♗g5 ♘e4 3.♗f4 c5 4.f3 ♕a5 5.c3 ♘f6 6.d5 ♕b6 7.♗c1 e6 8.c4 ed5 9.cd5 c4 10.e3 ♕a5 11.♘c3 b5 12.♕d4 ♗b4 13.♕e5 ♔d8 [13...♔f8 14.a3 ♗b7 15.ab4!? ♕a1 16.♘ge2 ♘a6 17.♕d6 ♔e8 18.e4 ♔d8 19.♘b5 Lotti-Coco, cr 2000] **14.♗d2 ♗b7 15.d6 ♘c6 16.♕g5 ♖g8 17.0-0-0 h6 18.♕g3 ♘e8 19.♕h4 ♔c8 20.♘ge2 ♗d6 21.♗b1 b4 22.♘e4 ♗e7 23.♕h3 f5 24.♗e1 g5**

25.♘4g3 ♖f8 26.♘c1 ♗a6 27.♕h6 ♕e5 28.♘ge2 ♕e3 29.♘d4 ♖f6 30.♕h8 ♗c5 31.♘c6 ♖c6T [32.♗f2 ♕e6 33.♗c4! ♗c4 34.♖he1+−] 1-0

Hodgson, Julian
Wells, Peter

Kobenhavn 1996 (3)

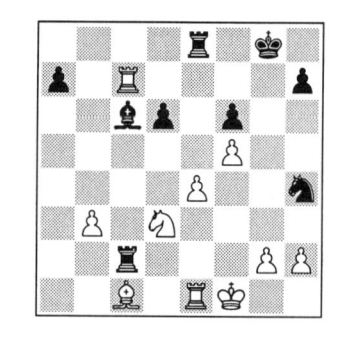

1.d4 ♘f6 2.♗g5 ♘e4 3.♗f4 c5 4.f3 ♕a5 5.c3 ♘f6 6.d5 ♕b6 7.♗c1 e6 8.c4 ed5 9.cd5 c4 10.e3 ♗c5 11.♔f2 0-0 12.♗c4 d6 13.♘e2 ♘bd7 14.♘bc3 ♘e5 [14...♕c7 Ward-Gormally, Millfield ch-GB 2000] **15.♘a4 ♕b4 16.b3 ♘c4 17.bc4 ♕c4 18.♘c5 ♕c5 19.♘f4 ♖e8 20.♖e1 g5 21.♘d3 ♕b6** [21...♕d5 22.e4 ♕a5 23.♗b2⇄] **22.♕b3 ♕b3 23.ab3 ♘d5 24.♖a5** [24.e4] **24...♗e6 25.e4 ♘e7 26.♖g5 ♘g6 27.f4 f6 28.♖b5 ♖ac8 29.f5** [29.♖b7 ♖c3] **29...♖c2 30.♔f1 ♗d7 31.♖b7 ♗c6 32.♖c7** [32.♖a7 ♗b5] **32...♘h4**

33.♖c6! [33.♗h6 ♖e4 34.♖e4 ♗e4 35.♖c2 (35.♖g7 ♔h8 36.♘e1 ♘f5) 35...♗d3 36.♖e2 ♘f5] **33...♖c6 34.♘b4 ♖c1 35.♖c1 ♖e4 36.♘d5 ♖e5 37.♘f6 ♔g7 38.♘g4 ♖f5 39.♔g1 ♖b5** ½-½

Agdestein, Simen
Djurhuus, Rune

Asker pff 2000 (1)

1.d4 ♘f6 2.♗g5 [2.c4 g6 3.♘c3 ♗g7 4.e4 d6 5.f3 0-0 6.♘ge2 c5 7.d5 e6 8.♘g3 ed5 9.cd5 h5 10.♗e2 cf game 14.♗e2 without ♕b6] **2...♘e4 3.♗f4 c5 4.f3**

♕a5 5.c3 ♘f6 6.d5 ♕b6 7.♗c1 d6 8.e4 g6 9.c4 [9.♘d2 ♗g7 10.a4 0-0 11.♘c4 ♕c7 12.♗e3 ♖d8 13.♕d2 e6 14.de6 ♗e6 15.♗f4 ♘c6 16.♗d6 ♕c8 17.♖d1 ♘e8−+ Stefanova-Wang Pin, Shenyang 2000] 9...♗g7 10.♘c3 0-0 11.♘ge2 [11.♗d3 ♘bd7 (11...e6 12.♘ge2 ed5 13.ed5 ♘bd7 14.b3 ♖e8 15.0-0 ♘e5 16.♗c2 ♘h5 Pert-Bates, Witley 2000) 12.f4 e6 13.♘ge2 ed5 14.ed5 ♖e8 15.h3 ♘f8 16.0-0 ♗d7= Pixton-Becerra, New York 2000] 11...e6 12.♘g3 ed5 13.cd5 h5 14.♗e2 ♘bd7 15.♕c2 h4 16.♘f1 h3 17.gh3 ♘h5 18.♘g3 ♘df6 19.h4 ♗h3 20.♘d1 ♖fe8 21.♘f2 ♗d7 22.0-0 ♖ac8 23.a4 c4 24.♔g2 ♘h7 25.♖a3 ♕d8 26.♘h5 gh5 27.f4± ♕h4 28.♗c4 ♔h8 29.♖g3 ♕f6 30.♔h1 h4 31.♖g2 ♕d4 32.b3 ♖g8 [32...♗a4 33.♖g7] 33.♖fg1 ♗f6 34.♘d1 ♖g2 35.♕g2 ♖e8 36.♘f2 h3 37.♕f3 ♖g8 38.♖d1 ♕a1 39.f5 ♕a2 40.♗f4 ♗a4 41.♗d6+− b5 42.e5 bc4 43.ba4 ♗h4 44.♘h3 c3 45.e6 c2 46.♖c1 ♗f6 47.ef7 ♖d8 48.♕e4 ♕b3 49.♘f4 ♗g5 50.f8♕ ♖f8 51.♘g6 ♔g8 52.♕g2 ♖d8 53.h4 ♖d6 54.hg5 ♖d5 55.♖c2 ♖d1 56.♔h2 ♕b8 57.♔h3 ♖d3 58.♔g4 ♗g5 59.♔h5 ♔h7 60.♕g5 ♖h3 61.♘h4 ♕e8 62.♕g6 ♕g6 63.fg6 ♔g7 64.♖c7 ♔f6 65.♖f7 1-0

Hodgson, Julian
Ftacnik, Lubomir

Ischia 1996 (5)

1.d4 ♘f6 2.♗g5 ♘e4 3.♗f4 c5 4.f3 ♕a5 5.c3 ♘f6 6.d5 ♕b6 7.♗c1 g6 8.♘h3 d6 9.♘f2 ♗g7 10.e4 e6 11.c4 0-0 12.♘c3 ed5 13.cd5 ♘a6 14.♗e2 ♗d7 15.0-0 ♖ac8 16.♗c4 ♖fe8 17.a3 ♘c7 18.a4 a6 19.♕d3 ♘a8 20.♗g5 ♕c7 21.a5 ♖b8 22.♖fe1 h6 23.♗d2 b5 24.ab6 ♖b6 25.b3 ♕b8 26.♘a4 ♖a4 27.♖a4 ♘c7 28.♗a5 ♖b7 29.♗c3 ♘b5 30.♗a1 ♘d7 31.♗g7 ♔g7 32.f4

♘d4 33.♖a6 ♘b6 34.b4 ♘c4 35.bc5 dc5 36.♕c4 ♖b1 37.♖a1 ♖a1 38.♖a1 ♕f4 39.♕c5 ♕e3 40.♕a3 ♖e4 41.♕e3 ½-½

Liang Chong
Ahmad, Aziz

Vung Tau City jr 1999 (9)

1.d4 ♘f6 2.♗g5 ♘e4 3.♗f4 c5 4.f3 ♕a5 5.c3 ♘f6 6.d5 ♕b6 7.♗c1 g6 8.e4 d6 9.♘d2 [9.♘a3 ♗g7 10.♗b5!? ♘bd7 11.♘h3 Efimov-Aldrovandi, Reggio Emilia 1999] 9...♗g7 10.♘c4 ♕c7 [10...♕d8 11.♗g5 h6 12.♗e3 ♘bd7 13.♘h3 ♘b6 14.♘f2 ♘c4 15.♗c4± Arduman-Sharavdorj, Elista ol 1998] 11.a4 0-0 12.♗g5 [12.♘e2 ♘bd7 13.♘g3 ♘b6 14.♗e3 h5 15.♗e2 ♘e8 16.0-0± Kinsman-Littlewood, England tt 1997] 12...h6 13.♗e3 ♘e8 14.♕d2 ♔h7 15.h4!? ♘d7 16.♘h3 ♘e5 17.f4 ♘g4 18.h5 gh5 19.♗d3 f5 20.♘f2 ♘ef6 21.ef5 b6 22.♘g4 hg4 23.♗f2 ♗a6 24.♘e3 ♗d3 25.♕d3 ♗g8 26.♗h4 ♘h5 27.g3 ♕d7 28.♕e2 ♘f6 29.♗f6 ef6 30.♕g4+− ♖fe8 31.♔f2 ♖e4 32.♘h6 ♔f8 33.♖ah1! ♗h6 34.♖h6 ♕g7 35.♕h4 ♖c8 36.♖h8 ♔f7 37.♕h5 1-0

Gallagher, Joseph
Hebden, Mark

France tt 1997

1.d4 ♘f6 2.♗g5 ♘e4 3.♗f4 c5 4.f3 ♕a5 5.c3 ♘f6 6.d5 ♕b6 7.♗c1 e6 8.c4 ♗d6 [8...ed5 9.cd5 ♗d6 10.♘c3 ♗e5 11.e3 0-0 12.♗c4 d6 13.♘ge2 ♘bd7 14.0-0 Rippis-Weeks, Sydney 1999] 9.♘c3 a6 10.e4 ♕c7 11.♘ge2 b5 12.cb5 ed5 13.♘d5 ♘d5 14.♕d5 ♗b7 15.♕g5 0-0 16.♘g3 ♕d8 17.♕d8 ♖d8 18.♗g5 f6 19.♗e3 ab5 20.♗b5 ♗a6 21.♗a6 ♖a6 22.0-0 ♕b4 23.♘f5 ♗f8 24.a3 ♘d3 25.b4 d5 26.bc5 de4 27.fe4 ♕c5 28.♕g3 ♖d3 29.♗f2 ♖aa3 30.♖a3 ♖a3 31.♖d1

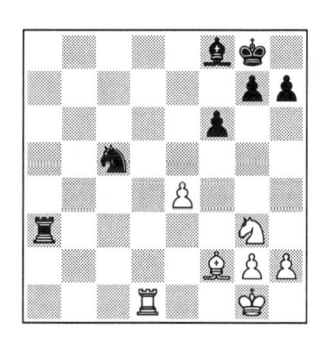

♘d4 33.♗d4 ♘f4 33.♔f1 ♖a2 34.♗f2 g6 35.♖b1 ♗d6 36.♖d1 ♗e5 37.♔g1 h5 38.♘f1 ♘e2 39.♔h1 ♘c3 40.♖d8 ♔f7 41.♗g1 ♖a1 42.♘e3 h4 43.♖d3 ♖c1 44.g3 h3 45.♖d2 ♔e6 46.♘c2 ♘e4 47.♖e2 ♘g5 48.♘e1 ♖d1 49.♗f2 ♔f5 50.♖e3 ♗d4 51.♖d3 ♘e4 52.♖f3 ♔e5 53.♗d4 ♖d4 54.♖f1 ♔d5 55.♔g1 ♖d2 0-1

Dantas, Carlos
Paramos, Roberto

Loures 1998 (8)

1.d4 ♘f6 2.♗g5 ♘e4 3.♗f4 c5 4.f3 ♕a5 5.c3 ♘f6 6.d5 ♕b6 7.♗c1 e6 8.e4 ed5 9.ed5 ♗d6 [9...c4 10.♗c4 ♗c5 11.♘e2 0-0 12.♘d2 ♖e8 13.♘b3 ♗f2 14.♔f1 ♕c7 15.♔f2 ♕c4 16.♖e1 ♘d5 17.♕d4± Peelen-Trygstad, Kobenhavn 1999; 9...♕c7 10.c4 ♗d6 11.g4 0-0 12.♗d3 b5 13.♘c3 bc4 14.♗c4 ♗a6∓ Wall-Rytshagov, Cappelle la Grande 1994] 10.♘a3 0-0 11.♘h3 ♖e8 12.♗e2 a6 13.♘c4 ♕c7 14.a4 ♗h2 15.d6 ♗g3 16.♔f1 ♕c6 17.a5 ♕d5 18.♕d5 ♘d5 19.♘g5 b5 20.ab6 ♘c6 21.♘e4 ♗f4 22.♘c5 ♖b8 23.b7 ♗b7 24.♘d7 ♖bd8 25.♘c5 ♗c8 26.♗f4 ♘f4 27.♖e1 ♘e5 28.♘e5 ♖e5 29.♘e4 ♘e2 30.♖e2 ♖e2 31.♖d2 f5 32.♘g5 ♗c4 33.♔f2 h6 34.♘h3 ♖e6 35.♖d4 ♗b3 36.♖b4 ♗c2 37.♖c1 ♗d3 38.♖d4 ♖e2 39.♔g3 ♗b5 40.♘f4 ♖b2 41.♘g6 ♔h7 42.c4 ♔g6 43.cb5 ♖b5 44.♖c6 ♖d7 45.♖a6 ½-½

N!C SURVEY

INTRODUCTION: Kick Langeweg
MAIN ANALYSIS: Kick Langeweg
STUDY MATERIAL: Langeweg, Vyzhmanavin

English Opening
Four Knights Variation

EO 4.8

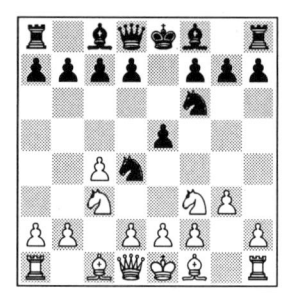

Trading a Pair of Knights

1.c4 e5 2.♘c3 ♘f6 3.♘f3 ♘c6 4.g3 ♘d4

The knight jump 4...♘d4 has acquired a solid place in chess theory, next to the main lines 4...♗b4 and 4...d5. This is remarkable, since this manoeuvre costs Black a tempo. This is compensated for by certain advantages. Trading a pair of knights simplifies the position somewhat. Also, the c-pawn is freed and Black can take a flexible central position with c6 and d6 or d5. Do these pluses cancel out the loss of time? Although the statistics favour White, Black usually gets a solid position without weaknesses.

STATISTICS

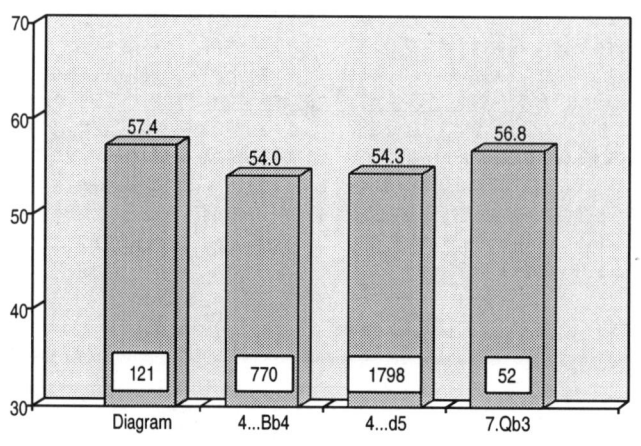

Diagram	4...Bb4	4...d5	7.Qb3
57.4	54.0	54.3	56.8
121	770	1798	52

The strongest reply to 4...♘d4 seems to be 5.♗g2 ♘f3 6.♗f3 ♗b4 7.♕b3 in order to force the bishop to declare itself. 7...a5 is not totally satisfactory. Against Toth, Biel Interzonal 1983, Adorjan came out on top with the original sequence 8.0-0 0-0 9.d4!, but his idea didn't catch on. However, Smejkal's approach against L.Bronstein, Rio de Janeiro Interzonal 1979, is also very promising for White.

An Approach to 7...♗c5

White's best plan is not obvious after the more solid 7...♗c5. 8.0-0 0-0 9.♘a4 ♗e7 10.♖d1 ♖e8 yielded White an edge in Uhlmann-Jasnikowski, Polanica Zdroj 1981, but 10...c6 is more accurate. Black held his own comfortably in Serper-Aseev, St Petersburg 1994, and Gulko-Nikolic, Polanica Zdroj 1996. Apart from these games, Uhlmann-Pohla, Tallinn 1977, and Van Wely-Piket, Merrillville 1997, merit closer examination. Seen from White's perspective, it wouldn't surprise me if a central configuration with pawns on e3 and d4 will prove to offer the best prospects.

If White wants, he can take a more aggressive approach. In Vallejo-Gelfand, Pamplona 1999/2000, and Gulko-Hector, Copenhagen 2000, White omitted kingside castling, causing a pawn storm on that side of the board: 8.d3 h6 9.h4 c6 10.g4. In the latter game the complications after 10...d5 proved advantageous for White. The more staid 10...d6 is better.

An Early Divergence

Finally, we turn our attention to the main game Gulko-C.Hansen, Esbjerg 2000, which features the original 5.♘h4!?. It is questionable whether this move will find followers. A few obvious moves yielded Black a satisfactory position. Gulko's attempt to maintain the blockade with 9.b4 went wrong and after some further inaccuracies ended in a rapid collapse.

EO 4.7

Gulko, Boris
Hansen, Curt

Esbjerg 2000 (1)

1.c4 e5 2.♘c3 ♘f6 3.♘f3 ♘c6 4.g3 ♘d4 5.♘h4!? c6 [5...g5?! 6.♘f3 ♘f3 7.ef3 ♗c5 8.♕e2 ♕e7 (≥ 8...d6) 9.d3 ♖g8 10.h4 h6 11.hg5 hg5 12.♗g5! ♖g5 13.♘d5 ♕d6 14.♖h8 ♘g8 15.f4 ♖g6 16.fe5+− Botterill-Botto, England 1977] **6.e3 ♘e6 7.d4** [7.♗g2 g6 (7....d5) 8.d4 ed4 9.ed4 d5 10.cd5 cd5 11.0-0 ♗g7 12.♗e3 0-0 13.♕b3 ♕a5 14.♖fd1 ♖d8 15.h3 ♗d7 16.♘f3 ♗c6 17.♘e5 ♕b6 18.♕b6 ab6 19.a3 ♘e4 20.♘c6 ½-½ Khuzman-Svidler, Haifa rapid 2000] **7...ed4 8.ed4 d5 9.c5 b6 10.b4?!** [10.cb6 ab6 11.♗e2 (11.♗g2 ♗a6) 11...g6∞/∓] **10...a5 11.♘a4 ♘d7! 12.b5** [12.a3 ab4 13.ab4 b5−+]

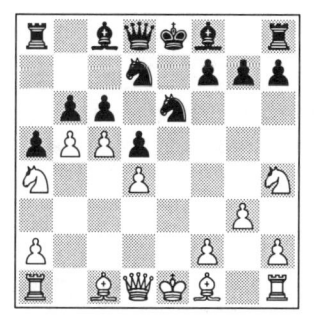

12...♗b7 13.♗a3 [13.♘b6 ♘b6 14.cb6 ♕b6 (d4<) 15.♘f3 (15.♗e3 ♗b4) 15....♗b4 16.♗d2 ♘d4 17.♗b4 ♘f3 18.♕f3 ab4 19.♕g4 0-0 20.♕b4 c5 (20....♖fe8) 21.♕b2 d4 22.♖g1 ♖fe8 23.♔d1 ♗f3 24.♔c2 c4! 25.♗c4 ♖ac8 26.♔b3 ♗d5!−+; 13.cb6 ♘b6 14.♘b6 ♕b6 15.bc6 ♗c6 16.♘f3 ♗b4∓] **13...bc5 14.dc5 ♘dc5 15.♖c1 ♘a4 16.♗f8 ♔f8 17.bc6?** [17.♕a4 cb5 18.♗b5 g6∓ △ 19...♔g7] **17...♗c6 18.♖c6 ♕e8!−+ 19.♖c1** [19.♕a4 ♘c5−+] **19...♘f4** [19...♘ec5 20.♗e2 ♘b2 21.♕d4 ♘cd3 22.♔d2 ♘c1 23.♖c1] **20.♔d2** [20.♗e2 ♘b2 21.♕d2 ♘bd3 22.♔f1 ♘c1−+] **20...♘e4 21.gf4 ♕f4 22.♔e1 ♕e4 23.♔d2 ♕b4** [23...♕h4] **24.♔e2 ♕e4 25.♔d2 ♕h4 26.♕f3 ♕b4** 0-1
Langeweg

Study Material

7.d4

Makarichev, Sergey
Vyzhmanavin, Alexey

Moscow 1987

1.c4 ♘f6 2.♘c3 e5 3.♘f3 ♘c6 4.g3 ♘d4 5.♗g2 ♘f3 6.♗f3 ♗b4 **7.d4** [7.♕b3 a5 (7....♗c5 8.♘a4! ♗e7 9.♕e3 d6 10.d4 ♘d7 11.♘c3 c6 12.b3±) 8.0-0 0-0 9.d4! ed4 10.♘b5 d5 11.♗f4!? (11.cd5! c6 12.dc6 bc6 13.♗c6 ♖a6 14.♗g2 ♕b6 15.a4±) 11...c6 12.♘d4 dc4 13.♕c4±] **7...♗c3 8.bc3 e4 9.♗g2 h6∞ 10.♕c2 ♕e7 11.g4!? d6** [11...♘g4 12.♕e4±; 11...♕e6 12.h3 ♕c4 13.♗e4∞] **12.g5 hg5 13.♗g5 ♗f5 14.♖b1 b6 15.e3 ♔f8!** [△ ♖e8, ♕e6] **16.♗f6 gf6 17.♔d2 c5** [17....♖h4!?] **18.h4 ♖c8 19.♕a4** [△ ♗f1, h5] **19...♕h5∓ 20.♕d1**☐ [20.♗f1 ♗g4 △ f5, ♖h4] **20...♗g6 21.♕g4 ♖d8 22.d5 ♔g7 23.♖h2 ♖dh8 24.♕g3 b5! 25.♖b5**☐ **f5 26.a4?** [26.♖b1 ♖h4 27.♖h4 ♖h4 28.♖h1=] **26...♖h4 27.♖h4 ♖h4 28.♗h3 ♔h7 29.♖b7 ♕f6!∓** [29...♕b7 30.♕h4=] **30.♖a7 f4 31.♕g2**☐ **fe3 32.fe3 ♕f3−+ 33.♕f3 ef3 34.♗f1 ♖h2 35.♔e1 ♖a2 36.♗h3 f2 37.♔d1 ♗h5 38.♔c1 ♖a1 39.♔b2 ♖h1 40.♗g2 ♔g7 41.a5 ♖h2 42.♗f1 ♗e2** 0-1
Vyzhmanavin
YB/7-163

Kortchnoi, Viktor
Bareev, Evgeny

Tilburg 1991 (6)

1.c4 ♘f6 2.♘c3 e5 3.♘f3 ♘c6 4.g3 ♘d4 5.♗g2 ♘f3 6.♗f3 ♗b4 **7.d4 e4 8.♗g2 ♗c3 9.bc3 h6 10.♕c2 0-0** [10...♕e7 11.♗e4 ♘e4 12.♕e4 ♖e8 13.♕f3 ♖b8 14.0-0 b6 15.♖e1 ♗a6 16.♕g4! ♔h8 17.d5 d6 18.♕d4 c5] [18...♘f6 19.♕f6 gf6 20.♗h6 ♗c4 21.e4] **19.dc6** [19.♕d3 b5 20.cb5 ♖b5⇄] **19...♗e6 20.♗f4 ♖c8 21.c5 bc5 22.♕a4 ♗e2 23.♕a7 ♖e7 24.♕a4**

♕e8 25.♗d6 ♖e4 26.♕c2 ♗f3 27.♖e4 ♗e4 28.♕e2 ♕c6 29.♗c5 ♗f3 30.♕d3 ♗e4 31.♕e2 ½-½
M/91-8-27

Kamsky, Gata
Campora, Daniel

Buenos Aires Najdorf 1993 (1)

1.c4 e5 2.♘c3 ♘f6 3.♘f3 ♘c6 4.g3 ♘d4 5.♗g2 ♘f3 6.♗f3 ♗b4 **7.d4!? e4 8.♗g2 0-0 9.0-0 ♗c3 10.bc3 ♖e8 11.♗g5 h6 12.♗f6 ♕f6 13.f3 ef3?!** [13...e3 14.f4 d6 15.f5! ♖e7! 16.♕d3± Kamsky] **14.♗f3 ♕g5** [14...♕e7] **15.♗d5 ♖e7 16.♕d3 ♗d7 17.♖f5 ♕g4** [17...♕g6? 18.♖f7!+−] **18.♗f3 ♕g6 19.♗h5 ♕h7 20.♖e5! ♕d3 21.ed3 ♖e6 22.♖b1 g6** [22...b6] **23.♖e6! de6 24.♗f3 ♗f8 25.c5 ♗d7 26.c4 ♖a7 27.♔f2 ♔e7 28.♔e3 ♗d7 29.a3 ♗e8 30.♖b6 ♔d6** [30...♗d7 31.d5 cd5 32.cd5 ed5 33.♗d5 ♗c8 34.♗f3 △ d4-d5-d6+−] **31.d5 ♔c7 32.d6** [32...♔d8 33.d4 △ 34.d5+−] 1-0

7.♘a4

Ivanchuk, Vasily
Svidler, Peter

Wijk aan Zee 1999 (10)

1.c4 e5 2.♘c3 ♘f6 3.♘f3 ♘c6 4.g3 ♘d4 5.♗g2 ♘f3 6.♗f3 ♗b4 **7.♘a4 c6 8.0-0 0-0 9.d4 e4 10.♗g2 d5 11.cd5 cd5 12.♕b3 ♗e7 13.♗f4 b6 14.♖fc1 ♗a6 15.♕d1 ♘h5 16.♗d2** ½-½

7.0-0 0-0 8.d3

Gurevich, Mikhail
Van den Doel, Erik

Haarlem 1999 (4)

1.c4 e5 2.♘c3 ♘f6 3.♘f3 ♘c6 4.g3 ♘d4 5.♗g2 ♘f3 6.♗f3 ♗b4 **7.0-0 0-0 8.d3 h6** [8...c6 9.♗d2 ♖e8 10.♗g2 h6 (10...d5 11.♘d5 ♘d5 12.cd5 ♗d2

13.dc6) 11.♖c1 ♗c3 12.♗c3 d5 13.cd5 cd5 14.♕b3 d4 15.♗d2 ♗g4 16.♖fe1 ♖b8 17.♕a3 a6 18.♕a5!± Vasiukov-Kochiev, Soviet Union 1981] **9.♕a4!? a5 10.♗d2 d6 11.a3 ♗c3** [11...♗c5 12.b4 ♗b6∞] **12.♗c3 ♗g4 13.♗g4** [13.♗b7!? ♕e2 14.♖fe1 ♗d3 (14...♖a7 15.♖e2 ♖b7 16.♕a5) 15.♗a8 ♕a8 16.♖e3] **13...♘g4 14.c5 ♕g5 15.cd6 cd6 16.♕e4 ♕h5 17.♕g2 f5 18.♗d2 ♖f7 19.♖ac1 ♘f6 20.♖fe1 g5 21.♖c4 ♔h8 22.h3 g4 23.hg4 fg4** [23...♘g4 24.f3 ♘f6 25.♖h4] **24.♖ec1± ♖af8 25.♖c7 ♖c7 26.♖c7 ♕f5? 27.♗h6** 1-0

Gurevich,Mikhail
Avrukh,Boris

Antwerp 1999 (6)

1.c4 e5 2.♘c3 ♘f6 3.♘f3 ♘c6 4.g3 ♘d4 5.♗g2 ♘f3 6.♗f3 ♗b4 7.d3 0-0 8.0-0 h6 9.♗d2 c6 10.♕a4 ♗e7 11.♖fd1 d6 12.b4 ♗g4 13.♗g4 [13.♗g2 d5∞] **13...♘g4 14.b5 ♕c8 15.bc6 bc6 16.f3 ♘f6 17.♖ab1 d5 18.cd5 cd5 19.♖dc1 ♗c5 20.♗g2 ♕e6 21.♖b5 ♗d4 22.♕b3 a6 23.♖b7 ♖ac8= 24.♘d1 ♘d7 25.♕b1 ♖c1 26.♗c1 ♖c8 27.♗e3 ♗c5 28.♗c5 ♘c5 29.♖b8 ♖b8 30.♕b8 ♔h7 31.♕c7 ♘d7 32.♘e3 ♘f6 33.a4 e4 34.♕c5 ef3 35.ef3 ♕e5 36.♔f2 ♕a1 37.a5 ♕b2 38.♕c2 ♕b4 39.♕a2 ♕c5 40.♕a1 ♕b4** ½-½

7.♕c2

Tal,Mikhail
Kochiev,Alexander

Moscow tt 1981 (6)

1.c4 ♘f6 2.♘c3 e5 3.♘f3 ♘c6 4.g3 ♘d4 5.♗g2 ♘f3 6.♗f3 ♗b4 7.♕c2 0-0 8.0-0 ♖e8 9.d3 c6 10.♗g5 [10.a3 ♗c3 11.♕c3 d5 12.cd5 ♘d5 13.♕c2 ♘c7 14.b4 ♗h3 15.♖d1 ♘e6 16.♗b2 ♕f6= Smejkal-Kortchnoi, Palma de Mallorca 1972] **10...♗e7** [10...h6 11.♗f6 ♕f6 12.♘e4 ♕g6 13.a3 ♗f8 14.c5 f5 15.♘d2 d5 16.cd6 ♗d6 17.♘c4 ♗c7∞ Tal-Timman, Tilburg 1980] **11.♖fd1 d6 12.b4** [12.d4

♕c7 13.c5 d5 (13...dc5 14.♗f6 ♗f6 15.d5!±) 14.de5 ♕e5 15.♗f4 ♕f5∞ Tal] **12...a6?** [12...♗e6 13.b5 d5 14.bc6 bc6 15.♕a4± Kortchnoi] **13.d4 ed4 14.♖d4 ♘d7 15.♗e7 ♕e7 16.♘e4** [16.♖ad1 ♘b6 17.♘e4 ♘c4 18.♖c4 d5] **16...c5 17.♖dd1** [17.♖d6 f5 18.♖d7 ♗d7 19.♘c5 ♗c6∞] **17...cb4 18.♘d6 ♖d8 19.♘c8 ♖ac8 20.♗b7 ♖b8 21.♗a6 ♘c5 22.♗b5 ♕f6 23.♖ab1 h5 24.♖d8 ♖d8 25.♖b4 h4 26.♖b1 h3 27.a4 g6 28.a5 ♖d4 29.♕f1 ♕d6 30.a6 ♖d2 31.♕c3 ♖a2 32.♕f3 ♘a6 33.♕a8 ♔g7 34.♗a6 ♖a6 35.♕d5 ♕f6 36.♕d7 ♖e6 37.♕d3 ♕e5 38.e3 ♖d6 39.♕c2 ♖c6 40.♖c1 ♕e6 41.c5** 1-0

Ivanchuk,Vasily
Khalifman,Alexander

Moscow ch-SU 1988 (1)

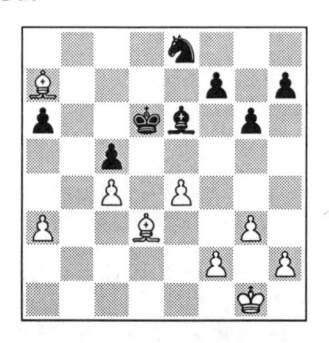

1.c4 ♘f6 2.♘c3 e5 3.♘f3 ♘c6 4.g3 ♘d4 5.♗g2 ♘f3 6.♗f3 ♗b4 7.♕c2 0-0 8.a3 ♗c3 9.♕c3 d6 10.0-0 ♘h3 11.♖e1 c6 12.e4 ♘d7 13.d4 ♕f6 14.de5 de5 15.b4 ♖fe8 16.♗b2 ♘b6 17.♗d1 ♖ad8 18.♖e3 ♖d4 19.♗b3 c5 20.♕c2 ♘d7 21.♕e2 [21.♗d4 ed4 22.♖d3 (22.♖ee1? ♕f3) 22...♘e5] **21...♕g6 22.♗c2 ♖d6 23.♖d1 ♖d1 24.♕d1 ♕e6 25.♖d3 ♘f6 26.♗a4 ♖f8 27.♖d8 g6 28.♖f8 ♗f8 29.♕d3 ♕e7 30.♕e3 ♗d7 31.♗c2 ♗c6 32.b5! ♗d7** [32...♗e8 33.♕h6 ♔g8 34.♕g5] **33.♕c3 ♘e8 34.♕e5 ♕e5 35.♗e5 ♗e6 36.♗d3 ♔e7 37.♗b8 a6 38.ba6 ba6 39.♗a7 ♔d6**

40.e5! ♔e5 41.♗c5 ♗f5 42.♗e2 ♗d6 43.f4 ♔e6 44.g4 ♗c2 45.♗d6 ♔d6 46.c5 ♔c5 47.♗a6 h6 48.h4 f6 49.g5 hg5 50.hg5 fg5 51.fg5

♔b6 52.♗c8 ♔c7 53.♗g4 ♔d6 54.♔g2 ♔e5 55.♔g3 ♗a4 56.♗f3 ♔f5 57.♔h4 ♔e5 58.♔g4 ♗d7 59.♔g3 ♗a4 60.♗g4 ♔e4 61.♗e6 ♔e5 62.♗f7 ♗f5 63.♔h4 ♗b5 64.♗b3 ♗d3 65.a4 ♔e5 66.♗f7 1-0

Karpov,Anatoly
Vyzhmanavin,Alexey

Tilburg 1993 (3)

1.c4 e5 2.♘c3 ♘f6 3.♘f3 ♘c6 4.g3 ♘d4 5.♗g2 ♘f3 6.♗f3 ♗b4 7.♕c2 0-0 8.0-0 ♖e8 9.d3 h6 [9...c6 10.♗g2 h6 11.♖b1 d5 12.cd5 cd5 13.♕b3 ♗c5 14.bc3 b6 15.a4 ♗g4 16.♖e1 ♕d7 17.♗d2 ♖ac8 18.a5 ba5 19.♕a3 ♖b8⇄ Karpov-Smejkal, Milano 1975] **10.♗d2** [10.a3 ♗c3 11.♕c3 d5 12.cd5 ♘d5 13.♕c5 c6 14.♗d2 ♕b6 15.♕b6 (15.♕c2!? Kortchnoi) 15...ab6= Cvetkovic-Skalkotas, Kavala 1990] **10...c6 11.♖ac1 d6 12.♗g2 ♗e6 13.h3 ♗a5 14.a3 d5 15.b4 ♗b6 16.♘a4 ♕d7 17.♔h2 ♖ac8 18.♖cd1 ♗f5 19.e4 ♗g6 20.♘b6 ab6 21.♗c1 b5 22.c5 ♖cd8 23.♗b2 ♕c7 24.♖fe1 ♘h7 25.♕e2 de4 26.de4 f6 27.h4 ♘f8 28.♖d8 ♖d8 29.♖d1 ♖e6 30.♖d3 ♗f7 31.♕d1 ♖d3 32.♕d3 b6 33.cb6 ♕b6 34.♕d2 ♘d4 35.♗c3 c5 36.bc5 ♕c5 37.♗b4 ♕c6 38.♗c3 ♗c4 39.♕e3 ♘c2 40.♕d2 ♘b4 41.ab4 ♕c7 42.♗h3 ♔f7** ½-½

Kasimdzhanov,Rustam
Timman,Jan

Wijk aan Zee 1999 (5)

1.c4 e5 2.♘c3 ♘f6 3.♘f3 ♘c6 4.g3 ♘d4 5.♗g2 ♘f3 6.♗f3 ♗b4 7.0-0 0-0 8.♕c2 c6 9.d3 h6 10.a3 ♗e7 11.e4 d6 [11...♗c5!? 12.b4 ♗d4∞] **12.b4 ♘h7** [12...♗h3] **13.♗g2 f5 14.f4 ef4 15.♗f4 ♘g5 16.♔h1 fe4 17.de4!?** [17.♘e4 ♘e4 18.♗e4 ♗h3=] **17...♗e6 18.♗e3 ♖f1 19.♕f1 ♗g5 20.♗g5 ♕g5 21.♕d3 ♕e5 22.♘a4 ♘g5 23.c5 ♘f7 24.cd6 ♗d6 25.♘c5 ♗g4 26.♕b3 ♔h8 27.♘d3 ♕d4 28.♘f4** [28.e5! ♘c4 29.♖f4 ♕a1 30.♖f1 ♕d4=] **28...♘c4 29.♘g6 ♔h7 30.♘f8 ♔g8 31.♘g6 ♖e8 32.b5 ♗e6 33.♕a4 ♗f7 34.♘h4 cb5**

35.♕b5 ♘e3 36.♘f5 ♘f5 37.ef5 b6 38.♕c6 ♖e2 39.f6 gf6 40.♕a8? [≥ 40.♕f6] 40...♔g7 41.♕a7 ♔g6! 42.♕a6 [42.♗f3 ♗d5] 42...♖g2 43.♔g2 ♗d5 0-1

7.♕b3 ♗a5

Timman, Jan
Campora, Daniel

Amsterdam OHRA 1984 (6)

1.c4 e5 2.♘c3 ♘f6 3.♘f3 ♘c6 4.g3 ♘d4 5.♗g2 ♘f3 6.♗f3 ♗b4 7.♕b3 ♗a5 8.0-0 0-0 9.d3 d6 10.♕a3 c6 11.b4 ♗b6 12.♗g5 ♗h3 13.♖fc1 a6 14.c5 ♗c7 15.cd6 ♗d6 16.♕b2± h6 17.♗f6 ♕f6 18.♘e4 ♕e7 19.♘d6 ♕d6 20.♖c5 ♖fe8 21.a4 ♖ad8 22.♕c3 ♗d7 23.♖c1 ♖e7 24.♕b2 ♗e8 25.♖1c3 ♗d7 26.♖c1 ♗e8 27.♖5c2 ♕d4 28.♕a3 ♕d6 29.♕c3 f5 30.♗g2 ♗h5 31.b5 cb5 32.ab5 ab5 33.♕b3 ♗f7 34.♕b5 ♗d5 35.♗d5 ♕d5 36.♖c5 ♕d6 37.♕b3 ♔h7 38.♖b5 ♖dd7 39.♖c8 ♕e6 40.♕c2 e4 41.de4 ♕e4 42.♖f5

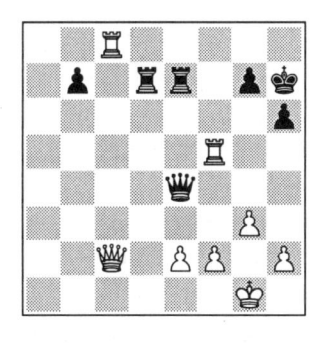

42...♖d1 [42...♕e2 43.♖h8! ♔g6 (43...♔h8 44.♖f8X) 44.♖f6! ♔f6 45.♖f8+−] 43.♕d1 ♕f5 44.♖d8 b5 45.♖d5 ♕e4 46.e3 ♖b7 47.♖d4 ♕f5 48.♖f4 ♕g6 49.♖f8 ♕e4 50.♕d8 ♕b1 51.♔g2 ♕e4 52.f3 ♕c2 53.♔h3 ♕c6 54.e4 ♕e6 55.g4 ♖f7 56.♖h8 ♔g6 57.♕d3 ♕c4 58.♕e3 ♖d7 59.♔g3 ♖b7 60.h4 ♕c7 61.e5 ♔f7 62.♕f4 ♔e6 63.♖e8 ♔d5 64.♕e4 ♔c5 65.♖c8 1-0

M/84-1-18 YB/2-451

Smejkal, Jan
Garcia Palermo, Carlos

Germany Bundesliga 1988

1.c4 e5 2.♘c3 ♘f6 3.♘f3 ♘c6 4.g3 ♘d4 5.♗g2 ♘f3 6.♗f3 ♗b4 7.♕b3 ♗a5 8.♕a3 c6 9.0-0 ♗b6 [9...♗c7 10.♖d1 ♕e7/ 11.♕e7 ♔e7 12.d4 d6 13.b3 ed4 14.♖d4 ♗b6 15.♖d2 ♗a5 16.♖d3 ♖d8 17.♗a3 ♗e6 18.♖ad1 ♗c3 19.♖c3± Dizdarevic-Garcia Palermo, Zenica 1987] 10.d3 ♕e7 11.b4 d6 12.♗g5 ♗h3 [12...h6 13.♗f6 ♕f6 14.b5 △ 15.♘e4] 13.♖fc1 0-0 14.b5 ♖ac8 15.bc6 bc6 16.♘e4 ♖fd8 17.c5 dc5 18.♖c2 ♗f5 19.♗f6 gf6 20.♘c5±

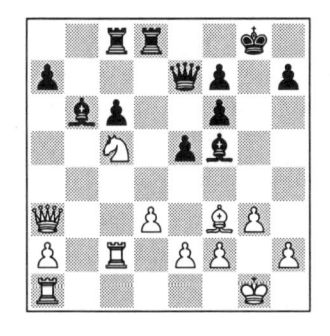

20...♗g6 21.♖ac1 f5 22.♕a4 h5 23.♗g2 ♔h7 24.♘b3 c5 25.♘d2 f4 26.♖c4 fg3 27.hg3 ♖d4 28.♕a6 ♖g8 29.♘f3 e4 30.de4 ♗e4 31.♘d4 cd4 32.♗e4 ♕e4 33.♖c5 1-0

Azmaiparashvili, Zurab
Kindermann, Stefan

Dortmund 1990 (3)

1.c4 e5 2.♘c3 ♘f6 3.♘f3 ♘c6 4.g3 ♘d4 5.♗g2 ♘f3 6.♗f3 ♗b4 7.0-0 0-0 8.♗g2 d6 9.♕b3 ♗a5 10.♕a3 c6 11.d3 h6 12.b4 ♗b6 13.c5 ♗c7 14.cd6 ♗d6 15.♕b2 ♕e7 16.b5 cb5 17.♘b5 ♗c5 18.♗d2 ♗g4 19.h3! ♗h5 [19...♗e2 20.♖fe1 ♗d3 21.♖e5+−] 20.♗c3 ♖fe8 [20...a6 21.d4 ed4 22.♘d4±] 21.e3 ♗b6 22.a4 ♗g6 23.♗b4 ♕d7 24.♘d6 ♗d3 25.♘e8 ♖e8 26.♖fd1 e4 27.♗c3 ♗d8 28.a5 h5 29.♗d4 ♖e6 [29...a6 30.♖d3!? ed3 31.♕b7±] 30.♗a7 h4 31.g4 ♗c7 32.♗a4 ♘g4 33.♖d3 ed3 34.♕b7 ♖g6 35.a6 d2 36.a7 ♗h2 37.♔f1 ♘e3 38.fe3 ♖f6 39.♔e2 1-0

7.♕b3 a5

Illescas, Miguel
Chernin, Alexander

Groningen 1993 (11)

1.c4 e5 2.♘c3 ♘f6 3.♘f3 ♘c6 4.g3 ♘d4 5.♗g2 ♘f3 6.♗f3 ♗b4 7.♕b3 a5 8.a3 ♗c5 9.d3 0-0 [9...c6 10.0-0 0-0 11.♗d2 ♖e8 12.♖ab1 d6 13.♗g2 ♕c7 14.♗g5 ♘d7 15.♕c2 ♘f8 16.b4 ♗d4 17.♗d2 ab4 18.ab4 ♗g4= Uhlmann-Greger, Valby 1991] 10.0-0 ♖e8 11.♗g2 h6 12.♖b1 d6 13.♕c2 c6 14.b4 ab4 15.ab4 ♗a7 16.♗b2 ♗f5 17.h3 ♕e7 18.e4 ♗d7 19.♘e2 b5 20.♖a1 ♖eb8 21.cb5 cb5 22.♔h2 ♖c8 23.♕d2 ♗c6 24.f4 ♗d7 25.♘c3 ♗d4 26.♘e2 ♗b2 27.♕b2 ♘b6 28.♖a8 ♖a8 29.♖c1 ♘a4 30.♕d2 ♕b7 31.♕e3 ♖c8 32.h4 ♗d7 33.♔h3 ♗h3 34.♔h3 ♖c7 35.f5 ♖c1 36.♕c1 d5 37.♕c2 ♕h7 38.g4 de4 39.de4 ♕b6 40.♕b3 f6 41.♘g3 ♕d4 42.♕f7 ♕e3 43.♕g6 ♔g8 44.♕e8 ♔h7 45.♕g6 ♔g8 46.♕e8 ♔h7 47.♕b5 ♘c3 48.♕e8 ½-½

Adorjan, Andras
Toth, Bela

Biel 1983 (5)

1.c4 e5 2.♘c3 ♘f6 3.♘f3 ♘c6 4.g3 ♘d4 5.♗g2 ♘f3 6.♗f3 ♗b4 7.♕b3 a5 8.0-0 0-0 9.d4!?

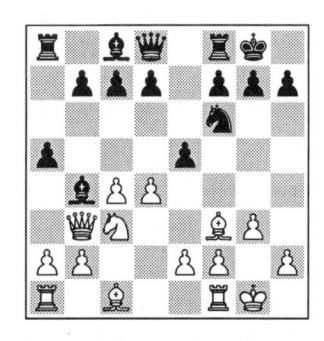

9...ed4 10.♘b5 d5 [10...c5 11.♕a4! d5 12.a3 dc4 13.ab4 cb4 (13...♗d7 14.bc5 ♕e8 15.c6!+−) 14.♕d1+− Adorjan; 10...♗c5 11.♖d1] 11.♗f4 [11.cd5] 11...c6 12.♘d4 dc4 13.♕c4 ♗g4?

14.♗g4 ♘g4 15.a3 ♗e7 16.♘e6! fe6 17.♕e6 ♔h8 18.♖ad1 ♕e8 19.♕g4 ♗f6 20.♖d2 [20.♗d6!? ♖f7 21.b4] 20...♕e4 21.h3 ♖fd8 22.♖d8 ♖d8 23.b3 ♕d5 24.♖b1 ♕e4 25.♖e1 a4 26.ba4 ♕a4 27.♕f3 ♗e7 28.♖b1 ♖d1 29.♖d1 ♕d1 30.♔g2 ♕a1 31.♕g4 ♕a3 32.♕c8 ♗f8 33.♕b7 ♕c5 34.♕a8 ♔g8 35.e4 h6 36.♕e8 ♔h7 37.h4 ♗e7 38.h5 ♗f6 39.♗h6! gh6 40.♕g6 ♔h8 41.♕f6 1-0

Uhlmann,Wolfgang
Gelfand,Boris

Debrecen 1989 (9)

1.c4 ♘f6 2.♘c3 e5 3.♘f3 ♘c6 4.g3 ♘d4 5.♗g2 ♘f3 6.♗f3 ♗b4 7.♕b3 a5 8.0-0 0-0 9.♖d1 d6 10.d4 ed4 11.♖d4 ♘d7 [11...♗c5 12.♖d1 ♗a7!? 13.♗g5 h6 14.♗f6 ♕f6= Gelfand] 12.♕c2 ♘e5 13.♗e4 h6 14.♘a4 ♕f6 15.a3 ♗c5 16.♗h7 [16.♘c5 dc5 17.♖d1±] 16...♔h8 17.♖f4 ♕e7 18.♘c5 dc5 19.♗f5 ♖a6 20.♗d2 ♗f5 21.♕f5 ♖f6 22.♕e4?! [22.♕c2=]

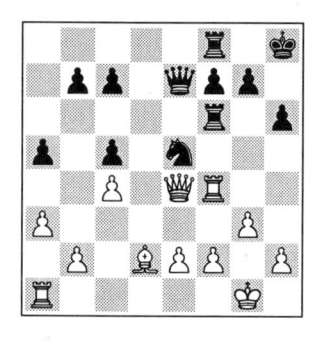

22...♖e6! 23.♕f5 [23.♕b7 ♘c6∓] 23...♕g6 24.♖f3 ♖e5 25.♕h3 ♖e2 26.♗a5 ♘e5 [26...♖b2? 27.♗c3 △ 28.♕h6] 27.♖f4 ♘d3 28.♗c3 f6 29.♖f3 ♘b2 30.♗b2 ♖b2 31.♖e3 ♕f7 32.♖ae1 ♖d2 [32...♕c4 33.♖e8 ♕f7 34.♕c8+−] 33.♕g4 ♖d7 34.h4 b6 35.h5 f5 36.♕g6 ♖d6 37.♕f7 ♖f7 38.♖e8 ♔h7 39.♖c8 g6 40.hg6 ♔g6 41.a4 f4 42.g4 ♖d4 43.♖e6 ♔g7 44.♖c6 ♖c4 45.♖8c7 ♔c7 46.♖c7 ♔f6 47.♖c6 ♔g5 48.♖b6 ♖a4 49.♖c6 ♖c4 50.♔g2 ♔g4 51.♖h6 f3 52.♔h2 ♖d4 53.♖g6 ♔f5

54.♖c6 c4 55.♔g3 ♔e4 56.♖e6 ♔d3 57.♔f3 c3 58.♖e3 ♔d2 59.♖e2 ♔d1 60.♖a2 c2 61.♖a1 c1♕ 62.♖c1 ♔c1 63.♔e3 ♖b4 0-1

7.♕b3 a5 8.0-0 0-0 9.d3

Smejkal,Jan
Bronstein,Luis

Rio de Janeiro izt 1979 (6)

1.c4 e5 2.♘c3 ♘c6 3.♘f3 ♘f6 4.g3 ♘d4 5.♗g2 ♘f3 6.♗f3 ♗b4 7.♕b3 a5 8.0-0 0-0 9.d3 h6 10.♘a4 [10.♗e3 ♗c3 11.♕c3 (11.bc3!?) 11...d6 12.c5 ♖e8 13.cd6 ♕d6 14.♖fe1 c6 15.♗c5 ♕c7 16.♕b3± Bronstein-Polugaevsky, Petropolis izt 1973] 10...♖e8 11.♗e3 ♗f8 12.c5 d5 13.cd6 ♗d6 14.♖fc1 e4 15.de4 ♘e4 16.♖d1 ♕e7 17.♖ac1± ♘g5 18.♗g5! hg5 19.♖d3 g4 20.♖e3 ♗e6 [20...♕d8 21.♖e8 ♕e8 22.♗b7 ♗b7 (22...♖b8 23.♗c6+) 23.♕b7 ♖b8 24.♕c6±] 21.♗d5 ♕g5 22.♖d1 ♗d5 23.♖d5 ♕g6 24.♕b7 ♕b1 25.♔g2 ♕a2 26.♖a5! ♖ab8 27.♖e8 ♖e8 28.♖a8 ♖a8 29.♕a8 ♗f8 30.♕e4 f5 31.♘c3 ♕b2 32.♕e6 ♔h8 33.♕f5 ♕c3 34.♕f8 ♔h7 35.♕f5 ♔g8 36.♕g4 c5 37.♕e6 ♔h7 38.♕e4 ♔h8 39.♕h4 ♔g8 40.♕d8 ♔f7 41.♕d5 1-0

Sunye Neto,Jaime
Morovic Fernandez,Ivan

Buenos Aires Najdorf 1990 (13)

1.c4 ♘f6 2.♘c3 e5 3.♘f3 ♘c6 4.g3 ♘d4 5.♗g2 ♘f3 6.♗f3 ♗b4 7.♕b3 a5 8.0-0 0-0 9.d3 d6 10.♗g5 [10.♘a4 ♘d7 11.♕d1 ♗c5 12.♘c5 ♘c5 13.d4 ♘e6 14.♗e3 ♕f6 15.de5 de5 16.♕a4 ♘d4 17.♗d4 ed4= Makarichev-Eingorn, Moscow 1989] 10...♗c3 11.♕c3 [11.bc3!?] 11...h6 12.♗d2 ♖e8 13.♗g2 e4 14.♗e3 c5 15.d4 ♕e7 16.♖ad1 ♗f5 17.♖d2 b6 18.♖fd1? [18.h3 △ g4, ♗f4 Sunye Neto] 18...♘g4 19.dc5 dc5 20.♗f4 g5

[20...e3! 21.♗e3 ♘e3 22.♕e3 ♕e3 23.fe3 ♗e4!=] 21.♗d6 ♕e6 22.e3 ♖ad8 23.♕b3 ♘f6 24.♗c7 ♖d3 25.♖d3 ed3 26.♕b6 ♕b6 27.♗b6 ♘d7 28.♗a5 ♘e5 29.♗c3 ♘c4 30.e4 ♗e4 31.♗e4 ♖e4 32.♖d3 ♖e2 33.b3 ♘a3 34.♖d2 ♖e8 35.♗b2 ♘b5 36.♖c2 ♖c8 37.♗e5 ♘a3 38.♖c1 ♘b5 39.a4 ♘a7 1-0

Lalic,Bogdan
Ristic,Nenad

Metz 1995

1.c4 ♘f6 2.♘c3 e5 3.♘f3 ♘c6 4.g3 ♘d4 5.♗g2 ♘f3 6.♗f3 ♗b4 7.♕b3 a5 8.0-0 0-0 9.d3 ♖e8 10.♗g5 [10.♘a4 ♗f8 11.♗g5 h6 12.♗f6 ♕f6 13.c5 ♖b8 14.♖fc1 c6 15.♕c3 ♕d8 16.a3 d5 17.e4± Vaganian-Tseitlin, Telavi 1982] 10...♗c3 11.bc3! h6 12.♗f6 ♕f6 13.c5 d6 14.♖ab1 ♖a7 [14...♗b7 15.♗b7 ♖b8 16.♕a4±] 15.cd6 ♕d6 16.c4 ♕e7 17.♖fc1 ♗f5 18.♖c3 ♕f6 19.c5 e4 20.de4 ♗e6 21.♕a3 ♗a2 22.♖b5 ♕a6 23.♕b2 a4 24.♖a3 ♗e6 25.e5 ♖d8 26.h4 [26...♗d5∓; 26.♗b7 ♖b7 27.♖b7 ♖d8 28.♔g2 ♗d5] ½-½

7.♕b3 a5 8.0-0 0-0 9.♘a4

Uhlmann,Wolfgang
Jasnikowski,Zbigniew

Polanica Zdroj 1981 (8)

1.c4 e5 2.♘c3 ♘f6 3.♘f3 ♘c6 4.g3 ♘d4 5.♗g2 ♘f3 6.♗f3 ♗b4 7.0-0 0-0 8.♕b3 ♗c5 9.♘a4 ♗e7 10.♖d1 ♖e8 11.d4 e4 12.♗g2 h6 13.♘c3 ♗f8 14.♗e3 b6 15.♕c2 ♗b7 16.♖b5 ♘g4 17.♗d4 f5 18.f3!± ♘e5 19.fe4 ♘c4 20.♘b5 a6 21.♘c7! ♕c7 22.b3 ♖ac8 23.bc4 ♕c4 24.♕c4 ♖c4 25.♗b6 [25.ef5 ♖d4 26.♖d4 ♗c5] 25...fe4 26.♗h3 ♖e7 27.♖ab1 ♖f7 28.♗e3 ♗c8 29.d6 ♖c3 30.♗d4 ♖c2 [30...♘c6 31.dc1! ♖d6 32.e3+−] 31.♖bc1 ♖c1 32.♖c1 ♗b7 33.♗e5 ♗c6 34.♖c6! dc6 35.♗e6 1-0

Miles, Anthony
Sadler, Matthew

Ostend 1991 (7)

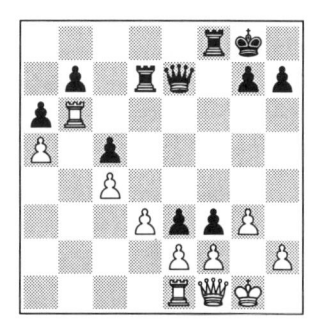

1.c4 e5 2.♘c3 ♘c6 3.♘f3 ♘f6 4.g3 ♘d4 5.♗g2 ♘f3 6.♗f3 ♗b4 7.♕b3 ♗c5 8.0-0 0-0 9.♘a4 ♗e7 10.♖d1 c5 11.d3 d6 12.♘c3 ♖e8 13.a3 ♖b8 14.♕a2 ♕d7 15.♘d5 ♘h3 16.♘f6 ♗f6 17.♖b1 ♗g4 18.♗g4 ♕g4 19.b4 ♗g5 20.♗g5 ♕g5 21.bc5 dc5 22.♖b5 ♕e7 23.♕b1 ♖ed8 24.a4 ♖d7 25.♕b3 f5 26.♖b1 f4 27.♕a3 ♖c8 28.♕c1 ♖f8 29.a5 e4 30.♕f1 f3 31.♖e1 a6 32.♖b6 e3

33.ef3 ♖f3 34.♔g2 ♕f7 35.♖e3 ♖e3 36.fe3 ♕f1 37.♔f1 ♖d3 38.♔e2 ♖a3 39.♖b7 ♖a5 40.♔d3 ♖a2 41.♔e4 ♖h2 42.♔d5 ♖g2 43.e4 ♖g3 44.e5 h5 45.♔d6 ♖d3 46.♔c5 h4 47.e6 ♔f8 48.♖f7 ♔e8 49.♖g7 h3 50.♖h7 a5 51.♔b5 ♖b3 52.♔a5 ♖e3 53.e7 ♖e6 54.c5 ♖e7 55.♖h8 ♔d7 56.♔b6 ♖e8 57.c6 ♔e7 58.♖e8 ♔e8 59.c7 1-0

Serper, Grigory
Aseev, Konstantin

St Petersburg Chigorin-mem 1994 (9)

1.c4 ♘f6 2.♘c3 e5 3.♘f3 ♘c6 4.g3 ♘d4 5.♗g2 ♘f3 6.♗f3 ♗b4 7.♕b3 ♗c5 8.0-0 0-0 9.♘a4 ♗e7 10.♖d1 c6 11.d4 e4 12.♗g2 d5 13.cd5 cd5 14.♗f4 b6 15.♘c3 ♗e6 16.♖ac1 ♕d7 17.♘b5 ♖ac8 18.♘c7 h6 19.f3 ♗d6 20.♗d6 ♕d6 21.fe4 ♘e4 22.♗e4 ♖c7 23.♖c7 ♕c7 24.♗d5 ♗d5 25.♕d5 ♕c2 26.♖f1 ♕e2 27.♖f2 ♕e7 28.♔g2 ♖d8 29.♕f7 ♕e2 30.♖f2 ♖d5 31.♖e2 ♖d4 32.♔f3 ♔f7 ½-½

Gulko, Boris
Nikolic, Predrag

Polanica Zdroj 1996 (4)

1.c4 e5 2.♘c3 ♘c6 3.♘f3 ♘f6 4.g3 ♘d4 5.♗g2 ♘f3 6.♗f3 ♗b4 7.♕b3 ♗c5 8.♘a4 ♗e7 9.0-0 0-0 10.♖d1 c6 11.♘c3 d6 12.d4 ♕c7 13.♕c2 ♗h3 [13...a5 14.de5 (14.b3±) 14...de5 15.♘a4 ♗e6= Miles-Gelfand, Moscow 1989] 14.b3 h6 15.♗b2 ♘h7 16.c5 ♘g5 17.cd6 [17.♗h1] 17...♘f3 18.ef3 ½-½

7.♕b3 ♗c5 8.0-0 0-0 9.d3

Uhlmann, Wolfgang
Pohla, Harry

Tallinn 1977 (2)

1.c4 e5 2.♘c3 ♘f6 3.♘f3 ♘c6 4.g3 ♘d4 5.♗g2 ♘f3 6.♗f3 ♗b4 7.0-0 0-0 8.♕b3 ♗c5 9.d3 c6 [9...d6 10.♘a4 ♗d7 11.♗g2 a5 12.♘c5 ♘c5 13.♕c3 ♕e7 14.e3 (≥ 14.b3!±) 14...e4 15.de4 ♘e4 16.♕d4 ♖e8 17.b3 ♕e5= Uhlmann-Kortchnoi, Amsterdam 1972] 10.♗g2 h6 11.e3 ♖e8 12.h3 ♗f8 13.♗d2 d6 14.d4 ♕c7 15.d5 ♘d7 16.♕a3 ♘b6 17.b3 ♗d7 18.♕a5 ♘d5 19.♘d5 ♕a5 20.♗a5 cd5 21.♗d5 ♗h3 22.♗b7 ♗f1 23.♗a8 ♗c4 24.♗c6 ♖c8 25.♗d7 ♖c5 26.b4 ♖d5 27.a4 ♖d3 28.b5 d5 29.b6 ab6 30.♗b6 ♗a6 31.♗c7 ♖a3 [31...f6 32.♗e6 (32.♗b5 ♗b5 33.ab5 ♖b3 34.b6 ♗c5) 32...♔h8 33.♖b1±] 32.♖a3 ♗a3 33.♗e5 ♗b7 34.♗d4 ♗b4 35.♗b6 ♔f8 36.♗b5 ♗e7 37.a5 ♔d6 38.a6 ♗a8 39.♗d4 f6 40.♔g2 ♔e6 41.♔f3 ♗f8 42.♗e8 ♗b4 43.♗g6 ♗c3 44.♗c3 d4 45.♔e2 dc3 46.♔d3 ♔d6 47.♔c3 ♔c5 48.♔d3 ♗g2 49.a7 ♗b6 50.♔d4 ♔a7 51.♔c5 1-0

Portisch, Lajos
Hubner, Robert

Abano Terme m 1980 (2)

1.c4 e5 2.♘c3 ♘f6 3.♘f3 ♘c6 4.g3 ♘d4 5.♗g2 ♘f3 6.♗f3 ♗b4 7.♕b3 ♗c5 8.d3 0-0 9.0-0 c6 10.♗g2 ♖e8 11.♗d2 ♗b6 [11...♕b6? 12.♘a4 ♕b3 13.ab3 b6 (13...♗f8 14.♘b6±) 14.b4 ♗f8 15.♘b6 ♖b8 16.♘c8± Uhlmann-Ungureanu, Bucuresti 1978] 12.♕c2 h6 13.♘a4 ♗c7 14.♖ac1 d6 15.b4 ♗d7 16.♘c3 ♕c8 17.♖fe1 ♗h3 18.♗h1 a6 19.a4 a5 20.♖b1 ab4 21.♖b4 ♗a5 22.♖b2 ♕c7 23.♖eb1 ♖eb8 24.♖a1 ♘d7 25.♘e4 ♗f5 26.♗e3 ♖a6 27.♗f3 ♗e4 28.♗e4 ♗b6 29.♗b6 ♘b6 30.e3 ♖ba8 31.♖b4 ♖8a7 32.d4 ♘d7 33.♕d1 ed4 34.ed4 ♖b6 35.♖b6 ♘b6 36.♗c2 ♘d7 37.♕e2 ♘f6 38.♖e1 ♔f8 39.♕d2 ½-½

Liebert, Heinz
Kalinichev, Sergey

Halle 1987

1.c4 e5 2.♘c3 ♘c6 3.♘f3 ♘f6 4.g3 ♘d4 5.♗g2 ♘f3 6.♗f3 ♗b4 7.♕b3 ♗c5 8.d3 h6 9.0-0 0-0 10.♗g2 ♖e8 11.♕c2 c6 12.♖b1 ♗f8 13.e4 a6 14.b4 b5 15.c5 a5 16.a3 ab4 17.ab4 d6 18.cd6 ♕d6 19.h3 ♗e6 20.♖d1 ♕d7 21.♔h2 c5 22.bc5 ♗c5 23.♘b5 ♖ec8 24.♕e2 ♖a5 25.d4 ed4 26.♗e3 ♖a2 27.♖b2 d3 0-1

Lautier, Joel
Salov, Valery

Madrid 1993 (4)

1.c4 ♘f6 2.♘c3 e5 3.♘f3 ♘c6 4.g3 ♘d4 5.♗g2 ♘f3 6.♗f3 ♗b4 7.0-0 0-0 8.♗g2 ♖e8 9.d3 c6 10.♕b3 ♗c5 11.h3 h6 12.♔h2 ♗b6 13.♘a4 [13.f4!] 13...♗c7 14.e4 ♖b8 15.♘c3 a6 16.a4 d6 17.♗e3 b5 18.ab5 ab5 19.cb5 cb5 20.♖a7 ♗e6 21.♕b4 ♗b6 22.♖a6

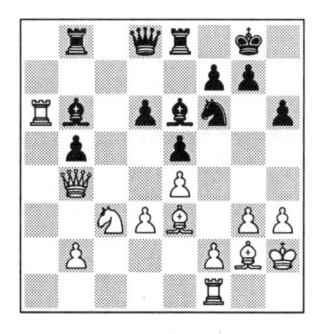

22...♗c5! 23.♗c5 dc5 24.♕c5 ♕d3 25.♖e1 ♘d7 26.♕d6 ♕d6 27.♖d6 ♘b6 28.♗f1 ♘c4 29.♖c6 ♘d2 30.♗g2 ♗c4 31.♖a1 ♖ec8 32.♖c8 ♖c8 33.♖a7 ♘b3 [33...b4! 34.♘d5 ♗d5 35.ed5 e4∓ Salov] 34.♘d5 ♖d8 35.♖c7 ♘d4 36.♖e7 ♘c6 37.♖c7 ♘d4 38.♖e7 ♘e6 39.b4 ♔f8 40.♖b7 ♘d4 41.♖b6 ♗e6 42.f4 ef4 43.gf4 f5 44.♖c7 ♖d6 45.♖b7 fe4 46.♗e4 ♗f5 47.♗d5 ♗d5 48.♖b8 ♔e7 49.♗f5 ♗c6 50.♖c8 ♖d2 51.♔g3 ♖g2 52.♔h4 ♗e8 53.♗g4 g6 54.♖c5 ♔f6 55.♖d5 ♖b2 56.♖d6 ♔g7 57.♗d7 ♗d7 58.♖d7 ♔f6 59.♔g4 h5 60.♔f3 ♖b3 61.♔g2 ♖b4 62.♖d5 ♖b3 63.h4 b4 64.♖b5 ♔e6 65.♖g5 ♔f6 66.♖b5 ♖b1 67.♔f3 b3 68.♔g2 ♔e6

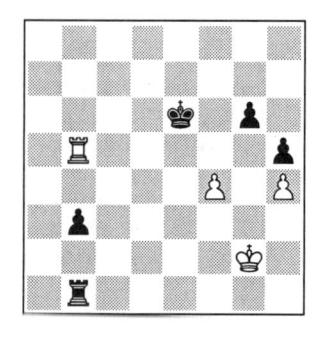

69.♖g5 [69.♖b6! ♔f5 70.♔f3! ♖f1 71.♔g2! (71.♔g3 ♖g1 72.♔f3 ♖b1!–+) 71...♖f4 72.♔g3!= Salov] 69...♖c1 70.♖g6 ♔f5 71.♖b6 ♖c2 72.♔f3 ♖c3 73.♔f2 ♔f4 74.♖b4 ♔f5 75.♔e2 ♖h3 76.♔d2 b2 77.♔c2 ♖h2 78.♔c3 [78.♔b1! Lautier] 78...♖f2 79.♔d3 ♖g2 80.♔e3 ♖h2 81.♔d3 ♖h4 82.♖b2 ♖h3 83.♔d4 ♖a3 84.♖f2 ♔g4 85.♔e4 ♔g3 86.♖f8 h4 87.♖g8 ♔f2 88.♖f8 ♔g2 89.♖g8 ♖g3 90.♖a8 ♖f3 91.♖g8 ♔f2 92.♖a8 h3 93.♖a7 ♔g2 94.♖h7 ♖g3 0-1

Skembris,Spyridon
Drasko,Milan

Jagodina 1994 (6)

1.c4 e5 2.♘c3 ♘c6 3.♘f3 ♘f6 4.g3 ♘d4 5.♗g2 ♘f3 6.♗f3 ♗b4 7.♕b3 ♗c5 8.d3 0-0 9.0-0 a6 10.a3 d6 11.♗g2 ♖b8 12.♕c2 ♗e6 13.b4 [13.♗g5 h6 14.♗f6 ♕f6 15.♘e4 ♗e7 16.♘c5 dc5 17.b4!± Damljanovic] 13...♗a7 14.♗g5 h6 15.♗f6 ♕f6 16.c5 dc5 17.♘e4 ♕e7 18.♘c5 ♗c5 19.bc5 ♖fd8 20.♖fc1 b5 21.cb6 cb6 22.♕a4 a5 23.♕b5 ♕d6 24.h4 g6 25.a4 ♖dc8 26.♖c8 ♖c8 27.♖b1 ♖b8 28.♕c6 ♕c6 29.♗c6 ♔f8 30.f4 ef4 31.gf4 ♗e7 32.♔f2 ♔d6 33.♗b5 ♖c8 34.♗a6 ♖a8 35.♗b5 ♖c8 36.♗a6 ♖a8 37.♗b5 ½-½

Minasian,Artashes
Nikolic,Predrag

Erevan 1996 (4)

1.c4 e5 2.♘c3 ♘c6 3.♘f3 ♘f6 4.g3 ♘d4 5.♗g2 ♘f3 6.♗f3 ♗b4 7.♕b3 ♗c5 8.0-0 0-0 9.d3 h6 10.♘a4 ♗e7 11.♗e3 c6 12.c5 d5 13.cd6 ♗d6 14.♖fc1 ♕e7 15.♗c5 ♖d8 16.♗d6 ♕d6 17.♘c5 ♕e7 18.♖c2 ♘d5 19.♕a4 b6 20.♘e4 ♗b7 21.a3 c5 22.♖ac1 a5∓ 23.♘d2 ♕e6 24.♕h4 ♖ab8 25.♘c4 ♗c6 26.♕h5 ♖e8 27.♗g4 ♕f6 28.♗f3 ♖bd8 29.♕h3 ♗a4 30.♖d2 ♗b3 31.♕g2 ♕e6 32.♗d5 ♖d5 33.♖c3 a4∓ 34.♘e3 ♖d7 35.♘f1 ♖ed8 36.f3 f5 37.e4 f4 [♘f1<] 38.♕f2 ♖d4 39.gf4 ef4 40.♕h4 ♕e5 41.h3 ♖8d6 42.♘h2 h5! 43.♘f1 ♖g6 44.♔h2 ♖dd6 45.♕f2 h4!

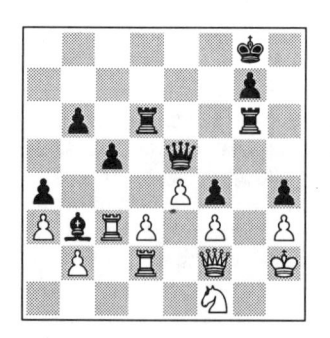

46.d4 [46.♕h4 ♖h6 47.♕f2 ♖dg6 48.h4 ♕g5–+] 46...cd4 47.♖cd3 ♗c4 48.♖d4 ♖d4 49.♖d4 ♗f1 50.♖d8 ♔h7 51.♖d5 ♕f6 52.♖h5 [52.♕f1 ♕b2 53.♔h1 ♖c6 54.♖d1 ♖c2 55.♕g1 ♖f2 56.♖d3 ♕e2] 52...♔g8 53.♖f5 [53.♕f1 ♕b2 54.♔h1 ♖c6–+] 53...♕f5! 54.ef5 ♖g2 55.♕g2 ♗g2 56.♔g2 ♔f7 57.♔f2 ♔f6 58.♔e2 ♔f5 59.♔d3 ♔e5 60.♔c4 b5 [60...g5–+] 61.♔c3 [61.♔b5 ♔d4 62.♔a4 g5 63.b4 g4 64.b5 ♔c5 65.♔a5 gf3 66.b6 ♔c6 67.♔a6 f2–+] 61...♔d5 62.♔d3 ♔c5 63.♔c3 b4 64.♔d3 g5 65.ab4 ♔b4 66.♔c2 ♔c4 67.♔d2 ♔b3 68.♔c1 g4 69.fg4 f3 70.♔d2 f2 0-1

Van Wely,Loek
Piket,Jeroen

Merrillville 1997 (5)

1.c4 e5 2.♘c3 ♘f6 3.♘f3 ♘c6 4.g3 ♘d4 5.♗g2 ♘f3 6.♗f3 ♗b4 7.♕b3 ♗c5 8.0-0 0-0 9.d3 h6 10.e3 a6 11.♖d1 ♗a7 12.d4 ♕e7 13.de5 ♕e5 14.♘d5 ♘d5 [14...c6 15.♕c3! ♕c3 16.♘c3±] 15.cd5 d6 16.♗d2 ♗c5 17.♗c3 ♕f5 18.♗g2 a5 19.♗d4 b6 [19...♗d4 20.♖d4±, c7<] 20.♕c3 ♕g6 21.b3 ♖e8 22.a3 h5

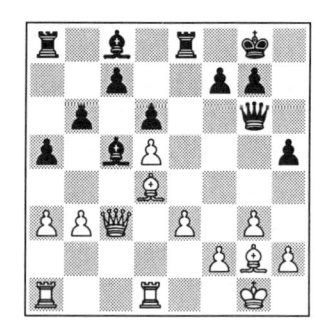

23.♕d2! [23.b4 ab4 24.ab4 ♖a1 25.♖a1 ♗d4 26.♕d4 ♕c2⇄] 23...h4 24.♗c3! h3 25.♗f1 b5 26.b4 [26.♗a5 ♖a5! 27.♕a5 ♖e3!→ △ 28...♖g3] 26...ab4 27.ab4 ♖a1 28.♖a1 ♗b6 29.♗d4 ♕e4 30.♗b6 cb6 31.♖a8± ♗g4? 32.♕d4! 1-0

Hansen,Curt
Hjartarson,Johann

Reykjavik 1997 (9)

1.c4 e5 2.♘c3 ♘c6 3.♘f3 ♘f6 4.g3 ♘d4 5.♗g2 ♘f3 6.♗f3 ♗b4 7.♕b3

♗c5 8.d3 0-0 9.0-0 ♖e8 10.♗d2 c6 11.♖ac1 h6 12.♕a4 ♗f8 13.♖fd1 d6 14.b4 ♗g4 15.♗g4 ♘g4 16.b5 ♕d7 17.bc6 bc6 18.f3 ♘f6 19.♖b1 ♖ec8 20.♔g2 ♕e6 21.♖b7 d5 22.cd5 cd5 23.♕b3 [23.♖a7 ♖a7 24.♕a7 d4 25.♘e4 ♘e4 26.fe4 ♖c2 27.a4 ♖a2!? △ 28...♘b3; 27...♕g4 28.♖f1; 27...♕a2 28.♖a5] 23...♖c6 24.♖b1 a6 25.♖b2 ♖ac8 26.♘a4 e4 27.de4 de4 28.♕e6 ef3 29.ef3 ♖e6 30.♘c3 ♖ec6 31.♘e2? ♗a3! 32.♖b3 ♖c3 33.♖a3 ♖d2 34.♔f1 ♖cc2 35.♖e7 ♖a2 36.♖a2 ♖a2 37.h4 ♘d5 38.♖e5 ♘b4 39.♖e8 ♔h7 40.♖f8 a5 41.♖f7 a4 42.♖b7 ♘d5 43.♘d4 a3 44.♖a7 ♖d2 45.♘b3 ♖b2 [46.♖a3 ♘e3 47.♔g1 ♘c2] 0-1

Petursson, Margeir
Khalifman, Alexander

Narva 1998

1.c4 ♘f6 2.♘c3 e5 3.♘f3 ♘c6 4.g3 ♘d4 5.♗g2 ♘f3 6.♗f3 ♗b4 7.♕b3 ♗c5 8.0-0 0-0 9.d3 h6 10.♘a4 ♗e7 11.♗e3 d6 12.♘c3 c6 13.d4 ♕c7 14.d5 ♗h3 15.♖fc1 [15.♗g2=] 15...c5 16.♗d2 ♘h7 17.♗g2 ♗g2 18.♔g2 f5 19.f3 ♗g5 20.♕c2 ♕d7 21.♖h1 ♖ae8 [21...♗d2!? 22.♕d2 ♖ae8] 22.e3 a6 23.a4 e4 24.f4 ♗f6 25.h3 g5 26.♔h2 ♔h8 27.♖hg1 ♖g8 28.♖af1 gf4 29.ef4 [≥ 29.gf4!?] 29...♘d4 30.♖g2 h5 31.♕d1 ♕f7 32.♘e2!? ♗b2 33.♘c3 ♘f6 34.♗e1 [34.♕b3 ♗c3 35.♗c3 ♖e7] 34...♗a3 35.♖a2 b5 36.ab5 ab5 37.cb5 ♔h7 [37...♕d5 38.♗c3 ♕f7 39.♕d6; 37...♘d5 38.♕b3 ♗b4 39.♘b4 cb4 40.♖d2+−] 38.♗c3

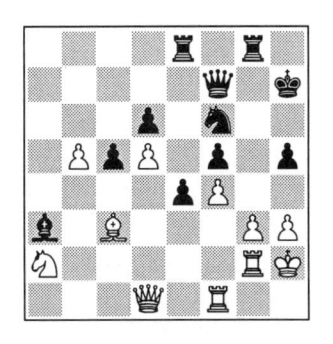

38...♘d5 39.♕b3 ♖e7 40.♕a3 ♘e3 41.♖fg1 ♘g2 42.♖g2 h4 43.♗e1 hg3 44.♗g3 e3 45.♘c1 ♕c4 46.♕b2 ♖g6 47.b6 ♖b7 48.♘e2 d5 49.♕b1 ♕e4 50.♕b5 d4 51.♕c5 d3 52.♘c3 ♕e6 53.♘d5 e2 54.♗e1 ♖g2 55.♔g2 d2? [55...♖g7! 56.♔h2 d2 57.♗d2 e1♕ 58.♗e1 ♕e1−+] 56.♗d2 e1♕ 57.♗e1 ♕e1 58.♘c7 ♕e4 59.♔g3 ♕e1 60.♔g2 ♕e2 61.♔g3 ♕e1 62.♔g2 ½-½

Hansen, Curt
Westerinen, Heikki

Reykjavik 1998 (9)

1.c4 e5 2.♘c3 ♘c6 3.♘f3 ♘f6 4.g3 ♘d4 5.♗g2 ♘f3 6.♗f3 ♗b4 7.♕b3 ♗c5 8.d3 h6 9.0-0 0-0 10.♗g2 ♖e8 11.h3 c6 12.♔h2 ♕b6? 13.♘a4 ♕a5□ [13...♕b3 14.ab3 b6 15.♗d2±] 14.♘c5 ♕c5 15.e4 ♕e7 16.♗e3 d6 17.f4 ef4 18.gf4 ♘h5 19.♕d1 ♕h4 20.♕e1 ♕e1 21.♖ae1± f5 22.♗f3 ♘f6 23.♗d4 fe4 24.de4 ♗e6 25.♖g1 ♔h7 26.b3 ♖e7 27.c5! dc5 28.♗c5 ♖d7 29.f5 ♗f7 30.e5 ♘h5 31.♗g2 ♘e8 32.♗e4 ♔h8 33.♖g2 a6 34.♔g3 ♖ad8 35.♗b6 ♖d1 36.♖e3 ♖8d2 37.♖d2 ♖d2 38.♖d3 ♖e2 39.♔f4 ♖a2 40.♗f3 ♗f3 41.♔f3 ♖b2 42.♖d8 1-0

Gelfand, Boris
Svidler, Peter

Dos Hermanas 1999 (8)

1.c4 ♘f6 2.♘c3 e5 3.♘f3 ♘c6 4.g3 ♘d4 5.♗g2 ♘f3 6.♗f3 ♗b4 7.♕b3 ♗c5 8.0-0 0-0 9.d3 h6 10.♗d2 ♖e8 11.♗g2 [11.♖ac1 ♖b8 12.♕a4 a6 13.b4± C.Hansen-Christiansen, Munchen 1992] 11...c6 12.♖ac1 ♗b6 13.♕a4 d6 [13...d5? 14.cd5 cd5 15.♘d5] 14.b4 ♗e6 15.b5 d5 16.bc6 bc6 17.cd5 [17.♕c6 ♖c8] 17...cd5 18.♕a3 ♖b8 19.♘a4 ♗a5 20.♗c3 d4 21.♗a5 ♕a5 22.♖c5 ♕a6 23.♖c6 ♖b6!? [23...♕a5=] 24.♖b6 ab6∓ [a4<, a3<, a2<] 25.♕b4 ♖c8! 26.a3 [26.♘b6? ♖b8 27.♖b1 ♘d7] 26...♖c2 27.♖e1 ♘d7 28.f4 b5 29.♘b2

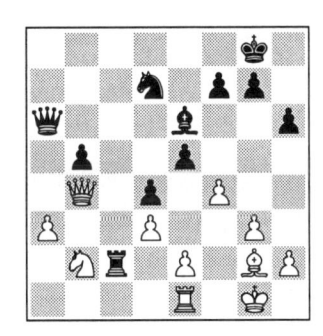

29...♖c3! 30.fe5 ♖b3 31.♕d4 ♕a3 32.♘d1 ♖b1 33.♖f1 ♕a4 34.♕a4 ba4 35.♘c3 ♖f1 36.♔f1 a3 37.d4 ♘b6 38.♔e1 a2 39.♘a2 ♗a2 40.♔d2 ♔f8 41.e4 ♘c4 42.♔d3 ♗e7 43.♗f3 ♔d7 44.♔c3 ♘b6 45.d5 ♔e7 46.♔d4 ♘d7 47.♗g4 ♗b3 48.♗h3 ♘f8 49.♗g4 ♗a4 50.♗e2 ♗d7 51.h4 ♗h3 52.♗b5 ♗g4 53.♗c4 ♘g6 54.♗b3 f6 55.e6 ♔d6 56.♗c2 ♘e5 57.♗e3 ♔c5 58.♗a4 ♘g6 59.♗b3 ♔d6 60.♔d4 f5 61.e7 ♔e7 62.e5 f4 63.gf4 ♘f4 64.♔c5 ♘g6 65.e6 ♘h4 66.d6 ♔d8 67.e7 ♔e8 68.♗c2 ♗d7 69.♗d1 c2 70.♔d5 ♘f5 71.♔e5 h5 72.♔f5 ♘d6 73.♔g6 ♗g4 74.♗c2 ♗e7 75.♔g5 ♘f7 76.♔h4 ♘f6 77.♗a4 ♘d6 0-1

7.♕b3 ♗c5 8.d3

Azmaiparashvili, Zurab
Timman, Jan

Oviedo rapid 1993 (12)

1.c4 e5 2.♘c3 ♘f6 3.♘f3 ♘c6 4.g3 ♘d4 5.♗g2 ♘f3 6.♗f3 ♗b4 7.♕b3 ♗c5 8.d3 h6 9.g4 c6 10.h4 d6 11.g5 hg5 12.♗g5 ♕b6 13.♕b6 ♗b6 14.♘a4 ♗a5 15.♔f1 ♗e6 16.♖b1 ♗d8 17.♘c3 ♘h5 18.b4 a6 19.♘e4 ♗e7 20.♖g1 f6 21.♗d2 ♔f7 22.a4 g6 23.♖h1 ♘g7 24.♘g3 f5 25.h5 gh5 26.e4 h4 27.♘f5 ♘f5 28.ef5 ♗f5 29.♗e2 ♗e6 30.♗e4 ♖hg8 31.♗f5 ♔f5 32.♖h3 b5 33.♖c1 ♔e6 34.♖hh1 ♗g4 35.a5 bc4 36.dc4 ♖ag8 37.♖h3 ♗e4 38.♗e3 ♖eg4 39.♗d2 ♖g1 40.♗e1 ♖8g4 41.♖cc3 ♗g5 42.f3 ♖4g2

43.♗f2 ♖b1 44.♖c2 ♔f5 45.b5 cb5
46.cb5 ab5 47.a6 ♖a1 48.a7 ♗f4
49.♖h1 ♖a7 50.♔f1 ♖ag7 51.♖h4
♗e3 52.♖h5 ♔e6 53.♖h8 ♖f2   0-1

Vallejo,Francisco
Gelfand,Boris

Pamplona 1999 (1)

1.c4 e5 2.♘c3 ♘f6 3.♘f3 ♘c6 4.g3
♘d4 5.♗g2 ♘f3 6.♗f3 ♗b4 7.♕b3
♗c5 8.d3 c6

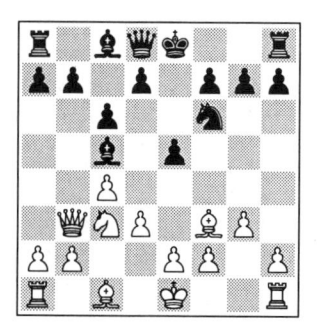

9.g4!? d6 10.g5 ♘g8 [10...♘d7]
11.♘a4 ♘e7 [11...♕a5!? 12.♔f1
(12.♗d2 ♗f2) 12....♗h3 13.♗g2 ♗g2
14.♔g2 ♕c7∞] 12.♘c5 dc5 13.♗e4

0-0 14.♕c3 ♘f5 15.h4 [15.♗f5 ♗f5
16.♕e5 ♗d3! 17.♕c5 ♖e8 18.♗e3 b6
19.♕b4 ♗e4⩲] 15...♘d4 [15...♖e8]
16.e3 f5 17.♗g2 [17.gf6 ♕f6 18.f4 ♘f5
19.fe5 (19.♕e5 ♕e5 20.fe5 ♘g3 21.♖g1
♘e4 22.de4) 19...♕g6∞] 17...♕e8
18.♕d2 f4!? [18...♘e6 19.b3±] 19.ed4
f3 20.♗f1 [20.♗h3 ed4 21.♔f1 (21.♔d1
♗h3 22.♖h3 ♕h5 △ 23...♖ae8⩲)
21...♗h3 22.♖h3 ♕h5∞; 22...♕e6!?⩲]
20...ed4 21.♔d1 ♗g4 22.b3 ♕g6
23.♗a3 b6 24.♔c2 a5 25.♖g1?!
[25.♖e1!?] 25...♕h5 26.♖e1 a4 27.b4
cb4 28.♕b4 ♕h4 29.♖g3 [29.♕d2!?]
29...c5 30.♕d2 [30.♕b6 ♕h2 31.♖g4
♕f2 32.♔d1 ♖ab8 33.♕e6 ♔h8 34.♗c1
♕a2 35.♖h4 ♕b3 36.♔d2 ♕c3 37.♔d1
♕b3=; 37...♖b1 38.♖h7 ♔h7 39.g6 ♔h8
40.♕h3 ♔g8 41.♕h7] 30...♖ae8
31.♗c1 ♗h5 32.♖e8 ♖e8 33.♕f4
[33.♖h3 ♕g4 34.♕f4 ♕g1 35.♖h5 ♕f1
36.♕f5 ♕f2 37.♔b1 ♕e1 38.♕h7 ♕f7
39.♕f5 ♔g8 40.a3 ♕d1 41.♕h7 ♕f8
42.♖h1 ♕b3 43.♔a1 ♖e2 44.♕h8 ♔f7
45.g6 ♔e6 46.♕e8 ♔d6 47.♗f4]
33...♕h1 34.♗h3? [34.♖h3 ♕f1
35.♖h5 ♕e1 (35...♕f2 36.♗d2) 36.♗d2
♕a1 37.♕f5 ♕a2 38.♔c1 ♕a1 39.♔c2
♕a2 40.♔c1=] 34...♖e2 35.♗d2 ♕a1
36.♕b8 ♗e8 37.♗e6 ♖e6 38.♖f3
♕a2 39.♔d1 ♕b1 40.♗c1 ♕b3
41.♔d2 ♕a2   0-1

Gulko,Boris
Hector,Jonny

Kobenhavn 2000 (5)

1.c4 ♘f6 2.♘c3 e5 3.♘f3 ♘c6 4.g3
♘d4 5.♗g2 ♘f3 6.♗f3 ♗b4 7.♕b3
♗c5 8.d3 h6 9.h4 c6 10.g4 d5
11.g5 hg5 12.hg5 ♖h1 13.♗h1 ♘g4

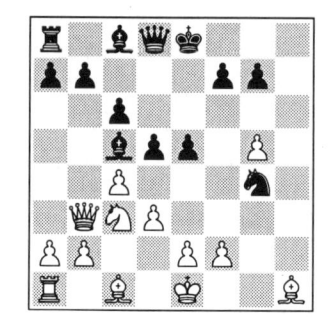

14.cd5 ♗f2 15.♔d1 ♗b6 16.♔c2
♗d7 17.dc6 bc6 18.♗d2 ♗e3
19.♖f1 ♕e7 20.♘e4 [△ 21.♖f7]
20...♗e6 21.♕a4 ♔f8 22.♗f3 ♗d2
23.♖h1!? [23.♔d2! ♘h2 24.♖h1 ♘f3
25.ef3 ♔g8 26.♘f6! gf6 27.♕h4+−]
23...♘h6 24.♔d2 ♘g8 25.♕c6
♕b4 26.♕c3 a5 27.♘c5 ♕f4
28.♔d1 ♖e8 29.♘e6 ♖e6 30.♕c5
♖e7 31.♖h8 [31...♕g5 32.♕c8 ♖e8
33.♖g8]   1-0

SERVICE

featuring

NIC Review

and

NIC Statistics
NIC Key Summary
Code System

Important Notice

Starting with this Yearbook issue, the General Index and the NIC Key Summary will be pubished in alternating issues.

The General Index will appear in the even numbered Yearbooks and the NIC Key Summary in the uneven numbered ones.

New Books and CD-Roms

As a service to our readers the editors keep a close eye on all issues on the subject of the chess opening. Publications in any form, (e.g. books, CD-Roms and videos) may be the subject of a review in this section.

Uncredited reviews are by the NIC editorial board. All publicatons mentioned are in English unless otherwise indicated.

For more (and often more extensive) reviews we refer to our website: www.newinchess.com

Monographs

Jozsef Pálkövi
Zweisspringersystem [sic!]
bis Traxler Gegengambit
Caissa Kft 2000
268 p. $ 16.95

The good old Two Knights Defence, an opening complex that, with its sharp variations such as the Traxler (also known as the Wilkes-Barre) and the Fritz, nowadays finds popularity mainly among correspondence players. For them this book contains much of interest. Pálkövi offers a lot of original analysis and suggestions. On the other hand, when he was writing the book, he apparently did not study all available resources. For instance in the variation 1.e4 e5 2.♘f3 ♘c6 3.♗c4 ♘f6 4.d4 ed4 5.0-0 ♘e4 6.♖e1 d5 7.♗d5 ♕d5 8.♘c3 ♕a5 9.♘e4 ♗e6 10.♘eg5 0-0-0 11.♘e6 fe6 12.♖e6 ♗d6 13.♗g5 ♖de8, the endgame after 14.♕e1 ♕e1 15.♖ae1 ♔d7 16.♖e8 ♖e8 17.♖e8 ♔e8 18.♗d2 (YB/46) is not discussed at all. And in the line 4.♘g5 d5 5.ed5 b5 6.♗f1 ♘d4 7.c3 ♘d5 8.♘e4 ♕h4 9.♘g3 ♗g4 10.f3 e4 11.cd4 ♗d6 12.♗b5 ♔d8, which is well-known mainly due to the famous correspondence game Estrin-Berliner, 1965/68, Pálkövi advocates the move 13.♕b3, partly because of the line 13...♗g3 14.♔d1 ♗e6 15.♗c6 ef3 16.♗d5 fg2 17.♕g3±. It is quite possible that this assessment is correct, but Berliner's own analysis at the time went 17...♕g3 18.hg3 ♗d5 19.♖g1 ♖e8 20.♘c3 ♗f3 21.♔c2 ♖b8 22.d3 ♖b6 23.♗d2 ♖g6 24.♖e1 ♖h6.

Despite these omissions the book has a lot of good things to offer. For instance, in the first variation mentioned above, the less common but apparently quite playable alternative 8...♕h5!? is discussed at length, and in the Max Lange Attack with 9...♗f8 (?! Pálkövi) the move 10.♕g4!? is recommended. In the FORUM of Yearbook 52 I completely ignored this possibility in my discussion of the 1999 correspondence game Lobo-Oim, but Pálkövi is of the opinion that after 10...gf6 11.♘f7! ♔f7 12.♕e6 ♔g7 13.♗f4!? ♖g8

14.♘d2 ♗d6 15.♗d6 ♕d6 16.♕d6 cd6 17.♘c4 Black's weak pawns will cause him considerable trouble.

The final conclusion: not a perfect book, but a generous source of information for devotees of this type of ancient but continuously developing variations.

A.C. van der Tak

Graham Burgess
The Taimanov Sicilian
Gambit 2000
208 p. £ 14.99

The subject of this book is 1.e4 c5 2.♘f3 e6 3.d4 cd4 4. ♘d4 ♘c6. Instead of 'illustrative games' the author chose for the classical 'Chapter & Section' approach, which is no luxury with a subject so replete with transpositions – maybe more than any other Sicilian. In fact, for all these transpositions Burgess uses a system with dashes followed by italicised moves, which is very helpful. He also, throughout the book, pays a lot of attention to continuations leading to the Scheveningen, adding useful formulations like 'a line of the Scheveningen which is considered okay for Black'. A quick look at this book reveals that its (modest) 208 pages are crammed with information, which really makes this title a must for all Taimanov players, amongst them strong examples like Anand, Lautier, Piket and J.Polgar these days! The bibliography (with which, by the way, every opening book should be equipped) is impressive enough, but the job Burgess has done even more so.

James Plaskett
Sicilian Grand Prix Attack
Everyman 2000
144 p. £ 14.99

As the Grand Prix has been played quite a lot at top level recently, this relatively quick successor of Gary Lane's *The Grand Prix Attack* (1997) has arrived none too early. And the recent development in which the ♗b5 lines are growing more popular than the ♗c4 lines, is well covered by Plaskett. The complete illustrative games are annotated (especially the author's own games!) in a fresh, easily accessible style. Although the book is not unique for its kind, it should be of interest, not only to Grand Prix players, but also to others, as this opening often leads to original and strategic battles. Particularly in the ♗b5 lines the Grand Prix can become quite positional, with White striving for a small but structural plus. The opening and this book are a good choice if you want to play something different against the Sicilian every now and then. Finally, the proofreading could have been more accurate given mistakes like 'he has little better then 4.♘c3' (p. 6) and 'Polagr' (page 7).

Jozsef Pálkövi
Morra Gambit
Caissa Kft 2000
340 p. £ 12.00

This book is the perfect example of the notion that even less 'important' – to grandmasters that is – subjects like the Morra, can generate outstanding books. As long as the author puts all his heart and soul into the job, as Pálkövi has done here. It's very complete, with 332 pages divided into 16 chapters, starting from Black's second move after 1.e4 c5 2.d4. (Because of the recent publications on the Alapin Sicilian, the author did not include transpositions into these lines in the book.) The following test confirmed this completeness. In the game Chandler-Timman, Wijk aan Zee 1982, Black played 4...e6 5.♘f3 ♗c5!? 6.♗c4 0-0 7.0-0 ♘c6. This sideline is regarded as a sound answer to the Morra by some strong Dutch players. But Pálkövi gives no less than six moves for White in this position, and he also explains why 8.♗g5, as played in the game, is not very strong. The author himself has a lot of experience with the gambit, which shows clearly in the book. He is not at all backward in sharing his own analytical contributions with the reader. Sometimes his evaluations are a bit doubtful (see for example the survey on the Morra in this Yearbook) but this is the exception rather than the rule. Two minor gripes to conclude. The author's English is less perfect than his chess, and the layout – almost directly from a ChessBase printout – is not the most pleasant way to set up a page. But admittedly that is a matter of taste.

Mihai Suba
The Hedgehog
Batsford 2000
156 p. £ 14.99

Two remarks to start with: this is not an ordinary opening book, as can be expected from the author, and it is not about an opening either. The Hedgehog is a set-up that can be described by the pawn formation: usually in a Sicilian or the English opening. White's d-pawn is exchanged for Black's c-pawn, White has pawns on e4 and c4 and Black puts his pawns on a6, b6, d6 and e6 (or e7, with a fianchetto of the king's bishop). But the same set-up can occur with reversed colours, of course. In this book, the 'white' set-up always involves a king's bishop fianchetto. If you are looking for more Sicilian-type positions with the bishop on e2 or d3, we advise *Sizilianisch im Geiste des Igels* (Kania 2000) by Frank Zeller.

If you have read Suba's *Dynamic Chess Strategy* (1991), a very original (biographical) middle game book, you know what to expect from this author. Besides treating the Hedgehog, in his new book Suba provides the reader with jokes, anecdotes and little puzzles as well. For instance: 'You deserve a break after your hard work on the intricacies of move-order. (...) Black [help]mates in 5 by promoting a pawn into a rook' (p. 62). This might not appeal to every reader but they are warned in the introduction, where one of the reasons to read the book is given as '...to have an amusing bedtime chess book at hand'. Anyway, chess players who find opening books boring should certainly have a look.

On to the more important question: how is the Hedgehog treated? Again we must emphasize that this is not done as in most opening books. Suba gives lots of games but does so mainly to explain the plans and motifs of Hedgehog positions. Of course the Hedgehog is a very difficult set-up to discuss by itself, especially if you want to do it systematically. So you might ask whether it is a good idea at all to try and put all the material into chapters and variations. Suba does try to help the reader to find the best move order in order to create a repertoire, but eventually he merely gives hints and no strong judgements. In our opinion the author is too inclined to give complete games, without annotations. A comment like 'If you are bored or in a hurry, just skip these remaining moves' (p. 16) does not really help either!

Quite often there are untypical comments like '%♘c3, d4, d3, e3, ♘a3, ♕c2'. These mean that the moves after '%' branch out into other lines (and they are mentioned in descending order of frequency). You get used to them quite soon, but often you just wish that the author had said clearly which moves are better or worse than the text.

To conclude, *The Hedgehog* is a very special opening book, with which the reader must be prepared to learn an opening by really playing over the games and picking up the ideas. Many trainers would encourage their students to learn an opening like this!

Attila Schneider
Sicilian Dragon - The Yugoslav Attack
Caissa Kft 2000
372 p. £ 16.00

'Oh no, not another book on the Dragon', I hear you moan. 'And 372 pages at that. Enough is enough'. True as that may be, two-time Hungarian champion Attila Schneider has managed to create an exception to the rule. The subtitle *How I see it* is an accurate description of what this book is – and isn't!

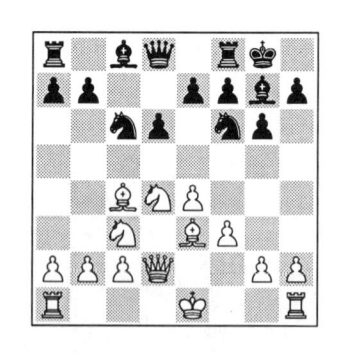

This is the initial position of the Yugoslav Attack, the subject of this monograph (the equally critical 9.0-0-0 is covered in the companion volume *Classical and Levenfish Variations*). In the very first chapter, Schneider welcomes us with a startling surprise (9...a5?! 10.♗b3! ♘d7? 11.♗f7!!), a ploy he repeats three times in the next chapter: 9...♘d7?! 10.h4!/10.♗b3/10.0-0-0 ♘a5? 11.♗f7!! It is always nice to follow in the footsteps of Bobby Fischer (remember his win against Reshevsky, US Championship, New York 1958) or Igor-Alexandre Nataf, who offered a draw after taking on f7 in a similar position (see Yearbook 55, page 36).

As one would expect, this book abounds with sacrifices and other tactical devices. The more spectacular ones are invariably visualised with a diagram. This feature makes it an almost perfect textbook on combinations.

The forte of this book lies in its incredible analytical depth. In virtually all lines, but especially the ones Schneider plays most frequently himself (i.e. the variations with 10...♖c8 and 12...♘c4), the book is packed with theoretical novelties as well as fine-tunings of and additions to the existing theory – some of them rather trivial but others of the highest theoretical importance. Even for the most seasoned and knowledgeable Dragoneer this book is a true treasure trove.

All the more remarkable, then, that despite this overwhelming analytical power, the author occasionally seems to have missed out on obvious and readily available sources. Surprisingly, exactly the same observation can be made about the recent opening publications by Jozsef Pálkövi from the same publisher.

A few examples: In his critical but favourable review of *Sicilian Dragon Yugoslav 9 Bc4*, the 1989 Batsford forerunner of the present work by Attila Schneider and Laszlo Sapi, John Nunn pointed out some over-optimistic assessments in Black's favour. Nunn's refutations get no mention. And the same goes for several recent publications in our own Yearbook Series, in particular the one on 12.♔b1 in Yearbook 52, which clearly hasn't reached Chapter 10. Are there more gripes about this book? Absolutely. First of all, its legibility. In a laudable attempt to avoid endless ramifications, Schneider has made the catastrophic decision to embed all variations, using typography to distinguish between lines and levels. **Bold** is the main variation, Roman is a sub-variation, a move in *italics* is a line in a sub-variation, underlined Roman is a sub-variation within a line of a sub-variation, and, finally, underlined *italics* indicate a line of a sub-variation within a sub-variation line. Are you still with me?

To make matters worse, Schneider has also embedded entire main lines. According to the table of contents, the five chapters of Part IV, the final part of the book (variations with 14.h4), deal with the moves 16.♖dg1, 16.♘d5, 16.♘de2, 16.e5 and 16.♔b1. Only intensive searching enables you to locate what Schneider has to say about the important alternatives 16.♘b3 and 16.♗h6 and some minor lines (16.♖h2, 16.♖h4, 16.♘f5, 16.♕h2). Then there is the issue of readability, which is greatly impaired by Schneider's excessive quotes. In his Foreword ('Why I have not written a foreword to this book') Schneider complains (rightly) about the widely used practice in the chess world to copy published material without properly attributing the source. But throws out the baby with that bath water, because what is the reader to make of the phrase 'analysis by Istvan Almasi' or 'Sergey Tiviakov' 10 times or more on a single page?

Schneider even quotes himself. Throughout the entire book you will encounter the phrase 'Analysis by Attila Schneider, Budapest 1999'. Not once or twice, but endlessly. The poor proofreading and the lack of proper indices don't make things any better either.

In short: a book with quite a few defects; but what surely prevails is the fact that we have in our hands an inspiring introduction to the wonderful world of the Sicilian Dragon. Enjoy!

CD-Roms

Knut Neven
French with 3.♘c3
French without 3.♘c3
ChessBase 2000
Each DM 49.90

In the series 'Chess Training', ChessBase released two CD-Roms about the French Defence. The author is the editor of Canada's national chess magazine *En Passant*. On the first CD all variations after 1.e4 e6 2.d4 d5 3.♘c3 are covered, the other CD is about the rest.

First there is a general introduction which deserves a mention because the hyperlink to the game Kasparov-Ivanchuk, Horgen 1995, leads to the game Showalter-Lasker, USA (m) 1892. This is actually not the only hyperlink that fails. But if they work, these hyperlinks are quite nice because you are used to them on the Internet. What follows are 15 database texts, and here we see the big advantage that CDs have over books. Many opening books, these days, have a small number of pages containing what should be make you understand the opening. But this part is almost always far too short to give you even a vague idea of what's going on. More importance is always given to the theory itself, which often leads to books that are good for experienced players but very inaccessible to beginners. But on this CD all the space that Neven needs is filled.

In the excellent 'historical introduction' we read how the French Defence developed in the 20th century, and the author adds lots of quotations of players such as Petrosian, from the long list of books he consulted. It also contains many instructive games from the past (such as the classic Tarrasch-Teichmann, San Sebastian 1912), that you can click on. This is followed by a 'theoretical overview', although we get something else than expected – a discussion of the different possible pawn structures in the centre. But this is good material too.

The two CDs together contain a main database of more than 114,000 games, about 2000 of which are analysed. These analyses are quite good because, again, Neven quotes a lot of different authors, sometimes even within the space of one game. An interesting way to enter this database is via the 'strategy key', where you can search for e.g. all Winawer games with the move ♗d7-a4. Unfortunately, this also gives examples of endgame positions or with White's ♗d2-a5 (not very relevant), but again it's a nice extra feature over and beyond a book.

The different variations that are possible in the French are all treated in theoretical as well as thematic surveys. They are not bad and quite similar to the NIC Surveys, but this might be not to everyone's taste. It is good if you want everything summarised and want to know what games are theoretically important, but Neven does not give the big overview with branches and sub-variations. But this, of course, is why you get the database.

Conclusion: of the openings CD-Roms published so far, these two are certainly among the best. Especially players with little experience with the French Defence will benefit from the huge amount of explanatory texts. But you will have to do some work yourself as well with the database to collect all the relevant theory. And this could be a bit of a problem for non-ChessBase users.

Dan Heisman
The Traxler Counterattack
Pickard & Son 2000
$ 29.95

This is certainly one of the more interesting opening CD-Roms from Pickard & Son. Not only will you find a database of about 1650 games, including a ready-made tree database, but what's really special are the 54 surveys in which the author gives the results of 'over 2000 hours of Master-directed computer research'. The author has quite some experience with this subject, being a member of the International Computer Chess Association (ICCA) and having worked at both Kasparov-Deep Blue matches. Games as well as theoretical variations are scrutinized by silicon power which, according to the author, leads to an increase in the amount of theory of more than 50%.

It must be said that a very sharp, tactical line like the Traxler, in which a bishop is sacrificed as early as move six, is very suitable for computer analysis. For more details about the analysis, we refer to the letter of Nirav Christophe and Arne Moll on page 11 of the FORUM section.

Dorian Rogozenko
Sveshnikov Sicilian
ChessBase 2000
DM 48,00

Let's not beat about the bush: I like the Sveshnikov Sicilian (both the opening and this CD-Rom). The opening is dynamic, played by some of the strongest GMs in the world and highly fashionable, as Rogozenko points out in his introduction. This CD has been written by an expert, it contains more than 12,000 games and has 27 introductory chapters. These introductions (or surveys if you like) are very useful, both for newcomers to the Sveshnikov and for more experienced or professional players. On the one hand, Rogozenko verbally explains the important strategical features of the line in question, while usefully limiting the material by selecting lines for the reader. On the other hand, the author states quite specifically which lines are crucial and what games should be studied. To give an example, after 7.a4 a6 8.♘a3 Rogozenko rightly concentrates on the strong 8...♗g4! He lucidly explains that the weakening of the a7-g1 diagonal after 9.f3 is worth a tempo and yields Black good play.

Next, he directs the reader to Jansa-Votava and Xie Jun-Kramnik. A small gripe could be that the text does not mention 9.♗e2 ♗e2 10.♕e2 d5!, which may not be obvious to the 'Sveshnikov beginner' (it can be found in the notes to the above-mentioned games, though).

I'd like to illustrate my favourable opinion of these introductions with a few examples. I was a bit surprised when I saw that the first 'real survey' was on 6.♘f5. I thought this line was innocuous and therefore fairly redundant. I for one had never studied it at least. Rogozenko makes it perfectly clear, however, that Black has some problems in the main line after **1.e4 c5 2.♘f3 ♘c6 3.d4 cd4 4.♘d4 ♘f6 5.♘c3 e5 6.♘f5 d5 7.ed5 ♗f5 8.dc6 bc6 9.♕f3 ♕d7 10.♗g5 e4 11.♕e2 ♗e7 12.♗f6 ♗f6 13.♘e4 0-0 14.♘f6 gf6 15.♕d2 ♖fe8 16.♔d1**

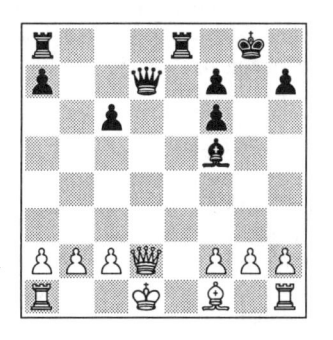

An old correspondence game now continued 16...♕b7, and Black won fairly quickly. Yet Müller recently beat McShane after 17.b3, while 17.♔c1! is even stronger, according to Rogozenko. In his analysis he recommends 16...♕c7, which may well be an improvement. I did what is most unkind to an author: I checked the latest games in this line (that is after the editorial closing date of April 1st, 2000), and I 'discovered' a game Bauer-Krasenkow, Saint Vincent 2000. The Polish GM and Sveshnikov expert preferred **10...♗b4** and was equal after **11.♗f6 gf6 12.♗d3 ♗d3 13. cd3 ♗c3 14.bc3 ♕e6 15.0-0 0-0 16.♖fe1 ♖fe8 17.d4 e4 18.♕f4 c5**. This is, in fact, from Sax-Fedorowicz, Dubai Olympiad 1986. So the Sveshnikov adept has two possibilities: go for equality in a relatively boring way with 10...♗b4, or play for the win in an unclear position with Rogozenko's 16...♕c7. However, the point is of course that Rogozenko is right in writing an introductory chapter to 6.♘f5.

I already pointed out that for players who already play the Sveshnikov, these introductory chapters may still be of use. For them it is important to be told which lines are 'hot' and which are 'not' (as well as the relevant technical details, of course). Thus, it is interesting to see that Rogozenko calls the old **11.♗b5** 'a very interesting line', while hinting that it may become fashionable again. A correct 'sign of the times' in my opinion. See the game Luther-Reinderman, Venlo 2000. This line is given a full examination on page 42 of this Yearbook.

In Yearbook 52 I wrote a survey on Adorjan's lovely find **11.c3 ♗g7 12.ef5 ♗f5 13.♘c2 0-0 14.♘ce3 ♗g6 15.h4 ♗e4!**. Rogozenko also considers this line important enough to devote a chapter to it. What's more, he is willing to play it too, as witness his draw against Ponomariov from the recent Olympiad: **17.a4 ♗d5 18.♘d5 b4! 19.cb4 ♔h8 20.♖c1 ♘e7 21.♗c4 f5 22.♖h3 e4 23.♕d2 ♗e5 24.♕g5 ♘d5 25.♕d8 ♖ad8 26.♗d5 ♗b2 27.♖c6 ♖c8 28.♖b3 ♖c6 29.♗c6 ♗d4 30.♗b7 ♖b8 31.♗a6 ♖b4 32.♖b4 ♗c3 33.♔e2 ♗b4**... ½-½, 56.

Apples and Oranges

Enough technical examples. Let's move on to another matter altogether. What do you do when reviewing a relatively new product such as a CD-Rom? Can you compare it to something as old-fashioned as a book? Or is this similar to the proverbial comparison of apples and oranges? Call me old-fashioned, but I still like books, and I still use them for studying chess. However, when working with this ChessBase CD even I did notice some obvious advantages. It is nice to have all the games, rather than only the author's selection. It is extremely convenient to be able to switch back and forth between text and game with a couple of mouse clicks. Doing training exercises (a very useful feature when learning a new opening, in my opinion) is something you'd be more inclined to do when using a CD-Rom than when reading a book (although I think it would be a good idea if ChessBase turned these exercises into a regular quiz: automatically adding up all your points and telling you how well you did – or is this too competitive?). Another advantage is the language option. A book is written in one language, on these CDs you have a choice of languages, albeit that only German and English are available at all times, whereas other languages are only available here and there. On a more critical note, one could say that a book usually pays more attention to the language aspect in that it will have fewer grammatical and spelling errors than this CD. Financially speaking, this CD is slightly cheaper than some recent books on the Sveshnikov.

So what should it be: apples or oranges? All things considered, I would personally prefer to use both a book and a CD-Rom. In case of the Sveshnikov that would mean this CD and another text. Rogozenko rightly pays hommage to the grand (and not so old) man himself. Sveshnikov's book is a bit dated, though. I personally like Krasenkow's book (which is from 1996 and therefore not quite new either).

Jeroen Bosch

How to read NIC Statistics

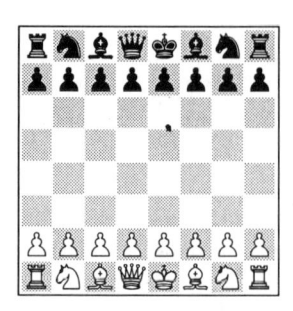

Each NIC survey is accompanied by a statistical evaluation of the line or variation under discussion. All statistical data is extracted from the New In Chess Database, containing more than 760,000 games, with aid of the statistical functions incorporated in the NICBASE database software. The New In Chess Database is compiled by careful selection of incoming data, by sifting out insignificant or obscure games and tournaments as much as possible. The statistics extracted from the database will therefore present a more reliable picture than those gathered from other, maybe larger, but more indiscriminitely compiled databases.

The data is presented as a graph indicating White's scoring percentage in four different cases.
The number of games upon which the statistical analysis is based is indicated in the white box inside each bar.

Each NIC Statistics item centres around the survey position represented in the diagram at the top of the page.
The first bar shows the score over all games featuring this specific position. Generally the other three bars represent different (sub)variations or entire opening systems, but in some cases the score of a particular player (an expert in the field) has been depicted instead. For correct interpretation of the information it is important to remember that even if the player defends the Black side of the system, the scoring percentage indicated is still that of White. For instance, if the graph shows a score of 40%, this means that the player in question has a success rate of 60% as Black!

1.d4: Best by test!

White's score over the entire NIC Database is 54.8%, as can be seen in the graph below.
Of White's two main opening moves, 1.d4 scores significantly better than 1.e4.
The main culprit responsible for this state of affairs is portrayed in the fourth bar.

STATISTICS

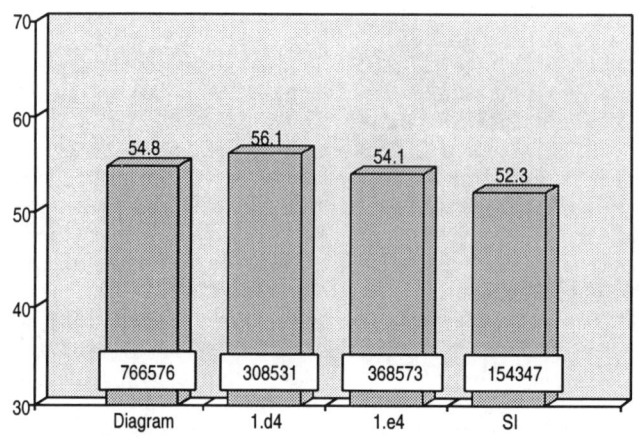

Diagram	1.d4	1.e4	SI
54.8	56.1	54.1	52.3
766576	308531	368573	154347

NIC CLASSIFICATION SUMMARY

SEMI-OPEN GAMES

Opening	Code	Move 1	Move 2	Move 3	Move 4	Move 5	Move 6	Move 7
SICILIAN DEFENCE	SI 48	1.e4 c5	2.—					
Grand Prix Attack	SI 49		2.f4					
Morra Gambit	SI 50		2.d4					
Alapin Variation	SI 46		2.c3 —					
	SI 46		2.... d5					
	SI 47		2.... ♘f6					
Closed Variation	SI 44		2.♘c3 —					
	SI 44-45		2.... ♘c6					
	SI 43		2.♘f3 —					
Nimzowitsch Variation	SI 43		2.... ♘f6					
	SI 1		2.... d6	3.—				
	SI 46			3.c3				
	SI 1			3.♗b5				
	SI 1			3.d4 ♘f6	4.dc5			
	SI 2			3... cd4	4.♕d4			
	SI 3				4.♘d4 ♘f6	5.♘c3 e5		
Najdorf Variation	SI 4-14					5.... a6		
Dragon Variation	SI 15-18					5.... g6		
Scheveningen Variation	SI 19					5.... e6	6.—	
Keres Attack	SI 20						6.g4	
	SI 21						6.f4	
Classical Main Line	SI 22-24						6.♗e2	
	SI 25					5.... ♘c6	6.—	
Sozin Variation	SI 25						6.♗c4	
Velimirovic Attack	SI 26						6.... e6	
Rauzer Variation	SI 27-30						6.♗g5	
Rossolimo Variation	SI 31		2.... ♘c6	3.♗b5				
	SI 32			3.d4 cd4	4.♘d4			
De la Bourdonnais Variation	SI 32				4.... e5			
Accelerated Dragon	SI 33				4.... g6			
	SI 34				4.... ♘f6	5.♘c3 —		
Four Knights Variation	SI 34					5.... e6		
Lasker/Pelikan/	SI 35					5.... e5	6.—	
Sveshnikov Variation	SI 36-38						6.♘db5 d6	7.♗g5
Taimanov Variation	SI 39-40					4.... e6		
	SI 41		2.... e6	3.d4 cd4	4.♘d4 —			
	SI 41				4.... ♘f6	5.—		
Counter Attack	SI 41					5.♘c3 ♗b4		
Paulsen Variation	SI 41-42				4.... a6			
PIRC DEFENCE	PU 1-16	1.e4 d6						
MODERN DEFENCE	KF 1-16	1.... g6						
FRENCH DEFENCE	FR 1	1.... e6	2.—					
	FR 2		2.d3					
	FR 1		2.d4 —					
	OI 9		2.... c5	3.d5				
Advance Variation	FR 3			3.c3 d5	4.e5			
	SI 46				4.ed5			
	FR 1		2.... d5	3.—				
Exchange Variation	FR 1			3.ed5				
Advance Variation	FR 3			3.e5				
Classical Main Line	FR 4-6			3.♘c3 ♘f6				
Rubinstein Variation	FR 7			3.... de4				
Winawer Variation	FR 8-13			3.... ♗b4				
Tarrasch Variation	FR 14-23			3.♘d2				
CARO-KANN DEFENCE	CK 1	1.... c6	2.—					
	CK 1		2.d3					
	CK 2		2.d4 d5	3.—				
	CK 2			3.♘d2				
Exchange Variation	CK 2			3.ed5 cd5	4.♗d3			
Panov Variation	CK 3				4.c4 ♘f6	5.♘c3		
Advance Variation	CK 4			3.e5				
	CK 5			3.♘c3 —				
	CK 5-7			3.... de4	4.♘e4 ♘f6			
	CK 8-9				4.... ♘d7			
	CK 10-12				4.... ♗f5			
CENTER COUNTER	SD 1-16	1.... d5						
ALEKHINE DEFENCE	AL 1-16	1.... ♘f6						
NIMZOWITSCH DEFENCE	VO 4-6	1.... ♘c6						
OWEN DEFENCE	VO 1-3	1.... b6						
	VO 1	1.... —						

231

OPEN GAMES

CENTRE GAME	KP 1	1.e4 e5	2.—				
	KP 2		2.d4 ed4				
KING'S GAMBIT	KG 1-5		2.f4				
BISHOP'S OPENING	IG 4		2.♗c4				
VIENNA GAME	VG 1-4		2.♘c3				
	KP 1		2.♘f3				
PHILIDOR DEFENCE	KP 3-4		2.... d6				
LATVIAN GAMBIT	KP 5-6		2.... f5				
PETROFF DEFENCE	RG 1-8		2.... ♘f6				
	KP 7		2.... ♘c6	3.—			
PONZIANI OPENING	KP 8			3.c3			
THREE KNIGHTS DEFENCE	KP 9			3.♘c3			
FOUR KNIGHTS DEFENCE	SO 1			3.... ♘f6	4.—		
	IG 1				4.♗c4		
	KP 10-11				4.♗b5		
	SO 1				4.d4 ♗b4		
Belgrade Gambit	SO 2				4.... ed4	5.♘d5	
	SO 3					5.♘d4	
SCOTCH GAME	SO 4			3.d4 ed4	4.♘d4 —		
	SO 5				4.... ♗c5		
Scotch Gambit	SO 6				4.♗c4		
Göring Gambit	SO 6				4.c3		
ITALIAN GAME	IG 3			3.♗c4			
Hungarian Defence	IG 3			3.... ♗e7			
	IG 2			3.... ♗c5	4.—		
	IG 2				4.d3		
GIUOCO PIANO	IG 2				4.c3		
Evans Gambit	IG 5				4.b4		
TWO KNIGHTS DEFENCE	IG 1			3.... ♘f6	4.—		
	IG 1				4.d3		
	KP 12				4.♘g5		
	KP 13-15				4.d4 ed4		
RUY LOPEZ	RL 1-7		3.♗b5 —				
	RL 8-30		3.... a6				

CLOSED GAMES

	QP 9	1.d4 d5	2.—						
	QP 10		2.♘c3 —						
VERESOV/RICHTER	QP 11-12		2.... ♘f6	3.♗g5					
BLACKMAR-DIEMER GAMBIT	VO 16			3.e4					
	VO 13		2.c4 —						
CHIGORIN DEFENCE	VO 14		2.... ♘c6						
ALBIN COUNTER GAMBIT	VO 15		2.... e5						
QUEEN'S GAMBIT ACCEPTED	QG 1-16		2.... dc4						
QUEEN'S GAMBIT DECLINED	QO 1-4		2.... e6	3.♘c3 ♗e7	4.♘f3 ♘f6	5.♗f4			
	QO 11				4.cd5 ed5	5.♗f4			
	QO 12			3.... ♘f6	4.♗g5 —				
Cambridge Springs Variation	QO 15				4.... ♘bd7	5.e3 c6	6.♘f3 ♕a5		
	QO 12				4.... ♗e7	5.e3 0-0	6.♖c1		
Exchange Variation	QO 11					5.cd5 ed5			
Tartakower Variation	QO 6-9					5.♘f3 h6	and b6		
Lasker Variation	QO 14					5.... h6	and ♘e4		
	QO 10					5.... h6	6.♗f6 ♗f6		
Exchange Variation	QO 11					5.... c6	6.cd5 ed5	7.♕c2	
Classical Main Line	QO 12					5.... 0-0	6.e3 ♘bd7	7.—	
	QO 13							7.♖c1	
	QO 12							7.♕c2	
Ragozin Variation	NI 27				4.♘f3 ♗b4				
	TD 1				4.... c5	5.—			
	TD 2					5.cd5 ♘d5	6.g3		
	TD 2						6.e4		
	TD 2						6.e3 ♘c6	7.♗d3	
	TD 1							7.♗c4	
	TD 1					5.... cd4			
Panov Variation	CK 3					5.e3 ♘c6			
						5.... cd4	6.ed4		

TARRASCH DEFENCE	TD 1			3.... c5	4.—			
Schara-Hennig Gambit	TD 1				4.cd5 cd4			
	TD 3				4.cd5 ed5	5.♘f3 ♘c6	6.e3	
	TD 4						6.g3	
	QO 16			3.♘c3 —				
	QO 16			3.♘f3 —				
	TD 5			3.... c5	4.—			
	TD 5				4.cd5 ed5	5.g3		
	QO 16			3.—				
SLAV DEFENCE	SL 11	2.... c6		3.—				
	SL 1			3.♘f3 —				
	SL 1			3.... ♘f6	4.—			
Exchange Variation	SL 2				4.cd5 cd5			
	SL 1				4.e3 —			
Schlechter Variation	SL 10				4.... g6			
	SL 3				4.♘c3 —			
	SL 3				4.... dc4	5.—		
	SL 4-5					5.a4		
	SL 11			3.♘c3		5.... ♗f5		
	SL 6			3.... e6	4.—			
Noteboom Variation	SL 6				4.♘f3 dc4			
	SL 6				4.... ♘f6	5.—		
Moscow Variation	SL 6					5.♗g5 h6		
Anti-Meran Variation	SL 7					5.... dc4		
Meran Variation	SL 8					5.e3 —		
	SL 8					5.... ♘bd7	6.—	
	SL 8						6.♗d3	
	SL 9						6.... dc4	

SEMI-CLOSED GAMES

	QP 14	1.d4					
ENGLUND GAMBIT	VO 24	1.d4 e5					
BOGOLJUBOW OPENING	VO 20	1.... ♘c6					
	VO 19	1.... b6	2.c4				
OWEN DEFENCE	VO 1-3		2.e4				
	VO 21	1.... d6	2.—				
	OI 7		2.c4				
	QP 13	1.... c6					
	QP 14	1.... c5	2.—				
	OI 9		2.d5 ♘f6	3.♘c3			
DUTCH DEFENCE	HD 1-12	1.... f5					
	VO 22	1.... e6	2.—				
	VO 22		2.c4 —				
	VO 19		2.... b6				
	HD 10		2.... f5				
	VO 22		2.... ♗b4	3.—			
	VO 23	1.... g6	2.—				
	VO 23		2.c4 ♗g7	3.♘c3			
	VO 23		2.♘f3 ♗g7	3.—			
	VO 23			3.g3			
	QP 7	1.... ♘f6	2.—				
Trompowsky Variation	QP 7-8		2.♗g5				
QUEEN'S PAWN OPENING	QP 6		2.♘f3				
	QP 6		2.... e6	3.—			
	QP 5			3.♗f4			
Torre Variation	QP 4			3.♗g5			
	QP 6		2.... g6	3.—			
	QP 6			3.♗f4			
	QP 3			3.— ♗g7			
	QP 2			3.♗g5			
	QP 1			3.— ♗g7			
Schmid Benoni	OI 8		2.... c5	3.d5			
	KI 81		2.c4 g6	3.—			
	KI 81			3.f3 —			
	GI 1			3.... d5			
	KI 76-78			3.g3 —			
	GI 1-2			3.... d5			
	KI 81			3.♘f3 —			
	GI 1			3.... d5			

GRÜNFELD INDIAN DEFENCE	GI 3-11			3.♘c3	d5			
KING'S INDIAN DEFENCE	KI 32			3....	♗g7	4.e4	0-0	
	KI 31					4....	d6	5.—
	KI 28-29							5.g3
Makagonov Variation	KI 30							5.h3
Sämisch Variation	KI 33-54							5.f3
Four Pawns Attack	KI 55-60							5.f4
Averbakh Variation	KI 23-27							5.♗e2
Classical Main Line	KI 1-22							5.♘f3
	KI 79-80					4.♘f3	—	
Fianchetto Variation	KI 61-75					4....	d6	5.g3
	KI 76					4.g3		
	VO 18	2....	e6	3.—				
CATALAN OPENING	CA 1			3.g3	—			
	CA 1			3....	♗b4			
	EO 45			3....	c5	4.♘f3	cd4	5.♘d4
	BI 2					4.d5	ed5	5.cd5 d6
	BI 2							5.... b5
	CA 1			3....	d5	4.—		
	CA 1-5					4.♗g2		
	VO 18			3.♘c3	—			
NIMZO-INDIAN DEFENCE	NI 30			3....	♗b4	4.—		
Leningrad Variation	NI 25					4.♗g5		
	NI 28					4.♘f3		
Ragozin Variation	NI 27					4....	d5	
	NI 26					4....	b6	
	NI 28					4....	c5	5.g3 0-0 6.♗g2
	EO 44							6.... cd4 7.♘d4
	NI 29					4.g3	—	
	EO 44					4....	c5	5.♘f3 cd4 6.♘d4
Sämisch Variation	NI 18-19					4.a3		
Classical Variation	NI 20-24					4.♕c2		
Rubinstein Variation	NI 17					4.e3	—	
	NI 1-11					4....	0-0	
	NI 12-13					4....	b6	
	NI 14-16					4....	c5	
	QI 1			3.♘f3	—			
	BI 3			3....	c5	4.d5		
	EO 45					4.g3	cd4	5.♘d4
	QI 1					4.e3		
BOGO-INDIAN DEFENCE	QI 1			3....	♗b4			
QUEEN'S INDIAN DEFENCE	QI 2			3....	b6	4.—		
	QI 2					4.♘c3	—	
	NI 26					4....	♗b4	
	QI 3					4.e3		
Petrosian Variation	QI 4-5					4.a3		
	QI 6					4.g3	♗b4	
Classical Main Line	QI 6-13					4....	♗b7	
	QI 14-16					4....	♗a6	
	OI 6	2....	c5	3.—				
	EO 44-46			3.♘f3	cd4	4.♘d4		
Benoni Wall	OI 5			3.d5	e5			
Volga Gambit	BI 18-28			3....	b5			
	BI 2-4			3....	e6	4.—		
Blumenfeld Gambit	BI 3					4.♘f3 b5		
BENONI DEFENCE	BI 5-7					4.♘c3 ed5	5.cd5 d6	6.e4
	BI 8-17							6.♘f3
OLD INDIAN DEFENCE	OI 4	2....	d6	3.♘c3	—			
	OI 4			3....	♘bd7	4.—		
	OI 1-3					4.♘f3		
Budapest Gambit	VO 17	2....	e5					
	VO 18	2....	—					

FLANK OPENINGS

ENGLISH OPENING	EO 65	1.c4 —						
	EO 24-25	1.... e5	2.—					
	EO 22-23		2.♘c3					
	EO 10		2.... ♘f6	3.—				
	EO 1-9			3.♘f3				
	EO 11-14			3.g3				
	EO 21		2.... ♘c6	3.♘f3				
	EO 15-20			3.g3				
	EO 49	1.... c5	2.♘f3 ♘f6	3.—				
	EO 44-46			3.d4 cd4				
	EO 40			3.g3 b6	4.—			
	EO 47-48				4.♗g2 ♗b7	5.0-0 g6		
	EO 40					5.... e6		
	EO 49			3.... d5	4.cd5 ♘d5			
	EO 49		2.... ♘c6	3.—				
	EO 50			3.d4 cd4	4.♘d4 e6			
	EO 38		2.♘c3 ♘f6	3.—				
	EO 36-38			3.g3 d5				
	EO 39			3.... e6	4.♘f3 b6			
	EO 41				4.... ♘c6			
	EO 42			3.♘f3 d5	4.cd5 ♘d5			
	EO 43			3.... b6	4.e4			
	EO 38		2.... ♘c6	3.—				
	EO 34			3.♘f3 g6	4.e3			
	EO 35				4.d4 cd4	5.♘d4♗g7		
	EO 32-33			3.... ♘f6	4.d4 cd4	5.♘d4 e6		
	EO 26-31			3.g3 g6				
	EO 64	1.... ♘f6	2.—					
	EO 61		2.♘c3 —					
	EO 51-53		2.... d5	3.cd5 ♘d5				
Mikenas Variation	EO 54-57		2.... e6	3.e4				
	EO 58-59			3.♘f3 ♗b4				
Romanishin Variation	EO 60			3.... b6	4.e4			
	EO 64		2.♘f3 —					
	EO 63		2.♘f3 b6	3.—				
	EO 63			3.g3 ♗b7	4.♗g2 e6	5.♘c3 —		
	EO 40					5.... c5		
	EO 63				4.... g6	5.♘c3 —		
	EO 47-48					5.... c5		
	RE 8-12		2.... e6	3.g3 d5				
	RE 1-7		2.... c6	3.g3 d5				
	EO 62	1.... g6	2.e4 e5					
	EO 63	1.... b6						
	HD 14	1.... f5						
	RE 20	1.♘f3—						
	RE 21	1.... c5						
RÉTI OPENING	RE 22	1.... d5						
	RE 18-19		2.c4 dc4					
	RE 13-17		2.... d4					
	RE 8-12		2.... e6					
	RE 7		2.... c6	3.—				
	RE 5-6			3.g3				
	RE 4			3.b3 ♘f6	4.g3			
	RE 1				4.... ♗g4			
	RE 2				4.... ♗f5			
	RE 3				4.... g6			
	RE 22		2.g3					
	RE 23		2.... ♘f6	3.♗g2 g6				
	RE 24			3.... c5				
	RE 25			3.... ♗f5				
	RE 26			3.... ♗g4				
	RE 27			3.... e6				
	HD 13	1.... f5						
BIRD OPENING	VO 7	1.f4						
NIMZOWITSCH/LARSEN	VO 8	1.b3						
	VO 9	1.g3						
SOKOLSKY OPENING	VO 10	1.b4						
GROB OPENING	VO 11	1.g4						
VAN GEET OPENING	VO 12	1.♘c3						
	VO 25	1.—						

NIC CODE SYSTEM

ENGLISH	ESPAÑOL		DEUTSCH	FRANÇAIS
White stands slightly better	con leve ventaja de las blancas	±	Weiß steht etwas besser	les blancs sont légèrement mieux
Black stands slightly better	con leve ventaja de las negras	∓	Schwarz steht etwas besser	les noirs sont légèrement mieux
White stands better	con ventaja blanca	±	Weiß steht besser	les blancs sont mieux
Black stands better	con ventaja negra	∓	Schwarz steht besser	les noirs sont mieux
White has a decisive advantage	con gran ventaja de las blancas	+−	Weiß hat entscheidenden Vorteil	les blancs ont un avantage décisif
Black has a decisive advantage	con gran ventaja de las negras	−+	Schwarz hat entscheidenden Vorteil	les noirs ont un avantage décisif
balanced position	y la posición está nivelada	=	ausgeglichene Position	position équilibrée
unclear position	una posición incierta	∞	unklare Position	position embrouillée
compensation for the material	compensación por el material	⩹	Kompensation für das Material	compensation pour le matériel
strong (sufficient)	fuerte (suficiente)	>	stark (ausreichend)	fort (suffisant)
weak (insufficient)	débil (insuficiente)	<	schwach (unzureichend)	faible (insuffisant)
better is	mejor es	≥	besser ist	préferable
weaker is	más débiles	≤	schwacher ist	moins préferable
good move	una buena jugada	!	guter Zug	bon coup
excellent move	una excelente jugada	!!	ausgezeichneter Zug	coup excellent
bad move	una mala jugada	?	schlechter Zug	coup faible
blunder	un grave error	??	grober Fehler	grave erreur
interesting move	una interesante jugada	!?	interessanter Zug	coup intéressant
dubious move	una dudosa jugada	?!	zweifelhafter Zug	coup de valeur douteuse
only move	jugada unica	□	einziger Zug	seul coup
with the idea	con idea	△	mit der Absicht	avec l'idée
attack	ataque	→	Angriff	attaque
initiative	iniciativa	↑	Initiative	initiative
lead in development	ventaja de desarrollo	↑↑	Entwicklungsvorsprung	avantage de développement
counterplay	contra juego	⇄	Gegenspiel	contre-jeu
kingside	flanco de rey	▉	Königsflügel	aile roi
queenside	flanco de dama	▊	Damenflügel	aile dame
space	espacio	Ⓢ	Raum	espace
center	centro	Ⓒ	Zentrum	centre
diagonal	diagonal	⁄	Diagonale	diagonale
file	linea	↔	Linie	colonne
pair of bishops	pareja de alfiles	♗♗	Läuferpaar	paire de fous
pawn structure	la estructura de peones	∞	Bauernstruktur	structure de pions
mate	mate	X	Matt	mat
novelty	novedad	N	Neuerung	nouveauté
endgame	final de juego	EN	Endspiel	fin de partie
zugzwang	zugzwang	Z	Zugzwang	zugzwang
time	tiempo	T	Zeit	temps
see	ver	−	siehe	voir
editorial comment	nota de la redacción	RR	Anmerkung der Redaktion	remarque de la rédaction
Yearbook	Libro Anuario	YB	Jahrbuch	Livre-annuaire
national championship	campeonato	ch	nationale Meisterschaft	championnat
zonal tournament	torneo zonal	zt	Zonenturnier	tournoi zonal
interzonal tournament	torneo interzonal	izt	Interzonenturnier	tournoi interzonal
candidates tournament	torneo de candidatos	ct	Kandidatenturnier	tournoi des candidats
team tournament	torneo de equipos	tt	Mannschaftsturnier	tournoi d'equipe
olympiad	olimpiada	ol	Olympiade	olympiade
match	encuentro	m	Wettkampf	match
correspondence	partida de correspondencia	cr	Fernpartie	partie par correspondence
junior	juvenil	jr	Junior	junior

Price List New In Chess Yearbooks

Single issues

CD-Rom edition
50 – 57 per issue   € 21.00   ƒ 46.20   DM 41.25   £ 13.95 $ 23.90

Paperback edition
50 – 57 per issue   € 21.00   ƒ 46.20   DM 41.25   £ 13.95 $ 23.90

Bound edition
50 – 57 per issue   € 27.00   ƒ 59.40   DM 53.00   £ 18.00 $ 33.00

For Back Volume prices see page 238

Subscriptions

CD-Rom edition (4 issues)   € 76   ƒ 167.20   DM 149.30   £ 50 $ 84

Paperback edition (4 issues)   € 76   ƒ 167.20   DM 149.30   £ 50 $ 84

Bound edition (4 issues)   € 98   ƒ 215.60   DM 192.50   £ 65 $ 118

Subscribers to NIC Magazine qualify for a special discount on their NIC Yearbook subscription of
€ 8   ƒ 17   DM 16   £ 4 $ 8

Subscription rates in Europe, USA and Canada include postage & packaging!
(Other countries pay $ 15 on paperback and $ 25 on bound editions)

Order via fax: +31 (0)72 515 82 34, e-mail: nic@newinchess.com,
visit our shop at www.newinchess.com or ask your chess dealer

We've Rolled Back Prices of Yearbook Volumes!

Year	Issues	4 paperbacks	4 hardcovers
1990	18-21	€ 22.70 ƒ 49.95 DM 44.60 £ 14.99 $ 21.95	€ 26.95 ƒ 59.30 DM 52.95 £ 17.99 $ 25.95
1991	22-25	€ 22.70 ƒ 49.95 DM 44.60 £ 14.99 $21.95	€ 26.95 ƒ 59.30 DM 52.95 £ 17.99 $ 25.95
1992	26-29	€ 22.70 ƒ 49.95 DM 44.60 £ 14.99 $ 21.95	€ 26.95 ƒ 59.30 DM 52.95 £ 17.99 $ 25.95
1993	30-33	€ 22.70 ƒ 49.95 DM 44.60 £ 14.99 $ 21.95	€ 26.95 ƒ 59.30 DM 52.95 £ 17.99 $ 25.95
1994/95	34-37	€ 40.00 ƒ 88.00 DM 78.50 £ 26.95 $ 39.50	€ 45.00 ƒ 99.00 DM 88.40 £ 29.99 $ 44.95
1995/96	38-41	€ 40.00 ƒ 88.00 DM 78.50 £ 26.95 $ 39.50	€ 45.00 ƒ 99.00 DM 88.40 £ 29.99 $ 44.95
1997	42-45	€ 40.00 ƒ 88.00 DM 78.50 £ 26.95 $ 39.50	€ 45.00 ƒ 99.00 DM 88.40 £ 29.99 $ 44.95
1998	46-49	€ 54.50 ƒ 119.90 DM 107.00 £ 36.95 $ 53.95	€ 60.00 ƒ 132.00 DM 118.00 £ 39.99 $ 59.95

Order now at www.newinchess.com

THE GRANDMASTER GUIDE TO OPENING NEWS

The Master's Choice

Go for THE MASTER'S CHOICE and win the opening

Chess openings need to be understood, not memorised. And who would know better how to explain the finesses of an opening than the experts themselves?
New In Chess is introducing THE MASTER'S CHOICE opening CD-Roms. Masters and grandmasters explain their favourite openings and provide up-to-date theory as well as all the themes, plans and tactical turns. The new software runs in Windows 95/98, 2000 and NT 4.0, and the layout allows itself to be fully customised. Another new feature is the 'tree structure', which allows you to split up every key position, giving you a better grip on sub-variations. And... the new program fully accepts all previous NIC CD-Roms. All you have to do is change the CDs!

Already published:
Queen's Gambit Exchange Variation – Vladimir Bagirov
1.Nc3 Van Geet Opening – D.D. van Geet
In preparation: King's Indian 9.b4 and French Wing Gambit.

Price € 21,-   ƒ 46.20   DM 41.25   £ 13.95 $ 23.90

Order now at www.newinchess.com